개정판

행정사 行政史

이대희 · 김인호 · 김종미 · 김종성
김춘식 · 민 진 · 부남철 · 윤재풍
이광모 · 이종수 · 임승빈 · 홍재환

도서출판 대영문화사

개정판

『행정사』 머리말

한국의 행정사를 출간한 뒤 무려 10여 년이 지났다. 행정사가 긴 과거 역사를 다루는 만큼 매년 업데이트를 해야만 하지는 않지만, 너무 늦은 감이 있다. 개정판을 기대하고 있던 독자들에게 참으로 죄송스럽다.

이번 개정판에서는 몇 가지 큰 변화를 시도했다. 첫째, 현대 행정사 부분의 기술 방식을 완전히 수정했다. 현대 행정사를 한국정부론 관점에서 서술했던 것을 각 대통령의 행정부를 차례차례 소개하는 방식으로 변화시켰다. 헌법 변천사, 인사행정과 재무행정의 변천사 내용 등은 없애버렸다. 둘째, 발해 행정을 추가했다. 한국 역사에서 신라와 함께 중요한 한 부분을 차지했던 발해 행정사를 살펴볼 필요가 있다고 생각했기 때문이다. 발해의 행정은 고려로 전통이 이어져 한국 행정에 적지 않은 영향을 미쳤었다. 하지만 발해 행정사에 대한 기록물이 적어 간단하게 핵심 내용만을 소개하는 정도로 서술했다. 셋째, 고려와 조선 행정사에 관한 내용을 대폭 늘렸다. 이를 위해 고려를 전기와 후기로 나누었고, 조선은 전기, 중기, 후기로 나누어 서술했다. 넷째, 최근 연구물들을 많이 반영해 내용을 보충했다.

행정 역사에 대한 공부는 현대 한국의 행정을 이끌고 있는 공무원들은 물론 대통령을 비롯한 정치 지도자들에게 꼭 필요하다. 현재 펼쳐져 있는 행정의 실상을 정확히 이해하고, 앞으로 전개될 미래의 행정을 가늠하는 데 매우 유용하기 때문이다. 미래 한국을 이끌어갈 지도자들은 남다른 행정 역사관이 필요하다. 행정학을 공부하는 행정학도들 역시 한국 전통의 행정 역사를 이해하는 것이 필요하다.

이번부터 책 제목을 『행정사』로 고쳐 발간하기로 했다. '한국의 행정사'라는 명칭을 사용했던 것은 서술 내용이 우리 '한국'에 대한 것이기 때문이었다. 하지만 영문으로 편찬된 것도 아니고, 독자가 대부분 우리 한국 사람들일 것이기 때문에 수정하기로 했다. 행정사의 정통을 잇는 의미도 있다.

처음부터 기꺼이 저자로 참여해 주신 윤재풍, 이종수 교수님께 더없이 감사를 드린다. 윤재풍 교수는 노익장을 과시하면서 최근에도 조직론 분야의 중요 저술을 출간했다. 또 이종수 교수는 행정윤리, 철학, 부패와 관련해 학자들이 꼭 읽어야 할 역작들을 발간함으로써 후학들의 귀감이 되고 있다. 민진, 임승빈, 김종미 교수도 기꺼이 수정 작업에 동참해 주었다. 새롭게 고려를 집필해 준 김춘식 교수와 조선 전기를 집필해 준 부남철 교수께 감사드린다. 이 두 분은 행정사연구회 출범 초기부터 많은 역할을 해 준 분들이다. 또 현대 행정사 집필을 담당해 준 김종성, 이광모 교수와 홍재환 박사께 감사드리며, 고려 시대를 전공한 역사학자로서 원고 전체를 책임 감수해 준 김인호 교수께도 감사를 드리고 싶다. 끝으로, 출판을 위해 애써 주신 대영문화사의 임춘환 사장님과 임원들께도 감사를 드린다.

2014년 7월
월계동 頤齋에서
저자를 대표하여 精而 이 대 희

초판

『한국의 행정사』 머리말

한국의 행정사를 정리하고자 하는 열망은 행정학 전공 학자들은 물론 행정을 담당하는 모든 공무원의 공통된 것이었다. 그 동안 간헐적으로 행정사 관련 서적들이 출간된 적은 있지만 행정사 연구에 관심을 가지고 있는 여러 학자가 공동으로 노력을 결집하기는 이번이 처음이다. 지난 1998년 봄부터 시작해 2001년 2월 출간되기까지 무려 3년이라는 시간이 소요되었다.

우리 행정사 연구의 현실은 아직 그렇게 낙관적인 수준에 도달해 있지 못하다. 대부분의 사람들이 필요성을 인식하고 있으면서도 조선 시대 이전을 이해하기 위한 한문 능력과 일제 강점기와 관련된 일본어 해득력의 한계 때문이다. 일제 이전의 문헌을 이용하기 위해서는 다른 사람들의 도움을 받아야 하거나 번역된 2차 자료를 활용해야 하기 때문이다. 그래서 한글 능력에 의존하는 해방 이후 시기의 행정사 연구에 만족하고 있었다. 이런 한계를 극복하기 위한 노력이 행정사연구회를 중심으로 활발히 진행되고 있어 그나마 다행이다.

행정사는 현대 행정의 연원을 찾아내고, 여러 정책의 원인 요소를 밝히려는 노력의 일환으로 시도된다. 아울러 앞으로 전개될 미래의 행정 모습을 알기 위해 오랜 과거로부터 진행되고 있는 행정의 법칙성, 예외성을 찾으려는 것이다. 행정 담당자는 물론 행정 연구자들 모두가 관련 분야의 행정사를 알아야만 올바른 이해와 처방을 할 수 있다. 행정사 연구는 행정학 연구의 주요 핵심이 된다. 그런데 수많은 행정학자가 이런저런 한계점 또는 핑계를 내세우며 제자리 걸음을 하고 있는 실정이다.

이에 『한국의 行政史』 편찬은 다음과 같은 마음가짐을 가지고 만들어졌다.

첫째, 단군조선의 건국(단기 1년) 이후 지금(단기 4334년. 서기 2001년)까지 우리 행정의 흐름을 총정리해 본다는 관점에서 만들어졌다. 고대로 갈수록 자료가 빈곤해 다른 역사 분야의 연구 성과물들을 토대로 할 수밖에 없었다.

둘째, 과거 행정의 실상을 알기 위해서는 당시의 행정 환경을 전제로 살펴봐야 한다는 관점에서 내용을 전개했다. 역사적 상황, 정치·경제·사회·문화적 상황을 최대한도로 이해할 수 있도록 내용을 기술하고, 이를 바탕으로 행정 실태를 정리했다.

셋째, 일제 강점기 이전의 행정사와 현대의 행정사를 비슷한 비중으로 다루려 노력했다. 그러나 현대 행정에 미치는 영향력과 참고 자료의 충분성 등을 고려해 현대 행정사에 대한 분량이 훨씬 많아졌다. 과거의 행정은 통치 작용 속에 녹아들어 있어 정치와 행정의 구별 없이 하나의 왕조사로 기술되어 있다. 그러나 현대는 통치 작용 중에서 입법, 사법이 분리되고 난 뒤에 행정이 따로 독립된 영역으로 되어 있다. 그래서 현대 행정을 논하기 위해서는 행정의 기반이 되는 헌법과 입법, 사법에 대한 기술이 있어야 한다.

넷째, 행정사에 대한 기술은 기초 사료에 대한 사학자들의 보는 관점에 따라 해석 내용이 달라질 수 있다. 그래서 이 책 속에서는 행정학자의 입장에서 행정 내용을 기술하려고 노력했다. 일반 역사가나 사회학자들과 달리 행정학자의 입장을 고집했다는 말이다.

다섯째, 사진과 도표를 많이 추가하려고 노력했다. 시청각 교육의 효과를 의식한 처사이다. 그러나 아직 천연색 수준의 사진을 수록하지는 못했다.

이 책의 내용은 다음과 같다.

첫째, 행정사의 학문성에 대한 내용이다. 역사의 일부, 통치사의 일부, 삼권 중 하나인 행정으로서의 행정사에 대해 개념 분류를 명확히 하고 있다.

둘째, 행정의 기본 방침이 되었던 행정 이념의 시대적 변천에 대한 내용이다. 행정 이념은 왕조에 따라서 달라지고, 같은 왕조 내에서도 국가 형성 초기, 중기, 말기에 따라 달라진다.

셋째, 단군조선과 부여의 행정에 대한 내용이다. 기본 자료가 충분치 않은 만큼 행정에 대한 기술도 빈약하다. 그렇지만 행정이 별로 분화되지 않았기 때문일 수도 있다.

넷째, 삼국과 통일신라에 대한 내용이다. 삼국 왕조의 흥망성쇠를 행정 환경으로 제시하고 이를 바탕으로 행정을 이해하도록 하기 위함이다. 삼국의 행정은 단군조선과 부여의 맥을 이었다고 볼 수 있고, 또 상호 교류를 통해 흡사한 부분이 제법 많이 있다.

다섯째, 고려 시대의 행정에 대한 내용이다. 고려는 우리 민족사에서 사회적으로 분화하고, 유교식 행정 관서와 관계(官階)가 마련되었던 시기이다. 비록 호족 연합적인 행정 체제를 구축했지만 전국적으로 군현이 설치되었던 시기이다.

여섯째, 조선 시대의 행정에 대한 내용이다. 조선 시대는 비교적 사료와 연구 성과물들이 많은 시기이다. 왕을 중심으로 한 의정부와 육조 체제, 수령 중심의 지방 행정 체제에 대한 내용을 비교적 상세하게 다루었다. 경제, 사회 일반에 대한 내용도 적절히 기술했다.

일곱째, 일제 시대의 행정에 대한 내용이다. 일제 시대는 행정이 비록 일제에 의해 만들어지고 시행되었지만, 우리 민족에게 부과되었던 행정의 실상을 알아야 한다는 관점에서 적절히 기술했다. 부분적으로 임시정부와 독립 노력에 대해 다루었다.

여덟째, 미 군정의 행정에 대한 내용이다. 미 군정은 비록 짧은 기간이었지만 그 이후 우리의 현대 행정에 끼친 영향이 적지 않기 때문이다.

아홉째, 현대 행정의 근간이 되는 헌법, 국회, 사법, 행정의 최고 책임자인 대통령에 대한 내용을 다루었다. 헌법 이념, 정당과 이익집단, 법원 등에 대해 간단하게 정리했다. 현대 통치사를 각 대통령별로 나누어 살펴보기도 했다.

열째, 현대 행정의 조직, 인사, 재무 등에 대한 내용이다. 새 정부 수립 이후의 행정 변천 과정을 정리했다.

열한째, 현대 한국의 또 다른 반쪽인 북한의 행정 변화와 실상에 대해 살펴보았다. 자료의 한계상 자세히는 다루지 못했지만, 통일을 앞두고 있는 현 시점에는 한국 행정사의 일부로 다루어야 할 것이기 때문이다.

열둘째, 앞으로 한국의 행정이 어떻게 변화할 것인지에 대해 '행정의 미래'란 입장에서 기술했다.

이 책의 발간에는 원고 집필에 참여한 행정사 연구회원들 모두의 노력이 깃들여 있다. 옥고(玉稿)를 내 주신 윤재풍, 유석영, 이종수, 유광호, 민진, 임승빈, 김종미 교수에게 감사드린다. 그리고 원고 집필에 부분적으로 참여한 권영길, 전경란, 박영숙, 홍민선, 서승현 등의 광운대 식구들에게 감사를 드린다. 또한 행정사 연구에 선구자적인 노력을 계속하고 계신 김운태 교수님과 이문영, 강신택 교수님, 박병련, 서원석 교수들에게도 감사를 드려야 할 것 같다.

행정학자들과 특별한 친분 관계를 가지고 이 책의 출판에 애써 주신 대영문화사의 임춘환 사장님과 편집에 애쓴 삼덕인쇄의 서미경 사장에게도 감사를 드린다.

『한국의 행정사』는 끊임없이 수정 보완해서 발전시켜 가야 할 책이다. 독자들의 반응을 겸허하게 들어가면서 곧바로 더 나은 책을 만들기 위한 노력을 시작하려 한다. 독자와 선후배, 동료 교수들의 질책을 기다리며 발간사에 갈음한다.

2001년 1월

이 대 희

차 례

제 1 장

한국 행정의 역사적 이해

제 1 절 행정사의 의의와 학문적 특징

1 행정사의 의의

일반적으로 역사(history, Geshichte)라는 개념은 세 가지 차원의 의미를 갖는다. 첫째는 과거에 발생한 사건 혹은 사실 자체를 의미한다. 헤겔(Georg W. F. Hegel)은 이것을 객관적 의미의 역사라고 말한다. 둘째는 과거의 기록을 의미한다. 즉, 역사란 과거의 사실에 대한 역사가의 평가와 해석을 거쳐 기록된 서술(narrative) 혹은 진술(statements)을 말한다. 그것은 단순한 사실의 묘사나 기술(describe)이 아니다. 그런 의미에서 헤겔은 이것을 주관적 의미의 역사라고 말한다. 셋째는 하나의 학문 분야로서 역사학을 의미한다. 다시 말하면, 과거의 사건이나 사실에 관한 자료를 조사, 수집, 분석, 평가하고 인과 관계를 밝혀 설명하고 해석하는 학문이 역사라는 것이다.

역사의 의미를 이상과 같이 세 가지 차원으로 나누어 설명했는데, 역사를 과거의 사건이나 사실로써 파악하는 것은 매우 단순하게 의미를 한정하는 것이다. 역사란 언제 어떤 사건이나 사실이 있었는가가 중요한 것이 아니라, 여러 가지 사건이나 사실들 중에서 역사가들이 관심을 가지고 그것을 탐구, 평가하고 해석해 의미를 부여할 경우에만 역사적 사실이 되는 것이다. 탐구하고 평가하며 해석하고 의미를 부여하는 주관적 의미의 역사, 그리고 나아가서는 그러한 입장에서 과거의 사실을 인과론적으로 설명하는 학문적 활동이 중요한 것이다.

역사에 관한 위와 같은 의미를 유추해 행정사란 무엇인가를 정의할 수 있다. 즉, 행정사(administration history, Verwaltungsgeschichte)란 과거의 행정적 사건이나 사실에 관해 관심을 가지고 자료를 조사, 수집, 분석, 평가해 그 사실들을 인과론적으로 설명하고 해석하는 학문을 의미한다고 할 수 있다. 가령 한국의 행정사라고 하면 그것은 한국이라는 국가에서 과거에 일어난 행정적 사건이나 사실에 관한 자료를 조사, 수집하고 분석, 평가해 그러한 행정적 사실들 간의 관계를 인과론적으로 설명하고 해석하는 것이라고 말할 수 있다.

2 행정사 연구의 유용성과 특징

행정사는 그 학문적 연구 지향과 유용성, 그리고 학문의 위상에서 다음과 같은 특징을 갖는다.

1) 학문적 연구 지향과 유용성

(1) 학문적 지향성

첫째, 행정사는 과거의 일정한 시간 속에서 전개된 행정적 사실을 다루는 학문이다. 여기서 말하는 과거의 일정한 시간이란 수천 년 혹은 수백 년의 장기적인 기간일 수도 있고 몇 년 혹은 몇십 년의 단기적인 기간일 수도 있다. 말하자면, 과거의 일정한 시간 속에 존재했던 행정 현상, 즉 정부의 행정, 제도, 정책, 집행, 관료 제도의 운용과 관리 등에 관해 관심을 가지고 연구하는 학문인 것이다. 이런 점에서 볼 때 행정사는 주로 현재의 행정 현상에 관한 경험적 연구를 강조하는 다른 행정학 분야의 연구와 기본적인 차이를 지닌다.

둘째, 행정사는 일정한 지역 및 공간 속에서 과거에 이루어진 행정 현상을 연구하는 학문이다. 그 지역 및 공간은 전 세계적일 수도 있고 하나의 국가나 지방일 수도 있다. 지리적 공간이야말로 특정한 행정의 역사가 잉태되고 생성, 전개되는 영역인 것이다. 말하자면 한국의 행정사는 한국의 지리적 공간 안에서 과거에 이루어지고 전개된 행정의 역사인 것이다.

셋째, 행정사는 과거의 일정한 지리적 공간에 살았던 사람들이 일정한 목적을 가지고 수행한 집단적 행동이나 경험을 연구하는 학문이라고 말할 수 있다. 모든 역사적 사건과 사실은 과거의 인간 생활이다. 따라서 그것은 인간들의 행동이나 경험으로 표현된다. 콜링우드(Robin G. Collingwood)에 의하면 역사 연구는 인간의 자아 인식(self-knowledge)을 위한 것, 다시 말하면 인간이 과거에 무엇을 행했는가(what men has done)를 알고자 하는 학문이라고 말한다(Collingwood, 1946: 7-10). 행정이란 사람들이 하나의 국가나 사회의 공공 문제(public problems)를 해결하려는 목적으로 공적인 제도와 절차에 따라 공공적, 집단적 협동 행위를 하는 것이라고 규정할 수 있다. 그러한 점에서 볼 때 행정사의 연구 대상은 과거의 인간들이 수행한 공공적 집단 행위라고 할 수 있다. 구체적으로 말하면 과거에 인간들이 정부나 관료제 조직 속에서 공공의 목적을 달성하기 위해 집단적으로 수행한 행동에 관계되는 제도, 의사 결정, 운영 및 관리적 행위가 그 연구 대상이 된다.

넷째, 행정사는 행정에 관계되는 단순한 역사적 사실의 연대기적 나열이 아니다. 사실과 사건들에 관한 자료를 수집해 엄밀한 비판과 고증을 거쳐 역사적으로 의미 있는 사실과 사건을 확정하고 사실이나 사건들의 변화, 반복, 계속성을 고찰하며 그들 간의 인과 관계를 밝히고 그 안에 일관해서 작용하는 어떤 법칙을 발견하고자 하는 학문이다.

(2) 행정사 연구의 유용성

행정사의 연구는 여러 가지 유용성을 지닌다. 라드셸더스(J. C. N. Raadschelders)에 의하면, 행정사는 현대의 행정을 이해하는 지식을 얻는 데 도움을 주고, 역사적 지식을 통해 교훈을 얻으며, 현재 당면한 행정 과제의 해결과 미래의 행정을 형성함에 기여한다고 말한다(Raadschelders, 1998: 12). 행정사 연구의 학문적・실제적 유용성을 좀 더 구체적으로 살펴보면 다음과 같다.

첫째, 행정사는 과거로부터 현재까지의 시간적 차원 속에서 생성, 변화 및 전개된 행정의 현상과 의미를 이해하고 설명하는 데 도움을 준다.

둘째, 행정사는 과거의 일정한 시간 속의 행정 현상을 연구하는 종단 학문(縱斷學問, Wissenschaft der längschritte)이다. 따라서 주로 평면적 입장에서 행정 현상을 분석하고 설명하는 행정의 여러 연구에 입체적인 시간적 지평을 열어 준다.

셋째, 현재의 행정 제도, 조직 및 정책과 운영 방법은 대부분 과거의 시간 속에서 발생해 전승된 것이다. 따라서 행정사는 과거의 역사적 맥락과 관계되는 현재의 행정을 이해하고 설명하는 데 유용한 지식을 제공한다. 카(Edward H. Carr)는 "역사란 역사가와 사실 간의 계속적인 상호 작용이며, 현재와 과거 사이의 끊임없는 대화"라고 말한다(Carr, 1961: 24).

넷째, 행정사는 현재의 행정학자나 행정가들이 행정에 대해 인식하고 판단하는 데 가치 있는 교훈을 준다. 전통적으로 특히 중국이나 한국에서는 역사의 일차적 목적을 귀감(龜鑑)에 두었다. 다시 말하면, 통치자들이 과거의 사건이나 사실을 거울삼아 지혜롭고 분별력 있는 통치와 언행을 하도록 했다.

다섯째, 행정사는 과거로부터 현재까지의 행정적 사건이나 사실만을 연구하는 데 그치지 않고 미래의 바람직한 행정을 형성하는 데 기여할 수 있는 지식과 사상을 제공한다. 사실상, 과거의 행정의 역사가 오늘의 행정 현실을 구속하는 경우가 많다. 오늘날의 우리는 미래의 행정을 더욱 바람직하게 만들기를 원한다. 급격한 사회변동기, 불확실성이 심하고 위기에 처한 사회나 국가일수록 미래의 행정에 대한 관심이 높으며, 미래를 바람직하게 형성하기 위해 과거의 행정의 역사 속에 내재하는 지식, 사상 및 경험에 대해 주목한다.

2) 학문적 위상의 특징

행정사는 하나의 학문적 분야이다. 그러나 그것은 생래적(生來的)으로 역사학의 한 분야이면서 행정학의 한 분야이고 또한 정치사 및 통치사로서 특수한 성격을 가지고 있는 것이다.

(1) 역사학의 한 분야로서 행정사

행정사는 역사학의 한 분야로서 그 속에서 하나의 학문적 위상을 갖는다. 행정사는 역사 속에서 행정에 관한 사상(事象)만을 뽑아 내어 그 고유한 역사성을 연구하는 점에서 역사학의 한 분야인 것이다. 사회의 다양화와 분화·발전에 따라 그 속에서 전개되는 역사에 대한 연구도 분야별로 전문화되고 분화되어 다양해졌다. 원래 역사학의 대상은 과거의 세계와 인류 사회 및 국가에 나타난 총체적 사실을 주로 연구했다. 그것은 일반사(general history)의 연구라고 규정할 수 있다. 그러나 일반사의 연구만으로는 세계나 인류 및 국가 사회의 내부에서 일어나는 정치, 행정, 경제, 사회, 문화, 예술 등의 분야에 대해 깊이 있고 수준 높은 연구를 할 수 없는 것이다. 그리하여 역사를 구성하는 분야별로 전문적 연구가 요구되며, 그러한 연구를 통해 정치사, 법제사, 행정사, 경제사, 사회사, 문화사, 예술사, 교육사 및 종교사 등이 성립하고 발전한다.

행정사는 역사학을 구성하는 여러 분야 중의 하나로서 역사학의 이론과 접근 방법을 적용해 과거의 행정 현상을 연구하며, 그러한 행정사의 연구 성과는 일반사의 연구를 위한 일정한 전문적 연구 성과를 제공한다. 그러나 행정사가 역사학의 한 분야라고 해서 역사학과 행정사가 완전히 학문적으로 같은 성격을 지니는 것은 아니다. 우선 행정사는 역사학을 구성하는 하나의 특수한 분야사이다. 그러한 점에서 과거의 사건이나 사실들을 총체적으로 다루고 설명하고자 하는 일반 역사학과 차이가 있다. 또한 학문의 분류 체계에서 역사학은 인문학(humanity)의 중추로서 인문학뿐만 아니라 사회과학이나 자연과학에 속하는 모든 분야의 학문 연구에 일정한 역사학적 개념과 접근 방법을 제공하지만 행정사는 사회과학(social science)의 한 분야인 행정학에 속하는 학문이다.

(2) 행정학의 한 분야로서 행정사

행정사는 행정학의 한 분야이기도 하다. 행정의 연구는 행정 현상에 관한 연구이며 행정 현상을 연구하는 학문이 행정학이다. 그런 점에서 행정사는 행정학의 한 분야이다. 그런데 행정사는 되돌아갈 수 없는 과거의 시간 속에서 전개된 행정 현상만이 그 인식 및 연구 대상이 된다. 우리는 행정의 연구에서 주로 과거의 행정 현상에 관한 연구 분야인가, 현재의 행정 현상에 관한 연구 분야인가에 따라 행정학을 <표 1-1>과 같이 범주화할 수 있다.

행정사는 행정 사상이나 행정학사와 마찬가지로 행정학에 속하는 분야이며, 특히 과거의 행정 현상에 관한 분야를 다룬다. 그런 점에서 경험적으로 관찰 가능한 현재

표 1-1 행정학의 분야

과거의 행정 현상에 관한 연구 분야	• 행정사, 행정사상사, 행정학사
현재의 행정 현상에 관한 연구 분야	• 행정철학과 윤리 • 정책과 기획 • 일반관리(general management): 조직, 인사, 재무, 사무관리 등 • 지역 및 공간에 관련되는 행정: 국가행정과 지방행정, 정부간 관계, 광역행정, 도시행정 • 비교행정: 국가 간 비교행정 • 행정조사 및 연구방법론 • 기능적 분야별 행정: 복지, 통상, 세무, 노동, 공안, 환경, 경찰, 과학기술행정 등

의 행정 현상을 연구하는 분야에 속하는 행정학과 차이가 있다. 행정사가 행정학의 한 분야에 속함으로써 현재 행정의 역사적 발생 기원과 그 전개 및 인과 관계에 관한 학문적 자료를 제공해 주며, 실제의 행정 정책과 기획, 그리고 관리와 운영에 필요한 교훈을 준다. 행정사를 경시하는 행정의 연구는 자칫하면 공허한 상태에 빠질 수 있다. 반면에 현재의 행정, 정책, 기획 및 관리 운영과 유리된 행정사의 연구는 행정을 연구하는 목적을 모호하게 할 수 있다. 행정학과 행정사는 서로 보완 관계를 가질 수 있다. 그러나 행정사는 행정학 분야인 동시에 역사학 분야라는 이중적 성격을 지니고 있다.

행정학은 사회과학의 영역이지만 행정사는 사회과학인 행정학에 속하면서 인문과학인 역사학의 한 분야이다. 행정학은 현재의 행정 현상을 연구할 때 가설을 설정하고 실험적 방법을 적용해 어떤 보편적 법칙을 확립하는 데 연구의 목적을 둔다. 그러나 행정사는 과거에 일어난 사실들의 전후 관계와 인과 관계를 연구해 설명하는 데 목적이 있다.

(3) 정치사 및 통치사로서 행정사

역사의 연구는 원래 정치사로부터 시작되었고, 대체로 19세기까지는 정치사 및 통치사 중심이었다(Elton, 1994: 87). 19세기 이전의 정치, 통치 및 행정은 미분화 상태에 있었다. 따라서 당시까지의 행정사는 정치사 및 통치사와 분리해 이해하기 힘들다. 19세기에 이르러 프랑스의 보냉(Charles-Jean Bonnin)이 통치와 행정의 분리론을 체계화했고, 독일의 슈타인(William Howard Stein)이 헌정과 행정을 분리했으며, 미국의 윌슨(Woodrow Wilson)이 정치·행정 분리론 및 이원론을 구축했다. 그러나 오늘날도 정치, 통치 및 행정은 기능적으로 서로 분리되면서도 공유하는 영역이 넓고 밀접하게 관련되어 있는 과정의 연속선상에 존재한다.

정치사의 소재인 정치란 무엇인가를 한 마디로 규정하기는 힘들다. 대체로 몇 가지 견해로 요약할 수 있다(이극찬, 1986: 92). 첫째, 정치란 국가의 활동이다. 즉, 정치란 국가의 창조와 결정(정책 결정) 및 그 행사(집행)를 둘러싼 인간의 활동이다. 게텔(Richard Glenn Gettell), 가너(J. W. Garner) 및 길크리스트(Ramsay Muir Gilchrist) 등은 정치란 국가의 근본 활동이라고 규정한다. 특히 길크리스트는 "정치학이란 국가와 정부의 문제를 연구하는 학문"이라고 규정한다(Gilchrist, 1952: 1). 또한 이스턴(David Easton)은 "정치란 사회를 위한 가치의 권위적 배분"(Easton, 1953: 126)이라고 정의한다. 이러한 권위적 배분은 역사적으로 볼 때 정치 기구와 정부가 중심이 되어 수행했다. 둘째, 정치란 국가에만 특유한 현상이 아니라 인류의 사회집단 일반의 현상이다. 셋째, 정치란 지배 복종 관계로서의 사회 통제 작용(권력 작용)이다. 넷째, 정치란 일정한 사회적인 가치 촉진의 현상이다. 다섯째, 정치란 경제적 착취를 목적으로 하는 계급적 지배 현상이다.

정치를 위와 같이 다섯 가지 견해로 정리한다면 정치사도 그러한 견해를 바탕으로 규정할 수 있다. 즉, 정치사란 과거에 이루어진 ① 국가의 창조와 결정(정책 결정) 및 행사(집행 및 관리) 활동, ② 사회의 집단 현상, ③ 사회의 통제 작용 및 권력 작용, ④ 사회적인 가치 촉진 현상, ⑤ 경제적 착취를 목적으로 하는 계급적 지배 현상에 관해 그 전후 관계 및 인과 관계를 기술하고 설명하는 것이라고 할 수 있다.

이와같이 정치사를 구성하는 여러 측면 중 첫째 측면, 즉 과거의 정치 기구 및 정부를 통해 이루어진 국가의 창조, 결정(정책 결정) 및 행사(집행 및 관리) 활동을 기술하고 설명하는 것을 정치사라고 규정하는 측면은 행정사와 직접적으로 관계되고 겹친다. 행정이란 국가가 당면한 공공 문제를 해결하기 위해 정부가 정책을 결정하고 집행 및 관리하는 활동이며, 행정사란 과거에 국가에서 발생한 그와 같은 활동을 기술하고 설명한다. 이러한 부분과 맥락에서 행정사는 정치사로서, 혹은 정치사의 일부로 본다.

행정사는 통치사, 혹은 통치사의 일부이기도 하다. "통치 기능 및 통치 작용이란 통치기구(국가기관)가 국가 목적을 실현하기 위해 수행하는 정치적·규범적인 기능들이다(권영성, 1999: 630-631). 이러한 통치 행위는 원래 넓은 의미의 행정에 포함되었다. 다시 말하면, 넓은 의미의 행정에는 통치 행위(acte de gouvernment)와 좁은 의미의 행정이 포함된 것이다(김동희, 1999: 9; 홍준형, 1997: 43). 좁은 의미의 행정이란 실질적 의미의 행정이라고도 말할 수 있는 것으로, 그것은 "사회적 형성 작용, 공익 실현 작용, 능동적 미래 지향적 형성 작용, 개별적인 사안의 규율과 특정한 계획의 실현을 위한 구체적 조치를 취하는 작용"이다(홍준형, 1997: 42). 통치 행위와 좁은 의미의 행정이 넓은 의미의 행정 속에서 미분화된 상태로 이해되었던 탓으로 19세기 이전의 행정사와 통치사는 분리가 안 된 상태였다고 할 수 있다. 오늘날은 행정과 통치 행위를 이론적으로나 제도상으로 분리하고 있지만 실제로는 국가의 통치 작용 및 통치 행위를 행사하는 중심이 행정에 존재하는 것이 대부분 국가의 현실이다.

행정권은 국가의 권력 중에서 가장 항상적(恒常的)이고 가장 큰 계층제적 관료제 기구와 기능을 가지며, 국가 권력의 실력적 부분인 경찰과 군대도 그에 속한다. 국가의 법률과 명령도 행정기관을 통해 집행된다. 가령 입법기관은 개폐(開閉)되며 때로는 해산되기도 하나 행정을 통한 국가 활동은 국가의 존속에 필수 불가결한 것이다. 이러한 맥락에서 역사적으로 행정사는 통치사와 동일시되거나 통치사의 중심적 구성 부분으로 인식되어 왔다고 할 수 있다.

제 2 절 행정사의 분류·연구 영역 및 시대 구분

1 행정사의 분류

행정사는 과거의 행정 현상 혹은 행정에 관한 사실 전체를 일반적으로 연구하는 일반 행정사와 과거의 어떤 기간 혹은 시대, 왕조 및 정권, 공간, 기능 및 행정 과정을 기준으로 여러 가지 주제로 나누어 연구하는 분야별 행정사가 있다.

일반 행정사는 대체로 과거의 모든 행정 현상을 포괄해 연구하는 '행정 통사(行政通史)'와 같은 형식을 취하며 설명의 수준이 비교적 추상적이다. 분야별 행정사는 연구 기간 및 시대에 따라 고대, 중세, 근대, 현대 행정사 등으로 구체화하거나 왕조 및 정권에 따라 고려왕조 행정사, 조선왕조 행정사, 제1공화국 행정사 등으로 세부적인 연구를 할 수 있으며, 공간에 따라 세계 행정사, 동양 행정사, 한국 행정사 혹은 미국 행정사, 지방 행정사 및 도시 행정사 등으로 분류할 수 있다. 또한 행정의 기능에 따라 외무 행정사, 내무 행정사, 농림 행정사, 복지 행정사, 문화 예술 행정사, 교육 행정사, 경찰 행정사 등으로 나눌 수도 있고, 행정의 구조 및 과정을 기준으로 행정 조직(행정 기구) 및 관료제사, 정책사, 인사 행정사, 재무 행정사 및 감사 행정사 등으로 분류할 수 있다. 이러한 분야별 행정사는 연구의 대상을 특정화하고 한정해 집중적으로 연구하므로 그 설명이 매우 구체성을 갖는다.

표 1-2 행정사의 분류

- ■ 일반 행정사 – 행정 통사(通史)
- ■ 분야별 행정사
- • 기간 – 고대 · 중세 · 근대 · 현대 행정사
- • 왕조 및 정권 – 삼국 시대 · 고려 · 조선 · 일제 · 대한민국 행정사 등
- • 공간 – 세계 행정사 · 동양 및 서양 행정사
  - – 국가별: 한국 · 중국 · 미국 · 영국 행정사 등
  - – 지방 및 도시: 지방 행정사 · 도시 행정사
- • 기능 – 외무 · 내무 · 상공 · 교육 · 국방 · 보건 · 건설 · 농림 · 정보 통신 · 복지 · 환경 · 세무 · 노동 · 문화 · 경찰 행정사 등
- • 행정의 구조 및 과정 – 조직 · 관료제 · 정책 · 기획 · 인사 · 재무 · 감사 행정사 등

2 행정사의 연구 영역

행정사의 연구 영역이란 과거의 행정 현상 중에서 무엇을 대상으로 삼아 연구하느냐에 관한 것이다. 다시 말하면 연구 대상의 범위의 설정 문제이다. 행정사의 연구 영역 및 연구 범위의 설정은 그것이 일반 행정사인가 특수한 분야별 행정사인가에 따라 차이를 두어야 한다.

일반 행정사의 경우는 가능한 한 과거의 행정 현상을 빠짐없이 그 연구 영역에 포함시켜야 한다. 그러나 이 경우도 수많은 행정 현상을 하나하나 모두 다루기 어렵기 때문에 몇 가지 영역을 정해 연구함으로써 설명의 일반화에 편리를 도모할 수 있다. 행정사의 연구 영역에 관해 여러 학자들이 제시하고 있는 견해를 <표 1-3>에서 살펴볼 수 있다. 이들의 견해는 일반 행정사의 연구 영역에 관한 것으로 보인다.

대체로 서구 학자들이 제시하는 행정사의 영역은 ① 행정 이념, ② 행정 구조, ③

표 1-3 행정사의 연구 영역에 관한 견해

학자	주요 영역
Van Braam	• 구조(특히 조직) • 기능(특히 과정) • 인사
Lynton K. Caldwell	• 이념 • 제도 • 실제
E. N. Gladden	• 리더십과 최고관리 • 기능과 조직 • 인사 • 행정 기술 • 인물의 전기 • 이론
José M. Garcia Madaria	• 법 • 제도 • 조직 • 이념 • 실제 • 관습 • 사회와의 관계
André Molitor	• 이념 • 구조 • 인사 • 서비스 • 방법과 기술 • 의사 결정 과정
박동서(A)	• 목적: 발전 이념, 이상적 모형, 봉사 대상 및 역할 • 구조: 결정권, 정치 및 행정 간의 분화, 행정의 분화(종횡), 계선과 막료, 의사 전달, 계층제, 충원 방법, 세입의 기준 및 결정 • 기능: 결정권, 정치 및 행정 간의 분화, 행정의 분화(종횡), 계선과 막료, 의사 전달, 계층제, 충원 방법, 세입의 기준 및 결정, 민관 관계
박동서(B)	• 환경(생태면): 정치 이념, 정치 체제, 경제 통제, 대인 관계 • 행정: 목적, 정책 결정, 구체화 • 성과
김운태	• 환경적 상황: 경제사회적 기반, 정치문화 • 통치 구조와 기능: 국왕의 지위, 중앙통치 구조, 지방행정 조직 • 행정 과정: 인사, 재무, 호적관리, 교통 · 통신 • 정책 결정 과정 • 통치 구조와 과정의 변화 및 개혁 등
장동희	• 행정 환경 • 행정 주체 및 이념 • 행정 제도 • 행정 정책 및 관리
정시채	• 중앙관제(중앙행정 제도), 지방관제(지방행정 제도), 인사 제도, 보수 제도, 군사 제도, 행정 개혁 등

행정 기능, ④ 행정 제도, ⑤ 행정 기술, ⑥ 의사 결정, ⑦ 행정의 실제, ⑧ 행정과 사회와의 관계 등으로 요약할 수 있으며, 한국 학자들은 ① 행정 환경, ② 행정 이념, ③ 행정 제도, ④ 정책 결정, ⑤ 행정 구조, ⑥ 행정 기능, ⑦ 행정 개혁 등을 제시하고 있다.

이와 같은 연구 영역은 중세, 근대, 현대 행정 등의 시대별 행정사나 왕조나 정권별 행정사, 혹은 국가별 행정이나 지방 및 도시 행정의 연구 영역으로 수용해도 무리는 없을 것으로 생각된다. 그러나 외무, 내무, 복지, 환경, 문화 예술 등과 같은 특수 기능별 행정사를 연구하거나 조직(기구), 정책, 인사, 재무 행정 등과 같은 구조 및 과정별 연구를 할 때에는 각각의 기능이나 구조 및 과정의 성격에 적합한 연구 영역을 설정해야 할 것이다.

3 행정사의 시대 구분

역사란 과거의 시간 속에서의 사건이나 현상의 변화를 다루는 것이며, 변화하는 사건이나 현상은 인위적으로 절단해서 설명하기 어려운 연속성과 맥락을 갖는다. 그러나 역사를 연구하는 사람들은 연구 대상이 속하는 시간과 시대를 한정함으로써 연구 대상의 시간적 및 시대적 범위를 더욱 명확하게 할 수 있다. 역사학의 한 분야인 행정사의 경우도 마찬가지이다.

행정사의 시대 구분은 여러 가지 기준에 따라 이루어지고 있다.

첫째는 왕조(王朝) 및 정권의 변화를 기준으로 시대를 구분하는 것이다. 예를 들면 고조선-삼국-고려-조선-일제-대한민국 시대, 혹은 프랑스나 한국의 제1·2·3·4·5·6공화국, 미국의 트루먼 행정부-케네디 행정부-닉슨 행정부 식으로 시대를 구분하는 것이다. 역사의 시대 구분에서 과거에 가장 많이 이용되었던 방식이다. 정권의 변화는 정치적 변화를 의미하며, 행정의 변화는 정치적 변화에 수반해 변화하는 것이 일반적이므로 이러한 시대 구분은 중요하다고 할 수 있다. 그러나 나라마다 자기 나라의 정치 변화별로 행정사의 시대를 구분하게 되면 세계적 보편성을 결여하게 될 것이다.

둘째는 현재를 기준으로 삼고, 시간의 원근에 따라 시대를 구분하는 것이다. 이것은 서구 학자들이 규정한 고대, 중세, 근세의 3분법 혹은 3분법에 근대와 현대를 추가한 5분법을 이용하는 방식이다. 왕조나 정권을 기준으로 구분하는 것보다는 보편성이 있으나 원래 서구의 역사 발전에 근거해 구분한 것을 역사 발전에 차이가 있는 비서구 국가들에 적용하는 데는 무리가 따른다.

표 1-4 행정사의 시대 구분

학자들	시대 구분 내용
E. N. Gladden • 세계행정사(일반)	역사의 시작(B.C 20000~B.C 6000) - 고대 이집트(B.C 3400~B.C 525) - 지중해 도시 국가(B.C 2000~B.C 146) - 로마제국(B.C 146~서기 330) - 인도와 중국(B.C 5000~서기 1125) - 비잔티움(-서기 1025) - 서구의 탄생(500~1066) - 중세 유럽(1000~1500) - 중동: 동서의 충격(1071~1683) - 유럽에서의 새로운 행정의 탄생(1610~1786) - 중국: 송나라 이후 - 인도(1556~1853) - 혁명의 시기(1649~815) - 현대 행정 체제의 발전 - 새로운 시대의 수요에 적응하는 행정의 발전
A. Lapawsky • 세계행정사(일반)	고대 이집트 왕조 - 고대 중국 - 고대 그리스 도시 국가 - 로마제국 - 중세의 영국과 프랑스 - 17 · 18세기 독일과 오스트리아 - 19세기 미국 - 20세기
김운태 • 조선왕조 이후 한국행정사(일반)	근세 조선왕조(1392~1876) 근대 조선왕조(1876~1905) 일제 보호통치기(1905~1910) - 일제 식민통치기(1910~1945)
장동희 • 한국행정사(일반)	고대: 부족국가, 삼국 · 통일신라 시대 중세(1): 고려 시대 중세(2): 조선 시대 근대(1): 개화기 근대(2): 대한민국 임시정부 시대 현대: 대한민국 시대
정시채 • 한국행정제도사(일반)	고조선 - 한사군 - 고구려 · 백제 · 신라 - 고려 - 조선왕조 - 일제 식민통치 시대 - 대한민국
吉富重夫 • 관료제도사(특수 분야)	절대관료제(royal servant) - 정당관료제(party servant) - 공무원제(public servant)
F. C. Mosher • 미국의 공무원 제도 (인사행정)의 역사 (특수 분야)	신사들의 통치: 후견적(guardian) 시대(1789~1829) 보통 사람들의 통치: 엽관제 시대(1829~1883) 선(good)의 통치: 개혁의 시대(1883~1906) 능률적 통치: 과학적 관리의 시대(1906~1937) 행정가들의 통치: 관리(management)의 시대(1937~1955) 전문가(professional)의 통치: 과학적 시대(1955~)

셋째, 사회 경제의 발전에 따라 원시 공동 사회-봉건제 사회-자본주의 사회 등으로 구분하기도 한다. 주로 사회경제사 학자들이 분류하는 방식으로 어느 정도 보편성이 있으나 각 국가의 사회경제 발전의 역사적 성격 규정에 어려운 점이 많다.

넷째, 주제에 의한 구분이다. 어떤 시대의 행정에 내재하는 특징을 상징하는 개념을 사용하는 방식이다. 예를 들면, 모셔(Fredrick C. Mosher)는 미국 공무원 제도(인사행정)의 역사를 신사들(gentlemen)의 통치(1789~1829) → 보통 사람들의 통치(1829~1883) → 선(善, good)의 통치(1883~1906) → 능률의 통치(1906~1937) → 행정가들의 통치(1937~1955)의 전개로 표현하고 있다(<표 1-4> 참고).

이러한 구분은 각 시대의 역사적 성격을 뚜렷하게 부각시키는 장점이 있으나 사람들 간에 그러한 역사적 성격에 관해 합의가 잘 이루어지지 않는 경우가 많다.

위와 같은 여러 기준에 따라 행정사의 시대 구분이 이루어지고 있으나 실제로 행정사의 연구자들은 그러한 기준 중 어느 것 하나만 적용하기도 하고 여러 기준을 혼합하기도 한다. <표 1-4>에 제시하고 있는 여러 학자의 시대 구분을 보면 고대, 중세, 근세, 근대 및 현대의 시대를 중심으로 구분하는 경우도 있고(Gladden, Lapawsky, 김운태 참조), 왕조와 정권 중심으로 구분하는 경우도 있으며(정시채 참조), 고대, 중세, 근대, 현대로 나누고 거기에 해당하는 왕조 및 정권을 나열하는 식의 일종의 혼합적 기준을 적용하는 경우도 있고(장동희 참조), 주제를 기준으로 시대 구분을 하는 경우도 있는 것이다(吉富重夫, Mosher 참조).

제 3 절 행정사의 연구 방법론

1 연구 방법의 의의

하나의 학문으로서 행정사의 연구에도 일정한 방법이 있다. 그러나 그 방법이란 다른 인문·사회 과학의 연구 방법과 대체로 유사하며, 다만 부분적으로 역사학이라고 하는 특수한 성격에 적합한 방법을 선택해 응용할 뿐이다. 우선 역사학은 그 연구 대상이 이미 지나가 버린 과거의 사건이나 현상에 관한 것이다. 역사의 연구가 하나의 과학으로서 그 방법이 정밀하게 확립되기 시작한 것은 19세기 말부터이다.

랑케(Leopold Ranke)의 실증주의와 베른하임(Ernst Bernheim)의 연구 방법에 관한 이론 등이 그 기초를 세우는 데 크게 기여했다. 베른하임은 "연구 방법이란 연구 대상이 되는 소재에서 연구자가 원하는 인식을 얻기 위한 수단이나 방법을 말한다"고 정의한다(Bernheim, 1992: 95). 또한 컬링거(F. N. Kerlinger)는 "역사의 연구(historical research)란 과거의 사건(events)과 그 전개와 경험에 대한 비판적 연구로서 과거에 대한 정보원(情報源)의 타당성의 근거를 주의 깊게 고찰하고 그렇게 검토된 근거에 입각해서 해석(interpretation)하는 것"이라고 말한다(Kerlinger, 1973: 701). 컬링거가 정의한 내용을 분석해서 말하면 첫째, 역사의 연구 및 인식 대상은 과거의 사건과 그 전개와 경험이고, 둘째, 그러한 대상의 연구과 인식은 그 대상이 지니고 있는 어떤 정보원(information source) 혹은 지식원(knowledge source)에 접근함으로써 가능하게 되며, 셋째, 그 정보원 혹은 지식원에서 획득한 자료의 비판적 검토에 입각해 과거의 사건이나 사실을 해석하는 일련의 과정과 방법을 역사 연구라고 할 수 있다.

역사의 연구 대상은 과거의 사건이나 현상이므로 그것은 현재에는 없는 것이다. 따라서 역사를 연구하는 사람은 과거의 사건이나 현상을 현재 직접 관찰하거나 실험할 수도 없으므로 그것을 간접적으로 알아볼 수 있는 유형·무형의 자료를 수집하고 자료를 비판적으로 검토해 사실을 추리하고 사실들 간의 관계를 설명 혹은 해석하는 의도적인 과정과 방법을 설정하고 추구한다. 앞에 소개한 베른하임은 역사의 연구 방법에 포함되는 주요 항목으로 사료의 수집, 사료의 비판, 해석, 파악, 서술 등을 언급한다.

2 연구의 절차

학문의 연구는 그 연구 대상에 관련되는 자료의 수집, 분석, 그리고 분석 결과의 설명 혹은 해석의 순서로 이루어진다. 이러한 절차를 역사 연구에 적용하여 말하면 사료(史料)의 수집, 사료의 비판, 사료에 입각한 해석 및 설명이라고 할 수 있다.

1) 사료의 수집

사료란 역사의 재료 혹은 증거를 말한다. 역사의 연구자는 사료를 통해 과거를 알아 내는 것이다. 그것은 특정한 역사적 연구 대상을 파악하는 데 필요한 정보의 원천 혹은 지식의 원천이라고 말할 수 있다. 역사의 인식이란 사료로부터 추리하는 작업이며 과거의 역사적 사실은 그것으로부터 추리되어 결정되는 것이다. 사료 없이는 과거의 일을 알 수 없다. 역사 연구 방법이란 간단히 말하면 역사의 증거인 자료에 입각해서 올바른 역사 인식에 도달하고자 하는 방법이라고 할 수 있다. 행정사는 그 대상이 과거의 장구하고 역동적인 행정 현상이기 때문에 그 증거로서 채용되는 사료는 매우 다양하고 광범위하다. 행정사의 사료는 첫째, 유물(물적) 사료로서 금석문, 비문, 공공 건축물, 공공 기념물, 행정 사무용품 등이 있으며, 둘째는 기록 사료, 즉 기록된 문헌 사료이다. 문헌 사료는 1차 사료와 2차 사료로 나누어 생각할 수 있다. 1차 사료는 원사료(原史料, primary source)라고 하는 것으로 연구자가 주제로 삼고 연구하는 그 시대에 남겨진 직접적인 기록이다. 따라서 연구에 비교적 정확한 지식과 정보를 제공해 준다. 당시의 회의록, 공문서, 법령집, 정부 통계, 통치자나 관료들의 일기, 문집, 서한, 전기, 실록(實錄), 보고서 등이다. 2차 사료는 원사료에 근거해서 기록한 것으로 간접 사료라고도 한다. 논문, 저서 등이 여기에 속한다. 셋째로는 말로써 전해 오는 구전 사료(口傳史料)이다.

역사의 연구자는 자신의 연구와 관련된 역사적 자료를 수집하기 위해 도서관, 박물관, 정부 문서 보관소 및 기록 관리소를 방문하고 사적지를 답사해 사료를 수집하고 발견해야 한다.

2) 사료의 비판: 검토 및 고증

사료의 비판이란 수집된 사료의 진위(眞僞), 신빙성, 신뢰성 및 타당성 등을 비판적으로 검토하고 평가하는 과정이다. 이것은 고증(考證)이라고도 말할 수 있다. 사료의 비판을 거침으로써 연구 목적을 달성하는 데 적실하고 정확하며 객관적인 사료를 확보하는 것이다. 흔히 사료의 비판은 외적 비판(external criticism)과 내적 비판(internal criticism)으로 구분해 행한다. 사료의 외적 비판이란 그 외형적 상태를 검토, 평가하는 것을 말한다. 사료의 출처, 내력, 시대, 기록자, 필체, 문구, 언어 등의 진위, 신뢰성 및 타당성 등을 주로 검토한다. 또한 사료의 내적 비판이란 사료의 동기와 내용 및 진술의 신빙성 등을 검토하는 일이다. 예컨대 과거의 어떤 사람의 문집에 그 당시의 행정에 관한 기록이 있다고 할 때 과연 그 사람이 그러한 기록을 남길 만한 사회적·공적 지위와 지식이 있었는가, 그러한 기록을 남긴 의도는 무엇이며, 기록의 의미는 무엇인가를 세밀하게 비판적으로 검토한다. 이러한 검토를 통해 사료의 질적 수준과 가치를 판단하는 것이다.

3) 사료의 해석

역사의 연구 방법과 절차는 사료의 수집으로부터 시작하고 사료의 해석으로 완성된다. 어떤 사료도 그 스스로는 직접 설명하지는 않는다. 사료는 해석되지 않으면 가치가 없다. 해석(interpretation)이란 사료에 대해 의미(meaning) 또는 의의(significance)를 부여함으로써 설명하는 것이다(강신택, 1995: 209). 가령, 사료에 나타나는 어떤 사건의 날짜가 신뢰성이 있고 객관적이며 타당성이 있는 것이라면 그것은 하나의 사실이 되는 것이다. 그러나, 그 사실이 정확하고 진실하다 하더라도 역사가는 그 사실이 언제, 왜 일어났으며 당시의 상황에 비추어볼 때 그것이 지니는 의미는 무엇이며 현재의 의미는 무엇인가를 설명하는 것이 더욱 중요하다. 이것이 바로 역사적 해석의 차원이다. 사료의 해석을 통해 여러 역사적 사실 및 사건 간의 인과 관계가 추론되고 그들의 관계와 의미가 설명되는 것이다.

제2장

고조선, 부여 시대의 행정

제 1 절 고조선

1. 행정 환경

우리 한국의 국가 형태 역사의 시작은 단군에 의한 조선 건국(檀紀 1년. 서기 B.C. 2333년) 시기부터이다.[1)]

단군에 의해 조선이 개국할 당시의 도읍은 너른 아리라 지역인 송화강 유역에 있는 합이빈(哈爾濱, 하얼빈)인데, 이곳의 옛 이름이 부여(扶餘)이다(신채호, 1986: 106).[2)] 이곳은 대왕(大王)이 있던 신한(辰韓), 즉 신 조선의 도읍지요, 부왕(副王) 중 하나는 평양에 도읍했으니 말한(馬韓)인 말 조선이고, 또 하나의 부왕은 요동 개평에 도읍했으니 불한(卞韓)인 불 조선이다(신채호, 1986: 128-131). 이 세 조선은 단기 1900년경

---

1) 조선(朝鮮)은 '동쪽의 해뜨는 곳'(『신증동국여지승람』), '아침의 땅', '아사달'의 한자적 표현으로 볼 수 있고, 주신(珠申), 숙신(肅愼)으로도 표현된다고 보는 견해가 있다(고구려연구재단 편, 2004: 17-19).

2) 부여(夫餘, 扶餘)는 나중에 국가명으로도 쓰여지는데, 이곳 길림 지역은 너른 평야로서 곡창지대였다. '벌(伐, 弗, 火, 夫里)'이라는 말에서 유래되었다고도 한다(강만길 외, 1995, 2권: 128),

(B.C. 4세기)에는 각각 분립해 신 조선은 단군 왕검의 자손인 해씨(解氏)가, 불 조선은 기자의 자손인 기씨(箕氏)가, 말 조선은 한씨(韓氏)가 왕권을 승계했다. 이 때는 구석기 시대와 신석기 시대를 거쳐 청동기 문화가 시작되던 때로서 생산력과 그에 따른 인구 증가 현상이 나타난다. 청동기 문화의 발전은 씨족 간 통합을 유발했고, 아울러 성읍(城邑) 형태의 국가를 만들어 냈다. 초기의 고조선은 씨족(氏族) 생활 → 포족(胞族, phratry) 생활 → '성읍 국가 또는 부족 국가' → 연합 국가 → 통일 국가의 과정을 거치면서 고대 강국으로 성장해 갔다.

단군 영정

서울 사직단 단군성전에서 치러지는 단군 봉축 대제전
(자료: 왕실도서관 장서각 디지털 아카이브)

고조선의 건국 시기는 요(堯)가 중국을 건국하던 시기와 일치한다. 이는 동북 아시아에서의 문명 발전이 비슷한 궤도를 가고 있음을 말해 준다. 지금의 황해, 발해만을 중심으로 황하 하류, 요동과 요서, 만주, 한반도 지역을 아우르는 동이 문화권(東夷文化圈)은 황하 중류의 화하(華夏) 문화권, 양자강 이남의 남방 문화권, 몽골 지역의 북방 문화권과 함께 발전해 왔다. 이들 문화권은 서로 경쟁과 교류를 하면서 오늘날에 이르고 있다.

초기 조선의 중국과의 세력 경쟁은 여러 문헌에 보인다.[3] 문자로서의 역(易)을 만

---

3) 고조선에 대한 기록이 매우 적은 상황에서 우리는 간헐적인 중국 쪽 문헌에 의존하면서 우리 초기 역사의 실체를 유추하는 수밖에 없다. 이 때 한 가지 유의할 것은 우리와 경쟁 관계에 있던 중국 쪽 기록

들고, 수렵과 사냥 기술을 가르쳤다는 복희(伏羲), 중국 시조신인 황제(黃帝)와 탁록(啄鹿)의 들에서 전쟁을 벌였던 치우(蚩尤), 요의 뒤를 이은 황제 순(舜), 하나라 창업자인 우(禹)의 치수를 도왔다는 고요, 백익의 활약은 모두 우리 민족의 역사를 말해 준다. 황하 유역은 조선족과 화하족이 번갈아 지배를 했으니, 중국족 요 → 조선족 순 → 중국족 우의 하(夏) → 조선족 탕(湯)의 은(殷) → 중국족 문왕의 주(周) 식으로 발전해 왔다.[4] 은나라는 흰옷을 입고, 갑골 문자를 사용했으며, 인월(寅月)을 1월로 사용했다. 은나라가 중국족에 멸망하자 기자(箕子)는 유민들을 이끌고 동쪽으로 이주해 고조선에 망명한다. 이런 쟁패 관계는 지속되어 중국족이 강성할 때는 동이족인 우리가 밀려나 동북부와 한반도로 위축되고, 우리가 강성할 때는 황하 하류와 산동 지역, 발해만 북부 지역이 우리 관할로 들어왔다.

단군조선이 1200년 넘게 지속되다가 은나라 멸망(단기 1211. B.C. 1122) 후 이주해 온 기자의 후손들에 의해 건국된 기자조선으로 다시 1000년 가까이 지속되었다. 한나라의 융성에 따라 위축된 황하 하류, 산동 지역의 동이족들이 이동해 오면서 다시 위만(衛滿)이 왕조를 이어 위만조선(단기 2139~2225. B.C. 194~108)으로 86년간 존재하다가 멸망한다.

정치 면에서 보면 단군조선은 초기에는 제정(祭政) 일치의 형태를 띠었다가 점차 제정 분리의 길을 걸었을 것이다. 단군과 기자는 통치자로서 재위했던 당시로부터 지금까지 민족의 창조주 신으로 숭앙받고 있다.[5] 최고 통치권은 요순식의 선양(禪讓) 방식보다는 형제 상속과 부자 상속이 복합적으로 이루어지다가 나중에는 부자 상속으로 자리잡았다.

경제는 조선의 터전이 너른 평야 지대였음을 감안할 때 국민들은 주로 농업과 목축, 수렵에 종사했을 것이다. 청동기의 확산은 사회적 생산성 증대를 가져왔는데, 당시의 유적들에 그 흔적이 남아 있다. 석탄리 시우골 유적지에서 나온 반달칼과 도끼, 턱자귀 등은 알곡 생산에 쓰였던 농구들로서 농업 생산의 증대를 말해 주고, 각종 방직 도구, 여러 형태의 거푸집들은 청동기 시대의 수공업 형태를 보여 준다(사회과학원 역사연구소, 1988: 37-40). 또 많은 돼지 뼈와 소, 말 등의 뼈는 가축 사육이 증

이 의도적으로 우리 한국의 존재를 폄하하고, 왜곡하는 수가 많았음이다.

4) 이 부분은 한영우(1999)와 비슷한 입장이다.

5) 『환단고기(桓檀古記)』 등 단군 관련 문헌들을 보면 신격화 수준의 임금들의 명단이 제시되고 있다.

가했음을 보여 준다.

조선 초기 청동기 시대를 지나 후기 철기 시대(단기 1300년대 이후)로 오면서 더욱 생산량 증가가 이루어지고, 상업과 대외 무역이 발전해 중국의 여러 나라와 교역도 이루어졌다. 『관자(管子)』에 보면 단기 1500년(B. C. 700년)경, 산동반도의 제나라와 모피옷 등을 교역했다고 한다. 기자조선 말기와 위만 조선기에는 상인들이 발해만 유역을 넘나들며 활발한 교역을 했다.

사회적으로는 모계 사회에서 부계 사회로 진행되었고, 지배 계급과 피지배 계급의 분화가 이루어졌다. 요동 반도의 강상 무덤에서 많은 부장품과 함께 순장(殉葬)당한 사람들의 뼈가 무더기로 발견되었는데 이는 엄격한 지배 계층이 존재했다는 말이다.

2. 행정 조직과 관리

1) 단군 신화 속에 나타난 행정

하느님(桓因)의 위엄을 지닌 임금(王儉)인 단군(檀君)이 새로운 창업주가 되어 아사달이라는 곳에 도읍을 정하고 국가 통치의 틀을 다졌다. 단군은 하늘의 신표인 천부인(天符印)을 지니고 있었는데 이는 군주의 권위를 상징하는 물건일 수 있다. 중국 통치자들의 신표인 용, 도끼, 옥과 같은 것들이나 일본 통치자들의 신표인 방울, 거울 등과 같은 것이었을 수 있다. 권위의 상징, 무력의 상징, 지혜의 상징을 뜻하는 것으로 왕권, 통치권을 뒷받침하는 물건일 것이다.

통치 조직을 셋(風伯, 雨師, 雲師)으로 분화시켜, 곡(穀), 명(命), 병(病), 형(刑), 선악(善惡)을 관장케 했다. 여기서 백(伯)은 관료들의 우두머리로 조선 시대의 영의정이나 지금의 총리 정도의 직책으로 볼 수 있을 것이다. 사(師)는 군대를 뜻하는 말로 우사, 운사는 좌장군, 우장군 정도였지 않나 싶다. 곡은 농업 생산과 재정을, 명은 비서 역할과 내치(內治)를, 병은 의료와 보건 및 구휼을, 형은 법과 노예를, 선악은 교육과 예절을 담당하는 관직이었을 것이다. 모두 360여 개의 통치 기능을 수행하면서 인간 세상을 교화해 다스리고(在世理化), 널리 인간을 이롭게 하려는(弘益人間) 이념을 내세웠다.

신화 속에 나오는 호랑이와 곰은 두 세력 집단을 상징적으로 나타낸 것이다. 호랑이는 사람이 되지 못했고, 곰은 사람이 되어 단군과 혼인했다는 얘기는 참을성 있고 말을 잘 듣는 곰 집단이 단군의 통치 집단으로 편입되었음을 말해 준다. 초기 건국 과정에서는 무력을 가진 호랑이족 세력들(=武臣)의 힘이 필요했겠지만, 국가 통일이 완료된 후 안정적인 통치를 위해서는 지혜와 덕을 지닌 곰족 세력들이 문신(文臣)으로 필요했을 것이다. 단순히 토템 형태의 부족 대결로 보기보다는 무신 세력과 문신 세력의 교체로 이해해도 좋을 듯 싶다.

2) 행정 조직과 관리

신채호(1986: 110-111)는 조선 시대에 삼경 오부 제도가 있었다고 한다. 삼경(三京)은 신한, 불한, 말한으로 신한이 대왕이고 말한과 불한은 좌우 부왕(副王)이었다. 이 세 '한'은 이두로 표기할 때 辰韓, 卞韓, 馬韓인데, 나중에 세력 경쟁과 중국의 침략에 밀려 한반도 내부로 이주하면서 진한, 변한, 마한으로 자리 잡았다. 삼한의 밑에는 돗가, 개가, 소가, 말가, 신가의 다섯 가(加)를 두고, 전국을 동・서・남・북・중의 5부로 나누어 지방 행정을 담당케 했다. 이 중 신가가 수위(首位)가 되었다.

3. 주요 정책

조선과 이웃한 은나라 사이에는 서로 많은 교류가 있었을 것이기 때문에 은나라의 행정 제도를 살펴봄으로써 간접적으로 조선의 행정 모습을 알 수 있을 것이다. 조선 567년(B.C. 1766), 하 왕조를 무너뜨리고 개국한 은(殷) 왕조(=商)는 조선과 함께 우리 동이족이 세운 나라로서 처음 발해만 유역, 산동반도 박(亳)을 도읍으로 발원했다가 하남 지방으로 이동하면서 중국을 장악했다(서연달 외, 1995: 43). 은나라 유적에서는 한자의 원조인 갑골 문자로 기록한 문서가 발견되어 당시 모습을 말해 주고 있다. 은은 윤(尹)과 경사(卿士) 등의 재상을 두고, 문관과 무관을 구분한 직제를 두었었다. 정전제(井田制)를 사용하고, 천문과 역법을 연구해 태음력(太陰曆)을 만들었다. 엄격한 형법을 갖추었고, 묵(墨), 의(劓), 궁(宮), 비(剕), 대벽(大辟) 등의 형벌을 썼다. 또 순장이 행해졌다.

신채호(申菜浩)의 주장에 의하면, 은나라는 조선의 수두교를 함께 숭상했었다고 한다.[6] 이런 은의 제도는 많은 부분이 조선에서도 활용되었을 것이다. 기자의 동래 이후, 또 위만조선 시기에는 중국 은나라, 주나라 제도와 많은 부분이 유사했다. 조선에도 임금 이외에 상(相), 경(卿), 대부(大夫), 대신(大臣), 장군(將軍), 박사(博士) 등의 관직명이 있었다. 동양 고유의 군왕 – '상과 경' – 대부 – 사 – 서인으로 체계화된 위계 질서가 조선의 통치 조직이었다. 기자의 후손들이 조선 통치를 계승한 뒤 시(詩)·서(書)·예(禮)·악(樂)을 발전시키고, 정전제와 팔조의 교화를 베풀었음이 기록에 보인다(한영우, 1999: 63). 기자가 지은 『홍범구주(洪範九疇)』를 보면 팔정(八政)이 있는데 여기에서 조선 시대의 정부 조직 분화를 살펴볼 수 있다. 식(食)은 농림축(農林畜)의 생산 활동과 관련된 것이요, 화(貨)는 상품 경제를 말하고, 사(祀)는 사직과 천신에 대한 제례요, 사공(司空)은 토목 건축 관련된 것이며, 사도(司徒)는 호구와 재화 및 교육을 담당하는 것이고, 사구(司寇)는 형옥(刑獄)과 경찰을 관장한 것이며, 빈(賓)은 예절과 외교 관계를 맡은 것이고, 사(師)는 군사 업무이다. 이 팔정의 틀은 그 뒤 발전되어 육부, 육조로 변환된다.

은나라 형법 체계와 유사한 것들이 있었고, 지금까지 알려져 있는 8조의 법금(法禁)은 당시 사정을 엿볼 수 있게 한다. "사람을 죽인 자는 즉시 사형에 처한다"는 조항은 사사로운 형벌을 금한 것으로 국가의 율령 체계가 갖추어졌음을 말해 준다. "남에게 상해를 입힌 자는 곡물로써 배상한다"는 조항은 벌금형의 경제 개념이 도입된 것이며, "남의 물건을 훔친 자는 데려다 노예로 삼는다. 단 스스로 속죄하려는 자는 1인당 50만 전을 내야 한다"는 조항은 당시에 광범위하게 노예 제도가 존속했음을 알게 한다.

조선 시대의 영토 지배 방식은 왕이 직접 통치하는 방식과 제후를 두어 간접 통치하는 방식이 병행되었다. 이는 교통과 통신이 제대로 발달하지 못했기 때문에 불가피한 것으로 지금의 영토 지배 방식과는 많은 차이가 있다. 중앙 통치 권력의 힘이 강하면 강할수록 직접 통치 지역의 폭이 넓어지고, 그 반대면 줄어든다. 먼 변방 지역을 정복하고 난 뒤에는 현지민들 중에서 지도자를 제후로 앉히거나 친족 중에서 믿을 만한 사람을 파견해 다스리게 한다.

---

6) 수두는 신단(神壇)이란 뜻으로, 매년 5월과 10월에 일인의 제주(祭主)를 천신(天神)으로 모셔 놓고 신성한 제례를 올렸다. 최고의 수두를 신수두라고 했는데, 삼한의 소도(蘇塗)도 원음은 수두요, 신소도(臣蘇塗)가 곧 신수두였다 한다. 신이 진(震), 단(壇)이 수두를 뜻해 결국 진단이라는 말이 신수두라고도 한다(신채호, 1986: 106-108).

제 2 절 부여

1 행정 환경

부여(夫餘)는 단기 1800년(B.C. 5세기)경에 고조선의 북동쪽 지역에서 나타난 국가이다.[7] 이 때는 고조선의 지배력이 약화되는 시기인데, 부여는 예맥족(濊貊族)인 해모수(解慕漱)에 의해 세워진 나라로 나중에 고구려, 백제의 뿌리가 되었으며, 고구려에게 멸망한 494년(단기 2827년)까지 1000년 정도 지속되었던 나라이다. 부여는 송화강 유역을 중심으로 북으로는 흑룡강 이남부터, 남으로 압록강・두만강 유역에 이르고, 동으로 연해주에 이르기까지 광대한 평야 만주 지역에 자리 잡고 있었다.

진시황이 중국을 통일하던 시기에 우리나라에서는 고조선과 부여가 현재의 요령성과 길림성을 중심으로 웅거하고 있었다(고구려연구재단, 2004: 142). 부여는 포자연류형(泡子沿類型) 유적 등에서 철제 농기구와 토기, 널무덤 등의 생활 용구와 금, 은, 옥으로 만든 장신구, 청동 거울, 비단으로 만든 직물 등 세련된 세공품을 보여 주고 있다.

사방 2,000여 리에, 농업과 목축에 종사하는 8만 여 호의 인구를 가지고 있었다 한다(한영우, 1999: 68). 당시 1호당 평균 6.5명이라는 연구 성과를 기준으로 계산하면 총인구 50여 만 명에 달하는 거대한 국가였음을 알 수 있다. 이는 위만조선 당시 인

7) 북부여, 동부여 등 명칭과 영토의 위치는 아직 학계에서 일치를 보지 못하는 듯하다. 그러나 최근의 견해에 의하면, '북부여'란 탁리국 출신의 동명(東明) 집단이 중심이 되어 길림 지방을 그 중핵지로 기원전 3~2세기 말경 '국가'를 형성, 기원후 4세기 중반경 농안 지방으로 그 중심지를 이동, 이후 기원후 494년까지 존속한 '부여' 그 자체를 지칭한다. 또 '동부여'란 기원후 285년 선비 모용외의 제1차 부여 공격으로 부여(북부여)의 일부 핵심 지배집단이 옥저 지방으로 망명해 건국한 나라로서, 기원후 410년 고구려 광개토대왕의 군사 행동에 의해 공멸되었던 것이다(동북아역사재단, 2007: 168). 또한 부여 유민이 후(後)부여라고 부를 수도 있는 '두막루'를 건설했다는 흥미로운 견해도 있다. 『위서』에는 부여의 잔여 세력이 지금의 흑룡강성 서남부 지역, 즉 구(舊)북부여의 고지에 '두막루'라는 나라를 세우고 8세기까지 존속했다고 기록하고 있다(동북아역사재단, 2007: 156). 즉, 부여를 통한 우리의 역사 무대는 요령성, 길림성, 흑룡강성이라는 지금의 중국 동북 3성 지역이었다.

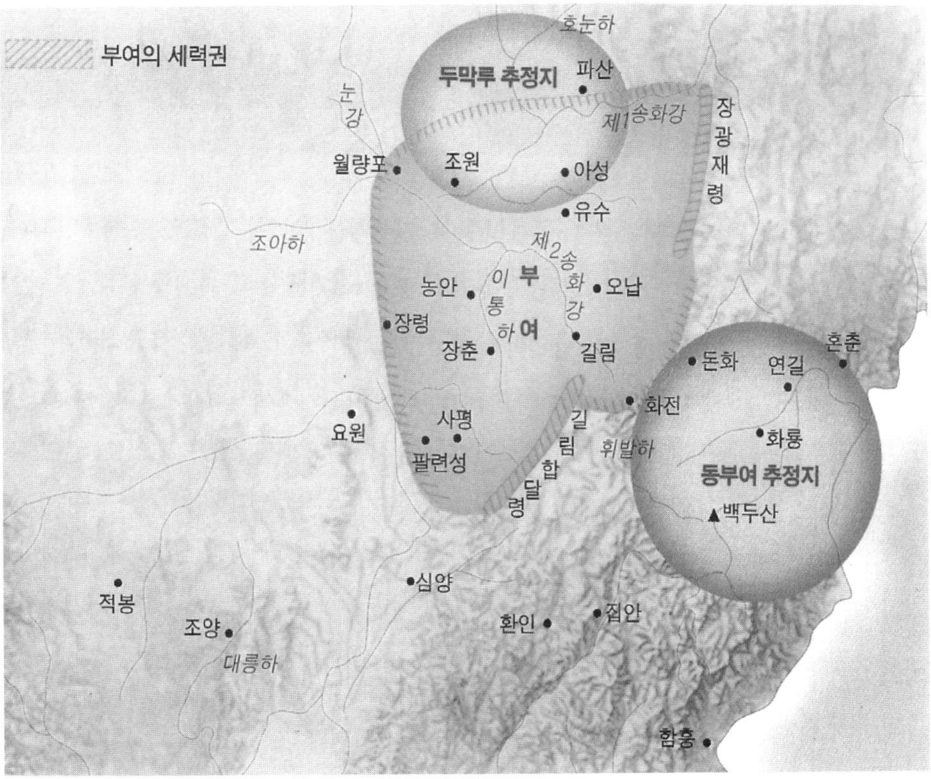

3세기경 부여의 세력권
(자료: 고구려연구재단 편, 2004: 126)

◆ 부여의 동명(東明) 신화

옛날 북방의 탁리(槖離)라는 나라가 있었는데, 그 왕의 시녀가 임신을 했다. 왕이 그녀를 죽이려 하자, 시녀는 "달걀만한 크기의 기운이 나에게 떨어졌기 때문에 임신을 했습니다"라고 했다.

그 뒤에 그녀는 아들을 낳았다. 왕이 그 아이를 돼지우리에 버리자 입김을 불어주어 죽지 않았고, 마굿간에 옮겨 놓았으나 말도 입김을 불어주어 죽지 않았다. 왕은 천제(天帝)의 아들일 것이라고 생각하여 그 어머니에게 거두어 기르게 하고는, 이름을 동명(東明)이라 하고 항상 말을 사육하도록 했다. 동명이 활을 잘 쏘자, 왕은 자기 나라를 빼앗길까 두려워해 죽이려 했다. 이에 동명은 달아나서 남쪽의 엄표수(掩淲水)에 당도해 활로 물을 치니 물고기와 자라가 떠올라서 다리를 만들어 주었다. 동명이 물을 건너간 뒤, 물고기와 자라가 흩어져 버려 추격하던 군사는 건너지 못했다. 동명은 부여 지역에 도읍해 왕이 되었다. 이런 고로 북이(北夷)에 부여국이 있게 되었다(論衡. 吉驗篇).

구 30만 명보다 훨씬 성장된 국가적 면모를 보여 주는 것이다(동북아역사재단, 2007: 145).

부여는 넓은 들판인 만주 지역에 소재했기 때문에 농업과 목축이 주요 산업이었다. 부여 사람들은 주로 농사를 지으면서도 집짐승을 기르는 목축을 했고, 말·옥(玉)·담비(貂)·구슬(美玉) 같은 특산물을 중국에 수출하고 중국의 비단을 수입했다(고구려연구재단, 2004: 140). 논농사보다는 주로 밭농사를 지었고, 초원 지대가 많아 말 기르는 데 적합했다.

목축과 관련해서 말타기와 활쏘기가 성행했고, 흰옷과 가무를 즐기던 민족이었다. 일부다처(一夫多妻), 축첩(蓄妾), 순장(殉葬)의 풍습이 있었다. 은나라 정월을 쓰고, 영고(迎鼓)라는 국민 제천 의식을 거행했다.

사회 구성은 왕과 가(加) 등의 지배 집단과 승려들이 상층부를 구성했고, 노예를 거느린 부호인 호민(豪民)과 생산 종사자로서 평민, 하호(下戶), 노예 집단으로 이루어졌다. 가는 '어른'이라는 뜻으로 귀족 신분을 뜻한다. 가는 평의회를 구성해 국가 중대사를 의논했고 때로는 왕을 선발하거나 폐위시키기도 했으며, 주요 지역을 나누어 통치했다. 부여 지배층은 나라 안에서는 흰옷을 즐겨 입고, 소매가 넓은 두루마기와 바지에 가죽신을 신었으며, 공식석상이나 외국에 나갈 때는 비단 옷에 모피와 금은으로 장식한 관모를 쓰는 등 호화로운 생활을 했다(고구려연구재단, 2004: 161).

호민들은 가와 같은 위치에서 관료나 통치자가 되지는 못했지만 수많은 노예와 평민, 하호들을 거느리면서 농업, 목축업, 수공업 및 상업에 종사했다. 이들은 부(富)를 이용해 영향력을 행사했다. 평민들은 생산에 종사하면서 납세와 병역의 의무를 수행했다.

하호들은 비록 평민 신분에 속해 있었으나 생산 수단을 가지지 못하고 노예 소유자 계급에 예속되어 노예적 착취를 당했다(사회과학원 역사연구소, 1988: 56). 노예는 전쟁 포로, 채무자, 사람을 죽인 자의 가족 등으로 이루어졌는데, 각종 부역이나 전쟁 등 궂은 일을 담당했다. 상품 화폐 경제가 발전함에 따라 채무가 많은 경우 평민이나 하호들이 노예화되었고, 도적질한 자를 12배로 배상하도록 한 조항이나 살인자의 가족들을 모두 노예화하도록 한 규정들이 노예 숫자를 늘어나게 했다.

2. 행정 조직과 관리

1) 왕과 가(加)

부여는 국왕을 정점으로 귀족 계급인 가(加)들이 통치를 담당했다. 이들 밑에는 대사, 대사자(大使者), 사자들이 실무를 담당했다. 왕은 원칙적으로 세습되었고, 문제가 있을 때는 제가(諸加)들의 국중 대회(國中大會, 즉 迎鼓)에서 결정했다. 초기에 왕은 제가들의 대표였으나 초월적 존재는 되지 못했고 중앙정부의 통제력도 강하지 못했다. 그러나 3세기 전반에 이르러서는 왕위가 간위거-마여-의려로 이어지는 부자 계승이 이루어졌다(동북아역사재단, 2007: 145). 국왕은 안팎에 궁실, 창고, 감옥, 관청 등이 부속되어 있는 왕성에 거주하면서 통치를 했는데, 이는 전기 왕성으로 추정되는 동단산(東團山) 남성자(南城子) 내외에서 드러난 유적과 유물을 통해 알 수 있다(고구려연구재단, 2004: 161-2). 이 성은 불규칙한 타원형 토성으로 환호(環濠)가 시설되어 있는 성 안팎으로 건물 터, 문양전과 같은 건축재, 고급 생활 기명(器皿)들이 발견되어 정치 중심지였음을 말해 준다.

왕위 계승 문제가 왕족 내부에서만 결정된 것이 아니라 고급 관료들의 평의 기관인 국중 대회에서 토론을 거쳐 동의를 얻어야 했다. 가뭄이나 홍수로 인해 흉년이 들었을 때는 책임을 최고 통치자인 왕에게 돌려 국왕을 바꾸거나 죽이는 경우도 있었던 것 같다(『삼국지』, 부여전). 국중 대회는 아직 정치와 종교가 미분화된 모습을 띠고 있었다.

제가들의 국중 대회는 귀족 민주주의적 통치 조직이었다(사회과학원 역사연구소, 1988: 58-59). 여기에서는 왕위 계승권 판단만이 아니라 선전 포고, 화의(和議)의 결정, 범죄 즉결 심판 등의 권한을 행사했다.

실무 책임자로서 '사자(使者)'란 명칭이 사용되는 것을 보면 왕을 포함한 중앙 귀족들의 합의체인 국중 대회의 결정을 지방의 4가(加)들에게 전달하는 성격을 담고 있다. 이는 4가들이 어느 정도 자치 능력을 가지고 있었다고 볼 수 있다. 사자들은 국왕의 통치 지역의 정책 집행 기능도 담당했을 것이다.

2) 사출도

전국 영토를 중앙과 동·서·남·북의 다섯으로 나누어(5부제) 중앙은 왕이 직접 통치했고, 다른 네 지역은 사출도(四出道)라 하여 마가(馬加), 우가(牛加), 저가(豬加), 구가(狗加)가 담당해 다스렸다. 이런 전통은 당시 동양 사회에서 광범위하게 시행되었던 제후국과 같은 형태이다. 교통 통신의 제약으로 모든 지역을 국왕이 직접 통치할 수 없었기 때문이다. 이 때 국왕 주변의 권력자가 파견되었는가 아니면 현지 유력자가 위임 통치를 했는가에 따라 중요도가 달라진다.

4가들은 국왕의 통솔을 받으면서 영지 내에서는 소속 호민과 평민, 하호들을 영솔해 통치자가 되었다. 전쟁이 있으면 4가들이 군대를 인솔해 국왕의 명령에 따랐다. 4가 소속의 읍락(邑落)에는 호민들이 족장이 되어 소속민들을 다스렸다. 각 지방의 읍락들은 성책(城柵)으로 둘러싸여 있었는데 그 성책이 아주 높고 견고하기 때문에 마치 감옥과 같았다. 이 읍락은 곧바로 중앙 권력에 의해 통제받는 지역이 아니었다. 부여의 연맹 체제에 의한 지방 통치는 지역 단위 집단인 읍락을 일원적으로 통제할 만큼 중앙 집권 체제가 갖추어지지 않았기 때문에 제가들의 자치력을 인정하는 가운데, 이들을 통한 간접 지배 방식을 취했다(국사편찬위원회, 1997: 209).

3. 주요 정책

부여는 국가 지배 질서의 안정화를 위해 군사 동원 체제를 구축해 운영했는데, 이는 군사귀족제(militocracy) 정치체로 볼 수 있다(강만길 외, 1995. 2권: 124). 유사 시 국왕이 군 통수권을 장악하고, 제가가 고급 및 중견 지휘관으로 보임하며, 중간 지배층인 호민은 초급 지휘관이 되었을 것이다.

조선의 8조 법금과 비슷한 것이 부여에도 있었는데 상품 경제의 발전에 따라 더욱 구체화되었고 엄격했다. 형법은 매우 엄격해 살인, 절도, 간음(姦淫), 투기자를 처벌했다. 도적질을 했을 때는 12배로 배상하게 하고(一責十二法), 살인자로 판결받은 사람은 사형에 처하고 그 가족은 노예로 했다. 이러한 법들은 공동체 사회를 영위하는 데 필요한 것들이고, 사유 재산을 존중하기 위한 것이며, 가족 생활을 중시하는 것들이다. 간음과 투기자를 처벌한 것은 엄격히 가부장적인 가족 제도를 옹호하기 위한 것으로 볼 수 있고, 형사취수제(兄死取嫂制)도 마찬가지이다. 뇌옥제(牢獄制)를 운영한 것을 보면 경찰 사법 기능도 발달했음을 말해 준다.

부여는 철제 농구를 사용해 오곡을 생산하는 정착형 농경 생활을 영위했고, 윤경화전(輪耕火田) 방식도 활발했다고 보여진다(강만길 외, 1995. 2권: 132-135). 또 가축을 많이 길렀고, 농기구나 무기 제조와 관련된 제철 야금업도 발달했으며, 직조업, 모피 가공업, 금은세공업, 구슬가공업 등의 수공업도 매우 발달해 있었다.

잔줄 무늬거울. 강원도 지방 출토 (청동기 시대. 국보 141호)

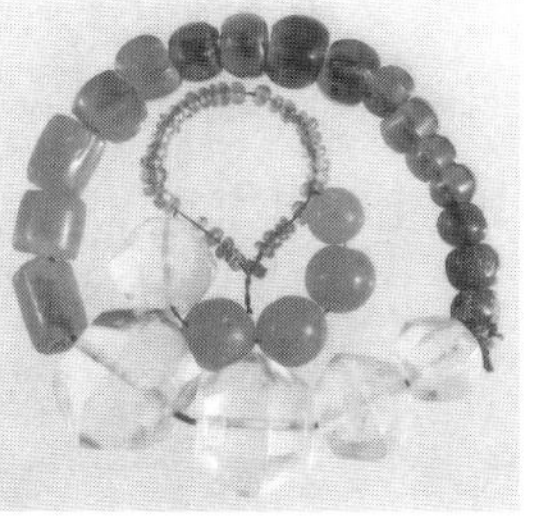

구슬(평양 출토)

청동팔주령. 화순 대곡리 출토 (청동기 시대. 국보 143호)

제3장

삼국 시대의 행정

제 1 절 고구려

1 행정 환경

1) 건국

고구려는 단기 2100년경(B.C. 2세기), 압록강 북서부 지방에서 성읍 국가로 시작되었다가 단기 2296년(B.C. 37년) 고주몽(高朱蒙: 東明聖王)에 의해 강력한 고대 연맹 국가로 되었다.[1] 북부여에서 남하한 주몽은 구려국(句麗國)으로 불리던 졸본 부여의 계루부 족장 연타취발의 딸인 소서노(召西奴)와 결혼하고 고구려를 세웠다. 수도는

---

1) 부여왕의 성씨인 解, 국호인 朝, 왕호인 東明은 모두 태양, 밝음, 새벽, 광명의 뜻을 가지고 있다. 동명왕의 성을 高로 한 것도 높음, 신성함, 큼을 의미한다. 고는 솟, 수리의 차음이다. 句麗는 고을, 골, 구릉을 의미하는 우리말로서 고구려는 높은 나라, 신성한 나라, 구릉 지대에 있는 나라라는 뜻을 지니고 있다(임병주, 2000: 35-36). 고구려의 창립 시기는 『삼국사기』의 기록보다 200여 년 앞선 중국의 진, 한 교체기로 보아야 한다(이종욱, 2005). 중국의 통일과 고조선 공격, 고조선 주민의 동남쪽 이주와 맥이 닿아 있다. 그 이후 여러 군소 부족 국가의 등장 과정 속에 고구려가 탄생했다고 보아야 한다. 유리왕 이후의 기록이 참이라고 보면, 그 이전의 주몽(朱蒙, 鄒牟)은 '단군' '임금'처럼 보통 명사였을 수 있다.

지금의 환인(桓因) 지역으로 비류수(졸본천)가 흐르는 평야 지대였다. 고구려의 건국은 유력한 다섯 부족, 즉 계루부(桂婁部), 소노부(消奴部 또는 涓奴部), 절노부(絶奴部), 순노부(順奴部), 관노부(灌奴部) 등을 하나로 엮어 국가 체제를 갖추면서 진행되었다. 소노부 소속의 송양(비류국 족장)을 계루부 소속인 주몽이 통합해 새로운 권력자로 등장했다. 동명성왕은 18년간 재위하면서 고구려의 기틀을 다졌는데, 말갈, 비류국, 북옥저, 행인국(荇人國) 등을 영토로 편입시켜 새로운 강국으로 발돋움했다. 홀본성(졸본성, 흘승골성, 지금의 오녀산성)을 완성해 왕업의 기틀을 다졌다. 다음 유리왕 때 압록강변의 국내성(길림성 집안)으로 도읍을 옮겼고, 위나암성을 쌓았으며, 이웃하는 선비족을 복속시켰다.

고구려 첫 도읍지 산성인 흘승골성(紇升骨城).
현재는 오녀산성으로 불리고 있다.
(자료: 고구려발해학회 홈페이지)

안악 3호 고분벽화

2) 국가 체제 정비

초기 고구려는 6대 태조왕(太祖王: 재위 53~146년)과 7대 차대왕(次大王: 146-165)에 이르러 국가 체제를 확고히 하고, 압록강·만주 일대의 넓은 지역을 영토로 했다. 태조왕 당시 왕자였던 수성(遂成)은 뒤에 차대왕이 되어서까지 한 나라와 전쟁을 치러 요동 지역의 현도, 낙랑을 복속시키고, 잔여 세력을 무순 방면으로 몰아냈다. 동으로는 부전 고원을 넘어 옥저와 동예를 정복했다.

태조왕은 선배(仙人, 先人) 제도를 두어 국가 엘리트 집단으로 육성했다. 이들은 학식과 체력, 전투 능력이 뛰어난 사람들로 국가와 사회를 위해 몸과 마음을 바쳤다. 이들은 엄격한 규율의 집단 생활과 공부를 했고, 국가에서는 이들에게 녹을 주어 보살폈다. 미천(微賤)의 구별이 없이 학식과 기술, 능력에 따라 지위가 정해졌다. 이들이 존중하고 모시는 최고의 스승 상수(上首)는 신크마리(頭大兄, 太大兄)라 불렀고, 다음이 마리(大兄)-소형(小兄)으로 칭했다(신채호, 1986: 225-226).

전국을 동·서·남·북·중의 5부로 나누고 <표 3-1>과 같이 다섯 부족이 관장하도록 했다. 오부 체제를 토대로 한 중앙과 지방 조직을 구축함으로써 확실한 국가로 정립되었다. 왕도(王都) 5부는 내평 5부(內評五部)로 불리기도 했는데, 평양 천도를 계기로 완비되었다. 이 중에서 왕족이 거주하는 내부가 가장 중요시되었다.

표 3-1 5부와 부족 명칭

부족명	부명	명칭
계루부(桂婁部)	내부(內部)	황부(黃部)
소노부(消奴部, 涓奴部)	서부(西部)	우부(右部)
절노부(絕奴部)	북부(北部)	후부(後部)
순노부(順奴部)	동부(東部)	좌부(左部)
관노부(灌奴部)	남부(南部)	전부(前部)

신대왕 때(165~179)에는 관료권이 강화된 국상(國相) 제도를 두어 명림답부(明臨答夫) 등 실력자들이 영향력을 발휘했고, 다음 고국천왕 때는 을파소(乙巴素)라는 뛰어난 국상이 국정을 총괄했다. 위나라와 싸움, 관구검의 침입, 환도성 함락, 동천(東遷), 서안평 회복, 낙랑 멸망, 선비족 모용씨와 전쟁 등을 거치면서 발전해 온 고구려는 소수림왕이 등장하면서 다시 한 번 중흥의 시기를 맞는다.

표 3-2 고구려의 세계표(世系表) (28대 705년: 단기 2296~3001. B.C. 37~668)

① 동명왕(東明王, 단기 2296~2314. B.C.37~B.C.19) - ② 유리왕(琉璃王, B.C.19~A.D.18) - ③ 대무신왕(大武神王, 18~44) - ④ 민중왕(閔中王, 44~48) - ⑤ 모본왕(慕本王, 48~53) - ⑥ 태조왕(太祖王, 53~146) - ⑦ 차대왕(次大王, 146~165) - ⑧ 신대왕(新大王, 165~179) - ⑨ 고국천왕(故國川王, 179~197) - ⑩ 산상왕(山上王, 197~227) - ⑪ 동천왕(東川王, 227~248) - ⑫ 중천왕(中川王, 248~270) - ⑬ 서천왕(西川王, 270~292) - ⑭ 봉상왕(奉上王, 292~300) - ⑮ 미천왕(美川王, 300~331) - ⑯ 소수림왕(小獸林王, 371~384) - ⑰ 고국원왕(故國原王, 384~391) - ⑱ 광개토왕(廣開土王, 391~413) - ⑲ 장수왕(長壽王, 413~491) - ⑳ 문자왕(文咨王, 491~519) - ㉑ 안장왕(安藏王, 519~531) - ㉒ 안원왕(安原王, 531~545) - ㉓ 양원왕(陽原王, 545~559) - ㉔ 평원왕(平原王, 559~590) - ㉕ 영양왕(嬰陽王, 590~618) - ㉖ 영류왕(營留王, 618~642) - ㉗ 보장왕(寶藏王, 642~668)

3) 중흥기

17대 소수림왕(小獸林王, 371~384. 단기 2704~2717)은 불교를 받아들여 국론을 안정시키고, 유교 교육기관인 태학을 설립했으며, 율령(律令)을 반포해 현대화된 공법 체제로 국가를 재정비한다. 왕을 정점으로 하는 튼튼한 국가를 만듦으로써 다음 광개토왕(廣開土王)과 장수왕의 전성기를 가져오게 한다.

불교의 도입은 여러 부족의 연합, 주변국의 복속에 따른 사상, 종교의 분열 현상을 하나로 통일하는 의미를 지니고 있다. 전진으로부터 순도(順道)와 아도(阿道)를 맞아들였고, 성문사와 이불란사 절을 지었다. 태학의 설립과 유교 교육의 시행은 국가 통치에 필요한 정책 능력, 행정 관리 능력을 고양시키는 데 필요했다.

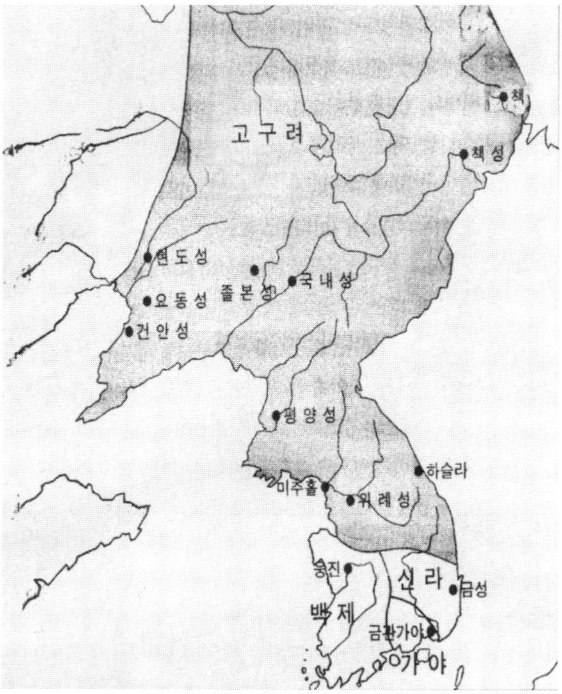

고구려의 전성기

19대 광개토왕(391~413. 단기 2724~2745)과 20대 장수왕(413~491)은 고구려의 영역을 최대로 확장시킨 제왕이었다. 광개토왕은 밖으로 국세를 크게 확장했는데,

백제를 공격해 한강 유역을 정복하고, 신라와 가야에 침입한 백제와 왜 연합군을 전멸시켰다. 신라 나물왕의 요청에 따라 신라에 진주한 고구려군은 침략군을 몰아낸 이후에도 상당한 기간 동안 신라에 머물면서 국정에 관여했다.[2] 왜구와 백제, 서쪽으로는 선비와 후연(後燕)의 모용씨들을 쳐서 요동과 요서를 모두 차지했다. 북으로는 비려족(碑麗族)과 숙신족(肅愼族)을 정벌하고 지금의 개원과 영안, 혼춘까지를 영토로 편입시켰다.

장수왕은 우리 역사상 79년이라는 최고로 긴 기간을 제왕으로 재임했던 사람이다. 그는 북수남진정책(北守南進政策)을 쓰면서 연을 제압하고 위와 친했으며, 멀리 남쪽의 송나라와 친교를 맺은 상태에서 남쪽 공략에 힘을 기울였다. 중국의 남・북조, 몽고 지역에 있던 유연(柔然) 등 여러 민족과도 통교하는 등 외교를 통해 중국을 견제했다. 그리고 장수왕은 남하 정책을 추진해 수도를 평양으로 옮겨 집권적 정치 기구를 정비하고 백제의 수도인 한성(漢城)을 공략해 개로왕을 죽였다.

4) 전쟁과 쇠망

강력한 대국이었던 고구려는 중국을 통일한 뒤 야심을 보인 수(隋), 당(唐)과 70년간(598~668)의 전쟁을 치르게 된다. 26대 영양왕(590~618. 단기 2923~2951)이 먼저 말갈 군사 1만 명으로 요서 지방을 공격하자 선대왕인 평원왕 때부터 야심을 보여오던 수 문제는 30만 대군을 이끌고 수륙 양면으로 침입해 왔으나, 고구려의 반격과 홍수, 질병, 풍랑 등으로 참패를 당하고 퇴각했다. 그 후 영양왕은 이문진(李文眞)에게 『신집(新集)』 5권을 편찬케 하는 등 국왕의 권위 강화와 국력 증대에 노력했다. 부왕을 살해하고 등장한 수나라 양제는 북방의 돌궐족을 복속시킨 뒤, 영양왕 23년(612) 113만의 대군을 동원해 요동성을 공격했다. 고구려는 왕제의 동생 건무와 을지문덕으로 하여금 수군과 육군을 지휘케 하여 수의 군대를 대파했다. 그 후 양제는 다시 30여 만의 별동대(別動隊)로 압록강을 건너 침입해 왔으나 고구려 군사에게 패배했고, 마침내 망해(618) 당이 건국되었다.

당나라는 초기에는 고구려와 충돌을 피했으나, 당 태종이 즉위하면서 고구려를 침략하려는 야심을 보이자 고구려도 천리장성을 쌓기 시작했다. 연개소문(淵蓋蘇文)이 정권을 잡은 뒤부터는 당나라의 태도가 더욱 강경해졌고, 당과 연결한 신라를 백제

2) 신라 왕족의 무덤에서 출토된 호우(壺盂)에 새겨진 '國罡上廣開土地好太王'라는 글귀가 이를 말해 준다.

와 더불어 자주 공격했다. 당나라는 수나라가 망한 뒤 일어났던 돌궐을 복속시키고, 서역을 평정시키는 한편 고구려의 세력권 안에 있던 거란족을 꾀어 고구려를 배반하게 하는 등 준비를 갖춘 다음, 28대 보장왕 4년(645) 당 태종 스스로 30만 군을 이끌고 요하(遼河)를 건너 요동성을 점령해 전진 기지로 삼고 안시성(安市城)을 포위했다. 그러나 고구려가 60여 일의 사투 끝에 당의 공격을 막아내자, 당 태종은 마침내 후퇴했다.

침입에 실패한 당나라는 해마다 소규모의 침입을 계속해 고구려를 괴롭혔는데, 고구려 지배 하에 있던 거란족·말갈족의 부락이 당에 복속하게 되자, 고구려의 요동 방위선은 점차 약화되었다. 한편 백제를 친 소정방(蘇定方) 군대는 해로로 대동강 어구에 상륙, 평양을 포위했으나 실패하고 물러갔다. 이와 같은 시기에 연개소문이 죽고, 그의 두 아들 남생과 남건 사이에 불화가 일어난 데다가 연개소문의 아우 연정토가 신라에 항복하는 등 내분이 일어났다. 이러한 기회를 이용해 김인문(金仁聞)이 이끈 신라군이 당나라의 이적(李勣)·설인귀(薛仁貴)가 이끈 당나라 군과 연합해 평양성을 포위, 치열한 공방전 끝에 성을 함락시키니, 고구려는 드디어 보장왕 8년(668. 단기 3001) 멸망했다.

환도산성(산성자산성) 아래쪽의 돌무덤군
(자료: 한국방송공사, 고구려특별대전. 1994)

2 행정 조직과 관리

1) 중앙 행정

(1) 제왕

고구려의 최고 통치자는 제(帝)의 칭호를 사용하고 연호를 썼다. 제의 칭호는 하늘 아래 최고의 강력한 지배자임을 뜻하는 것이고, 연호의 사용은 그런 지배자의 재임 기간을 세는 단위였다. 자국 중심으로 세계를 보는 입장에서 연호를 사용한다. 고구려는 705년(실제 건국 기간을 기원전 200년경이라고 보면 거의 900년) 동안 28 제왕에 의해 통치되었다.

무용총 벽화

강서대묘 벽화
(자료: 고구려발해학회 홈페이지)

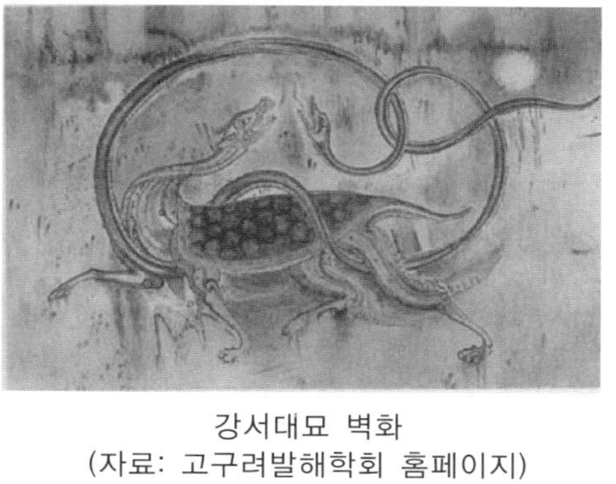

강서대묘 벽화
(자료: 고구려발해학회 홈페이지)

제위(帝位)는 처음에 주몽에 의해 계루부 세력이 장악한 뒤, 형제 또는 부자 상속으로 이어졌다. 초기에는 왕권이 왕족 출신 대가와 부족장들로 구성된 회의에서 결정되었다. 차대왕(7대)과 신대왕(8대)은 태조대왕(6대)의 동생으로서 왕이 되었고, 10대 산상왕은 형수였던 고국원왕(9대)의 아내 우씨와 결혼해(兄死妻嫂制) 왕에 올랐지만, 11대 동천왕(227~248. 단기 2560~2581) 이후로는 부자 상속 전통이 확립되었다.

국왕과 가까운 친족, 장인은 '고추가(古雛加)'로서 높은 관직을 차지했다. 왕을 계루부에서 세습하게 되면서 그 이전의 왕족이었던 소노부 귀족들과 왕실과 혼인을 맺었던 절노부 귀족들이 고추가로 불렸다.

(2) 제가 회의, 좌보·우보, 국상, 막리지

부족 연맹체 형식으로 출발한 고구려는 각 부족의 실력자들인 대가(大加)들이 국정을 논의하는 제가 회의(諸家會議)를 가지고 있었다. 부족장들이 자신의 영토를 왕처럼 지배하던 상황이었기 때문에 부족장들의 연합체인 제가 회의는 막강한 권한을 가지고 있었다. 왕의 추대나 대외 전쟁 선포, 중앙 고위 관리의 임명, 국사범의 처리 등 주요 사항이 이곳에서 의논되었다(임병주, 1998: 81).

고구려 쌍영총 벽화(자료: 고구려발해학회 홈페이지)

그림 3-1 **고구려의 관제 및 행정 체계**

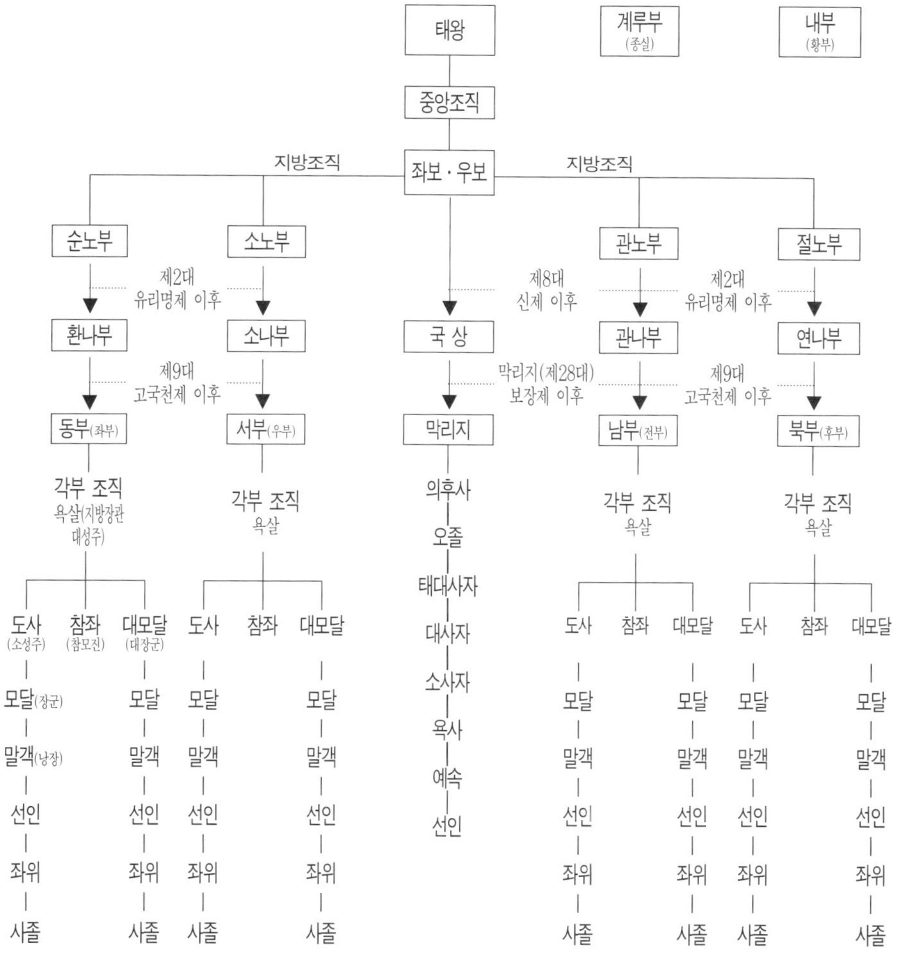

• 좌보·우보는 지방조직을 관리하고, 조정을 책임지는 재상 직책이었다. 제8대 신제 때 국상으로, 제28대 보장제 때 막리지로 불렸다.
• 고구려에 의해 정복된 국가의 왕들은 왕·후 등으로 불리다가 각 나부에 편입되어 태자·대주부 등의 작위를 받았다.
• 내부에는 고추가(대원군·부원군)를 비롯한 종실 작위가 있다. 하지만 그 작후는 전해지지 않았다.
• 각 나부에는 부장인 태자 이하 대주부, 주부, 우태, 조의 등의 작위가 있었다. 이들 작위를 받은 사람은 모두 중앙관료를 겸직할 수 있었으며, 자신이 속한 나부의 지위에 따라 그 한계가 결정되곤 했다. 이 나부 체제는 독자적인 힘을 가지고 있다가 제9대 고국천제에 의해 동·서·남·북부로 변경되어 중앙조직에 흡수되었다. 그리고 이 때부터 작호도 변경되어 태대형·대형·소형·대대로·대로 등으로 불렸으며, 이 작호는 때에 따라 관직으로 사용되기도 했다.

자료: 박영규(2000: 437).

처음에는 왕이 제가 회의를 주재했지만 뒤에는 국상(國相)이 이 회의를 주재했다. 그래서 때로는 제왕과 제가 회의의 국상이 영향력 싸움을 벌이기도 했다. 국상은 종신직으로 제가 회의를 이끌었지만, 소수림왕 때 율령이 반포되고, 광개토왕, 장수왕의 왕권 강화기에는 왕에 의해 임명되는 3년 1대 임기의 대로가 회의를 주재했다(강만길 외, 1994-3: 127). 고구려 말기 안장왕 피살 이후에는 귀족들의 권한이 강화되어 대대로에서부터 조의두태형에 이르는 상위의 다섯 관등을 가진 사람들로 구성된 오관회의체(五官會議體)가 생겨났다. 이 회의체에서 국가 정책을 논의하고 군사 동원, 전쟁 등 주요 사항을 결정했다. 임기제가 무너지고 대로보다도 격상된 대대로가 회의를 주재하면서 국정 운영의 주도권을 잡았다.

제왕 바로 밑에는 국정을 총괄하는 재상으로 좌보(左輔)・우보(右輔), 국상(國相), 막리지(莫離支: 28대 보장왕 때)가 있었다. 신채호(1986: 228)는 고구려가 삼한(三韓)의 제도를 본받아 신가, 팔치, 발치의 세 재상을 두었다고 한다. 이 세 재상의 호칭은 이두화와 한문화 과정을 거치면서 차대왕을 살해했던 말단 관리 조의(皂衣) 명림답부는 그가 옹립한 신대왕 때, 국상이 되어 제가 회의를 주재하고 국정을 총괄했다.

- 신가: 태대신(太大臣)의 뜻으로, 이두자로는 상가(相加)라 썼다. 신가의 별명은 '마리'니 두(頭)란 뜻이요, 이두자로는 대로(對盧)라 했다. 신가나 마리를 한문으로는 국상(國相) 혹은 대보(大輔)라 했다.
- 팔치: 굉(肱)의 뜻이니, 이두자로 패자(沛者)라 쓰고, 한문으로는 좌보(左輔)라 했다.
- 발치: 고(股)란 뜻이니, 이두자로는 평자(評者)라 쓰고, 한문으로는 우보(右輔)라 했다.

명림답부의 국상 취임은 그 이전의 좌보 어지루 등의 추천으로 이루어졌고, 군 사령관 직도 겸하면서 절대 권력자가 되었다. 진대법(賑貸法)을 시행해 국민들의 복지 수준을 높였던 을파소도 은둔자의 신분에서 일약 국상으로 발탁되어 능력 발휘를 할 수 있었다. 12대 중천왕 때의 국상 명림어수도 내외병마사를 겸한 최고의 실력자로 재직했다.

고구려 말, 정변을 통해 정권을 장악한 대대로(大對盧) 연개소문은 모든 권한을 하나로 거머쥔 대막리지로 취임한다. 연개소문은 국력을 총동원해 당과의 전쟁을 승리로 이끌었고, 자신의 권력을 아들들에게 세습시켰다.

(3) 주요 관직

초기에는 국왕 밑에 상가(相加)·대로(對盧)·패자(沛者)·주부(主簿)·우태(優台)·승(丞)·사자(使者)·조의(皁衣)·선인(先人) 등을 두었는데, 이 관계(官階)는 시대에 따라 이름이 조금씩 바뀌었고, 점차 체계화되었다. 중국 측 문헌을 보면 시기적으로 변천해 왔음을 보여 준다. 다만 여기서 한 가지 유의할 것은 같은 관직인 경우에도 이두나 한자로 다르게 표현되었을 수도 있다는 점이다.

- 『삼국지』(10등급): ① 상가(相加), ② 대로(對盧), ③ 패자(沛者), ④ 고추가(古雛加), ⑤ 주부(主簿), ⑥ 우태(優台), ⑦ 승(丞), ⑧ 사자(使者), ⑨ 조의(皁衣), ⑩ 선인(仙人)
- 『주서(周書)』(12등급): ① 대대로(大對盧), ② 태대형(太大兄), ③ 대형(大兄), ④ 소형(小兄), ⑤ 의후사(意侯奢), ⑥ 오졸(烏拙), ⑦ 태대사자(太大使者), ⑧ 대사자(大使者), ⑨ 욕사(褥奢), ⑩ 예속(翳屬), ⑪ 선인(仙人), ⑫ 욕살(褥薩)
- 『수서(隋書)』(12등급): ① 태대형(太大兄), ② 대형(大兄), ③ 소형(小兄), ④ 대로(對盧), ⑤ 의후사(意侯奢), ⑥ 오졸(烏拙), ⑦ 태대사자(太大使者), ⑧ 대사자(大使者), ⑨ 소사자(小師者), ⑩ 욕사(褥奢), ⑪ 예속(翳屬), ⑫ 선인(仙人)
- 『신당서(新唐書)』(12등급): ① 대대로(大對盧), ② 울절(鬱折), ③ 태대사자(太大使者), ④ 조의두대형(皁衣頭大兄), ⑤ 대사자(大使者), ⑥ 대형(大兄), ⑦ 상위사자(上位使者), ⑧ 제형(諸兄), ⑨ 소사자(小使者), ⑩ 과절(過節), ⑪ 선인(先人), ⑫ 고추대가(古雛大加)

고구려 벽화 속의 무사상
(자료: 고구려발해학회 홈페이지)

형(兄) 직은 태대형(太大兄), 대형(大兄), 소형(小兄) 등으로 제2 등급 정도의 관직이다. 태대형은 대대로에 버금가는 주요 관직이었다. 형은 연장자, 가부장적 족장의 뜻을 나타내는 것으로, 부족 연맹에서 고대 국가로 전환하면서 여러 부족장들을 중앙에 편입시킨 것이다.

'일치'라는 관직은 도부(圖簿)와 사령(辭令)을 담당하던 자리인데, 이두로는 을지(乙支), 우대(優台)라 하고, 한자로는 주부(主簿)라고 했다(신채호, 1986: 230). 오졸, 울절도 우태의 다른 이름이 아닌가 싶다. 또 '살치'라는 관직은 대왕의 시종인데 이두로는 사자(使者)로 썼다. 위에 제시된 중국 쪽 문헌 내용은 관직 이름이나 서열을 있는 그대로 믿기 어렵다.

사자는 태대사자, 대사자, 수위사자(收位使者), 소사자 등 여러 형태로 나뉘어졌는데, 이는 지방의 수취 체제를 정비하는 과정에서 나타난 관직이었다. 원래 부족 사회의 대가, 상가 등이 거느린 가신이었다. 사자는 씨족원으로부터 등용된 것으로 공부(貢賦) 징수의 직역을 뜻하고 있다고 본다. 이는 고대 국가 체제를 강화하는 과정에서 중·하위직에 편입되면서 증가했다. 중앙 집권적 지방 제도가 정비되었음에도 불구하고, 수취관직인 사자직이 증가한 것은 영토의 확장에 따른 지방 부족장 등 지방 세력의 중앙 귀족에로의 편입 과정에서 부여된 것으로 생각된다. 곧 사자 관직의 증설과 편입 과정에서, 사자 관위(使者官位)가 붙은 관계(官階)의 상승은 부족 연합을 기반으로 한 고구려의 발전에 필요 불가결한 것이었다고 본다(서태윤, 1986). 조의두대형은 중리 조의두대형(中裏皁衣頭大兄)이라고도 하는데, 대대로, 태대형, 울절, 대부사자 등과 기밀(機密), 모의(謀議), 병정 징발, 선수 관작(選授官爵) 등을 담당했다 한다.

이 밖에 외교 관계를 맡은 발고비가(拔古鄙加)가 있어서 대부사(大夫使)로서 임용되었고, 태학에 국자박사(國子博士), 태학사(大學士), 사인(舍人), 통사(通事), 전용(典容) 등이 있어서 모두 소형(小兄) 이상으로 임용되었다. 무관직으로 군사령관과 같은 대모달(大模達)이 있어 조의두대형(皁衣頭大兄) 이상이 취임했고, 말객(末客)은 지휘관으로 1천 명을 거느렸는데, 대형 이상이 임용되었다. 당시 고구려는 국민개병제(國民皆兵制)를 채택하고 있었다.

2) 지방 행정

초기에 고구려는 전국을 5부로 구분해 다섯 부족으로 나누어 통치토록 했었다. 이때는 각 부족에서 독자적으로 3삼 5경(三相五卿) 등 관인들을 두고 자치적인 행정을 수행했다. 소노부와 절노부에는 독자적인 종묘와 사직을 두기도 했다. 그러다가 태조대왕의 강력한 중앙 집권적 통치 방침에 따라 각 부족에서 소유하고 있던 무역권, 외교권, 전쟁권이 박탈되고 자치권만이 유지되었다. 자치권의 경우에도 자체적으로 임명된 관인들의 명단을 보고케 하는 등 점진적으로 중앙 통제력을 높여 나갔다.

왕조 성립 이전부터 영향력을 행사하던 지방의 4부(5부 중에서 왕족인 계루부 제외)는 국가 설립 이후에도 상당한 기간 동안 봉건 영주적 지위를 유지했다. 이들은 일정한 지역과 주민들을 장악하고, 중앙정부와 비슷한 행정 체계를 가지고 있었다. 중앙 왕족과 같이 사자, 조의, 선인 등 관직을 두고 생산 활동에 종사하는 하호들을 다스렸다.

정복 활동이 활발히 진행됨에 따라 새로 편입된 영토에는 그 지역 공신이나 토착 부족들에게 일정한 봉토를 떼어 주고 관장케 함에 따라 지속적으로 많은 지역 세력이 등장했다.

고구려 산성(자료: 한국방송공사, 1994)

고구려 산성(자료: 한국방송공사, 1994)

6세기경에는 5부의 지방 장관으로 욕살을 파견했고, 그 소속의 성에는 처려근지(處閭近支) 또는 도사(道使)라는 책임자를 두었다. 욕살과 처려근지는 관료와 군대를 거느리고 있어 행정권과 군사권을 겸직했다. 휘하 장졸로 대모달(大模達), 말객(末客) 등의 군관(軍官)이 있었다. 성들은 군사적·행정적 중요도에 따라 네 등급으로 구분되었는데, 가장 중요한 것은 욕살이 파견된 큰 성으로 부의 소재지였으며, 다음은 처려근지가 파견된 성, 가라달(可邏達)이 파견된 성, 누초(婁肖)가 파견된 성 순이다. 나중에는 평양성, 국내성, 한성 등 삼경을 두었다.

3 주요 정책

소수림왕 때(373년) 율령을 반포했다고 하지만, 그 이전에도 왕법이 존재했었다(이종욱, 2005: 152-155). 처첩이나 우마, 재화를 빼앗은 사람을 처벌하고, 태자인 해명, 왕자 호동을 죽게 한 것, 사면령의 발동, 간음에 대한 처벌 등이 좋은 예이다.

고구려는 소수림왕 2년(372)에 태학(太學)을 세우고 정통 유학을 교육했다. 국자박사, 태학사, 사인, 통사, 전객 등의 관인들이 있었는데 소형 이상의 관등 소지자가 임명되었다. 박사들에 의한 오경 강의는 물론 사기, 한서 등의 역사서, 문선 등 문학서적을 교육했다. 지방에도 주요 지역마다 경당(扃堂)을 두어 유교 지식과 활쏘기 등 무예를 가르쳤다.

고구려에서는 조세로 곡식, 명주, 베 등을 징수했는데, 빈부에 따라 차등을 두었다. 조(租)는 호당 1석이고, 차호는 7말, 하호는 5말을 냈다(이종욱, 2006: 405). 고구려인들은 베, 명주, 가죽옷을 입었고, 양잠과 농사를 지었다.

고구려 초기 사회는 고씨 왕족, 부(部)로 편입된 나(那) 귀족 계급인 대가(大加), 그 다음 지배 계층인 소가(小加)가 상층부를 구성했다. 이들은 비단옷에 금은 장식을 한 옷을 입었고, 대가는 머리에 책(幘)을 썼고, 소가는 절풍(折風)을 썼다(『삼국지』, 고구려조). 이들 밑에는 백성과 노비들이 있었다.

백성 구휼을 위해 국가의 창고를 열어 곡식을 나누어 주고, 춘궁기 때 관곡을 나누어 주었다가 가을건이 이후에 돌려받는 진대법(賑貸法)이 시행되었다.

건국 초기에는 주변의 강국인 부여, 한, 왕망국 등에 상호주의 사대, 교린 정책을 썼고, 군소 국가들에 대해서는 적극적으로 교류하면서 통합 작업을 수행했다. 중국 남북조 시대의 북위(386~534), 서위(535~556), 북제(550~577), 북주(556~581) 등과는 대등한 입장에서 외교를 펼치면서 교류를 했었다. 하지만 수(581~618), 당(618~907)과는 치열한 전쟁을 치렀고, 그로 인해 국력이 점차 쇠퇴하게 된다.

제 2 절 백 제

1 행정 환경

1) 건국

고구려와 백제(百濟)의 건국에는 소서노(召西奴) 여제(女帝)가 등장한다. 졸본 부여의 부호인 연타취발의 딸로서 해부루 왕의 서손(庶孫)인 우태의 아내가 되어 비류(沸流)와 온조(溫祚)를 낳고 37세에 과부로 있다가, 북부여에서 남하한 주몽과 결혼해 그를 고구려 창조주로 만든다. 그러나 고구려 2대 제왕으로 첫째 부인의 아들 유리가 결정되자, 두 아들을 데리고 남하해 마한 땅인 미추홀과 하북 위례성을 얻어 십제(十濟)를 건국했다. 그러나 소서노 사후에 비류와 온조가 미추홀(메주골. 인천), 하남 위례성(오리골. 서울 송파구 일대)으로 나누어 터를 잡아 비류 백제와 온조 백제가 탄생한다(단기 2351. B.C. 18). 비류 백제가 인천과 충청도 일대의 항구에 자리 잡은 뒤 황해 연안의 중국과 만주, 일본까지를 아우르는 해상 강국으로 발전했다는 것이 비류 백제설인데, 온조 위주의 백제를 기술한 『삼국사기(三國史記)』의 내용을 토대로 보면 비류가 죽은 뒤 그 세력이 온조 백제에 복속되어 비류 백제가 없어졌다고 표현한다. 비류 백제가 일본 대화국(大和國)을 건설했다는 주장이 있지만 아직 정설로 인정받지 못하고 있다.

백제는 처음에는 마한(辰國) 왕에게 조공을 바치며 좋은 관계를 유지하면서 국력을 키웠고, 마한의 주변 소국을 점령하면서 국력을 키워 나갔다. 마한의 국도를 함락시키고 50여 국을 토멸해 진국을 크게 위축시켰다. 정복지는 직접 다스리기도 했지만 편입되는 소국들의 지배 세력을 후(侯)로 봉해 체제에 편입시키기도 했다. 온조와 2대 다루왕 시기에는 말갈과의 전쟁이 많이 있었다.

건국 초기의 국가 안정은 5대 초고왕(肖古王, 166~214. 단기 2499~2547) 때부터이다. 2대 다루왕, 3대 기루왕, 4대 개루왕은 모두 '루(婁)'로 끝나는 해씨(解氏)로 추측되는 비류계의 자손들이었는데, 초고왕부터는 부여씨로 추측되는 온조계의 왕들로 왕권이 세습된다. 초고왕은 소백산맥 일대에서 신라와 치열한 접전을 벌여 신라군을 크게 격파했다.

표 3-3 백제 세계표(世系表)(31대 678년: 단기 2315~993. B.C.18~660)

① 온조왕(溫祚王, 단기 2315~2361. B.C.18~A.D.28) - ② 다루왕(多婁王, 28~77) - ③ 기루왕(己婁王, 77~128) - ④ 개루왕(蓋婁王, 128~166) - ⑤ 초고왕(肖古王, 166~214) - ⑥ 구수왕(仇首王, 214~234) - ⑦ 사반왕(沙伴王, 234) - ⑧ 고이왕(古爾王, 234~286) - ⑨ 책계왕(責稽王, 286~298) - ⑩ 분서왕(汾西王, 298~304) - ⑪ 비류왕(比流王, 304~344) - ⑫ 계왕(契王, 344~346) -⑬ 근초고왕(近肖古王, 346~375) - ⑭ 근구수왕(近仇首王, 375~384) - ⑮ 침류왕(枕流王, 384~385) - ⑯ 진사왕(辰斯王, 385~392) - ⑰ 아신왕(阿莘王, 392~405) - ⑱ 전지왕(腆支王, 405~420) - ⑲ 구이신왕(久爾辛王, 420~427) - ⑳ 비유왕(毗有王, 427~455) - ㉑ 개로왕(蓋鹵王, 455~475) - ㉒ 문주왕(文周王, 475~477) - ㉓ 삼근왕(三斤王, 477~479) - ㉔ 동성왕(東城王, 479~501) - ㉕ 무녕왕(武寧王. 斯摩, 501~523) - ㉖ 성왕(聖王, 523~554) - ㉗ 위덕왕(威德王, 554~598) - ㉘ 혜왕(惠王, 598~599) - ㉙ 법왕(法王, 599~600) - ㉚ 무왕(武王, 600~641) - ㉛ 의자왕(義慈王, 641~660)

2) 국가 체제 정비

백제는 8대 고이왕(古爾王, 234~286. 단기 2567~2619) 때 국가 체제를 완비한다. 고이왕 27~28년에 6좌평제와 16관등제를 마련하고 국가의 기틀을 튼튼히 했다. 이 제도는 근초고왕 때 최종적으로 정비되었다고 보아야 한다. 초기의 부족 연합 형태의 국가에서 중앙 집권적인 국가 체제로 들어서는 과정에서 좌평 제도가 마련되어 부족들의 연합을 꾀했다. 좌장(左將)이라는 기구를 두어 병권(兵權)을 장악케 한 것도 고이왕 때이다.

고이왕은 농업 생산을 늘리기 위해 남쪽 평야 지대를 개간하고 국력 증진에 나섰다. 중앙에서는 각 지방에 지방 관원을 파견해 행정과 조세를 담당하게 했고, 부패 방지를 위해 범장지법(犯臟之法)을 만들기도 했다. 안으로 지배 체제를 구축하는 한편 고이왕은 마한과 연합해 대방을 쳐서 태수 궁준을 살해하기도 하고, 낙랑을 쳐서 포로를 노획하기도 했다. 마침내 마한의 힘을 위축시키고 한강 유역을 사실상 지배하게 된다.

3) 중흥기

고이왕의 체제 안정에 힘입어 13대 근초고왕(近肖古王, 346~375. 단기 2679~2708) 시대에는 한강 유역은 물론 평양성까지 진출하는 등 전성기를 구가한다. 근초고왕 이전에는 책계왕과 분서왕이 중국 군현과의 전쟁 와중에 살해당해 국가가 다시 혼란스러워졌었는데, 초고왕의 후손이면서 근초고왕의 아버지인 비류왕이 다시 체제 안정을 꾀했다.

백제의 전성기(담로의 분포)

근초고왕은 고구려의 위협에 대비해 신라 및 동진과 교류하고, 마한의 나머지 땅을 합치고 북으로는 대방군(帶方郡)의 땅을 점령해 낙랑군을 차지했다. 남하하는 고구려 세력을 맞아 몇 차례 승리한 백제는 근초고왕 26년(371. 단기 2704)에 태자인 근구수가 군사를 이끌고 고구려를 쳐 평양성을 함락시키고 고국원왕을 죽였다.

고구려가 요동 지방을 경략(經略)할 당시 백제는 요서 지방에까지 진출해 백제군을 설치했다. 또 수군(水軍)을 증강시켜 산동 반도를 비롯한 현재의 중국땅 동부 연안과 멀리 일본까지 진출했다. 이런 해상 강역을 토대로 무역을 크게 발전시켰다.

근초고왕은 백제 문화의 발전과 해외 전수에도 중요한 역할을 수행했으니, 박사인 왕인(王仁)과 아직기(阿直岐)를 일본에 보내 천자문과 논어를 강의해 일본에 유학사상을 크게 일으킨 것이 좋은 예이다. 또 고흥을 시켜 『서기(書記)』라는 역사책을 저술하게 만들었다.

근구수왕은 태자로서 크게 활약하는 한편 초고왕계의 왕위 계승권을 공고히 했고, 장인인 진고도(眞高道)를 내신 좌평으로 삼아 정사를 맡겼다.

15대 침류왕 원년(384)에는 인도의 승 마라난타를 맞이하고 절을 세워 불교를 국내에 소개하는 데 노력했다. 그러나 토속 신앙과의 대결 때문이었는지 침류왕은 재위 1년 만에 사망하고 만다.

4) 위축 · 쇠퇴기

고구려에 광개토대왕과 장수왕이라는 걸출한 제왕이 등장하면서 경쟁 관계에 있던 백제는 상대적으로 위축 과정을 걷는다. 당시 강대한 고구려에 대항해 백제는 중국 남조의 동진 및 신라, 신라와 자주 싸우던 일본과 손을 잡으면서 이에 대항하고 있었다. 17대 아신왕 5년(396)에 고구려의 광개토왕에게 크게 패해 임진강 유역을 잃었고, 399년에는 신라 및 가야에 침입했던 일본군도 고구려군에게 소탕되어 백제의 위치는 매우 불리하게 되었다. 21대 개로왕 때에는 고구려 장수왕의 공격을 받아 남한산성이 함락되고 개로왕이 사로잡혀 참살되고 말았다. 개로왕은 장수왕과의 대립에 신경을 써서 외교, 병력 증강 등 치밀한 준비를 하기도 했지만 지나친 왕권 강화에 따른 민심 이반과 실정(失政)으로 뜻을 이룰 수가 없었다.

22대 문주왕(文周王, 475~477. 단기 2808~3285)은 즉위 후 서울을 웅진(熊津: 公州)으로 옮겼다. 그러나 귀족들 사이의 암투는 결국 문주왕 살해, 해구의 반란과 진노(眞老)의 토벌, 동성왕의 중흥 노력과 피살 등의 과정을 거치면서 후대의 무녕왕, 성왕, 의자왕 시기로 옮겨진다.

성왕 16년(538. 단기 2871)에 이르러 다시 도성을 사비(泗沘: 扶餘)로 옮기고 국호를 한때 남부여(南扶餘)라 했다. 성왕은 내외 관제를 대폭 바꿔 중앙의 16관등제와

22부제를 확립했다. 지방 통치 조직인 담로제(擔魯制)를 개편해 전국을 5방으로 나누고 그 밑에 군을 두었다. 이처럼 성왕은 관제와 지방 통치 조직을 정비해 귀족들의 영향력을 약화시키고 왕권 중심의 정치 운영을 꾀했다. 성왕은 신라와 화친하고 남조의 양(梁)나라로부터 문물을 받아들이면서 나라의 부흥에 힘썼다. 29년(551)에 신라와 연맹해 한강 하류 지역을 탈환했으나, 신라의 배반으로 신라에게 빼앗기고 말았다. 이에 분격한 성왕은 약속을 어긴 신라의 관산성(管山城: 沃川)을 공격하다가 실패하고 전사했다.

그 뒤부터 백제는 위세를 떨치지 못했으나 세력을 회복하고자 신라를 자주 쳤고, 고구려는 한강 지역을 점령하기 위해 신라를 치게 되자, 3국 간의 전쟁은 날로 치열해져 갔다. 백제는 고구려와 연맹해 신라에 자주 침입함으로써 신라의 친당 외교(親唐外交)를 더욱 촉진시키게 되어, 나・당 양국의 침략으로 멸망했다(제31대 의자왕 20년, 660. 단기 2993).

2 행정 조직과 관리

1) 중앙 행정

(1) 좌평

백제는 관제(官制)가 일찍이 성립되어 삼국 중 가장 먼저 개화된 제도를 정비했으나 강력한 통치 체제를 확립하지는 못했다. 북으로부터 남하한 국왕을 비롯한 중앙 지배 세력의 부족적 기반이 미약했으므로 토착 세력인 이른바 팔성 귀족(八姓貴族: 진, 해, 사, 연, 국, 협, 목, 백)들에 의해 왕권이 계속 흔들렸다.

초기에는 좌보, 우보를 두어 군국 정사를 담당케 했으나 고이왕 때 이 둘을 합쳐 좌평 제도로 만들었다. 6좌평 제도는 부족 연맹체 성격의 최고 통치 조직으로 다른 나라의 최고 회의 성격을 띤 것이었는데, 진일보해 담당 업무를 여섯으로 분류한 것이다. 고려나 조선, 중국의 육조, 육부 제도와 비슷하다. 좌평은 제1 등급의 관계로 왕에 직속된 장관직이었다. 6좌평이 합좌해 국무를 논의해 총괄했다. 6좌평은 다음과 같이 업무 분담을 했다.

① 내신 좌평(內臣佐平): 수상직으로 왕명 출납 담당
② 내두 좌평(內頭佐平): 고장(庫藏) 등 재무 담당
③ 내법 좌평(內法佐平): 의례(儀禮) 등 예식 담당
④ 위사 좌평(衛士佐平): 숙위병(宿衛兵) 등 친위 담당
⑤ 조정 좌평(朝廷佐平): 형옥(刑獄) 등 사법 담당(사법 장관)
⑥ 병관 좌평(兵官佐平): 병마(兵馬) 등 국방 담당(국방 장관)

이와같이 6좌평의 업무가 분장되어 있었으나, 실제 운영에서는 여섯 좌평이 합석해 국무를 총괄했다. 제18대 전지왕 때, "내신 좌평 여신(餘信)을 상좌평(上佐平)으로 삼아 군국 정사를 맡겼다"라는 기록으로 보아, 6좌평 회의에서 내신 좌평이 상좌평이 되어 의장이 된 것으로 생각된다. 이 회의에서 내・외관 22부의 업무를 협의해 왕에게 귀일시키는 역할을 했다. 정사암(政事巖)이라는 바위에 둘러앉아 귀족들이 회의를 열어 국사를 결정했다는 기록도 보인다.

(2) 관품

고이왕 때 마련된 16관품은 크고 작은 족장 세력들을 중앙 통치 조직에 흡수하면서 마련되었다. 옷의 색깔을 토대로 분류하면 수급(率級) 이상의 자색(紫色) 옷을 입은 계층이 주로 귀족 정치 회의에 참여하는 집단이었고, 다음이 비색(緋色) 옷을 입었던 덕급(德級)이 중간 계층이었으며, 청색(靑色) 옷을 입은 나머지가 하위직 관료들이었다. 13품 무독 이하는 무관직 명칭으로 보인다. 품계의 명칭을 들어 보면 <표 3-4>와 같다.

(3) 내관

성왕이 사비 천도와 동시에 6좌평 외에 새로이 중앙 관직으로 22부를 설치했다. 이는 내관 12부와 외관 10부로 나뉘었다. 22부의 장은 장사(長史), 장리(長吏), 재장관(宰官長)으로 불렸는데, 3년 1대로 임기가 정해져 있었다. 궁내의 업무를 분장한 내관(內官) 12부는 다음과 같다. 외관직에 비해 내관직의 숫자가 많다.

① 전내부(前內部): 왕실 관계 업무 총괄, 서무, 국왕 시중
② 곡부(穀部): 양곡, 어료지(御料地: 임금 경작지)의 경작, 곡물 공선(供膳)
③ 육부(肉部): 식용 가축류의 사양, 수렵, 육류 공선

④ 내경부(內原部): 내부 창고 관리, 재정
⑤ 외경부(外原部): 외부 창고
⑥ 마부(馬部): 군마의 양목, 마정(馬政), 거마(車馬)
⑦ 도부(刀部): 무기의 관리
⑧ 공덕부(功德部): 상훈, 불사(佛事)의 공양, 불교 교단 통제, 왕실 사원 관리
⑨ 약부(藥部): 의약, 약용 식물의 조달
⑩ 목부(木部): 토목, 시탄(柴炭)의 조달, 목공, 건축
⑪ 법부(法部): 법규, 내법 좌평에 소속된 의전부(儀典部), 율령 담당
⑫ 후궁부(後宮部): 궁인, 왕의 후궁 관리

이와같이 내관 12부는 왕실 업무를 분장했으며, 그 명칭에 담당 사무가 비교적 분명히 반영되었다.

표 3-4 16 품계와 옷의 색깔

품	품계명	옷색, 冠飾
1품	좌평(佐平)	• 자주색 • 관(冠)을 은화(銀花)로 장식
2품	달수(達率)	
3품	은수(恩率)	
4품	덕수(德率)	
5품	한수(扞率)	
6품	나수(奈率)	
7품	장덕(將德)	붉은 색
8품	시덕(施德)	
9품	고덕(固德)	
10품	계덕(季德)	
11품	대덕(對德)	
12품	문독(文督)	푸른 색
13품	무독(武督)	
14품	좌군(佐軍)	
15품	진무(振武)	
16품	극우(剋虞)	

(率: 우두머리 '수', 장수 '수')

(4) 외관

외관(外官) 10부는 상좌평에 소속되어 중앙 행정을 분장했다. 명칭과 분장 사무는

다음과 같다.

① 사군부(司軍部): 각 지방의 병마 통제, 군사
② 사도부(司徒部): 문교, 교육
③ 사공부(司空部): 토목, 공작(工作) 등 건설
④ 사구부(司寇部): 형벌 등의 사법(司法)
⑤ 점구부(點口部): 호적 사무, 징발
⑥ 외사부(外舍部): 국정 인사
⑦ 객부(客部): 외국 사신의 접대, 외교
⑧ 주부(綢部): 견(絹)·금(錦)·목면(木綿) 등의 업무, 징수
⑨ 일관부(日官部): 역수(曆數)와 시(時)의 길흉, 관상, 천문 지리
⑩ 도시부(都市部): 시장의 개폐, 도량형(度量衡)의 사용, 상업, 교역

외관 10부에서 정무를 분장하고, 6좌평이 이를 총리한 것으로 보인다.

2) 지방 행정

백제의 지방 행정 조직은 5부 5방제로 하여, 수도를 5부로 나누고, 지방을 5방, 37군, 200성으로 구획했다.

백제의 수도는 5부로 나누었는데, 방위에 따라 상부(上部. 동부)·전부(前部. 남부)·중부(中部)·하부(下部. 서부)·후부(後部. 북부)로 나누었다. 고구려의 5부가 부족명에 따라 구분된 데 비해 백제의 것은 방위에 따라 구분한 것으로 고구려나 신라에 비해 중국식의 관제를 표방했다. 각 부 밑에 5항(巷)을 설치, 사(士)·서인(庶人)을 두었고, 부마다 500명의 군사를 배속시켰다. 부의 장도 달수로 임명했다.

백제 지방 행정 조직은 전국을 5방으로 구분, 방의 장관인 방령(方領)을 중앙의 달수로 임명, 파견했는데, 방령은 방성(方城)에 살았다. 방령 밑에는 700~1,200명 정

표 3-5 백제의 지방 제도

수도	① 상부 ② 하부 ③ 전부 ④ 후부 ⑤ 중부
지방	① 중방(中方): 고사성(古沙城) ② 동방(東方): 득안성(得安城) ③ 남방(南方): 구지하성(久知下城) ④ 서방(西方): 도선성(刀先城) ⑤ 북방(北方): 웅진성(熊津城)

도의 군대가 배치되었다. 각 방 밑에는 여러 개의 군이 있고, 군에는 군장(郡將. 또는 군령)을 두되 상주하는 군대를 가지며, 몇 개의 성(또는 현)을 거느렸다. 성에는 성주(또는 도사)가 파견되었다. 백제 지방 조직의 특색은 행정 구역인 동시에 군사적인 임무를 가지는 데 있다. 백제 말기에는 5부, 5방, 37군, 200성을 가지고 있었다(<표 3-5> 참조).

웅진 시대에는 22개의 담로(擔魯)가 설치되었다. 담로는 백제의 지방 큰 도시로서 중앙 왕족이나 유력 귀족 출신이 지방관으로 파견되었다. 담로는 어느 정도 자치적 행정을 수행했는데, 영토의 확장에 따라 증감되었다. 전성기에는 중국은 물론 일본 지역에까지 담로가 설치되었다.

제 3 절 신라, 통일신라의 행정

1 행정 환경

신라(新羅)는 단기 2276년(B.C. 57) 박혁거세가 왕으로 옹립되면서 본격적인 국가로 등장했다. 마지막 경순왕(935. 단기 3268) 말기까지 56대 992년간 존속했다. 당나라의 힘을 빌려 29대 태종 무열왕 때 한반도를 통일했고, 찬란한 불교 문화를 꽃피웠다. 국호는 신라・신로・사라・서나・서라벌・서벌 등으로 불렸는데, 마을(읍리)이라는 뜻과 '동쪽의 새롭고 성스러운 나라'라는 뜻을 지니고 있다. 지증 마립간 때 덕업일신(德業日新)에서 '신' 자를 따고, 망라사방(網羅四方)에서 '라' 자를 따서 신라로 했다.

신라의 역사 구분은 학자에 따라 기간이 다르고 붙여진 이름이 다르지만 대체로 다음과 같이 다섯 시기로 나눌 수 있다.

① 연맹 왕국 성립기(1대 혁거세 거서간~16대 흘해 이사금. B.C.57~356. 단기 2276~2689)

② 국가 체제 확립기(17대 내물 마립간~22대 지증 마립간. 356~514. 단기 2689~2847)
③ 중흥·융성기(23대 법흥왕~28대 진덕여왕. 514~654. 단기 2847~2987)
④ 통일 후 안정기(29대 무열왕~36대 혜공왕. 654~780. 단기 2987~3113)
⑤ 국가 쇠퇴기(37대 선덕왕~56대 경순왕. 780~935. 단기 3113~3268)

1) 연맹 왕국 성립기

고조선으로부터 남하한 신한(辰韓) 세력이 도착 세력과 연합해 신라로 엮어진다. 초기에, 경주 지방의 여섯 부족의 연합체인 지역 단체가 있어서 왕은 이 씨족의 우두머리들에 의해 추대되었다. 즉, 이들 중에서 연령·인물을 고려해 지도력 있는 사

표 3-6 신라의 세계표(世系表) (56대 992년 B.C.57~935. 단기 2276~3268)

① 혁거세 거서간(赫居世 居西干, 단기 2276~2337. B.C.57~4) - ② 남해 차차웅(南解 次次雄, 4~24) - ③ 유리 이사금(儒理 尼師今, 24~57) - ④ 탈해 이사금(脫解 尼師今, 57~80) - ⑤ 파사 이사금(婆娑 尼師今, 80~112) - ⑥ 지마 이사금(祇摩 尼師今, 112~134) - ⑦ 일성 이사금(逸聖 尼師今, 134~154) - ⑧ 아달라 이사금(阿達羅 尼師今, 154~184) - ⑨ 벌휴 이사금(伐休 尼師今, 184~196) - ⑩ 나해 이사금(奈解 尼師今, 196~230) - ⑪ 조분 이사금(助賁 尼師今, 230~247) - ⑫ 첨해 이사금(沾解 尼師今, 247~261) - ⑬ 미추 이사금(味鄒 尼師今, 262~284) - ⑭ 유례 이사금(儒禮 尼師今, 284~298) - ⑮ 기림 이사금(基臨 尼師今, 298~310) - ⑯ 흘해 이사금(訖解 尼師今, 310~356) - ⑰ 나물 마립간(奈勿 麻立干, 356~402) - ⑱ 실성 마립간(實聖 麻立干, 402~417) - ⑲ 눌지 마립간(訥祇 麻立干, 417~458) - ⑳ 자비 마립간(慈悲 麻立干, 458~479) - ㉑ 소지 마립간(炤知 麻立干, 479~500) - ㉒ 지증왕(智證王, 500~514) - ㉓ 법흥왕(法興王, 514~540) - ㉔ 진흥왕(眞興王, 540~576) - ㉕ 진지왕(眞智王, 576~579) - ㉖ 진평왕(眞平王, 579~632) - ㉗ 선덕여왕(善德女王, 632~647) - ㉘ 진덕여왕(眞德女王, 647~754) - ㉙ 태종 무열왕(太宗 武烈王, 654~661) - ㉚ 문무왕(文武王, 661~681) - ㉛ 신문왕(神文王, 681~692) - ㉜ 효소왕(孝昭王, 692~702) - ㉝ 성덕왕(聖德王, 702~737) - ㉞ 효성왕(孝成王, 737~742) - ㉟ 경덕왕(景德王, 742~765) - ㊱ 혜공왕(惠恭王, 765~780) - ㊲ 선덕왕(宣德王, 780~785) - ㊳ 원성왕(元聖王, 785~798) - ㊴ 소성왕(昭聖王, 799~800) - ㊵ 애장왕(哀莊王, 800~809) - ㊶ 헌덕왕(憲德王, 809~826) - ㊷ 흥덕왕(興德王, 826~836) - ㊸ 희강왕(僖康王, 836~838) - ㊹ 민애왕(閔哀王, 838~839) - ㊺ 신무왕(神武王, 839~839) - ㊻ 문성왕(文聖王, 839~857) - ㊼ 헌안왕(憲安王, 857~861) - ㊽ 경문왕(景文王, 861~875) - ㊾ 헌강왕(憲康王, 875~886) - ㊿ 정강왕(定康王, 886~887) - (51) 진성여왕(眞聖女王, 887~897) - (52) 효공왕(孝恭王, 897~912) - (53) 신덕왕(神德王, 912~917) - (54) 경명왕(景明王, 917~924) - (55) 경애왕(景哀王, 924~927) - (56) 경순왕(敬順王, 927~935. 단기 3260~3268)

람을 추대하고 박, 석, 김의 성씨를 부여했다. 6부의 귀족 세력은 자체 인민과 토지, 경제력, 엄격한 위계 체제를 갖춘 군대를 가지고 있었다.

거서간(居西干), 거슬감(居瑟邯)이란 칭호는 한, 간(干), 칸의 의미를 지닌 최고의 통치자란 뜻을 담고 있다. 혁거세(赫居世) 거서간(단기 2276~2337. B.C.57~4)은 국가의 기틀을 다지는 한편 농업과 양잠을 장려하고, 변한을 복속시켰으며, 금성을 축조했다. 강원 북부에 있던 낙랑이 침입하자 이를 격퇴시켰다. 호공(瓠公)을 마한에 보내 화친을 요청했다가 거절당하기도 했다.

2대 남해의 칭호인 차차웅(次次雄)은 원래 귀신을 섬기고 제사하는 무당의 의미를 지녔던 것인데 이는 '두려운 존장자(尊長者)'란 뜻을 담고 있다. 3대 유리로부터 16대 흘해까지 사용한 이사금(尼師今)이란 칭호는 이질금(尼叱今), 치질금(齒叱今)이라고도 했는데 이는 '닛금', '임금'이란 뜻이다. 유리 이사금(儒理 尼師今, 24~57. 단기 2357~2390)은 환과고독(鰥寡孤獨)을 돌보는 정책을 펴고, 「도솔가」를 지어 국태민안을 노래했다.

6부의 부족들에게 정식으로 성씨를 하사했으니 양산부(陽山部 또는 及梁部)를 양부로 하고 이씨(李氏), 고허부를 사량부(沙梁部)로 바꾸어 최씨(崔氏), 대수부는 모량부(牟梁部)로 바꾸어 손씨(孫氏), 간진부는 본피부(本彼部)로 바꾸어 정씨(鄭氏), 가리부는 한지부(漢祇部)로 바꾸어 배씨(裴氏), 명활부는 습비부(習比部)로 바꾸어 설씨(薛氏)로 했다. 이들 6촌을 6부의 행정 구역으로 만들었다. 이를 기념해 길쌈을 짜면서 승부를 거는 가배(嘉俳) 놀이를 시행해 한가위, 두레, 품앗이, 원화(源花)와 화랑(花郞)의 시초를 만들었다. 또 17 관등제를 실시해 고대 국가의 틀을 다진다. 초기에 미약한 국력을 보였던 신라는 주변의 백제, 가야, 말갈, 낙랑 등과 크고 작은 싸움을 계속하면서 성장해 갔다. 일성 이사금 때는 도성인 금성에 정사당(政事堂)을 설치해 화백(和白) 회의를 열고 국정을 논의했다. 농업을 장려하고, 제방 수리와 농지 개간에 열중했다.

2) 국가 체제 성립기

17대 나물 마립간(奈勿 麻立干, 356~402. 단기 2689~2735)은 우뚝한 신라 중흥의 통치자였다. 마립간이란 칭호에서 마립은 말뚝(橛), 높은 곳을 뜻하는 마리나 마루, 귀한 사람의 호칭인 마마나 마님과 비슷한 뜻을 지니고 있다. 간(干)은 역시 최고 통치자를 뜻한다. 그 이전 이사금이 계승자, 연장자란 의미를 지녔었다면 마립간은 수장(首長), 통치자, 군왕이란 뜻을 담은 것이다(임병주, 2000: 365-366).

실질적으로 왕권을 강화해 핵심 귀족인 대등(大等)으로 구성되는 귀족 회의인 남당에서 국정을 주재했다. 이 때부터 김씨 세습 군주가 나타난다. 나물 마립간이 통치할 당시는 고구려 광개토왕, 백제 근초고왕 등의 영명한 군주들이 활약할 시기였는데, 그에 못지않게 나물 마립간도 신라를 반석 위에 올려놓았다. 신한 전체를 아우르고, 고구려에 볼모를 보내어 친교를 맺은 뒤 백제를 공격했다. 왜구의 침략을 고구려의 도움을 받아 격퇴시키기도 했다.

19대 눌지 마립간(訥祗 麻立干, 417~458)은 부왕인 나물의 치적을 이어 고구려와 왜에 볼모로 가 있던 동생 복호, 미사흔을 박제상의 도움으로 빼내오고, 이들 나라와 동등한 관계에 서서 외교를 펼친다. 고구려의 남침을 막기 위해 백제와 나제동맹(羅濟同盟)을 맺고 군사를 파견한다. 왕실 내부를 장악하고는 마립간을 부자 상속제로 바꾼다. 저수지를 축조하고, 우마차를 이용해 농업 생산력을 높였다. 자비와 소지 마립간은 국내의 중앙 집권적 왕권 강화를 위해 경주를 방리제(坊里制)로 바꾸었다. 우역(郵驛)을 실시했고, 관도(官道)를 개척했으며, 시장을 열어 여러 지역의 물자 교역에 힘썼다. 경주에 남아 있던 6부 체제를 개선해 왕권 강화에 노력했다. 소지 마립간(炤知 麻立干, 479~500)은 백제와 결혼 정책을 통해 군사 동맹을 맺고 고구려의 남침에 대비했다.

지증 마립간(智證 麻立干, 500~514)은 신라로 이름을 바꾸고, 왕의 칭호를 중국식 왕으로 변화를 꾀했다. 영토 확장에 따른 영역을 체계적으로 다스리기 위해 주, 군, 현을 설치했다. 또 군주(軍主)라는 지방의 행정과 군사를 동시에 관장하는 강력한 통치 기구를 두었다. 소경(小京) 제도를 두어 미복속 지역의 주민들을 회유했다. 이사부를 시켜 우산국을 점령했다. 순장(殉葬)을 금지하고 우경법(牛耕法)을 실시해 농업 생산력을 높이고, 벼농사를 적극 보급했다.

3) 중흥 · 융성기

이 때 신라는 변방에서 일본과 고구려의 세력이 후퇴한 것을 계기로 정치 제도를 개혁했고, 영토를 확장해 3국 정립의 태세를 완성했다. 23대 법흥왕(法興王, 514~540. 단기 2847~2873)은 율령을 공포하고, 백관의 공복(公服)을 제정했으며(528), 연호를 건원(建元)으로 제정(536)했다. "임금은 곧 부처(王卽佛)" 사상에 입각해 불교를 국민 교화의 수단으로 삼았다. 고구려의 승 묵호자(墨胡子)를 받아들이고, 이차돈(異次頓)의 순교를 계기로 불교를 국가적으로 공인했다. 이 때부터 불교가 주요한 통치 이념의 근간을 제공한다. 왕권 강화를 계기로 상대등(上大等)이라는 최고 대신직을 설치해 왕 대신에 귀족 회의를 주재케 했고, 병부를 설치해 군사권을 왕이 직접 장악했다. 밖으로는 백제의 사신을 따라 중국 남조의 양나라에 사신을 보냈고(521), 또 낙동강 방면의 가야 제국에 대한 외교·정복에도 손을 대어 큰 성공을 거두었다.

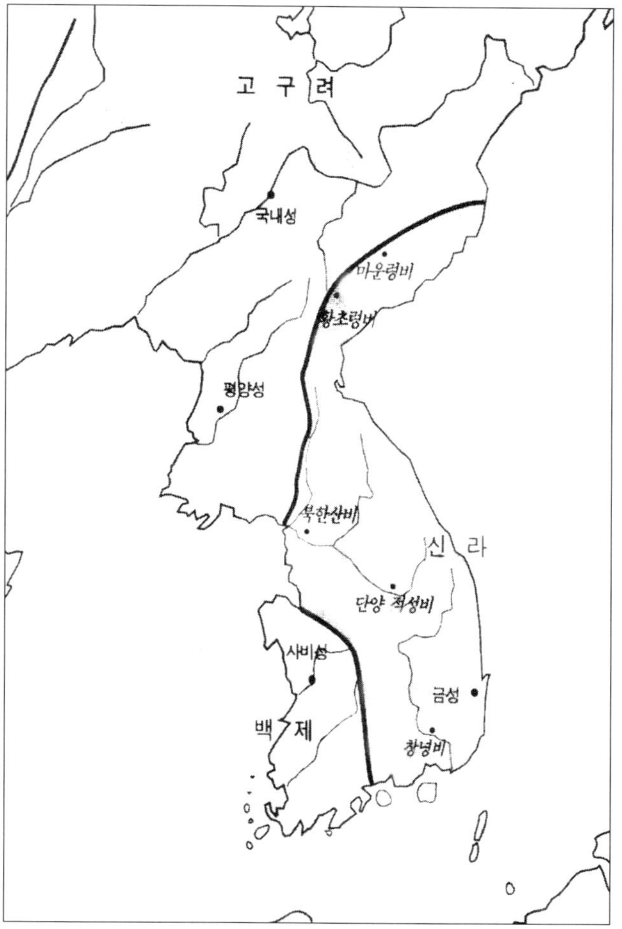

신라 전성기

법흥왕 9년 3월에 가야국 왕이 사신을 보내어 청혼하자, 왕은 이찬 비조부의 누이를 보냈다 했고, 법흥왕 11년 9월에는 왕이 남쪽 경계를 순시해 지경을 개척하는 데 가야 국왕도 내회했다. 법흥왕 19년에는 금관국주(가야왕국)인 김구해(仇衡王)가 비와 세 아들을 거느리고 보물을 가지고 와서 항복하므로 상등의 벼슬을 주고, 그 본국을 그의 식읍으로 했는데 구해의 셋째아들 무력은 벼슬이 각간(角干)에 이르렀다.

24대 진흥왕(眞興王, 540~576)은 통일 전 신라 최대의 영역을 구축한 임금이다. 진흥왕은 개국(開國), 대창(大昌), 홍제(鴻濟) 등의 연호를 사용했다. 이사부, 거칠부 등을 병부령과 장수로 삼아 가야를 병합하고, 낙동강 유역의 평야 지대는 물론 동남해의 해상권을 장악했다. 백제와 연합해서 고구려와 말갈 연합군을 공격해 패퇴시키고 한강 유역을 점거해 황해의 해상 교통에 필요한 요지를 손에 넣었다. 한강 유역 장악을 위해 백제 성왕과 관산성 전투를 벌여 성왕을 죽였다. 진흥왕은 새로 편입한 지역에 신주, 완산주, 대야주, 비열홀주 등을 설치하고, 창녕・북한산・황초령・마운령에 진흥왕의 순수비(巡狩碑)를 세웠다. 황룡사를 세우고, 우륵을 존중했으며, 남자 중심의 화랑도를 활성화시켰다.

26대 진평왕(眞平王, 579~643)은 화백 회의에 의해 폐위된 진지왕의 뒤를 이어 왕

진흥왕 순수비(북한산)

이 된 뒤, 진흥왕 시기에 확보한 국토의 보존 정책에 힘썼다. 건목(建福)이란 연호를 사용하고, 체제 개편을 단행해 위화부, 조부 등을 설치했다. 이찬 노리부를 상대등으로, 이찬 후직을 병부령으로 임명하는 등 친정 체제를 구축했다. 고구려와 백제의 침략을 견제하기 위해 수 양제에게 걸사표(乞師表)를 보내 고구려를 치게 만들고, 당 태종에게 사신을 보내 고구려를 치게 만들었다.

4) 통일 후 안정기

이 시기에 신라는 전기의 발흥 기세를 계승하고 당나라의 힘을 빌려 백제와 고구려를 멸망시켜 3국 통일의 대업을 완성했다. 그리하여 통일 신라의 영토는 서북쪽으로 대동강 이남, 동북쪽으로는 원산·안변 부근 이남으로 확대되었다.

29대 태종 무열왕(太宗 武烈王, 654~661. 단기 2987~2994)은 화백 회의를 통해 제위에 올라 김유신을 상대등으로 임명해 국정을 장악케 한 뒤, 60여 개의 율령을 발표했다. 태자 법민, 김유신, 김인문 등에게 군사를 주어 당나라와 연합해 사비성을 함락시키고 백제를 멸망시켰다.

30대 문무왕(文武王 661~681)은 백제 부흥 운동을 잠재우고, 김유신 등을 앞세워 당나라와 함께 고구려를 침략해 멸망시켰다. 이후 지속된 고구려 부흥 운동을 제압하고, 한반도에 영향력을 미치려고 하는 당의 세력을 패퇴시켜 쫓아냈다. 통일 후 북원 소경, 금관 소경 등을 설치했고, 군사 조직을 중앙의 9서당(誓幢)과 지방의 10정으로 정비했다. 중앙행정기관의 말단 공무원인 사(史)의 숫자를 크게 늘렸다. 상수리(上守吏) 제도를 두어 각 고을의 향리 한 사람씩을 왕경인 경주에 머물게 했다.

31대 신문왕(神文王, 681~692)은 통일 후 안정 국가를 구축한 왕이다. 우선 유교 교육 진흥을 위해 국학(國學)을 설치하고 관료를 양성했다. 위화부령(位和府領) 2인을 두어 인재 등용에 힘썼으며, 녹읍제를 폐지하고 관료들에게 녹봉(祿俸)을 지급했다. 완산주(전주)와 청주(진주)를 설치해 9 주(州) 제도를 완성하고, 서원소경과 남원소경을 두어 5소경 제도를 완비했다. 신라인을 중심으로 고구려, 백제, 말갈, 보덕인들을 모두 포함한 9서당을 두었다.

33대 성덕왕(聖德王) 21년(722)에는 모든 백성에게 정전(丁田)을 지급하는 토지 개혁을 단행했고, 당과의 적극적 교류를 통해 유교 교육에 열중했다.

35대 경덕왕(景德王, 742~765)은 귀족들에 의해 추대된 왕으로 왕권과 귀족 세력의 경쟁이 촉발된 시기에 재임했다. 경덕왕 16년(757)에 귀족들에게 식읍(食邑)을 지급하는 녹읍제가 부활됨으로써 귀족들의 지역 세력 기반 구축이 가능하게 만들었다. 국학에 박사와 조교를 두어 유학 교육을 전담케 하고, 제도 개혁을 통해 왕권 보호를 위해 노력했지만 귀족 세력의 등장을 막기 어려웠다.

5) 국가 쇠퇴기

이 시기의 신라는 쇠퇴기로서, 왕권이 몹시 불안정했다. 이 시기의 왕 20명이 평균 7년 정도씩 재임했고, 태반이 비명에 죽었다. 왕위 쟁탈을 중심으로 한 음모·반역·골육 상잔의 난리는 제36대 혜공왕 때부터 제49대 헌강왕 때까지 계속되었고, 51대 진성여왕 때에 이르러서는 전국적인 반란을 보게 되었다. 그러나 중앙 통치 집단 내부의 권력 투쟁과는 달리 국가 전체적으로는 태평 세월이 계속되었다.

38대 원성왕(元聖王, 785~798) 4년(788)에 실시한 독서삼품과(讀書三品科)는 역사적으로 획기적인 관료 등용 시험이었다. 유교 경전을 중심으로 3품계를 나누어 시험해 관료들을 등용했다. 제49대 헌강왕(憲康王, 875~886) 당시는 태평성대로 나타나 있다. 생활 수준이 높고 여유로운 생활을 영위했다 한다. 황룡사에 백고좌강경(百高座講經)을 두어 불교 교리를 강의했다.

중앙정부의 무기력화와 부패는 필연적으로 지방 세력의 대두를 가져와 마지막 약 50년간은 후삼국의 쟁패 시기가 된다. 신라의 세력은 겨우 지금의 경상남북도 지방에 국한되었고, 전라남북도 방면은 견훤이 차지해 후백제를 세웠으며, 강원도 북부와 경기·황해도·평안도 방면은 궁예가 차지해 마진국을 세우니, 다시 3국 정립의 형세가 되었다. 후삼국 중 궁예는 가장 강대한 세력으로 군림했으나, 경명왕(景明王) 2년(918) 궁예가 왕이라 자칭한 지 18년 만에 그의 부하 왕건이 궁예를 대신해 왕위에 올라 국호를 고려라 했다. 고려는 서울을 송악(開城)에 정하고 연호를 천수라 했는데, 나라의 세력이 강대해지자 신라의 경명왕은 사신을 보내서 우호 관계를 맺었다. 경애왕(景哀王) 4년(927) 후백제의 견훤은 신라의 서울 경주를 공격·점령하고, 경애왕을 강제로 자살하게 하여 왕제 김부를 왕으로 삼으니, 이가 신라의 마지막 왕인 경순왕(敬順王)이다. 영토는 날로 줄어드는데다 민심이 고려로 향함을 본 경순왕은 동왕 9년(935) 군신회의를 열고, 나라와 백성을 들어 고려에 항복하기로 결정했다. 이에 신라의 역사는 시조로부터 56대 왕, 992년으로 찬란한 문화를 남긴 채 마감했다.

2 행정 조직과 관리

1) 관계(官階): 골품제

신라는 32년(단기 2365)에 이미 17관등이 제정되었는데 이는 부족 세력을 사회 신분화해 골품제(骨品制)로 성립한 것이다. 관계에 따라 색복제(色服制)가 실시되었으며, 골품에 따라 관등 승진과 일상 생활에 상한선이 있었다.

골품제는 성골(聖骨), 진골(眞骨)의 두 골(骨)과 6두품에서 1두품까지의 두품(頭品)으로 구분할 수 있다. 성골은 부모 양계가 모두 왕족인 사람이며 진골은 부모 양계 중 일방만이 왕족인 사람이다. 최고 통치자인 제왕은 최고 귀족 계급인 성골과 진골에서 나왔는데, 29대 태종 무열왕으로부터 진골이 왕이 되었다. 순수한 골품 계급을 유지하기 위한 수단으로 동일 골품 간의 결혼이 계속되었다. 골품은 세습되었지만, 관계와 관직은 당대에 한했다(유상근, 1968: 18). 1관등인 이벌찬에서 5관등인 대아찬까지는 진골에 한해서 임명될 수가 있었다. 6·5·4두품은 육촌의 지배층인 일반 귀족인데, 6두품은 일반인들이 올라갈 수 있는 최고의 지위인 만큼 득난(得難)으로 불렀다. 평민 신분이 상승하면서 3두품 이하는 소멸해 일반 백성이 되었다.

골품 제도 하의 신라는 왕족과 왕비족이 장관급의 모든 요직을 독점하고, 중앙 관계는 왕경인(王京人: 경주 거주인)에 한해 주어졌다. 일찍이 성립된 17관등 체계도 부족적 기반과 골품제와의 관련 속에서 정비되고, 관직과 직결되었다(서태윤, 1985: 132). 중앙의 중시(中侍)와 각 부의 영(令)은 대아찬 이상의 골(骨)만이 임명될 수 있었고, 시랑(侍郞)과 경(卿)은 4~5두품만이 임명되었다. 지방 관직인 도독(都督)과 사신(使臣)은 6두품 이상만이 임명되었다.

신라의 관계와 골품 조직을 살펴보기 위해, 『삼국사기』 직관지의 색복조를 참조하면 <표 3-7>과 같다. 관등은 1관등인 이벌찬에서부터 17관등인 조위까지로 구분되어 있었는데, 1~5관등은 자색옷을 입었고 진골만이 임명되었다. 중앙에서 중시령(中侍令)이라는 화백회의 장, 수상이 되는 것도 이들이다. 6~9관등은 붉은 비색옷을 입었고, 10~11관등은 청색옷을 입었으며, 12~17관등은 황색옷을 입은 하급 관료였다.

6두품 신분의 사람들은 아찬까지, 5두품은 대나마까지, 4두품은 대사까지 오를 수

표 3-7 신라의 골품 및 골품 조직

지방 관계		중앙 관계			공복	골품			
관계	관등명	관계	관등명	비고		진골	6두품	5두품	4두품
		1	이벌찬(伊伐飡)	또는 이벌간(伊罰干), 우벌찬(于伐飡), 각간(角干), 각찬(角粲), 서발한(舒發翰), 서불한(舒佛邯)	자의(紫衣)	↑			
		2	이찬(伊飡)	또는 이척찬(伊尺飡)		↑			
		3	잡찬(迊飡)	또는 잡판(迊判), 소판(蘇判)		↑			
		4	파진찬(波珍飡)	또는 해간(海干), 파미간(破彌干)		↑			
		5	대아찬(大阿飡)	또는 대아간(大阿干)		↑			
		6	아찬(阿飡)	또는 아척간(阿尺干),아찬(阿粲: 중아찬(重阿飡)~사중 아찬(四重 阿飡))	비의(緋衣)		↑		
1	악간(嶽干)	7	일길찬(一吉飡)	또는 을길간(乙吉干)			↑		
2	술간(述干)	8	사찬(沙飡)	또는 살찬(薩飡), 사돌간(沙咄干)			↑		
3	고간(高干)	9	급찬(級飡)	또는 급벌찬(級伐飡), 급복간(及伏干)			↑	↑	
4	귀간(貴干)	10	대나마(大奈麻)	또는 대나말(大奈末: 중대나마(重大奈麻)~구중대나마(九重大奈麻))	청의(靑衣)		↑	↑	
5	선간(選干)	11	나마(奈麻)	또는 나말(奈末: 중나마(重奈麻)~칠중나마(七重奈麻))			↑	↑	↑
6	상간(上干)	12	대사(大舍)	또는 한사(韓舍)	황의(黃衣)		↑	↑	↑
7	간(干)	13	사지(舍知)	또는 소사(小舍)			↑	↑	↑
8	일벌(一伐)	14	길사(吉士)	또는 계지(稽知), 길차(吉次)			↑	↑	↑
	일척(一尺)	15	대오(大烏)	또는 대오지(大烏知)			↑	↑	↑
9	피일(彼日)	16	소오(小烏)	또는 소오지(小烏知)			↑	↑	↑
10	아척(阿尺)	17	조위(造位)	또는 선저지(先沮知)			↑	↑	↑

자료: 『삼국사기』, 집간지.

있었다. 그래서 승진 대상자가 많은 경우에는 같은 아찬, 대나마를 여러 등급으로 다시 나누어 관료들을 배치했다. 아찬을 4중 아찬까지 5등급으로 다시 분류하고, 대나마를 9중 나마까지 10등급으로, 나마를 7중 나마까지 8등급으로 세분한 것이 그렇다. 제5 관등 대아찬과 제6 관등 아찬을 경계로 하여 아찬 이하의 12관계는 명칭으로 보아 사로 6부에서 유래한 것이다. 그 순위는 관위 설정 당시의 6부 세력의 대소에 따라 편제된 것으로 생각된다. 즉, 지방 기층에 있던 간이나 상간을 일괄해 4두품으로, 그보다 좀 우세한 것은 5두품으로 편입하고, 대족장은 6두품으로 편제해서 골품 제도와 중앙 및 지방 관제가 성립된 것이다.

그 밖에 골품의 인구가 증가하자 관직도 부족해졌으므로 30대 문무왕(文武王) 14년(674)에는 더욱 외위(外位)를 많이 두었다. 이벌찬 위에 대각간(大角干), 태대각간(太大角干)이라고 하는 2개의 관계가 설치되어 있었다는 것은 김유신 장군을 포상하기 위해 신설된 것이었는데, 그 후 상설 관계화했다.

한 가지 고려해 볼 것은 관등제만을 보면 골품제에 따라 엄격한 차등이 존재하는 것 같지만, 관직제를 보면 어느 정도 능력에 따른 융통성이 갖춰져 있었던 것 같다(황선영, 2002: 11-18). 신라의 관직제는 '영(令)-경(卿)-대사(大舍)-사지(舍知)-사(史)'의 다섯 단계로 되어 있는데, 모든 관료는 골품에 관계없이 하위 직급으로부터 출발하기 때문에 어느 정도는 자신의 능력대로 승진할 수 있는 것이다(황선영, 2002).

2) 중앙의 주요 관부

(1) 화백 회의와 상대등

통일 이전의 관제는 골품 제도를 바탕으로 한 귀족 연합의 전통 위에 형성되었다. 화백 회의(和白會議)는 진골 출신의 대등(大等)으로 구성되며 상대등(上大等)을 의장으로 하는 회의체이다(한영우, 1999: 98). 여기서 국가의 중대사를 논의했는데 만장일치로 결정을 하였다. 회의는 사영지(四靈地: 동쪽의 青松山, 서쪽의 彼田, 남쪽의 亐知山, 북쪽의 金剛山)라는 신령스러운 곳이나 남당(南堂)에서 열렸다. 화백 회의는 귀족 민주주의적인 전통을 보여 준다.

법흥왕 때에 설치된 상대등은 상신(上臣)이라고도 불리던 최고 관직으로 화백 회의를 주재하고, 귀족을 대표하며, 국사를 총리하던 수상직이었다. 원래 이사금, 마립간 등이 주재하던 귀족 회의를 국왕권이 강화되면서 제2인자인 상대등에게 대리케 하는 과정에서 등장했다. 상대등의 역량은 귀족 중심의 국가 운영이 충실히 유지되는 상황에서는 막강한 힘을 발휘할 수 있었다.

그러나 공식적인 중앙 관제가 완성된 통일 이후에는 점차 왕권 지배 하의 관료 조직으로 권한이 이전될 수밖에 없었다. 통일 후 왕권이 전제화됨에 따라, 집사부 중시에게 그 실권을 빼앗기고, 시정의 득실을 논하는 의정 기관으로 물러났다. 그러다가 하대(下代)에 전제 왕권이 약화되고 귀족 정치가 재연되자, 다시 최고 정치 기구의 기능을 발휘했다. 집사부를 제압하고 왕위 계승에 직접적인 영향을 미침은 물론, 상대등 출신이 왕위에 오르기도 했다.

(2) 관부

관부(官府)는 경덕왕 때 이르러 체제를 완비한 것으로 전한다. 통일 이전에는 귀족 관료제 전통의 골품제를 바탕으로 국가를 경영해 왔으나 법흥왕 때 병부를 설치하는 등의 노력을 기울이면서 왕권 강화에 노력했다. 영토가 확장되어 가면서 좀 더 체계적으로 국가를 통치할 필요를 느껴 행정 관부의 확대 정비에 노력했다. 귀족 연합적인 국가 형태에서 점차 전제 왕권 통치 형태로 전환하기 위해 당시 통일 전 고구려와 백제, 당의 통치 체제를 많이 받아들였다.

진덕여왕 5년(651)에 최고 행정기관으로 집사부가 설치된 것은 신라의 관제가 크게 변화해 귀족 연합적인 전통에서 전제 왕권의 행정 체제로 들어섰음을 뜻한다. 집사부의 장관인 중시(中侍. 통일 후에는 侍中)는 상대등과 서로 비견되는 위치에 있었다. 이에 통일신라 시대의 주요 관부를 보면 <표 3-8>과 같다.

병부는 가장 먼저 군사권의 중앙 집권 과정에서 생겨났고(517), 관리 규찰을 위해 사정부가 생겨났으며(544), 재정을 담당한 품주(稟主)가 만들어졌다(565). 나중에 품주가 집사성이 되고, 이것이 진덕왕 5년에 다시 집사부로 개편되었다. 원래 품주는 재정기관이었는데, 조부·창부가 분화되면서 정무를 담당한 집사성으로 개칭된 것이다. 집사부는 왕권을 뒷받침하는 가신적 역할에서 벗어나, 통일 후에는 최고 정무 기구로 발전했다. 따라서 집사부의 장인 중시가 상대등을 대신해 실권자가 되고, 왕비족이나 상대등으로 승격되기도 했다.

부(部)나 부(府)가 중앙의 주요 관서였고 서(署), 전(典)의 관서는 그에 부속되었다.

표 3-8 통일신라 시대의 주요 관부

관부명		관장 업무	소속 관직명	
설립 당시 명칭	경덕왕 때 개칭		원명	경덕왕 때 개칭
집사부(執事部)	집사성(執事省)	국정의 총리	중시(中侍)·전대등(典大等)·대사(大舍)·사지(舍知)·사(史)	시중·시랑(侍郎)·낭중(郎中)·원외랑(員外郎)·낭(郎)
병부(兵部)	병부(兵部)	군사	영(令)·대감(大監)·제감(第監)·노사지(弩舍知)·사·노당(弩幢)	영·시랑·낭중·사병(司兵)·소사병(小司兵)
조부(調部)	대부(大府)	공부(貢賦)	영·경(卿)·대사·사지·사	영·주부(主簿)·사고(事庫)
창부(倉部)	창부(倉部)	재정	영·경·대사·사지·사	영·시랑·낭중·사창(司倉)
예부(禮部)	예부(禮部)	의례·교육·외교	영·경·대사·사지·사	영·주부·사례(司禮)
승부(乘府)	사어부(司馭府)	마정(馬政)	영·경·대사·사지·사	영·주부·사목(司牧)
사정부(司正府)	숙정대(肅正臺)	관리규찰(官吏糾察)	영·경·좌(佐)·대사·사	영·평사(評事)
예작부(例作府)	수례부(修例府)	영선(營繕)	영·경·대사·사지·사	영·주부·사례
선부(船府)	이제부(利濟府)	주집(舟楫)	영·경·대사·사지·사	영·주부·사주(司舟)
영객부(領客府)	사빈부(司賓府)	외빈 접대	영·경·대사·사지·사	영 ·주부·사의
위화부(位和府)	사위부(司位府)	관위(官位)	금하신(衿荷臣)·상당(上堂)·대사·사	주부
좌·우 이방부(左右 理方府)	좌·우 이방부(左右 理方府)	형률	영·경·좌·대사·사	영·평사
공장부(工匠府)	전사서(典祠署)	사묘(祠廟)의 공사	감·주·사	감·주·사

뚜렷한 증거는 없으나 부(部: 4부)와 부(府: 10부) 사이에는 큰 차이가 있었다(신형식, 2004: 493). 4개의 부(部) 중에서 집사부와 창부는 품주에서 분리된 것이고, 병부는 최고의 관부였다. 예부는 국학, 음성서, 전사서, 사범서 등 여러 개의 속관부(屬官府)를 가지고 있어 4(部)는 10(府)보다 상위기관이다. 부(部) 관서의 관리 숫자가, 부(府) 관서의 관리 숫자보다 많았다. 신라는 중고대의 부족적 전통을 가진 부(部)가 행정적 의미를 지닌 부(府)를 통제했다고 생각한다. 위화부(位和府)는 집사부, 선부(船府)와 승부(乘府)는 병부, 영객부(領客府)와 공장부(工匠府)는 예부, 그리고 조부(調府)

는 창부의 감독을 받은 것으로 보인다.

부의 장관직은 영(令), 차관직은 경(卿), 실무 담당자는 사(舍), 사(史), 낭(郎) 등이었다. 주요한 부에는 영이 2~3명 복수로 있기도 했는데 이는 귀족 회의체적인 성격이 있기 때문이었을 것이다.

완비된 중앙 행정 체계의 특징을 보면, 14관부의 관원 수를 적절히 균형을 맞췄고, 모든 기관을 왕에게 직결시켜 상호 조화와 견제를 유발했다(신형식, 2004: 493-494). 직능 세분화를 통해 특정 기관의 권력 독점을 막았고, 시중의 국정 총괄 기능을 부여치 않아 국왕의 통제력을 강화했다.

중앙행정기관의 핵심은 14부이다. 그러나 수도 행정은 경성주작전(京城周作典)을 비롯한 12개의 관청(典)과 왕실 사원인 7사 성전(七寺成典)으로 이룩된 19전이 맡았으므로 이들도 주요 관부였다(신형식, 2004: 496). 14부와 19전은 300명 선으로 균형을 맞추었다. 특히 7사 성전이나 경성주작전의 책임자인 금하신(衿荷臣) 또는 영(令) 내성의 사신이나 병부령을 겸했다.

3 주요 정책

1) 신라의 교육기관과 독서삼품과

신라 교육기관으로는 먼저 최고 교육기관이었던 예부 소속의 국학(國學)을 들 수 있다. 신문왕 2년(682)에 이르러 경 이하 박사・조교, 기타 사무관 등을 두어 비로소 제도의 확립을 보았다. 그 후 국학의 시설은 점점 완비되어 성덕왕 16년(717)에는 당나라로부터 공자・16철(哲)・72 제자의 화상을 들여다 모시고, 석전(釋奠)의 예를 행했다.

교과목은 『논어』, 『효경』을 일반 필수 과목으로 하여 ① 『예기』, 『주역』을 상급, ② 『좌전』, 『모시』를 중급, ③ 『상서』, 『문선』을 하급으로 하는 3분과로 되어 있었다. 『논어』, 『효경』을 3과 공통의 일반 필수 과목으로 한 것은 윤리・수신을 중요한 과목으로 인정했기 때문이다. 그 밖에도 국학에는 산학(算學)에 관한 수의과를 두고, 산학박사 혹은 조교 1명으로 하여금 교수하게 했다. 학생의 입학 신분은 대사(大舍: 12위) 이하 무위자로서 15~30세에 해당하는 자들에게 허가했으며, 재학 연한은 9년이었으나 저능해 가망이 없는 자에게는 퇴학을 명하고, 또 장래성은 있으나 아직 미숙한 자는 비록 9년이 넘었을지라도 재학을 허가해 위(位)가 대나마·나마에 이른 뒤에야 마치게 했다.

유교 교육기관 이외에도 천문누각(測候)·의학·율령 등 직업학을 전문으로 하는 기관이 있었다.

삼국 통일 이전의 상무적 전쟁기에는 무예와 족벌로써 인재를 등용했으나 통일 후에는 평화 시대에 필요한 문관으로 등용했으니, 이는 신라의 문무 교체를 의미하는 것이었다(이상국, 1960: 131-132). 원성왕 4년(788)에 국학에 독서삼품제(讀書三品制)라는 과거 비슷한 제도를 설치해 성적을 상품·중품·하품의 3등으로 고사해서 인재를 등용했다(이상국, 1960: 132).

문관을 삼품제에 의해 상·중·하의 삼품으로 구별·선발하는 데는 곧 『춘추』, 『좌씨전』, 『예기』, 『문선』, 『삼사(三史)』, 『논어』, 『효경』에 능통한 자를 상품(上讀)으로 하고, 『곡례』와 『논어』, 『효경』을 읽는 자를 중품(中讀), 『곡례』와 『효경』만 읽은 자를 하품(下讀)으로 하여 각각 적당한 관위에 나아가게 했다. 그리고 만일 5경(주역, 시경, 서경, 예기, 춘추)·삼사(사기, 한서, 후한서)·제자백가의 서(書)에 능통한 자가 있으면 순서를 뛰어넘어 독서삼품제에 의거하지 않고 특별히 기용했다. 또한 원성왕 때에 독서출신과를 규정하기는 했으나 동왕 5년(799)의 기록에 당에 유학한 자는 과거(科擧)에 의하지 않고도 출세하는 수도 있었다.

통일 이후에 신라는 넓어진 영토를 통치하기 위해 관등 제도와 골품 제도를 개편하고 국학과 독서삼품과를 설치해 골품 제도가 파괴되지 않는 한에서 혈통과 아울러 능력에 의한 인재 선발을 시도했다. 그러나 골품제의 제약과 진골 귀족의 관직 독점 때문에 국학과 독서삼품제는 큰 실효를 거두지 못했다. 그렇지만 신라 하대에 이르러 시험에 의해 관리를 뽑는 제도가 생겼고, 관리 등용 시에 능력이 중시되었다는 점은 주목할 만하다.

2) 지방 행정

신라는 촌락을 기초 단위로 하여, 성(촌)-군-주로 관할 구역이 넓어졌다. 여기서 수도인 경주를 핵심으로 하여 지역에 설치된 주(州)가 핵심적인 행정 단위가 되었다. 지증왕 때 처음으로 실직주(悉直州)를 설치해 이사부를 임명한 것이 시초이다. 주요

기마인물도

한 곳에 주를 두고, 그 장관으로 군주를 임명해 다스리게 했으며, 군주 밑에 여러 성주가 있었다.

삼국 시대에 신라의 영토는 낙동강 유역과 동해안 지방, 그리고 북쪽으로는 한강 유역으로 뻗쳤는데, 낙동강 상류의 중심지인 상주에는 사벌주, 중류 지역의 중심지인 창녕에는 비사벌주가 설치되었다. 새로 편입된 한강 유역의 통치를 위해 신주(후에 漢山州, 南川州로 바뀜)를 두었고, 강원도 춘천 방면에 수약주, 삼척・강릉 방면에 하서주 등이 설치되었다. 삼국을 통일한 뒤에는 확장된 영토를 통치하기 위한 지방 조직의 정비가 필요했다. 그리하여 신문왕 5년(685)에는 9주가 마련되었다. 9주는 본래의 신라 및 가야 땅에 3개, 백제의 옛 땅에 3개, 고구려의 옛 땅에 3개가 설치되었다. 주 장관은 지증 마립간 때 군주(軍主), 문무왕 때 총관(摠管), 다시 원성왕 때에는 도독(都督)으로 개칭되었는데, 이것은 군사적 성격에서 차츰 행정적인 성격으로 변해간 것을 의미한다. 주 밑에는 군(약 120개)・현(약 270개), 그 아래로 하급 행정 단위인 촌・향・부곡이 있었다. 그리고 수도가 동남쪽에 치우쳐 있었기 때문에 그 결함을 보충하기 위해 다섯 지방에 5소경을 요지에 두었다. 소경은 장관인 사대등(仕大等; 仕臣)이 책임자이고, 서울처럼 6부 체제로 구분되었으며 여러 관직이 있었다. 중앙 파견의 귀족들이 여기에 살며 지방 문화의 중심을 이루는 동시에 지방 세력의 통제를 위한 역할도 담당했다. 지방관들은 관할 구역 내에서 행정, 군사, 재판의 모든 권한을 행사했다. 통일신라 시대의 외관(外官)을 표시하면 <표 3-9>와 같다.

표 3-9 통일신라 시대의 외관

주(州)	소경(小京)	군(郡)	현(縣)
도독(都督) / 총관(摠官) 주조(州助) / 주보(州輔) 장사(長史) / 사마(司馬) 외사정(外司正)	사신(仕臣) /사대등(仕大等) 사대사(仕大舍)/ 소윤(少尹)	군태수(郡太守) 외사정(外司正)	소수(少守) / 제수(制守) / 현령(縣令)

표 3-10 신라의 9주 5소경

경도(京都) 및 9주(州) (文武~神文)	개명(改名) 景德王 때)	영속(領屬)			5소경 (五小京)
		군 수	현 수	주치소	
경도(京都)		10			
사벌주(沙伐州)	상주(尙州)	10	30	현 상주(尙州)	
삽량주(歃良州)	양주(良州)	12	34	현 양산(梁山)	금관(金官-현 金海)
청주(靑州)	강주(康州)	11	27	현 진주(晋州)	
한산주(漢山州)	한주(漢州)	27	46	현 광주(廣州)	중원(中原-현 忠州)
수약주(首若州)	삭주(朔州)	11	27	현 춘천(春川)	북원(北原-현 原州)
웅천주(熊川州)	웅주(熊州)	13	29	현 공주(公州)	서원(西原-현 淸州)
하서주(河西州)	명주(溟州)	9	25	현 강릉(江陵)	
완산주(完山州)	전주(全州)	10	31	현 전주(全州)	남원(南原-현 南原)
무진주(武珍州)	무주(武州)	14	44	현 광주(光州)	

3) 군제

신라의 군제(軍制)는 정세의 변천에 따라 여러 번 변했다. 군 부대들은 특정한 방법과 원칙으로 편성된 23개 군호(軍戶: 군 부대 종류)가 있었는데 이 중에는 6정과 9서당이 가장 중요한 부대였다(역사연구소, 1988: 148-149). 모두 중앙의 최고 군사 행정기관인 병부의 관할에 있었다. 통일 이전부터 있던 가장 중요한 군단은 6정(停)인데, 대당, 귀당, 한산정, 우수정, 하서정, 완산정 등이다. 이것들은 각각 수도 경주를 중심으로 상주, 광주, 춘천, 명주, 선산 등 요충지에 배치되었다.

통일과 함께 새로운 사태에 적응해 중앙에는 9서당(誓幢), 지방에는 10정의 군사 조직이 새로 마련되었다. 9서당은 신라인뿐만 아니라 고구려·백제·말갈 등 다른 부족까지도 포함했는데, 이는 반란을 일으킬 위험성이 있는 다른 부족에 대한 근심을 덜고, 나아가 중앙의 병력을 강화하자는 데 그 목적이 있었던 것 같다.

한편 10정은 9주 중, 가장 지역이 넓고 또 국방의 요지인 한산주에만 2정을 두고, 다른 주에는 각각 1정씩 배치했다.

이같이 전국에 고루 배치된 10정은 국방과 경찰의 임무를 아울러 담당했다. 지방에는 그 밖에도 5주서·3변수당(三邊守幢; 일명 邊守)의 군대가 배치되어 있었다(교육도서, 1988: 756).

신라의 9서당과 10정을 표시하면 <표 3-11>, <표 3-12>와 같다.

표 3-11 신라의 9서당

서당명(誓幢名)	옷깃의 색(衿色)	구성 국민
녹금 서당(綠衿誓幢)	녹자색(綠紫色)	신라인
자금 서당(紫衿誓幢)	자록색(紫綠色)	신라인
백금 서당(白衿誓幢)	백청색(白靑色)	백제인
비금 서당(緋衿誓幢)	비색(緋色)	신라인
황금 서당(黃衿誓幢)	황적색(黃赤色)	고구려인
흑금 서당(黑衿誓幢)	흑적색(黑赤色)	말갈인
벽금 서당(碧衿誓幢)	벽황색(碧黃色)	보덕국민(報德國民; 고구려인)
적금 서당(赤衿誓幢)	적흑색(赤黑色)	보덕국민(報德國民; 고구려인)
청금 서당(靑衿誓幢)	청백색(靑白色)	백제 잔민(百濟殘民)

23개의 군호 가운데 특수한 병종들만으로 이루어진 군 부대들도 있었다. 4설당은 노당(노를 주로 하는 부대), 운제당(사다리를 이용해 성을 공격하는 부대), 충당(성을 깨뜨리는 부대), 석투당(돌을 날려 공격하는 부대) 등의 특수 부대였고, 양지창을 주로 하는 개지극당, 한산주 궁척과 하서주 궁척, 장창당 등이 있었다(사회과학원 역사연구소, 1988: 148-149).

무관으로는 장군, 대감, 제감, 소감, 당주 등이 있었는데 귀족들로 임명되었다.

표 3-12 신라의 10정

정 이름	소속 주명	현재 지명
음리화정(音里火停)	상주 청효현(尙州 青驍縣)	경북 상주(尙州)
고량부리정(古良夫里停)	웅주 청정현(熊州 青正縣)	충남 청양(青陽)
거사물정(居斯勿停)	전주 청웅현(全州 青雄縣)	전북 임실(任實)
삼량화정(參良火停)	양주 현효현(良州 玄驍縣)	경북 달성(達城)
소삼정(召參停)	강주 현무현(康州 玄武縣)	경남 함안(咸安)
미다부리정(未多夫里停)	무주 현웅현(武州 玄雄縣)	전남 나주(羅州)
남천정(南川停)	한주 황무현(漢州 黃武縣)	경기 이천(利川)
골내근정(骨乃斤停)	한주 황효현(漢州 黃驍縣)	경기 여주(驪州)
벌력천정(伐力川停)	삭주 녹효현(朔州 綠驍縣)	강원 홍천(洪川)
이화혜정(伊火兮停)	명주 녹무현(溟州 綠武縣)	경북 청송(青松)

제4장

발해의 행정

제 1 절 행정 환경

1 정치

발해(渤海)는 대조영(大祚榮)의 무리가 698년(단기 3031년)에 동모산(東牟山: 지금의 길림성 돈화시 부근의 성산자산성 지역)에서 건국했다. 당나라에 맞서 싸워 고구려의 옛 땅(故土)에 고구려 맥을 잇는 큰 나라를 건국한 것이다. 발해는 고구려 유민들이 대조영을 중심으로 뭉쳐 당나라의 영토 침입 야욕을 격퇴시킨 뒤에 건국이 가능했다. 영주 지역에 근거를 두고 있던 당나라의 적인걸(狄仁傑)과 이해고(李楷固) 세력의 격퇴는 이진충(李盡忠) 등 거란의 도움과 함께 부친인 걸걸중상(大舍利 乞乞仲象)과 대조영 중심의 고구려 유민, 걸사비우(乞四比羽) 중심의 말갈인 등의 합심에 의해 이루어졌다.

발해의 건국은 여러 면에서 의미가 크다. 첫째는 고구려 민족에 의한 부흥 운동의 결과로 나라 멸망 후 30년 만에 다시 새로운 국가를 건국했다는 점이다. 발해가 건국 후 발전해 가면서 다시 옛 고구려의 영토 대부분이 우리나라 영토로 편입되었다.

둘째는 '통일신라'의 의미가 30년으로 종지부를 찍고 신라와 발해의 두 축을 중심으로 '남북국 시대'가 열렸다는 점이다(한규철, 2005: 10-11). 대동강 이남을 차지하게 된 신라는 이전의 신라와 백제만을 통합한 국가가 되었다. 현재의 남북한과 비교하면 신라는 휴전선에서 조금 위쪽의 대동강-원산 이남을 차지하게 되었고, 발해는 만주의 동북 3성(요녕성, 길림성, 흑룡강성) 대부분과 러시아 동쪽 지방까지를 차지했다.

발해의 역대 왕들의 세계표를 보면 다음과 같다. 15대 229년간 한국의 북방 국가로서 우뚝 존재했다.

표 4-3 발해의 세계표(世系表) (15대 229년. 서기 698~926. 단기 3301~3259)

① 고왕 대조영(高王 大祚榮, 698~719) - ② 무왕 대무예(武王 大武藝, 719~737) - ③ 문왕 대흠무(文王 大欽茂, 737~793) - ④ 폐왕 대원의(廢王 大元義, 793) - ⑤ 성왕 대화려(成王 大華璵, 793~794) - ⑥ 강왕 대숭린(康王 大嵩璘, 794~809) - ⑦ 정왕 대원의(定王 大元義, 809~812) - ⑧ 희왕 대언의(僖王 大言義, 812~818) - ⑨ 간왕 대명충(簡王 大明忠, 818) - ⑩ 선왕 대인수(宣王 大仁秀, 818~830) - ⑪ 이진왕 대이진(彝震王 大彝震, 830~857) - ⑫ 건황왕 대건황(虔晃王 大虔晃, 857~871) - ⑬ 경왕 대현석(景王 大玄錫, 871~894) - ⑭ 위해왕 대위해(瑋諧王 大瑋瑎, 894~906) - ⑮ 말왕 대인선(末王 大諲譔, 906~926)

자료: 한규철(2005: 301).

건국왕인 고왕 대조영은 천통(天統) 연호를 쓰면서 국가 건설에 총력을 기울였다. 당 세력을 견제해 더 이상 요동 밖으로 진출치 못하게 하고, 신라·돌궐·왜와 교류를 시도했다. 국가 건설기였던 만큼 이들 나라와 좋은 관계를 유지할 필요가 있었기 때문인데, 이 때는 신라가 당의 한반도 세력을 축출하는 과정에서 어느 정도 긴장 관계에 있었다.

무왕 때는 영토를 크게 확장했는데, 동북 지역이 대부분 발해 영토로 편입되었다. 이 때 신라도 발해를 경계해 개성에 성을 쌓고, 발해와 당나라가 전쟁을 시작하자 신라 성덕왕은 발해 남쪽 지역을 공격하기도 했다(한규철, 2005: 103). 연호를 인안(仁安)이라 했다. 발해의 안정 번영기는 바로 문왕 시기인데, 문치에 힘쓰고, 도읍을 상경 용천부로부터 동경 용원부로 옮겼으며, 연호를 대흥(大興)으로 했다. 사면령을 내리기도 했다. 문왕 사후 25년 동안에는 6명의 왕이 교체될 정도로 정치 혼란기였다. '국인(國人)'으로 불리는 귀족들과 함께 왕족들의 권력 다툼이 심했던 시기이다.

10대 선왕 대인수는 적자계승 원칙에 따른 대조영계가 9대 간왕 대명충에 의해 대가 끊기자, 고왕의 동생인 대야발(大野勃)의 4대 손으로서 왕위에 올랐다. 선왕은 그만큼 정치 세력의 중심에 서 있었을 것으로 보인다(임상선, 1999: 103-105). 선왕은 발해의 동북 지방의 흑수말갈 등을 정복해 국토로 편입했고, 요양 지역을 점령해 당과 긴장 관계를 만들었으며, 남쪽의 신라 지역도 공격해, 신라로 하여금 패강 유역에 장성을 쌓게 만들었다(한규철, 2005: 126-127). 잠시 위축되었던 국세를 크게 떨쳤다.

발해의 영토는 다음 그림과 같다.

해동성국 발해 강역도(海東盛國 渤海疆域圖) (한규철, 2005: 302-303)

2. 경제

발해의 남부 평야 지대에서는 농업이 발달했는데, 책성 즉 동경 용원부(지금의 훈춘) 일대는 콩의 산지였고 그것을 이용한 된장이 유명했다(박시형, 1995: 222-225). 중경 현덕부는 지금의 돈화, 모란강 지역, 송화강 상류, 길림 부근인데 벼농사가 유명했다. 발해에는 또 알곡으로 조, 보리, 밀, 기장 등도 많이 재배했고, 오얏, 사과, 배, 포도 등과 아욱 등이 기록에 나와 있다. 축산물로는 돼지, 소를 포함한 여섯 종류의 가축을 길렀는데, 당과의 무역에서 말이 포함된 것을 보면 말도 많이 길렀던 것 같다.

삼림 지역의 수렵도 발달했었는데, 산림 지역에 거주하는 말갈인의 경제 활동과 군대 훈련, 오락의 일환으로 시도되었다(박시형, 1995: 225-226). 백두산 지역의 토끼 사냥, 부여 지역의 사슴 사냥이 유명하다. 노루, 사향노루 사냥도 많았고, 호랑이, 표범, 곰, 삵 등의 가죽도 많이 거래되었다. 인삼, 잣, 산꿀 등도 유명했다.

발해 수공업에서는 마포, 명주, 비단 등 각종 직물 생산과 도자기, 목공품, 골각기, 옥돌, 금속 공예품 및 기타 일용품, 장식품들이 생산되었다(박시형, 1995: 227-229). 철, 금, 은, 동도 여러 곳에서 생산되었다. 수산물도 다양한 종류가 생산되었다.

발해는 신라, 당, 일본, 거란과 활발하게 교역 활동을 했다.

3. 사회 · 문화

발해는 고구려 문화를 계승해 발전시키면서 이웃하는 신라, 당의 문화를 적극적으로 받아들여 활용했다. 발해는 고구려 이래의 조선말을 사용했고, 한자와 한문을 사용했다(박시형, 1995: 242-254). 필요에 따라 이두 문자를 사용한 것 같다. 애국 사상과 상무적 기상이 넘쳤고, 여인들은 매우 정숙함을 유지했다. 천신 사상과 함께 불교가 성행하고, 유교식 교육과 사상이 발전했다. 중앙에는 주자감이라는 대학이 설치되어 귀족들의 자제가 입학했고, 유교 경전과 역사서들이 강의되었다. 이런 과목 이외에도 법률, 수학, 글씨, 음악, 무술도 가르쳤다. 주자감에는 감, 장, 학당친위 등의 교관들이 있었다. 고구려 시대에 평민들을 위한 교육기관이었던 경당이 있었는데, 발해에도 이런 기관이 없지 않았을 것이다.

발해는 상경 용천부 유적, 산성 유적, 정혜공주묘 등에서 보이는 바와 같이 대단한 도시 건설, 건축과 조각이 성행했다고 보여진다. 발해는 또한 도자기, 기와, 벽돌, 공예품 등에서도 많은 발전을 했었다.

제 2 절 행정 조직과 관리

1. 중앙 행정

발해의 행정 전반에 관한 자료가 제대로 남아 있지 않아 상세히 알 수가 없다. 발해 전반부의 관료 직함들을 보면 대신, 신, 두령, 대두령 등의 호칭과 대장, 낭장, 영원장군 등의 직함들이 산발적으로 각종 기록에 나타나고 있는 정도이다.

박시형(1995)은 중국 쪽의 기록물, 당나라 행정 제도, 발해 사신들의 명칭, 발해 멸망 후 고려로 귀화한 사람들의 직함 등을 토대로 발해의 행정 제도를 상세하게 제시하고 있다. 여기서는 이 책의 내용을 요약하는 식으로 내용을 기술한다.

발해는 3성 6부제의 관료 체제를 갖추었다고 보는데, 이는 고구려 시대에 행정 권한이 한 명의 국상이나 대막리지에 집중되던 폐단을 막고 권력 분산을 꾀한 것이었다. 이 체제는 왕건의 고려에 의해 그대로 반영되었고, 조선 시대에도 계승되었다.

발해 문무관들의 품계가 정확히 어떠했는지를 알기는 어렵지만, 다음과 같은 중국 측 사서 기록을 보면 당, 고려 등의 9등급 품계 체제와 흡사한 면이 있다. '대부' '대장군' '장군' 등의 직함이 곳곳에서 발견되고 있다.

『신당서(新唐書)』 발해전의 기록을 토대로 보면, "품으로써 차례를 정했는데, 3등급 이상은 자색 옷을 입었고, 상아홀을 잡았으며, 금빛 고기 장식을 했다. 5등급 이상은 비색옷을 입었고, 상아홀을 잡았으며, 은빛 고기 장식을 했다. 6등급과 7등급은 옅은 비색, 8등급은 녹색옷을 입었고 모두 나무홀을 잡았다."[1)]

이런 품계와 복장 규정은 삼국 시대의 관칙과 새롭게 등장한 당나라 것을 많이 참조했을 것이다. 옛 고구려의 맥을 잇고, 새롭게 발전된 문명을 참조했다고 볼 수 있기 때문에 신라와 당의 제도보다 못지않은 좋은 행정 조직을 갖추었다고 보아야 한다.

---

1) "以品爲秩 三秩以上 服紫牙笏金魚 五秩以上 服緋牙笏銀魚 六秩七秩 淺緋衣 八秩 綠衣 皆木笏"(新唐書, 渤海傳).

1) 삼성(三省)

국가의 최고 통치기관으로 정당성, 선조성, 중대성이 있었다. 중요한 국책, 정무들은 대내상, 좌상, 우상 등 3명의 상(相)과 좌, 우평장사 및 좌, 우 사정 등 대신급 관직들의 회의에서 결정하고 최종적으로 국왕이 결재했다(박시형, 1995: 115). 이들 관료의 석차는 대내상－좌상－우상좌－평장사－우평장사－좌사정－우사정 순이었다. 우사정 밑에 각 부의 장관인 경(卿)들이 위치했다.

- 정당성(政堂省): 국가의 최고 기관으로서, 모든 국가 기관과 관료들을 통솔한다. 직원으로는 대내상(장관), 좌사정, 우사정, 좌윤, 우윤 각각 1명씩이 있었다. 좌윤은 충부, 인부, 의부를 관장하고, 우윤은 지부, 예부, 신부를 관장한다.
- 선조성(宣詔省): 왕의 명령을 출납하는 기관으로, 국왕의 조칙, 명령을 선포하고, 관료들로부터 올라오는 의견, 보고들을 왕에게 전달한다. 장관으로 좌상이 있고, 그 보좌관으로 좌평장사, 시중이 각각 1명씩 있다. 또 그 밑에 좌상시, 간의 등이 있는데, 왕을 시종하면서 자문에 응하고, 과오를 간하는 일을 담당했다.
- 중대성(中臺省): 왕의 명령이나 조칙들을 초안하는 곳으로 장관은 우상이고, 그 보좌관으로 우평장사, 내사 각 1명씩이 있다. 또 그 밑에 조고, 사인 등이 있다. 외교문서인 「중대성첩」도 여기서 기안한다.

2) 6부(六部)

6부는 정당성 관하의 충부, 인부, 의부, 지부, 예부, 신부를 말한다. 장관으로는 경 1명이 있고, 그 밑에 소경 1명이 있었다. 각 부에는 또 부 이름과 같은 '정사'와 다른 이름의 '지사' 하나씩 배속되어 있었는데, 여기에는 각각 낭중 1명과 소수의 원외랑이 있었다.

- 충부(忠部): 이부(吏部)로서, 문관 관리들을 임명, 파견하고 공훈과 작위를 정하며, 관리들의 성적을 평가한다. 정사인 충부와 지사인 작부가 있었다.
- 인부(仁部): 호부(戶部)인데, 토지, 호구, 조세, 재정을 담당한다. 정사인 인부와 지사인 창부가 있었다.
- 의부(義部): 예부(禮部)인데, 의례, 제사, 과거, 학교, 대외 관계 사무를 담당한다. 정사인 의부와 지사인 선부가 있었다.
- 지부(智部): 병부(兵部)인데, 무관의 임명과 파면, 군대와 군마, 무기, 군량, 왕궁 보

위, 성새 구축과 방비 등을 담당한다. 정사인 지부와 지사인 융부가 있었다.
- 예부(禮部): 형부(刑部)인데, 율령, 형법, 노비, 재판 등 사법 행정을 담당한다. 정사인 예부와 지사인 계부가 있었다.
- 신부(信部): 공부(工部)인데, 전국의 산림, 도로, 강하천, 영선, 관청 수공업 등을 담당한다. 정사인 신부와 지사인 수부가 있었다.

3) 삼사 삼공(三師三公)

삼사는 국왕의 스승격으로 태사(太師), 태부(太傅), 태보(太父)를 말하며, 삼공은 최고의 명예직 관료로서 태위, 사도, 사공을 말한다.

4) 기타 중앙 관서

기타 중앙 관서로 1대, 7시, 1원, 1감, 1국, 1원이 있었다.

- 중정대(中正臺): 관료들의 죄과를 규찰하고, 규탄하는 일을 담당. 대중정, 소정이 각 1명 씩.
- 전중시(殿中寺): 국왕의 복식을 담당. 대령, 소령.
- 종속시(宗屬寺): 왕족들의 친척과 족보를 담당하고, 보호하는 일. 대령, 소령
- 문적원(文籍院): 궁정의 도서를 관리하고, 국왕의 자문에 응하며, 중요한 문장을 작성하는 기관. 감, 소감
- 태상시(太常寺): 국가, 왕실의 제사를 담당. 경, 소경.
- 사빈시(司賓寺): 외국 사신 접대. 경, 소경.
- 대농시(大農寺): 창고 관할. 경, 소경
- 사장시(司藏寺): 객종 재물 관리. 령, 승
- 사선시(司膳寺): 왕실 주류 담당. 령, 승
- 주자감(胄子監): 유교 교육 기관. 감, 장
- 항백국(巷伯局): 궁중의 명령 전달, 궁문 수위, 청소 등을 담당하는 환관들의 관청. 상시(최고 관직)
- 화간원(花諫院): 왕궁 내 정원 관리

5) 임시 기구

필요에 따라 수시로 설치했던 기구들을 말한다.

- 대사, 부사, 판관, 녹사, 역어(통역관) 등: 외교 사절단으로 파견할 때 임명
- 품관: 낮은 직급의 관리
- 두령: 낮은 직급의 관리

6) 검교(檢校), 검교관, 행(行), 수(守)

검교나 검교관은 필요에 따라 정원 외로 설치된 직책으로 실제로는 직무가 없었다. 행은 품계가 높은 사람이 품계보다 낮은 직급의 일에 종사하는 것을 말하고, 수는 그 반대의 경우를 말한다.

2. 지방 행정

발해는 지방 행정 구역을 5경, 15부, 62주 체제로 편제하고, 각각에 책임자를 두어 다스렸다.

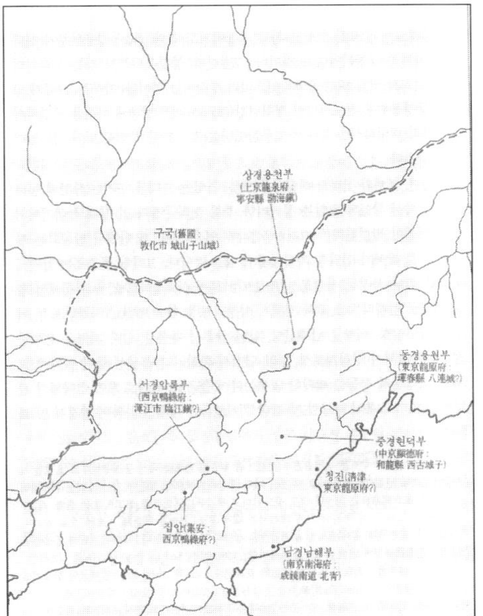

발해의 5경 위치도(한규철, 2005: 176)

1) 5경(五京)

- 상경(上京): 용천부(龍泉府: 현재 흑룡강성 영안현)에 설치. 동모산에서 옮겨온 755년부터 수도. 장방형의 큰 도시로서 궁궐터가 남아 있다. 용주, 호주, 발주 관할.
- 중경(中京): 현덕부(顯德府: 최초 도읍지였던 동모산으로 보는 것이 유력함).[2] 노주, 현주, 철주, 탕주, 영주, 흥주
- 동경(東京): 용원부(龍原府: 예맥의 옛땅, 책성부). 경주, 염주, 목주, 하주 등 관할
- 남경(南京): 남해부(南海府: 옥저의 고지. 함경도 남쪽 지역). 옥주, 정주, 초주 관할
- 서경(西京): 압록부(鴨綠府: 옛 고구려 도읍이었던 환도성 일대). 신주, 환주, 풍주, 정주 관할

2) 기타 부(府)

장령부, 부여부, 막힐부, 정리부, 안변부, 솔빈부, 동평부, 철리부, 회원부, 안원부, 독주주

3. 군사 제도

발해의 중앙에는 10위의 군사 조직이 있었다고 한다. 즉, 좌맹분위, 우맹분위, 자웅위, 우웅위, 좌비위, 우비위, 남좌위, 남우위, 북좌위, 북우위 등이다. 각 위(衛)마다 대장군과 장군이 배치되었다. 이들은 정예병으로서, 주로 중앙에서 궁성 수비와 함께 수도 방위 임무를 맡았었다고 보여진다.

지방에는 경, 부, 주, 현의 행정관들이 해당 지역의 군사 책임자도 겸했고, 특별 지역에는 따로 독립된 군사 진영을 설치 운영했다. 절도사, 진장, 별장 등의 직함이 있었다.

2) 앞의 그림 지도에서는 구국(舊國)이라는 최초 도읍지와 중경이 다르게 표현되어 있다.

제5장

고려 전기의 행정

제 1 절 행정 환경

1 고려의 건국과 후삼국 통일

9세기 말에 이르러 신라 사회가 수습하기 어려운 혼란에 빠지자 전국 각지에서 반란 세력이 등장했다. 이들 반란군 중에서 국가를 세우는 단계에까지 이른 것은 견훤과 궁예였다. 견훤(甄萱)은 효공왕 4년(900)에 전주에서 후백제를 건국했고, 궁예(弓裔)는 효공왕 5년(901)에 송악(개성)을 수도로 하여 후고구려를 세웠다. 그 뒤 수도를 철원으로 옮기고 국호를 마진(904), 태봉(911)으로 바꿨다.

고려를 세운 왕건(王建)은 송악 지방의 호족 출신 무장으로 궁예의 부하로 있으면서 후백제와의 전투에서 큰 공을 세워 수상인 광평성 시중으로 임명되었다가 경명왕 2년(918) 궁예를 몰아낸 부하 장수들의 추대를 받아 왕위에 올랐다. 왕위에 오른 태조 왕건(918~943. 단기 3251~3276)은 국호를 고려(高麗), 연호를 천수(天授)로 정하고 이듬해 1월 수도를 철원에서 자신의 세력 기반인 송악(지금의 개성)으로 도읍을 옮겼다.

태조 왕건은 후삼국 통일 정책에 박차를 가해 신라에 대해서는 우호 친선 정책을, 후백제에 대해서는 무력 정책을 써서 굴복시키는 방침을 세웠다. 태조 18년(935)에는 신라의 마지막 임금인 5대 경순왕(927~935)의 귀순을 받고, 태조 19년(936)에는 후백제를 굴복시켜 드디어 후삼국 통일의 대업을 완수했다.

2. 정치

고려 전기는 체제 안정 발전기로서 태조의 창업에서부터 귀족 관료 정치의 폐해가 심각하게 나타났던 의종 때까지 약 250년(918~1170), 고려 후기는 무신정권이 들어섰던 명종부터 원나라 간섭을 거쳐 고려 멸망까지 약 220여 년(1170~1392)으로 구분해 볼 수 있다.

태조 왕건은 안으로 호족층을 포섭해 사회 통합을 달성하고, 밖으로 거란에게 빼앗긴 고구려와 발해 영토를 수복해 실질적인 영토 통일까지 아울러 달성하는 데 정책의 최고 목표를 두었다. 이를 위해 안으로는 혼인 정책, 사심관제(事審官制), 기인제(其人制) 등을 활용해 체제 구축에 힘썼다. 적극적인 북방 정책을 통해 거란과 여진을 몰아내고, 불교를 국교로 삼았으며, 태봉의 관제를 토대로 하여 새 관제를 마련했다. 죽기 직전에 박술희(朴述希, 熙) 등을 시켜 유명한 「훈요 십조(訓要十條)」를 남겼다(943년).[1)]

혼인 정책의 영향으로 많은 왕비를 맞았던 태조의 사후, 왕위를 계승하는 과정에서 권력 투쟁이 일어났고, 4대 광종(949~975) 때에 이르러서야 왕권이 안정되고 국가의 기틀이 다져졌다. 광종은 과감한 개혁 정책을 시도해 고려 초기의 호족 연합적인 정부 형태를 벗어나 강력한 중앙 집권적인 국가 체제를 만들었다. 노비안검법(奴

1) 「훈요 십조」는 다음과 같다. 불교를 진흥시키되 승려들의 사원 쟁탈을 금지할 것, 도선의 풍수 사상에 맞게 사찰을 짓고 함부로 사원의 증축을 하지 말 것, 왕위는 맏아들 세습을 원칙으로 하되 그가 현명치 못하면 덕망이 있는 왕자를 여러 신하들의 추대를 받게 하여 왕위를 이을 것, 중국 풍속을 억지로 따르지 말고 거란의 풍속과 언어를 본받지 말 것, 풍수 지리 사상을 존중하고 서경을 존중할 것, 연등회(燃燈會)와 팔관회(八關會) 행사를 성실히 할 것, 상벌을 분명히 하고 참소(讒訴)를 멀리하며 간언(諫言)에 귀를 기울여 백성의 신망을 잃지 말 것, 농민의 요역과 세금을 가볍게 하여 민심을 얻고 부국안민을 이룰 것, 차령산맥과 금강 이남은 산천과 인심이 배역(背逆)을 끼고 있으므로 그 지방 사람들을 등용하지 말 것, 경사(經史)를 널리 읽어 옛날을 거울삼아 현재를 경계할 것.

婢按檢法)을 제정(956)해 호족들이 거느리고 있던 불법 노비들을 해방시켰고, 쌍기(雙冀)의 조언을 받아들여 과거제를 실시했다(958). 노비의 해방은 지방 호족들의 세력을 약화시켰고, 과거제의 시행은 전쟁 기간과 그 이후의 국가 초기에 영향력을 발휘했던 무신 관료, 호족들을 대체하기 위한 전략이었다. 그는 관복 제도를 도입하고(960), 무자비할 정도로 호족들을 거세시켰다.

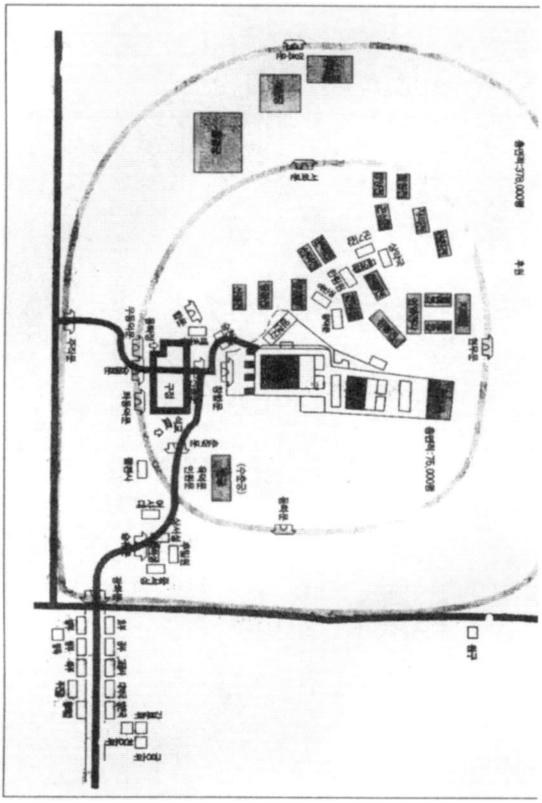

개경 궁궐도

광종의 공포 정치 이후 등장한 5대 경종은 전시과(田柴科)를 시행해 관품과 인품에 따라 차등 있게 토지를 분배했다. 전시과 제도는 토지의 국가 장악을 토대로 관료들에 대한 지배권을 공고히 한 것이다. 6대 성종(981~997)은 숭유억불(崇儒抑佛) 정책을 구사해 유교 정치 이념을 도입하고 유교식 통치 체제를 마련했다. 중앙관제

표 5-1 고려의 세계표(世系表) (38대 474년: 918~1392. 단기 3251~3725)

① 태조(太祖, 918~943. 단기3251~3276) - ② 혜종(惠宗, 943~945) - ③ 정종(定宗, 945~949) - ④ 광종(光宗, 949~975) - ⑤ 경종(景宗, 975~981) - ⑥ 성종(成宗, 981~997) - ⑦ 목종(穆宗, 997~1009) - ⑧ 현종(顯宗, 1009~1031) - ⑨ 덕종(德宗, 1031~1034) - ⑩ 정종(靖宗, 1034~1046) - ⑪ 문종(文宗, 1046~1083) - ⑫ 순종(順宗, 1083~1083) - ⑬ 선종(宣宗, 1083~1094) - ⑭ 헌종(獻宗, 1094~1095) - ⑮ 숙종(肅宗, 1095~1105) - ⑯ 예종(睿宗, 1105~1122) - ⑰ 인종(仁宗, 1122~1146) - ⑱ 의종(毅宗, 1146~1170) - ⑲ 명종(明宗, 1170~1197) - ⑳ 신종(神宗, 1197~1204) - ㉑ 희종(熙宗, 1204~1211) - ㉒ 강종(康宗, 1211~1213) - ㉓ 고종(高宗, 1213-1259) - ㉔ 원종(元宗, 1259~1274) - ㉕ 충렬왕(忠烈王, 1274~1298) - ㉖ 충선왕(忠宣王, 1298~1298) - ㉗ 충렬왕(忠烈王, 1298~1308) - ㉘ 충선왕(忠宣王, 1308~1313) - ㉙ 충숙왕(忠肅王, 1313~1330) - ㉚ 충혜왕(忠惠王, 1330~1332) - ㉛ 충숙왕(忠肅王, 1332~1339) - ㉜ 충혜왕(忠惠王, 1339~1344) - ㉝ 충목왕(忠穆王, 1344~1348) - ㉞ 충정왕(忠定王, 1348~1374) - ㉟ 공민왕(恭愍王, 1351~ 1374) - ㊱ 우왕(禑王, 1374~1388) - ㊲ 창왕(昌王, 1388~1389) - ㊳ 공양왕(恭讓王, 1389~1392. 단기 3722~3725)

(* 충렬왕, 충선왕, 충숙왕, 충혜왕은 두 번씩 즉위했음. 그래서 국왕의 숫자만을 계산하면 34대임.)

는 발해와 당의 3성 6부제를 참고해 고려의 실정에 맞게 2성(중서문하성, 상서성) 6부로 만들었다. 지방에 12목을 설치해(983) 수령을 파견하고, 전국을 10도로 구분했다. 또 삼사(三司), 중추원(中樞院), 도병마사(都兵馬使), 식목도감(拭目都監) 등을 설치해 중앙 집권 체제를 완벽하게 구축했다. 불교와 도교 행사인 연등회와 팔관회(八關會)를 폐지하고 대신 개경에 국자감(國子監)을 세웠으며 전국의 12목에 향학을 설립했다. 성종(981~997)은 광종 때의 제도 개혁을 바탕으로 고려의 행정, 통치 체제를 완성했다.

거란은 26년 동안 세 차례(993, 1010, 1018)에 걸쳐 고려를 침공했으나 서희의 외교 담판과, 양규를 비롯한 고려군의 방어, 그리고 강감찬의 귀주대첩 등으로 결국 실패하고 말았다. 거란과의 전쟁 중에 고려 초기 일곱 왕의 행정을 담은 『칠대실록(七代實錄)』을 편찬했고(1013년 시작해 1034년에 완성), 국자감에 시험 제도를 도입했다(1031). 10대 정종은 거란 및 송과 외교를 정상화해 평화를 유지하고, 국민들에 대한 안정책으로 사면령과 팔관회를 시행했다. 국경의 불안감을 없애기 위해 압록강 어귀로부터 동해안 도련포에 이르는 천리장성을 구축했다(1044년). 노비종모법(奴婢從母

法)을 제정했으며(1039년), 장자 상속법을 만들었다(1046년).

고려의 태평성대는 11대 문종 때(1046~1083. 단기 3379~3416)에 이루어졌다. 문종은 스스로 유학에 힘쓰고 검소를 실천하면서 문치(文治)를 빛낸 임금이었다. 5품 이상의 관료들에게 상속 가능한 토지를 지급하는 공음전시과(功蔭田柴科)를 시행했고(1049), 형법을 완성했다. 문종 이후 병약한 어린 국왕들은 상대적으로 관료들과 외척들의 영향력 증대를 낳았고, 정권 투쟁을 가져와 고려를 점차 혼란하게 만들었다. 잠시 국가가 안정되었던 15대 숙종기에는 6촌 이내의 족내혼(族內婚)을 금지시켰고(1096), 다음 16대 예종 때에는 윤관(尹瓘), 오연총(吳延寵)이 여진을 정벌했다. 예종은 관학 진흥을 위해 국자감을 재정비해 7재(齋)라는 전문 강좌를 개설했고, 청연각(淸讌閣)과 보문각(寶文閣), 양현고(養賢庫) 등을 설치해 유학 활성화를 꾀했다. 지방에 감사를 파견했고, 혜민국(惠民局)을 설치해 국민들을 구휼했다.

고려가 금의 압력을 받고 있던 17대 인종(1122~1146) 때부터 고려 정치는 문치의 극성기를 거치면서 내부 분열을 일으키기 시작했다. 부와 권력이 소수 문벌 귀족에게 독점되면서 관료 사회가 분열되고, 민심이 권력에서 이탈하기 시작했다. 인종 때 이자겸은 자신의 큰 딸은 제16대 예종(1105~1122)의 비로 들이고, 셋째와 넷째 딸은 제17대 인종의 비로 바친 막강한 외척 세력으로 왕씨가 망하고 이씨가 왕이 된다는 도참설을 믿고 왕권을 찬탈하려다가 타도되었다.

이자겸(李資謙)의 난으로 왕권이 실추되고 민심이 흉흉해지자 인종은 왕권 회복과 민생 안정을 위한 정치 개혁을 추진하고자 했다. 이 때 땅의 힘이 쇠약해진 개경 대신에 땅의 기운이 왕성한 서경으로 수도를 옮겨야 한다는 풍수지리설에 바탕을 둔 서경 천도의 여론이 일어났다. 평양 출신의 승려 묘청(妙淸) 등은 수도를 서경(평양)으로 옮기고 송이나 금과 대등하게 국왕이 황제를 칭하고, 독자의 연호를 세우고 나아가 오만한 금나라를 정벌해야 한다고 주장했다. 그러나 당시 실권자였던 김부식(金富軾)을 비롯한 보수적인 개경파의 반대로 천도가 이루어지지 못했다. 이에 실망한 묘청 등은 무력으로 뜻을 관철하기 위해 인종 13년(1135)에 서경에서 조광(趙匡), 유참(柳旵) 등과 더불어 군사를 일으키고 독자적인 나라를 세워 국호를 대위국(大爲國)이라 하고, 연호를 천개(天開)라 했다. 묘청 일파의 반란은 서북 지방 주민들의 열렬한 지지를 받아 그 기세가 만만치 않았다. 그러나 이 난은 김부식이 이끈 관군의 공격으로 1년 만에 진압되었고, 서경 천도 운동은 실패로 끝났다.

3. 경제

고려의 토지 제도는 국가의 모든 토지가 왕의 땅이라고 하는 왕토사상(王土思想) 위에서 짜여져 있었다. 그러나 이 왕토사상은 지극히 관념적인 것이어서, 반드시 모든 토지가 국유였다는 것을 뜻하지는 않는다.

고려 시대의 토지 제도는 토지 국유제의 원칙을 내세워 국가가 토지 처분권을 갖고 사유를 인정하지 않았으나, 예외로 농민의 사유지인 민전(民田)이 있었다. 민전은 일반 농민들이 조상 대대로 물려받아 상속·기증·매매·임대 등이 가능한 것으로 상속·매매·개간을 통해 형성되었다.

일반 양인 농민들은 자기 토지를 소유해 자영하는 사람들이 많았지만, 토지가 없는 농민들은 남의 토지를 빌려서 경작했다. 이 경우 국가가 직접 소유하고 있는 둔전(屯田)과 관청에 지급한 공해전(公廨田)에서는 생산량의 4분의 1을, 귀족이나 양반 관리의 토지를 빌려서 경작할 경우에는 생산량의 50%의 지대를 지주에게 바쳤다.

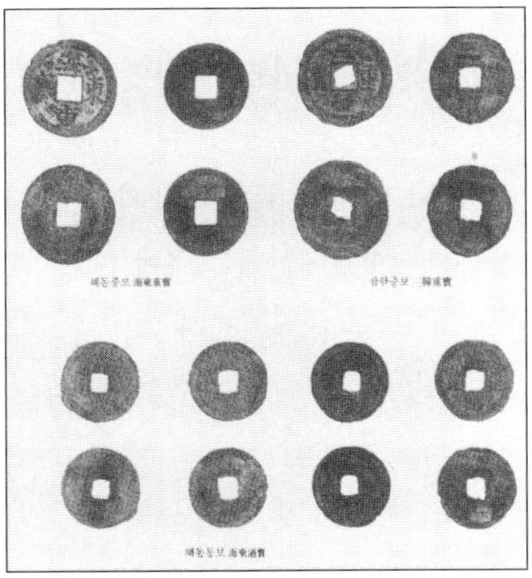

고려 시대의 동전들

고려 전기의 수공업은 관청 수공업과 소(所) 수공업으로 나눌 수 있다. 관청 수공업에서는 해당 관청에 공장을 전속시켜 국가에서 필요로 하는 칼, 창, 활 등의 무기와 왕실이나 귀족층의 생활용품인 금·은 세공품이나 견직물, 가구류, 마구류 등을 제조하게 했으며 농민을 부역으로 동원케 했다. 기술이 뛰어난 공장에게는 녹봉과 토지를 지급했다. 소(所)에서는 전문적으로 금과 은, 구리와 철, 실, 옷감, 종외와 먹, 차, 생강 등 수공업 제품을 생산했다. 한편, 민간 수공업의 경우 농촌의 가내 수공업이 중심이 되었는데, 자급자족을 위한 생활 필수품의 생산과 관청에 납품하기 위한 포목류의 제조가 중심이 되었다.

고려 시대 상업은 상설 점포 없이 모두 시장에서 물물 교환을 주로 했다. 고려 사회는 농업 중심의 경제를 토대로 했기에 상업은 크게 발달하지 못했다. 다만, 관청의 수요품과 왕실 및 귀족층의 생활용품을 공급하기 위한 시전 상업이 비교적 활발했을 뿐이다. 고려 성종 때 건원중보라는 철전이 주조(996)되었으나 상업이 크게 발달하지 못했고, 자급자족적 경제 생활 때문에 널리 유통되지 못했다. 숙종 때에는 화폐 유통을 장려해 동국통보・해동원보・해동중보・해동통보・삼한중보・삼한통보・활구(은병) 등이 주조되었다.

대외 무역은 송과의 공무역이 활발했다. 고려는 송으로부터 주로 왕실과 귀족들이 필요로 하는 서적・비단・약재・자기・향료 등을 수입했으며, 송나라에 금・은・구리・인삼・잣・모피 등의 원료품과 종이・붓・먹・부채・나전칠기・화문석 등의 수공업품을 수출했다.

4. 사회・문화

고려의 신분제는 신라의 골품제와는 다른 한층 개방된 모습을 보였다. 신라의 골품제는 왕도인 경주와 지방 소경의 주민들을 대상으로 하여 출세의 상한선을 정하고, 그 나머지 주민은 그러한 출세의 길마저 봉쇄되어 있었다. 그러나 고려 시대에는 노비나 부곡민 등을 제외한 모든 주민을 양인(良人), 즉 국가의 공민으로 간주하고 교육과 관직의 기회를 터주었다. 그러나 양인과 노비 사이에는 통혼을 금해 노비 세습제를 유지해 갔다. 노비들은 재산처럼 여겨지는 존재였다.

고려의 신분 구조는 양인과 천인으로 구분하는 양천제(良賤制) 형태였다. 양인은 법제적으로는 자유로운 공민이었지만, 출세의 기회는 결코 평등한 것이 아니어서 양인은 다시 여러 계층으로 나뉘어 있었다. 양인은 귀족・관료・중간 계층・일반 백성들을 모두 뜻하는 말이고, 천인은 노비들이다. 양인 중 일반 백성들을 백정(白丁)이라고 불렀다. 이들은 군현 지역에 근무하면서 농사를 짓고, 국가에 대해 조세를 납부하며 부역에 종사했다. 즉, 세(稅)・포(布)・역(役)을 담당했다. 이들 중에는 자영만을 하는 사람들도 있었지만 남의 토지를 빌려 경작하는 전호(佃戶)들도 있었다. 이들과는 달리 향・소・부곡・장・처에 사는 사람들을 가리켜 잡척(雜尺)이라고 부른다. 이들은 국가나 관청의 토지를 경작하거나 수공업 제품의 생산과 전문 기술직에 동원되었다. 이들도 조세와 역을 부담했다.

또 고려 시대에는 궁궐의 잡무를 맡는 남반, 잡과를 통해 출세한 기술 관료들, 직업군인인 군반 씨족, 지방의 향리층이 있었다. 이들은 승진에 제한이 있었지만 그것은 능력 차별이지 혈통 차별은 아니었다. 더욱이 향리(鄕吏) 중 호장층(戶長層)은 지방 사회에서 과거 합격률이 가장 높은 계층이었으므로, 조선 시대 향리보다 그 위상이 훨씬 높았다.

고려 시대에 성씨를 가진 사람들이 크게 늘어난 것도 계층 구조를 이해하는 데 도움을 준다. 고려 초기에 태조는 지역 내 유력 호족들에게 성씨(姓氏)를 부여한 뒤 그들을 지역에 고착시키는 정책을 폈는데 이를 가리켜 토성 분정정책(土姓分定政策)이라고 한다. 이것이 우리나라 본관 제도(本貫制度)의 시작이다(박종기, 2000: 119-146). 양인이 공민으로서 출세하려면 성씨가 있어야 하므로 성씨 집단의 확산은 그만큼 공민층이 넓어졌다는 것을 의미한다.

제 2 절 행정 조직과 관리

1. 중앙 행정

고려의 중앙 통치 조직은 태봉의 관제를 주축으로 하고, 신라의 관제가 병행되다가 성종 2년(983)에 발해와 당, 송의 제도를 참고해 새로 정비하기 시작해 문종 30년(1076)에 완성되었다.

고려 개창 당시 태조는 태봉의 제도를 받아들여 최고 의정기관으로 광평성(廣評省), 국왕의 명령을 수발하고 인사와 사정 기능을 담당하던 내봉성(內奉省), 국방과 경찰 업무를 담당했던 순군부(徇軍部)와 병부(兵部), 재정을 담당하던 창부(倉部) 등의 통치 조직을 두고 있었다. 성종 때(982년) 내사 문하성, 어사도성이 설치되었고, 어사도성의 부속 기관으로 선관, 병관, 민관, 형관, 예관, 공관 등 6관을 설치했다. 다시 어사도성을 상서도성으로, 6관은 6부로 변경한다. 문종 때 최종적으로 [그림 5-1]과 같이 정착되었다.

1) 2성(省): 중서문하성(中書門下省), 상서성(尙書省)

고려 중앙 관제의 핵심은 발해와 당의 3성 6부를 본받아 고려의 실정에 맞게 조정한 것이다.

그림 5-1 고려의 관제 및 행정 체제

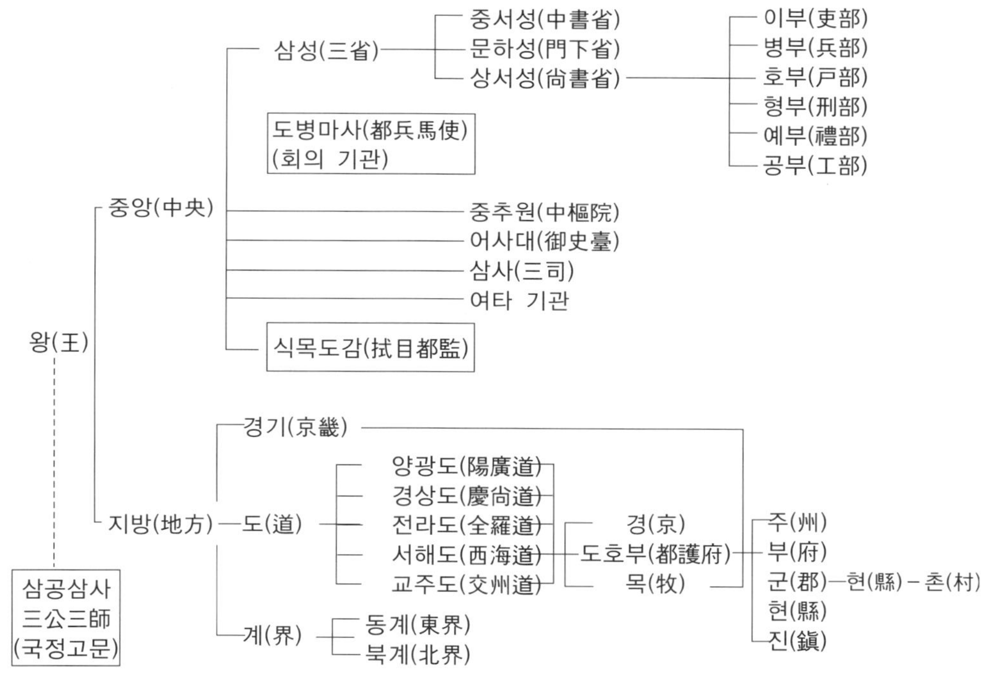

당의 3성은 중서성, 문하성, 상서성의 셋을 말하는 것이다. 고려에서는 중서성과 문하성을 합쳐서 중서문하성(中書門下省)이라 부르고 재부(宰府)라고도 불렀다. 중서문하성의 관직은 2품 이상의 재신(宰臣)과 3품 이하의 낭사(郎舍)로 구분되어 있었는데, 재신은 국가의 정책을 결정했고, 낭사는 정책을 건의하고 그 잘못을 간쟁하는 기능을 담당했다. 재신에는 수상격인 중서령 겸 문하시중(종1품), 부수상 격인 '~평장사'(정2품) 등 20여 명의 품관이 있고, 270명 정도의 하위 관료와 이속(吏屬)들이 있었다. 낭사에는 좌산 기상시(左散 騎常侍), 우산 기상시(右散 騎常侍) 등 정 3품관 휘하에 소속된 관원들이 소속되어 있으면서 국왕과 주요 관료들의 행동과 정사에 대해 간쟁을 하고 논박했다. 이들을 어사대(御史臺)와 더불어 대성(臺省)이라 불렸는데, 관리 임명이나 법령 개폐에 대해 서경권(署經權)을 가졌다.

상서성(尙書省)도 이중 구조로 되어 있었는데, 상서령(종1품)을 수반으로 하여 좌·우 복야(左·右 僕射: 정2품) 등이 속해 있는 상서도성과 정 3품의 상서가 수령으로 있는 상서 6부가 있었다. 그러나 6부가 왕에게 직속되어 있었기 때문에 상서성은 중앙의 6부와 지방 주현 사이의 공첩(公貼)을 중개하거나 국가 행사를 주관하는 사무 기관에 지나지 않았다.

2) 6부

6부는 실질적으로 행정을 담당하던 여섯 개의 기관으로 다음과 같이 업무를 분장했다.

- 이부(吏部): 인사 행정과 관련된 문선(文選), 훈종(勳封) 등의 일을 담당
- 병부(兵部): 군제 및 군사와 관련된 무선(武選), 군무(軍務), 의위(儀衛), 우역(郵驛) 등의 일을 담당
- 호부(戶部): 재정 및 호적과 관련된 호구(戶口), 공부(貢賦), 전량(錢糧) 등의 일을 담당
- 형부(刑部): 형벌, 재판, 노비, 법률과 사송(詞訟), 상언(祥讞) 등의 일을 담당
- 예부(禮部): 예의, 학교, 과거, 제향(祭享), 조회, 교빙(交聘) 등의 일을 담당
- 공부(工部): 도로, 교량, 산택(山澤), 공장(工匠), 영조(營造) 등의 일을 담당

서열을 보면 조선 시대와는 달리 병부가 두 번째 위치에 올라 있다. 이는 병사 관련 일을 그만큼 중요하게 취급했다는 뜻이다.

각 부에는 판사(判事, 종2품), 상서(尙書, 정3품)를 책임자로 하여 지부사, 시랑, 낭중, 원외랑 등의 품관이 있었고, 종7품 이하의 이속이 15~20명 정도 있었다(박영규, 1996: 473-481). 판사는 중서문하성의 재신이 겸하도록 되어 있어 상서성보다는 중서문하성이 실권을 발휘해, 국왕 → 중서문하성 → 6부 → 지방 수령의 명령 체계를 보였다.

3) 중추원

중추원(中樞院)은 왕명 출납과 군사 기밀을 담당하던 기관이다. 말하자면 국왕의

비서기관이자 군사 정보기관이라고 할 수 있다. 중추원은 중서문하성과 더불어 재추(宰樞) 또는 양부(兩府)로 불렀다. 국가의 중대한 일을 결정할 때에는 재부와 추부의 대신들이 함께 모여 회의를 했는데 이를 재추회의(宰樞會議)라고 했으며, 의결은 만장일치제로 안건을 의결했는데 이를 의합(議合)이라고 불렀다.

중추원은 다음과 같이 두 부류로 나뉘어 있었다.

- 추밀(樞密. 또는 樞臣): 판원사(종2품)를 책임자로 '~원사(院事)', 부사, 직학사 등 정3품 이상의 관원들이 소속되어 있으면서 군사 기무를 담당. 추부에서 일을 보았기 때문에 재신과 더불어 재추(宰樞)라고 부름.
- 승선(承宣. 또는 승제): 지주사(知奏事. 정3품)를 책임자로 승선, 부승선 등의 관원이 소속되어 있으면서 왕과 대면하면서 왕명을 출납, 숙직을 담당. 이들은 승선방에서 일을 보았고, 내상(內相)이라 부르기도 하며, 이들의 직책을 용후(龍喉), 후설직(喉舌職)이라고도 함.

그러나 실질적인 군사 업무는 병부와 도병마사에서 관장하고 있었기 때문에 추밀의 군사 권한은 미약했고 정치적인 의미만 지니고 있었다. 중추원은 추밀원(1095년)으로, 다시 밀직사(1275년)로 개편되었다.

4) 삼사, 어사대(→ 사헌부), 도병마사, 식목도감

삼사(三司)는 전곡(錢穀)의 출납과 회계, 조세 업무를 관장하며 백관의 녹봉을 지급하던 기관이다. 그러나 실질적인 재정 권한이 호부에 있었기 때문에 삼사는 주로 국가의 수입과 세무, 녹봉 관리 등 회계·출납 사무에 한정되어 있었다(박영규, 1996: 477). 삼사에는 판삼사사(判三司事. 宰臣이 겸직)를 상징적 책임자로 하여, 삼사사(三司使, 정3품), 지사사(知司事) 등의 관원이 있었다.

어사대(御史臺)는 정책을 논평하고, 풍속을 교정하며, 백관을 규찰하고, 탄핵을 하는 등의 일을 담당한 기관이다. 신라 시대 만들어진 것을 태조 때는 사헌대로 했다가 성종 때 어사대로 개정했다. 판사(정3품)을 책임자로 하여 대부(大夫), 지사(知事), 중승(中丞), '~어사(御使)' 등의 관료가 있었다. 이들은 중서문하성의 간관들과 더불어 대간으로 불리던 사람들로 간쟁, 봉박(封駁), 서경 등의 권한을 행사했다. 청렴한 선비들로 임명했고, 불체포·불징계의 특권을 가지고 있었다. 사헌대, 사헌부, 감찰대 등으로 이름이 변화했다.

도병마사(都兵馬使)는 국방과 군사 업무에 관한 임시적인 회의 기관으로 판사(재신들이 겸직)를 책임자로 하여 사(使), 부사(副使) 등이 근무했다. 그러나 고려 말기에 도평의사사(都評議使司)로 개칭되면서 국가의 모든 중대사를 관장하는 기관으로 변모했고, 조선의 의정부의 전신이 되었다.

식목도감(拭目都監)도 격식과 제도를 상의하던 임시 기관으로 사, 부사, 판관 등의 관료들이 있었다.

5) 국정 운영 방식

성종대에는 국왕과 신료가 권력을 어떻게 분배하며 국정을 어떤 방식으로 이끌어 나갈 것인가에 대한 방식을 마련했다. 이것은 태조부터 경종까지 정쟁으로 인해 많은 지배층이 죽게 된 경험과 관련이 깊다. 최승로는 지배층이 안정되려면 광종처럼 국왕이 정치를 독주하거나 경종처럼 신하가 권력을 잡아서는 안 된다는 입장이었다. 따라서 정치는 국왕이 주도하지만 신료와 합의 하에 정치를 해야 한다는 생각을 갖게 되었다. 고려의 국왕은 국정의 최고 결정권자로서 위치를 갖고, 모든 국정은 국왕의 최종 결정에 따라 시행되었다. 국왕의 명령은 책서(冊書), 제서(制書), 교서(敎書), 조서(詔書), 선지(宣旨), 왕지(王旨) 등으로 나왔다.

한편 신료들은 상주문(上奏文)을 올렸고, 이것은 담당 관청에 보내져 검토되었으며, 논의된 이후 구체적인 시행안으로 발전되기도 했다. 이는 안건에 대해 최종 결정을 내리기 전에 시행안을 담당관청에 위임하는 관행으로, 고려의 제도가 관청에 따른 업무의 분화가 이루어졌음을 의미하는 것과 함께, 국왕이 최종 결정권자이기는 하지만 국정을 독단적으로 결정하지 않았음을 뜻한다.

결정된 안건은 중앙과 지방의 관청에 보내져 시행되는데, 중앙 관청의 경우는 왕명이나 최종 결재를 받은 안건이 중간에 재상을 거치지 않고 관청에 직접 전달되었다. 시행안을 올려 최종 결재를 받은 관청과 시행 관청이 다를 수 있었다. 이 경우에는 결재를 받은 관청이 후속 조치로서 시행 관청에 문서를 보내 시행을 요구했다. 지방관청의 경우는 6부를 거치지 않고 국왕에게 곧장 상주(上奏)할 수 있었던 것처럼 왕의 명령도 직접 지방 관청에 전달되었다.

국왕은 신료의 상주에 대해 최종 결정을 내렸지만, 독단적으로 결정한 것은 아니었다. 혼자 결정하기 어려운 사안은 재상을 비롯한 신료들의 자문을 받았다.

국왕의 자문을 받았던 대상은 재상, 재추, 군신(群臣) 등으로 이에 따라 재상회의, 재추회의, 확대회의로 구분되었다. 재상이 자문 대상 중에 비중이 가장 컸다. 특히 고려의 정사당(政事堂)은 재상이 국왕을 보좌하기 위해 일상적으로 국정을 회의했던 장소로서 중서문하성에 부속되어 있었다(박재우, 2005: 262-289).

2. 지방 행정

1) 5도 양계 체제로의 발전

태조, 성종의 지방 제도 개편을 거쳐 현종 이후부터는 안정적인 5도(道) 양계(兩界) 체제의 지방 제도가 마련되었다. 5도 양계 체제에서의 지방 관제는 4경(京), 3대도호부(大都護府), 1도호부(都護府), 8목(牧), 11부(府), 129군(郡), 335현(縣), 29진(鎭)으로 나뉘었다.

도(道)는 성종 때(995) 전국을 10개의 순찰 관련 지역으로 구분하면서 나타났다. 즉 관내도, 중원도, 하남도, 강남도, 영남도, 영동도, 산남도, 해양도, 삭방도, 패서도였다. 여기에는 전운사(轉運使)가 파견되었었다. 그 뒤 증감을 거듭하다가 양광도(楊廣道), 경상도(慶尙道), 전라도(全羅道), 교주도(交州道), 서해도(西海道)의 다섯으로 확정되었다. 도에는 안찰사(按察使. 또는 안렴사)가 파견되어 민정을 시찰하고, 수령들을 감찰했으며, 조부(租賦)와 형옥(刑獄), 군사 관련 일을 점검했다. 안찰사는 임시직인 만큼 고정된 관청이 없었으나 고려 말에 가서 전임직화했다. 양계는 동계(東界)와 북계(北界)인데 병마사(兵馬使)가 파견되어 안찰사와 같은 임무를 수행했다.

경(京)은 황도인 개경을 비롯해 삼국의 수도였던 서경(평양), 동경(경주), 남경(양주)을 말한다. 경에는 유수(留守)가 파견되었다. 3대도호부(大都護府)는 안서 대도호부(해주), 안북 대도호부(寧州), 안남 대도호부(樹州)요, 1도호부는 안변 도호부(登州)였다. 대도호부사, 도호부사가 파견되었다.

목(牧)은 성종 때 12주목(州牧)으로 출발했다. 양주, 광주, 충주, 청주, 공주, 해주, 진주, 상주, 전주, 나주, 승주, 황주였는데, 주목(州牧)이 책임자로 파견되었고, 각 지역 관청에 공해전(公廨田)이 지급되었다. 공해전은 각 지역 관청의 관료들만이 아니

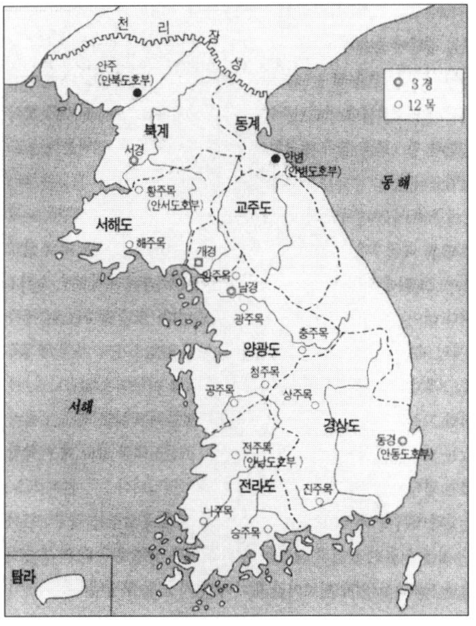

고려의 전국 지도

라 소속된 군현의 호장(戶長), 향(鄕)이나 부곡(部曲)의 장에게까지 지급되었다. 소속된 장정 숫자에 맞춰 지급되었다(박영규, 1996: 120). 12주목은 양주가 경으로, 해주가 대도호부로 변하고, 공주와 승주가 빠지면서 8목으로 자리 잡았다. 8목에는 목사(牧使)가 파견되었다. 경, 목, 도호부들은 안찰사나 병마사에 소속된 것이 아니고, 중앙의 상서성에 직속되어 있었다.

2) 군현 지역과 부곡 지역

지방의 하위 단위는 군현으로 분류된 군현(郡縣) 지역과 그보다 작은 특수 지역으로 향(鄕)·소(所)·부곡(部曲)·장(莊)·처(處) 지역으로 나뉜다. 군현은 중앙에서 수령이 파견된 주(主) 군현과 그렇지 못한 부속 군현으로 되어 있는데, 부속 군현들은 주 군현의 통제를 받았다. 청주목과 나주목의 속 군현의 상황을 보면 다음과 같다.

향이나 부곡은 현이 되기에는 규모가 작은 지역이었고, 소(所)는 도자기, 종이, 금·은·동, 소금, 먹, 실, 숯 등을 생산하는 특수 지역이었다. 장과 처는 왕실이나 궁원(宮院), 사원에 속한 마을이었다. 이런 지역들은 주·부·군·현의 통제 아래 있었다.

군·현 밑에는 행정 단위인 촌(村)이 있어 지역민들 중에서 촌장(村長) 또는 촌정

청주목
(속군 2, 속현 7)
- 천안부(속군 1, 속현 7)
- 공주(속군 4, 속현 8)
- 홍주(속군 3, 속현 11)
- 가림현(속군 1, 속현 4)
- 부성현(속군 2)

나주목 (속군 5, 속현 11)	
	장흥부 (속현 4)
	영광군 (속군 2, 속현 8)
	영암군 (속군 2, 속현 3)
	보성군 (속현 7)
	승평군 (속현 7)
	해양현
	진도현 (속현 2)
	능성현
	탐라현

(村正)을 임명하고 행정 보조 역할을 맡겼다.

3. 군사 제도

고려의 중앙군은 2군과 6위로 대표된다. 이들은 경군(京軍)으로 불렸다. 2군은 국왕의 친위부대로서 응양군(鷹揚軍)과 용호군(龍虎軍)을 말하고, 6위는 좌우위(左右衛), 신호위(神虎衛), 흥위위(興威衛), 금오위(金吾衛), 천우위(千牛衛), 감문위(監門衛)를 말하는데, 앞의 세 부대는 수도 경비와 국경 방어 임무를 맡았고, 금오위는 경찰업무, 천우위는 의장대 업무, 감문위는 궁성과 성문 수비를 각각 맡았다. 이들은 군적에 올라 군인전을 지급받고 그 역은 자손에게 세습되었으며 군공을 세워 무신으로 신분을 상승시킬 수도 있는 중류층이었다.

지방군은 5도의 주현군(州縣軍)과 양계의 주진군(州鎭軍)을 말하며 16세 이상의 농민 장정들로 조직되었다. 주현군은 지방관의 지휘 아래 주로 치안 유지나 각종 잡역에 동원되었고, 주진군은 북방의 양계 지방에 배치된 상비군으로서 국경 수비를 전담했다.

중앙군과 지방군은 1천 명으로 구성된 영(領)을 기본 단위로 하여 그 지휘관을 장군이라 했으며, 중앙군의 지휘자를 상장군(上將軍), 대장군(大將軍)이라고 불렀다. 이들 장군은 합좌기관을 가지고 있었는데 장군들의 합좌기관을 장군방(將軍房), 상장군과 대장군의 합좌기관을 중방(重房)이라고 불렀다.

4. 인사 제도

1) 관리 등용 제도

고려의 관리는 과거와 음서를 통해 등용되었다. 과거제도는 광종 9년(958) 후주의 귀화인 쌍기의 건의에 의해 실시된 제도로 고려 시대 관리를 선발하는 기본 통로가 되었다. 이로써 세력이나 인연을 바탕으로 한 인재 등용에서 객관적인 능력 평가에 의한 인재 등용의 시대가 열리게 되었다. 여기에는 문학적 재능을 시험하는 제술업(製述業)과 유교 경전을 시험하는 명경업(明經業), 그리고 법률, 산수, 의학, 점복, 풍수지리 등 실용 기술학을 시험하는 잡업(雜業)이 있었다. 무인을 선발하는 무과(武科)는 공양왕 때 처음으로 실시되어 고려 시대에는 거의 없었다고 할 수 있다.

과거 시험은 양인 이상이면 누구나 과거에 응시할 수 있도록 법제화되어 있었으나, 실제로 귀족과 향리의 자제들만이 문관이 되기 위한 과거에 응시했고, 일반 농민들은 주로 잡과에만 응시했다.

고려 시대의 과거는 조선 시대처럼 절대적인 의미를 가진 것은 아니었다. 5품 이상 관리의 친속(아들, 손자, 사위, 동생, 조카) 중 한 사람에게는 과거를 거치지 않고도 벼슬을 할 수 있는 길이 열려 있었다. 이것을 음서(蔭敍) 또는 문음(門蔭)이라고 한다.

2) 관리의 품계

고려는 정(正), 종(從)으로 나뉜 9품계(品階)가 있었고, 4품 이하를 다시 상하로 구분해 29등급의 관계(官階)가 있었다. 이들의 명칭은 <표 5-2>와 같다. 문산계(文散階)는 성종 2년(983년)에 도입되었는데, 명칭은 크게 둘로 나누어 5품 이상의 대부계(大夫階)와 6품 이하의 낭계(郞階)로 구분된다. 또 2품 이상을 재추, 6품 이상을 참상직(參上職), 7품 이하를 참외직(參外職)으로 부르고, 일상적인 조회에 참여할 수 있는 관원이란 뜻으로 5품 이상을 상참관(常參官)으로 부르기도 했다(강만길 외, 1995-5: 154). 문산계에는 문관만이 아니라 무관들도 임명될 수 있었다.

표 5-2 고려 시대의 문산계(文散階)와 무산계(武散階)

품계		문산계 (성종 2년 983. 문종 30년. 1076 일부 개정)	무산계(성종 14년. 995)	등급
정1품		삼공 삼사(三公: 태위,사도,사공. 三師:태사, 태부, 태보): 명예직		
종1품		개부 의동 삼사(開府儀同三司)	표기 대장군(驃騎大將軍)	1
정2품		특진(特進)	보국 대장군(輔國大將軍)	2
종2품		금자 광록대부(金紫光祿大夫)	진국 대장군(鎭國大將軍)	3
정3품		은청 광록대부(銀靑光祿大夫	관군 대장군(冠軍大將軍)	4
종3품		광록 대부(光祿大夫)	운휘 대장군(雲麾大將軍)	5
정4품	상	정의 대부(正議大夫)	중무 장군(中武將軍)	6
	하	통의 대부(通議大夫)	장무 장군(將武將軍)	7
종4품	상	대중 대부(大中大夫)	선위 장군(宣威將軍)	8
	하	중 대부(中大夫)	명위 장군(明威將軍)	9
정5품	상	중산 대부(中散大夫)	정원 장군(定遠將軍)	10
	하	조의 대부(朝議大夫)	연원 장군(寧遠將軍)	11
종5품	상	조청 대부(朝請大夫)	유기 장군(遊驥將軍)	12
	하	조산 대부(朝散大夫)	유격 장군(遊擊將軍)	13
정6품	상	조의랑(朝議郞)	요무 교위(耀武校尉)	14
	하	승의랑(承議郞)	요무 부위(耀武副尉)	15
종6품	상	봉의랑(奉議郞)	진위 교위(振威校尉)	16
	하	통직랑(通直郞)	진위 부위(振威副尉)	17
정7품	상	조청랑(朝請郞)	치과 교위(致果校尉)	18
	하	선덕랑(宣德郞)	치과 부위(致果副尉)	19
종7품	상	선의랑(宣議郞)	익위 교위(翊威校尉)	20
	하	조산랑(朝散郞)	익위 부위(翊威副尉)	21
정8품	상	급사랑(給事郞)	선절 교위(宣折校尉)	22
	하	징사랑(徵事郞)	선절 부위(宣折副尉)	23
종8품	상	승봉랑(承奉郞)	어모 교위(禦侮校尉)	24
	하	승무랑(承務郞)	어모 부위(禦侮副尉)	25
정9품	상	유림랑(儒林郞)	인용 교위(仁勇校尉)	26
	하	등사랑(登仕郞)	인용 부위(仁勇副尉)	27
종9품	상	문림랑(文林郞)	배융 교위(陪戎校尉)	28
	하	장사랑(將仕郞)	배융 부위(陪戎副尉)	29

무산계(武散階)는 성종 14년(995)에 도입되었는데, 3품 이상의 대장군, 4~5품의 장군, 6품 이하의 교위와 부위로 구분되었다.

3) 향리, 사심관

지방 행정에서 실질적인 행정 업무를 담당했던 계층은 향리(鄕吏)들이었다. 향리들은 지역 내에 거주하는 토착 세력들로서 중앙 파견의 수령을 도와 현장 행정을 수행한다. 조세나 공물의 징수, 부역의 징발 등이 주요 업무였다. 향리들의 정원은 지역 내 정(丁)의 숫자에 비례했는데, <표 5-3>은 현종 9년(1018)의 실상이다.

토착 향리 세력들을 견제하기 위해 그 지방 출신 중앙 관료를 사심관(事審官)으로

표 5-3 향리와 직명과 정원

직명 \ 주현	주·부·군·현				동·서제방어사·진장· 현령관		
	1,000정 이상	500정 이상	100정 이상	100정 미만	100정 이상	100정 이상	100정 미만
호장(戶長)	8	7	5	4	6	4	2
부호장(副戶長)	4	2	2	1	2	2	1
병정(兵正)	2	2	2	1	2	2	1
부병정(副兵正)	2	2	2	1	2	2	1
창정(倉正)	2	2	2	1	2	2	1
부창정(副倉正)	2	2	2	1	2	2	1
사(史)	20	14	10	6	10	10	6
병사(兵史)	10	8	6	4	6	6	4
창사(倉史)	10	8	6	4	6	6	4
공수사(公須史)	6	4	4	3	4	4	2
식록사(食祿史)	6	4	4	3	4	4	0
객사사(客舍史)	4	2	2	1	2	2	2
약점사(藥店史)	4	2	2	1	2	2	2
사옥사(司獄史)	4	2	2	0	2	2	2
합계	84	61	51	31	52	50	29

자료: 강만길 외(1995-5: 168).

임명해 호장층 통제, 풍속 교정, 부역 상황 점검, 공전의 침탈 현상 등을 감시케 했다. 그러나 사심관은 수령들처럼 직접적인 행정 계통에 서 있지는 않았다. 향리들의 자제를 개경에 머물게 하면서 지방의 일에 대해 자문케 하는 기인 제도(其人制度)는 중앙과 지방의 연결고리 역할을 하기도 했다.

4) 보수 제도

고려 시대 관료의 보수는 과전(科田)과 녹봉(祿俸)이 있었다. 고려는 국가에 봉사하는 대가로 관료들에게 토지를 나누어 주는 전시과(田柴科) 제도를 운영했다. 전시과는 관료들의 품계에 따라 토지와 땔감 채취 지역인 시지(柴地)를 분급한 것이다. 이는 문반과 무반은 물론 관직을 받지 못한 한인(閑人), 동정직(同正職), 서리(胥吏), 공장(工匠), 승려들에게도 지급되었다.

과전은 그 조(租)가 관리 개인에게 돌아가기는 하지만, 국가에서 조를 거둬 주고 죽거나 관직에서 물러날 때에는 토지를 국가에 반납하도록 했다. 그러나 귀족들이 토지를 독점해 세습하는 경향이 커지면서 전시과 제도가 원칙대로 운영되지 못했다.

양반들에게 지급된 토지는 다시 농민들에게 위탁 경작되어 수확물의 1/2을 소작료로 거둬들였다. 수조권은 당대에 한했으나 공음전(功蔭田)처럼 세습되는 것도 있었다.

제 3 절 주요 정책

1. 왕권 안정과 중앙 집권 체제의 확립

왕건에 의해 세워진 건국 초의 고려는 호족 연립 위에 세워진 과도 정부였다. 따라서 고려 왕조로서는 무엇보다도 왕권을 중심으로 하는 강력한 정부의 수립이 요구되었다. 이에 왕건은 유력한 호족과는 사성(賜姓) 정책(유력한 호족들에게 왕실과 같은 왕씨 성을 하사함)과 혼인 정책을 통해 왕권을 안정시키고자 노력했다.

그러나 태조의 혼인 정책의 결과 수많은 외척이 생겨났으며 이러한 외척들 사이의 왕위 다툼이 끊이질 않았다. 혜종과 정종 때는 왕위 다툼으로 왕권이 불안정했다. 이러한 상황에서 제4대 왕으로 즉위한 광종(949~975)에게 주어진 가장 커다란 과제는 왕권 안정과 중앙 집권 체제의 확립이었다. 광종은 왕권 강화를 위해 여러 가지 정책을 시행했다. 우선 호족 세력의 비대화를 막기 위해 광종 7년(956)에 노비안검법(奴婢按檢法)을 시행해 사병 양성과 사노비 증가를 억제했다. 이는 본래 양인이었다가 노비로 된 자를 조사해 다시 양인으로 해방시킨 것으로 신라 말 혼란기에 양인을 불법적으로 노비로 만들어 소유하고 있던 호족들의 세력 기반을 약화시키고, 국가의 공민(公民)을 확대하는 데 목적을 둔 것이었다. 호족들의 반발을 크게 샀지만 광종은 이를 과감하게 단행했다.

광종 9년(958)부터 시행된 과거 제도는 문예와 유교 경전을 시험해 문반관리를 등용하는 제도로서, 정실주의 인재 등용에서 실적주의에 의한 인재 등용의 시대가 열리게 되었다. 그리고 광종 11년(960)에 백관의 공복(公服)을 제정해 관료들의 위계 질서를 확립했다.

호족 연합 정권 체제의 고려는 성종(981~997) 때에 이르러 중앙 집권 체제로 확립되었다. 성종은 당의 3성 6부제를 참고해 고려의 실정에 맞게 2성 6부의 중앙관제를 확립하고, 성종 2년(983)에 지방에 12목을 설치해 처음으로 지방에 수령을 파견했다.

2. 대외 정책

1) 거란과의 관계

고려의 대외 정책은 태조 이래 중국과 친선 정책을 추구하고, 발해를 망하게 한 거란(契丹)과는 적대 관계를 유지했다.

고려가 건국되던 10세기 초에 국제 정세에 큰 변화가 일어났다. 몽고족의 일파인 거란족의 야율아보기(耶律阿保機)가 여러 부족을 통일해 요나라를 건국(916)한 뒤, 고려 태조 9년(926)에는 발해를 멸망시켰다. 발해가 망하자 수만 호의 지배층이 대거 고려로 망명해 왔다. 왕건(王建)은 발해 유민을 동족으로 간주해 따뜻하게 맞아들이고, 그들에게 관직과 토지와 가옥을 주었다.

거란은 발해를 멸망시킨 후 고려와 국경을 접하게 되자 고려와 화친을 맺고자 했다. 중국을 점령하는 데 배후를 안정시키기 위함이었다. 태조 25년(942)에는 낙타 50필과 30여 명의 사신을 보내왔다. 그러나 태조는 거란을 동족인 발해를 멸망시킨 무도한 나라로 간주하고 화친을 거부하고 북진 정책을 추진했다. 한편 960년 중원에서 송나라가 건국되자 적극적인 친송 정책을 펼쳤다.

이러한 고려의 외교 정책은 거란과의 갈등을 유발했다. 고려는 거란의 침략을 예견하고 서경을 재건해 북진 정책의 거점으로 삼고, 정종은 거란의 침입에 대비해 30만 광군(光軍)을 조직했고, 광종은 서북 지역에 여러 성을 쌓아 거란의 도발에 대비했다.

거란과 고려가 갈등을 벌이고 있는 과정에 발해 유민이 압록강 중류 지역에 세운 정안국(定安國)이 송과 연계해 거란을 협공하려는 정책을 쓰자, 거란은 정안국을 멸망(980)시키고, 이어 고려에 대한 침공에 나섰다. 거란의 침략은 세 차례에 걸쳐 이루어졌다. 성종 12년(993)에 소손녕은 수십만 대군으로 고려를 침입해 고구려의 옛 땅을 내놓을 것, 송과 절교하고 자신들과 교류할 것 등을 요구했다. 이에 고려는 서희(徐熙)가 협상에 나서서 오히려 고려가 고구려의 후계자임을 밝히고, 거란과 교류를 하고 싶어도 여진 때문에 가로막혀 교류가 어려우니 여진 땅을 고려가 차지해 통로가 열리면 거란과 통교하겠다고 약속해 거란군을 물러가게 했다. 또 거란과 합의해 압록강까지 영토를 확장하는 데 성공했다. 거란이 물러간 후 고려는 압록강 남쪽에 많은 성을 쌓아 군대를 주둔시키고 국방을 강화했다. 이것이 강동 6주(江東六州)이다.

거란의 퇴각 이후 고려는 송과 계속 친교하면서 거란과 교류하지 않았다. 이에 거란은 현종 원년(1010)에 고려의 왕위 계승의 혼란을 빌미로 강동 6주의 반환을 요구하면서 거란의 성종이 직접 40만 대군을 이끌고 두 번째로 침입해 왔다. 고려는 개경이 함락되고 현종은 나주로 피난하는 등의 큰 어려움을 겪었으나 거란군의 뒤에서 고려의 양규(楊規)가 선전했다. 이에 거란군은 퇴로가 차단될 것을 두려워해 고려와 강화를 맺고 물러갔다. 이 때 고려의 강조(康兆)는 거란의 포로가 되었으나 신하되기를 거절하고 장렬한 죽음을 맞았다.

거란은 현종 9년(1018)에 소배압(蕭排押)이 10만 대군을 이끌고 개경까지 침입했다. 그러나 거란군은 도처에서 고려군의 저항을 받고 퇴각하던 중, 귀주에서 강감찬(姜邯贊)에게 섬멸되었다(1019). 이것이 귀주대첩(龜州大捷)이다.

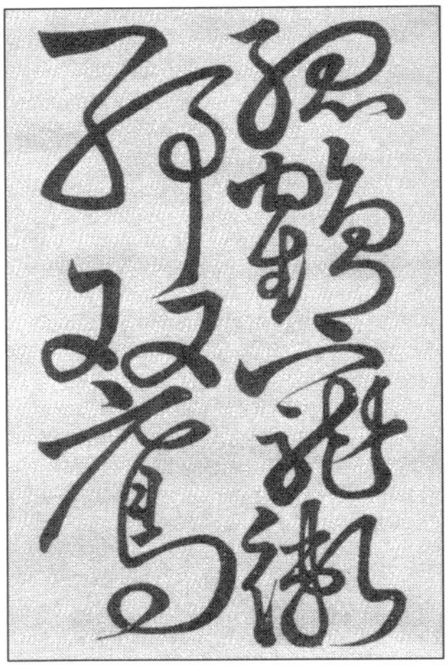

강감찬 글씨

거란은 세 차례에 걸쳐 고려를 침공했으나 결국 실패하고, 송을 정복하는 계획도 수포로 돌아갔다. 이리하여 동아시아는 송과 거란 그리고 고려가 세력 균형을 이루게 되었다. 전쟁이 끝난 후 고려는 개경에 나성을 쌓아 도성 수비를 강화했으며, 확장된 영토를 지키기 위해 덕종 2년(1033)부터 동해의 도련포에서 압록강 입구에 이르는 북방 지역에 천리장성을 쌓기 시작해 12년 뒤인 정종 10년(1044)에 완성했다.

2) 송과의 관계

거란에 대해 적대적이었던 고려는 당시 세계적 선진 문화를 가지고 있던 송과의 문화 교류를 원했다. 한편 거란에게 황하 이북의 땅을 빼앗긴 송은 거란을 견제하기 위해 고려와 가까워지기를 희망했다. 그리하여 두 나라 사이에는 빈번한 사신 왕래를 통해, 또는 고려 승려와 상인들의 왕래를 통해 활발한 경제·문화 교류가 이루어졌다. 그리하여 11세기 초에서 12세기 중엽에 이르는 150년간은 고려의 경제·문화 수준이 절정기에 이르게 되었다.

고려와 송의 교류는 예성강 입구의 벽란도(碧瀾渡)와 중국의 양자강 입구의 항주(杭州)를 연결하는 해상로가 주요 교통로였다. 이에 따라 벽란도는 국제적인 무역항으로 번영했고, 송나라 항주는 고려 승려들이 대거 거주하면서 불교를 포교하고 중국의 온갖 정보를 수집해 오는 통로였다.

한편 규모가 크지 않았지만 거란, 여진, 일본과도 물자 교류를 했고, 아라비아(대식국) 상인들과의 무역도 이루어졌다. 오늘날 한국이 '코리아'로 불리게 된 것은 이때 아라비아 상인들이 퍼뜨린 데서 비롯된 것이다.

3) 여진(금)과의 관계

오랫동안 고구려에 복속되어 있었고 발해의 피지배층을 구성했던 말갈은 발해의 멸망 이후 여진(女眞)으로 불리며 발해의 옛 땅에서 반독립적 상태로 자생하고 있었다. 여진은 11세기 후반에 이르러 통일 세력을 형성하기 시작했다. 북만주 하얼빈 지방의 완안부에서는 영가, 우야소 등 추장이 나와 여진족들을 통합하면서 남쪽으로 세력을 확장해 왔다. 여진족의 남하는 급기야 고려와 무력 충돌을 빚게 되었다. 보병 중심의 고려군은 기병 중심의 여진군에게 패하게 되자 숙종(1095~1105)은 윤관(尹瓘)의 건의를 받아들여 기병부대인 신기군(神騎軍), 보병부대인 신보군(神步軍), 그리고 승려부대인 항마군(降魔軍)으로 구성된 별무반(別武班)을 편성해 여진족에 대비했다. 예종 2년(1107) 윤관은 별무반을 이끌고 함흥평야 일대의 여진족을 토벌하고 동북 일대에 9성을 쌓았다. 그러나 거란과 계속된 대치 상황에서 거처를 잃은 여진족의 끊임없는 침략으로 9성의 방비에 곤란을 겪고 있던 고려는 여진족으로부터 해마다 조공을 바칠 것과 다시는 고려를 침범하지 않겠다는 약속을 받고 1년 만에 9성을 다시 여진에게 넘겨주었다(1109).

그 후 여진은 더욱 강성해져서 예종 10년(1115)에 나라를 세워 금(金)이라고 했다. 금은 그 여세를 몰아 인종 3년(1125)에 거란을 멸망시켰다. 거란을 멸망시킨 금은 고려에 대해 군신 관계를 맺자는 압력을 가해 왔다. 당시 집권자인 이자겸은 정권 유지를 위해 금과 평화 관계를 유지하는 것이 유리하다고 판단했고, 현실적으로도 금과 무력 충돌을 하기 어려운 점을 고려해 결국 금의 요구를 받아들였다. 이리하여 인종 4년(1126)에 금의 요구를 들어 줌으로써 두 나라 관계는 평화적으로 해결되었다.

3. 경제 정책

고려 시대의 주요 산업은 농업이었으므로, 건국 초부터 농민의 생활 안정과 국가 재정을 확보하기 위해 농업을 중시하는 정책을 추진했다. 개간한 땅에 대해서는 일정 기간 면세해 줌으로써 개간을 장려하고, 농번기에는 잡역 동원을 금지해 농사에 지장을 주지 않게 했다.

1) 토지 정책

국가의 경제적 기반이 토지 제도에 있을 뿐만 아니라, 신라의 멸망 원인이 바로 토지 제도의 문란에 있었다는 것을 알고 있었기 때문에 고려는 태조 때부터 토지 제도의 정비에 힘을 쏟았다.

고려의 토지 제도 정비 과정을 보면, 태조 23년(940) 역분전(役分田)을 실시했다. 역분전은 고려 건국 과정에서 태조를 도운 조신(朝臣)과 군사(軍士)에게 품계가 아닌 충성도(忠誠度)에 따라 지급된 토지로 논공행상의 성격을 지녔다. 그 후 집권 체제가 안정된 경종 1년(976) 전시과 제도가 전 국가적 규모로 실시되어 현직 및 퇴직자에게 관직의 고하(四色公服: 紫・丹・緋・綠)와 인품에 따라 전지(田地)와 시지(柴地: 땔나무를 얻는 땅)를 지급했다. 하지만 이 제도 역시 역분전의 성격을 완전히 탈피하지 못했다.

이후 토지 제도 체제가 정비된 것은 목종 1년(998)에 비로소 성종 때의 관제를 기준으로 관직의 고하에 따라 18과(科)로 나누어 토지를 지급한 개정 전시과(改定 田柴科: 18品田柴科)를 마련하면서부터였다. 개정 전시과는 문종 30년(1076) 경정 전시과(更定 田柴科)로 다시 개정되었는데, 이의 특징은 토지 지급의 결 수(結數)가 줄고, 무관에 대한 대우가 상승했으며, 퇴직자는 토지 지급 대상에서 제외되고 현직 관리에게만 지급하되 경기 땅에 한했다. 전시과의 규정에 따라 지급된 토지는 수조권(收租權)의 귀속 여하에 따라 공전(公田)과 사전(私田)으로 나누어 지급했다. 지급된 토지는 완전한 소유권을 인정하지 않고 수조권만을 일정 기간 인정했는데, 이것은 모든 토지 관리권을 국가가 가지고 있음을 의미하는 것이다. 전시과의 규정에 따라 관리에게 지급된 토지는 보수의 성격을 가지고 있었다.

토지의 종류로는 전시과의 규정에 의해 문무 현직 관리에게 지급된 과전(科田), 5품 이상의 관리에게 지급된 공음전(功蔭田), 관청 경비를 위해 지급된 공해전(公廨田), 직업 군인에게 지급된 군인전(軍人田), 향리에게 지급된 외역전(外役田), 왕실 경비를 위해 지급된 내장전(內庄田), 하급 관리와 군인 유자녀에게 지급된 구분전(口分田), 6품 이하 관리의 자제로 관직이 없는 자에게 지급된 한인전(閑人田), 사원에 지급된 사원전(寺院田) 등이 있었다.

2) 조세 정책

고려는 신라 말의 문란한 수취 체제를 다시 정비하고 재정 운영에 필요한 관청도 설치했다. 고려는 재정을 안정적으로 운영하기 위해 토지와 호구를 조사해 토지 대장인 양안(量案)과 호구 장부인 호적(戶籍)을 작성했다. 이것을 근거로 조세, 공물, 부역 등을 부과했다.

조세는 토지를 논과 밭으로 나누고, 비옥한 정도에 따라 3등급으로 나누어 부과했다. 거두는 양은 생산량의 10분의 1이었다. 거둔 조세는 각 군현의 농민을 동원해 조창까지 옮긴 다음, 조운을 통해 개경으로 운반해 보관했다.

조세와 함께 국가 수입의 대종을 이룬 공물(貢物)은 농민이 각 지방의 특산물을 국가에 납부하는 것으로 국가에서는 필요한 공물의 종류와 액수를 매년 정해 각 주현(州縣)에 할당했다. 그러면 각 주현(州縣)에서는 호구를 기준으로 일정 액수의 공물을 거두었다. 이는 주와 현에서 해마다 정기적으로 바치는 상공(常貢)과 필요에 따라 임시로 거두는 별공으로 구분되었다. 이것이 농민들에게는 조세보다 더 큰 부담을 주었다.

한편 요역(徭役: 賦役)은 국가가 백성들의 노동력을 무상으로 수취하는 제도였다. 16세 이상 60세 이하의 평민 남자는 병역과 부역의 의무가 있었다. 병역은 군포(軍布)로 대납할 수 있었으며, 부역으로 토목 공사에 동원될 때의 식사(食事)는 자기가 부담했다. 호적은 3년마다 재작성했다.

4. 사회 정책

1) 신분 정책

고려 건국 초기에는 개국 공신을 제외하면 특별한 특권층이 없었고, 광종 때 공신 세력마저 숙청당한 후로는 더욱 귀족이라 할 만한 세력이 없었다. 그 후 과거 제도의 시행으로 개인의 학문 능력이 중요시되었으므로 귀족의 성장이 또한 억제되었다.

그러나 고려가 건국된 후 1세기 정도가 지나면서 사회는 점차 보수화의 길을 걸어갔다. 높은 관직에 오른 사람들이 자신의 관인 신분을 자손들에게 세습시키고자 하는 욕심이 생겨난 것이다. 그래서 5품 이상 관리에게 몇 가지 특권이 주어지기 시작했다. 음서 제도(蔭敍制度)와 국자감 입학 자격의 제한이 그것이다. 음서는 5품 이상 관리의 아들, 손자, 사위, 동생, 조카 중에서 한 사람에 한해 자동으로 관리가 될 수 있는 특권을 부여하는 것을 말한다. 5품 이상의 자제들에게 국자감의 국자학과 태학에 입학할 수 있는 자격을 준 것도 과거에 합격할 가능성을 높여 주는 의미가 있었다.

고급 관리들에게 여러 특권이 주어지면서 대대로 벼슬아치를 낸 문벌 가문이 나타나게 되었다. 대표적인 문벌 귀족들로는 경원 이씨(이자겸), 파평 윤씨(윤관), 경주 김씨(김부식), 해주 최씨(최충) 등이 있다. 문벌 가문들은 수도 개경에 집결되어 있었는데 이들이 중죄를 짓게 되는 경우에는 귀향시키는 형벌을 내렸다.

2) 사회보장 정책

고려 시대에 농민을 비롯한 일반 백성은 토지의 생산력이 낮고 조세와 요역의 부담이 과중했으므로 대체로 생활이 어려웠다. 국가는 농민을 보호하기 위해 농번기에는 농민을 잡역에 동원하지 못하게 했고, 재해가 심한 경우에도 그 정도에 따라 조세와 부역을 면제해 주었다. 또 고리대(高利貸)에 의한 농민의 피해를 줄이기 위해 법으로 이자율을 정해 이자가 빌린 곡식과 같은 액수가 되면, 그 이상의 이자는 받을 수 없도록 했다.

대표적인 구빈기관으로 태조 때 빈민을 구제하기 위해 설치한 흑창(黑倉)이 있었는데 성종 5년(986)에 의창(義倉)으로 개칭했다. 성종 12년(993)에는 개경, 서경과 12목에 상평창(常平倉)을 설치해 곡식과 베의 값이 내렸을 때 사들였다가 값이 오르면 싸게 내다 팔아서 물가 안정을 도모했다.

국립의료기관으로 개경에 동서대비원(東西大悲院)과 서경에 대비원(大悲院)을 설치해 환자를 치료하고 빈민을 구휼했다. 또 혜민국(惠民局)을 두어 가난한 환자들의 의료를 맡아 무료로 약을 분배했다.

5. 교육 · 문화 정책

1) 교육 정책

삼국 시대에도 태학(太學), 국학(國學), 태학감(太學監) 등의 교육기관이 있었으나, 당시는 과거 제도가 시행되기 이전이었기 때문에 별다른 효과를 볼 수 없었다. 그러나 고려 광종 때 과거 제도가 실시됨으로써 학교가 가지는 의미는 매우 큰 것이었다. 따라서 고려의 교육 제도와 과거 제도는 불가분의 관계에 있다. 고려의 교육 제도는 크게 관학과 사학으로 구별되는데, 관학은 국자감(國子監)으로, 사학은 12공도(公徒)로 대표된다.

성종 11년(992)에 개경에 대학에 해당하는 국자감과 도서관으로 비서성(秘書省)을 세우고 서경에도 수서원(修書院)이라는 도서관을 설치했으며, 문신월과법(文臣月課法)이라 하여 관리들에게 매월 시(詩)와 부(賦)를 지어 바치게 하면서 학문 진흥에 박차를 가했다.

관학에서 교육을 받고 학자 관료가 된 사람 중에는 다시 사재를 털어 사학을 세우는 이도 많았다. 11세기 중엽 문종 때 해동공자로 불리던 최충(984~1068)이 아홉 개의 전문 과목을 둔 9재 학당을 세운 뒤로 11개의 사립학교가 더 세워졌는데, 이를 사학 12도라고 불렀다.

한편 지방 교육도 장려되었다. 성종 6년(987)에 지방의 12목(牧)에 경학박사와 의학박사를 각 1명씩 내려 보내 지방 자제들을 가르치게 했고, 인종 5년(1127)에는 각 주에 향학(鄕學)이라는 학교를 세웠다.

2) 문화 정책

고려 전기 유학은 정치와 관련된 치국(治國)의 이념으로서, 불교는 신앙 생활과 관련한 수신(修身)의 도로서 서로 보완하는 기능을 수행하면서 유교 문화와 불교 문화가 함께 발전했다.

고려 전기에 유교식 정치와 교육의 틀이 마련되었다. 광종 때에는 과거 제도가 실시되었고, 성종 때에는 국자감이 설치되어 유교 교육을 본격화하는 계기가 되었다. 자주적이고 주체적인 유교 사상을 가졌던 최승로는 성종에게 시무 28조를 올려 중국의 학문과 윤리·정치 제도는 따라야 하지만, 중국과 우리나라는 풍토가 다르므로 풍속은 바꿀 필요가 없다는 점을 인식시켰다. 이는 태조의 「훈요십조(訓要十條)」에서도 표방된 것으로 고려 문화 정책의 전통으로 자리 잡았다.

고려 전기에는 유교와 함께 불교도 융성했다. 불교가 여전히 위력을 갖게 된 것은 호국 불교의 전통이 왕권 강화와 사회 통합에 유리한 기능을 수행할 뿐 아니라 이미 불교가 토착 신앙과 융합되어 민족 사상으로 뿌리를 내렸기 때문이다. 불교를 가장 적극적으로 옹호하고 나선 것은 왕실이었다. 규모가 큰 비보사찰(裨補寺刹)이 개경에 많이 세워졌고, 연등회와 팔관회 등 각종 불교 행사도 국가 행사로 치러졌다. 승려의 수준을 높이기 위해 승과 제도가 시행되었고, 승려에게 법계(法階)를 준 것도 고려 불교의 한 특색이다. 승려가 국가에 공헌하는 대가로 국가는 사찰에 대해 여러 가지 혜택을 주었다. 사원전을 지급하고 면세의 특권을 주었으며, 승려들은 면역의 특권을 받았다.

풍수지리 사상도 성행했는데 태조 왕건도 「훈요십조」에 풍수의 중요성을 강조했다. 그 후 풍수지리 사상은 국가 정책에 중요한 영향을 미치게 되었다. 한편 도교는 이미 삼국 시대부터 들어왔고, 고려 시대에도 여전히 숭상되었다. 도교는 또 무속 신앙이나 산악 신앙 등과 결합해 중요한 산천에 대한 숭배 관념을 북돋아 주었다.

고려의 대표적 공예품은 자기이다. 고려자기는 신라와 발해의 전통을 계승하면서 송나라 월주 가마의 기술적 영향을 받았으나 11세기에 이르러는 형태의 다양함과 빛깔의 우아함에서 완숙한 경지에 이르렀다. 고려자기는 귀족층의 일상 생활 도구와 사찰의 불교 의식 도구를 쓰였는데, 여러 색깔의 자기 중에서도 비취색의 청자가 단연 아름답다. 고려자기는 무늬를 넣는 기법에서 다른 나라에서 찾아볼 수 없는 독특한 상감법을 12세기부터 쓰기 시작하면서 무늬가 한층 다양하고 화려해졌다. 상감이란 표면에 홈을 파고 특수한 물감이나 물질을 집어넣어 무늬를 내게 하는 기법이다.

오층석탑

고려는 도화원(圖畵院)이라는 관청에서 그림을 관장했다. 따라서 도화원에 소속된 전문 화원(畵員)에 의해 그림이 창작되었고, 그 밖에 문인이나 승려 중에서도 우수한 화가가 배출되었다.

고려 시대에는 나례(儺禮: 산대놀이), 처용무 등의 궁중 무용도 발달했는데, 특히 궁중에서 역귀를 몰아내는 나례를 중요시해 이를 관장하는 나례도감(儺禮都監)이라는 관청이 있었다.

역사 편찬으로는 건국 초에 삼국 시대 역사를 정리하여 『삼국사(三國史)』라는 역사책을 편찬했고, 초기부터 역대 왕들의 치적을 기록한 실록을 편찬했으나 지금은 전하지 않는다. 인종 23년(1145)에 김부식(金富軾)이 왕명으로 편찬한 『삼국사기(三國史記)』는 사마천(司馬遷)의 『사기(史記)』를 참고로 하여 삼국의 역사를 우리나라 역사상 최초의 기전체(紀傳體)로 새롭게 정리한 것이다.

제6장

고려 후기의 행정

제 1 절 행정 환경

1 정치

1) 무신의 난과 무신 정권

고려는 광종 이후 문치로 나아가면서 무신들은 정치적으로 문신보다 하위에 있었고 경제적으로도 열세에 있었다. 무신들이 응당 맡아야 할 군사지휘권도 문신이 장악했다. 거란과의 전쟁기에도 서희, 강감찬 등 문신의 눈부신 활약으로 거란의 침략을 물리쳤다. 그 후 여진족을 물리친 윤관이나 묘청의 난을 토벌한 김부식도 모두 문신으로서 큰 전과를 올렸다. 이런 상황에서 무신의 지위는 점차로 낮아질 수밖에 없었다. 무신을 등용하는 무과가 없었던 것도 무신의 질을 떨어뜨리는 데 한 요인이 되었다. 무신은 2품 이상은 승진이 불가능했고, 전시과에 규정된 군인전도 제대로 받지 못하는 경우가 많았다.

무신의 위상을 더욱 낮게 만든 것은 고려 중기의 장기간의 평화였다. 현종 10년

(1019)부터 의종(1146~1170)에 이르기까지 10명의 왕이 바뀌고 150년의 세월이 흐르는 동안 고려는 큰 전쟁을 치르지 않았다. 무신의 지위가 가장 하락한 것은 태평호문(太平好文)의 군주 의종의 치세였다. 의종은 개경과 그 인근에 많은 별궁, 누정(樓亭), 사찰 등을 조성하고 문신들과 더불어 거의 매일같이 향락을 즐겼다. 그러나 무신들은 비록 상장군이나 대장군 같은 최고급 장군들도 왕의 호위병으로 전락했다. 무신의 불만이 갈수록 커가는 중에 무신의 분노를 폭발시키는 사건이 잇달아 터졌다. 일찍이 무신 정중부(鄭仲夫)가 문신 김돈중(金敦中)으로부터 촛불로 수염을 불태우는 모욕을 당했고, 의종 24년(1170)에 왕은 화평재에 행차해 밤새도록 문신들과 시와 술을 즐기면서 호종한 무신들에게는 음식을 주지 않아 분노를 샀다. 이에 왕의 호위대장을 맡고 있던 이의방(李義方)과 이고(李高) 등은 당시 상장군이던 정중부에게 불만을 토로하고 거사를 모의했다.

다음날 왕은 또 보현원(普賢院)이라는 절에 가서 술놀이를 벌이던 중, 흥을 돋우기 위해 무신들을 불러내어 수박희(手搏戲)라는 경기를 벌이게 했는데, 수박희에서 진 대장군 이소응(李紹膺)이 문신 한뢰(韓賴)로부터 빰을 얻어맞고 댓돌 밑에 떨어지는 모욕을 당했다. 이 사건을 목격한 무신들은 드디어 칼을 뽑아 “무릇 문관을 쓴 자는 모조리 죽이라”고 선동하고 쿠데타를 일으켰다. 그리하여 많은 문신을 학살하고, 의종을 폐해 거제도로 보낸 다음 왕의 둘째 동생 익양공 명종(1170~1197)을 옹립하고 실권을 장악했다. 이후 무신정권은 원종 11년(1270)에 이르기까지 100년간 계속되었다.

권력을 잡은 무신들은 상장군과 대장군의 합의기관인 중방(重房)을 권력 기구로 삼아 정치를 운영했다. 그러나 정치 경륜이 부족한 무신들은 서로 간에 권력 투쟁을 벌였다. 이고는 이의방에게 피살되고(1171), 이의방은 정중부에게 피살되었다(1174). 정중부는 명종 8년(1178)에 젊은 장군 경대승에게 피살되었고, 경대승이 명종 13년(1183)에 30세로 요절하자 경대승이 두려워 경주에 숨어 있던 상장군 이의민이 상경해 권력을 잡았다. 그러나 이의민은 13년간 온갖 횡포와 축재를 일삼다가 명종 26년(1196)에 최충헌에게 피살되었다. 그리하여 불과 26년간 여섯 차례의 권력 변동이 일어났다. 그러나 최충헌의 등장으로 권력 투쟁은 종지부를 찍고, 4대 62년간에 걸친 최씨 정권 시대(1196~1258)가 열리게 되었다.

2) 최씨 정권 시대

최충헌의 정권 장악 이후 고려는 강력한 무신 독재 체제로 들어섰다. 교정도감을 설치해 국정을 주관하고, 곳곳의 민란을 진압했으며, 이규보 등의 문신들을 다시금 행정에 종사하게 만들었다. 이후 최씨의 무단 통치는 60여 년간 지속되었다. 최충헌의 아들 최이(崔怡 뒤에 崔瑀로 개명)는 정방(政房), 서방(書房)을 설치해 권력 장악을 이루었다.

고종 18년(1231) 원의 침략이 시작되면서 전쟁기로 들어섰다. 최이는 집권 30년 만인 고종 36년(1249)에 죽고, 정권은 다시 그의 아들 최항에게 돌아갔다. 최항은 고종 45년(1258)에 죽었는데, 그의 아들 최의에게 권력을 이양했다. 고종 45년(1258) 대사성 유경, 낭장 김인준 등이 모의해 최의를 죽이고 권력을 왕에게 돌려주었다. 이로써 4대 60여 년에 걸친 최씨 정권 시대가 종말을 고했다. 고종은 46년(1259) 태자를 몽고에 보내 강화를 맺었다.

그러나 강화를 반대하는 무신 임연과 그의 아들 임유무 등 무인들이 잠시 권력을 잡았으나 원종 11년(1270)에 임유무마저 타도되면서 무신 시대는 완전히 끝나고 왕정이 회복되었다.

100년 간에 걸친 무신정권 시대는 유교적 관료 정치가 붕괴되고, 무력에 기초한 실력 정치가 지배한 시대로서 국가 기강이 떨어지고 사회가 혼란했다. 무신들은 국가의 공적 질서를 개인적으로 소유해 마음대로 권력을 휘두르고 막대한 재산을 축적했다. 그러나 이 무질서 속에서 노비를 비롯한 하층 시민 사회가 크게 성장한 것도 사실이다. 무신 자체가 천민 출신이 많았으므로 하층 사회가 크게 고무된 것이다.

3) 원의 간섭과 고려의 쇠망

고려를 굴복시킨 몽고의 지도자는 쿠빌라이(世祖, 1260~1294)로서 그는 1271년에 국호를 원(元)으로 바꾸었다. 원은 고려의 일부 지역을 직할령으로 만들었다. 제주도에 탐라총관부를 만들어 목마장을 만들고, 영흥 지방에는 쌍성총관부를 두어 철령 이북의 땅을 소속시키고, 평양 지방에는 동녕부를 설치해 자비령 이북을 귀속시켰다. 그러나 고려의 강력한 요구로 동녕부와 탐라총관부는 충렬왕 때 폐지되고, 이 지역을 다시 찾았다.

고려의 국왕은 원의 공주와 결혼해 원 황제의 부마가 되었고, 왕실의 호칭과 격이 부마국에 걸맞은 것으로 바뀌었다. 국왕은 조(祖)·종(宗)의 명칭을 쓰지 못하고 왕(王)이란 호칭을 썼다. 아울러 관제도 개편되고 격도 낮아졌다. 원은 일본 원정을 준비하기 위해 설치했던 정동행성을 계속 유지하여 내정 간섭 기구로 삼았고, 군사적으로는 만호부를 설치해 고려의 군사 조직에 영향력을 행사하고, 다루가치라는 감시관을 파견해 내정을 간섭했다.

25대 충렬왕(1274~1298. 단기 3607~3631)은 철저히 친원(親元) 정책을 구사했다. 여원 연합군을 결성하고, 정동행성(征東行省)을 설치해 일본 정벌을 추진했고, 기존 관제(官制)를 한 등급씩 내리는 작업을 시행했다. 이는 결국 고려가 원의 제후국임을 뜻하는 조치였다.

31대 공민왕(1351~1374)은 적극적인 반원 정책을 통해 국권 회복에 노력했다. 공민왕의 반원 자주 정책은 기철(奇轍)로 대표되던 친원 세력을 숙청하는 데서부터 시작했다. 이어, 고려의 내정을 간섭하던 정동행성 이문소를 폐지하고, 원의 간섭으로 바뀌었던 관제를 복구했으며, 몽고 풍속을 금지했다. 또 무력으로 쌍성총관부를 공격해 철령 이북의 땅을 수복했다.

공민왕 9년(1360)과 다음 해에는 원나라의 지배에 반대해 일어난 중국의 농민군인 홍건적이 고려에 침입해 한때 개경을 점령하고 공민왕은 복주(안동)까지 피란했으나 이를 격퇴했다.

공민왕은 왕권을 제약하고 신진 사대부의 등장을 억제하고 있던 정방을 폐지했다. 전민변정도감(田民辨正都監)을 설치하고 신돈을 등용해 권문 세족이 부당하게 빼앗은 토지와 노비를 본래의 소유주에게 돌려주거나 양민으로 해방시켰다. 그러나 공민왕의 개혁은 권문 세족의 강력한 반발로 신돈이 제거되고, 개혁 추진의 핵심인 공민왕까지 시해되면서 중단되고 말았다.

공민왕이 시해된 이후 요동 정벌과 위화도 회군, 이성계의 정권 장악, 정도전·조준 등 개혁 관료들의 등장으로 조선 창업의 막이 열렸다. 이들 군부와 신진 유학 세력들은 과전법(科田法)을 실시해 전제 개혁을 시도했고, 인물추고도감(人物推考都監)을 설치해 노비 문제를 다루었으며, 숭유억불책을 썼다. 종국에는 새로운 왕조의 창업에 뜻을 모으고 조선을 개국했다(1392).

2. 경제

고려 후기 무신 정변에 의해 문벌 귀족이 몰락하고 무신이 집권 세력이 되었으며, 무신정권이 붕괴된 후에는 권문 세족이 새로운 지배 세력으로 대두했다. 권문 세족은 고려 후기의 정치 · 경제 면에서 지배적 위치에 있었던 보수적인 사회 세력을 배경으로 하여 등장한 경우가 많았다. 이러한 권문 세족들 중에는 고려 전기부터 그 세력을 이어오거나 무신정권 시대에 대두한 가문도 있었으나, 주로 원의 세력을 배경으로 하여 등장하는 경우가 대부분이었다. 이들은 첨의부나 밀직사 등의 고위 관직을 독점했고, 합좌기구인 도평의사사의 구성원으로서 정치적 실권을 장악해 고려 말에 이르도록 대를 이어갔다.

권문 세족은 자신의 지위를 세습하기 위한 방법으로 과거보다는 주로 음서(蔭敍)를 통해 고관 요직에 진출했기 때문에 일반적으로 문학적 또는 유학적 소양과는 거리가 멀었다. 그뿐만 아니라 권문 세족 가운데는 친원적 성향을 띠면서 원의 앞잡이가 되어 고려에 폐해를 끼친 자들이 많았다. 그리고 이들은 경제적으로는 농장 경영을 통해 수단 방법을 가리지 않고 불법적으로 대토지를 소유함으로써 국가 재정을 악화시켰다.

고려 후기 무신 집권기부터 권문 세족에 도전하는 새로운 사회 세력이 출현했는데 이들이 신진 사대부 세력이었다. 이들은 유교적 소양이 높았으며 행정 실무에도 밝은 학자 출신 관료들로, 이들의 대부분은 지방에서 성장한 하급 관리나 향리 출신이었다. 경제적으로는 지방의 중소 지주층으로서 이들은 권문 세족이 부재지주로서 대농장을 소유했던 것과는 달리 지방에 직접 생활 기반을 가지고 있었다. 이러한 신진 사대부 세력이 등장하기 시작한 시기는 무신 집권기부터였으나 당시에는 무신들의 부족한 학문과 행정 능력을 보완해 주는 구실밖에는 할 수 없었다. 그러다가 무신정권이 붕괴된 이후 더욱 활발하게 중앙 정계에 진출해 세력을 키워 나갔는데, 특히 공민왕의 반원(反元) 개혁 정치는 신진 사대부의 성장에 획기적 계기를 마련했다. 대외적으로 반원 자주를 표방하고 대내적으로 권문 세족을 억누르면서 개혁적 시책을 펼쳐나간 이 운동은 자연히 신진 세력과 연결되었던 것이다.

신진 사대부 세력들은 고려 말기가 되면서 새로 수입된 성리학적 지식을 바탕으로 과거를 거쳐 중앙의 정치 무대로 진출하고 있었다. 이들은 친원적이고 친불교적인 성향을 지닌 권문 세족과는 정치적으로 대립되는 위치에 놓여 있었으며, 정치적 대립의 배경에는 경제적 대립과 이해 관계의 충돌이 있었다. 신진 사대부들은 충선왕 때 일시적으로 두각을 나타내더니 공민왕 때에 이르러 비로소 권문 세족과 대항할 정도로 크게 성장했다.

고려 말 공민왕 이후 등장한 정도전, 조준 등을 중심으로 하는 신진 사대부 세력은 신흥 무인 세력과 정치적으로 협력해 마침내 권문 세족에 대항해 고려 왕조를 무너뜨리고 조선을 새로 건설했다.

고려 후기에는 대토지 소유 현상과 농장이 나타났다. 일반 농민들의 토지를 빼앗고, 사비(賜牌) 등을 활용한 개간과 투탁 현상 등을 통해 권력자나 부호들의 대토지 소유화가 진행되었다. 탈점(奪占) 현상과 과도한 수취 현상에 수반해 농민들의 이탈 현상과 토지의 황폐화 현상이 가속화했고, 끝내는 농민 항쟁, 민란이 곳곳에서 촉발되었다. 양전(量田)의 실시, 녹과전 지급, 전민 변정 사업 추진 등의 노력이 있었지만 전시과의 기본 골격은 고려 말까지 지속되었다. 전제 개혁의 노력에 힘입어 고려 말에는 과전법이 새로 등장했다. 이는 전국의 토지를 일단 국가 수조지로 편성한 다음 그 수조권을 국가 재정의 용도에 따라 각처에 분속시키고, 관료들에게 차등 있게 지급하는 제도였다.

3. 사회 · 문화

고려 후기 무신들이 정권을 장악함에 따라 일부 문인들은 어쩔 수 없이 출세를 단념하고 산촌에 묻혀서 음주와 시가를 즐기는 경향을 나타내었다. 스스로를 죽림칠현에 비기던 오세재, 임춘, 이인로 등이 그 대표적 인물이었다. 한편 최씨의 문객으로서 무신정권 하에서 새로운 출세의 길을 모색하는 문인들도 있었다. 이규보, 최자 같은 사람들이 그들이었다. 그 속에서 자라난 것이 설화 문학이었다. 가령 돈을 의인화한 임춘(林椿)의 『공방전(孔方傳)』, 술을 의인화한 이규보(李奎報)의 『국선생전(麴先生傳)』, 대나무를 의인화한 이곡(李穀)의 『죽부인전(竹夫人傳)』 등이다. 또 이인로(李仁老)의 『파한집(破閑集)』, 최자(崔滋)의 『보한집(補閑集)』 등의 수필 문학도 나타났다.

무신 집권 이후 고려의 불교계에도 커다란 변화가 나타났다. 문신과 연결되었던 개경 중심의 이론 불교인 교종이 쇠퇴하는 대신, 지방에서 행동 불교인 선종이 무신들의 비호를 받으면서 두각을 나타내기 시작했다. 지눌은 선종을 중심으로 교종을 통합하려는 이론 체계를 수립함으로써 조계종(曹溪宗)이라는 종파를 성립시켰다. 고려 말에 와서 정도전 등 신진 성리학자들은 불교 배격 운동을 전개했다.

제 2 절 행정 조직과 관리

1. 중앙 행정

1) 무신 집권기의 행정 기구

무신 집권 이후에도 2성 6부의 공식적인 정부 기구는 그대로 존속했다. 그러나 무신정권은 독자적인 권력기관을 통해 무단 정치를 행했으므로 종래의 정부 기구는 형식적인 존재일 뿐이었다. 문신의 최고 정치 기구인 중서문하성의 재신(宰臣)도 실질적인 권력은 보잘것없었고, 오히려 낮은 관직을 가진 무신 권력자들이 초월적인 실권을 행사했다.

처음 무신들이 정권을 행사한 기구는 중방(重房)이었다. 무신 정치의 초기에는 아직도 독자적인 지배 기구를 형성하지 못하고 종래 상장군과 대장군의 합의기관인 중방을 권력 기구로 삼아 정치를 운영했다. 이 시기에 중방은 무신들의 연합 정치 기구와 같은 구실을 했다. 그러나 최충헌이 집권해 독재적 통치 기구인 교정도감(教定都監)을 만들어 인사, 재정, 감찰권을 틀어쥐고 무단 정치를 했으며, 그 밖에 경대승이 신변 안전을 위해 만든 사적 군사 기구인 도방(都房)을 더욱 확대해 수천 명의 사병을 거느리고 왕을 무력화시켰다.

최충헌의 아들인 최이(崔怡)가 권력을 잡자 고종 12년(1225) 정방(政房)이라는 인사 기구를 자기 집에 만들어 관료의 인사권을 장악했고, 사병적 무력 기반인 도방 이외에 삼별초(三別抄)라는 특수부대를 조직했다. 삼별초는 형식상 관군의 성격을 띤 것이지만 내용은 최씨의 사병(私兵)이나 다름 없었다.

2) 원(元) 간섭기의 행정 기구

몽고와 강화 후 80여 년간 고려는 원의 간섭을 받았다. 충렬왕 원년(1275)에 원의 강요에 따라 전반적인 중앙 관제의 개정이 이루어졌다. 즉, 2성의 격을 낮추어 첨의부(僉議府)로 단일화했고, 6부를 4사(司)로 통합했다. 도병마사는 도평의사사로 이름을 바꾸고 권문 세족의 회의 기구로서 왕권을 능가하는 최고의 권력 기구가 되었다.

원은 일본 정벌을 위해 개경에 설치했던 정동행성을 그 뒤에도 존속시켜 고려 통치 간섭의 관부로 삼았다. 감찰기관인 순마소를 두었고, 다루가치를 배치해 내정을 간섭했다.

공민왕(1351~1374)은 즉위 후 5년(1356)에 원의 연호와 관제를 폐지해 문종 때 만든 원래의 관제로 되돌렸으며, 내정 간섭을 하던 정동행성의 이문소(理問所)를 폐지했다.

표 6-1 관제의 변화

원 간섭 이전		원 간섭 이후
2성	중서문하성 상서성	첨의부
6부	이부 예부 호부 병부 형부 공부	전리사 판도사 군부사 전법사
중추원		밀직사
도병마사		도평의사사
국자감		성균관
어사대		감찰사
한림원		문한서

2. 지방 행정

원의 간섭기에 지방에도 원의 관부가 설치되어 고려는 영토의 일부 지배권을 상실했다. 원은 고종 45년(1258)에 영흥에 쌍성총관부(雙城摠管府)를 설치해 철령 이북의 땅을 빼앗았고, 원종 11년(1270)에는 서경에 동녕부(東寧府)를 설치해 자비령 이북의 땅을 다스렸다. 그리고 삼별초의 난을 평정한 원종 14년(1273)에는 제주도에 탐라총관부(耽羅摠管府)를 두어 일본 정벌을 위한 준비로 목장을 관장하게 했다. 이 가운데 동녕부와 탐라총관부는 고려의 요청으로 충렬왕 때 반환되었으나, 쌍성총관부는 공민왕 5년(1356)에 무력으로 탈환할 때까지 존속했다.

3. 군사 제도

종래 2군 6위와 주현군은 사실상 유명무실하게 되었으며, 그 대신 중앙에는 시위군(侍衛軍)을 중심으로 몽고식 군관이 설치되었다. 충렬왕 때에는 일본을 정벌하기 위해 원나라의 명령으로 정동군(東征軍)을 조직해 장병을 모집했다.

공민왕 5년(1356)에는 충용 4위(忠勇4衛)를 설치하고, 공양왕은 2군 6위를 아울러 8위(衛)라 했다.

제 3 절 주요 정책

1. 대외 정책

1) 대몽 항쟁

13세기 초에 북아시아 초원 지역에서는 오랫동안 부족 단위로 유목 생활을 하면서 거란과 금에 예속되었던 몽고족 사회에 칭기스칸(成吉思汗)이라는 인물이 나타나 통일된 국가를 형성하고 북중국을 점령했으며 연이어 거란족을 복속시켰다. 몽고에 밀린 거란족의 일부가 고려에 들어오자 고려는 거란족을 추격해 들어온 몽고군과 합세해 고종 6년(1219) 강동성에서 거란족을 몰아냈다. 이후 몽고는 스스로 은인이라 하며 고려에 압력을 가하고 무리한 공물을 요구했다. 그러던 중 고종 12년(1225)에 몽고의 사신 저고여 일행이 본국으로 돌아가는 길에 압록강 부근에서 살해당하는 일이 발생했고, 이를 구실로 삼아 고종 18년(1231)에 살리타(撒禮塔)가 군대를 이끌고 침공했다. 의주를 점령한 몽고군은 귀주성에서 박서(朴犀)의 완강한 저항에 부딪치자 우회해서 개경을 포위했다. 이에 고려가 강화를 청하자 몽고는 고종 19년(1232) 다루가치를 서북면에 두고 군대를 철수했다.

강화도의 행궁

몽고의 1차 침입에 직면한 고려의 최이 정권은 몽고의 무리한 조공 요구와 간섭에 반발해 강화도로 천도해 장기전에 대비했다. 몽고는 고종 46년(1259)에 강화가 이루어질 때까지 약 30년간 6차례나 군대를 보냈다. 그러나 바다에 약한 몽고군은 강화도 점령에 번번이 실패했다. 재침 때에는 처인성에서 장수 살리타가 김윤후(金允侯)에게 사살되었다. 한편 일부 지배층은 부처의 힘을 빌려 몽고군을 방어하고자 팔만대장경을 조판했다.

해인사 경판

그러나 전쟁이 장기화되면서 국토는 황폐화되고 내륙 주민의 피해는 너무나 컸다. 고종 45년(1258)에 온건파 무신 김인준과 문신 유경이 강경파인 최의를 타도하고 일단 권력을 고종에게 넘겨주었다. 고종은 46년(1259) 태자를 몽고에 보내 강화를 맺었다. 이후에도 무신들이 권력을 장악하고 몽고와 재대결해야 한다는 강경론이 대두되었으나 결국 원종 11년(1270) 무신정권은 완전히 끝이 나고 이해 5월 원종은 개경으로 환도했다.

원황제 쿠빌라이

그러나 대몽 항쟁의 선두에 섰던 삼별초는 배중손(裵仲孫)을 중심으로 장기 항전을 계획하고 진도로 옮겨 용장성을 쌓고 저항했다. 여몽 연합군의 공격으로 진도가 함락되자 다시 제주도로 이동해 김통정의 지휘 아래 끈질긴 저항을 계속했으나 원종 14년(1273)에 김방경(金方慶)에게 진압되었다. 이후 고려는 몽고의 간섭 하에 들어가게 되었다.

2) 공민왕의 반원 자주 정책

고려 말 제31대 공민왕(1351~1374)의 시기는 중원 대륙에서 원이 쇠퇴하고 명나라가 일어나던 시기이다. 이런 국제 정세의 변동 과정에서 공민왕은 밖으로는 반원 정책을 통해 고려의 자주권을 회복하고, 안으로는 백성을 괴롭히는 권문 세족을 억압해 왕권과 민생을 동시에 안정시키는 개혁 정책을 적극적으로 추진했다.

공민왕은 즉위하자마자 몽고풍의 의복과 변발을 폐지하고, 5년(1356)에는 원의 연호와 관제를 폐지해 문종 때 만든 원래의 관제로 되돌렸으며, 내정 간섭을 하던 정동행성의 이문소(理問所)를 폐지했다. 같은 해 원나라 순제의 황후인 기황후 일족으로서 온갖 부정부패를 일삼던 기철 형제 등 친원파 권문 세가를 숙청해 왕권을 세우고, 몽고의 직속령이었던 영흥 지방의 쌍성총관부를 무력으로 수복했다. 공민왕 18~19년(1369~1370)에는 고구려 옛 땅을 수복하기 위해 인당, 최영, 이성계 등으로 하여금 세 차례나 요동 지방을 공격하게 했다.

원명 교체기의 고려 말에 자연히 친원파, 친명파의 대립이 나타났다. 그러나 우왕이 원과 명나라 사이에서 중립 정책을 취했기 때문에 복잡한 문제는 없었다. 그러나 명이 철령위를 설치하고 철령 이북의 땅을 요구하기에 이르렀기 때문에 우왕은 반명 정책으로 기울고 드디어 요동 정벌을 꾀하게 되었다. 그러나 처음부터 국내외의 정세로 보아 요동 정벌이 현실적으로 불가능하다고 판단해 출병을 반대했던 이성계는 4 불가론을 내세워 위화도에서 회군했다(1388).

2. 경제 정책

고려 후기의 권문 세족이 겸병한 대토지는 면세, 면역의 특권을 누려 이루어졌던 것으로 사적 지배력이 농후했다. 이들 대토지를 특히 농장(農莊)이라고 부르는 것은 이 때문이다. 즉, 농장의 소유주들은 토지 소유에 따른 조세를 납부하지 않았고, 농장의 세호(소작인)들도 국가에 바쳐야 할 공부와 요역을 부담하지 않음으로써 일종의 특권을 누리고 있었다.

이 농장은 전국적으로 분포하고 그 규모도 막대했다. 고려 말기 권문 세족들의 농장에는 산천을 경계로 하거나 주, 군에 걸치는 광대한 것도 있었다. 왕족이 차지한 농장은 장처(莊・處)라 불렀는데 그 수는 360개나 되었다. 또한 사원도 광대한 농장을 소유하고 있었다.

이러한 농장의 발달은 공전(公田)을 침식했고, 관리들에게 녹과전을 지급할 수 없게 만들었다. 또 노비와 농민이 농장으로 흡수됨으로써 역시 국가 지배의 공민(公民)이 감소했다. 이것은 결국 농장에 주어진 면세, 면역의 특권에 의해 국가 재정이 궁핍해지는 결과를 가져왔다.

이에 국왕과 신진 관료들은 권문 세족이 겸병한 농장을 혁파해 토지 제도의 정비를 모색하게 되었다. 이러한 움직임은 충렬왕 14년(1288)에 전민변정도감을 설치하고, 충숙왕 때에는 찰리변위도감(察理辨違都監), 충목왕 때에는 정치도감(整治都監)을 설치해 권문 세족이 강점한 토지를 원상 회복하도록 했으나 권문 세가들의 저항에 부딪쳐 성공하지 못했다. 공민왕 때 신돈(辛旽)은 전민변정도감(田民辨正都監)을 설치해 권문 세족이 강점한 토지와 노비를 원주인에게 돌려주게 했다. 이러한 일은 신흥 관료와 일반 백성의 환영을 받았으나 막대한 세력을 가진 권문 세족의 반대에 부딪쳐 좌절되었고, 신돈은 죽음을 당했다.

전제 개혁은 공양왕 때 정권을 장악한 이성계와 정도전, 조준 등에 의해 이루어지게 되었다. 공양왕 3년(1391)에 새로운 토지 제도의 기준이 되는 과전법(科田法)을 공포했다. 이에 의하면 과전은 경기도에 한해 관료들에게 그 관직의 고하에 따라 분배하게 되어 있었다. 경기도 이외의 전국의 토지는 모두 공전으로 편입시켰고, 이를 위해 농장은 몰수되었다. 이리하여 권문 세족의 경제적 토대는 무너지게 되었고, 이것은 곧 그들의 몰락을 말하는 것이기도 했다. 공전의 증대는 국가의 수입을 증가시켰고, 새로운 왕조 조선의 경제적 기초가 세워졌다.

3. 과학 기술 정책

13~14세기 대몽 항쟁기에 과학 기술 분야에서도 중요한 발전이 있었다. 특히 화약 무기의 발전으로 고려의 국방력이 강화되었다. 고려 말 정부는 왜구들의 침략을 막기 위해 화약 무기의 필요성을 절감했고, 최무선은 끈질긴 노력으로 화약 제조법을 터득했다. 그 후 최무선(崔茂宣)은 정부에 건의해 우왕 3년(1377)에 화통도감을 설치케 하고 그 책임자가 되어 각종 화약 무기를 제조했다. 최무선은 이 화포를 이용해 진포(금강 하구) 싸움에서 왜를 격퇴했고, 경상도 도원수 박위(朴葳)는 창왕 원년(1389)에 대마도를 공격해 큰 전과를 거두었다.

공민왕 때 문익점(文益漸)은 원에서 목화씨를 들여와 고려 말에 목화가 재배되어 의류 혁명이 일어났다. 농업 기술 면에서도 큰 발전이 있었다. 고려 말기에 이르러 산전(山田)이 적극적으로 개간되기 시작했고, 남부 지방에서는 가축의 배설물이나 풀과 나무를 태워 그 재를 거름으로 이용해 비료를 주는 시비법이 개선되었다. 냇물을 막아 저수지로 이용하는 수리시설(川防, 洑)이 발달했고, 소를 이용해 땅을 깊게 가는 심경법도 나타났으며, 한 농토에서 해마다 이어서 경작하는 연작법이 행해지게 되었다. 또한 남부 지방 일부에서는 이앙법이 보급되기 시작했다. 이런 이유로 휴한지가 줄어들고 농업 생산력이 높아지게 되었다. 공민왕 때 이암(李嵒)이 원나라에 가서 돌아오는 길에 『농상집요(農桑輯要)』라는 농서를 들여와 소개 보급했다. 또한 원을 통해 들어온 중세 아라비아의 천문학, 기상학, 지리학이 우리나라 천문학과 농업 발달에 상당한 영향과 자극을 주었다.

금속활자의 발명도 고려 말기 과학 기술 발전의 큰 성과의 하나이다. 이미 무신 집권 시대에 대장경 조판을 통해 목판 인쇄 문화를 높은 수준으로 끌어올렸던 고려는 세계 최초로 금속활자를 창안했다. 이규보의 『동국이상국집(東國李相國集)』에 의하면 『상정고금예문(詳定古今禮文)』(인종, 1234)을 금속활자로 찍었다는 기록이 있지만 불행히도 이 책은 오늘날 전해지지 않고 있다. 현존하는 가장 오래된 금속활자본은 우왕 3년(1377)에 청주 흥덕사에서 간행한 『직지심체요절(直指心體要節)』로서 프랑스 국립도서관에 보관되어 있다.

4. 문화 정책

1) 조계종 진흥

무신 집권 이후 고려 불교에는 새로운 경향이 나타났다. 고려 전기의 대각국사 의천은 교종의 입장에서 선종을 통합하려고 노력했으나 선종을 실제적으로 통합하는 데는 실패했다. 이에 대한 반발로 무신 집권 시대에는 오히려 선종에 뿌리를 둔 조계종이 성립해 교종을 통합하려는 운동이 나타났다. 조계종을 크게 일으킨 승려는 지눌(知訥)이다. 무인 정권 시대에 송광사를 근거지로 하고 활약했으며, 무신정권의 일정한 옹호를 받으면서 산문 불교(山門佛敎)로서 독자적인 세계를 구축해 나갔다.

2) 성리학의 수용과 불교 배척

고려 후기에는 신흥 사대부들에 의해 새로운 유학인 성리학(性理學)이 수용되었다. 고려에 수용된 초기의 성리학은 본래 송의 주자학이 원나라에서 한 차례 걸러진 것이었다. 충렬왕(1274~1308) 때 안향(安珦)이 처음으로 도입했고, 그 후 백이정(白頤正)이 원나라에 가서 배워와 이제현, 박충좌 등에게 전수했으며, 고려 말에는 이색, 이숭인, 정몽주, 길재, 권근, 정도전 등이 이를 발전시켰다.

이러한 성리학의 전파는 불교 배척의 기운을 조성했다. 당시 불교는 대체로 왕권과 결탁해 성장했을 뿐 아니라, 때로는 친원적인 경향도 나타내었고, 사상적으로는 신비적인 영험과 공덕을 강조하는 경향이 농후했다. 이러한 불교에 대해 처음 이제현, 이색 등은 불교 그 자체를 배격하기보다는 사원의 폐해와 승려들의 비행을 공격하는데 그쳤으나, 정도전 등은 불교 자체를 인간의 윤리를 무시하고 나라를 해치는 것이라 하여 이를 극력 배격했다.

제7장

조선 전기의 행정

제 1 절 행정 환경

고려에 이어 등장한 조선은 500여 년간 지속하면서 근대화의 발전을 이룩했다. 전보다 더욱 정교해진 통치 제도가 만들어지고, 문화적・사상적 발전을 이룩했다. 최고 통치자가 왕씨에서 이씨로 바뀌고, 정권 안정을 위한 권력 다툼과 국력의 부침, 외세의 침략에 의한 정권의 종말을 고하는 과정에서 행정은 나름대로 진지한 역할을 해왔다. 조선 전반을 고려하면서 행정 환경이 어떻게 변해 왔는가에 대해 살펴보자.

1. 정치

1) 조선의 정치 이념과 유교 국가

조선(朝鮮)은 유교의 정치 이념이 통치 조직과 법률, 그리고 정치 문화는 물론 일상 생활 전반을 규제했던 전형적인 유교 국가였다. 그러나 그것은 오랜 시간을 거쳐서 점차적으로 형성된 것이라는 점을 전제해야 한다. 또한 조선 건국의 주도 세력이 처음부터 전적으로 유교적인 정치 이념과 국가 설계도를 가지고 역성혁명을 준비하고 그것을 이룬 것은 아니었다. 물론 조선 건국이라는 역성혁명 과정에서 유교적 정치 이념이 작용했을 것이다. 그리고 『조선왕조실록』에 나오는 바와 같이 조선 건국의 정당성이 유교적인 용어로 표현되었다. 그리고 정도전(鄭道傳), 조준(趙浚) 등과 같은 유학자들이 조선 건국 과정에서 주도적인 역할을 담당했다. 이렇게 보면, 조선 건국은 유교적 이념에 의한 준비된 혁명이라고 평가할 수 있을 것이다. 그러나 또한 당시의 대표적인 유학자였던 이색(李穡) 등은 조선 건국을 반대하는 입장을 취했다. 그리고 조선 건국 이후에도 충신불사이군(忠臣不事二君)의 의리를 내세우며 역성혁명을 인정하지 않았던 유학자들이 있었다. 불교를 이단이라고 비판한 유학자들이 있었지만 학문적으로는 유교, 종교적으로는 불교 신앙을 유지했던 유학자들도 있었다. 조선 직후에 일정 기간 동안 정부의 공식적인 행사의 일부가 불교적인 의식으로 진행되었고, 그리고 더욱 중요한 것은 조선의 건국자인 태조 이성계(李成桂)는 분명한 불교 신자였다는 점이다. 그리고 건국의 혼란이 어느 정도 수습된 시대의 군주였던 세종은 유학자로서 불교 신앙을 갖는 것이 전혀 문제가 되지 않는다고 역설했다.

이러한 문제를 조선 시대 행정사를 서술하면서 서론에서 제기하는 것은 유교 국가의 전형으로 알려진 조선이 단순하게 또는 오로지 유교적으로만 움직인 것은 아니라는 점을 생각하면서 조선 시대 행정사를 이해해야 하기 때문이다. 정치와 행정이라는 것은 근본적으로 정치 이념적인 신조와 가치에 의해 전개되는 것이지만, 또한 당대의 현실적인 과제와 시대적 상황에 의해 독특한 방식으로 운영되는 것이다. 이러한 전제 하에 조선 시대의 행정을 이해할 때는 『조선왕조실록』이나 『경국대전(經國大典)』과 같은 법전, 그리고 다수 유학자의 문집에 나오는 내용을 참고하면서 또한 그 시대의 현실적인 상황을 고려하는 종합적인 관점이 필요하다고 생각한다.

『경국대전』 이전에도 태조 3년에 정도전이 조선의 통치 구조에 대한 정책 제안서인 『조선경국전(朝鮮經國典)』을 작성한 바 있었고, 그 이후 조준, 하윤(河崙) 등이 『경제육전(經濟六典)』과 같은 법전을 만들고 정비했다. 그러다가 세조조에 이르러 체계적이고 국가의 위상에 맞는 종합적인 법전인 『경국대전』을 만드는 작업이 시작되었다. 그리고 그 작업이 성종 5년(1474년)에 완성되었다.[1]

1) 『예종실록』 1년 기축(1469) 9월 27일 정미. 최항, 김국광 등이 『경국대전』을 지어 바치다. 성종 15년(1448년) 7월에 『경국대전』 교정 작업을 마치고 12월에 완성되어 그 이듬해인 을사년 정월 초일일부터

실록에는 태조를 창업의 군주라고 서술하고 있고, 태종을 수성(守成)하는 군주라고 서술한 부분이 일부 있고, 특히 세종 시대에는 수성이라는 용어가 다수 등장한다. 필자의 생각으로는 논란의 여지는 있지만, 유교 국가 조선조 500년의 성쇠를 거시적으로 보면 조선 건국 이후 세조 시대까지가 조선의 창업기라고 여겨진다. 그리고 그러한 시대 구분의 역사적인 지표는 정치와 행정사의 차원이라면 『경국대전』이 실질적으로 완성되는 성종 5년이라고 생각한다. 1392년에 조선은 새로운 국가로 시작되었지만 여전히 고려(高麗)라는 국호를 사용하면서 시작할 수밖에 없었던 그 시기로부터 국가 통합에 필요한 정치 권력의 일원화가 달성되고 국가를 운영하는 제도화된 행정 조직이 정비된 단계를 『경국대전』의 완성이라는 상징적인 사건을 기준으로 하여 그 이전을 조선 시대 유교적 행정 체제가 도입되고 자리 잡아가는 시기로 볼 수 있다.[2)]

2) 정치의 변동과 안정화

조선 건국은 선양(禪讓)의 형식으로 진행되었지만 실질적으로는 역성혁명(易姓革命)이었다.[3)] 건국 주도 집단에서는 고려왕조의 무능과 부패, 그로 인한 민심의 이반(離叛)을 거사의 명분으로 내걸었고 그 절차에서도 강제적인 방벌(放伐)이 아닌 온건하고 평화적인 방식인 선양의 형식을 취했다.[4)]

그렇다면 고려는 왜 망하게 되었는가? 우선 대외 관계에서 1392년 조선 건국 직전의 고려는 국내외적으로 혼란 속에 있었다. 당시는 국제적으로는 원·명(元·明)의 교체기였는데, 공민왕 이후 그 후계자들은 국제 정세의 변화에 현명하게 대처하지 못했다. 둘째, 군주권 계승의 혼란 과정 속에서 군주권이 약화되었고, 권문 세가들이 권력을 좌지우지했다. 셋째, 국가 기강이 문란해지자 권문 세가들에 의한 토지의 사

준행(遵行)하게 되었는데, 이를 『을사대전』이라고도 한다. 한우근 외(1990) 경국대전 해제 참고.

2) 국가의 흥망성쇠를 논할 때 창업(創業), 수성(守成), 경장(更張)이라는 3단계로 시대를 구분한다. 조선 시대 행정사의 전개 역시 그 시대의 정치 체제의 발전 단계에 관한 서술이기 때문에 이러한 유교적 시대 구분론이 참고가 될 것이다. 조선을 세 시기로 구분해 이 장에서는 『경국대전』이 실질적으로 완성되는 시기까지를 서술하려고 한다.

3) 역성혁명이란 『맹자(孟子)』와 같은 고전에 언급되어 있는 바와 같이 민심(民心)을 잃은 군주를 방벌(放伐)하고 유덕자가 민심을 얻어 하늘의 명에 따라 군주가 된다는 이론이다.

4) 태조 이성계가 1392년 7월 17일 개성에 있는 수창궁에서 군주의 자리에 오르게 되는 과정을 서술한 『태조실록』에는 공양왕이 "군주의 자격을 잃었고 인심을 잃어버렸다"(君道已失, 人心已去)고 서술되어 있는 것이 바로 그런 것이다.

유화가 가속화되었고, 빈부 격차의 증대, 비과세 토지의 증가로 인해 국가 재정이 고갈되었다. 넷째, 해안 지방에서는 왜구가 계속 약탈을 자행했고 지방의 행정 관리들은 부정부패를 일삼았다. 다섯째, 당시의 유력한 종교였던 불교가 현실 정치에 영향력을 미치면서 경제적, 사회적, 윤리적으로 타락했다는 비판을 받았다.

이러한 국가적 혼란의 시기에 위화도 회군(威化島回軍)을 계기로 이성계 일파가 실권을 장악했고, 이념적으로 이들의 체제 개혁의 정당성을 대변해 줄 정도전, 조준과 같은 유학자들이 가담했다. 이들은 유학의 새로운 경향인 성리학(性理學), 주자학(朱子學)을 받아들이면서 불교를 이단으로 규정하고 강경하게 비판했다. 군사력과 유교 이념이 결합해 고려 말기에 체제 개혁 또는 그 이상의 정치 변동이 가능한 상황이 조성되었다.

당시의 핵심 개혁 과제는 토지 문제였다. 조준 등은 이성계의 영향력을 등에 업고 전제(田制) 개혁의 필요성을 역설했다. 토지 문제는 당시 권력과 경제력 등이 종합적으로 결합된 결과였기 때문에 이를 개혁하는 것은 결코 쉬운 일이 아니었다. 그리고 당시의 토지 개혁이라는 것은 권력의 이동에 관한 것이었다. 조선의 건국이라는 역성혁명의 제일의 요인은 토지 문제 때문에 발생한 것이라고 보는 연구도 있다(이상백, 1962; 1965). 이러한 토지 개혁은 1392년 7월 조선 건국 직전까지 짧은 기간에 급박하게 진행되었다. 그런 과정에서 1388년(우왕 14년)부터 조선이 건국되는 5년 동안 3명의 고려 군주가 폐위되었고 그중에서 2명이 죽었다(김영수, 2006: 541). 그리고 마침내 조선이 건국되었다.

이러한 대권 변동으로 인한 정치적 불안정 상황은 조선 건국 직후에도 상당 기간 지속되었다. 소극적으로는 유학자들이 절의(節義)를 명분으로 정치 참여를 거부하는 바와 같은 수동적 저항이 있었다. 그러나 더욱 심각한 갈등의 요소는 조선 건국 집단 내부에서 잉태되고 있었다. 그것은 역성혁명에 참여했던 집단 사이의 세력 다툼에 관한 것이었다. 개국공신(開國功臣)인 이들은 사병(私兵)을 유지하는 등의 방식으로 정치권에 영향력을 발휘하고 있었기 때문에 군사적 대결로 발전된 가능성이 상존하는 위기의 상황이었다. 그리고 이러한 갈등은 조선 건국 과정에서의 공로 인정에 대한 불만으로 인한 것도 있었지만, 핵심적인 것은 태조 이성계 이후 대권의 향배에 관한 것이고 갈등은 그 정점에 도달했다. 2차에 걸친 왕자의 난이 바로 이 문제 때문에 발생한 것이다.

또한 대외적으로는 신왕조와 국호를 명(明)으로부터 인정받는 절차도 남아 있었다. 원명(元明) 세력 교체기에 조선은 명을 택함으로써 대외적으로는 안정된 국제 질서에 포함되게 되었지만, 초기에는 명과의 소통이 원활하지 못했다. 명은 전략상 조선을 포용했지만 태조 이성계를 군주로 인정하는 데는 시간을 끌었다. 그리고 조선에서 보낸 외교 문서의 표현상의 하자를 지적하면서 해명을 요구하는 등 시비를 걸기도 했다.

그러면서 국내적으로는 최고 권력의 확립이 최우선적인 과제였다. 그것을 이룩하기 위해서는 조선 건국 과정에서 여러 집단이 각각 보유하고 있었던 사병(私兵)을 혁파해 군대를 하나의 권력으로 통합하는 것이 필수적이었다. 그러나 사병 혁파에 대해 건국 초기의 혼란 상황이기 때문에 이성계에게 충성하는 집단들이 각각 사병을 보유하고 있다가 유사시에 동원하는 것이 더 효율적이라는 주장도 있었다. 그리고 사병 혁파는 권력의 통합이기 때문에 군대의 지휘권이 누구의 수중에 들어가는가 하는 첨예한 갈등 요인이 있기 때문에 그 과정에서 정파 간의 군사적 대결은 피할 수 없는 것이었다. 그런 과정에서 조선 건국의 이념적 설계자라는 평가를 받았던 정도전 등이 살해되었다. 이처럼 역성혁명 과정에서는 물론 그것의 성공 이후에도 심각한 정치적 갈등이 지속되는 정치적 불안정 상황이 존재했다.

이러한 조선 건국 초기의 혼란은 권력이 일인에 의해 실질적으로 통합 집중되면서부터 차츰 정치적 안정을 회복했다. 조선 건국 이후 이런 단계는 태종의 집권 이후로 보는 것이 타당할 것으로 여겨진다. 그렇지만 안정된 국가로서의 위상과 체제 능력을 갖기 위해서는 역성혁명에 대한 정치적 정당성을 확립하고 조선의 실질적인 정치 행정의 운영을 위한 통치 구조와 법 마련이라는 과제가 남아 있었다. 이러한 과제는 건국 이전부터 진행되어 온 것이지만 실질적으로 세종 시대에 걸쳐 그런 이념적인 그리고 제도적인 장치가 마련되었다.

조선 정치의 안정은 강력한 통치력을 구사했던 태종 시기를 거쳐, 세종 시대에 이르러서야 가능했다. 세종은 지혜롭고 유연한 통치를 통해 국력을 크게 신장시키고, 국방 강화, 사회 안정, 경제 발전, 과학 기술과 문화 발전 등 모든 부문에서 높은 성과를 이루었다. 그러나 세종 사후에 왕권 쟁탈 과정에서 세조가 등극했고, 다시 강력한 군주 통치가 이어져 국가 체제는 더욱 안정화되어 갔다. 성종 시기의 법전 편찬 완료도 조선이 이제는 법치 국가 체제로 변모해 갔음을 말해 주는 것이다.

3) 정치적 특징

(1) 단군조선의 맥을 이음

1392년(단기 3725년), 새롭게 권력을 장악한 태조는 단군조선을 잇는다는 명분 아래 국호를 조선(朝鮮)으로 정했다. 이는 조선의 역사가 이웃하는 중국과 대등한 위치임을 밝힌 것이다. 조선을 개창한 단군은 중국의 요 임금과 같은 시대이고, 은나라의 맥을 잇는 기자는 중국의 주나라와 동시대이다. 세종 11년에는 평양의 기자묘 남쪽에 단군 사당을 짓고, 고구려 시조인 동명왕을 합사(合祀)해(김운태, 1995: 110), 단군조선→기자조선→부여→고구려→발해·신라→고려→조선을 잇는 맥을 형성했다.

단군에 대한 제사가 처음 시작된 것은 태조 즉위년 8월인데, 그 후 역대 왕들이 꾸준히 계속했다. 세종은 단군의 신위를 '조선 단군(朝鮮檀君)'으로 정했고, 세조는 다시 '조선 시조 단군(始祖檀君)'으로 확정했다. 조선은 아시아 동북방의 광활한 영토를 토대로 번성하던 한민족의 정통을 이은 것이다. 고대의 기록이 신화 형태로 존재했기 때문에 고려 때까지만 해도 단군으로의 역사 잇기가 본격화하지 못했었다. 단군 조선으로 맥을 이어 새롭게 한국 역사의 정통을 세웠다.

(2) 법치의 확립

조선은 고려 말기에 흐트러졌던 법치의 전통을 재정비하는 작업과 함께 출범했다. 대표적인 조선 창건 세력이었던 정도전은 『조선경국전(朝鮮經國典)』[5](1394), 『경제문감(經濟文鑑)』(1395) 등의 저작물을 통해 조선 건국의 기초 틀을 제공하고, 정치적으로 이의 실천을 위해 애썼다. 『조선경국전』은 유교 국가의 통치 구조를 구상하기 위한 일종의 제안서이기 때문에 육전의 각 부문에 대해 추구하는 그것의 목적과 담당 직무 위주로 설명되어 있을 뿐이고, 구체적인 법의 형태로 정리된 것은 아니었다. 이것은 입법 제안서이고 법 집행을 위한 것은 아니었다.[6] 그렇기 때문에 조선 건국

---

5) 정도전의 『조선경국전』에는 국가의 통치 방향, 국호, 군주권의 계승 등과 같은 국가와 통치권에 관한 부분이 있고 이어서 행정 실무인 육전 체제에 대해 설명되어 있다. 정도전은 이러한 구상을 할 때 주(周)나라의 주공(周公)이 편찬한 것으로 알려진 『주례(周禮)』, 그리고 원(元)나라의 법전인 『경세대전(經世大典)』을 참고했다. 『주례』에는 천관총재, 지관사도, 춘관종백, 하관사마, 추관사구, 동관고공기로 되어 있는데, 이것을 정도전은 『조선경국전』에서 치전(治典), 부전(賦典), 예전(禮典), 정전(政典), 헌전(憲典), 공전(工典)으로 설명했다.

직후에 법률 행정적 필요에 의해 만들어진 것이 『경제육전(經濟六典)』(1397)이다. 『경제육전』은 조준(趙浚) 등이 그 이전에 시행되었던 조례(條例)를 모아 편찬한 것이다.[7] 이것을 하윤(河崙) 등이 본래의 취지를 살리면서 문장을 교정해 『속육전(續六典)』으로 반포했다.[8] 이것이 『경제육전』이라는 명칭으로 『경국대전(經國大典)』(1485)이 나오기 전까지 사용되었다. 『경제육전』은 『주례(周禮)』를 참고해,[9] 『조선경국전』의 육전 체제를 실무에 적용할 수 있도록 조례를 정리한 것이다. 육전의 명칭은 『주례』나 『조선경국전』과는 약간 명칭만 다를 뿐 기본적인 업무 분장에서 같다. 육전을 "이전(吏典), 호전(戶典), 예전(禮典), 병전(兵典), 형전(刑典), 공전(工典)"으로 정했다.[10]

법전의 제정은 세조에 의해 편찬되어 성종기부터 적용되기 시작한 『경국대전(經國大典)』으로 일단락되는데,[11] 이 대전은 현재의 헌법과 같은 것으로서 조선 500년 동안 기본 골격을 그대로 유지하면서 통치의 근간으로 활용되었다.[12] 후반에 『수교집록(受教輯錄)』(1689), 『속대전(續大典)』(1746), 『대전통편(大典通編)』(1785), 『대전회통(大典會通)』(1865) 등으로 수정·보완되지만 기본적인 사항은 꾸준히 유지되었다. 이는 『경국대전』의 조항이 지나치게 세밀하지 않았고, 관례 등으로 미비점을 보완해

---

6) 『삼봉집』에 서문을 쓴 정총은 『조선경국전』은 군주가 정무를 마친 뒤에 취침하기 전에 글을 본다는 뜻으로 을람(乙覽)이라는 용어를 사용했다. "이것은 비단 전하가 을람하는 데 도움이 될 뿐만 아니라 또한 자손 만세의 귀감이 될 것이다"(정총, 조선경국전 서문).

7) 태조 6년 12월 26일.

8) 『삼봉집』의 부록에 정도전의 생애에 대해 설명한 부분이 있는데, 그것의 주석에서 하륜이 『조선경국전』을 "다시 자세히 만들고 이름을 『경제육전(經濟六典)』이라 했다"고 서술한 부분이 있다. 『태종실록』 13년 2월 30일.

9) 『동문선』 제93권 경제육전원집상절 서문.

10) 『연려실기술』 별집 14권 문예전고(文藝典故) 경국대전.

11) 세조는 법전 편찬에 관심을 갖고 지휘해 우선 백성들의 생활에 밀접하게 관련이 있는 호전(戶典)과 형전(刑典)을 먼저 마련해 시행하도록 했다. 이렇게 해서 『경국대전』의 형전과 호전은 시행되고 있었으나, 나머지 예전, 병전, 형전, 공전에 대해서는 교정을 마치지 못하고 세조가 서거했다. 그러자 예종이 그 유지를 받들어 『경국대전』을 일단 완성해 반포했다. 그리고 다시 성종 때에 여러 번 수정을 거듭해 성종 16년(1485년)에 『경국대전』이 실질적으로 완성되었다.

12) 『경국대전』의 법과 규정이 조선 시대 정치와 법 집행, 그리고 행정 실무의 기준이 되었다. 그래서 조선 시대에는 어떤 주장을 할 때 관련 "규정이 『경국대전』에 실려 있어서(載在大典)"라고 하거나 "『경국대전』을 고찰해 보면"이라고 하면서 근거를 제시했고, 범법 행위에 대해서는 "『경국대전』에 의거하여"(依大典) 조치하거나 시행(施行)하라는 기록이 실록에 빈번하게 나온다. 이렇게 조선 시대에 『경국대전』은 국가 운영의 전체적이고 구체적인 지침이었고 또한 결코 쉽게 변경할 수 없는 법이라는 의식이 관료들에게 형성되어 있었다.

갔기 때문이다.

법치의 확립은 일인 지배의 독단적 통치를 막고 예측 가능한 행정을 구사하기 위해 꼭 필요하다. 그러나 조선 시대의 통치와 행정 작용은 지금처럼 세분화되어 있지 않았고, 그에 맞춰 법규 조항도 아주 구체적이지는 않았다. 그래서 행정 관료의 재량권이 많았고, 그만큼 인치(人治) 가능성이 있었다. 통치자나 정책 담당자의 취향과 행태에 따라 법치(法治)를 벗어나 자의적인 인치를 구사한 적도 많았다. 전쟁 시기에는 법치 대신 인치의 장점을 최대한 살리기도 했다.

인치가 성행하는 것은 그만큼 그 통치 체제가 후진적임을 말해 준다. 연산군같이 궤도를 벗어난 최고 통치자의 횡포, 외척 세력에 의한 세도 정치들이 그런 예이다. 이와 반대로 바람직한 법규를 정해 놓고 그에 충실하게 정책을 펴나가는 것은 발전하는 국가의 모습이다. 최고 통치자와 그 주변의 핵심 관료들이 건전한 상식을 가지고 통치를 담당할 때 바른 법치의 전통이 유지된다. 그런 면에서 조선은 어느 정도 건전한 법치 국가였다.

(3) 왕권 통치

조선은 한 씨족에서 임금(왕)이라는 최고 통치자를 내는 세습 군주 국가였다. 현대 국가처럼 최고 통치권자를 국민의 손으로 선발하는 것이 아니라 한 번 정권을 장악한 가계에서 영원히 주권을 소유하는 국가 형태였다. 왕씨(王氏)의 고려에서 혁명을 일으켜 이씨(李氏)의 조선을 만든 것이다. 현대의 통치자들은 일정한 임기 동안 통치하지만 조선 시대에는 죽을 때까지 권좌를 차지할 수 있었다.

최고 통치자로서 왕은 통치의 기본법 제정은 물론 모든 통치 행위의 최종 결재권자였다. 스스로 법을 만들고, 집행할 수 있는 위치였다. 그래서 조선이 선진화한 국가로 발전해 가기 위해서는 이 막강한 권력을 소유하고 있는 왕을 어떻게 하면 적절히 견제할 수 있는가가 관건이었다. 왕을 견제하기 위해 법치 전통을 확립하고, 관료들의 합의제를 유도하고, 간쟁(諫爭) 기관을 두었다. 경연(經筵)을 베풀어 왕을 이해시키고, 시사(時事)를 통해 지속적인 회의를 했으며, 서경제(署經制)를 두었다.

조선 시대 존재했던 왕들의 계보와 재임 기간을 정리해 보면 <표 7-1>과 같다.

왕의 통치력은 그의 연령과 건강, 지적 능력 정도에 비례한다. 한창 왕성한 활동기에 도달한 왕들은 관료 사회를 잘 장악하고 정책을 펴나갈 수 있지만, 어린 나이에

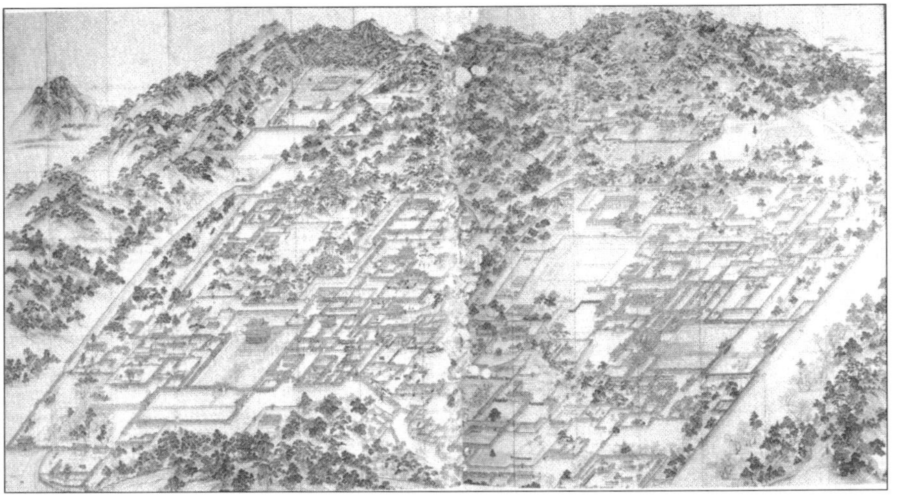

▲ 동궐도. 창덕궁과 창경궁의 웅장한 모습(19세기 초)

표 7-1 조선 왕실 세계표(世系表) (27대 519년: 1392~1910. 단기 3725~4243)

① 태조(太祖, 1392~1398. 단기 3725~3731) - ② 정종(定宗, 1398~1400) - ③ 태종(太宗, 1400~1418) - ④ 세종(世宗, 1418~1450) - ⑤ 문종(文宗, 1450~1542) - ⑥ 단종(端宗, 1452~1455) - ⑦ 세조(世祖, 1455~1468) - ⑧ 예종(睿宗, 1468~1469) - ⑨ 성종(成宗, 1469~1494) - ⑩ 연산군(燕山君, 1494~1506) - ⑪ 중종(中宗, 1506~1544) - ⑫ 인종(仁宗, 1544~1545) - ⑬ 명종(明宗, 1545~1567) - ⑭ 선조(宣祖, 1567~1608) - ⑮ 광해군(光海君, 1608~1623) - ⑯ 인조(仁祖, 1623~1649) - ⑰ 효종(孝宗, 1649~1659) - ⑱ 현종(顯宗, 1659~1674) - ⑲ 숙종(肅宗, 1674~1720) - ⑳ 경종(景宗, 1720~1724) - ㉑ 영조(英祖, 1724~1776) - ㉒ 정조(正祖, 1776~1800) - ㉓ 순조(純祖, 1800~1834) - ㉔ 헌종(憲宗, 1834~1849) - ㉕ 철종(哲宗, 1849~1863) - ㉖ 고종(高宗, 1863~1907) - ㉗ 순종(純宗, 1907~1910. 단기 4240~4243)

즉위했거나 병약한 왕들은 올바른 결정을 내리지 못하고 관료들의 의견에 대해 형식적인 결재를 하기 바쁘다. 왕의 통치력 약화는 상대적으로 재상들과 관료들의 역량 증대로 이어진다. 이런 관계가 견제와 균형 장치로 활용된다. 강력한 중앙 집권의 행정 국가를 유지하기 위해서는 능력 있는 건장한 왕의 존재가 필요하고, 분권화된 민주형 국가를 만들기 위해서는 상호 견제를 하면서 행정을 담당하는 관료제가 요구된다.

조선의 왕들 중에서 초기의 태조, 태종, 세조 등은 강력한 법가형 정부(法家型政府)를 유지하면서 국가 기초를 다지고 빠른 국력 성장을 꾀했던 사람들이다. 세종과 성종, 중종 등은 어느 정도 부드러운 정부를 만들려고 노력했던 사람들로 보인다. 전쟁기의 침체된 국면을 벗어나기 위해 노력한 영조와 정조는 제2의 창업 노력을 하면서 강력한 정치를 구사했다. 19세기 내내 약화된 모습을 보인 왕은 분열된 국론을 하나로 결집해 엄습해 오는 제국주의의 침략 물결에 대항하지 못했다.

(4) 관료제와 관료 정치

조선은 관료들에 의한, 관료제를 이용한, 관료 정치의 모습을 가지고 있다. 이를 두고 관인 지배 체제라고도 하는데(김운태, 1995: 32-40), 왕 일인에 의한 전제적 통치를 막고 전문성을 갖춘 관료들에 의한 국가 운영을 지향하는 것이다. 법치와 대간제(臺諫制) 등을 통해 왕의 독단을 적절히 견제하면서 관료 정치를 꽃피웠다.

도산서원

농업 경제 시대였던 당시에는 정부 관료가 되는 것이 최고의 명예로운 직업이었다. 힘든 농업 생산에 종사하지 않고, 부귀를 한몸에 지닐 수 있으며, 수많은 백성 위에서 여유롭게 군림할 수 있는 직업이었다. 이 관료 사회는 문반과 무반을 통칭하는 뜻으로 양반이라고도 불렀는데, 이 속에 들어가는 방법은 과거제를 통하거나 취재(取才), 선대의 후광을 업은 문음(門蔭) 등의 방법밖에 없었다. 지금처럼 정부 행정 행위가 다양화하지 않은 상황에서는 관료의 숫자도 그만큼 적을 수밖에 없었다. 그래서 이 속으로 진입하는 일은 그야말로 힘든 일이었다.

양반 관료들은 서로 동문 수학, 동향, 친인척 관계로 얽혀 상부상조하면서 지속적인 영향력을 발휘하고자 했다. 또 그 내부에서 서로 의견 대립을 보이면서 붕당 정치를 낳기도 했다.

(5) 붕당 정치

관료들은 서로 높은 자리, 영향력이 있는 자리를 차지하려고 애를 썼는데, 이 과정에서 서로 '패거리'를 짜고 당파를 형성해 붕당 정치(朋黨政治)를 만들어 냈다. 이 붕당 정치는 현대의 정당 정치처럼 법에 규정된 형태는 아니었지만, 한정된 관직을 놓고 논리와 힘의 대결을 벌이는 모습은 정당과 별로 차이가 없었다. 관료들 간의 견제 작용, 신진 사류(新進士類)의 기득권층 비판 기능 등은 자칫 구태의연해지고 독점화될지도 모르는 관료 사회에 청량제와 같은 역할을 했다. 붕당 정치는 소수 지배 엘리트 집단의 권력 독점을 막기 위해 꼭 필요한 장치였다.

어느 시기에나 기존 권력층에 있는 훈구(勳舊) 보수 세력과 새로 정권을 장악하려고 하는 재야 신진 세력의 대립은 있게 마련이다. 별달리 좋은 직업이 없는 상황에서 양반 관료직의 유지 또는 점거는 생사를 걸만큼 중요한 일이었다. 왕이 위에서 잘 조화를 꾀하고 균형 감각을 유지할 때는 괜찮지만 그가 냉정한 판단력이 없이 어느 한쪽을 지지하면서 다른 쪽을 비난할 때는 관료 사회에 큰 충격파를 주었다. 태조, 태종, 세조, 중종의 정권 찬탈 과정에서 나타난 관료들 간의 대립, 무능한 왕인 연산군 당시의 무오사화(戊午士禍. 1498)와 갑자사화(1504), 명종 때의 을사사화(1545), 정미사화(1547), 숙종 때의 복제(服制) 논쟁 등은 관료 붕당 정치의 폐해였다.

붕당 정치는 건국 초기의 강압적인 법가 정부가 점차 유가식의 민주적 정부로 변모해 가는 시기에 등장했다. 새로 공부한 뜻있는 젊은 사림(士林)이 중앙 정계에 진출하면서, 기존 정치권에 대한 비판과 수준 높은 통치를 추구하면서 논쟁이 일었다. 신진 사림들은 주로 지방 중소 지주로서의 기반을 가지고 있고, 서원을 중심으로 경학(經學), 도학(道學)을 연구하면서 실천적 학문을 추구한 사람들이다. 이들은 또 향촌 자치적 질서로 유향소(留鄕所)를 운영하고, 향약·향음주례·향사례 등 자체적인 규율을 만들어 시행했으며, 사창(社倉)을 만들어 역내 구휼을 꾀하기도 했다.

과거, 천거, 취재 등을 통해 정계로 진출하기 시작한 젊은 신진 사림들은 기존 훈구 세력들에 대해 비판적 대립 관계가 되기 쉬웠다. 여러 차례의 사화(士禍)를 통해 적지 않은 사림들이 축출되기도 했지만, 시간이 흐르면서 결국 사림들은 정계의 중심에 자리 잡게 되었다. 정권의 중심에 선 사림들은 다시 동인과 서인으로 분화되었고, 당쟁이 격화되었다. 초기 당쟁은 이황, 조식의 동인과 이이를 중심으로 하는 서인으로 나뉘어 학문적 대립 양상을 띠기도 했지만 정치적 실리, 경제 사회적 이익을 꾀해 사분오열되었다. 통치 집단의 분열은 결국 양란과 농촌의 피폐화, 지배층과 피지배층의 대립을 빚어내 국력의 쇠약화를 초래했다.

원명 교체기에 재임했던 광해군과 반정을 통해 등극한 인조 시기의 붕당 대립은 정국을 혼란에 빠뜨려 정묘호란과 병자호란을 거치면서 국가를 패망에 이르게 했다. 더욱 사분오열된 관료 사회는 숙종 시기에 복제 논쟁을 낳으며 변질된 붕당 정치의 폐해를 적나라하게 보여 주었다.

당쟁의 폐해를 막고자 하는 노력은 탕평책(蕩平策)으로 표현되어 양식 있는 사람들에 의해 시도되었지만, 이는 힘있는 통치자의 존재를 전제로 하는 것이었다. 당쟁의 격화는 왕권의 약화와 신권의 강화를 바탕으로 하기 때문이다. 영조라는 걸출한 군주의 등장을 계기로 노론 중심의 안정 정국이 조성되었지만 정조 이후에는 서서히 척신(戚臣) 세력 위주의 세도 정치(勢道政治)가 나타나 조선의 마지막을 장식하게 되었다.

2. 경제

1) 농업 경제

조선 역성혁명의 발발 이유에 대해 여러 가지 요인이 지적될 수 있지만 그 핵심은 위에서 지적한 바와 같이 토지 문제였다. 고려의 토지 제도는 토지의 수익권만을 인정하는 원칙에서 출발했지만, 말기에 이르러 상당 부분의 토지가 사유화됨으로써 국가 재정은 극도로 악화되었다. 이러한 상황을 정도전은 "토지 제도가 무너지면서 호강자(豪强者)가 남의 토지를 겸병해 부자는 밭두둑이 잇닿을 만큼 토지가 많아지고, 가난한 사람은 송곳 꽂을 땅도 없게 되었다"고 한탄했다.[13] 바로 이와 같은 토지 제

13) 정도전, 「삼봉집」 『조선경국전』 상 賦典 經理.

도의 문란을 해결하는 데 개혁 성향의 일부 유학자 지식인과 위화도 회군으로 군사력을 장악한 이성계 일파가 의기 투합해 가담했다. 특히 이성계는 군량(軍糧)을 확보해야 하는 다급한 목적이 있었기 때문에(이상백, 1962: 43) 토지 개혁에 적극적이었다. 이러한 상황에서 토지 제도의 개혁을 주도한 인물은 조준(趙浚)이었다. 그의 개혁론의 핵심은 무세지인 사전(私田)을 개혁하자는 것이었다. 이러한 전제 개혁은 당시 지배층의 경제력과 정치 권력의 이동으로 연결되는 것이었기 때문에 필연적으로 심각한 정치적인 사건을 동반했다. 사전 개혁이 진행되는 과정에서 이성계에 대한 암살 음모가 발생했고, 사태가 급진전되어 창왕이 폐위되고 고려의 마지막 군주 공양왕이 즉위했다. 그리고 공양왕 2년(1390년)에는 공사전적(公私田籍)이 시가(市街)에서 불태워지기도 했다.[14] 이성계 일파는 군대 개혁에도 착수해 기존의 오군(五軍)을 폐하고 삼군(三軍)으로 통합하면서 삼군도총제부(三軍都摠制府)를 설치하고 이성계가 도총제사, 조준은 좌군총제사, 정도전은 우군총제사가 됨으로써 실질적으로 권력을 장악했다. 그리고 이런 힘을 기반으로 이들은 공양왕 3년(1391년) 5월에 도평의사사(都評議使司)의 건의에 따라 과전법(科田法)을 실시했다. 과전법은 원칙적으로는 전국의 토지를 국가 수조지(收租地)로 하고 수조권만을 국가기관, 관료에게 용도와 관직의 고하에 따라 분급해 주는 제도였다. 이런 과전법은 제한적으로 실시되었지만 조선 건국기에 토지 공개념을 재확인하고 관료들에게 녹봉을 제공할 수 있는 기반이 되었다. 그러나 다시 토지가 부족해지자 세조 12년에는 국가가 토지를 직접 지배하려는 의도로 과전법을 직전법(職田法)으로 변경했다.

이렇게 토지 문제가 정치 문제로 비화될 정도로 중요했던 것은 조선 시대의 경제가 농업을 위주로 한 것이었기 때문이다. 토지에서 국가를 운영하는 재원이 나오고, 백성들의 생활은 전적으로 농업에 달려 있었다.[15] 그렇기 때문에 "농사를 장려하는 것이 정치의 근본(勸農爲政之本)[16]이라는 정책 방향에 대해서는 위정자들 사이에서 다른 견해가 없었다. 이렇게 국가적으로 권농 정책을 펼치면서 농민에게 실질적으로 부담이 되는 것이 무엇인지에 대해 정치권에서도 잘 알고 있었다. 우선 그것은 토지로부터 거둬들이는 세금에 관한 것이다. 고려 말기에 토지 제도가 문란했을 때에는

14) 공양왕 2년, 1390년 2월.
15) 태종실록 1년 12월 21일 예조판서 김첨의 상소. 民之大事在農.
16) 태종실록 14년 2월 1일.

경작자인 농민은 국가에 세금을 물고 또 토지 소유자에게 세금을 바쳐야만 하는 이중적 착취가 자행되었다. 심지어는 한 토지에 세금을 거둬가는 사람이 6, 7명이 되는 경우도 있었다고 한다(이상백, 1962: 41). 그렇기 때문에 엄격하고 적정한 선에서 토지에 대한 세금을 부과하는 정책이 필요했다. 그리고 토지의 등급과 풍흉(豊凶)에 따라 수확량이 달라지기 때문에 공평하게 세금을 부과하는 것도 중요한 일이었다. 이러한 상황에서 세종이 실시한 공법(貢法)은 전분육등(田分六等)과 연분구등(年分九等)의 방식으로 공평한 전세(田稅) 제도를 위한 것이었다. 또한 세종이 했던 바와 같은 각종 천문(天文) 기계의 제작 역시 농업 진흥을 위한 것이었다. 세종은 장영실 등에게 대간의, 소간의, 혼의, 환상, 일구, 앙부일구, 자격루 등과 같은 기계를 제작하게 했는데, 이러한 것이 천문학 그 자체를 위한 것도 있지만 궁극적으로는 농업에 활용하기 위한 목적이 있었다. 그리고 농업과 밀접하게 연관된 것이 역법(曆法)인데, 세종은 명(明)의 수시력(授時曆)과 대통력(大統曆)을 참고해 이순지(李純之), 김담(金談)에게 『칠정산내외편(七政算內外篇)』 등을 편찬하게 했다.[17]

당시는 농업을 근간으로 한 경제 형태를 갖고 있었다. 극소수만이 농사일이나 부역에 종사하지 않는 특수 신분층을 구성했고, 나머지 국민들은 어떤 형태로든 농업에 종사하고 있었다.

농업 경제 시대에는 농업 생산물의 증가가 곧 국력과 연계되어 있었기 때문에 온 국민들을 여기에 매어둘 필요가 있었다. '농자천하지대본(農者天下之大本)'이라는 말은 바로 국력과 생활 수준을 높이기 위해서는 농업 생산물을 늘려야 함을 말하고 있다. 현대 산업 국가가 제조업을 건실히 해야 국력이 지속적으로 발전할 수 있다고 걱정하는 것과 맥을 함께한다.

농민들은 '양인(良人)'을 구성하는 계층으로 농업 생산과 동시에 조세, 공납(貢納), 군역, 요역(徭役)을 담당하는 위치에 있었다. 토지 국유를 원칙으로 하여, 경작권만을 가지고 있던 농민들은 국가와 지배층에 필요한 전조(田租)를 충실히 납부해야 했다.

초기의 과전법은 전국의 토지를 국가 수조지(收租地)로 하고, 이에 대한 수조권을 국가 기관, 관료, 직역자들에게 용도와 관등의 높고 낮음에 따라 분급해 주었다. 농

---

17) 칠정(七政)이란 일·월과 오성(五星), 즉 목(木)·화(火)·토(土)·금(金)·수(水)의 5개 행성(行星)을 가리킨 것으로, 이 해설서에서는 이들 천체의 운행에 관한 자료가 다루어져 있다(이상백, 1962: 87).

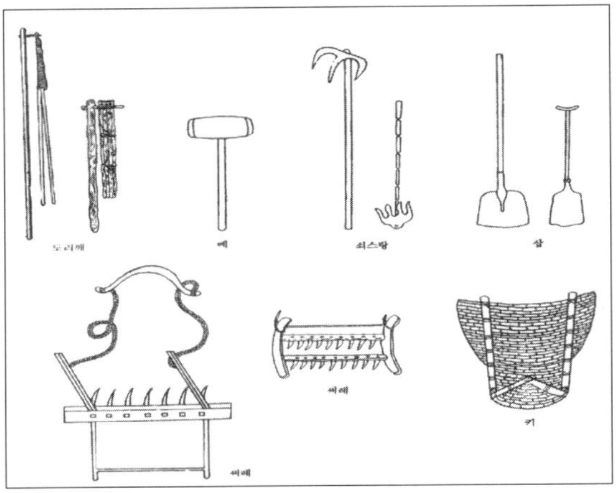

조선 전기에 사용된 여러 가지 농기구

민들은 관련된 수조권자들에게 예속될 수밖에 없었다. 그러나 분급 토지의 부족 현상과 국가의 직접 지배 욕구는 과전법을 직전법으로 바꾸었다(세조 12년). 이는 현직 관료에게만 직전을 지급하고 세습도 철저히 규제한 것이다. 아울러 관인들에 의한 직접 수조를 하지 못하게 하고 관수관급제(官收官給制)를 시도했고, 마침내 직전법도 폐지하기에 이르렀다.

중종조 이후에는 농민들의 토지 소유권이 강화되었고, 시간이 흐름에 따라 점차 지주가 등장해, 서구의 봉건제 비슷한 농업 구조로 변화되어 갔다. 중앙 양반 관료와 귀향한 재지 사족들에 의한 토지 소유의 대형화가 꾸준히 진행되었다. 농민들은 점차 대토지 소유자인 지주와 농장주와 연대해 병작제 형태를 취하거나, 아니면 아예 그 소속이 되어 각종 조세와 요역 부담을 면하기도 했다. 이런 현상은 결국 농민들의 노예화를 촉진하는 계기가 되었다.

조선의 농업은 윤작제, 시비법(施肥法), 농구(農具)의 발전, 종자 개량 등에 힘입어 꾸준히 발전해 갔다. 초창기 『농사직설(農事直說)』(세종 11년) 내용을 보면 벼의 직파법(直播法)과 함께 묘종 이앙법(모내기)이 소개되어 있다. 묘종법은 17세기 이후 보편화 과정을 겪는데, 이를 통해 김매기 일손을 줄일 수 있었고 아울러 식량 증산을 꾀할 수 있었다. 또 사이갈이(中耕), 그루갈이(根耕) 등을 통해 1년 2작 또는 2년 3작의 윤작이 활성화되었다. 이와 아울러 농가의 소 보유가 늘어나면서 쟁기나 극젱이를 이용한 깊이 갈이가 가능해 증산이 이루어졌다. 수리 시설의 확충, 시비법의 발전도 지속적으로 이루어졌다.

그러나 토지 소유의 집중화는 꾸준히 이루어져서 부농과 빈농의 차이가 뚜렷하게 전개되어 갔다. 원래 농민들에게는 경작권만이 주어졌었지만 이 경작권이 매매 대상이 되면서 세습 사전을 토대로 부농(富農)이 된 사족(士族)과 기타 부농들에 의해 토지의 집중 현상이 진행되었다. 경작권을 잃게 된 빈농들은 부농의 반노예가 되거나,

도시나 광산으로 이동해 날품팔이가 되었다.

재산은 소유주의 능력에 따라 꾸준히 증감을 거듭하게 되어 있다. 농업의 경우에는 생산량이 많으면 값이 떨어지고, 반대로 생산량이 적으면 값이 올라가는 성격이 있어 전체 소득을 따져보면 해마다 크게 변하지 않는 성향을 지니고 있다. 그렇기 때문에 한 번 심한 흉년이 들거나 집안 사정으로 남의 빚을 지게 되면 쉽게 만회하기가 곤란하다. 시간이 흐르다 보면 불과 몇십 년 사이에도 가산이 탕진되는 경우가 허다하다. 조선 중기 이후로 농민층의 분화 현상이 심각하게 전개되자 양식 있는 관료와 지식인들을 중심으로 한전(限田), 정전(井田), 균전(均田)에 대한 주장이 나왔다. 아울러 세법 정비를 위해 대동법(大同法), 균역법(均役法) 등 획기적인 조치가 강구되었다. 조선 후기에는 농업 생산물에 대한 시장 거래가 증가했는데 쌀(米), 콩(豆), 조(粟), 솜(棉花), 모시(紵布), 삼베(麻布), 무명(綿布), 담배(煙草) 등이 주요 상품이었다.

2) 상공업 경제

조선 시대 초기의 상공업은 주로 자급자족 경제의 일부분을 구성하고 있었다. 농업 위주의 경제 체제에서 상업과 공업은 이윤 창출의 고부가 가치 산업이 아니라 필요한 물자만을 생산 유통하는 정도에 불과했다.

공산품의 생산은 주로 관청에 소속된 관공장(官工匠)들에 의해 이루어졌다. 이들은 해당 관청에 적(籍)을 두고 필요한 물품을 생산했는데, 서울 관청 소속의 경공장과 지방 관청 소속의 외공장으로 분류되었다. 장인의 업무는 일반 요역과 같은 형태로서 매우 힘든 일 중 하나로 60세가 되어야 역을 면할 수 있었다.

관급 수요에 따라 물품을 생산하던 것이 점차 일반 수요자들이 생겨나면서 추가 생산이 이루어지고, 시전이나 보부상들에 의해 서서히 상품 경제로 발전해 갔다. 사공장(私工匠)들에 의해 물품 생산이 촉진되고, 도가(都家)나 장사에 의한 이윤 추구 활동이 진행되면서 조선도 점차 상공업 경제 속으로 들어갔다.

서울의 육주비전(六注比廛. 六矣廛: 비단, 무명, 명주, 종이, 모시, 어물 등의 특권상)과 같은 시전(市廛)이 지방 대도시에 생겨나고, 주요 지역마다 5일장이 형성되어 상품 유통이 이루어졌다. 주요 시전에 대해서는 금란전권(禁亂廛權)이나 필요에 따른 공물 조달권 등이 부여되어 상업 자본 축적이 가능케 되었고, 지방 향시(鄕市)를 도는 보상(褓商)과 부상(負商)들은 끼리끼리 단결력을 과시하면서 자본력을 키워나갔다. 이들의 단결력은 국가 위기에 중요한 역할을 수행하기도 하였다.

난전(亂廛)의 형성은 관수관급적 상품 경제에서 서서히 벗어나면서 활발해졌는데, 이는 가외적인 생산 능력이 있기 때문에 가능한 일이었다. 조선 중기 이후 나타난 난전의 주체는 대개 소생산자, 군병(軍兵), 시전인, 선상(船商), 여객 주인, 세도가의 사주나 봉건 권력을 빙자한 가복(家僕)과 차인(差人)들, 송상(松商), 만상(灣商), 내상(萊商) 등이었다(강만길 외, 1995-9: 184).

사상(私商)들의 활성화와 아울러 정조 때, 신해 통공(辛亥通共, 1791), 갑인 통공(甲寅通共, 1794) 정책으로 육주비전을 제외한 나머지 기득권 시전 상인들에 의한 금란전권을 폐지했는데, 이는 일반 국민들의 수요에 대응하기 위한 것이었다. 이 때부터 사상들의 활동이 더욱 두드러졌고, 도고(都賈)들도 많이 생겨났다. 조선 말기로 오면서 기존의 전주, 대구, 평양, 청주 등이 지방 상업 도시화했고, 국경 도시인 개성, 의주, 동래, 안주 등이 중요한 지방 상업 도시로 대두되었다.

상품 경제의 발달은 필연적으로 화폐의 유통을 수반하게 되었다. 엽전인 동전이 처음 주조되어 유통된 것은 숙종 4년(1678)이었는데, 점차 확산되어 18세기 후반에 들어서면서 대동미와 기타 세금, 지대의 금납화(金納化)가 촉진되면서 더욱 활발하게 유통되었다.

3. 사회

1) 인구

조선 시대의 인구 파악은 군역(軍役)을 담당할 양인들의 숫자를 파악하는 형태로 진행되었다. 태종 6년(1406) 전국의 인정(人丁) 수가 37만 365명이었고, 중종 38년(1543)에는 전국 83만 6669호에 416만 2,021명으로 나타나 있다. 전국 인구는 꾸준히 증가해 고종 원년(1864)에는 682만 8,521명이었고, 1909년에는 1,236만 3,404명에 이르렀다.

경복궁이 완공될 당시의 조선 초기 한양의 인구는 약 10만 명 정도였지만, 조선 말기에는 20만 명 정도가 되었다.

2) 신분 질서

농경 사회를 토대로 유교식 사회를 구사했던 조선은 직업에 따라 신분이 구분되는 특징을 지니고 있었다. 절대 다수의 농민이 평민 신분으로 생산 활동과 군역, 세금 납부 업무를 담당하면서 사회의 근간이 되었고, 그 상부에 통치 집단으로 직접 생산 활동에 종사하지 않아도 되는 직업 소유자들이 있었다. 가장 아래쪽에는 무능하거나, 죄인들의 후손이거나, 그래서 결국 천한 일을 담당해야만 했던 사람들이 있었다.

1. 현직 관료: 문반과 무반을 합쳐 양반으로 총칭
   1) 당상관(堂上官)
   2) 참상관(參上官)
   3) 참하관(參下官)
2. 명예직 관료나 영향력 있는 퇴직 관료로서 재력을 갖춘 자
3. 생원, 진사, 명문가의 자제
4. 군인이나 교생 신분을 가진 농민
5. 백성(=일반 농민)
6. 일반 향리(실제 영향력이 매우 높을 수 있다.)
7. 공장(工匠), 상인(잡직 벼슬 가능)
8. 간척지도(干尺之徒. 군직에만 가능)
9. 노비(매매의 대상이 될 수 있었다.)

직업적으로 직접 농업 생산 활동을 해야만 하는 사람들과, 정부로부터 급여를 받거나 다른 사람들의 노동력을 활용할 수 있는 사람들로 구분해 보면 쉽다. 사람들은 대부분 후자의 위치를 선호한다. 위의 도표에서 상층부로 갈수록 선망의 대상이고, 하층부로 갈수록 기피하고 싶은 신분이다.

정변이나 전쟁, 범죄 등이 있게 되면 노비들이 늘어나고, 생활 수준이 높아지고 지적 수준이 향상되면 '놀고 먹을 수 있는 양반'들이 많아진다. 한번 양반이 되었더라도 지속적으로 생계 수단이 보장되지 않으면 하층으로 전락하고, 일반 평민들도 부유해지면 남을 부리며 산다. 조선 초기의 양반은 문무의 관직을 가진 사람들만을 가리키는 호칭이었으나 점차 시간이 흐르면서 선대 중에 벼슬을 한 경력이 있는 집안

의 후손들, 벼슬아치들의 친족, 명성이 높은 학자나 서원의 유생, 납속으로 호칭을 부여받은 사람들이 모두 양반으로 행세했다.

조선 시대의 농업은 기본적인 부(富)를 창출하는 일로서 다른 상공업에 비해 우선시되었다. 지금의 제조업과 같은 위치이다. 일반 상업과 공업은 국민 생활에 필요한 정도면 되었기 때문에, 기본적인 부를 창출하기 위한 인력이 이 분야로 이전해 가는 것을 막았다. 농사짓기 싫어 도시로 떠나가 상공업에 종사하는 사람들이나, 승려처럼 직접 생산 활동에 종사하지 않는 사람들을 좋게 보지 않았다.

조선 후기로 오면서 노비들의 수가 격감하는데, 이는 노비들이 도망이라는 수단을 이용해 점차 신분 속박을 벗어났기 때문이었다(정석종, 1984). 이는 노비들이 인간 대접을 제대로 받지 못하고 험한 노역과 성적 노리개 등으로 견딜 수 없는 지경에 이르렀기 때문이다. 정부의 통제력 부족도 한몫을 했고, 상공업들이 발전해 가면서 또 다른 직업 세계가 나타났기 때문이기도 했다.

조선 중기 외침을 겪으면서 군공을 세운 노비들을 면천하거나 재정 부담에 필요한 납속(納粟)을 한 노비들을 양인으로 만들어 주었다. 또 군역이나 국가 세금 증액을 위해 노비를 양인 신분으로 만들어 주는 정책도 활발히 추진되었는데 노비종모법(奴婢從母法) 시행(1669), 공노비(公奴婢) 6만 6,000명 해방(1801)이 그렇다. 전체 공노비 해방과 사노비 세습제 폐지(1894)에 따라 우리나라에 노비 제도가 없어지게 되었다.

4. 교육 · 문화

조선 시대의 학교는 유학자를 양성하기 위한 일반 교육기관과 각종 전문가들을 양성하기 위한 기관 교육이 있었다. 일반 교육기관으로는 관립 학교인 성균관, 학당, 향교와 사설 교육기관인 서당, 서원이 있었다.

유학 교육은 초등, 중등, 고등 교육기관으로 나누어 살펴볼 수 있다. 초등 교육은 지역 내에 분포되어 있는 서당이라는 글방에서 이루어졌다. 양인들 자제라면 6~7세 정도부터 누구나 다닐 수 있었던 곳으로, 주로 『천자문』, 『명심보감』, 『동몽선습(童蒙先習)』 등을 통해 글자와 귀감이 될 만한 성현들의 말씀을 공부하면서 글눈을 틔

워 나갔다. 습자(習字)나 문장 쓰기는 물론 청소하고 응답하는 예절(灑掃應對之節)을 배웠다. 서당이 초급의 사설 교육기관이라면, 향교는 초·중등 급의 관학 교육기관이었다. 대개는 서당 교육을 마친 뒤 15~16세에 향교로 입학하지만 8세 이상이면 곧바로 향교로 진입하는 수가 있었다.

중등 교육은 서울의 학당이나 지방의 향교로 진학했다. 이것들은 고등 교육기관인 성균관과 함께 공립 학교였다. 학당은 처음 동·서·남·북·중의 5개였다가 세종 때 북부 학당을 폐지한 뒤 4부 학당이 되어 동학, 서학, 남학, 중학의 사학(四學)이 되었다. 사학에는 성균관원들 중에서 교수(종6품)와 훈도(정9품)가 1명씩 파견되었다. 비용 충당을 위해 필요한 학전(學田)과 필요 물품, 시중을 위해 필요한 교예(校隷)들이 주어졌다. 사학은 사헌부나 예조가, 향교는 수령과 관찰사가 감독을 했다. 향교는 지역에 분포된 중등 교육기관이었는데, 부, 목, 도호부에는 교수(종6품) 1명, 군, 현에는 훈도(종9품) 1명이 파견되었다. 향교에는 성균관과 마찬가지로 성현을 모시고 제사하는 문묘, 강의실인 명륜당, 기숙사인 재(齋)가 있었다. 또 경비 충당을 위한 학전, 필요 물품, 시중을 드는 교예들이 지원되었다.

4학은 각 학교별로 100명씩을 정원으로 했으나 전란에 의해 학교가 불타버린 뒤부터는 각 5명씩으로 한정했다. 부, 대도호부, 목의 향교에는 유학생을 90인(16세 이하는 액수 불문), 도호부의 향교에는 70인, 군은 50인, 현은 30인을 정원으로 했다.

향교의 교과 내용을 보면 기본 과목으로 『소학(小學)』, 『효경(孝經)』, 『삼강행실(三綱行實)』 등과 『사서오경(四書五經)』, 『성리대전(性理大典)』, 『근사록(近思錄)』, 『통감(通鑑)』, 『송원절요(宋元節要)』, 『문선(文選)』, 『초사(楚辭)』, 『유문(柳文)』, 『한문(韓文)』, 『고문진보(古文眞寶)』 등이 있었다. 고려 시대의 사장 위주 교육에서 한 걸음 더 나아가 역사와 철학, 정치 행정 현실에 대한 교육을 실시했다.

교생들에게 주어지는 첫째 특권은 군역 면제였다. 군역을 면하고자 하는 많은 사람이 향교에 의탁해 도피하는 경우가 많아 정부로서는 적절한 통제를 가할 수밖에 없었다. 둘째는 필요에 따라 서리(書吏)나 서원(書員), 일수(日守) 등 이서직에 특채되거나 역학(譯學) 생도나 교도(敎導)로 특채되기도 했다. 그렇지만 무엇보다도 중요한 것은 신분 상승 효과가 있는 소과 응시 기회의 부여였다. 학당이나 향교나 마찬가지로 생도들은 성적 우수자들에게 매년 6월에 도시(都試)를 치러 생원이나 진사 복시에 응시할 자격을 주었다.

서원은 중등 교육기관으로서 사학과 향교의 역할이 줄어들면서 크게 번창한 민간 사설 교육기관이었다. 중종 때(1542) 풍기 군수 주세붕(周世鵬)이 순흥에 세웠던 백운동서원(白雲洞書院)이 명종 때 사액(賜額) 서원인 소수서원(紹修書院)으로 바뀐 뒤부터 활성화된 서원은 그 후 사림 양성과 활동의 기반으로 성장했다. 사액 서원의 의미는 왕으로부터 학전과 책, 노비 등이 주어지는 것으로서 공식적인 교육기관이라는 의미를 담게 되는 것이다.

제 2 절 행정 조직과 관리

1. 중앙 행정

조선 시대는 최고 통치자인 왕을 정점으로, 그 밑에 의정부, 또 그 아래로 육조와 지방 조직을 두었다. 이 틀은 나중에 비변사가 설치되어 의정부와 육조의 합의체 행정기관이 생기면서 변화했다가, 갑오경장 때 내각이 들어서면서 폐지되었다. 내각제는 일제 강점에 의해 국권을 상실할 때까지 유지되었다.

최고 통치자인 왕 바로 밑에 의정부를 두고, 그 밑에 집행기관인 육조를 두고 있는 이런 틀은 우리 전통의 합의제 통치 작용을 충분히 반영한 것으로 볼 수 있다. 또 왕 일인의 전제(專制)나 무능력을 보완하기 위한 장치로도 볼 수 있다. 실제 운영 시에는 강력한 왕의 경우에는 왕이 의정부를 무력화시키고 직접 육조를 통해 국정을 챙겼고, 어리고 병약한 왕의 경우에는 의정부가 백관 통솔 역량을 높였다. 오늘날에는 행정부에 대한 견제 장치로서 국회가 있는데 비해, 당시에는 국민 대표 기관이 없었고 대신 의정부의 합의제나 사헌부나 사간원 같은 간쟁(諫爭) 기관을 두었다.

의정부-육조 시대의 중앙 조직을 보면 [그림 7-1]과 같다.

그림에 나와 있는 각 관아는 모두 고유한 기능을 가지고 활동하는데, 실제 최고 책임자의 직급에 따라 품계가 나뉘고 있다. 2품 이상과 사간원, 승정원 등은 왕에게 직접 계(啓)를 올릴 수 있지만 다른 여러 기관은 업무에 따라 육조의 각 조로 나뉘어

그림 7-1 의정부-육조 시대의 중앙 조직

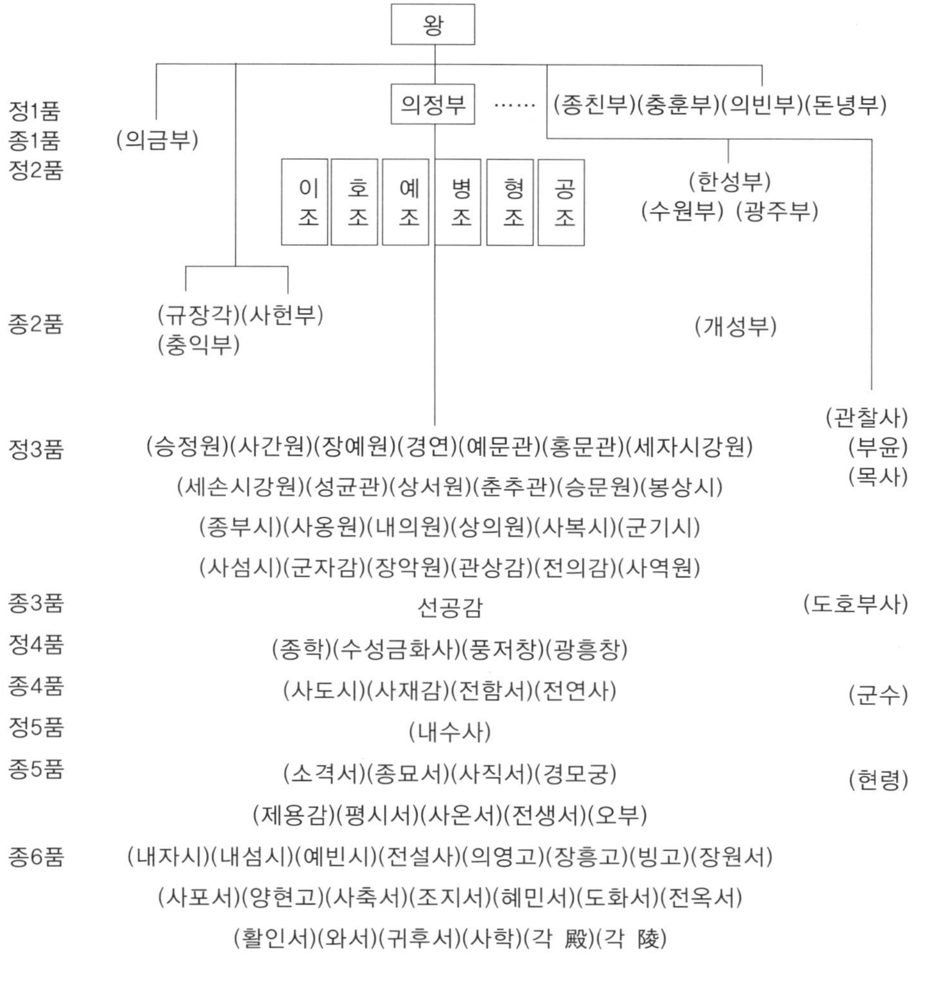

소속케 했다(『경국대전』, 예전. 用文字式). 이를 두고 속아문(屬衙門)이라고 하는데, 경우에 따라서는 당상관들이 도제주나 제주로서 추대되고 있다.

1) 국왕

국왕은 정치와 행정을 모두 포함하는 개념인 통치(統治)의 정점에 서서 국가를 대표하고, 행정을 총괄했다. 모든 행정은 국왕의 책임 하에 처리되는 군주정(君主政)이었다. 이런 군주정은 국왕이 책임을 지는 국가이기 때문에 현대의 민주정과는 성격이 다르지만, '행정 현실'을 보면 통치 행위와 일반 행정의 분리, 책임과 권한의 위임과 분화, 주요 사항에 관한 선택적 집중 방식으로 행정이 이루어질 수밖에 없었다. 현실적으로 모든 행정을 다 주관하기 어려운 상황에서 의정부, 육조, 각급 기관, 지방 수령들에게 대부분의 행정 기능을 위임 처리했다고 보아야 한다. 주요한 '통치 행위 수준'의 정책이나 행정에 대해서만 직접적인 의견을 표출하면서 개입했을 것이다.

군주의 정치적 권위를 구성하는 요소에 대해 다양한 견해가 있을 수 있지만 이를 다음과 같이 정리한다.

(1) 유교적 군주

조선은 명분상으로 유교 정치를 표방한 국가였다. 그렇기 때문에 조선의 군주는 유교적 군주를 지향했다고 할 수 있다. 유교적 군주가 어떤 것인가에 대해서는 정해진 모델은 없지만 유교의 고전인 『맹자(孟子)』, 『서경(書經)』 등에서 제시되는 바와 같은 유덕자군주론(有德者君主論)이 그 근거가 될 수 있다. 정도전은 『조선경국전』에서 군주의 자리를 지킬 수 있는 가장 중요한 덕목은 "인(仁)"이라고 강조했다. 그러면서 "인군은 천지가 만물을 생육시키는 그 마음을 자기의 마음으로 삼아서 불인인지정(不忍人之政)을 행해, 천하 사방 사람으로 하여금 모두 기뻐해서 인군을 마치 자기 부모처럼 우러러볼 수 있게 하라"고 역설했다.[18] 이렇게 유교적 군주는 신민을 마치 자기 자신의 자식처럼 여기는 정치를 하고, 신민을 그 군주를 자신의 부모처럼 섬기는 것이 조선 시대 군주와 신민의 정서적 관계였다. 조선 시대의 유명한 개혁정치가 조광조(趙光祖)가 죽음에 임해 지은 시에서 "임금을 어버이처럼 사랑했다"[19]고 한 것이 바로 이러한 정서를 단적으로 표현한 것이다.

또한 유덕자라는 개념에는 위와 같이 백성을 자식처럼 사랑하는 마음뿐만 아니라 지식과 인격을 겸비하고 수양하는 자세가 포함된 것이었다. 그래서 조선 시대의 군주들은 경연(經筵)을 통해 신하들과 함께 매일 공부를 했다. 물론 경연이 오직 군주를 교육하는 기능만을 한 것이 아니라 정책 토론 등과 같은 다양한 기능을 했었다.

18) 정도전, 「삼봉집」, 『조선경국전』 정보위.
19) 조광조, 『정암집』.

그러면서 핵심적으로 중요한 것은 군주는 인격 수양을 위한 공부를 해야 한다는 것이었다.

(2) 합리적인 정책 결정

유학자들이 이상적으로 평가하는 군주는 여론과 민심을 따르는 정치를 해야 했다. 그렇기 때문에 조선의 군주는 독단적으로 정책을 결정하는 것이 아니라 의정부의 합의제, 삼사의 언론, 서경, 경연, 상소 등에 의해 합리적으로 정책을 결정하는 과정을 존중하도록 요구받았다.

(3) 군주권의 가내 상속

조선 시대의 군주권은 기존 군주의 아들에게 상속되었다. 직계의 아들이 없는 경우에는 군주와 가장 가까운 혈족 중에서 선택되었다. 누가 군주가 되어야 하는가라는 질문에 대해 원론적인 유교 정치의 차원에서는 유덕자군주론이 거론되겠지만 유학자들 사이에서도 이것은 고대의 요순(堯舜) 시대의 정치에서나 가능한 것으로 여겨졌다. 고대 중국의 왕조인 하(夏), 은(殷), 주(周) 시대에도 왕권은 자식에게 상속되었다. 그러면 조선에서는 어떻게 했는가? 조선에서는 군주권의 계승에 관한 나름대로의 이론적 근거가 논의되었다. 정도전은 『조선경국전』에서 대권 경쟁을 차단하면서 정치적 안정을 도모하려면 군주권이 자식에게 상속되는 것이 바람직한 것으로 보았다. 정도전이 이런 주장을 하기 이전에도 일반 지식인 사이에서, 그리고 정치권에서 관습의 차원에서 군주권은 자식에게 상속되는 것이 당연한 것으로 여겨지고 있었다. 그렇기 때문에 세조가 단종을 몰아내고 군주가 되는 과정에서 유학자 관료들이 이를 찬위(簒位)로 규정하고 강력하게 반발했던 것이다.

(4) 군주권의 지지 기반

유덕한 군주라면 『논어』, 『맹자』에서 설명되는 바와 같이 신민들이 자발적으로 복종하겠지만 현실 정치의 세계에서 군주권은 늘 도전을 받게 된다. 가깝게는 세조의 찬위와 같이 군주의 친척 중에서 군주권을 노리는 경우도 있고, 중종반정(中宗反正)처럼 신하들이 군주권에 도전한 사례도 있다. 또 조선 시대에서는 성공하지 못했지만 군주권에 직접 도전하는 반란군 세력도 있었다. 그리고 외국의 침략에 의해 군주권이 상실되는 경우도 있다. 그렇기 때문에 기존의 군주는 자신의 자리를 안전하게 지키는 일에 관심을 가질 수밖에 없다. 그러한 안전 장치로서 군주를 중심으로 혈연 관계가 있는 집단을 주된 지지층으로 하고 이 집단에 이성(異姓)의 지지자들도 관념의 혈연 관계로 파악하는 특징이 있었다.

그 다음의 안전 장치는 명(明)으로부터 군주권을 인정받는 것이다. 명에 대해 사대(事大)의 예(禮)를 취한 것은 물론 조선이라는 국가의 유지를 위한 외교적 조치라고 할 수 있다. 그러면서 동시에 이것은 기존에 명이 인정한 군주권을 안전하게 유지하는 장치로서 작용하는 측면이 있었다. 군주권의 변동에 대해 명에 알려야 하고 명에서는 그것이 정상적인 절차에 의한 것인지 관심을 갖기 때문에 기존의 군주로서는 이것이 그 자리를 보호하는 효과를 기대할 수 있는 것이었다.

2) 의정부

의정부는 백관을 통솔하고 국토 계획과 외교 등을 총괄하는 최고의 합의제 행정관청이다. 삼의정(三議政. 政丞: 영의정, 좌의정, 우의정)을 중심으로 좌·우 찬성, 좌·우 참찬으로 구성한다. 그 밑의 당하관은 모두 문관으로 임명했고, 왕명을 받아 국정을 논의하고, 육조 이하의 정책 내용에 대해 왕에게 계문(啓聞)하고 결정을 이끌어 내는 역할을 담당한다.

의정부는 고려 시대의 도평의사사와 문하성이 맡았던 국정 총괄 기능을 하나로 결집한 것으로 조선 시대 관료제의 정점에 위치하였다. 비변사 시대에는 삼의정을 도제주(都提調)로 하여 육조의 판서들과 변방의 장군들을 포함한 군국 총괄 기구로 확대 개편되었다. 국토 방위의 중요성을 염두에 둔 비상 시국의 통치 기구 형태였다.

• 의정부 서사제와 육조 직계제

이는 의정부가 제대로 정책 심의 역할을 수행하느냐 여부와 관련이 있다. 의정부 서사제(議政府 署事制)는 의정부가 법에 정한대로 국정 총괄 기능을 충실히 수행하면서 그 산하의 육조를 장악한 경우이다. 왕의 재가는 형식적이고, 예외적인 경우에만 왕의 관여가 있을 뿐이다. 육조는 반드시 의정부에 품의해 재가를 받아 정책을 시행해야 한다. 이에 반해 육조 직계제(六曹 直啓制)는 왕이 직접 국정을 챙기는 경우로서 중간에 낀 의정부는 유명무실하다. 이는 왕과 의정 사이의 세력 관계, 의정과 육조 사이의 정치가 변수로 작용하기 때문이다.

의정부의 국정 총괄 기능은 균형 있는 통치를 한 세종 시대에 꽃을 피웠다. 이조와 병조의 제수(除授), 병조의 용군(用軍), 형조의 사형을 제외한 일반 범죄의 형옥(刑獄) 등 전문 행정 분야는 의정부를 거치지 않고 육조에서 전결한 뒤, 왕에게 보고하는 정도의 직계를 할 뿐 나머지는 의정부에서 최종 결재(=署事)할 수 있게 한 것이다(세종 18년). 그러나 당시의 3 정승이었던 황보린, 김종서, 정분 등이 세조에 의해 제거되면서 의정부의 기능은 축소되고, 중종 5년(1510) 설치된 뒤 명종 10년(1555) 독자적 합의 기관으로 승격된 비변사의 등장에 따라 사실상의 의정부 기능은 막을 내렸다(이선근, 1984: 256).

의정부 단독의 행정 권한 대신 여러 당상관과 관계관이 모여서 정책을 의론하는 국무회의 형태로 변환되어 조선 말까지 이르른다.

3) 육조

육조는 이조(吏曹), 호조(戶曹), 예조(禮曹), 병조(兵曹), 형조(刑曹), 공조(工曹)로서 현재의 부처와 같은 조직이다. 각 조가 분담했던 기능을 살펴보면 다음과 같다.

- 이조: 문선(文選), 훈봉(勳封), 고과(考課) 등 관리의 채용, 관리, 평가에 관한 일을 담당. 하위 부서로 문선사(文選司), 고훈사(考勳司), 고공사(考功司)를 둠.
- 호조: 인구, 재정, 경제에 관한 일을 담당. 하위 부서로는 판적사(版籍司), 회계사(會計司), 경비사(經費司)를 둠.
- 예조: 예악, 학교, 과거 등의 일을 담당. 하위 부서로는 계제사(稽制司), 전형사(典享司), 전객사(典客司)를 둠.
- 병조: 군무, 경찰에 관한 일을 담당. 하위 부서로는 무선사(武選司), 승여사(乘輿司), 무비사(武備司)를 둠.
- 형조: 법률, 소송, 노예 등의 일을 담당. 하위 부서로는 상복사(詳覆司), 고율사(考律司), 장금사(掌禁司), 장예사(掌隷司)를 둠.
- 공조: 산택, 건축, 공장(工匠) 등의 일을 담당. 하위 부서로는 영조사(營造司), 정야사(政冶司), 산택사(山澤司)를 둠.

각 조에는 판서(정2품), 참판(종2품), 참의(정3품. 병조에는 參知 1인 추가)의 세 당상관이 있고, 실무자로서 정랑(정5품), 좌랑(정6품) 각 3인(병조와 형조에는 각각 1명씩 더 많음)의 낭관(郎官)이 있어 소속 부서를 나누어 관장했다. 그 밑으로 약간씩의 일선 관료가 있었다.

4) 정책 회의

합의제 정책 결정의 전통은 조선에서도 더욱 확대되어 이어졌다. 최고 통치권자인 국왕과 의정부, 육조 등의 정책 책임자와 실무자들이 참여하는 정책 회의는 다양한 형태로 운영되었다.

(1) 상참

상참(常參)은 근정전에서 매일 이루어지는 정무 회의였다. 참석자는 종친부(宗親府)·의정부(議政府)·충훈부(忠勳府)·중추부(中樞府)·의빈부(儀賓府)·돈녕부(敦寧府)·육조(六曹)·한성부(漢城府) 등 기관의 당상관, 사헌부·사간원에서 각 1인씩, 경연 당상·당하관 각 2인이 교대로 참석하고, 의정부와 육조에서 당직한 당하관과 감찰 등이다. 상참은 매일 이루어지던 조회로서 전날까지의 국사를 정리하고 다음에 추진할 정책 내용에 대해 논의하는 자리였다. 회의 때 특별한 안건이 있는 사람은 임금 앞에 나아가 의견을 제시한다.

(2) 차대

차대(次對)는 관료들의 회의 장소인 빈청(賓廳)에서 정기적으로 국왕 주재 하에 열리는 정책 회의이다. 참석자는 중앙 부처의 당상관 이상인데, 비변사 설치 이후로는 비변사 도제조 이하 당상관, 삼사(三司: 사헌부, 사간원, 홍문관)에서 각 1인씩이 참석했다. 차대는 초기에는 3일, 13일, 23일로 매월 3회 이루어졌으나 숙종 24년부터는 언로(言路)를 개방한다는 취지를 살려 5일, 10일, 15일, 20일, 25일, 30일의 6회로 늘어났다. 이 중 6회는 원임대신(原任大臣)들도 참석시켰다(김운태, 1987: 229). 차대는 상참과 달리 종친들이나 퇴임한 원로 대신들의 참여가 배제된 실질적 주요 정책 회의체였다.

(3) 백관 조참, 윤대, 인견

백관 조참(百官朝參)은 매월 5일, 11일, 21일, 25일에 중앙정부의 모든 종친, 시원임(時原任) 대신들이 궁궐에 모여 조회를 하는 것이다. 구체적인 정책 논의가 이루어지긴 어렵고 왕의 교시나 일반적인 정책 포고 등은 가능했을 것이다.

윤대(輪對)는 조회에 참여치 못하는 각 기관의 당하관들이 5인 이내로 모여 매일 차례대로 국왕을 알현하고 정책에 관해 의견을 교환하는 것이다. 동반은 6품 이상,

서반은 4품 이상이 참여했으나 나중에는 서반의 참여 범위를 넓혔다. 이는 당상관 위주의 정책 회의가 지닌 한계점을 극복하는 방법으로 활용되었다.

인견(引見)은 정례 회의에서 논의할 수 없는 긴급 사항이 생겼을 때 국왕이 소대(召對)하거나 대신들이 청대(請對)해 이루어졌다.

5) 특수 행정

(1) 입법

『경국대전』에 규정된 입법 절차는 "새로운 법을 만들거나 옛 법을 고치는 것과 상중에 있던 인원을 복귀시키는 일은 의정부에서 의론해 왕에게 아뢰고, 예조에서 사헌부, 사간원의 서경을 거쳐 의첩을 낸다"고 되어 있다(예전 의첩 조). 이런 절차는 의정부 기능이 비변사로 통합된 경우에는 비변사의 토론에 의해 결정이 되도록 되어 있다. 왕에 의한 최종 결재는 특별한 경우가 아니면 거의 형식적이라고 하겠다.

법안의 제정이나 개정은 대개 국왕이나 중신(重臣)들이 제안하는 형식을 취하고, 어전회의나 중신회의, 비변사회의 등에서 공동으로 논의를 했다. 이 과정에서 일반 관료나 사림, 국민들의 의견이 상소(上訴), 배알(拜謁), 인견(引見), 복궐(伏闕) 등 다양한 형태로 제시되어 반영되었다.

유교 행정 문화가 지배적이었던 조선 시대의 입법, 정책 결정 기능이 왕 한 사람에게 집중되어 있었다고 판단하면 잘못이다. 오늘날과 마찬가지로 모든 입법과 결정의 최종 결재 권한이 형식적으로는 최종 통치권자인 왕이나 대통령에게 있지만 실질적인 법안 제안이나 심의는 실상 많은 사람의 의논을 거쳐 이루어지고 있음을 알아야 한다. 조선 시대의 입법, 인사, 정책 결정은 의정부 등 중신들의 의론, 간쟁 기관의 서경, 핵심 정책 실무자의 관여, 일반인들의 의견 개진 등을 통해 민주적 의사 결정의 모습을 보여 주었다.

(2) 사법

조선 시대에는 사법권과 행정권이 명확하게 분리되어 있지 않아 행정기관들이 사법 기능을 동시에 담당한 경우가 많았다. 중앙에서는 사헌부(司憲府), 의금부(義禁府), 형조, 한성부, 장례원(掌隷院) 등이 사법권을 행사했고, 지방에서는 각 도의 관찰사, 수령들이 모두 사법권을 행사했으며, 권문 세가에서도 사사로이 사법권을 행사했다(이선근, 1984: 314). 반역죄와 같은 큰 범죄에 대해서는 의금부와 사간원, 사헌부가 합좌해 다스렸는데 이를 삼성추국(三省推鞫)이라고 한다. 한성부는 관내뿐만 아니라 전국의 토지, 가옥에 관한 소송 등을 다루었기 때문에 의금부, 형조와 더불어 삼법사(三法司)로 불렸다. 각 사법기관들에 대해 살펴보자.

첫째, 의금부(종1품 아문)는 왕명을 받아 중죄인을 다스린 기관으로 위계상으로 보면 최고위의 사법기관이다. 당상관 4인은 모두 다른 관직자들이 겸직했고, 10명의 도사들이 업무를 담당했다.

둘째, 형조(정2품 아문)는 사실상 일반적인 사법 기능의 최고 관장 기관이다. 법률, 재판, 소송, 노예와 관련된 업무를 담당했다. 형조에는 판서, 참판, 참의 등 3인의 당상관과 정랑, 좌랑(佐郎), 율학 교수, 별제(別提), 명률, 검률 등 14인의 실무자가 있었다. 소속으로 4개의 사(司)가 있었는데, 상복사(詳覆司: 중죄 심문), 고율사(考律司: 법령 조사), 장금사(掌禁司: 감옥과 범죄 수사), 장례사(掌隷司: 노예 업무) 등이 있었다. 속아문으로는 장례원(掌隷院: 노비 업무), 전옥서(典獄署: 감옥 담당)가 있었다.

셋째, 사헌부(종2품 아문)는 진행 중인 모든 정사를 논평하고, 문무 백관의 치적을 평가하고 규탄하며, 풍속을 시정하고, 억울한 형벌을 밝히며, 사악한 행실과 위계(僞計)를 금지하는 일을 담당한다. 직원으로는 대사헌 1인과, 집의, 장령, 지평 등 참상관 5인, 감찰 13~24인을 두었다.

넷째, 한성부는 도성 내의 일반 행정 및 사법 행정을 담당할 뿐만 아니라 전국의 토지 가옥과 묘지 쟁송을 담당했다.

다섯째, 지방 수령도 중죄가 아닌 일반 범죄에 대해서는 관할권을 행사했다. 관찰사는 유형 이하의 범죄에 대해, 수령 및 기타 속아문들은 태형(笞刑) 이하에 해당하는 범죄를 직결로 처리할 수 있었다.

조선 시대 초기에는 근간법으로 『대명률(大明律)』을 활용했는데, 점차 국정이 안정화되면서 『경국대전』, 『속대전』 등에 현실성 있고 정교한 법들이 마련되면서 이들이 적용되었다. 법률 적용은 『경국대전』을 근거로 하고, 여기에 해당 조항이 없으면 『대명률』을 참조한다. 여기에도 해당 사항이 없으면 종전의 판례를 살피며, 최종적으로는 왕에게 보고한 뒤 새로운 수교(受敎)에 의해 보칙을 마련해 적용했다.

형벌은 크게 다섯 가지 유형으로 나뉘었다. 첫째, 사형(死刑)으로 효시(梟示), 참형(斬刑), 육시(戮屍), 사약(賜藥) 등이 있었다. 둘째, 유형(流刑)으로 중죄인을 죽이는 대신에 고향이나 가족들로부터 먼 곳으로 보내 평생 돌아오지 못하도록 하는 벌이다. 유배형에는 곤장을 때리는 형벌을 부가하는 수가 있고, 유배지의 거리나 유배 기간을 규정했다. 셋째, 도형(徒刑)으로 강제 노동형을 말한다. 죄질에 따라 곤장 매수와 도형의 기간이 정해진다. 넷째, 장형(杖刑)은 큰 곤장으로 많은 수의 매질을 하는 형벌이다. 다섯째, 태형(笞刑)은 작은 곤장으로 비교적 적은 숫자의 매질을 하는 형벌이다. 형벌 중에는 대역죄, 관부(官府)에 대한 악역죄(惡逆罪), 강상죄(綱常罪: 하극상의 반인륜죄)처럼 다른 어떤 범죄보다도 엄히 다스려진 것들이 있었는데, 이럴 때는 특별 재판소로 국청(鞫廳)을 열어 처리했고, 연좌법을 적용해 모든 가족을 처벌했다.

형사 소송 절차를 보면 태형 이하의 경범은 각 아문에서 직접 처결했고, 유형 이하는 형조와 개성부, 강화부, 각 관찰사가 직결 처리할 수 있었으며, 사형에 대해서는 형조에서 의정부에 보고한 뒤 형조의 재심, 의금부의 3심을 거치도록 하는 삼복계(三覆啓) 제도를 썼다. 외방에서는 관찰사가 수령과 함께 추문(推問)하고, 차사(差使) 2인을 정해 고복(考覆)한 뒤, 다시 친임해 계(啓)하도록 했다.

재판 과정에서 억울한 것이 있으면 서울의 경우에는 담당 재판부의 장(=主掌官)에게, 지방에서는 관찰사에게 1차로 상소를 할 수 있다. 그래도 억울할 경우에는 다시 사헌부에 호소하고, 그래도 억울할 경우에는 의금부 당직청에 있는 신문고를 두드려 의금부와 왕에게 최종적으로 상소한다. 신문고를 치는 것은 기존의 모든 재판 절차에 문제 제기를 하는 셈이었으므로, 상소인에게도 엄격한 책임이 주어지는 경우가 많았다. 전택(田宅)은 한성부에서, 노비는 장례원에서, 형조는 이 두 가지를 모두 재판했다.

(3) 간쟁

왕의 통치 행위에 대한 견제 장치로서 사헌부와 사간원을 두었다. 사헌부는 정사를 논평하는 일은 물론 문무 백관의 치적을 조사하고 규탄하며, 풍속을 시정하고, 억울한 형벌을 밝히며, 잘못된 행위를 금하는 일을 담당한다. 사간원은 오로지 왕의 악정과 비위를 간하고 논박하는 일만을 담당한다.

이들은 절대적일 수 있는 왕권에 맞서서 옳고 그름을 다투는 업무를 담당하는 기관으로 대관(臺諫), 언관(言官), 간관(諫官)이라고도 부르는데, 오늘날의 국회나 지방의회의 행정부 견제 역할을 담당했다. 이들 기관은 단독으로 또는 양사가 합쳐서(兩司 合啓), 홍문관까지 합친 삼사 합계를 통해 정책 비평을 한다.

간관의 위치는 기본적으로 최고 통치권자인 왕이나, 정책 실무 담당자들인 의정부나 육조의 계선 조직과 대립 위치에 있다. 결정권자들이 자신들의 잘못을 쉽게 인정하는 경우에는 괜찮지만 의견이 대립되고, 고집스러운 왕의 비위를 거스르는 경우에는 처벌을 감수해야 한다. 간관은 기본적으로 이상적인 정도(正道)를 주장할 가능성이 높아 반듯한 선비의 상징처럼 여겨진다. 그렇지만 간관이란 직책은 '반드시 거쳐 남들에게 반듯한 선비라는 인식을 심어 주어야 하지만, 빠른 시일 내에 벗어나야만 하는' 부담스러운 자리였다.

(4) 왕족 관리

왕이 한 씨족에서 세습되기 때문에 씨족 내의 권력 암투와 끊임없는 영향력 발휘는 두고두고 문젯거리로 남아 있었다. 정도전이 처음부터 재상들에 의한 합의제 행정과 육조에 의한 관료제 정치를 구사하려 한 것도 이런 왕족들의 간섭을 벗어나기 위한 전략의 하나였다.

가장 경계해야 했던 것은 물론 왕과 가장 가까운 위치에 있는 왕비와 빈, 귀인 등인데 이들에 대해서는 엄격한 품계를 두어 다스렸다. 나약한 왕의 경우에 그 어머니들이 섭정하는 것은 막을 수 없었다. 종친부, 의빈부, 돈녕부 등을 두어 이씨 왕족과 관련된 업무를 관장하게 했다.

고려 시대부터 내려온 '종친 불임이사(宗親不任以事)'의 전통은 건국 초기나 세조 시대에 깨뜨려지기도 했지만 그런대로 잘 지켜져 왔다고 본다. 높은 품계를 주고, 평생 동안 먹을 식량을 대주면서 정사에는 관계치 못하도록 했다. 그러다 보니 상대적으로 준왕족인 외척들의 국정 간섭이 정도를 넘어서는 경우가 많았다.

(5) 경연

경연(經筵)은 국왕에게 경사(經史)를 강의하고 토론하며, 다스림의 치도(治道)를 논하는 일 또는 이를 담당한 기관을 말한다. 경연은 최고 권력자인 국왕의 인격을 도야하고 정치 및 행정 능력을 향상시키기 위한 목적으로 마련된 것으로 끊임없이 자신의 덕을 기르고 통치력을 높이기 위한 목적을 띠고 있다. 이를 충실히 수행하는 왕일수록 더 나은 통치자가 될 수 있었을 것이다. 왕세자의 경우에도 시강원(侍講院)

을 두어 끊임없이 공부하도록 가르쳤다. 또 자연스럽게 일반 관료들의 의견을 왕에게 전달하는 통로로도 사용되었다.[20]

경연의 영사(領事)는 의정(議政) 3인이 겸임하고, 그 밑에 지사, 동지사 등 여러 관원이 있었다. 강독하는 업무는 홍문관의 직제학 이하의 사람들이 겸임한다.

경연은 위에 제시한 정례적인 정책 토론 과정과는 달리 국왕이 외부 원로나 전문가들로부터 수강을 하고, 관심 사항에 대해 토론하는 자리이다. 필요에 따라 당시의 주요 현안에 대해 참석자들이 함께 토론하지만 이는 지적 탐구 과정에서 이루어지는 보조적인 공부였다.

경연은 매일 이루어졌는데, 통치자의 자질에 따라 하루 중에도 여러 차례 시행하기도 했다. 처음 태조의 경우 무인으로서 연로한 상태였기 때문에 경연이 매우 활발하게 이루어지지는 못했다. 하지만 다음의 정종이나 태종, 세종부터는 거의 매일 이루어졌다. 특히 세종과 같은 성군의 경우에는 하루도 빠짐이 없었고, 하루 동안에도 여러 차례 시행했다.

성종과 중종으로 가면서는 하루 동안에도 아침, 점심, 저녁, 밤까지 여러 차례 시행하는 것이 점차 관례화했다.

경연은 다른 윤대나 차대, 인견과 함께 시행되기도 했고, 정사(政事)를 함께 보거나 경연청에서 연회를 열기도 했다.

(6) 서리

서리(胥吏)는 리(吏), 인리(人吏), 아전(衙前), 이서(吏胥) 등으로 불리는 일선 행정담당자들을 총칭하는 말이다. 이들은 글씨를 알고, 셈을 할 줄 알며, 법률을 알아 행정의 집행 기능을 담당했다. 처음에는 힘든 천역(賤役)이어서 서로 기피했으나 점차 실권이 주어지고, 정식 품관으로 나아가는 길도 열려 있어 많은 사람이 관직 등용의 문으로 여기기도 했다.

서리도 상급 서리와 하급 서리로 구분되었는데, 전자는 비교적 실권도 있고 일의 성격도 부드럽고 지적인 것들이 많은 것으로 내시원 별감, 다방 별감, 지인(知印), 선차(宣差), 녹사 등이 있었다. 이들은 나중에 녹사(錄事)라는 이름으로 통합 호칭되었다.

20) 이 부분은 행정자치부(2004)에서 추진했던 "옛 제도 연구기획단"의 연구물을 축약해 실었다.

하급 서리는 단순 반복적이고 힘든 일을 담당하던 사람들로서 서리(書吏)로 통칭되었다. 서리에 대한 충원은 처음에는 무분별하게 이루어지다가 정식으로 취재(取才) 시험을 두고 선발했다.

6) 공론에 의한 행정

(1) 상소

상소(上疏)는 유교 이념에 입각한 조선의 행정이 지니고 있던 독특한 제도이다. 누구나 의견이 있으면 국왕을 비롯한 모든 관청, 관계관에게 제시할 수 있는 방법이다. 민본 정치의 이념을 실현하고, 민의를 잘 반영한 행정을 펴기 위한 노력의 일환으로 상소 제도가 활성화되었다. 상소에는 특별한 요건이 없었다. 누구나, 어느 대상에게라도 상소가 가능했다.

현직자들이 올리는 보고성 상소문은 차자(箚子: 간단한 형식의 요약성 상소문), 장계(狀啓. 牒報: 파견 관원들이 왕 등에게 올리는 보고서 형식의 문서), 계문(啓聞. 狀請: 관찰사, 어사, 절도사 등이 올리는 상주 문서), 주본(奏本: 상주하는 문서) 등이 있다. 그러나 상소는 정책에 대해 일가견이 있는 전직자나 유림, 학생들의 전유물이었다.

제기된 상소는 지방의 수령이나 관찰사를 통해 승정원에 전달되고, 승정원에서는 내용을 검토해 등철(登徹: 임금에게 전달함) 여부를 결정하되 원칙적으로는 모든 상소를 왕에게 전달하도록 되어 있었다. 등철된 상소에 대해서는 왕이 읽어 보고 비답(批答)하게 되어 있었다.

중대한 문제가 있을 경우에 국왕이나 고위 정책 담당자들이 일반 백성이나 하위직 관료들에게 의견을 묻는 경우를 구언(求言)이라고 하는데, 이 때 이루어지는 국왕에 대한 의견 제시성 상소를 가리켜 응지 상소(應旨上疏)라고 한다.

상소는 하의 상달이라는 면에서는 바람직했지만, 때로는 지나친 행정 간섭이 되기도 했다. 특히 당쟁이 격화된 시기에는 기존 정책 담당자나 정책에 대해 지나치게 모함적인 내용도 적지 않았다. 탕평책(蕩平策)을 표방한 영조 때에는 재야 산림들의 공론(公論) 자체를 불신임하고, 공론의 대변자임을 자처했던 이조 낭관과 한림(翰林)들의 후임자 자천권(自薦權)을 박탈했다. 국왕이 직접 백성들의 의견을 청취하러 나서거나 신문고(申聞鼓)를 활용했다.

역참(驛站)

(2) 언론과 낭관

대간(사헌부, 사간원)에게 주어졌던 언론권(言論權)은 조선 초기의 국왕과 재상, 육조 중심의 행정 체제에 중요한 견제 역할을 했다. 의정부 서사제와 육조 직계제의 틈 사이에서 중재와 견제 역할을 한 것이 언관들이다. 언관은 성종 이후 지방의 사림들이 정계에 진출하기 시작하면서 중요성이 더해지고, 정부 정책을 비롯한 모든 부분에 비판 기능을 수행했다. 예문관에서 홍문관이 분리 독립되고(1478), 젊은 학자들이 홍문관에 들어가 경연을 담당하게 되면서 급격하게 정치의 중심으로 부각되었다.

언관은 왕과 재상에 의해 임면되는 만큼 처음에는 정치적 권력 기반이 약했었다. 홍문관의 참하관들이 홍문록(弘文錄: 과거 급제자 및 능력 있는 선비들의 목록)을 이용해 인사에 개입하고, 성종의 지원 속에 대간을 탄핵할 수 있는 권한까지도 확보했다(강만길 외, 1995-7: 187-195). 또 홍문관원들이 대간으로 진출하고 삼사 연합의 대간이 활발히 이루어지기도 했다. 지방의 거점인 서원 증설과 유향소(留鄕所)의 복원에도 적극적이었다. 언론권은 사화를 통해 원로 대신과 재상들의 견제를 받아 크게 위축되기도 했다. 5품 이하 관료들을 총칭할 때 낭관이라고 하는데, 이들은 각 기관의 하위 실무자들이다. 상참이나 차대 등 주요 정책 결정 회의에는 원칙적으로 참여가 불가능했기 때문에 정책 결정에 크게 영향력을 미칠 수 없는 위치에 있었다.

그러나 젊은 사림들의 언론권이 신장되면서 이들의 권한이 커졌다. 낭관들 중에는 의정부와 육조의 낭관들의 영향력이 컸고, 특히 인사권을 가진 이조와 병조(이를 합쳐 銓曹라 부른다)의 낭관들이 핵심이었다. 인사권을 가진 전조 낭관들의 권력을 가리켜 전조 낭관권, 전랑권(銓郎權)이라고 불렀다(강만길 외, 1995-7: 196). 낭관들은 후임자를 자천(自薦)하는 권한을 가지면서 재상과 대신들의 영향력 하에서 벗어났고, 홍문관 언관과 서로 지원하면서 자리 이동을 했다.

언관과 낭관의 결합, 그리고 이들을 뒷받침하는 사림의 존재는 이들의 영향력을 굳건히 했다. 낭관들은 육조 낭관 작회(六曹郎官作會), 사인 작회(舍人作會) 등의 친목 모임을 결성해 활동했고, 이를 통해 공론을 형성했으며, 연합으로 계(啓), 소(疏), 상소(上疏)를 통해 표출했다.

2. 지방 행정

1) 전체적인 틀

조선은 전국에 수령을 파견해 중앙 통치의 직접 영향 아래 두었다. 즉, 고려 시대까지 존재했던 속현(屬縣)이나 향(鄕)·소(所)·부곡(部曲) 등 임내(任內)를 혁파하고, 크기와 중요도에 따라 부, 목, 군, 현을 설치한 뒤 수령을 파견했다. 왕조 교체기에 한시적으로 영위되었던 고려의 계수관(界首官) 제도는 행정권과 군사권이 분화하면서 감사–수령의 행정 체계와 진관(鎭管)의 군사 체계로 이원화했다. 수령들은 관할 영역만 다를 뿐 각자 왕에게 직접 연결되는 구조를 띠고 있었다. 이들을 감독하기 위해 전국을 8도로 나누고 각각에 감독기관인 관찰사를 두었다. 그리하여 행정 구역은 도 → (부·목·군·현) → 면(坊·社) → 리(동) 의 계층으로 나뉘었고, 그에 맞춰 행정 계통은 왕 → 관찰사 → 수령 → 면임(面任)·이임(里任)으로 연결되었다.

한성을 비롯한 경기 지방의 수원(정조 때부터 화성 관리), 광주(선조 때부터 남한산성 관리), 개성(고려의 수도), 강화(인조 때부터 중요시) 등은 부(府)이지만 그 중요성 때문에 경관직으로 포함시키고 판윤(判尹) 또는 유수(留守)를 두었다.

중앙 통치 조직의 안정과 지방 군현제(郡縣制)의 완비에 즈음해 16세기부터는 사림 세력의 성장과 재지사족(在地士族)의 향촌 장악이 이루어졌다(이수건, 1989: 26). 유향소 기능이 강화되고, 향규, 향약, 동약(동계) 등이 실시되고, 향안(鄕案), 동안(洞

案)이 작성되어 비치되었으며, 지역 인사들의 동정이 실린 구체적인 읍지(邑誌)가 편찬되었다.

2) 수령

(1) 수령의 분류

수령은 경관직인 한성 판윤(정2품), 수원부·광주부 유수(정2품), 개성부·강화부 유수(종2품)를 필두로, 감사인 관찰사(종2품), 지방 수령들인 부윤(종2품), 대도호부사(정3품), 목사(정3품), 도호부사(종3품), 군수(종4품), 현령(종5품), 현감(종6품) 등 품계에 따라 서열이 매겨졌다. 이들은 평상시 자기 관할의 영역을 독점적으로 관장하기 때문에 다른 지역의 품계 높은 수령의 지시를 받지 않고 중앙의 왕과 육조에 직접 연결해 행정을 수행한다.

이 중 관찰사는 지방 감찰의 임무로 수시 순찰하기 때문에 한 곳에 정착된 근무소가 없는 것이 원칙이었다. 이런 문제점을 해결하기 위해 관찰사에게는 도 내의 중요 지역의 유수나 부윤, 목사 등의 관직을 겸임하도록 했다.

(2) 수령에 의한 행정

가. 한성부

한성부는 수도인 한성 내의 모든 행정을 관장하는 관청이었다. 몇 차례 명칭과 숫자의 변천이 있었지만 한성부에는 최고 책임자인 판윤, 그 밑에 좌윤·우윤, 서윤(庶尹), 판관, 주부(主簿), 그리고 수많은 이서가 배치되어 행정을 담당했다. 업무는 대부분 6방에서 나누어 관장했는데, 다음 그림과 같이 체계가 이루어졌다(서울시사편찬위원회, 1997: 99).

- 판윤
  - 좌윤
    - 서윤 — 이방: 관리들 포폄
    - 판관 — 호방: 호구 장적, 시전, 재정, 주택, 토지, 부채, 계
  - 우윤
    - 주부
      - 예방: 간택, 산송(山訟: 묘자리 송사)
      - 병방: 좌경(坐更: 순찰), 화재 예방, 산림 관리, 범죄 예방
    - 주부
      - 형방: 검시(檢屍), 재산 약탈 감시
      - 공방: 도로, 시내와 교량 관리, 차량(車輛)

한성부 행정 중 특이한 것은 전국의 호구 장적에 대한 업무를 총괄하고 있었다는 점(의금부나 호조, 사헌부에서 담당하는 것과 같은 성질의)과 한성부 내 치안 업무를 담당했다는 점이다.

한성부는 태조 때 5부 52방으로 출발해 갑오개혁 당시 5서(署) 47방 288계(契) 775동으로 나눠지기까지 부－방－계－동(또는 통)－호의 체계를 유지했다.

나. 유수부

주요 도시를 특별 관리하기 위해 유수부(留守府)를 두고, 경관직 책임자인 유수관을 파견했다. 초기에는 옛 수도인 개성과 태조의 원적지인 전주에만 두었으나 전쟁을 치르면서 국방상 필요에 의해 강화, 수원, 광주에도 유수부를 설치했다.

유수관은 묘당 회의에서 천거해 국왕의 낙점을 받는 식으로 임명된 당상관으로, 관내의 행정 및 군사 업무를 관장하며, 비변사 회의에도 참여할 수 있었다. 국가 위기 시에는 유수가 대장이 되어 방위 업무에 나섰다.

다. 팔도와 관찰사

전국의 주·부·군·현은 팔도로 구분되고, 이를 총괄하는 감독관으로 관찰사를 파견했다. 관찰사는 감사(監司), 방백(方伯), 도백(道伯) 등으로 불리는 기관으로 일제 시대 이후의 도 장관 또는 도지사이다. 관찰사는 종 2품 관직으로 되어 있지만 중요도에 따라 품계가 오르내리기도 했다.

관찰사의 임명은 주로 문관 중에서 엄격한 절차를 거쳐 선발했다. 3사(司) 이상의 천거, 삼망 구비(三望具備), 폭넓은 상피(相避: 즉 관내 병사, 수사, 수령, 영장, 우후, 도사, 찰방 등과 상피), 같은 도 출신 배제, 관련 부처의 견제 등 까다로운 조건이 있었다(이수건, 1989: 192-193). 관찰사의 임기는 도에 따라 약간씩 차이가 났다. 변방인 평안도와 함경도는 2년 임기에 가족을 대동해 평양부나 함흥부의 부윤을 겸했다. 그러나 다른 6도는 360일로 비교적 짧은데(불가피하게 길어도 2년을 넘지 않도록 했다), 이는 그의 임무가 지역을 순시하면서 지방 행정을 감시하는 것이기 때문이며, 가족을 대동할 수 없었다. 이 6도의 관찰사도 기본적으로 지속적인 순찰 업무를 수행해야 했지만, 업무의 과중과 안정성을 확보하기 위해 부윤이나 목사를 겸직하는 일이 많았다. 이 때는 관내의 행정을 일반 수령과 같은 위치에서 수행해야 했다. 관찰사가 지방 순력에 나설 때는 도사(종 5품)가 업무를 총괄 대리했다.

관찰사의 임무는 중앙 통치 권력을 대변하는 정도의 막강한 것이었다. 끊임없는 관내 순찰을 통해 도 내 수령 및 대소 관료들에 대한 규찰, 권농(勸農), 인구와 토지 및 부세(賦稅)에 대한 감시, 진휼(賑恤), 교육과 과거, 사법 행정에 대한 감시, 군사 관리 등 모든 업무를 감독했다. 관찰사는 병사(兵使), 수사(水使)의 직함을 겸해 언제라도 군사 업무를 수행할 수 있었다.

평양성

이처럼 관찰사의 권한은 지역 내에서 왕권을 대행할 정도로 막강한 것이었다. 중앙 통치 집단의 입장에서는 관찰사의 엄정한 임무 수행이 언제나 걱정이 되었다. 그래서 수시로 관찰사와 수령을 이중으로 감시하기 위한 어사(御使), 분대(分臺), 행대(行臺), 감찰(監察), 경차관(敬差官) 등의 파견이 있었다.

관찰사가 주재하던 감영은 각 도의 가장 큰 고을 중에서 한양에 가까운 곳에 위치했다. 이는 관찰사가 왕의 특명을 받아 해당 도를 순력(巡歷)해야 하므로 특별히 한 곳에 위치할 필요가 없었고, '왕명은 아래로 내려가는 법'이라는 원칙과 지리적으로 중앙과 가장 가까운 지역이라는 점 때문이었다.[21]

감영에는 관찰사 밑에 도사(都事. 종5품. 처음에는 종4품인 經歷이 있었다), 판관(종

21) 새로운 관찰사가 부임해 도의 경계에 이르렀다는 표현인 '도계(到界)'라는 말이 관찰사의 업무 개시라는 용어로 사용되었다.

5품), 교수(종6품), 중군(종6품), 훈도(訓導)·심약(審藥)·檢律(종9품), 행정 실무자인 영리(營吏)와 노비들이 있었다. 도사는 '아감사(亞監司)'라고 불리는 청환직(淸宦職)으로 관찰사의 업무를 대행하는 정도의 위치였다. 관찰사의 순찰 시에는 실질적인 업무가 대부분 이 사람의 손에 의해 처리되었다. 도사는 국왕에게도 직접 계문할 수 있는 위치로서 경우에 따라서는 관찰사를 견제하는 역할을 하기도 했다(김운태, 1995: 224-226). 도사는 지방의 대간 역할을 하여 지방 관원 중에서는 청환으로 선망의 대상이었다. 영리는 각 읍의 유력한 호장들 중에서 차출하되, 임기제로 교체되었으며, 향리와 마찬가지로 육방의 모습을 갖추고 있었다(이수건, 1989: 225-228). 이들은 관찰사의 손발이 되어 감찰 업무를 수행했다.

라. 수령

지방 행정을 관장하는 수령들은 중요도와 크기에 비례해 부윤(종2품), 대도호부사(정3품), 목사(정3품), 도호부사(종3품), 군수(종4품), 현령(종5품), 현감(종6품) 등이 중앙에서 파견되었다. 이 중에 대도호부사와 도호부사는 군사적 요충지에 설치되었다. 수령들은 평소에는 관할 구역 내에서 전권을 행사하고, 군사상으로만 품계에 따라 서열과 명령 체계가 수립된다.

수령들의 업무는 수령 7사(守令七事)로 표현되는(『경국대전』. 이전·고과), 농상(農桑), 호구, 학교, 군정, 부역, 소송, 간교한 자 처리 등의 일이다. 이는 일선 현장에서 백성들이 잘 생활할 수 있게 하면서, 국가 경영에 필요한 인적·물적 자원을 충실히 조달하는 일이다.

수령의 임기는 여러 차례 증감의 논란을 거듭한 뒤에 당하관인 수령은 30개월, 당상관인 수령은 20개월, 국경 지방의 수령은 일주년이 지나야 다른 관직으로 전임할 수 있게 했다. 그러나 실제 근무 기간을 보면 1년 이상 3년 이하의 근무가 대부분이었다(이수건, 1989: 262).

수령이 관장하던 행정 체계를 종합적으로 정리하면 <표 7-2>와 같다. 이는 조선 중기 안정된 시기의 일반적 상황을 나타낸 것이다. 수령의 하부 행정 체계로는 읍사를 중심으로 한 향리 조직, 유향소를 중심으로 한 재지 사족, 면·리의 행정을 담당한 면임·이임으로 구성되어 있고, 이들은 다시 서울의 경저(京邸)와 경저리(京邸吏), 감영·병영의 영리(營吏)·영저리(營邸吏)와 계통화되어 있었으며, 그 밑에 천역을 담당하는 관노비들이 있었다(이수건, 1989: 237).

표 7-2 수령 행정 체계

구분(숫자) \ 읍격(邑格)		주 부윤 종2품	주 대도호부사· 목사/정3품	부 도호부사 종3품	군 군수 종4품	현 현령 종5품	현 현감 종6품
유향소 좌수		1	1	1	1	1	1
별감		3	3	3	2	2	2
읍사(邑司)		주(부)사	주(부)사	부사	군사	현사	현사
교관		교수	교수	교수	훈도	훈도	훈도
향교·유학·생도		90	90	70	50	30	30
관둔전 결 수		20	20	16	16	12	12
늠전(廩田)	아록전	50	50	50	40	40	40
	공수전	15	15	15	15	15	15
외아전(外衙前)	서원	34	30	26	22	18	18
	일수(日守)	44	40	36	32	28	28
관노비 수		600	450	300	150	100	100
향교 노비 수		30	25	20	10	10	10

자료: 이수건(1989: 237).

3) 면, 리, 통

군현제의 정비와 발맞춰 면리제도 정착되어 갔다. 『경국대전』에 따라 서울과 지방의 5호를 하나로 묶어 1통, 5통을 1리, 몇 개의 리를 1면으로 하고 각각 책임자로 통주(統主), 이정(里正. 또는 里任), 권농관(勸農官. 또는 面任, 風憲, 監考, 尊位)을 두었다. 그리하여 행정 체계가 수령 → 권농관 → 이정으로 자리 잡혔다. 이 과정에서 권농관이나 이정에 사족이나 서민 출신의 유력자들이 임면되고, 기존 토착 향리들이 배제됨으로써 그들의 영향력이 줄어들었다. 권농관과 이정은 수령의 지시 사항을 관내에 전달해 실천하고, 관내의 풍속을 교정하며, 일반 백성들의 실상과 요구 사항을 수령들에게 전달하는 등의 역할을 수행했다.

4) 향리

(1) 향리의 위치

향리(鄕吏)는 지방 관청에서 일상적인 행정 업무를 담당하는 사람들을 총칭하는 말이다. 중앙 관청의 서리(胥吏)와 같은 위치에 있었다. 이들은 그 지역 내에서 살고 있는 토착 인구들 중에서 선택된 사람들이다. 이들 중에는 특별한 행정 능력을 가진 사람들로부터 단순한 노무직에 이르기까지 다양한 사람이 포함되어 있다. 특별한 행정 능력이란 글을 읽고 쓸 줄 알거나, 특별한 장인(匠人) 능력이 있거나, 육체적 능력이 있거나, 셈의 능력이 있거나 하는 것들이다. 원래 향리들은 지역 내의 영향력 있는 호족들이었다. 이들은 중앙 정권의 변동기를 틈타 중앙 귀족화하거나 과거제 등을 통해 관료가 되기도 했지만 많은 사람이 대대로 지역 내에 살면서 권세를 가지고 있는 토성들이었다.

조선 초기에는 군현, 면리 체제 정비 과정에서 향리들에 대한 각종 특혜나 녹봉이 폐지되자 향리는 일반 사람들의 기피 직역이 되기도 했다. 그 이유는 이것이 다른 요역의 대체 성격이면서도, 하는 일이 관청 내에 속박된 상태의 힘든 일이었기 때문이다. 힘든 직역의 경우에는 도망치는 경우도 많았다. 그래서 향리였다가 이런저런 과거 시험에 합격하거나 전공을 세우면 그 자손들은 향역을 면제해 주었다(『경국대전』, 이전・향리).

그러나 수령이 수시로 교체되는 임기직 임을 고려할 때 세습되는 향리는 그만큼 영향력을 가질 수도 있었다. 중앙과 수령의 통제가 약할 경우에는 향리들이 지역 행정을 좌우하면서 얼마든지 이권을 행사할 수 있었다. 유력한 이족(吏族)들은 호장(戶長)과 기관층(記官層)을 세습하면서 상계리(上計吏), 공리(貢吏: 進捧吏), 경저리(京邸吏), 영리(營吏) 등과 종횡으로 연결되어 지방 행정은 물론 전국 행정에 관여했다(이수건, 1989: 104-105). 조선 말기 국정 혼란 상태에서 지방 향리의 역량이 크게 증가하고, 그에 반비례해 국력이 약화되는 결과를 초래하기도 했다.

이들에게는 기본적으로 봉급이 지불되지 않았다. 요역 대신이었기 때문인데, 이것이 나중에는 사리(私利) 추구의 원인을 제공하게 되었다.

향리의 권한이 강한 만큼 지역 내에서는 한정된 자리를 놓고 서로 차지하기 위해 경쟁을 할 수밖에 없다. 향리는 크게 색리(色吏), 기관(記官), 호장(戶長)으로 나뉘는데 최하위의 색리층이 승진이 거의 없었던데 비해 기관층의 향리들은 9단계를 거쳐 최고위의 호장이 될 수 있었다(강만길 등, 1995-7: 183-184). 즉, 후단사 → 병사・창사 → 주・부・군・현사 → 부병정・부창정 → 부호정 → 호정 → 병정・창정 → 부호장 → 호장순이다. 같은 호장이라도 권한이 같지 않았는데, 부호장 → 섭호장(또는

權知 戶長) → 수호장 → 안일호장 순서로 발전해 갔다.

(2) 향리에 의한 행정

전반적인 일선 행정은 모두 향리들의 손에 의해 이루어졌다. 중앙 직제 구분에 맞게 이・호・예・병・형・공으로 업무를 구분한 뒤 각각 향리장을 두어 업무를 처리했다. 분야별 향리장들은 세습적으로 그 업무에 종사하면서 중앙 파견의 수령을 보좌했다. 수령의 이취임기나 수령 부재시, 병약한 수령일 경우에는 이들에 의해 관례적인 행정이 이루어졌다. 임내, 속현, 향-소-부곡의 혁파와 면리제의 전국 정착에 따라 그 동안 향리에 의해 좌우되던 최일선 행정이 사족 또는 일반 백성 출신의 권농관(勸農官), 감고(監考), 이정(里正) 등의 손으로 넘어갔다. 토착 향리들의 권한이 그만큼 줄어들게 되었다.

4) 유향소

유향소(留鄕所)는 고려 말~조선 초 한양의 경재소(京在所) 조직과 상응해 설치되었다. 재경 관료들이 자신들의 지방에 대한 영향력을 유지하기 위해 유향소를 설치하고 이를 통해 향촌 질서에 관여했다. 중앙에서 실직이 없는 경우에는 고향으로 돌아가 유향소에 머물면서 영향력을 유지하려 했다.

유향소는 지방 사림, 학생, 퇴직 관리들의 지역 내 결집소였다. 지적 수준이 높고, 행정 경험도 있으며, 지역 내 토호 세력들과도 친분 관계를 맺고 있었기 때문에 자연히 지역 행정에 대해 많은 간여를 했다. 유향소가 건전하게 작용할 때는 수령의 통치에 보탬을 주고 지방 자치의 활성화를 가져올 수 있었다. 그러나 이들이 연합해 중앙 파견 수령과 대립되는 위치가 되든지 아니면 자기들 마음대로 수령을 농락하게 되면 행정과 일반 백성에 미치는 영향이 컸다.[22] 중앙의 통제력이 얼마나 강력한가 여부와 반비례해 이들의 영향력이 작용했다.

세조와 같이 강력한 통치자의 시대에는 유향소가 폐지되어 지역 내 자치 활동이 금지되었지만, 그 뒤의 약한 임금들 밑에서는 다시 유향소가 복원되고 이의 영향력이 살아났다. 유향소의 불법 행위를 금지하기 위해 절목(節目) 등을 발표하기도 했지

22) 『태종실록』(6월 6일 丁巳)을 보면, "각 군현에 수령이 있음에도 불구하고 향원(鄕愿)의 무리들이 유향소라는 것을 만들어 두고, 시도 때도 없이 수령을 꾸짖고 향리들의 인사를 마음대로 하고 있습니다. 백성을 침학함이 교활한 향리(猾吏)들보다도 심하오니 모두 혁파하여 폐단을 없애소서."라는 상소가 있다.

만, 성종은 결국 이를 공식화해 조직과 임원을 정부에서 임면하고, 향리를 규찰하는 반관, 반민적 자치 기구로 만들었다(한영우, 1991: 103).

지역 내 사원과 향교 등을 중심으로 학문 활동과 중앙 정계 진출을 위한 탐색전을 펼치고 있는 사림 세력들은 유향소 운영에 중요한 영향력을 미쳤다. 이들은 직접 향임이 되기도 하고, 향약을 만들어 지역 내 교화에 나섰다. 또 향음 주례, 향사례 등의 규칙을 만들어 하극상을 방지하고 자신들의 권위를 유지코자 했다.

제 3 절 인사 · 관료

1. 품계제

조선 시대에는 공무원들을 품계(品階)로 나누어 등급화하고, 수준에 맞춰 직위를 부여했다. 9품을 정(正) · 종(從)으로 나누어 18등급으로 하고, 이를 다시 세분해 30 품계로 나누었다. <표 7-3>에서 보는 것처럼 각 품과 품계명이 주어졌고, 통상적으로 당상관(정3품 上階인 통정대부 이상)과 당하관(정3품 下階인 통훈대부 이하)으로 나누었다. 당하관은 다시 참상(종6품 이상)과 참하(정7품 이하)로 구분했다.

품계의 명칭을 보면 문관의 경우에는 대부(4품 이상)－낭(5품 이하 선비 士)으로 구분하고, 무관의 경우에는 장군－교위－부위로 구분했다.

관직은 최고 장의 품계에 맞춰 품 단위로 편제가 이루어졌다. 즉, 의정부와 종친부는 정1품 아문으로서 정1품의 품계를 지닌 보국숭록대부(輔國崇祿大夫) 이상이 책임자가 될 수 있었고, 육조는 정2품 아문으로서 자헌대부 이상만이 장이 될 수 있었다. 그러나 예외적으로 품계가 높은 사람을 낮은 관직에 임명하는 행(行), 품계가 낮은 사람을 높은 관직에 임명하는 수(守)의 제도를 두었다. 이렇게 품계제로 관계와 아문을 엄격히 구분해 연결한 것은 해당 관청의 업무의 중요성에 차별을 둔 것으로 이해할 수 있다. 품계는 이처럼 관직과 결합해서는 아문의 격(格)을 정하는 기준이 되었고, 관인과 결합해서는 가문의 격을 정하는 기준이 되었기 때문에 국가와 사회

표 7-3 관계(官階) 구분

<table>
<tr><th>9품</th><th>정 · 종 18품</th><th>동반(문관) 품계</th><th>서반(무관) 품계</th><th colspan="2">통칭 구분</th></tr>
<tr><td rowspan="4">1품</td><td rowspan="2">정1품</td><td colspan="2">대광보국숭록대부(大匡輔國崇祿大夫)</td><td colspan="2" rowspan="9">당상관</td></tr>
<tr><td colspan="2">보국숭록대부(輔國崇祿大夫)</td></tr>
<tr><td rowspan="2">종1품</td><td colspan="2">숭록대부(崇祿大夫)</td></tr>
<tr><td colspan="2">숭정대부(崇政大夫)</td></tr>
<tr><td rowspan="4">2품</td><td rowspan="2">정2품</td><td colspan="2">정헌대부(正憲大夫)</td></tr>
<tr><td colspan="2">자헌대부(資憲大夫)</td></tr>
<tr><td rowspan="2">종2품</td><td colspan="2">가정대부(嘉靖大夫. 뒤에 가의대부 嘉義大夫)</td></tr>
<tr><td colspan="2">가선대부(嘉善大夫)</td></tr>
<tr><td rowspan="4">3품</td><td rowspan="2">정3품</td><td>통정대부(通政大夫)</td><td>절충장군(折衝將軍)</td></tr>
<tr><td>통훈대부(通訓大夫)</td><td>어모장군(禦侮將軍)</td><td rowspan="15">참상관</td><td rowspan="21">당하관</td></tr>
<tr><td rowspan="2">종3품</td><td>중직대부(中直大夫)</td><td>건공장군(建功將軍)</td></tr>
<tr><td>중훈대부(中訓大夫)</td><td>보공장군(保功將軍)</td></tr>
<tr><td rowspan="4">4품</td><td rowspan="2">정4품</td><td>봉정대부(奉正大夫)</td><td>진위장군(振威將軍)</td></tr>
<tr><td>봉열대부(奉列大夫)</td><td>소위장군(昭威將軍)</td></tr>
<tr><td rowspan="2">종4품</td><td>조산대부(朝散大夫)</td><td>정략장군(定略將軍)</td></tr>
<tr><td>조봉대부(朝奉大夫)</td><td>선략장군(宣略將軍)</td></tr>
<tr><td rowspan="4">5품</td><td rowspan="2">정5품</td><td>통덕랑(通德郎)</td><td>과의교위(果毅校尉)</td></tr>
<tr><td>통선상(通善郎)</td><td>충의교위(忠毅校尉)</td></tr>
<tr><td rowspan="2">종5품</td><td>봉직랑(奉直郎)</td><td>현신교위(顯信校尉)</td></tr>
<tr><td>봉훈랑(奉訓郎)</td><td>창신교위(彰信校尉)</td></tr>
<tr><td rowspan="4">6품</td><td rowspan="2">정6품</td><td>승의랑(承議郎)</td><td>돈용교위(敦勇校尉)</td></tr>
<tr><td>승훈랑(承訓郎)</td><td>진용교위(進勇校尉)</td></tr>
<tr><td rowspan="2">종6품</td><td>선교랑(宣敎郎)</td><td>려절교위(勵節校尉)</td></tr>
<tr><td>선무랑(宣務郎)</td><td>병절교위(秉節校尉)</td></tr>
<tr><td rowspan="2">7품</td><td>정7품</td><td>무공랑(務功郎)</td><td>적순부위(迪順副尉)</td><td rowspan="6">참하관</td></tr>
<tr><td>종7품</td><td>계공랑(啓功郎)</td><td>탈순부위(奪順副尉)</td></tr>
<tr><td rowspan="2">8품</td><td>정8품</td><td>통사랑(通仕郎)</td><td>승의부위(承義副尉)</td></tr>
<tr><td>종8품</td><td>승사랑(承仕郎)</td><td>수의부위(修義副尉)</td></tr>
<tr><td rowspan="2">9품</td><td>정9품</td><td>종사랑(從仕郎)</td><td>효력부위(效力副尉)</td></tr>
<tr><td>종9품</td><td>장사랑(將仕郎)</td><td>전력부위(展力副尉)</td></tr>
</table>

를 편제하는 기준 구실을 했다(김춘식, 1999).

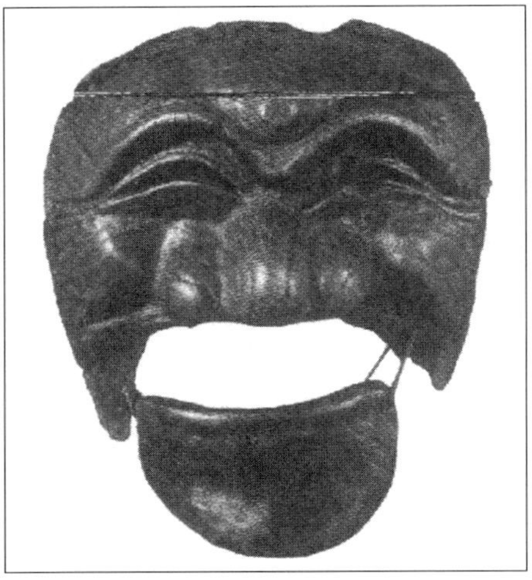

하회 양반탈

조선 시대 관직과 법제의 기본 골격은 『경국대전』을 근거로 하여 크게 변하지 않은 채 후기에까지 이르렀다. 이 과정에서 관직을 원하는 선비들의 숫자는 끊임없이 늘어난 데 비해 관직의 숫자는 거의 고정적이었기 때문에 관직을 둘러싼 경쟁과 모순이 나타났다. 관직의 소유가 최대의 부귀를 보장하는 시대였기 때문에 관직을 서로 차지하려는 사대부들의 경쟁은 치열했다. 정부로서는 이 문제를 해결하기 위해 같은 직급 내에 정식으로 봉급을 받는 녹관 이외에 무록관(無祿官)을 두는 방법, 한 관직을 몇 사람이 일정 기간씩 돌아가면서 담당케 하는 체아직(遞兒職)을 두는 방법, 당상관들을 대접하기 위한 검교직(檢校職)이나 노인들을 위한 노인직, 영직(影職) 등을 두는 방법이 있었다. 이는 관직을 분화시켜 더 많은 사람에게 관직에 대한 만족감을 갖게 한 것이다.

상층부 주요 관직에 대한 수요를 줄이기 위해 가문과 신분에 따른 승진 한계를 두거나 엄격한 승진 제도를 두어 하위직으로부터 상층부로의 진급을 더디게 하는 방법을 활용했다. 당하관이 한 품계를 올라가기 위해서는 6개월을 1고(考)로 하여 5고, 즉 30개월이 최저 소요 연수이므로 승진이 매우 어려움을 알 수 있다. 엄격한 고과가 수반되기 때문에 승진을 불구하고 언제든지 관직에서 방출될 수도 있었다.

2. 충원

관료의 충원은 관료제 외부로부터 새로운 인물을 충원하는 외부 충원과 내부의 하위직으로부터 상위직 사람을 충원하는 내부 충원의 두 종류가 있다. 여기서는 주로 외부 충원에 초점을 두어 설명하기로 한다.

1) 과거제

조선의 과거(科擧) 제도는 오래 전부터 지속되어 온 선진화한 인재 등용 방식이었다. 엄격한 시험 제도를 두고, 공정한 관리를 통해 우수 인재를 선발해 국정을 담당토록 한 제도이다. 이는 매 3년마다 자(子)·묘(卯)·오(午)·유(酉)년을 시험 치르는 식년(式年)으로 정해 규칙적으로 이루어졌다. 조선의 과거제는 문관을 뽑는 문과, 무관을 뽑는 무과, 일반 기술직을 뽑는 잡과로 3분류된다. 문과는 기초 시험인 소과(小科: 生員·進士科)와 본시험인 대과(大科)로 나뉜다. 대과는 3단계로 구분되며, 마지막 시험은 임금 앞에서 서열을 매기는 시험이었다. 무과는 3단계로 치러졌고, 마지막 시험은 문과와 같았다.

잡과는 통역관을 뽑는 역과(譯科: 한학, 몽학, 왜학, 여진학), 의술 전문인을 뽑는 의과(醫科), 천문 지리 전문가를 뽑는 음양과(陰陽科: 천문학, 지리학, 命課學), 법률 전문가를 뽑는 율과(律科: 율학) 등이 있었다. 사역원(司譯院), 전의감(典醫監), 관상감(觀象監), 형조에서 초시(初試)를 보고, 복시(覆試)는 해당 부서와 예조가 공동으로 관장해 시험을 치렀다.

필기 시험인 제술(製述)의 경우에는 시험 때마다 상(다시 상, 중, 하), 중(상, 중, 하), 하(상, 중, 하)의 9등급으로 나누어 9푼(分)부터 1푼까지 점수를 부여했다. 구두 시험인 강서(講書)의 경우에는 훈을 달고 해석한 것이 또박또박 초보적 수준이면 조(粗)라고 하여 반푼의 점수를 주고, 뜻까지 잘 새긴 사람은 략(略)이라 하여 1푼을, 더 나아가서 깊이 있는 부분까지 충분히 알고 있는 우수자는 통(通)이라 하여 2푼의 점수를 주었다. 글씨나 한어 시험에서도 구두 시험과 같이 평가했다.

2) 특별 충원

(1) 특별 시험

이런 정규 시험 이외에 많은 부정기, 특별 시험이 있었다. 국가적으로 좋은 일이 있을 때나 인재 등용이 필요한 때에 수시로 증광시(增廣試), 별시(別試), 알성시(謁聖試), 춘당대시(春塘臺試), 정시(庭試)가 있었고, 성균관과 사학(四學)의 재학생들에게 부과되는 특별 시험인 반제(泮製), 1월 7일(人日)·3월 3일·7월 7일·9월 9일 등 절일에 시험 치는 절일제(節日製), 지방에서 치러지는 외방 별과(外方別科) 등 다양했다.

표 7-4 과거 시험제도

<table>
<tr><th colspan="2">구분</th><th>시험 단계</th><th>시험 장소/시험관</th><th>지원 자격</th><th colspan="2">시험 내용</th><th>선발 인원</th><th>혜택/진로</th></tr>
<tr><td rowspan="9">문과</td><td rowspan="4">소과</td><td rowspan="2">1차
(監司初試)</td><td rowspan="2">도 감영
/ 관찰사</td><td rowspan="2">결격 사유 없는 평민 이상</td><td>진사과</td><td>賦 1 편 + 古詩 · 銘 · 箴 중 1편</td><td>700명
(후 540명)</td><td>복시 응시</td></tr>
<tr><td>생원과</td><td>五經의 義 1편
+四書의 疑 1편</td><td>700명
(후 540명)</td><td>복시 응시</td></tr>
<tr><td rowspan="2">2차
(覆試)</td><td rowspan="2">성균관
/ 예조</td><td rowspan="2">초시
합격자</td><td>진사과</td><td>초시와 같음</td><td>100명</td><td>'진사'
성균관 입학</td></tr>
<tr><td>생원과</td><td>초시와 같음</td><td>100명</td><td>'생원'
성균관 입학</td></tr>
<tr><td rowspan="5">대과</td><td rowspan="2">3차
(東堂초시)</td><td rowspan="2">-성균관
-한성부
-팔도
/관찰사</td><td rowspan="2">-300일 이상 居館者
-소과 복시 합격자</td><td>製述</td><td>* 주 1)</td><td rowspan="2">* 주 2)</td><td rowspan="2">동당
복시
응시</td></tr>
<tr><td>明經</td><td>9書를 講書하여 略 이상인 자</td></tr>
<tr><td rowspan="2">4차
(東堂복시)</td><td rowspan="2">한성부/예조</td><td rowspan="2">대과 초시
합격자</td><td>제술</td><td>주 1)에서 초장 생략</td><td rowspan="2">33명</td><td rowspan="2">전시 응시</td></tr>
<tr><td>명경</td><td>사서삼경 講書</td></tr>
<tr><td>5차
(殿試)</td><td>御殿</td><td>대과 복시
합격자</td><td colspan="2">對策, 表, 箋, 箴, 頌, 制, 誥, (論, 賦, 銘) 중 1편</td><td>갑과 3인
을과 7인
병과 23인</td><td>(갑과)壯元 종6품, 榜眼과 探花는 정7품
(을과)정8품
(병과)정9품</td></tr>
<tr><td colspan="2" rowspan="3">무과</td><td>초시</td><td>(院試)훈련원
(향시)병마절도사</td><td>일반 평민</td><td colspan="2">활쏘기, 격구, 총쏘기, 武書 강독</td><td>원시: 70
향시: 110</td><td></td></tr>
<tr><td>복시</td><td>병조</td><td>초시 합격자</td><td colspan="2">위와 같음</td><td>28</td><td></td></tr>
<tr><td>전시</td><td>어전</td><td>복시 합격자</td><td colspan="2">騎 격구, 步 격구</td><td>갑 3, 을5, 병 20</td><td>문과와 같음</td></tr>
</table>

주1) 초장: 오경 · 사서의 의(疑) · 의(義)나 혹은 론(論) 중 2편. 중장: 부(賦) · 송(頌) · 명(銘) · 잠(箴) · 기(記) 중 1편, 표(表)·전(箋) 중 1편. 종장: 대책 1편.

주2) 성균관 50명, 한성부 40명. 향시(鄕試)는 경기 20, 충청과 전라 각 25, 경상 30, 강원과 평안 각 15, 황해와 영안 각 10명 총 240명.

(2) 취재

정규 과거 제도나 그와 비슷한 특별 고시 이외에 취재(取才)라는 하급 전문 관료 충원 방식이 활발하게 운용되었다. 이는 특별한 재능이 있거나 음덕(蔭德)이 있는 사람들을 채용할 때 사용되었다. 이조(文), 예조(雜), 병조(武)에서 시행했는데, 다음과 같은 것들이 있었다.

가. 수령

지방 수령을 특별 임용하는 것으로, 9서(書) 중 하나, 『대명률』·『경국대전』을 강(講)해 통(通)을 받아야 하고, 행정 방법에 관한 제술(製述)에 합격해야 한다.

나. 외교관

지방 관청의 교관직 즉 교수나 훈도가 되려는 사람들에 대한 것으로 40세 이상인 자에 대해 강(講)을 시험했다.

다. 역승(驛丞)과 도승(渡丞)

교통 요지에 주둔하는 사람들 채용 시험으로, 『경국대전』의 조목에 대한 강독 시험인 서제강(書題講), 문서인 계본(啓本), 첩정(牒呈), 관(關) 중 하나를 작성해 보는 제술, 해서(楷書) 글자와 산술 시험인 서주(書籌) 등의 시험을 치렀다.

라. 음자제(蔭子弟)

매년 정월에 고관을 지낸 사람들의 비속 친척들을 관료로 임명하는 것이다. 공신 및 2품 이상인 자의 아들, 손자, 사위, 동생, 조카와 실직(實職)에 있는 3품인 자의 아들과 손자, 이조·병조·도총부·사헌부·사간원·홍문관·부상(部將)·선전관 등의 음직(蔭職)을 역임한 자의 20세 이상인 아들 등이 대상이었다. 간단한 강독을 시험해 하위직 문무관이나 녹사(錄事) 등 이직(吏職)에 채용했다.

마. 녹사(錄事)

각 관청에 속하는 고급 이서(吏胥)를 매년 1월과 7월에 채용하던 시험이다. 5경 중 하나, 사서 중 하나, 『대명률』, 『경국대전』 등을 강독 시험하고, 앞의 역승처럼 제술과 서주(書籌)를 시험했다.

바. 도류(道流)

도교 전문가를 채용하는 시험인데 5경 중 하나와 4서 중 하나를 강독하고, 서주를 시험했다.

사. 서리(書吏)

각 읍의 교생 중에서 뛰어난 자를 3년마다 시험해 뽑았다. 서주를 시험 했다. 도호부사 주재 이상은 2인, 군수 이하는 1인을 선발했다.

아. 금군(禁軍), 갑사(甲士), 대정(隊正) 등 군인 선발

무예에 특출하거나 병법을 잘 아는 사람들은 수시로 시험을 보아 선발했다.

자. 의학, 한학, 몽학, 여진학, 천문학, 지리학, 명과학(命課學), 율학, 산학

4맹월(孟月)에 예조에서 제조와 함께 또는 관련 기관의 당상관들과 함께 전문 능력을 시험해 취재했다.

(3) 천거

조선 시대에는 정식의 과거 시험이나 취재 말고도 천거(薦擧)라는 독특한 관료 채용 방법이 있었다.

첫째, 현직 3품 이상인 사람은 3년마다 신춘 음정월에 각각 3인의 관원 후보자를 추천한다. 이 때는 3품에서 무직까지 여러 직책에 대해 추천할 수 있었다.

둘째, 매년 정월에 문반 3품 이상과 무반 2품 이상자들은 수령 또는 만호가 될 수 있는 자를 3인 이내로 추천할 수 있고, 또 의정부와 육조의 당상관, 사헌부・사간원의 관원은 관찰사와 병마절도사가 될 수 있는 사람을 추천해야 했다.

셋째, 지역 주민들이 연대해 보증 추천하면 관찰사는 이를 천망(薦望)하도록 했다.

넷째, 수령의 재질이 있는데도 불구하고 추천하는 사람이 없을 때는 이조의 당상관이 추천했다.

추천된 사람들에 대해서는 과거나 취재를 통해 이미 6품 이상의 현직을 거친 자 이외에는 4서 중 하나와 5경 중 하나를 선택해서 시험해 임용했다.

추천은 반드시 책임을 지도록 하여 부정이 있거나 재질이 합당하지 않은 자를 추천한 사람에 대해서는 함께 연좌해 처벌했다.

3) 관리의 신규 임용과 서경제

처음으로 관직에 임명되는 사람들에 대해서는 반드시 대간(臺諫)인 사헌부와 사간원의 서경(署經)이라는 신원 조회 증명서가 첨부되어야 한다. 서(署)는 동의(同意)한다는 뜻으로 이름을 적는 것이고, 경(經)은 거친다는 뜻이다. 즉, 서경이란 신원 조

회 담당 부서에서 관료로 임명해도 좋다는 확인 서명을 받는 것이다.

서경은 신임 관료들의 결격 사유를 임명 전에 확인하는 작업으로 매우 바람직한 제도이지만, 다른 면에서 보면 최고 통치권자인 왕의 관료 임면권에 대한 전문 관료들의 적극적인 관여 장치로 볼 수 있다. 왕들의 입장에서 자기 마음대로 관료들을 임명하고 싶어도 감히 멋대로 할 수 없게 하는 장치였다. 왕권이 강한 경우에는 가능한 한 서경을 받지 않는 국왕의 교지(敎旨=官敎)에 의한 임명직의 범위가 늘어났고, 반대의 경우에는 관료들이 관여하는 서경을 거친, 이조와 병조에서 수여하는 직첩(=敎牒)에 의한 임명직의 범위가 늘어났다. 고려 시대처럼 조선 초기와 『경국대전』 체제에서는 9품의 품계 중 4품 이상을 관교(官敎 = 敎旨)에 의했었지만, 영조 시대 개편된 『속대전』 체제에서는 각 도의 도사 및 수령으로 임명된 모든 4품 이상의 관료들에 대해 서경을 거치도록 했다. 기본적으로 5품 이하의 관료 임명에는 반드시 서경 절차가 수반되었다.

임명장(=辭令書)이 양 대간에 전달되면 대간에서는 임명 후보자는 물론이고, 그 친가, 외가, 처가의 부조(父祖) 4대(즉, 父, 祖, 曾祖, 高祖)의 신상을 기록하고 이들에게 흠결이 있는가를 신원 조회했다. 서경은 3차까지 했는데 그래도 양사의 합의를 통과하지 못하면 임명이 취소되고, 설령 미리 임명되었더라도 파면했다.

4) 한품 거관 · 한품 서용

한품 거관(限品去官)은 담당 업무에 따라 승진의 한계를 정한 제도이다. 예를 들면 서리는 6품에서 거관하고, 잡직 기술관은 3품에서 거관하며, 사관(士官)은 5품에서 거관했다(한영우, 1991: 407). 이는 행정 기술이나 전문 기술만을 갖춘 사람이 고위 정책 결정 기능을 담당할 수 없다고 보는 입장이다. 이는 관료들의 전문성을 중요시했기 때문이다. 고위직으로 승진하기 위해서는 또 다른 과거나 천거를 통해야 가능했다.

또 일부 다처제의 문화를 가지고 있던 조선은 정실 부인이 아닌 첩의 자손들에 대해 매우 고심을 했다. 축첩 제도는 사회의 근간을 이루고 있는 가족 제도와 신분 제도를 뒤흔드는 것이기 때문이다. 공무원 임용에서는 정실 부인의 자손과, 양인 신분의 첩 자손, 천인 신분의 첩 자손을 차등 있게 대우함으로써 승진 최고위직에 한계를 두었다(『경국대전』, 이전, 한품 서용).

예를 들면 문·무관 2품 이상인 자의 양첩(良妾) 자손은 정3품까지, 천첩(賤妾) 자손은 정5품까지만 오를 수 있었다. 이들에 대한 임용은 정종 때 통의절목(通擬節目), 순조 때의 서얼 소통(庶孼疏通) 등으로 세칙을 정하고 있다.

3. 근무

1) 제주, 겸직[23]

提(제)는 든다, 총괄한다, 총섭한다는 뜻이고, 調('주'라 읽음)는 고르게 한다, 살핀다, 헤아린다는 뜻이다(한우근 외, 1990: 86). 그래서 제주는 한 관청의 업무를 조화롭게 잘 처리한다는 뜻으로 그런 직책에 있는 사람을 가리킨다. 제주는 당상관 이상의 고위층 관원이 당상관이 없는 다른 관아를 겸직으로 관장하는 사람을 말한다.

도제주, 제주, 부제주의 구분은 품계에 따라 나뉘는 것이 통례인데 정1품은 도제주가 되고, 종1품에서 종2품까지는 제주, 그 아래 정3품 통정대부는 부제주가 되는 것이 관례이다.

겸직은 한 사람의 관료가 두 개 이상의 직책을 동시에 맡는 것을 말한다. 겸직의 형태는 여러 가지가 있을 수 있는데, 조직의 장이 소속기관 부속 기구의 장이 되거나 다른 관련 기관의 책임자가 되는 것이다.

겸직의 이유에는 여러 가지가 있을 수 있는데, 중앙 관료가 지방 관직을 겸하는 경우, 유사 업무를 동시에 관장하게 될 경우, 사신이나 특별 행정위원회의 장을 겸하는 경우, 문한(文翰)이나 경연관 또는 서연관처럼 교수직을 겸직하는 경우 등 다양한 형태가 있을 수 있다.

겸직자는 본직을 충실히 수행하면서 동시에 관련 직책을 수행해야 한다. 시간과 노력이 많이 필요하지만 업무의 중요성, 정치 권력 관계상의 필요성 등에 의해 이루어지는 만큼 더욱 책임감 있게 수행해야만 한다.

겸직제 도입의 목적은 첫째, 집권 세력이 정치 권력을 장악하기 위한 방편으로 활용되었다. 중요한 직책인 인사권이나 군사권 등에는 집권 세력인 재상들이 겸직하면

---

23) 이 부분은 행정자치부(2004)에서 추진했던 "옛 제도 연구기획단"의 연구물을 축약해 실었다.

서 권력을 행사했다. 관련 정책, 행정을 자신들의 뜻대로 추진하기 쉽게 겸직이 이루어졌다.

둘째, 중앙정부의 지방 통제권 확보를 위해 중앙정부 집권 세력의 중신들이 지방관으로 임명되는 경우가 많았다. 이는 중앙 집권화를 꾀하고, 지방의 반발 세력 무마, 지방 행정의 균질화를 위해 필요한 방법이다.

셋째, 규칙적인 일이 아닌, 부정기적으로 발생하는 중요한 업무를 다루기 위해 만들어진 임시 조직에 겸직이 이루어지는 경우가 있다. 외국으로 대규모 사절단을 파견하는 경우, 재난 대처 기구, 전쟁기에 급조된 조직, 성역(城役) 등 큰 규모 업무 수행 조직, 대역 죄인을 심문하기 위한 임시 조직 등이 그것이다.

넷째, 우수한 인재를 다방면의 여러 직책에 동시에 활용하고자 할 때 사용된다.

다섯째, 적임자 부족 현상을 극복하고자 할 때도 활용했다. 능력 있는 관료를 여러 직책에 동시에 임명한다.

여섯째, 국고(國庫) 절약에도 도움이 된다. 겸직에 대해 겸직의 숫자만큼 봉록을 높여주지 않음으로써 국가 재정의 절약을 꾀할 수 있다.

고위직 당상관들의 겸직은 육조 속아문에 대한 겸직과 육조에 소속되어 있지 않은 기관에 대한 겸직, 그리고 임시 겸직으로 나눌 수 있다(김송희 1998: 82). 이 중 육조에 분속되지 않은 기관들에 대한 겸직은 예겸(例兼)과 선임직(選任職)으로 구분된다. 예겸은 법제 상 당연히 겸직하도록 되어 있었던 직책이다. 『경국대전』에는 총 81과의 당상관 겸직이 있었는데 그중 예겸 규정이 있는 30과의 내용이 <표 7-5>에 나와 있다.

예겸은 특정한 관원이 으레 겸임하도록 규정되어 있는 경우인데, 특히 영의정 등 삼정승이나 승지의 예겸 규정이 많았다.

제주는 해당 관사의 인사권을 실질적으로 장악하고 있었고, 담당관서의 물품을 직접 관할했다. 조선 시대의 당상관들은 체제가 안정되면서 점차 대토지를 소유하는 특권 계층으로 자리 잡았기 때문에 녹봉에 연연하지 않았을 수 있다. 녹봉이라는 물질적 특혜보다는 한 조직 이상의 책임자가 될 수 있다는 겸직에 매우 매력을 가졌을 것이다.

표 7-5 『경국대전』에 나타난 예겸 당상관의 관서별 수와 본직

관서	관직	품계	인원 수	본직
개성부(開城府)	유수(留守)	종2품	1	경기도관찰사
경연(經筵)	영사(領事)	정1품	3	의정
	참찬관(參贊官)	정3품 당상	7	6: 승지, 1:부제학
홍문관(弘文館)	영사(領事)	정1품	1	의정
	지제교(知製敎)	정3품 당상	1	부제학
예문관(藝文館)	영사(領事)	정1품	1	의정
	직제학(直提學)	정3품	1	도승지
상서원(尙瑞院)	정(正)	정3품	1	도승지
춘추관(春秋館)	영사(領事)	정1품	1	영의정
	감사(監事)	정1품	2	의정
	수찬관(修撰官)	정3품 당상	7	6: 승지, 1:부제학
관상감(觀象監)	영사(領事)	정1품	1	영의정
세자시강원(世子侍講院)	사(師)	정1품	1	영의정
	전(傅)	정1품	1	의정
	이사(貳師)	종1품	1	찬성
합계			30	

자료: 김송희(1998).

2) 보수

관료들에게는 경기에 한해 과전을 지급했고, 이와 병행해 현물을 지급했다. 고려시대 사전(私田)의 문제점을 극복하기 위해 과전법(科田法)을 시행했는데, 이는 관료들에게 봉급 대신에 일정한 규모의 토지를 지정해 주고, 그 토지를 경작하는 농민으로부터 일정한 도조(賭租)를 받을 수 있는 권한을 부여한 것이다. 정부가 나서서 세금을 거둔 뒤 관료들에게 급료를 지불하는 것과는 다르다. 과전은 관인들을 18등급으로 나눈 뒤 경기 지역의 토지를 차등 있게 분급되었다.

위의 18등급 이외에도 지역에 사는 한량(閑良)들에게 5~10결씩 군전(軍田)을 지급했는데 이는 유사시 부경 시위(赴京侍衛)하도록 하기 위한 것이었다. 또 향리와 특수 직역에 종사하는 사람들에게도 과전이 지급되었었다(人吏 位田 등).

과전은 원칙적으로 세습되지 않았지만 과전을 지급받았던 관료가 사망했을 경우에, 수절하는 부인과 자식이 성인이 될 때까지 수조를 허락했다(守信田 · 恤養田).

관료들에 대해서는 또 일정한 봉급을 현물로 지급했는데, 처음에는 매년 정월에 녹패(祿牌)를 지급했고, 후반에는 매 절후 첫 달인 1월, 4월, 7월, 10월의 1일에 수여했다(『경국대전』, 이전, 녹패). 이에 따라 직급에 따라 쌀, 현미, 보리, 콩, 비단, 삼베, 저화(楮貨) 등을 매달(처음에는 사맹 삭에) 지급받았다(『대전회통』, 호전, 녹과).

과전법 형식의 봉급 체계는 과전의 부족, 과전의 은익과 세습, 수조 과정에서 농민과의 갈등, 정부의 토지 직접 지배권 확보 의지 등으로 인해 문제가 누적되었다. 진고 체수법(陳告遞受法: 은닉한 과전을 신고했을 경우에 진고자에게 과전을 우선 지급하도록 한 법), 호조 절급법(戶曹 折給法: 과전 지급을 호조에서 전담토록 한 법) 등의 시행 착오를 겪다가 세조 12년(1466. 단기 3799)에 직전제로 전환했다. 직전(職田)은

표 7-6 과전법에서 토지 분급 액수

등급	지급된 토지 결(結)* 수	수급자 (범위)
제1과	150	대군 ~ 문하시중
제2과	130	부원군 ~ 검교시중
제3과	125	찬성사
제4과	115	여러 군 ~ 지문하
제5과	105	판밀직 ~ 동지밀직
제6과	97	밀직부사 ~ 제학
제7과	89	원윤 ~ 좌우 상시
제8과	81	판통례문 ~ 여러 시(寺)의 판사
제9과	73	좌우 사의 ~ 전의정
제10과	65	6조 총랑 ~ 각부 소윤
제11과	57	문하 사인 ~ 여러 시(寺)의 부정
제12과	50	6조 정랑 ~ 화령판관
제13과	43	전의 사승 ~ 중랑장
제14과	35	6조 좌랑 ~ 낭장
제15과	25	동반 · 서반의 7품
제16과	20	동반 · 서반의 8품
제17과	15	동반 · 서반의 9품
제18과	10	권무, 산직

* 1 결(結): 약 1200평(?). 시대에 따라 면적이 다름.

자료: 강만길 외(1995-7: 230).

결 수를 대폭 줄여 현직 관원에게만 지급됐고, 세습을 철저히 막았다. 그러나 직전세의 징수와 관련해 농민들과의 갈등이 상존하자 정부에서 나서서 직전세를 징수해 관료들에게 지급하는 관수관급제(官收官給制)로 전환했다(성종 9년. 1478).

관수관급제의 시행은 직전 수급 관료들의 징세 행위를 차단했고, 결국 정부가 토지 지배권을, 농민들이 토지 소유권을 확보하게 만들었다. 이후 근대화된 공법(貢法) 체제로 전환하면서 관료들도 정부로부터 현물과 저화(楮貨) 등의 봉급을 지급받았다.

3) 상피제

관료들은 친척 또는 연고 관계가 있는 사람과 서로 상하관 또는 특별한 관계가 있는 직책에 취임할 수 없었다. 이는 특별한 두 사람 사이의 관계로 인해 공정한 법 집행 또는 행정 관리가 이루어지기 어렵다고 보았기 때문이다. 고과나 포폄, 시험이 행해지는 경우는 더욱 조심했던 것 같다. 조선 시대의 상피(相避) 제도는 매우 엄격하게 적용되었다.

관료들은 대공(大功) 이상의 친족(9개월 이상 복상服喪하는 근친. 부모, 조부모, 삼촌, 형제 등), 사위, 손자 사위, 자매부, 외친의 시마(緦麻) 이상의 친족(외가 친척으로 3개월 복상하는 친척. 외사촌 이상의 친척), 아내의 부모 형제와 자매부 등은 서로 상피한다. 법률과 주요 정책 결정 부서 및 사관 등의 경우에는 더욱 상피의 범위가 넓었고, 학관과 군관의 경우에는 상피를 하지 않았다. 혼인한 양가의 가족, 양자간 집과 생가와도 상피했다.

시험 감독관과 수험생, 대간과 겸대(兼臺), 사신과 서장관, 관찰사·병사·도사와 그 지방의 수령 또는 찰방, 홍문관원과 이조의 당상관·낭관 등은 서로 상피한다. 이때 직위가 낮은 자를 다른 곳으로 전직하는 것이 통례이다. 자기 출신 본향에도 상피를 적용했다.

4) 고과, 포폄

고과(考課)는 관리들의 근무 실태를 조사하는 것이고, 포폄(褒貶)은 고과를 토대로 관료들의 성적을 매기는 일이다. 오늘날의 근무 성적 평정 제도이다. 고과에 따른 포폄 결과를 가지고 정기적으로 관리들의 승진과 파면을 하는 것을 도목정사(都目政事), 도목, 정사, 전형(銓衡)이라고 불렀으니 지금의 인사행정이다.

중앙 관청의 관원은 그 소속 관사(官司)의 당상관・제조・소속 조(曹)의 당상관이, 지방 관청의 관원은 도 관찰사가 매년 6월 15일과 12월 15일에 등제(登第: 근무 성적 사정 결과)해 보고한다. 상, 중, 하의 점수를 매기는데 하등의 판정을 받으면 승진을 늦추거나, 파면 또는 무록관(無祿官)화하고, 세 번 정도 중을 받으면 즉시 파면했다. 반대로 상이란 평가가 많으면 승급, 승진을 할 수 있었다. 고과에는 근무 일수 및 태도, 범죄 여부, 업무 처리 실적 등을 종합적으로 고려한다.

제8장

조선 중기의 행정

제 1 절 행정 환경

조선 중기는 『경국대전』 체제가 완성된 이후, 국가가 안정적 발전 시대로 들어서고(중종, 명종), 임진왜란과 병자호란을 겪은 뒤(선조, 인조) 다시 회복(효종, 현종, 숙종)과 안정 시대(영조, 정조)를 맞았던 때를 포괄적으로 지칭한다.

조선 중기는 『경국대전』 체제의 완성에 뒤따른 연산군의 실정과 그에 따른 중종 반정, 정치권의 대립에 의한 사화(士禍)의 발생으로 이어졌다. 연산군은 친어머니 폐비 윤씨의 복원을 반대하던 대신들을 무참히 제거한 갑자사화(1504년 10월)를 계기로 권력자들과 대립해 결국 중종 반정(反正)을 맞았다(1506).

19세에 최고 통치자가 된 중종은 승과 폐지(1507), 삼포왜란 토벌(1510), 도첩제 폐지(1516), 소격서 혁파(1518), 왜구 토벌, 향약 실시, 실록 인쇄 후 사고(史庫)에 보관하는 등의 정책을 구사했다. 37세의 젊은 관료 조광조를 중용해 적극적인 개혁 정치를 펼쳐보려고 했으나, 불과 1년 만에 실패로 끝나고 조광조(趙光祖) 등 사림파들이 대거 처벌되었으니 바로 1519년의 기묘사화(己卯士禍)이다.[1] 문정왕후의 등장, 왕권

1) 기묘사화(己卯士禍)는 중종 14년(1519), 조광조 등 젊은 신진 사림파 관료들이 성리학에 바탕을 둔 이

승계를 둘러싼 대윤파(윤임)과 소윤파(윤원형) 간의 갈등 격화는 지속적인 정치 불안정을 일으켰다. 최초의 민간 사설 학교인 주세붕의 백운동서원이 건립된 것도 같은 시기(1543)였다. 중종 사후(1544, 중종 39년), 인종 즉위와 급서, 뒤이어 12세 어린 명종 즉위(1545)와 문정왕후의 섭정 시작, 윤임파의 탄핵으로 윤원로 귀양, 을사사화로 윤임일파 축출 사건이 이어졌다. 불안한 정치 상황 속에 명종 10년(1555) 비변사가 설치되고, 을묘왜란을 겪었다.[2)]

선조, 광해군, 인조, 효종 시기 100년은 왜(倭), 청(淸)의 침략을 겪으면서 정치, 경제, 사회 모든 영역이 큰 곤경을 치르던 시기였다. 선조 즉위 초기는 사림 정치가 부활되고, 주자학이 장려되어 이황(李滉), 이이(李珥) 등 훌륭한 학자들이 활약을 하던 때이다. 명나라의 잘못된 기록을 고친 종계변무(宗系辨誣)가 해결되고, 유교사상 확립을 위해 명유(名儒)들의 저술과 경서의 간행이 이루어졌다. 그러나 권력 다툼이 점차 증폭되어 동인과 서인, 남인과 북인의 붕당이 심각한 대립 관계를 형성했다. 1589년 정여립(鄭汝立)의 모반 사건을 계기로 기축옥사(己丑獄死)가 일어나고, 서인 세력이 동인 세력을 제거하고 권력을 장악했으나, 건저 문제(建儲問題, 1591)로 정철(鄭澈)이 파면되면서 동인이 다시 집권했었다. 다시 탄핵을 받은 정철 처벌을 둘러싸고 온건파는 남인(南人)으로, 강경파는 북인(北人)으로 다시 나뉘었다. 류성룡(柳成龍)을 중심으로 한 남인 세력이 주도권을 행사하면서 이항복(李恒福) 등의 중도적인 서인 세력이 함께 권력을 공유했다.

선조 시기의 가장 큰 변란은 왜의 침략과 정부의 피란, 그리고 왜군 격퇴를 위한 총력전이었다. 1583년 니탕개(尼蕩介), 1587년 니응개(尼應介)가 이끄는 여진족의 침입을 경험한 조선은 일본에 대해서도 경계심을 늦추지 않고, 1590년 황윤길(黃允吉)·김성일(金誠一)·허성(許筬) 등을 통신사로 파견해 일본의 동태를 파악하도록 했다. 또 율곡 이이 등 현명한 관료들도 10만 양병설을 주장하면서 국방의 중요성을 설파했지만, 현실적으로는 정책 전환이 쉽지 않았다.

도요토미 히데요시(豊臣秀吉)의 명령에 따라, 1592년 4월 13일 일본군 정예병 21만 명이 부산포로 침략했다. 일본군이 충주를 거쳐 북진해 오자 조정은 보름 만에

상주의적인 도학 정치를 급진적으로 추진하다가, 남곤 등 훈구 공신 세력의 반발을 받아 사림파가 제거당한 사건이다. 사림파가 훈구파의 세력을 꺾기 위해 '위훈(僞勳) 삭제 사건'을 일으킨 것이 발단인데, 이는 중종 반정(1506) 공신 가운데 76명은 뚜렷한 공로가 없기 때문에 그 공훈을 삭제해야 한다는 주장이었다.

한성을 버리고 개성, 평양을 거쳐 의주까지 퇴각했다. 이곳에서 선조는 만일의 사태에 대비해 평양에서 세자로 책봉한 광해군(光海君)으로 하여금 분조(分朝)를 설치하게 하고, 명나라에 구원병(救援兵) 파견을 요청했다. 명나라는 그 해 12월 4만 5,000명의 군대를 파견했다.

조선은 권율, 이순신 등 관군을 중심으로 하면서 전국적인 의병, 승병의 대항, 명군의 지원을 통해 왜군을 어렵게 격퇴할 수 있었다. 이 과정에서 국방의 중요성이 강조되고, 훈련도감 설치(1594), 공사천무과(公私賤武科)와 참급무과(斬級武科)의 실시, 비격진천뢰나 화포, 조총 및 탄환 개발, 수군 증대 등의 국방행정이 추진되었다. 전쟁 이후에도 5군영 정비, 비변사 강화가 이루어졌다.

전쟁 중에 세자로 책봉된 광해군은 1608년 왕위에 오르면서, 반대 세력들을 제거하는데 이 과정에서 적지 않은 정적을 만들었다. 광해군은 왜란을 치르면서 통치 능력을 길렀고, 즉위 후에는 왜와 여진의 동태를 잘 살펴 현실적인 국방, 외교 정책을 구사하고자 했다. 북쪽 여진족은 누르하치에 의해 후금(後金)을 건국해 강국이 되었고(1612), 이어서 중원 진출을 위해 명나라와 대결을 시작했다. 이 과정에서 광해군은 명의 거듭된 요청에 파병했던 강홍립(姜弘立)의 조선군으로 하여금 균형 있는 대처를 하게 했고, 명이나 후금과 원활한 관계를 유지하고자 했다. 이 와중에 내부의 서인(西人) 반정 세력에 의해 폐위되는 수모를 겪었다.

반정(反正)으로 국왕에 오른 인조(1623년)는 광해군을 임금의 지위에서 쫓아냄과 동시에 그를 따랐던 중신들을 대부분 처형했다. 내부의 반발은 이괄(李适)의 난으로 증폭되었고, 광해군을 지지했던 후금의 침략으로 정묘호란(丁卯胡亂)을 겪었다. 1636년에는 명(明)을 멸망시킨 후금이 이름을 청(淸)으로 바꾸고 침략해 삼전도에서 인조를 무릎 꿇렸다. 인조는 조선 전 기간 중 중간쯤에 위치한 군주로서, 이성계에 의해 설립된 전주 이씨 왕권의 중심축이기보다는 방계(傍系)의 인물이었다. 국제 외교를 잘못해 청나라의 침략을 받아 굴복했고, 가장 많은 국민을 사지(死地)로 몰아넣은 임금이었다.

효종은 국력 회복을 위해 농업 생산력 증대에 힘쓰고, 부세(賦稅) 제도를 개혁했으며, 김육(金堉)의 도움을 받아 대동법(大同法)을 시행하고 상평통보를 사용했다. 이완(李浣) 등 무신 세력을 중용하고, 어영청·수어청 등 중앙 정규군을 정비하는 한편 영장제 개혁, 속오군 활성화 등 지방 군대도 정비하고, 나선(羅禪) 정벌(1658) 등

북벌 정책도 적극적으로 추진했다. 현종은 효종을 이어 현실적인 국방 정책을 추진하고, 국력 발전을 위해 노력했다. 호구 수 증대를 위해 삭발하고 중이 되는 것을 금했으며, 산간 지방 유민을 호적으로 편입했고, 오가작통사목(五家作統事目)을 제정했다. 경기도에 균전사를 보내 양전(量田)을 실시하고(1662), 대동법 실시를 위해 호남 대동청을 설치했으며(1663), 재정 부족을 메우기 위해 영직첩(影職帖)과 공명첩(空名帖)을 발급했다. 교서관(校書館)에서 활자를 주조했다.

숙종, 영조, 정조는 다시 조선의 황금기를 구사했던 시기로 봐야 할 것이다. 숙종 시기에는 전란 이후의 토지 조사 사업을 지속해 완성하고, 전국적으로 대동법을 실시했다. 상평통보(常平通寶)를 유통시켜 상품 경제의 활성화를 꾀했다. 국방을 튼튼히 하기 위해 금위영(禁衛營)을 추가로 설치해 5영 체제를 완결했고, 압록강 유역의 무창(茂昌)·자성(慈城)의 2진(鎭)을 개척하고 백두산(白頭山) 정계비(定界碑)를 세워 국경을 확정했다. 일본에 파견한 통신사로 하여금 에도(江戶) 막부 정권과 협상해 일본인들의 독도 출입 금지를 보장받았다. 또한 조선 통신사를 세 차례나 파견(1682년, 1711년, 1719년)해 왜은(倭銀) 사용 조례를 확정함으로써 왜관 무역을 정비시켰다(출처: 위키 백과, 조선 숙종). 숙종은 '환국 정치(換局政治)'라고 하는 붕당 대립 정치를 구사했는데, 이것이 자칫 과열되어 서인, 남인들 사이의 예론(禮論), 인현왕후 폐위와 복권 등 심한 권력 투쟁을 낳기도 했다. 숙종 말년에는 삼남 지방에서 양전 사업이 완료되어 총 66만 7,800결을 얻고, 전국의 인구는 680만 명으로 늘어났다(1720). 숙종 때에는 문화 사업 면에서도 중요한 성과가 나타났다. 『대전속록(大典續錄)』, 『열조수교(列朝受敎)』 등을 비롯해 각종 국가 통치 질서를 강화하기 위한 편찬 사업이 활기를 띠었다.

조선의 18세기는 영조와 정조의 재임 기간으로 국력이 안정되고 국력이 크게 발전했다. 소론과 노론을 균형 있게 등용하는 탕평책(蕩平策)을 사용하고, 1772년에는 같은 당파에 속한 집안끼리는 결혼을 금지시켰다(출처: 위키백과, 조선 영조). 사형을 시킬 때는 반드시 3심(審)을 거쳐 시행하도록 하는 삼복(三覆) 제도를 다시 만들었을 뿐 아니라 사대부 집안에서 임의로 형벌을 내리는 것을 금지시켰다. 신문고 제도를 부활해 백성들의 억울한 일을 직접 알리게 했으며, 금주령(禁酒令)을 내려 사치·낭비의 폐습을 교정하고 농업을 장려해 민생의 안정에 힘썼다. 기민(飢民)의 실태를 조사해 그들을 구제하고, 백성들이 국방의 의무를 대신해 세금으로 내던 포목을 2필에서 1필로 줄이는 균역법(均役法)을 제정해 세제(稅制)의 합리화를 기하는 한편 백성들의 세금 부담을 크게 줄였으며, 신분에 따라 국가에 대한 의무를 달리 부담하게 했다. 또 일본에 조선 통신사로 갔던 조엄이 고구마를 들여왔는데, 훗날 흉년 때 식량으로 대신할 수 있게 되었다.

정조는 취임과 동시에 규장각(奎章閣)을 설치(1776)해 유학 진흥과 함께 신진 사림(士林)들을 발탁했고, 적극적으로 개혁 정치를 구사했다. 초계문신(抄啓文臣)을 발탁하고, 이용 후생과 실사구시(實事求是)의 학풍을 진작해 많은 활자를 주조하고, 『경국대전』을 보완한 『대전통편』의 출판, 『국조보감(國朝寶鑑)』, 『규장전운(奎章全韻)』, 『동문휘고(同文彙考)』, 『홍재전서(弘齋全書)』 등의 책자를 발간했다. 서양 문물을 많이 받아들이는 과정에서 서학인 천주교가 등장하면서 갈등이 나타났고, 천주교 박해 사건이 일어났다. 지방 행정을 위해 자주 어사를 파견했고, 신해 통공(辛亥通共, 1782)을 실시해 상업 활동의 자유 범위를 넓혔다. 가혹한 형벌을 막고, 수원 화성(華城)을 축조했다.

영조 이금(朝鮮 英祖王 李昑 像), 보물 제932호(자료: 국립고궁박물관 소장)

정조 이산
(자료: 위키백과)

제 2 절 행정 조직과 관리

1 중앙 행정

조선 초기에 마련되었던 『경국대전』 체제의 국왕－의정부－육조 행정 방식은 일단 그대로 지속되고 있었다. 다만, 의정부의 역할은 조선 중기에 국방 업무의 중요성에 따라 문무 중신들이 모두 참여하는 비변사로 전환된다. 변방 정책과 관련해 비변사라는 말이 본격적으로 등장하는 것은 중종 5년(1510)이고, 명종 10년(1555)에 정식 합좌 기관으로 자리매김했다. 비변사는 원래 의정부 삼정승을 도제주로 하고, 변방 장군들을 제주(提調)로 한 국방 담당 기구였는데, 임진왜란을 겪고 난 뒤부터 육조 판서와 중앙 각 기관의 장, 유수, 대장, 대제학들이 모두 참여한 국가 최고 기관이 되었다.[2] 의정부의 기능이 둔화되고, 비변사(備邊司)에서 육조의 업무를 직접 결정·

표 8-1 비변사의 변천

구분	시기		조직상	발전상	배경
제1기 변사 주획기 (邊事籌劃期)	1510(중종 5)~ 1591(선조 24)	16세기 (81년)	형성기	과도기	변경 혼란 빈발 시대 (경오, 을묘 왜변)
제2기 군국기무 총령기 (軍國機務總領期)	1592(선조 25)~ 1698(숙종 24)	17세기 (106년)	정형 (定型)	활성기	전시, 준전시 산업 복구 시대 (왜호 양란, 북벌)
제3기 외교 재정 장악기 (外交財政掌握期)	1699(숙종 25)~ 1800(정조 24)	18세기 (101년)	확장기	흥성기	대외 화평, 교역 시대 (사회 변동, 산업, 교역 발달)
제4기 내정 전횡기 (內政專橫期)	1801(순조 1)~ 1865(고종 2)	19세기 (64년)	파행기	퇴영기	정치 사회 파행 정체 시대 (세도 정치, 민란)

자료: 반윤홍(2003: 33).

2) 이 부분은 『한국행정 60년사』 중 조선 시대의 행정(이대희, 2008) 내용을 전재(轉載)한 것이다.

집행했다.

비변사는 고종 때 대원군에 의해 혁파되기까지 다음과 같은 변천 과정을 겪었다.

비변사 조직은 도제주(都提調)－제주(提調)－낭청(郎廳)－서리(胥吏)로 구성되었는데, 제주 이상은 의정과 판서들을 포함하는 당상관들이 겸직했다. 제주 이상은 당연직도 있지만, 필요에 따라 제한 없이 차출되었다. 도제주는 시원임(時原任) 의정(議政)이나 대신(大臣)이 겸임하고, 제주는 정원 없이 상주해 임명한다. 그런데 제주들 중에는 으레 겸임하게 되어 있는 판서, 유수, 대장, 대제학들과, 재신(宰臣) 중 변방 일에 식견이 있는 사람들을 제한 없이 계차할 수 있게 되어 있었다. 제주 중 변방 전문가 4인을 유사당상(有司堂上)으로 정했다. 정3품 통정대부 중에서 변방 일을 아는 사람을 부제주로 했다, 실무자로는 낭청 12인(종6품), 서리(영리, 경리) 43명을 두었다.

비변사는 처음에 변방 업무를 논의하기 위한 임시 기구로 출범했지만, 의정부와 육조의 행정과 국방 업무를 총괄하는 최고 통치기관으로 존재했다. 비변사에서는 비변 담당 관료 추천(擬望), 군사 훈련(軍操), 재난 대책(災實 分等), 환곡 대체(還餉), 산림 관리(松政), 외래인 관리(漂到人), 공명첩(空名帖), 등보(謄報) 관리, 축목, 부역, 봉수(烽燧), 조전(朝典), 제향(祭享), 예악, 군인 양성(養士) 등을 담당했다(반윤홍, 2003: 126-141). 주요 정책 결정과 인사 추천, 시정 통제 업무를 관장했다.

이 때도 역시 삼사의 견제 기능이 있었는데, 다만 한 가지 특기할 것은 삼사의 임명권이 이조의 전랑(銓郎)에게 주어져 있었다는 점이다. 이조 전랑은 후임자를 전임자가 추천하는 자대제(自代制) 전통을 세워갔다. 이는 비변사의 전횡을 막기 위한 장치로 볼 수 있다. 이 때의 권력 구조는 정조(政曹: 의정부와 육조), 삼사, 전랑의 견제와 균형 속에 움직였다(이수건, 1989: 18).

2. 지방 행정

1) 관찰사

지방 행정은 관찰사와 수령에 의해 이루어졌는데, 『경국대전』 체제가 기본적으로 유지되면서 현실에 맞게 조금씩 변화가 이루어졌다. 관찰사의 통치 행정 기능을 다시 한 번 정리하면 다음과 같이 분류해 볼 수 있다.[3)]

첫째, 지방관들에 대한 규찰과 탄핵을 담당했던 외헌(外憲) 기능이다. 책임 맡은 도내를 순력(巡歷)하면서, 지방관들의 행정 실태를 점검하고, 주기적으로 지방관들을 포폄하며, 잘잘못이 있을 경우에는 직접 처벌을 했다. 그러나, 조선 중기를 지나면서 관찰사의 임기가 2년으로 늘어나고, 주요 목사를 겸직하면서 순력보다는 지방행정을 총괄하는 책임자가 되어 갔다.

둘째, 행정 기능인데, 여기에는 권농(勸農), 구휼(救恤), 시취(試取), 수세(收稅), 재정(財政) 업무가 핵심이다. 권농은 국가의 먹거리와 관련 있는 농업의 장려인데, 경작(耕作), 작황(作況), 가뭄과 풍흉(豊凶)을 수시로 점검해 보고하고, 농민들을 잘 관리하는 일이다. 구휼은 각종 재난이나 전쟁, 흉작으로 인해 발생한 국민들을 구제하는 일이다. 임진란과 병자란을 통해 피폐해진 지방민들의 구제, 수시로 빈발하는 가뭄과 수재(水災) 난민 구제, 흉년의 구제 활동은 수령들의 핵심 업무인데, 이를 관리하는 일도 매우 중요했다. 시취(試取)는 문과나 무과의 지방 향시(鄕試) 과거 시험을 주관하는 일이다. 수세는 조세를 중심으로 하여 공납(貢納), 어업세(漁稅), 소금세, 공장세(工匠稅), 상업세, 광업세, 인삼세, 무당세(巫稅), 환곡(還穀) 등을 철저히 하는 업무였다. 훈련도감 설치 이후 등장한 삼수미세(三手米稅), 대동법 실시에 따른 공납의 전세화(田稅化), 균역법 실시에 따른 결미세(結米稅) 등도 책임을 맡아야 했다. 재정은 관할 지방 관청의 물품 출납 상황, 전곡(錢穀) 상황, 회계 결과를 매년 2월 말까지 국왕에게 보고해야 하는 일이다.

셋째, 사법 기능인데, 수령들이 관내의 태형(笞刑) 이하의 형만을 전단할 수 있기 때문에 그 이상인 장형(杖刑) 이상의 형의 처결은 관찰사 몫이었다. 관찰사는 피의자를 심문할 수 있었고, 유형(流刑) 이하 장형까지를 처결할 수 있었다. 그렇지만, 문무 관원이나 사족(士族) 부녀자를 구금할 때는 국왕에게 보고해야 했다. 조선 후기로 오면서 관찰사의 사법상의 책무가 더욱 확대 규정된다(이희권, 1999: 61). 내수사에서 노비를 추쇄(推刷)할 때 노비 침탈자 처벌, 각 관청의 차인(差人)들 중 거둬들이는 것이 지나치게 많은 자 처벌, 살인 사건을 국왕에게 보고하고 형조로 옮겨 처리하는

3) 이 부분은 이희권(1999: 33-70)의 내용을 토대로 서술했다.

일, 부검, 정배된 유배인이 죽었을 때 보고하는 일, 소나무 남벌 사건, 묘지 소송(山訟), 치사 사건, 부녀자 겁탈 사건 등이 모두 관찰사의 임무로 되었다.

넷째, 군사 기능인데, 관찰사는 관내의 병사나 수사 기능을 겸하는 경우가 많았다. 부임 시에 국왕으로부터 지휘권인 겸(兼)병마수군절도사 병부(兵符)는 물론 소속 영장, 진관수령, 진포 등의 병부도 함께 수령했다. 군사 점검, 번상(番上)과 유방(留防), 징병, 훈련 등의 국방과 치안 행정을 담당했다.

2) 수령

수령은 지방 행정의 실질적인 현장 책임자였는데, 조선 초부터 매년 초의 천거 제도와 제도화된 취재 제도가 운영되었고, 조선 후기에는 수시로 전관 추천(銓官推薦)과 별천(別薦)이 새롭게 시행되었다(이희권, 1999: 108-109). 『수교집록(受教輯錄)』 인조 26년(1648)의 규정을 보면 수령에 합당한 자로서 미처 천거를 받지 못한 사람은 이조 당상이 천거(薦擬)하고, 고과 성적이 열 번 중 열 번 모두 상(上)인 사람, 다섯 번 고과에 모두 상(上)인 사람은 전관이 추천할 수 있도록 했다. 수령 별천은 숙종 37년(1711)에 법제화되어 시행된 것으로 국왕의 하명에 따라 관질(官秩)의 고하나 수령직 역임 여부에 관계없이 천거하도록 한 제도이다. 또 중비(中批) 제도가 있어, 국왕이 특정한 사람을, 특정 관직의 의망단자(擬望單子)에 넣어 심사케 하거나(=中批加望) 직접 임명하는 제도(=中批特除)였다.

조선 후기의 수령 천거와 임명은 법과 원칙에 따라 인물 본위로 이루어져야 했겠지만, 어느 정도는 족당들의 영향력에 의해 좌우되었을 것이다.

수령은 지방 행정의 책임자들이었지만, 경관직에 비해 임기가 길고, 승진도 상대적으로 불리했다. 가족을 대동하지 않은 수령의 임기를 짧게 하고, 가자법(加資法)을 통해 지방 수령의 근무 성적을 우대하고, 수령직을 4품 승진과 정 3품 승진의 필수 조건으로 하기도 했으며, 행수법(行守法)을 시행해 부담을 줄이기도 했다(이희권, 1999: 113-116). 임기 이전의 잦은 수령 교체를 막기 위해 많은 노력을 기울이기도 했다.

업무 수행에서 기본적으로는 관찰사를 통해 중앙 정부와 연결되는 것이 원칙이었으나, 현실적으로 수령들은 직접 국왕이나 중앙 관청과 연결되어 업무 보고와 기능 수행이 이루어졌다. 각종 납세 업무, 상번군의 이송, 상납 업무는 물론 여러 가지 분야에서 직접 중앙 관아와 연결되었다.

3) 읍리들에 의한 행정

조선 시대에는 중앙에서 파견한 수령의 책임 하에 지방 행정을 수행했는데, 수령들은 지방 행정 여건에 맞춰 어느 정도 자유롭게 읍리를 둘 수 있었다. 읍리(邑吏)란 육방(六房: 이방, 호방, 예방, 병방, 형방, 공방)과 색리(色吏: '색'은 '담당' '책임'이라는 뜻으로 색리는 특정 직임을 담당한 향리를 말함)를 포함한 모든 실무 행정 집단을 말한다. 읍리는 특별한 위계 질서가 없었고, 수령의 명령에 따라 각자 특정 직임을 수행하는 사람들이었다(이희권, 1999: 197-249). 육방은 수령의 측근에서 좀 더 중요한 일을 담당했기 때문에 동헌(東軒) 가까이에 위치한 이청(吏廳, 作廳)에서 근무했고, 색리들은 자신들이 담당한 특수 직임에 따라 근무지인 소(所), 청(廳), 창(倉)에 근무했다.

읍리는 수령에 의해 수시로 임명되었는데, 향청이나 선임 읍리, 지역민들의 추천에 의해 이루어질 수밖에 없었을 것이다. 조선 초기에는 읍리직이 힘든 것으로 여겨져 기피 대상이 되기도 했지만, 점차 행정 특권은 물론 각종 이권과 관련이 되면서 지역 내의 주요 인사들이 읍리직을 선호하게 되었다. 양민은 물론 재지 사족들까지도 이 직을 선호하게 되었다.

조선 중반으로 가면서 지방 수령들의 권한이 강해지고, '경재소－향청(유향소)' 계통을 통한 지역 장악 대신 '수령－읍리(향리)'를 통한 지방 장악력이 강해지는데, 이는 읍리들의 행정 권한이 아울러 강해졌음을 의미한다.

4) 향청(유향소), 동계, 향회[4)]

조선의 지방 행정은 중앙에서 파견된 수령(목사, 군수, 현감, 현령)과 군 통수권자(병사, 수사, 만호 등)를 중심으로 하되, 실무 행정인들은 모두 현지 사람들이었다. 현지인 중에는 첫째로, 아전으로서 실무 행정을 담당하는 사람들과 중인이나 양반들 중에서 임명되는 면임, 권농관, 이임 등 실제로 행정에 관계하는 사람들이 있었고, 둘째로, 유향소(留鄕所)나 향규(鄕規, 鄕約, 鄕會), 동계(洞契) 등 지역민들의 자치 조

4) 이 부분은 한국행정연구원(2008). 『한국행정 60년사』 중 조선 시대의 행정(이대희, 2008) 내용을 전재(轉載)한 것이다.

직으로서 행정에 영향력을 행사한 사람들이 있었다.

유향소나 향회는 지역의 지식인 양반 계층의 결사체로서 지방 행정에 대해 활발한 의견을 개진했고, 적절한 비판과 통제 기능을 수행했다. 비록 선거직은 아니지만 오늘날의 지방 의회 같은 성격의 지역민 합의체였다. 조선 중기에 활발했던 사족들 간의 결사체인 '향안(鄕案)'과 그들의 규약이었던 '향규', 그리고 향약 조직은 바로 그러한 향회의 구체적 모습이었다.

향청은 유향소가 좀 더 공식적인 지방행정 기구화하면서 자연스럽게 사용된 것 같다. 향청은 수령에 다음 가는 관아라 하여 이아(貳衙)라고도 했는데, 임원인 향임(鄕任)에는 지역의 토착 유력자 중 나이가 많고 인망이 있는 자를 좌수(座首)와 별감(別監)으로 자체 선출한 뒤, 수령이 임명하는 형식을 취했다. 이들의 임기는 대개 2년이고, 지역 규모에 따라 2~5인을 두었다. 향임은 6방을 나누어 담당했는데, 좌수는 이방과 병방, 좌별감은 호방과 예방, 우별감은 형방과 공방을 담당했다.

재지 사족들은 사창제, 향약, 향사례, 향음주례 같은 규약이나 장치를 활용해 세력을 결집했고, 유향소 조직을 결성하고 '향규'와 향안으로 대표되는 향촌 사회의 독점적 우위권을 획득하려 했다. 향규는 향안에 오른 향원들 간의 규약으로서 구체적으로는 유향소의 조직 즉 좌수의 선임, 소관 업무, 향안 입록 자격 및 절차, 호장·이방 등 향임층에 대한 인사권, 나아가 부세 운영권까지 장악하고 향리와 일반민들을 그들의 지배하에 수렴할 수 있었다. 또한 서원이나 사우도 교화와 함께 사족들의 여론 조성 기구로서 기능했다.

지방의 자치 행정적 전통은 중앙정부의 지방 통제력과 길항 관계에 서 있었다. 중앙 파견 수령의 권력이 강할 때는 지방의 자율적 세력들이 자연스럽게 협력 위치에 서면서 면임이나 권농관 등 일선 행정의 역할을 기꺼이 대행했겠지만, 지방 세력이 강할 경우에는 수령을 견제하고 자신들의 적극적 의견을 개진해 행정에 반영하고자 했었다. 재지 양반들 중에는 중앙 정부에서 요직을 거쳤거나 아니면 요직에 있는 사람들과 연계되어 있는 수가 많아서 지방 수령조차도 마음대로 할 수 없었다.

시골의 유향소와 대비되는 것이 중앙의 경재소(京在所)이다. 경재소는 각 지방 출신의 중앙 관리로 구성해 중앙 관서에 대한 해당 지방의 공무를 처리케 한 재경 연락소로서, 고려 시대 사심관(事審官)과 비슷하다. 여기서는 유향소와 중앙정부 사이의 연락을 주선하거나 유향소 감독, 유향소를 통한 향리 규찰과 지방관 견제 기능,

지역 사족들의 인사 문제 관여, 군현 읍호(邑號)의 승강이나 합병 등에 관여, 공부 진납을 점검하거나 독납하는 공납권, 과거 응시자에 대한 신원 증명권 등을 담당했다. 좌수 1명과 참상, 참외의 별감 각 2명이 직무를 나누어 담당했다.

경재소는 1603년에 혁파되는데, 이는 '경재소－향청－농민' 형태의 지방 지배 체제를 무너뜨리고, '수령－읍리－농민' 형태의 지방 지배 체제를 공고히 하기 위한 것이다(이희권, 1999: 163).

유향소나 향회보다는 규모가 작지만 의미있는 것이 동계이다. 동계는 한 동네의 구성원 간의 조직으로 족계(族契)·동헌(洞憲)·동규(洞規)·동약(洞約) 등으로 불리었다. 동계 조직은 같은 씨족이나 1차적 동질 집단, 특정한 정치 성향을 가진 사람들이 비교적 소규모로 결성해 유대를 돈독히 한 것으로 수령이나 다른 집단들과 견제 관계에 서기도 했다.

3) 사무 관리

(1) 문서 처리

2품 아문([그림 8-1] 참조)은 모두 국왕에게 직접 보고(=直啓)하며, 바로 공문으로 만들어 보낸다. 서울과 지방의 여러 장군들(諸將)과 3품 기관인 승정원(承政院), 장례원(掌隷院), 사간원(司諫院), 종부시(宗簿寺)도 국왕에게 직계한다. 이 밖의 모든 관청은 육조의 해당 관청에 보고한다. 이 때 큰 사건은 계본(啓本)으로, 작은 사건은 계목(啓目)으로 한다.

같은 등급 관청 사이의 공문서는 관(關), 상위 등급 관청에 대한 공문서는 첩정(牒呈), 7품 이하 관청에 대해서는 첩(帖)을 보낸다. 모든 공문서는 보관해(立案) 증거자료로 활용한다.

(2) 경비, 회계

국가의 모든 경비는 토지세와 공물로써 충당하는데, 모든 수입, 지출 명세서는 횡간(橫看)에, 공물 명세서는 공안(貢案)에 기록하고 이에 따라 수입, 지출을 관리했다. 선조 41년(1068)부터는 공물 대신에 미곡을 걷게 되었는데, 이 대동사목(大同事目)도, 또 영조 25년(1749) 시행된 탁지정례(度支定例)도 이 원칙을 따랐다.

제 3 절 주요 정책

1. 민의 수렴 정책*

조선 정부에서는 통치 행위를 수행하는 과정에서 민본 정치(民本政治), 위민 행정(爲民行政)을 최고의 이상으로 내세우고 끊임없이 국민들의 여론을 살폈다. 공식적으로 언로 개방을 표방하고 다양한 여론 수렴 장치를 가동했다. 독재 정권이나 절대주의 왕정에서도 물론 여론의 동태를 주시하지만, 이는 정권 도전을 막기 위한 안전장치로 작동될 뿐이다. 그렇지만 조선 시대에는 통치자들이 진정으로 백성들의 고충을 이해하고 그들과 함께 하려는 의지를 가지고 있었다. 최고 통치자나 관료들의 개인적 차이에 의해 '민본성'이나 '위민성'이 다를 수는 있었지만, 조선이 기본적으로 농업 사회였고, 통치 체제가 지나치게 권위적이거나 강압적이지는 않았기 때문에 민본의 기본 원칙에는 변화가 없었다. 이런 정신은 능동적인 여론 파악을 중시하는 행정 원칙을 수립케 했고, 다양한 공식적·비공식적 행정 장치를 마련하기에 이르렀다. 공식적으로는 각 분야별 중앙 행정 담당 기관에 의한 여론 파악, 지방의 최고 행정 담당자인 수령들의 주기적 보고, 관찰사와 어사들을 통한 추가적 정보 수집이 활발하게 이루어졌다. 여론 파악은 단선적으로 이루어지기보다는 여러 경로로 중첩적으로 이루어졌다. 이와는 달리 지역 출신 향리인 경저리(京邸吏), 영저리(營邸吏)들을 통한 정보 수집, 퇴직 관료나 지식인들의 모임인 유향소를 통한 민의 파악, 개별적 친분 관계를 통한 지방 사정 파악도 활발하게 이루어졌다.

정부가 능동적으로 행정 담당자들을 통해 이루어진 민의 수렴 방식을 보면 다음과 같다.

지방 민의의 수렴은 기본적으로 공식적 행정기관인 관찰사, 수령, 행정 실무자인 도사나 각종 군무(軍務) 책임자들의 보고에 의해 이루어진다. 지방 행정관들에 의해

---

* 이 내용은 이대희(2006). 조선 후기 민의 수렴에 관한 연구, 『동양고전연구』, 25: 165-200; 박병련·임민혁(2008)의 『옛 제도 연구』(193-236)에 실린 것과 동일한 내용임을 밝힌다.

표 8-1 행정 담당자들에 의한 능동적 민의 수렴 장치

행정 주체	민의 수렴 활동	전달과 대응
국왕과 승정원	- 행정기관의 공식적 보고 - 특별 어사 파견 - 각종 상소	- 승정원은 각종 상소와 보고 내용을 국왕에게 보고하고 대응 조처 - 국왕은 관계 기관에 업무 처리를 지시
중앙정부 기관	- 지방 수령의 보고 - 자체 소속 관아로부터 보고 - 의금부의 경우: 당직 상언 - 경저리를 활용	- 의정부를 통해 국왕에게 계를 올려 보고하고, 회의를 거쳐 대응 - 소관 업무는 자체적으로 처리
관찰사	- 공식적 업무의 일환으로 수행 - 소속 관하의 관(關), 첩정(牒呈) 보고 - 직접 순회하면서 민의 파악 - 영저리 등을 통해 물음(諮詢)	- 국왕과 중앙정부에 전달: 계(啓),상소, 차자(箚子) - 소관 업무에 대해서는 수령에게 권유 또는 지시하고, 포폄에 반영
수령 등 행정 책임자	- 직접 또는 향리, 군교 등의 하위 실무자들을 통해 민의 파악 - 백성들의 민원 제기 접수	- 관찰사와 중앙정부에 전달: 관, 첩정 - 국왕에게 상소 - 소관 업무에 반영
어사	- 일반 어사는 수령과 실무 관료들의 도움을 받아 민의 파악 - 직접 백성들의 실태 파악 - 암행어사는 암행으로 민의 파악	- 국왕에게 계(啓)로 보고 - 소관 업무는 직접 처리

파악된 민의는 계문(啓聞) 또는 장계(狀啓) 형식으로 국왕에게 보고되었고, 관(關)과 첩정(牒呈) 형식으로 중앙정부 관계 기관에 전달되었다.

비공식적인 방법으로서 상소(上疏) 형태로 국왕에게 직접 민의를 전달하는 방법이 많이 활용되었다.[5] 상소는 특별한 자격 제한이나 형식에 구애받지 않고 자유롭게 이루어졌는데 상서(上書), 상언(上言)과 특별한 구분 없이 사용되었던 것 같다(이규완, 2004).

양반 지식인들은 적극적으로 자신들의 의견을 개진할 수 있었다. 왕을 비롯한 모든 정책 담당자에게 상소, 면대(面對), 회합(會合)을 통해 의사를 전달할 수 있었다. 사색 당파는 서로 관점이나 의견이 비슷하거나 출신 배경, 이해 관계가 같은 사람들

5) 상소는 특별한 형식이 주어져 있지 않았고 매우 자유롭게 행해졌다. 여기서 비공식적이라는 표현을 쓴 것은 일반 관료들의 경우에 공식적인 보고 절차가 있었기 때문에 수령이나 관료들에 의한 개인적 상소는 비공식적으로 본 것이다.

그림 8-2 **민의 수렴 체계도**

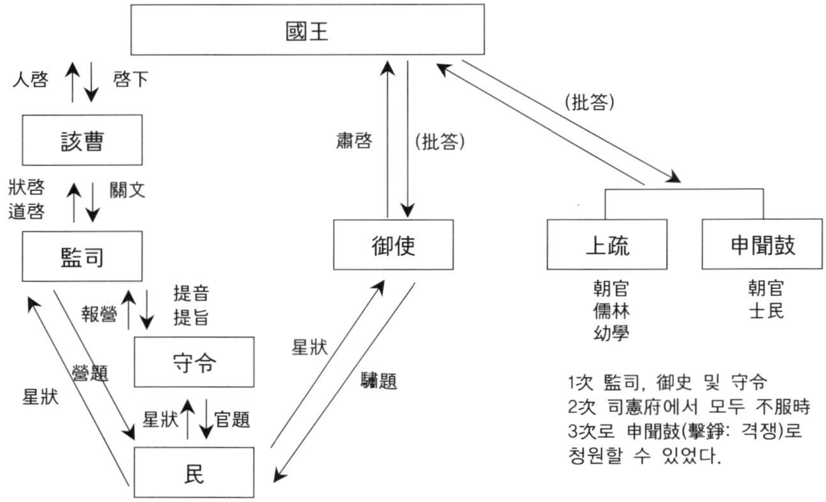

자료: 김운태(2002: 227).

집단으로서 이들은 서로서로 의견 교환을 하면서 정책 과정에 참여했을 것이다. 또 성균관 유생이나 학당의 동기, 같은 서원이나 고향의 양반층들은 서로 긴밀하게 의견을 교류하고 있었을 것이다. 친밀한 관계에 있는 사람이 정부 관료로 근무하고 있을 경우에는 이들을 통해 자신들의 의견을 전달하는 것이 가능했을 것이다.

일반 국민들의 입장에서는 관찰사나 수령, 어사 등에 대해 청원을 하거나, 식자층의 도움을 받아서 상소를 하는 것, 격고(擊鼓)나 격쟁(擊錚)을 통한 직소(直訴)나 상언(上言)이 가능했다(김운태, 2002: 419). 관찰사나 수령을 통해 평상적으로 청원 내용이 해결될 수 있으면 좋지만, 그렇지 못했을 경우에는 어사에게 호소하고, 그것을 통해서도 청원 내용이 해결되지 않을 경우에 마지막으로 국왕에게 직소하는 방법인 격고나 격쟁을 하여 의사를 표명했다.

시위 방법은 가장 마지막 민의 전달 방법이라고 할 수 있는데, 유림들의 복합(伏閤), 복궐(伏闕), 권당(捲堂)과 일반 민중들이 궐문이나 관청에 몰려가 집단으로 호소하는 규혼(叫閽)이 있다. 홍경래의 난과 같은 민란은 불법적인 민의 표출 방법이라고 할 수 있다.

1) 어사 제도

어사(御使)는 최고 통치권자인 국왕이 특별히 파견한 관리였다. 직접 또는 대신들과 상의해 국민들의 민심을 살피거나 특별한 행정 업무를 담당하기 위해 임시로 설치하곤 했던 특별 행정기관이다. 어사는 다양한 이름 속에 수시로 파견되었으니 이는 수령을 통한 공식적인 행정기관 업무와는 별개로 두었던 기구이다.

어사 제도는 삼국 시대 이전의 고대로부터 시행되어 왔던 국왕의 특사로서 고려 시대를 거쳐 조선에 이르면서 중요한 특별 기구로서 자리 잡았다. 고려 때는 시정을 논하고 풍속을 교정하며, 백관을 규찰, 탄핵하는 일을 맡아보던 관청으로 어사대(御史臺)가 있었고, 이곳의 장을 어사대부(御使大夫)라 하고 어사중승(御史中丞)이라는 실무자를 두었었다. 비슷한 이름으로 어사도성(御事都省), 어사(御事) 등의 관청과 관직이 있었다. 이 어사대는 조선 때 사헌부와 사간원으로 기능이 분화되었다. 조선 시대에는 고려 말의 제도를 이어받아 지방 수령을 감독하고, 민정을 파악하기 위해 사헌부의 지방 분대(分臺), 행대(行臺)를 설치해 운영하기도 했다(증보문헌비고 227. 어사조). 행대 감찰을 각 도에 파견하여 은밀히 체찰하도록 하고(潛行體察), 민간의 이해 득실과 수령들의 득실, 지방의 병고(病苦)와 각종 실태를 파악케 한 것이다(백상기, 1990: 274).

문헌에 보이는 어사의 종류는 참으로 많은데 이는 어사가 띤 특정한 업무에 맞춰 이름이 주어졌기 때문이 아닌가 싶다. 문헌 속에 보이는 어사의 종류로는 다음과 같은 것들이 있다.6)

간심어사(看審御史), 감군어사(監軍御史), 감시어사(監市御史), 감진어사(監賑御史), 강상 수검어사(江上搜檢御史), 강상어사(江上御史), 개시어사(開市御史), 구황어사(救荒御史), 남한 번고어사(南漢反庫御史), 독향어사(督餉御史), 번고어사(反庫御史), 봉고어사(封庫御史), 분순어사(分巡御史), 수은어사(搜銀御史), 순다어사(巡茶御史), 순무어사(巡撫御史), 순문어사(巡問御史), 순심어사(巡審御史), 순염어사(巡鹽御史), 시재어사(試才御史), 안핵어사(按覈御史), 암행어사(暗行御史), 양전어사(量田御史), 재상어사(災傷御史), 진휼어사(賑恤御史), 추생어사(抽栍御史)

6) 한국역사정보시스템 http://www.koreanhistory.or.kr/servlets/SearchInThesaurus

어사를 구분할 때 공개적으로 파견되는 여러 종류의 어사들과 비밀리에 파견되는 암행어사로 구분해 이해할 필요가 있다. 전자의 경우에는 공개적으로 국왕의 임명을 받아 임무를 수행하는 사람인데 비해, 후자는 비공개적으로 활동하면서 쉽게 겉으로 드러나지 않는 사안을 특별 조사하는 임무를 수행하는 사람이다. 암행어사를 제외한 모든 어사가 전자에 속한다.

어사는 국왕의 하문(下問)에 의해 삼의정이 대상 인물을 복수로 추천해 보고(抄啓)하면 그중에서 한 사람을 국왕이 임명한다(고석규 외, 1999: 18). 대상 인물은 기존 관료는 물론 새로운 신진 관료까지 총망라되는데, 파견 임무와 관련해서 부적절한 인물을 피하고자 노력한다. 어사는 지방 수령의 경험이 있거나 강직한 사람들 중에서 신중하게 이루어졌다. 현지 행정의 실상을 정확히 알지 못하는 경우에는 자칫 잘못된 평가와 보고가 이루어질 수 있기 때문이다.[7] 국왕 주변의 당하 시종관(堂下 侍從官)들 중에서 강직하고, 청렴한 사람을 암행어사로 추천하는 수가 많았을 것인데(증보문헌비고 227, 어사), 이는 어사의 중요 임무였던 감찰 기능과 관련된 것으로 사헌부,[8] 사간원, 홍문관,[9] 예문관,[10] 승정원 등의 직원이나 신진 관료 중에서 임명하는 수가 많았다.

국왕이 어사를 임명할 때 공개적으로 활동하는 여러 종류의 어사들과 암행어사는 조금은 다른 절차를 밟는다. 전자의 경우에는 상참이나 차대, 경연 등의 과정에서 관료들과 상의해 임명하고 파견한다. 어사로 적합한 사람(加合人)을 묘당인 의정부에서 초계하면 그 중에서 필요한 사람을 정해 어사로 파견한다. 그러나 암행어사는 비

7) 영조 때(영조 007 01/07/27(임술)) 주강(晝講)을 행했다. 강(講)을 마치자, 참찬관(參贊官) 유복명(柳復明)이 말하기를, "암행 어사(暗行御史)가 염찰(廉察)하는 것은 사체(事體)가 지극히 중대하니, 수령(守令)을 지내지 않은 자는 외방(外方)의 물정(物情)을 알지 못해 혹은 당연히 포상(褒賞)될 것인데도 폄출(貶黜)되고, 당연히 폄출될 것인데도 포상되는 자가 없지 않으니, 신의 생각으로는 암행어사를 반드시 일찍이 수령을 지내고 물정에 아주 익숙한 자로 뽑아서 보내는 것이 마땅할 듯합니다." 하니, 임금이 이를 옳게 여기고 비국(備局)으로 하여금 일찍이 수령을 지내어 사무로 감당할 만한 자로 초계(抄啓)하게 했다.

8) 사헌부와 사간원을 합쳐서 대간이라고 불렀는데, 사헌부 소속 관원으로는 대사헌(大司憲: 당상관), 집의(執義), 장령(掌令), 지평(持平), 감찰(監察)이 있었고, 사간원 소속 관원으로는 대사간(大司諫: 당상관), 사간(司諫), 헌납(獻納), 정언(正言)이 있었다.

9) 옥당(玉堂)이라고 불렀는데, 소속 관원으로는 제학(提學), 부제학(이상은 당상관), 직제학(直提學), 전한(典翰), 응교(應敎), 부응교, 교리(校理), 부교리, 수찬(修撰), 부수찬, 박사(博士), 저작(著作), 정자(正字) 등이 있었다.

10) 예문관에는 검열(檢閱: 당상관), 승정원에는 주서(注書)가 시종(侍從), 관안(官案)에 포함되었다.

밀리에 국왕이 선정하고, 당사자를 은밀히 불러 명령하거나 궁내의 하급 관리를 당사자의 사저로 파견해 임명장을 전달한다(김영원, 1990: 150-152). 국왕이 비밀리에 쪽지(小紙)에 어사의 이름을 적어 승정원으로 하여금 시행케 하는 수도 있었지만, 대체로 묘당의 추천을 받아 면유(面諭)나 밀지(密旨)로 임명해 파견했다(백상기 · 김세일, 1991: 111-112). 암행어사를 임명할 때는 자색의 견제 책보에 봉서(封書),[11] 사목(事目), 발마패(發馬牌),[12] 유척(鍮尺)[13] 등을 싸고, 겉봉에 '도 남대문 외 개탁(到南大門 外 開柝)'이라는 문구를 적는다. 암행어사는 남대문 밖에 도달해 임무를 확인하고, 단출한 군관이나 수행원들을 대동하고 임지로 떠난다.

암행어사의 파견이 특정한 지역과 관련된 것이라면 직접 그곳을 활동 지역으로 정해 파견하지만, 너른 지역에 걸친 전반적인 민의 파악과 수령들의 직무 감찰이라면 무작위적 선발 원칙을 취하기도 했다. 즉, 8도를 좌우로 나눈 16도, 360개 고을 이름을 죽통에 넣고 임의로 뽑아 활동 지역을 정하기도 했다(고석규 외, 1999: 19-20).

어사의 경우에는 공식적으로 담당한 일을 수행하고 수시로 계(啓)를 올려 국왕에게 보고하고, 권한에 속한 임무를 수행한다. 반면에 암행어사는 감찰과 민의 파악 임무 등을 수행하다가 공식적으로 신분을 드러내는 노종(露從), 즉 출도(出道) 행위를 하고, 필요할 경우에는 수령을 대신해 서류를 조사하거나 관계인을 심문한다. 이 과정에서 해당 수령의 관인(官印)을 회수해 업무 수행을 정지시키고, 봉고(封庫) 조치를 취하기도 한다. 관인을 회수하게 되면 어사가 수령의 업무를 대신하고, 심할 경우에는 수령을 파직시키는 역할도 수행할 수 있다. 어사는 임무 수행을 결과를 서계(書啓)와 별단(別單)으로 정리해 보고하고, 추가적인 조치 여부를 국왕이 판단하게 한다.[14]

---

11) 봉서는 어사나 경차관 등 각종 봉명 사신에게 수여된 임명장으로 봉해진 채 어사에게 전달된다. 임무에 관한 사목(事目)이 따로 없을 경우에는 수행 업무 내용을 간략하게 적기도 한다(백상기 · 김세일, 1991: 114).

12) 주요 교통 요지에 설치되어 있던 역(驛)에서 필요한 말을 동원할 수 있도록 한 장표로서, 3촌의 동패(銅牌)에다가 표면에는 마필을 새기고, 뒷면에는 자호(字號), 연월일, 상서원의 인장을 새겼다. 마필의 두수에 따라 동원 가능한 말에 제한이 있었다.

13) 도량형으로 태형 장구들의 두께를 재거나 일반 시장의 도량형이 표준에 맞는가 조사할 때 사용한다.

14) 암행어사의 보고에 따라 지방 수령에 대한 포폄이 이루어지는 경우가 많다. 예를 들면 다음과 같다. 경기 암행어사(京畿暗行御史) 이정응(李挺膺)이 복명(復命)하니, 분부하기를, "파주 목사(坡州牧使) 정내주(鄭來周)와 음죽 현감(陰竹縣監) 강일규(姜一珪)는 모두 치적(治績)이 칭찬할 만하니, 재직하고 있는 사람은 특별히 가자(加資)하여 잉임(仍任)시키고 이미 체차(遞差)된 사람은 특별히 3품 수령(守令)에

민의 수렴은 기본적으로 관찰사와 수령들을 통해 이루어진다. 그런데 이것을 통해 충분한 정보가 수집되지 않거나, 시일이 촉박할 경우에는 특별 경차관[15]이나 어사를 파견하게 된다. 그렇지만 경차관이나 어사 등 특별 기구를 이용한 민의 수렴은 관료제의 기본적 보고 체계를 벗어나는 것이고, 어사의 파견 자체가 잘못하면 지방 행정을 어지럽게 할 수 있기 때문에 가능하면 최소로 하려는 노력이 적지 않게 보인다.

2) 상소

상소(上疏)는 고려 시대부터 이어져 내려온 것으로 최고 통치권자인 국왕에게 건의, 청원, 진정 등의 내용을 올리는 글을 말한다. 상소는 정식 관료는 물론 일반 국민들도 자유롭게 할 수 있는 제도였으나 이는 주로 식견이 있고, 행정이나 관료집단에 대해 어느 정도 관심을 가지고 있는 집단들에 의해 애용되었다.

상소는 특별한 형식이 없이 자유로운 형태의 문서로 표현되었다. 정부의 현직 관료들에 의한 상소로는 이들이 국왕에게 올리는 간단한 서식의 상소문인 차자(箚子), 사헌부에서 올리는 대장(臺章), 관리가 연로해 벼슬을 사임하고자 임금에게 올리는 치사소(致仕疏), 간(諫)하는 상소인 간소(諫疏) 등이 있다. 퇴직 관료나 지식인층에 의해서도 자유롭게 상소가 이루어졌는데(이를 유소[儒疏]라고 부른다), 조선 후기 1만 명 내외의 유생(儒生)들이 연명해 올린 집단적인 상소인 만인소(萬人疏),[16] 성균관(成均館)의 유생들이 임금에게 올린 소인 반소(泮疏)와 태학근실(太學謹悉),[17] 유생들이 국정과 관련해서 연명으로 올리던 유소(儒疏), 나라에 큰 일이 있을 때 조신(朝臣) 또는 유생들이 대궐 문 밖에서 엎드려 상소하는 복합 상소(伏閤上疏) 등이 있다. 의금부(義禁府)의 당직청(當直廳)을 통해 올린 당직상언(當直上言)도 상소의 일종이다.

상소의 내용은 제한이 없었다. 개인이나 가족 차원의 문제에서부터 지역이나 국가

임명하라. 양근 군수(楊根郡守) 심세준(沈世俊)과 남양(南陽)의 전(前) 부사(府使) 윤식(尹植)은 먼저 파직시키고 나서 잡아다가 핵문(劾問)하여 죄를 정하고 그들의 천주(薦主)도 파직시키라."고 했다(영조 006 01/05/11(무신)).

15) 경차관은 조선 초기부터 나타난 것으로, 원래는 참상관 외방 사신을 지칭하는 일반 명사였다. 그래서 국방, 외교, 재정, 산업, 진휼과 구황, 옥사와 추쇄 등 다방면에 걸쳐서 다양한 이름으로 파견되었었다(임선빈, 1997: 159).

16) 영남만인소: 1881년(고종 18) 영남의 유생 1만여 명이 정부의 개화 정책에 반대해 올린 상소.

17) 조선 시대에 태학(太學)이 삼가 살폈다는 뜻으로, 유생이 올린 상소(上疏)의 표지에 쓰는 말.

전체에 관련된 사항, 주요 정책에 대한 건의나 반발 등 거의 모든 사항이 상소의 대상이 되었다.[18] 영조 때의 유소를 분류해 보면 간쟁(군주 수신, 치란, 용사, 궁중사 등) 3.0%, 탄핵(토역, 논죄, 추형, 폐출 등) 12.6%, 논사(시론, 의리, 도통, 예론 등) 4.3%, 시무(시폐, 무면, 국방, 읍폐 등) 10.6%, 청원(종사, 청액, 배향, 일반 청원 등) 65.8%, 변무(원정, 신구, 신변, 자변 등) 3.7%로 나타나고 있다(설석규, 1994: 41). 소두(疏頭)를 기준으로 이들의 소속을 보면 관유(館儒) 16.5 %, 향유(鄕儒) 60.1%, 무소속 11.2%, 연합 12.2%였다.

상소 내용 중 무고(誣告) 내용이 있는 경우에는 상소인이 처벌되는 수도 있었다. 상소 내용은 각 관계청의 장이 최종적으로 응대할 책임이 있었다. 상소 내용 중 중요한 것들은 내부 회의나 토론 과정을 거쳐 처결했다. 경우에 따라서는 상소의 책임자를 불러 소견(召見)하는 수도 있었다.

국왕에 대한 상소는 승정원에서 취합하고, 경연이나 차대 등의 과정에서 승지들이 국왕에게 보고하고 처결을 기다린다. 이 과정에서 국왕과 대신들이 공동으로 의견 교환을 하고 최종적으로 국왕의 결정에 따라 처결했다. 토론 과정에서 일리 있다고 여겨지는 것들에 대해서는 국왕이 관계 부처에 회람해 사후 조치를 취하게 했지만, 별로 의미가 없다고 생각되는 것들에 대해서는 바로 처결하거나 폐기 처분했다. 상소 내용에 대한 처결 결과가 상소인의 본래 의도와 다를 경우에는 여러 차례 추가 상소가 이루어지기도 했다.

심한 경우에는 관계관을 처벌하는 수도 있었는데, 정조 때 태학의 유생들이 권당(捲堂)을 하고, 소회(所懷)를 써서 상소한 적이 있었다. 이에 대해 국왕이 크게 노하고 "나이 젊은 유생에 대해 탓할 나위도 못 되는 까닭에 비록 처분은 하지 않지만, 지금의 지관사(知館事)는 바로 대관(大官)인 만큼 처치하도록 하겠다. 대사성은 파직시키라."고 했다(정조 028 13/10/24).

상소를 통한 언로가 매우 잘 열려 있었다고 볼 수 있지만, 국민들의 불만도 적지 않았던 것 같다. 그 이유에는 여러 가지가 있겠지만 승정원 등에서의 거름 장치를 통한 여과, 국왕의 비답이나 처리 내용에 대한 중앙 관료들의 관여로 인한 것일 수

---

18) 영조 때, 정언(正言) 조명교(曹命敎)의 상소 내용을 보면 매우 원론적인 것에부터 구체적인 것까지 총망라되어 있다. 성효(聖孝)를 돈독히 하고, 성학(聖學)에 힘쓰며, 기질(氣質)을 바로잡고, 신하들을 예우하며, 치체(治體)를 살피고, 무너진 기강을 진작시키며, 인재(人材)를 수습하고, 민심(民心)을 얻으며, 쓸데없는 비용을 줄여야 한다는 것이었다(영조 001 00/10/02(임신).

있다.

3) 상언과 격쟁

상언(上言)과 격쟁(擊錚)은 국민들이 억울한 일이 있을 때 국왕이나 상급 관청에 하소연하는 방법이다. 상언은 당사자의 억울한 일을 문자 형태의 문건으로 제출되는 것인데 비해 격쟁은 억울한 일을 당한 사람이 임금이 거둥하는 길가에서 징이나 꽹과리를 쳐서 임금의 하문(下問)을 기다리는 것이다. 상언과 상소를 특별히 구별하기가 쉽지 않지만, 상소가 주로 양반 지식인 계층에 의해 정책 호소나 제안 형태로 이루어졌다면 상언은 향리 등의 도움을 받아 자신들의 억울한 사정을 호소하는 형태로 평민들에 의해 활용되었다. 격쟁은 조선 초기인 1402년(태종 2년), 민고(民苦)를 왕이 직접 해결해 주기 위해 대궐 밖 문루(門樓)에 달았던 북인 신문고의 정신을 이은 것이다.

조선 초기와 『경국대전』에는 신문고가 의금부 당직청에 설치되어 있어서 백성들이 소원을 빌 수 있었지만, 이는 주로 서울 중심의 양반 계층이 활용했다. 그래서 조선 중기 이후로는 신문고 대신 어가 행렬 앞(駕前 上言)이나 임금 행차 시의 장막 밖(衛外擊錚)에서 할 수 있도록 했는데 그 결과 매우 많은 일반 서민도 소원 사항을 국왕께 직접 아뢸 수 있게 되었다.

영조 때 신문고를 다시 설치하고, 또 그 정신을 살려 격금(擊金)을 부활하면서 주요 소원 사항을 규정했다(속대전, 형전, 소원). 여기에는 4건사(四件事)라는 것으로서 형벌이 자신에게 미치는 것(刑戮及身), 부자 관계를 가리는 일(父子分揀), 부인과 첩을 가리는 일(嫡妾分揀), 평민과 천민을 가리는 일(良賤分揀)을 기본적 소원 사항으로 삼고 있다. 여기에 새로운 4건사로서 자손이 선조를 위하는 일(子孫爲父祖), 아내가 남편을 위하는 일(妻爲夫), 동생이 형을 위하는 일(弟爲兄), 노비가 주인을 위하는 일(奴爲主)이 추가되었고, 그 밖에 지극히 원통한 일이 있을 경우나 심각한 민폐에 관련된 것들에 대해서도 상언과 격쟁을 할 수 있었다.

영조 때의 신문고 정신 부활과 이후 정조의 후덕한 정치에 힘입어 정조대에는 상언과 격쟁이 매우 증대했다. 원래 소원은 자신과 직접 관련된 집안일에 국한되었었으나 이 때부터는 부모 형제는 물론 지역의 민폐와 관련된 것들까지도 고발할 수 있게 되었다.

서민들의 상언이나 격쟁은 지방의 이서들에 의해 내용이 작성되었는데, 『유서필지(儒胥必知)』라는 책자를 보면 문안 작성의 예가 잘 나와 있다. 이 책 속에는 정려(旌閭), 증직(贈職) 등에 관한 상언 작성 요령, 설원(雪冤) 및 복관(復官) 관련 격쟁 작성 요령이 잘 나와 있다.

상언을 하면 3일 이내에 당사자를 출현시켜 소원 내용의 진위를 말할 수 있게 해야 한다. 신문고의 경우에는 의금부 당직원이 받아 사헌부의 판결문인 퇴장(退狀)과 함께 5일 이내에 국왕에게 보고하고 처결을 받는다.

상언, 격쟁의 남발을 막기 위해 엄격한 처벌 조항을 두어 운영했다. 『대전회통』 소원조를 보면 다음과 같은 처벌 조항이 있었다.

- 무고(誣告)하는 자, 몰래 타인을 시켜서 발장(發狀)하는 자,[19] 이건(吏典), 복례(僕隷)로서 그 관원을 고소하는 자, 품관, 향리, 백성으로서 해당 관찰사나 수령에게 직접 고소하는 자: 장 100대, 3000리 밖으로 유배. 향리에서 축출
- 상언하는 말이 불경(不經)하거나, 단순히 은택을 구하기 위한 자: 장 100대
- 읍민으로서 수령에게 맞아 죽은 일이 있었을 때: 관찰사가 몰래 조사하여 수령에게 죄가 있으면 처벌하고, 무고하면 당사자를 부민고소율(部民告訴律)로 논죄
- 사리에 맞지 않는 것을 송사(訟事)하기 좋아하여 격쟁하는 자: 장 100대, 3,000리 밖으로 유배
- 수령을 더 머물게 하기 위해(願留) 격쟁하는 자: 장(杖) 100대, 중대한 자는 도(徒) 3년.
- 작은 일인데도 불구하고 외람되게 상언, 격쟁을 일삼은 자: 월소율(越訴律)로 논죄

격쟁 즉 등문고(登聞鼓)는 함부로 칠 수 없었다.[20] 엄정한 판단에 따라 처벌이 주어지기 때문이다. 정조도 백성들의 상언과 격쟁이 지나치게 많아지자 이를 경계하기 위해 적잖은 고민을 했던 것 같다.[21] 정조는 성내 거동 시 격쟁하는 자가 있어도 특

19) 정조 12년, 제천현 사람 최인환 등이 정소하다 투옥되자, 그 아들을 시켜 격쟁케 하므로 엄히 처벌하다(정조 12/01/06). 영조 39년, "군자감 정(軍資監 正) 이정중의 아들 이의한에게 곤장(棍杖)을 치라고 명했다. 이정중이 대신(臺臣)에게 탄핵을 받자 박규수가 그의 아들을 시켜 격쟁해 송원(訟怨)하게 했다. 그러자 국왕은, 대간의 논평(論評)을 당한 사람이 아들을 시켜 격쟁해 송원하게 했으니, 그 폐단이 크게 우려된다고 하고, 곤장을 치게 했다(영조 102 39/11/13).

20) (영조 124 51/05/01(정미). 신문고(申聞鼓)를 함부로 쳐서 억울함을 호소하는 것을 금하도록 명했다. 이때 임금이, 근장군(近仗軍)이 뇌물을 요구하며 북을 치는 사람을 조종하는 것을 염려하고, 병조의 당상과 낭청을 파직하고 병리(兵吏)를 곤장으로 때려 다스렸으므로, 남잡(濫雜)하게 억울함을 호소하는 자가 날마다 북을 치니, 그 시끄러운 것을 견디지 못했기 때문에 이 명이 있게 된 것이다.

명이 없을 때에는 받아들이지 못하게 하기도 했다(정조 025).

2. 재정 정책

조선 정부의 국가 재정 수입은 조, 용, 조(租, 庸, 調) 원칙에 따라 토지를 대상으로 한 전세(田稅), 사람(人丁)을 대상으로 한 역(役), 가호(家戶)를 대상으로 한 공물(貢物)이 중심을 이루었다(김덕진, 2002: 36-37).

전세를 징수하기 위해서는 매년 풍흉을 따지고, 토지의 비옥도를 고려해 정해야 했다. 이 작업은 결코 쉽지가 않았고, 현장 의사결정자들의 결정이 중요하게 작용했다. 조선 중기를 지나면서 토지 겸병에 의한 대토지 소유자의 등장, 전쟁으로 인한 농민 이탈과 토지의 황폐화 등으로 인해 전세 체계가 문란해졌다. 유력자 지주와 지방 수령 및 향리들이 결탁해 세금 부담을 줄이고, 토지를 장부에서 빼버리는 등 각종 폐해가 늘어났다.

정부에서는 토지의 실상을 정확히 파악하기 위해 양전(量田)을 시도했고, 양식 있는 선각자들은 토지 소유 제한과 농민들에 대한 토지 분배를 주장했다. 그렇지만 이런 노력은 모두 기득권층인 양반과 지주들의 이해와 반대되는 것으로 만만치 않은 반발을 낳게 되어 있었다, 양식 있는 국왕과 관료들에 의해 개혁이 시도되었지만, 토론 과정에 머물기 일쑤였고, 새로운 시대를 창조할만큼 추진되지 않았다.

공물은 왕궁이나 중앙 정부에서 필요한 물품을 국민들이 바치는 것인데, 국민들에게는 토지세 이상으로 혹독한 세금으로 부과되었다. 공물은 각 지방별로, 또 호(戶)별로 일정액이 할당되었다. 물량이 충분할 경우라면 해당 지역이나 농민들이 공납하면 되었지만, 물량이 부족할 경우에는 문제가 심각했다. 세공(稅貢)을 충당하기 위해 이웃 지방이나 다른 사람으로부터 사다가 납부해야만 했는데 이것이 문제가 많았다.

---

21) 정조 때, 형조판서 장지항(張志恒)이 아뢰기를, "선조(先朝)에서 신문고를 설치한 뒤에 가로(街路)에서 격쟁(擊錚)하는 자는 장배(杖配)시키라는 하교가 있었기 때문에 그 뒤로는 사건사(四件事)의 여부를 막론하고 모두 결장(決杖)해 먼 곳에 정배시켜 왔었습니다. 일전에 동가(動駕)할 때 고령(高靈)의 여인(女人)이 가로에서 격쟁했으니, 구례(舊例)에 의해 거행하게 하소서." 하니, 비답하기를, "문금(門禁)이 엄중해 대궐에 들어와서 격쟁할 길이 없을 것이니, 그렇다면 하정(下情)이 상달될 수 없을 것이다. 이 뒤로는 사건사에 대해서는 으레 형문(刑問)해 공초(供招)를 받고 사건사가 아니면 형추(刑推)한 뒤 시행하지 말게 하라."고 했다(정조 003 01/06/10).

이 과정에서 공물을 구매할 돈을 지방 관청이나 주민들로부터 미리 받은 사람들이 물건을 사서 대납하는 방납(防納)이 성행했다. 방납자들은 고가로 비용을 받아, 이익을 챙기는 수가 많았다. 전쟁이나 흉년으로 죽거나 도망한 사람들 몫까지도 남아 있는 사람들이 부담해야 하는 등 폐해가 심각했다.

대동법(大同法)은 조선 중기 이후의 복잡하고 모순이 많았던 전세, 공납세, 요역을 쌀로 통일해 징세하고자 한 정책으로 많은 사람의 환영을 받았다. 방납의 폐해를 줄이고, 세금 액수도 많이 완화했기 때문이다. 대동법은 광해군 즉위년에 경기도(1608)를 중심으로 시작되어 강원도(1623), 충청도(1651), 전라도(1658), 경상도(1677), 황해도(1708)순으로 전개되어 갔다. 대동법 시행 과정에서 무수히 많은 토론과 권력층의 반발이 있었고, 전국적으로 시행되는 데 무려 100년이나 걸렸다. 구체적인 내용을 보면, 대동미의 양에 대한 논란, 포(布)나 화폐로 징수할 것인가에 대한 논란, 적용 지역과 시기에 대한 논란이 적지 않았다.

3. 복지 정책: 구황, 구휼*

농업 경제를 근간으로 했던 조선 시대에는 홍수와 가뭄, 천재지변이 항시 큰 관심사였고, 이로 인한 피해는 직접적으로 국가 경제에 영향을 끼쳤다. 작황의 피해는 곧장 농민들의 삶을 어렵게 했고, 정부는 이들에 대한 구휼 정책을 펼쳐야 했다. 또 급작스럽게 등장하는 괴질, 유행병에 대해서도 대비책을 세워야 했다.

자연 재해 대책은 비황(備荒)과 구황(救荒)으로 나눌 수 있는데, 전자는 재해가 발생하기 이전에 대비하는 것으로, 창(倉: 공창과 사창이 있음) 제도가 대표적이다. 이는 미리 곡식을 대비해 주고 재난 상황이나 춘궁기에 국민들에게 나누어 주어 어려움을 극복하게 하는 제도이다. 이런 예비 곡식들은 물가 조절이나 군량미로도 활용되었다. 구황은 수해, 한해와 같은 자연 재해에 대비한 것으로 재난을 당한 사람들에게 곡식을 무료로 배급하는 것이다.

사창(社倉)은 세종 30년(1448)에, 경상도 대구군(大丘郡)에서 시험 실시한 후 문종

* 이 부분은 한국행정연구원(2008). 『한국행정 60년사』 중 조선 시대의 행정(이대희, 2008) 내용을 전재(轉載)한 것이다.

조에 전국적으로 확대되어 갔다(이문수, 2000: 66-124). 사창은 전국의 각 사(社: 지방 행정의 기본 단위로 오늘날 촌[村]과 같음)에 설치된 곡물 대여 기관이었다. 의창은 지방 수령에게 직속되어 국가가 경영하는 데 반해 사창은 촌락민의 직접 경영으로서, 의창의 보급적 형태를 가졌다. 사창에는 사장(社長)과 검교(檢校)라는 임원이 있어 사를 관리하고 그 원 자산은 동네 주민이 자의적으로 출자해 운영했기 때문에 도시보다는 촌락을 기반으로 했던 데 특징이 있다.

의창(義倉)은 빈곤하고 무능한 자를 구호하기 위해 국가에서 무상으로 관곡을 지급하거나 대여해 준 제도이다. 의창의 원자곡(原資穀)은 정부곡(政府穀) 혹은 군자곡(軍資穀)으로 그 근본은 백성들의 조세였으며, 의창곡의 반은 의창에 남겨두고 나머지 반을 가지고 매년 대여하는 것을 원칙으로 하였다. 원칙적으로 신곡(新穀)과 구곡(舊穀)의 순환과 아울러 이식(利殖)을 하는 것이었으나 기황(饑荒)일 경우 무상으로 배급하는 경우도 많았다.

『경국대전』에는 "경외(京外)에 상평창을 설치해 곡물이 귀하면(흉년) 가격을 올려 포(布)를 사들이고, 곡물이 천하면(풍년) 가격을 내려서 포를 내다 판다"는 규정에 의해 설치 운영되었다. 물가 조절을 토대로 하면서 어려운 사람들에 대해 진휼을 했다. 상평창의 활용은 한성 중심으로 일부에 그쳤고, 후에는 진휼청을 설치해 운영했다.

4. 군정, 요역

역(役)은 노동력을 징발하는 것인데, 요역(徭役=賦役), 군역(軍役), 정역(定役=雜色役)으로 나뉘었다. 요역은 전체 국민들을 대상으로 이루어지는 인력 동원으로 성을 쌓거나 조세 운반, 궁궐 신축 등의 일을 했고, 군역은 번차로 군인이 되어 훈련을 받거나 복무를 하는 것이고, 정역은 특수한 신분의 사람이나 특별한 일에 노력 동원되는 것으로 향역 종사, 노비 차출, 빈객 접대, 쇄마(刷馬) 차출(= 교통, 통신 관련된 말을 관리하거나 부리는 일) 등이 이에 해당했다(김덕진, 2002: 36-37).

『경국대전』 요역(徭役)편을 보면, "무릇 田地 8결(結)마다 장부 한 사람씩을 차출하되, 1년에 6일을 넘지 못한다. 만약 길이 멀어서 6일 이상이 되면 다음 해에 그만큼 빼주어야 하고, 만약 1년에 두 번 이상 부역을 할 때는 반드시 국왕에게 보고하고, 시행한다."고 간략하게 원칙을 정하고 있다.

이는 전결을 단위로 하여 각 가족 단위로 부과하던 것으로, 군역(軍役), 직역(職役), 천역(賤役) 등 각 개인에 부과되던 신역(身役)과 다른 것으로 불특정의 노동력을 차출하는 제도였다(윤용출, 1998: 21).

요역은 원래 신체적인 노동력을 차출하는 형태(=力役)였지만, 점차 시간이 흐르면서 다른 전세를 대신하는 형태의 부역(=賦役)으로 변모해 갔다. 즉, 각종 잡역세(雜役稅) 형태로 변모하면서 요역이 물납화(物納化)되었다.

요역은 국가적인 차원에서 이루어지는 산릉(山陵), 영건(營建), 축성(築城) 등과 지방의 수령들에 의해 차출되는 조세미 운반, 도로 정비, 행사 동원, 저수지 축조 등 여러 가지가 있었다. 그중에서 농민들에게 가장 힘이 들었던 것은 공물, 진상, 잡물 조달의 요역인데 이것들은 비교적 정기적인 성격을 띠는 상시 잡역이었다(윤용출, 1998: 44). 대동법 실시에 따라 공납이 전세화(田稅化)하면서 요역도 물납세화해 대동미세에 흡수되기도 했다.

5. 문화 정책

조선 시대는 농경 사회 구조를 바탕으로 전통 유교식 생활 풍속을 가지고 있었다. 지배 계층을 구성하고 있던 지식인, 관료들의 유교적 생활 속에는 시서 육례(詩書六禮), 즉 시(詩: 시문), 서(書: 문학, 글), 예(禮: 품위 있는 인적 교류), 악(樂: 음악, 풍류), 사(射: 활쏘기), 어(御: 말타기, 수렵), 서(書: 글씨, 문인화), 수(數: 셈, 오행) 등이 동시에 녹아들어 있었다. 훌륭한 지식인이 되기 위해 어릴 적부터 이런 소양을 길러야 했고, 일생 동안 생활 속에서 이를 실천하고 즐기며 살아갔다. 훌륭한 학자 지식인들을 보면 현대적인 의미의 문화 예술인 시(詩), 서(書), 화(畵)에 모두 능했다.

정부의 인재 충원 제도인 과거 시험에서도 사서오경(四書五經)을 기본으로 시험을 치렀고, 부(賦), 송(頌), 명(銘), 잠(箴), 기(記) 등의 글재주를 시험했다(『경국대전』, 예전, 제과). 전문적인 그림이나 음악, 공예품 생산은 특별 취재 시험을 통해 인재를 발탁했다.

악기나 도자기, 서적, 붓과 벼루, 종이, 물감 등의 문화 예술 관련 상품들은 필요한 만큼만 생산하는 선에서 만들어졌기 때문에 산업화와는 거리가 멀었고, 필요한 숫자만을 만들어 거의 필수품처럼 사용되었다.

수공품 형태를 띠는 문화 상품의 생산은 필요한 만큼 장인(匠人)들에 의해 생산되었다. 공장(工匠)들은 각종 기물을 만드는 장인바치들인데, 조선 시대에는 관장(官匠)과 사장(私匠)으로 나뉘었다(『경국대전』, 주석편: 770-771). 관장은 다시 경공장(京工匠)과 외공장(外工匠)으로 구분되었는데, 전자는 공조(工曹)를 포함해 29개 관청에 소속된 130종 2795명 정도를 말하고, 후자는 지방 관청에 소속된 27종 3,450명 정도를 말했다. 초기에는 공천들이 중심이었지만, 점차 양인들도 많이 참여하게 되었다. 노예 노동적 성격을 탈피하고 관료화하기도 했고, 경우에 따라서는 상인화하기도 했다. 공장들은 장적(帳籍)을 작성해 공조와 해당 관청에 비치했다.

『경국대전』을 보면 조선 초기에 10학(學)이 설치되어 운영되었다. 10학은 유학(儒學: 성균관 200명, 사학[四學]에 각각 100명씩의 생도들이 입학해 공부), 한학(漢學: 사역원에서 35명 공부), 몽학(蒙學: 사역원에서 10명 공부), 여진학(女眞學: 사역원에서 20명 공부), 왜학(倭學: 사역원에서 15명 공부), 의학(醫學: 전의감에서 50명, 혜민서에서 30명 공부), 천문학(天文學: 관상감에서 20명 공부), 지리학(地理學: 관상감에서 15명 공부), 명과학(命課學: 관상감에서 10명 교육), 산학(算學: 호조에서 15명 교육), 율학(律學: 형조에서 40명 교육), 화학(畵學: 도화서에서 15명 교육), 도학(道學: 소격서에서 10명 교육)이 그것이다(『경국대전』, 예전, 생도). 도화서에서 그림을 가르친 것은 매우 의미 있는 것으로 볼 수 있다. 실제로 양반 자제들은 그림 공부를 하려 하지 않아서 양인들과 천인들이 많이 입학했다 한다.

장악원에는 좌방(左坊)과 우방(右坊)이 있었는데, 좌방은 아악을 연주하는 사람들이 소속된 기관으로, 악사 2명과 악생 297명(후보생 100명)이 있었다. 이들은 모두 양인(良人)들로 충당되었다. 우방은 당악, 향악, 속악을 연주하는 사람들이 소속된 기관으로 악사 2인과 악공 518명(매 10명당 후보생 1명), 가동(歌童) 10인이 있었는데 모두 공천(公賤)으로 채웠다, 양인들은 본인이 원하면 소속이 허락되었다(『경국대전』, 예전, 아 · 속악). 우방은 당악, 속악, 향악들을 모두 연주해야 했고, 종묘 제례나 연회 등에 수시로 악기 연주를 하거나 노래를 해야 했기 때문에 인원이 훨씬 많았다.

인조 반정으로 인해 정권의 정통성 문제가 불거지고, 숙종 당시에 예복 논쟁을 겪으면서 엄청난 정치 갈등을 겪었다. 최고 권력자인 국왕이나 대비, 왕세자의 죽음은 친인척들의 복상(服喪)을 가져왔고, 이를 계기로 이들의 권한 행사가 제한되었다. 복상 기간은 짧으면 몇 개월이었지만 길면 3년이나 되었다. 이 기간 동안 주요 정책 결정, 인사권 행사가 제한되었기 때문에 권력 계층은 매우 예민하게 반응했다. 서로 권력을 잡기 위해 복제(服制) 논쟁을 벌였고, 승자와 패자의 권력 부침 현상이 이어졌다.

제9장

조선 후기의 행정

제 1 절 행정 환경

조선 후기는 순조(純祖, 1800-1834), 헌종(憲宗, 1834-1849), 철종(哲宗, 1849-1863), 고종(高宗, 1863-1907), 순종(純宗, 1907-1910) 시기로서 조선이 쇠락해 멸망에 이르렀던 때이다. 중흥의 시대였던 영조와 정조 통치 시대가 가고 제국주의 열강이 동양으로 엄습해 오던 대변혁의 시대였다. 조선 중기의 국정 문란과 전쟁으로 인한 폐해를 제대로 극복하지 못한 상태에서 자연 재해와 서구 열강의 침략이 긴박하게 전개된 시기였다.

정치적으로 볼 때 최고 통치권자인 국왕의 권한과 역량이 매우 미약했었다. 순조, 헌종, 철종, 고종, 순종이 모두 어린 나이에 국왕이 되어 국정을 제대로 수행하지 못했다. 이런 상황에서 국정은 왕대비를 중심으로 한 외척, 관료들에게 장악되었다. 안동 김씨와 풍양 조씨 가문의 세도 정치가 60여 년 간 지속되었고, 고종 등장 이후 대원군에 의한 개혁 정치가 시도되었다.

순조 즉위 초에는 대왕대비였던 정순왕후(貞純王后: 英祖의 繼妃 慶州金氏)가 수렴청정했는데, 그녀는 사도세자를 죽음으로 몰아갔던 김귀주(金龜柱)를 비롯한 벽파

(僻派)와 함께 정조 시대에 중용되었던 인물들을 숙청했다. 당시에 천주교에 접근했던 남인과 시파(時派) 관료들을 대거 귀양보내고 처단했다(신유사옥[辛酉邪獄]). 1801년에는 궁방(宮房)과 관아(官衙)에 예속되어 있던 공노비(公奴婢)를 혁파하고 서얼허통(庶孼許通)을 시행했다. 1804년, 순조가 친정하기 시작한 때로부터는 왕의 장인이었던 김조순을 중심으로 세도정치가 전개되었다. 영조, 정조 시기에 시도되었던 탕평책, 토지 개혁, 양전, 대동법과 균역법 등이 제대로 시행되기가 어렵게 되었다. 이들 일부 세도가에 의해 국왕의 인사권이 전횡되었고, 뇌물 수수 등 부정부패가 만연했다. 이들에 의한 국부(國富)와 토지 장악은 더욱 심해져서 삼정(三政) 문란과 함께 국가 재정은 피폐해졌고, 국민들의 생계도 어렵기만 했다. 홍경래의 난(1811)과 같은 민란이 지속적으로 일어났다.[1)]

헌종 시기에도 세도 정치의 폐해는 지속되었다. 민란과 민심 이반을 우려하던 와중에 천주교 박해가 이루어졌고(기해사옥[己亥邪獄]), 천주교 신부와 신도 처형을 빌미로 서양의 선박이 국경을 침범하기에 이르렀다. 유배지 강화에서 농사를 짓다가 정략적으로 국왕의 지위에 올랐던 철종은 안동 김씨의 세도 정치 속에서 삼정이정청(三政釐整廳)을 두어 삼정 문란을 개선해 보려고도 했으나 역부족 속에 일찍 요절했다. 최제우(崔濟愚)가 창도한 동학(東學)이 민중들의 마음을 사로잡자 박해(1863)를 했다.

어린 고종의 등장은 왕족인 대원군 이하응의 등장과 함께 이루어졌다. 대원군은 쇠망해 가는 조선을 일으키기 위해 강력한 왕권 회복을 시도했다. 이는 곧 건국 초기의 이상적인 유교 국가의 건설, 『경국대전』 법규 체제로의 회복을 의미하고, 엄습해 오는 서양과 일본 세력에 대항해 국가를 바로세우는 것을 뜻한다. 이런 왕권 회복은 세도가인 외척과 권문 세가들의 세력 척력을 전제로 가능한 일이었다. 어떻게 추진할 것인가? 대원군은 국왕을 등에 업고, 안동 김씨 세도가와 대립하고 있던 조대비와 손을 잡고 적극적으로 개혁을 추진했다. 우선 행정 기구의 혁신을 꾀해 비변

1) 1811년 12월 평안도 가산에서 홍경래(洪景來)를 중심으로 대규모의 반란이 일어나 평안도 일대를 유린하게 되었다. 난은 이듬해 4월 정주성(定州城)이 함락됨으로써 평정되었다. 그러나 1813년 제주도의 양제해(梁濟海) 난, 1815년 용인의 이응길(李應吉)의 난 등 소규모의 민란이 그치지 않았다. 1817년 유칠재(柳七在)·홍찬모(洪燦謨) 등의 흉서사건(凶書事件), 1819년 액예(掖隷) 원예(院隷)들의 모반(謀叛), 1826년 청주 괘서사건(掛書事件) 등이 계속해 일어났다. 1821년에는 평안도와 황해도에 전염병이 돌아 10만여 명이 목숨을 잃었다. 이렇게 순조 연간에는 민란과 천재지변이 겹쳐 일어나 사회가 불안했다(조선왕조실록 홈페이지. http://sillok.history.go.kr/intro/haejae_zb.jsp. 순조실록 해제).

사를 해체하고 의정부를 부활했다. 또 국왕의 인사권을 적극적으로 행사해 당색과 문벌을 타파하고, 국가 재정 확보를 위해 왕족과 귀족 양반, 서원, 지주들의 면세전을 없앴으며, 양반에게도 호포세를 부과했고, 『대전회통(大典會通)』을 간행해 법치 질서를 회복하려고 노력했다. 서구 열강의 무력 침략에 대비하기 위해 군대를 정비하고 무기를 제조했다. 외세와 연결된 국내의 천주교도를 박해하고, 프랑스 함대와 병인양요(丙寅洋擾), 미국 군함과 신미양요(辛未洋擾)의 전쟁을 치렀다. 조선의 강력한 외세 퇴치 의지를 척화비(斥和碑: 洋夷侵犯 非戰則和 主和賣國)에 새겨 전국에 세웠다. 왕권의 권위 회복을 위해 임진란 이후 방치되었던 경복궁 중건을 꾀했는데 이에 필요한 재정을 충당하기 위해 화폐(當百錢)를 주조했고 원납전(願納錢)을 거두었다.

대원군에 의한 왕권 강화로 피해를 받게 된 왕비 중심의 척족과 권문 세가들은 10년 만에 대원군을 권좌에서 몰아냈다. 형식적으로는 고종의 친정을 내세웠지만 문약한 고종 대신에 왕후 민씨와 척족이 정권을 농단하기 위한 것이었다. 대원군을 대체한 새 정부는 적극적으로 개방 정책을 구사했다. 조선 전통의 의정부-육조 중심 행정 체제를 근본적으로 바꾸어 통리기무아문(統理機務衙門) 체제로 전환했다(1880). 일본과 수호조약(1876, 강화조약)을 맺은 것을 시작으로 서구 열강과 조약을 체결했고, 한 발 앞서 개방 정책을 취한 일본과 중국에 신사유람단(紳士遊覽團)과 수신사(修信使)를 파견해 새로운 제도와 문물을 배우고자 했다. 부산 · 원산 · 인천 등의 항구를 개항해 무역을 시도했다.

국력을 기른 뒤 차분하게 국가 발전을 꾀하려던 대원군 중심의 보수파, 위정척사파, 동도서기파와 적극적으로 선진 서구 국가 및 일본을 배우려는 젊은 혁신개화파들이 곳곳에서 충돌하기에 이르렀다. 임오군란(1882), 갑신정변(1884)의 투쟁은 동학혁명(1894)으로 이어졌고, 마침내 청일전쟁(1894~1895)으로 이어졌다. 동학혁명 직후에 설치된 군국기무처(軍國機務處)는 일본의 의견을 받아들여 가면서 전방위적인 개혁 작업을 추진했다. 을미사변(乙未事變, 1895), 아관파천(俄館播遷, 1896)을 거치면서 조선은 점점 쇠락의 길로 들어서게 되었다.

1897년 광무 개혁(光武改革)을 통해 대한제국(大韓帝國)의 수립을 선포하고 고종은 황제 자리에 올라 연호를 광무(光武)라 했다. 정부가 앞장서서 근대화를 추구해 나갔는데, 이미 조선을 둘러싼 일본과 러시아, 서구 열강들의 대립이 격화되고 있었다. 제국주의 열강들은 조선의 자립과 번영보다는 자기 국가의 발전을 위해 필요한 식민지 중 하나로서 조선을 바라보고 있었다. 프랑스는 베트남, 미국은 필리핀을 식민지화하기 위해 노력하는 와중에 러일전쟁(1894)을 통해 러시아 세력을 물리친 일본은 조선을 강제로 식민지화하기 시작했다. 일본은 한일의정서(韓日議定書)를 강요해 제1차 한일협약을 맺었고(1904), 을사늑약(乙巳勒約, 1905)을 체결해 조선의 외교권을 박탈했다. 이제 조선은 일본의 속국이 된 것이다. 통감부를 설치해 조선을 통치하던 일제는 한일신협약(韓日新協約: 丁未七條約, 1907)에 이어, 마침내 한일합방(1910)을 완성했다.

조선의 멸망은 한국 역사에서 가장 치욕스러운 사건이었다. 국가 통치 체제가 무력화되고, 무기력한 행정 관료, 탁상공론에 그친 정책, 사분오열된 국론, 국방력의 약화, 외세 의탁과 선진 국가에 대한 막연한 동경심 등 모든 여건이 국가 패망의 길로 들어설 수밖에 없었다. 하지만 결코 간과해서 안 될 것은 진정으로 조선을 도우려는 생각보다는, 호시탐탐 엿보며 비수를 들고 있던 '나쁜 이웃 일본'을 너무나 몰랐었다는 점이다. 조선의 의욕 넘치는 개화파 젊은 지식인, 관료들이 일본의 논리를 그대로 따르면서 찬란한 역사의 한국, 조선을 그들의 입 속에 밀어넣었다는 점이다. '나쁜 일본'은 조선뿐만 아니라 손문(孫文)의 중국, 대만, 베트남 등 동양의 4대 유교 국가를 모두 삼켜버리고 말았다.

제 2 절 조선 말의 행정 개혁

조선 시대 말은 19세기 전반 내내 지속된 세도 정치, 농촌 황폐화, 민란, 질병 등으로 국력은 급격히 약화하고, 서구 열강과 이에 편승한 일제의 침략으로 국가가 패망으로 치닫던 때이다. 격변의 시기에 필요한 강력한 통치권의 확보를 위해 애썼던 대원군의 노력도 큰 성과를 거두지 못하고 스러졌고, 정부를 믿을 수 없어 나섰던 동학혁명, 독립협회와 만민공동회 등 민중들의 국가 개혁 노력도 무능력한 정부 권문세가와 일본 군대의 간섭으로 무력화하고 말았다.

개혁 필요성을 깨달은 정부는 꾸준히 개혁책을 내고 근대화를 위해 노력했지만 강력한 추진력을 갖추지 못한 문서상의 개혁, 찻잔 속의 개혁에 불과했다. 이웃 중국과 일본이 취했던 개방화, 개혁화의 노선은 우리의 젊은 개화파 지식인들에게 좋은 선례로 다가왔고, 수구적 입장을 취했던 원로 지식인, 대신들에게도 변화의 필요성을 절감하게 만들었다.

그러나 제국주의의 식민지 쟁탈전에 뛰어든 일제는 선의의 이웃이 아니라 자신들의 발전만을 위한 이기주의적 입장에서 조선을 착취, 정복의 대상으로 접근해 왔다. 스스로 지킬 수 있는 역량이 부족했던 조선은 일제의 의도대로 휘둘렸고, 급기야는 그들의 총칼 아래 패망하고 말았다.

조선 말의 개혁은 고종 즉위 이후 50여 년 동안 지속되었다. 개혁 내용은 국가의 모든 분야에 해당하는 것으로 일일이 열거하기 어렵다. 멋지게 만들어진 제도나 조직이 금세 폐지되기도 하는 등 종잡기도 어렵다. 그래서 여기서는 고종 즉위 이후의 개혁, 개방화 조치들을 연도별로 살펴보면서 간단하게 살펴보고자 한다.

1. 대원군 · 고종의 개혁

세도 정치의 폐해를 철저히 경험했던 대원군은 정권을 장악하자 적극적인 개혁 정책을 시행했다. 우선 국왕의 권위를 회복하기 위해 안동 김씨 등 외척과 벌열(閥閱) 세력자들을 제거하고 남인과 북인 속에서도 인재를 등용시켰다. 이 과정에서 지방 양반, 유림의 거점이었던 서원을 혁파했다. 경복궁을 재건하고 국가의 재정 수입을 크게 늘렸다. 또 엄습해 오는 외세에 대항하기 위해 군대를 정비하고 무기를 제조하는 등 국방력을 기르고자 했다.

대원군으로부터 정권을 인계받은 고종도 지속적인 개혁 정책을 구사했다. 적극적인 문호 개방과 대외 통상 정책의 추진, 근대화를 위한 수신사, 영선사, 신사 유람단 파견, 대외 수교, 통리기무아문 체제의 출범, 군제 개혁, 근대적 신문 발간, 신식 교육의 시행 등 걷잡을 수 없을 정도의 속도로 개혁 정책을 추구했다.

■ 1864년(고종 원년. 甲子. 단기 4197년)

－고종이 즉위하고, 그 아버지 흥선군 이하응을 흥선 대원군(興宣大院君)으로 봉

흥선 대원군

함(1863. 12).

—기존 외척, 벌열 세력을 배제하고, 남인·북인들을 과감히 등용함.

—비변사와 의정부의 국무 분장의 한계를 정함(그 동안 비변사가 의정부의 역할까지도 겸하면서 세도 정치의 중심에 있었으나 이를 규제하고, 의정부의 위치를 다시 정립함).

■ 1865년

—비변사를 의정부로 합쳐 1부(府)로 만듦.

—경복궁 중건을 위해 영건도감(營建都監)을 세우고, 비용 충당을 위해 원납전(願納錢)을 바치게 함.

—만동묘(萬東廟)를 철폐함(만동묘는 충북 괴산에 있던 것으로 송시열을 배향했으며 노론을 비롯한 양반 지식인들의 상징적 세력 거점이었다).

경복궁 전경

■1866년

–척사 윤음(斥邪綸音)을 발표함(직전에 미국 상선 제너럴 셔먼 호 사건이 있었고, 독일·러시아 등의 통상 요구가 거셌으며, 프랑스 선교사에 대한 처벌로 프랑스 함대의 공격이 있기 바로 전 상황. 이웃 중국이나 일본의 사례를 잘 알고 있는 정부는 우리의 능동적 개방 준비와 속도에 맞추고자 하는 의도가 있었음. 그래서 외국 세력에 의한 강제적 문호 개방에 대해서는 매우 경계했고, 이를 정책으로 표현한 것이 척사 윤음이었음).

–병인 양요(丙寅洋擾: 양헌수가 정족산성에서 프랑스 함대를 격퇴함.)

–당백전(當百錢) 사용

■1867년

–육전 조례(六典條例)를 간행(행정 업무와 관련된 각종 관례, 규칙을 정리해 법치 확립)

■1868년–1970년

–삼군부(三軍府)를 다시 설치(정규군의 필요성을 인식해 다시 설치함. 1880년에 다시 폐지)

–경복궁 중건(국왕이 경복궁으로 거처를 옮김)

–사액 서원(賜額書院) 철폐(서원은 지역의 고급 사설 교육기관이다. 수많은 서원 중 임금이 친히 현판을 내리고 아울러 인재 교육에 필요한 농토와 노비를 지급했다. 서원은 지역 선비들의 거점이 되었고, 나중에는 면세, 면역의 폐단에 이용되었다. 1,000여 개를 폐지시키고, 납세 명령을 내렸으며, 1871년에는 사액 서원 중 47개만을 남겨 두었다).

–『대전회통(大典會通)』을 보수함.

–대원군, 전국에 뇌물 상납을 엄금함.

■1871년–1976년

–군포(軍布)를 호포(戶布)로 바꿈(군포는 매 장정에 대해 부과된 세금이었는데, 호포는 매 가구당 세금이어서 백성들의 부담이 줄어듦. 호포는 양반에게도 징수함).

－척화비(斥和碑)를 세움(非戰則和 和而賣國).
－한일 수호 조규(韓日修好條規: 병자 수호 조약=강화 조약)를 체결
－김기수가 수신사(修信使)로 일본을 다녀옴.

■ 1880～1881년

－통리기무아문(統理機務衙門)을 궐내에 설치하고 내아문(內衙門)이라고 칭함(음력 1880.12.21. 양력 1881.1).
('신설 아문절목'에 의해 영의정 이최응을 총리대신으로 10명의 당상관을 임명했고, 행정을 분장하는 12개의 사(司)를 둠. 기존의 6조 체제는 그대로 유지, 11월에는 소속사를 7개로 통폐합, 즉 同文司, 군무사, 통상사, 理用司, 典選司, 律例司, 監工司. 經理通理機務衙門事(= 당상 경리사)인 책임자에는 판사급 이상의 당상관을 임명했고, 젊은 관료들을 부경리사로 임명함.)
－이만손(李晩孫) 등의 만인소(萬人疏: 척사를 주장하고, 황준헌의 조선 책략을 비난함).
－별기군(別技軍)을 두고, 일본식 군대 훈련 시작
－영선사 김윤식이 신식 기계 학습을 위해 유학생들을 인솔하고 청나라 방문
－군제(軍制)를 개혁해 무위영(武衛營), 장어영(壯禦營) 설치(전에 있던 5군영이 통폐합됨.)

■ 1882년

－미국, 영국, 독일과 수호 조규 체결
－임오군란(壬午軍亂: 무위영, 장어영 소속 군인들이 별기군 등과의 차별 대우에 반발해 일어난 사건인데, 대원군 등과 연결된 정치 운동으로 변모했다. 군란의 결과로 통리기무아문을 폐지하고 삼군부를 복원해 국가 행정을 총괄하도록 했다. 7월에 대원군이 청군에 납치되고, 기무처가 설치되었다. 다시 통리아문과 통리내무아문을 설치한 뒤 바로 통리교섭통상 사무아문(4개 司), 통리군국 사무아문(7개 司)으로 이름을 고침.
－관상감에 감성청(減省廳)을 두고 어윤중을 대표로 하여 정부 기구 개편 조치를 취했는데, 주요 사항은 다음과 같다.

- 종친부 경의 숫자를 국왕의 10촌 이내로 제한
- 정부 당상은 70세 이내로 제한
- 5위 도총부를 혁파하고 영(營)의 숫자를 줄임.
- 사도시, 내섬시 등 궁내 기구들을 폐지. 조지서, 혜민서, 무예청 등 폐지

—삼군부와 기무처를 내무아문으로 통합
—양반의 상업 종사와 학교 입학을 허락함.

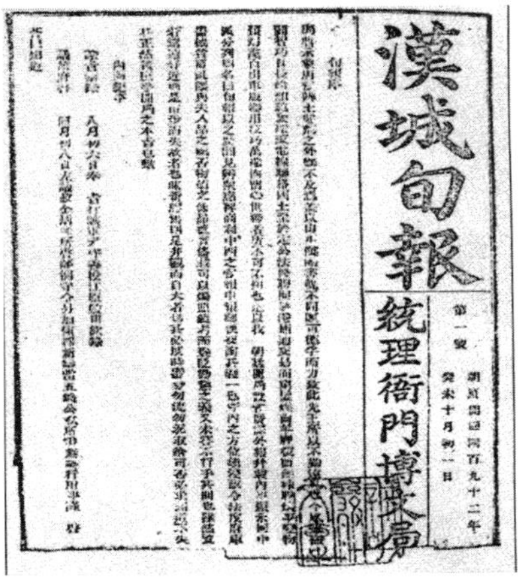
漢城旬報
統理衙門博文局
第一號

『한성순보』 창간호

■ 1883년

—태극기를 국기로 정함.
—한성부에 순경부를 둠.
—당오전(當五錢)을 주조함.
—기기국을 설치하고 무기 제조
—박문국을 설치(최초의 신문 『한성순보』 발행. 1888년 폐지)
—전환국(典圜局)을 설치하고 상시로 주전(鑄錢)을 함.
—백두산 경략사 어윤중(魚允中)이 백두산 정계비를 기준으로 국경 문제 해결

■ 1884년

—우정총국을 개설
—갑신정변(甲申政變: 우정국 낙성식을 계기로 김옥균, 박영효, 홍영식 등 개화파들이 일본 군대의 힘을 빌려 원로 수구 대신들을 주살하고 개화파 정부를 구성함). 청군의 개입으로 '삼일 천하'에 그친 이들이 내세운 정책은 다음과 같은 것들이었다.

- 대원군 귀국과 사대 조공의 허례 폐지
- 문벌을 폐지하고, 인민 평등 사상에 의해 인재 등용
- 지조법(地租法)을 개선하고, 간악한 관리를 없애며, 궁민(窮民)을 보호할 것
- 전국의 재정을 호조로 통합할 것

- 규장각, 내시부 등 폐지
- 탐관 오리 처벌
- 각 도 백성들의 환곡 상환을 없이할 것

－통리군국사무아문을 의정부에 통합. 우정국 폐지

－일본과 한성조약 체결

■ 1886～1890년

－노비의 신분을 일신에 그치게 함(1886).

－육영공원을 설치해 어학과 새 학문 교육 시작(1886)

－군제를 개정해 3영으로 함(1888).

－전보 장정 발표(1888)

－병원 관제 제정(1889)

－함경 감사 조병식(趙秉式)이 방곡령(防穀令) 발표(방곡령은 국내에서도 부족한 식량이 외국으로 반출되는 것을 막기 위한 조처였음.)

■ 1894년(고종 31년. 甲午. 단기 4227년)

－동학혁명 발발: 동학 교도들은 1892년 12월, 전라도 삼례역에 모여 초대 교조 최제우의 신원(伸冤)과 관리들의 교도 탄압에 대해 호소했고, 1893년 3월에는 보은에 집결해 척양(斥洋)·척왜(斥倭)의 깃발을 내걸고 농성. 드디어 1894년 1월 동학 접주 전봉준이 고부 군수 조병갑의 탐학에 항거해 혁명 발발. 6월 10일(음력), 동학군과 정부가 합의한 폐정 개혁 12개조는 다음과 같다.

- 동학 교도와 정부는 모든 행정에 협조할 것
- 탐관오리는 그 죄목을 조사해 일일이 엄징할 것
- 횡포한 부호들을 엄징할 것
- 불량한 유림과 양반을 징계할 것
- 노비 문서는 불태워 없앨 것
- 칠반천인(七般賤人)의 대우는 개선하고, 백정이 머리에 쓰는 평양립은 벗겨 버릴 것
- 청춘 과부의 개가를 허락할 것

• 무명 잡세를 거두지 말 것
• 관리의 채용은 지벌을 타파하고 인재를 골고루 등용할 것
• 외적과 간통(奸通)한 자는 엄징할 것
• 공사채를 물론하고 기왕의 것은 무효로 할 것
• 토지는 평균으로 나누어 경작케 할 것

– 교정청 설치
– 외무 독판 조병직이 조선의 자주 독립을 선언
– 대원군이 입궐해 왕명에 따라 주요 정무와 군무를 결재
– 군국기무처(軍國機務處)가 설치되고 갑오경장이 시작됨. 군국기무처는 10월에 폐지되고 중추원이 세워짐.

2. 갑오 · 을미 개혁

동학의 창시자 최제우

1차 갑오경장(甲午更張, 1894. 6. 25~1894. 11. 21)은 정부와 동학군 사이의 전주 화약이 있은 직후 구성된 군국기무처에 의해 이루어졌다. 군국기무처는 합의제 특별 기관으로 만들어졌는데 김홍집을 총재로 하고, 박정양(부총재), 김윤식, 조희연, 김가진, 유길준, 안경수 등 18명의 위원으로 구성되었다. 이들 중에는 대원군 세력도 있었지만, 일본식 서구화에 호의적인 사람들이 주류를 이루었다. 정부의 개혁 의지와 일본의 조선 내 영향력 증대 의도가 맞아떨어지면서 행정 개혁의 핵심이 된 사람들이다. 군국기무처에서는 우선적으로 국왕의 권력을 축소시키면서 의정부를 중심으로 8아문(내무, 외무, 탁지, 군무, 법무, 학무, 공무, 농상아문)의 행정 체제를 만들고, 의정부 직속으로 군국기무처, 도찰원, 중추원, 회계원 등을 두었다. 의정부에는 총리대신을 두어 국정을 총괄하게 했고, 아문에는 대신(大臣), 협판(協辦), 참의(參議), 주사(主事)를 두었다. 각 아문에서는 외국인 고문을 채용해 조언

을 들었다.

궁내부를 의정부와 분리시켜 축소시키고, 왕은 위정부와 대신들의 권고에 의해서만 통치할 수 있을 뿐 직접 행정 지시를 할 수 없게 만들었다. 의정부의 권한을 강화하면서 왕은 물론 삼사의 권한도 크게 약화시켰는데, 이는 관료 중심의 행정 체제를 추구하는 면도 있었지만 다른 한편에서 보면 변화의 시기에 최고 통치권자의 강력한 통치력, 행정력을 기대할 수 없게 만든 것이다.

문관 품계를 11품계로 조정해, 종래 9품계의 정·종(正·從)을 1~2품에만 두고 나머지는 모두 하나로 통합했다. 직계를 부를 때 정1(正一)~정2(從二)까지는 칙임관(勅任官), 3품~6품은 주임관(奏任官), 7품 이하는 판임관(判任官)이라 불렀다. 군대의 계급을 장－령－위(長－領－尉) 체제로 개편했다.

법률 칙령을 모두 국문(國文)으로 하되, 한문 역(譯)을 붙이든가 국한문을 혼용하게 하고, 포고는 반드시 관보로써 하게 했다. 과거 제도를 없애고 보통 및 특별 시험에 의해 관리를 선발하도록 했으며, 신식 화폐 장정을 만들어 은화(銀貨)와 동전(銅錢)을 발행해 유통시킨 은본위 화폐 제도를 만들었고 조세의 금납화를 꾀했으니 이는 모든 재정 업무를 탁지아문으로 일원화해서 조세 체계를 정비하고, 모든 세금을 돈으로 내게 한 것이다. 회계 제도를 마련하고 현대식의 세입 세출 예산 편상을 하도록 했다. 도량형을 일본식으로 바꾸었다.

각 군, 현에는 면의 대표자들로 구성된 향회를 구성케 하고 이 향회의 의견을 들어 행정을 행하도록 했다.

봉건적 신분 제도를 타파해 문벌과 반상(班常)의 차별, 문부관의 차별, 적서(嫡庶)의 차별, 노비와 천민 제도, 인신 매매와 조혼 등을 금지시켰다. 또 풍속을 개량하고 대신들이 통행할 때 평민들이 기립하거나 하마(下馬)하는 풍속을 폐지하고 의복을 간편히 하도록 했다.

2차 개혁(1894. 11. 21~1895. 6)은 청일전쟁의 승리를 확신한 일제가 이노우에 가오루(井上馨)를 특명 전권 대사로 파견해 간섭하는 와중에 시행되었다. 급격한 왕권 축소와 일본에 유리한 형태의 개혁에 반발하는 대원군을 축출하고 군국기무처를 해산한 뒤에 이루어졌다. 온건 개화파인 김홍집(金弘集)과 급진 개화파인 박영효(朴泳孝)의 연립 내각이 성립하면서 좀 더 급진적인 개혁이 추구된다. 의정부를 궁내로 옮기어 내각(內閣)이라 칭하고, 각 아문의 칭호를 부(部)로 고치고 7부(농상과 공무아문을 합쳐 농상공부로 했음)를 두었다. 내각은 총리대신을 수반으로 하여 각부 대신들로 구성하며, 여기서 정책을 합의한 뒤 국왕에게 재가를 얻어 시행케 했다. 총리대신과 주무 대신이 전결할 수 있는 권한을 높이고 그에 걸맞은 책임 제도를 두었다.

지방 관제를 개혁해 도제와 군현제를 폐지하고, 23부(관찰사가 책임자), 331군(郡: 군수가 책임자)으로 만들었다. 23부는 전국을 일률적으로 작은 행정 구역 단위로 나눈 것인데, 이를 통해 내부대신 → 관찰사 → 군수의 행정 계통을 확립했다. 관세사(管稅司)와 징세사(徵稅司)를 탁지부 소속으로 두어 세금 징수 업무를 강화했다.

법적으로 사법권 독립을 보장하고 이심제(二審制)로 했으며, 지방 재판소의 일심(一審)과 함께 일본인 등 치외 법권자들을 위한 개항장 재판소, 순회 재판소로 하여금 1심~2심을 담당케 하고 최고 재판소로 고등 재판소를 두었다. 이런 개혁은 근대적인 사법 제도의 출발점이 되었다.

한편 관선 입법부적인 기구인 중추원을 두어 내각의 자문에 응하고 법률 및 칙령안을 심의 의결하는 기능을 부여했다.

■1894년(고종 31년. 갑오. 단기 4227년)

－궁내부, 의정부, 8아문 설치
－23조의 사회 개혁안 시행 칙령 발표
－개국 기년(開國紀年) 사용(1894년은 개국 503년)
－1차 내각 성립(7월. 김홍집이 내각 총리대신)
－일본과 공수 동맹(攻守同盟), 한일 맹약 체결
－죄인 연좌율(連坐律) 제도 폐지(모든 사람은 법률 앞에 동등하며, 연좌법을 폐지하고, 사법 및 경찰 관리 이외에는 인민을 체포·처형할 수 없게 할 것)
－군국기무처를 폐지하고 중추원 설치
－조신(朝臣)들의 복제 개정
－국왕, 홍범(洪範) 14조를 종묘에 봉고(奉告)(홍범 14조의 내용은 청나라의 종주권 부인)
  • 대원군과 왕비의 정치 행정 개입 배제
  • 궁중 사무와 일반 국가 행정을 분리하며, 근대적인 내각 제도의 확립
  • 재정을 탁지아문으로 일원화

• 조세 법정주의 및 예산 제도 수립
• 지방 제도의 개편
• 해외 유학생 파견을 통한 외국 선진 문물의 도입
• 국민 개병제에 의한 군사 제도 확립
• 법치를 통한 국민의 생명과 재산 보호
• 문벌을 폐지하고 능력에 따른 인재 등용

—의정부를 내각이라 고치고 2차 개혁 시작

■ 1895년

—학교 설립에 관한 조칙(2월), 재판소구성법(3월), 경무청 관제(4월), 성균관 관제(7월), 소학교령(7월), 종두 규칙(10월), 단발령(11월) 발표.
—공·사복 개정, 양복 착용, 상투 금지
—군제를 개혁하고 훈련대를 둠.
—한성사범학교, 한성외국어학교 설치
—시위대(궁궐과 내각 수위군)를 설치함.
—을미사변 발생(명성황후 민씨 시해 사건)
—훈련대를 폐지하고 친위대 설치
—양력 사용 고시(음력 1895년 11월 17일을 개국 505년, 즉 1896년 1월 1일로 정함.)

■ 1896년

—연호 건양(建陽) 제정
—주한 일본군 헌병대 창설
—역찰방 폐지
—아관파천(俄館播遷: 국왕과 왕세자가 러시아 공사관으로 피신한 사건), 친일 관료 체포령
—경인 및 경의 철도 부설권, 운산·경원·경성 등의 광산권을 외국인에게 대여
—독립협회 조직
—전국을 13도로 고치고, 내각을 다시 의정부로 고침.
—영은문 자리에 독립문 기공

3. 광무 개혁

러시아의 힘을 빌려 일제의 간섭을 배제한 뒤, 아관파천 후 1년 만에 환궁한 고종은 부국 강병의 기치를 내걸고, 광무(光武)라는 연호를 사용하면서, 환구단(圜丘壇)에 나아가 황제 즉위식을 거행하고, 국호를 대한제국(大韓帝國)으로 고쳤다.

이 때는 앞서 지나치게 급격하게 바꾸었던 제도와 정책을 다시 되돌리는 조치를 취했다. 즉, 내각제를 폐지하고 의정부를 부활했으며, 각종 향사(享祀) 등 민간 관련 생활의 필요에 따라 음력을 복원했으며, 단발령을 폐지하고, 국민들의 빚을 탕감했다. 23부를 국민들의 생활감정과 맞지 않는 폐단이 있어 13도제로 환원했다. 호구 체계를 10호 1통 체제로 바꾸고, 문패를 달게 했다.

우편배달부

황제의 권위를 높이고, '대한국 국제(大韓國 國制)'라는 헌법을 공포해 황제에게 입법권, 행정권, 군대 통수권, 관리 임명권, 조약 체결권 등을 집중시켰다. 이는 난국에 국왕 중심의 강력한 대한 제국을 지향한 것이다. 국방력 증강을 위해 궁내에 원수부를 설치하고, 황제를 호위하는 호위대, 시위대와 지방의 진위대를 대폭 증강했다. 국가(國歌), 군가(軍歌), 국기(國旗), 어기(御旗), 군기(軍旗) 등이 제정된 것도 이 때이다. 국민 징병에 관한 조칙이 내려졌다.

종로(1903)

재정 체계 확립을 위해 양지아문(量地衙門)을 설치한 뒤 양전(量田: 토지 조사 사업)을 시행했고, 소유권을 의미하는 지계(地契)를 발급했다. 철도나 광산, 산림 등과 관련된 권한의 외국 매각을 금지했고, 상품의 자급자족을 꾀했다.

광무 개혁(1897.2~1904)은 한국 스스로 근대화를 위한 노력 속에 진행되었다. 어느 정도 개혁의 효과가 있기도 했지만 침략 야욕을 가진 일제의 간섭으로 큰 성과를 보기도 전에 을사늑약을 체결당하게 되었다. 러일전쟁에서 일본이 승리하면서 일제는 외세를 완전히 배격하고 한국을 자국 식민 영토화하는 작업을 착착 진행시켜 나갔다.

조선 말기 한국군의 모습

제 3 절 조선 대국의 멸망

조선은 500년 이상 지속됐던 큰 나라였다. 이웃 명나라나 청나라에 비해 규모가 작았고, 뒤늦게 등장한 제국주의 일본에 의해 멸망했지만, 전반적으로 문명화된 국민, 우수한 문화, 안정된 통치 체제를 가지고 있었던 좋은 나라였다. 국왕 1인의 전제 정치를 허락치 않았고, 훌륭한 관료 제도를 갖추어 왕권과 관료권의 견제와 균형을 이룩했다. 『경국대전』과 같은 법규 체제를 갖춘 상태에서, 유가의 민본주의 정치를 구현했다. 당시 전 세계 어느 나라와 비교하더라도 우수한 국가였다.

그러나 조선은 흥망성쇠(興亡盛衰)의 역사적 부침(浮沈)을 미리 예견하고, 치밀하게 대비하지 못했다. 아무리 좋은 제도, 시스템도 시간이 흐르면서 병폐가 나타나고, 새로운 여건 변화에 둔감해진다. 새로운 상황 전개에 발맞추어 끊임없이 시스템을 업그레이드(system upgrade)해야만 하고, 지속적으로 쇄신(刷新), 유신(維新), 혁신(革新)을 진행시켜 가야만 한다. 발전한 이웃 선진 국가로부터 배워야 하며, 창의적으로 새로운 정책을 만들어내야만 한다. 국왕과 관료 등 통치 집단은 일반 국민과 끊임없이 호흡을 함께 하면서 국가를 운영해야 하고 발전시켜 가야만 한다. 국민과의 소통, 교류가 끊기고, 국민의 지지가 약화 되면 국가가 위험해진다.

조선 대국은 19세기를 지나면서 말기 암 환자처럼 무기력하게 무너져갔다. 통치권의 분열, 행정력의 약화, 민중 역량의 한계, 그리고 치명적인 국방력의 무력화가 그 원인이었다.

1. 통치권의 분열

조선의 통치권은 '국왕을 중심으로 한 전주 이씨 왕족(=王權)'과 '관료집단인 양반계층(=官僚權)'이 공동으로 소유하고 있었다. 왕권은 최고 통치권자인 국왕을 중심으로 이씨 왕족들이 소유하고 있었다. 이들은 관료권에 의해 관직 임용에 제한을 받는 등 권한이 제한되어 있었다. 물론 국왕을 통해 막강한 영향력은 행사 가능한 위치에 있었다. 관료들은 비록 국왕의 최종 결재를 받기는 했지만, 법과 양심에 따라 실질적으로 정책을 만들고 시행하는 행정 권한을 가지고 있었다. 현직 관료는 물론 퇴직 관료 및 그들의 자손들이 모두 양반(兩班)으로서 관료권을 행사하고 있었다. 왕권과 관료권의 접점에 왕비 척족(王妃戚族)이 있었다. 왕비를 통해 왕권을 행사하면서 동시에 주요 관직을 차지한 사람들이다.

왕권은 이방원에 의한 왕자의 난, 수양대군의 정변, 연산군의 폐위와 중종 등극, 문정왕후의 수렴청정(垂簾聽政), 광해군의 폐위와 인조 등극, 단명한 국왕들에 의해 끊임없이 흔들렸다. 태종, 세조, 성종, 숙종, 영조, 정조와 같이 영명한 국왕들이 훌륭한 통치력을 발휘하기도 했지만, 왕비 척족과 관료권에 의해 좌지우지(左之右之)되는 경우가 많았다.

조선 관료층도 왕위 쟁탈전, 당쟁(黨爭)과 사화(士禍)를 통해 수없이 많은 파벌로 갈라졌다. 선조, 광해군, 인조 시기를 거치면서 사분오열(四分五裂) 상태가 되었다.

통치권의 분열은 국론 분열을 일으키고, 안정된 정책 추진을 불가능하게 만들었다. 조선 초기의 국가 체제 정비와 그에 따른 안정된 국가 발전은 성종, 연산군, 중종 시기에 정점에 도달했다가 명종 시기의 수렴청정을 거치면서 쇠락의 길로 들어섰다. 법 질서 붕괴, 관료 체제의 분열, 수취(收取) 체제의 문란, 국방 체제의 무력화가 지속되었다. 마침내 왜변(倭變), 왜란(倭亂), 호란(胡亂)을 겪게 되고 삼전도(三田渡)의 굴욕을 당했다.

통치권의 분열은 국가 발전에 관한 올바른 정책 수립을 불가능하게 하고, 새로운 혁신 정책 추진을 어렵게 했다. 조선 중기부터 지속적으로 추진되었던 조용조(租庸調) 세제 개편 노력, 대동법과 균역법 도입, 화폐 개혁, 토지 개혁, 군제 개혁 모두가 실패로 끝났다. 대동법의 전국적 시행이 거의 100년이나 걸렸고, 그마저도 지지부진하게 끝나게 된 것이 좋은 예이다.

조선 시대 말, 고종 시기의 통치권은 대원군과 민씨 왕비족, 기득권을 가진 중장년의 현직 양반과 낮은 직급의 젊은 개혁파, 급진 개혁주의자와 보수적 개량주의자, 친일파와 친청파, 위정척사파(衛正斥邪派)와 개화파, 동도서기파(東道西器派)들로 사분오열되어 있었다. 서구 제국주의의 침략과 이웃 청, 일본의 발전상을 보면서 발전에 대한 욕구가 있었지만, 좀체로 국론 통일을 기할 수 없었다. 통치권의 분열은 국가 행정을 마비시켰고, 외침의 빌미를 제공했다.

강력한 통치권 확보에 매진했던 대원군의 실각이 여러 면에서 아쉽기만 했다. 대원군의 왕권 강화는 곧 강력한 통치권 확보였고, 이는 기존 관행의 탈피, 부패 척결로만 가능한 일이었다. 부와 권력을 동시에 장악하고 있었던 권문 세도가들은 국왕을 중심으로 한 '국가', '국가 발전'에는 관심이 없었다. 17~18세기 실학, 르네상스 운동, 개혁 움직임에 대해 매우 냉소적이고 적대적일 수밖에 없었다.

당시에 절대 다수의 국민은 자신의 토지를 갖지 못한 채 극소수 왕족과 권문 세도가의 농노(農奴), 노비(奴婢)로 전락해 있었다. 이는 농업에 종사하는 양민(良民)을 근간으로 구축되었던 조선의 모든 통치 체제가 무너졌음을 말해 주는 것이다. 조세 제도, 국방 체제, 복지 제도가 근본적으로 작동하기 어려운 상태에 있었다.

대원군의 개혁 노력이 아들 고종과 며느리 민비 척족 세력에 의해 물거품이 된 뒤, 여러 차례 청과 일본 군대의 지지를 등에 업은 내각(內閣) 체제 확립을 시도했지만 무기력하기만 했다.

2. 행정력의 약화

안정되고 유능한 관료제, 행정 체제가 존재한다면 통치권이 다소 무기력하더라도 국가는 건재할 수 있고, 어느 정도 발전을 기대할 수 있을 것이다. 하지만 조선 시대 말기에는 행정력 자체도 약화되어 있었다. 강력하고 효율적인 정책 집행이 전제되지 않는다면 아무리 좋은 정책이라도 목적 달성을 하기 어렵다. 정책 집행은 능력 있는 관료와 관료제, 잘 갖추어진 법규가 있어야만 가능하다.

첫째, 관료제가 제 기능을 제대로 수행치 못하고 있었다. 관료제는 관료들의 모임, 조직체로서 통치 권력을 바탕으로 이루어지는 행정을 실질적으로 담당한다. 관료제는 평생 직업으로 종사하는 관료들이, 분화된 직무를, 정해진 규칙과 지시-보고의 원칙 속에 행정 서비스를 제공하면서 국가 발전을 담당한다. POSDCoRB의 기능을 수행한다. 관료제가 제대로 작동하지 않으면 행정이 이루어지지 못하고 통치가 불가능해진다. 조선 말 양반 체제는 세도 정치와 척족 세력, 파벌로 인해 계급과 서열 관계가 무너졌다. 지시와 명령이 관료제 규칙보다는 친분 관계와 파벌에 따라 이루어졌고, 능동적 업무 수행보다는 피동적이고 '자리지키기 식으로' 이루어졌다. 창의적으로, 효과적 목적 달성을 추구하기보다는 '몸조심'으로 일관할 수밖에 없었다.

둘째, 관료 충원, 승진, 보수 체계가 어지럽게 모두 무너졌다. 조선 시대에는 양반 관료가 최고의 직업이었다. 모두가 이를 얻기 위해 공부하고, 경쟁했다. 젊은이들을 공부에 전념하게 만들고, 공정한 경쟁 시험을 통해 성취감을 갖게 해 주었다. 이런 선의의 경쟁을 통해 선발된 관료들은 선량(善良, elite)이 되어 관료제를 구성했다. 조선의 과거 제도는 국정 문란과 함께 무너져 내렸다. 과거 제도보다도 천거와 특별 채용 형식으로 관료가 되는 것이 쉬워졌다. 공정성 확보가 어려워진 과거 시험은 끊임없이 비리로 얼룩졌다. 각종 시험 부정, 상피제의 문란, 합격자의 보직 불확실 등에 의해 천 년 이상 지속됐던 훌륭한 공개 경쟁 시험인 과거 제도가 망가졌다. 과거제의 한계를 극복하고 안정적인 관료제 유지를 위해 마련되었던 천거제(薦擧制)와 음서제(蔭敍制)도 파벌과 세도 정치로 변질되었다. 양반 관료제는 안정된 보직, 승진, 급료 체제가 유지될 때 제대로 작동될 수 있다. 그런데 당시에는 국가 재정이 피폐해 있었기 때문에 안정적인 급료 체제가 확보되지 못했다. 지방의 수령과 향리, 이들 주변의 다양한 계약직 관료의 보수는 현장에서 직접 해결해야만 했다. 지방에 체류 중인 군인, 역참(驛站)의 근무자, 부임하는 수령, 외국을 드나드는 사신들은 모두 현장에서 급료를 해결해야만 했다. 안정되고 강력한 통치 체제가 확립된 상태에서는 관수관급(官收官給) 형태로 중앙정부에서 조세를 거두고, 이것으로 급료를 지급하는 것이 원칙이었다. 물론 이 때도 지방 관청이나 주둔군, 역참의 경우에는 둔전(屯田)을 지급해 자급하도록 하기는 했었다. 하지만 통치권이 분열되고, 국정이 문란해진 상황에서는 이것이 불가능했다. 중앙정부가 제대로 급료를 지급해 주지 못하는 상황에서는 각자 살 길을 찾아야만 했다. 국가의 권위 상실, 신뢰 부족, 국가 재정의 악순환이 계속되었다.

셋째, 정부 재정이 건실하지 못했다. 조선 정부에서는 대동법(大同法)과 균역법(均役法), 양전(量田)을 수백 년 동안 좋은 제도로서 시도하고 실천하려고 했었지만 확실하게 집행해, 원하는 목적 달성을 이루지 못했다. 기본적으로 양반 기득권층, 세도 권력자들의 토지와 부를 재분배해야만 가능한 일이었기 때문이다. 이는 혁명이나 국가 교체와 같은 극단적인 변화가 있을 때만 가능한 일이었다. 통치권이 약화된 상황에서는 각양각색의 조세 포탈, 재정 누락이 발생할 수밖에 없었다. 호부 장적(帳籍) 누락, 은결(隱結), 누결(漏結), 백골징포(白骨徵布)가 만연했고, 세미(稅米) 운송 과정의 부정부패, 창고 저장 과정에서의 탈루(脫漏), 환곡(還穀) 비리 등 많은 요인에 의해 국가 재정은 형편없이 작아졌다. 왕실과 세도가, 서원과 학교, 향고, 지주 세력들도 어떤 형태로든 세금 탈루에 적극적이었다. 재정 부족 현상은 정책 집행과 관료제 작동을 불가능하게 했다. 국가 권위 회복, 왕권 강화, 관료제 개혁, 쇄신 정책 수행, 국방 강화, 정책 집행력 확보, 현장 행정 서비스 수행이 불가능해졌다.

넷째, 집행을 담보할 수 있을 만한 강제력을 갖지 못했다. 통치권, 행정력, 정책 집행력은 국민들의 신뢰, 강력한 권위, 강제력이 확보되어 있을 때 가능한 일이다. 그렇지만 조선 말기에는 부정부패가 만연해 있었고, 국가와 양반 통치 집단에 대한 신뢰가 많이 약화되어 있었다. 강력한 군대와 경찰력이 뒷받침된다면 국민 신뢰가 없는 상황에서도 어느 정도는 정책 집행을 기대할 수 있다. 하지만 이 모든 것이 약화되고 무너져 있었다. 행정 일선의 수령(守令), 서리(胥吏), 향리(鄕吏), 포졸(捕卒)과 나장(羅將), 역리(驛吏), 색리(色吏), 군사(軍士)들이 모두 부정과 부패에 물들어 있었다. 일부 강직한 관료가 없지 않았겠지만, 상황 논리 속에 무기력할 수밖에 없었을 것이다. 조선 말기의 수많은 개혁 정책, 창의적 사업 계획들이 대부분 실패한 원인도 결국 집행력이 뒷받침되지 못했기 때문일 것이다. 고종 시대의 갑오개혁, 을미개혁, 독립협회의 개혁들이 실패한 이유 중 가장 큰 것이 바로 집행력 부족이었다.

다섯째, 행정 부패가 만연되어 있었다. 양반 관료들은 정책에 관한 권한과 정보를 소유하고 있고, 행정 서비스를 직접 수행하는 사람들이다. 이들이 올바른 정의감과 선량 의식을 가지고 있어야만 행정이 잘 이루어질 수 있다. 이들이 자신이 소유한 권한과 정보를 활용해 부정과 부패를 일삼게 되면 문제가 심각해진다. 조선 말기에는 온갖 부정부패가 만연되어 있었다. 과거 시험 부정, 조세 포탈, 군역 부정, 사법권 문란, 행정 부정이 많았다. 『대전통편』, 『대전회통』으로 정리된 법규가 제대로 지켜지지 않았다.

3. 민중 역량의 한계

통치권의 분열과 행정력 약화로 인해 국가 발전이 지체되고, 쇠락의 조짐을 보일 경우에 마지막으로 기대해 볼 수 있는 것이 국민의 힘이다. 양식 있는 정치적 시민과 이를 지지하는 민중이 통치권과 관료를 대신해 정책을 제안하고 집행에 책임을 지는 경우에 일말의 기대를 해볼 수 있다.

조선 말, 19세기 전반부에는 홍경래(洪景來)의 난(1811)으로부터 시작되어 각종 민란이 지속적으로 일어났다. 단순 폭거 형태로 발생했던 민란과는 달리 홍경래의 난처럼 새로운 국가, 통치체를 목표로 일어났던 민란은 어느 정도 민중의 자각 의식을 토대로 가능한 일이었다. 1894년에 발생한 동학혁명과 1896년에 설립된 독립협회가 대표적인 민중 운동이었다.

동학혁명은 처음에는 정부의 동학 탄압에 항의하면서 시작되었다. 그러다가 점차 정부 무능에 대한 비판, 일제와 서구 세력에 대한 반발로 이어졌다. 전봉준(全琫準)

에 의한 고부 민란(1894. 1)으로 촉발되어 본격적인 대정부 무장 투쟁의 길로 들어섰다. 동학혁명군은 '폐정 개혁 12개조'를 제시하며 정부를 압박했고, 당황한 정부는 군사를 이끌고 토벌에 나섰다. 하지만 정부는 군사력이 미약함을 알고 부랴부랴 청국 군대의 파병을 요청했고, 이를 틈타 영향력 확대를 꾀하던 일제(日帝)가 선수를 쳐서 군대를 파견했다. 조선 정부는 깜짝 놀라 양국 군대의 철수를 요구했지만 그들은 듣지 않았다. 부랴부랴 정부군과 동학군의 협상이 이루어져 '전주 협약'을 통해 동학군 요구 사항이 대부분 받아들여졌다. 하지만 정부를 믿을 수 없었던 동학군은 전라도 일대에 집강소(執綱所)를 설치하고 직접 정책 집행을 시도하려 했다. 동학군이 요구했던 혁신 정책은 조선의 정치, 경제, 사회 여건을 근본적으로 바꾸는 것으로 당시의 국정 상황을 고려할 때 실천 불가능한 일이기도 했다.

동학혁명은 청일전쟁의 발발과 일본의 승리, 정부군과 일본군의 연합 세력과의 전투에서 동학군이 패망함으로써 끝이 났다. 물론 동학혁명을 통해 제시되었던 각종 시정 개혁안들이 정부를 자극해, 교정청과 군국기무처의 개혁 노력으로 이어졌다. 이를 갑오 개혁(甲午改革, 1894)이라 하는데, 개화파 중심으로 정부가 구성되었고, 이들에 의해 수많은 개혁 정책이 추진되었다. 하지만 개혁 작업은 정책 결정, 집행, 효과 발생까지 많은 시간을 필요로 한다. 더욱이 국민의 일상적인 삶과 관련된 것들은 정책 시행 후 일정 기간이 지나고 실질적인 행태 변화까지 도달해야만 목표 달성이 되는 것이다. 갑오 개혁이 일제의 간섭에 의해 변질되자, 다시 자주적 입장에서 을미 개혁(乙未改革, 1985)이 추진되었다. 갑오 개혁이나 을미 개혁은 대부분 문서상의 개혁에 그쳤을 뿐 정책 집행과 실질적인 효과 발생은 거의 불가능했다.

동학혁명은 정부로 하여금 스스로 개혁에 나서게 하는 효과는 충분히 발휘했다. 하지만 혁명의 전제 조건을 체제 속에서의 보국안민(保國安民), 척양척왜(斥洋斥倭)로 정했고, 개혁의 실천을 담보할 수 있는 강제적 집행력을 갖추지 못했기 때문에 근본적으로 한계가 있었다. 개혁의 주체인 정부 관료의 무능 때문에 동학을 주도했던 민중들의 희망은 결실을 보지 못하고 말았다.

독립협회는 일제 간섭을 피해 시도되었던 고종의 아관파천(俄館播遷, 1896.2.10.) 직후, 서재필의 『독립신문』 발간을 계기로 서재필, 윤치호, 이상재, 남궁억 등이 결집해 만들어졌다. 소수의 선각자, 개화파 고위 관료와 지식인들이 협력해 국가 재도약을 위한 개혁을 추진하고자 했다. 『독립신문』 사설을 통한 국민 계몽, 양식 있는 국민들의 조직화를 시도했다. 민중과 함께 구국 선언 상소(1898.2.12), 만민공동회(3.10), 황국협회 발족, 황국중앙총상회 발족, 대규모 민중 항의(9.12)를 지속했다(김운태, 2001: 422-426). 이어서 민중 투쟁에서 정부 탄핵을 통해 신정부 수립, 관민공동회의 헌의(獻議) 6조 결의를 이어갔다. 부담을 느낀 정부는 1898년 12월에 민회 탄압령을 내리고, 만민공동회 해산, 지방독립협회 지회를 강제로 해산시켰다.

독립협회는 개신 유학자, 동학교도, 개화파 관료, 기독교계의 선각자들을 중심으로 시작되어 점차 민중으로 확산되어 갔다. 혁명 역량을 키우기 위해 시민층, 농민층, 노동자층, 해방된 천인층(賤人層), 개화파 무관들까지 조직화를 시도했다(김운태, 2001: 430). 독립협회는 자유민권 사상을 토대로 입헌 대의 군주제론(立憲代議君主制論)을 주장했고, 아울러 행정 개혁, 교육 개혁, 산업 개발을 적극 주장했다. 민중과 함께 하는 개혁 운동을 펼쳤다. 하지만 독립협회는 정부의 강제 해산 명령에 의해 하루 아침에 무너져 내렸다. 개혁 반대 세력을 능가할 수 있는 강제력이 확보되지 않은 민중 운동의 한계를 여실히 드러냈다.

4. 국방력의 무력화

조선 말기의 개혁이 확실히 성과를 거두고, 국가의 재도약을 기하기 위해서는 충분한 시간을 필요로 했다. 하지만 엄습해 오는 서구 제국주의 열강(列强)과 이웃 일본 제국주의의 간섭과 침략을 막아낼 국방력이 없었기 때문에 패망의 길로 들어설 수밖에 없었다. 자주적 개혁의 성과를 충분히 구현해 국가 재도약을 이룰 군사적 역량을 갖추고 있지 못했다.

조선 말기의 국방력은 조직화되지 못한 민중들의 반란이나 민란을 막을 정도에도 부족해 청과 일본으로부터 군대를 빌려와야만 했다. 외국 군대의 진주는 자주적 개혁 노력을 불가능하게 만들었고, 시간이 흐를수록 그들에게 예속되는 결과를 초래했다. 자주 국방이 이루어지지 못하는 상황에서, 국내 치안 유지를 위한 외국 군대 파병 요청은 곧 국가 패망의 지름길이었다. 이를 간과한 채 분열된 정부 통치 집단은 일본 군대에 의지하길 좋아했고, 청일전쟁・러일전쟁을 거쳐 을사조약(을사늑약[乙巳勒約](1905), 한일합방(1910)을 통해 일본의 속국이 되었다.

조선 중기를 지나면서 조선의 국방 조직은 와해되어 버렸다. 토지 제도와 양민들에 의한 국민 개병주의(國民皆兵主義)를 토대로 구축되었던 군제(軍制)는 토지 제도와 부역제의 문란, 그로 인한 양민 이탈, 두 차례 외침 과정에서의 체제 붕괴, 지속된 평화로 인한 국방 무용론 등이 복합되어 유명무실해졌다. 대원군의 강력한 군제 개혁, 국방력 강화 노력도 반대파들의 반발로 인해 무산되었다.

조선의 국방력 약화로 인해 일본 제국주의의 침략을 막을 수 없었기 때문에 국가 패망에 이르고 말았다. 일본이 진정으로 조선의 발전을 원하는 이웃이었다면 결과는 달라졌을 것이다. 하지만 일제는 자국의 발전만을 원했고, 그 과정에서 조선을 철저히 유린하고 침탈했다. 일시적으로 선진화된 일본을 배워 정부 혁신을 꾀하려고 했던 젊은 개화파 지식인과 관료들은 '일본인들의 속내를 정확히 꿰뚫지 못하고, 바보처럼 침략자 일본인들의 앞잡이 노릇'에 충실했을 뿐이었다. 후세 한국인들이 대원군의 쇄국 정치를 비난하고, 개화파들의 혁신 노력을 미화하는 데 반드시 짚고 넘어가야 할 부분이다. 러시아의 푸틴 대통령이나 중국의 덩샤오핑(鄧小平), 시진핑(習近平) 주석은 자주적 역량을 충분히 키운 뒤의 개혁, 개방을 위해 노력하고 있다. 대국 조선의 패망을 통해 한국인들이 심각하게 재고해 보아야 할 점이다.

제10장

일제 강점기의 행정

제 1 절 일제 강점기의 변화

일제에 의한 한국 점령은 크게 4단계로 구분해 살펴볼 수 있다. 첫째는 나약해진 조선을 온갖 수단을 사용하면서 강제 합병으로 이끌어 가던 1910년 이전의 식민 통치 준비기(1876~1909. 단기 4209~4242), 둘째는 합방 후 3·1운동이 일어났던 1919년까지의 식민 통치 형성기(1910~1919), 셋째는 3·1운동과 전 세계적인 평화 분위기에 편승해 한국인들의 완전 일본화를 획책했던 회유 조정기(1919~1931), 넷째는 만주 사변 이후 태평양전쟁과 패망의 병참 기지화 및 전시 동원기이다(1931~1945)(김운태, 1988).

1. 식민 통치 준비기

1876년 운양호 침략 사건부터 야심을 드러낸 일본이 본격적으로 조선을 식민지화하기 시작한 것은 1894년 갑오 동학혁명에의 개입부터이다. 당시 조선은 농민 운동

의병들의 모습

을 무력으로 진압할 힘이 없어 청국에 군대 파견을 요청했고, 이를 빌미로 일본이 출병했다. 조선 내에 군 사령부를 설치한 일본은 조선 정부의 군 퇴각 요구를 거부하고 내정 간섭을 시작했다. 오토리 게이스케(大鳥圭介) 공사가 고종 황제에게 6월 29일 정식으로 '내정 개혁'을 요구했고, 8월 1일에는 선전 포고와 함께 청일전쟁을 일으켰다. 1894년 9월 15일 평양 전투와 9월 17일 황해 해전에 의해 청국군을 완전히 패퇴시키며 승리한 일본은 은퇴한 거물 정치가인 이노우에 가오루(井上馨)를 오토리 게이스케 대신에 공사로 임명하고 1905년 을사보호조약까지 강압적인 내정 간섭을 시작했다.

일제는 김홍집·박영효 연립 내각을 성립시켜 일본인 고문관을 정부 요직에 배치한 '고문 정치(顧問政治)'를 실시했고, 을미사변(乙未事變)을 일으켜 명성황후를 시해했다. 이 사건을 계기로 조선에서는 전국에서 의병 활동이 활발해졌고, 고종이 러시아 공관으로 옮기는 '아관파천(俄館播遷)' 사건이 일어났다. 이에 일제는 1904년 2월 10일 러시아에 선전 포고를 했다.

인천에 들어오는 일본군

일제는 1904년 2월 23일 '한일의정서(韓日議定書)'의 체결을 강요해 당시의 대한제국을 부분적으로 보호국(保護國)화시켰다. 일제는 러시아와 전쟁을 하는 와중에 미일 조약(1905), 제2차 영일 동맹을 맺었고, 전쟁을 승리한 후, 러일 강화 조약과 함께 조선의 주권을 위협하게 된다. 마침내 10월 17일 특사 이토 히로부미(伊藤博文)와 하세가와 요시미치(長谷川好道) 주둔군 사령관이 어전 회의에 무단으로 침입해 일본군이 어전과 대궐을 포위한 채로, 이토는 고종 황제 앞에서 대신 한 명 한 명에게 하문하는 식으로 강압해 협약 찬성 발언을 시키고, 다음날인 18일 새벽 1시 협

남대문과 전차

약을 조인시켰다(大江支乃夫, 1992: 17). 1905년, 일제는 통감부를 설치하고 초대 통감에 이토 히로부미를 파견했다. 을사늑약(乙巳勒約)의 결과로 조선은 외교권뿐만 아니라 광업권 등 경제적인 수탈을 당해야 했다. 일본군은 강력한 헌병 경찰 제도를 실시했는데, 당시의 경찰 조직은 중앙의 통감부 직할로 전국 13도에 경찰 고문 지부를 두었다. 당시 일본인 경찰관은 경시(警視) 21명, 경부(警部) 52명, 순사(巡査) 605명이었다. 그 밑에 하수인격으로 한국인을 채용했다. 1909년 이토 히로부미가 안중근 의사에게 살해되고, 일본 각료회의는 '한국 합병에 관한 건'을 의결했다.

보호를 명목으로 생성된 통감부(統監府)는 일본 천왕의 통솔을 받는 조선 통감을 최고 행정 책임자로 하여, 총무부, 농상공부, 경무부의 3부(部) 체제로 출발했다(1906년에 외무부 추가). 통감 직속으로 한국 시정 개선에 관한 협의회가 있었는데, 여기에는 한국 정부의 주요 대신들이 참여하고 있었다. 또 한국 주차 일군 사령관이 있었고, 지방의 주요 지역에 12개의 이사청(理事廳)을 설치했다.

표 10-1 역대 조선 총독과 재임 기간(9대 36년. 1910~1945. 단기 4243~4278)

〈조선 통감〉
① 이토 히로부미(伊藤博文, 1905~1909) - ② 소네 아라스케(曾禰荒助, 1909~1910) - ③ 데라우치 마사다케(寺內正毅, 1910)

〈조선 총독〉
① 데라우치 마사다케(寺內正毅, 1910~1916) - ② 하세가와 요시미치(長谷川好道, 1916~1919) - ③ 사이토 마코토(齋藤實, 1919~1927) - (임시 대리: 우가키 가즈시게[宇垣一成], 1927) - ④ 야마나시 한조(山梨半造, 1927~1929) - ⑤ 사이토 마코토(齋藤實, 1929~1931) - ⑥ 우가키 가즈시게(宇垣一成, 1931~1936) - ⑦ 미나미 지로(南次郎, 1936~1942) - ⑧ 고이소 구니아키(小磯國昭, 1942~1944) - ⑨ 아베 노부유키(阿部信行, 1944~1945)

일제는 일본 화폐의 한국 유통을 합법화시켰고, 금융기관을 장악했으며, 토지와 가옥 대한 조사를 계기로 침탈을 본격화했다. 한국 내에 의병 활동이 심화하자 군대와 경찰을 증원하고, 일진회 등 친일 단체들을 육성했다.

일제는 1910년 6월 한일 합방 강경파인 데라우치 육군 대신을 통감에 취임시키고 7월 러시아와 제2차 러일 조약을 맺어 완전히 러시아가 조선을 포기하게 했다. 데라우치는 한국 경찰관제를 폐지시키고 아카시 모토지로(明石元二郎)를 헌병 대장에 임명해 헌병 경찰 제도를 창설했다. 한일 합방 직전에 창설된 헌병 경찰의 인력 구성은 일본인 경관 약 2,000명, 한국인 경관 약 3,000명, 일본인 헌병 약 2,000명, 아카시 헌병 대장이 만든 한국인 헌병 보조원 약 4,000명이었다(大江志乃夫, 1992: 29).

2. 식민 통치 형성기

일제는 한일 합병 조약을 반포하고(1910. 8. 29. 단기 4243), 동시에 '대한제국'이란 국호를 '조선'으로 환원시켰으며, 조선총독부 설치에 관한 칙령, 이왕직 관제(李王職官制), 조선총독부 관제를 발표했다. 1910년 9월 30일에 "조선총독부 관제 및 소속관서 관제(朝鮮總督府官制 및 所屬官署官制)"를 제정 공포함으로써 식민지 통치기구가 정비되었다. 즉, 현대적 의미에서 정부조직법이 제정된 것이다. 이어서 76명의 조선 고관들에게 논공 행상을 시행했다. 통감에서 초대 총독이 된 데라우치 마사다케(寺內正毅)는 본격적인 헌병 경찰 제도를 이용한 식민 지배를 시작했다.

일제는 회사령(會社令, 1910), 조선어업령(1911), 토지조사령(1912), 조선민사령(朝鮮民事令, 1912), 은행령(1912), 부동산등기령(1912) 등을 발표하고는 1918년까지 토지 조사 사업을 시행했다. 일제는 한일 합방 이전부터 철도, 항만 시설 등의 목적으로 토지 측량을 해왔으나 1910년부터 1918년 10월까지 한반도의 토지를 면밀하게 조사했다. 일제가 내건 토지 조사 사업은 첫째, 토지 소유권의 조사, 둘째, 토지 가격의 조사, 셋째, 지형 지모(地形地貌)의 조사였으나 토지 조사의 주된 목적은 지세 수입과 소유자 및 지가의 조사였다. 토지 조사 결과 당시 한반도에서 토지 소유자는 187만 1,636명(조선총독부, 247)이었으며, 토지의 면적은 487만 1,071 정보(町步)였다. 동양척식회사(東洋拓植會社)라는 것을 만들어 경제 침탈의 선봉장 역할을 맡겼다.

동양척식회사

한국 민족에 대한 일제의 식민지 통치 제도는 식민지 본연의 경제적 목적과 대륙 침략을 위한 군사상의 전진 기지로서 중요시되었다. 따라서 통치 기구는 헌병을 활용한 무관(武官) 조직, 즉 무관 총독(武官總督)이 전권(專權)을 행사하는 군사 정치 체제를 수립했던 것이다. 이는 우리 민족의 지속적인 저항을 효율적으로 제압하고 경제적인 약탈을 위한 것이며 나아가 한민족을 말살하기 위한 구상이었다. 이런 무관 통치 체제는 영국의 식민지 총독제와 러시아의 총독 정치를 모방한 대만의 통치 체제를 모방한 것이나, 한민족의 끊임없는 저항과 전통성을 고려해 치안 유지를 요체로 하는 독특한 형식의 식민지 통치 체제가 성립되었던 것이다.

1910년 8월 일제는 한국의 식민 통치기관으로 조선총독부를 설치했는데 총독부는 치안 위주 군정 조직으로서 경무총감이 총독 지휘하에 모든 정무를 감독하는 최고 기관의 구실을 하고 문관은 보조기관에 불과한 무단 통치(武斷統治) 조직이었다(행정자치부, 1998(상): 84).

한국을 식민지로 경영하기 위한 노력의 일환으로 농촌에는 면화와 쌀 재배를 적극 강요했다. 회사령을 통해 한국인들에 의한 공장 경영을 어렵게 하고, 화폐와 금융 정리를 통해 일본 자본의 한국 진출을 적극 추진했다. 광산물의 약탈, 어장의 탈취가 극심하게 이루어졌다. 언론을 탄압하고, 독립 운동과 사상에 대한 취체를 엄격하게 했다. 전 한국인이 염원했던 3·1 만세 운동의 독립 요구도 총칼로 철저히 탄압했다.

3. 회유 조정기

일제는 강점 초기 10년 동안은 한국을 철저한 수탈 대상인 식민지로 만들어 갔지만, 이 시기로 들어서면 한국을 일본의 일부로 완전 편입시키는 전략을 구사했다. 세계의 평화 물결에 힘입어 일본 내에도 다이쇼(大正) 데모크라시가 등장했고, 한국에도 3·1 운동과 자치 참여 운동이 나타났다. 사이토 마코토(齋藤實) 총독은 문화 정치를 표방하면서 한국인 차별 철폐, 조선 내 지방 자치의 인정, 재래 문화와 관습의 존중, 언어·출판·집회의 자유, 교육의 보급, 민심의 위무 선도, 인재 등용의 문화 개방, 일본인과 한국인들의 융화를 시정 목표로 제시했다.

그러나 한국인들의 독립 요구가 더욱 조직화하고 격렬해질 것을 염려해 군대와 경찰을 증원해 강력한 무단 통치의 기반을 마련한 뒤, 다른 한편으로는 지방 조직에 협의회, 평의회 등 자치적 요소를 도입하고 친일 분자를 육성하는 등 민족 분열 정책을 구사했다. 투쟁적인 민족주의자들을 철저히 탄압하는 한편으로 온건한 민족주의자들에 대해서는 민족 개량주의를 신봉하게 만들어 갔다. 또 공산 사회주의 운동자들과 민족주의자들을 분열시켜 독립 투쟁에 혼선이 일게 만들었다.

일반 백성들에 대해서는 신교육령(1922)을 토대로 일본 역사 교육, 일본어 교육을 실시해 일본인화를 꾀했다. 사이토는 문화 정치의 내면으로는 '조선 민족 운동에 대한 대책'을 마련해 양면 정책을 썼다. 조선인을 군수와 면장, 각종 보조원에 임명해 중앙과 지방, 일본인 통치자와 한국인 피지배자 사이의 연결고리로 활용했다.

이 당시 철저히 시행되었던 산미 증식 계획(産米增殖計劃)은 일본에 필요한 쌀만으로 한국 농촌 경제를 단순화시키고 한국을 일본의 공업 제품 시장화하려는 의도를 드러낸 것이다. 일제의 한국 지배가 이젠 당연한 것으로 여겨지기 시작한 이 때의 상황에서는 한국 내에서 발생하고 있는 크고 작은 한국민들의 반발을 근본적으로 봉쇄할 필요가 있다고 여겼다.[1)]

이런 유화적 태도는 분명 많은 변화를 가져왔다. 지배자들의 입장에서는 한국에 대한 식민 통치가 이젠 '외국의 타국에 대한 식민 지배' 차원을 넘어 '한국을 영원히 자국(自國)의 일부로 편입시키기 위한' 좀 더 원숙한 통치 방식을 천명한 것이기도 하다.

---

1) 새로 부임한 사이토 총독의 부임사를 보면 '일시동인(一視同仁), 문화 제도, 문명 정치, 보통 경찰제, 행복, 불편 부당(不偏不黨)'과 같은 말들을 사용해 최대로 완화된 표현으로 다음과 같은 시정 방침을 천명하고 있다(조선총독부 관보, 1919.9.4). 형식적 정치의 폐를 타파하고 법령을 간략히 하고, 성의로 국민을 유액(誘掖)하여… 행정 처분은… 피처분자의 양해를 얻어야 한다. 사무의 정리 간첩(簡捷)에 힘쓰고 민중의 편익을 계(計)해 관청의 위신을 보지(保持)해야 한다. 언론, 집회, 출판 등에 대해서는 질서와 공안 유지에 무방한 한 상당히 고려를 가해 민의의 창달을 계(計)해야 한다. 교육, 산업 등 행정에 쇄신을 가(加)하고 국민 생활의 안정을 도모해 일반의 복리를 증진하는 데 있어 새로 일생면(一生面)을 개척할 것을 기한다. 특히 지방에서의 민풍(民風)의 함양과 민력의 작흥(作興)은 지방단체의 힘에 기대함이 편할 것이므로 장래 시기를 보아 지방자치 제도를 시행할 목적으로 속히 이의 조사 연구에 착수하려 한다.

백두산 벌목

4. 병참 기지화 및 전시 동원기

일제는 1931년 만주사변을 일으켜 만주를 점령하고, 이어서 중국과의 전쟁을 본격화했으며(1937), 제2차 세계대전의 당사자가 되었다. 이 과정에서 한국을 대륙 침략의 병참 기지로 적극 육성하고, 한국인들과 각종 물자를 전쟁에 동원했다.

새로 취임한 우가키 가즈시게(宇垣一成)는 피폐한 농촌을 살린다는 명목 아래 자력갱생(自力更生), 춘궁(春窮) 퇴치, 농촌 진흥의 기치를 내걸어 국민들을 독려했다. 또 내선일체(內鮮一體), 일선융합(日鮮融合)의 기치를 내걸고 국민들을 일본인화하려고 애를 썼다. 총독부 내에 농촌진흥위원회를 설치하고 각 도, 읍, 면에도 지방관들을 위원장으로 하는 농촌진흥위원회를 설치했다.

쿠데타(1936. 2. 26)를 계기로 군부 독재 체제로 전환한 일제는 전쟁 총동원 체제로 들어섰다. 국가총동원법(1938)을 통해 국내의 모든 물자 동원과 통제, 군수 물자 생산을 꾀했다. 황국 신민화를 꾀해 지방마다 천황 신사(神社)를 짓도록 하고 한국인들의 참배를 강요했으며, '황국 신민(皇國臣民)의 서사(誓詞)'를 강요했다. 창씨 개명(創氏改名)을 강요해(1939) 한국인들의 성을 일본식 두 자리 성으로 바꾸게 했고, 국민 징용령(1939)을 내렸다. 농산물, 지하 자원 등의 전쟁을 위한 수탈 정책이 극에 달했다. 일제는 군수 기지화 정책을 추진해 발전, 화학, 방적, 제철, 석탄, 마그네슘, 비료 등의 공업 시설을 마련했다.

조선정보위원회를 만들어(1937) 사상범이란 명목 아래 독립 인사들을 잡아들였고, 국방보안법(1941), 조선 임시보호령(1941)을 통해 언론과 결사를 금지시켰다. 일제는 전쟁에 발광적으로 나섰다가 연합군과의 전쟁에서 패퇴했고, 마침내 한국의 해방(1945년 8월 15일. 단기 4278년)이 달성되었다.

제 2 절 행정 조직과 관리

1. 중앙 행정

1) 조선 총독

조선 총독 9명은 모두 일본군 대장들로, 사이토 마코토(齋藤實)만 해군 대장이고 나머지 모두 육군 대장 출신이었다. 조선 총독은 천황에 상주권(上奏權)을 갖는, 천황에 직속된 지위로 내각 총리대신 다음으로 육군 대신에 버금가는 요직이었고 또한 군벌(軍閥)의 지도자들이 임명되어 온 관례상 군벌의 보직 같은 성격도 강했기 때문이다(강창성, 1991: 210, 229). 조선 총독 자리는 내각 총리대신으로 가는 발판의 역할도 담당해, 총독들 가운데 3명이 퇴임 후 내각 총리대신을 역임했으며(寺內正毅, 齋藤實, 小磯國昭), 1명은 총리 임명을 받았으나 조각에 실패했고(宇垣一成), 마지막 총독(何部信行)은 총독으로 부임하기 전에 이미 총리대신을 역임했다(박은경, 1996: 51-69).

조선 총독은 일본 천황을 제외한 누구로부터도 일반적 행정 감독을 받지 않는 천황에 직예(直隷)하는 최고의 행정관청으로서 초연한 지위를 차지하고 있었다. 총독은 친임관으로 육해군 대장 중에서 임명되며 한국에서의 행정, 입법, 사법권은 물론 육·해군을 통솔해 한국 방비의 군사 기능을 관장했다. 조선 관할에 관한 한 법제상은 내각 총리대신을 거쳐 상주·재가를 받게 되었으나, 실상은 내각 총리대신과 동등한 권한을 가지고 천황에 상주(上奏)해 재가(裁可)를 받는 지위에 있었다.

조선의 식민지 통치는 원칙으로 총독에 위임되어 있으며 총독은 식민지 조선에 대한 '제반의 정무'를 통할한다(관제 제3조). 이 '제반의 정무' 속에는 행정, 입법, 사법 등의 모든 사항이 포함되는 것인바, 조선 총독은 식민지 한국에서 종합 행정권을 보유하고 있었다. 다만 관제 제정, 고급 관리 임면, 군대 편제, 영전 수여, 형(刑)의 은사(恩赦) 등은 천황의 친재(親裁)에 보유되고, 화폐·외교·군정 등도 일본의 본국 중앙정부에 통일되어 있었으나 기타 일반 정무는 모두 총독의 권한에 속했다. 일본 중앙정부의 각 성(省) 대신에 속한 권한도 조선 총독의 권한에 속했으며, 재판소도 조선 총독에 예속되어 행정과 사법의 광범한 인사 임면권과 종합적인 지휘 감독권을 가지고 있었다.

총독은 "위임의 범위 내에서 육해군을 통솔하며"(관제 제3조 제1항)라고 하여 군대 편제나 군정 등을 제외하고 광범한 범위 내에서 군대 지휘권과 아울러 치안상 필요에 따라 출병 청구권을 가지고 있었다. 조선 총독은 육해군의 통솔권과 주차 헌병의 지휘권을 갖고 한국 방비와 치안의 책임을 가진 군사 통수권자였다.

조선 총독에게는 대권의 위임에 의해 법률과 동일한 효력을 가진 법규 명령, 즉 제령(制令)을 발포하고(1911년 법률 제30호 제1조), 아울러 조선총독부령을 발할 권한이 있다. 총독은 구한국의 국왕보다도 훨씬 강력하고 사실상 절대 군주국의 제왕을 방불케 하는 입법권이 보장된 셈이었다.

사법기관은 총독부 예하의 행정 관서와 같은 위치에 있었으며 사법관의 신분도 일반 행정 관리와 다를 바 없었다. 따라서 사법권의 독립이 한국에서는 완전히 무시되었다.

총독은 이왕 세비(李王 歲費)의 수지를 감독하고 예산 및 결산은 총독의 심사를 경유해 궁내대신이 이를 인가했다. 그리고 총독은 한국에 재근하는 이왕직 직원을 감독하고 반일 민족 세력의 내통을 감시하고 그 징계를 행사했다. 또한 한국에 재주(在住)하는 조선 귀족에 관해서는 당분간 그 신분상의 감독을 조선 총독이 관장하고 또한 궁내대신과 협의해 결정하도록 했다.

2) 조선총독부

중앙행정기관인 총독부에는 문무 양면에서 총독을 보필하는 총독 관방을 비롯해

외사(外事)·인사·회계를 관장하는 총무부(總務部), 지방·학무를 관장하는 내무부(內務部), 세관(稅關)·사세(司稅)·사계(司計)를 관장하는 탁지부(度支部), 식산(植産)·상공을 관장하는 농상공부(農商工部), 민사(民事)·형사(刑事)를 관장하는 사법부(司法府) 등 1방(房)·5부(部)·9국(局)으로 구성되었다(조선총독부 관제 1910년 9월 30일). 조선총독부의 기구표를 보면 [그림 10-1]과 같다.

총독부의 행정 사무는 총독의 최고 보좌관으로서 제2인자인 정무 총감에 의해 통리·감독되었다. 그러나 정무 총감은 문관의 친임관(親任官)으로 무관 총독제 하에서 그 권한이 제약되었다.

중앙행정기관에는 각부의 장관(勅任) 5인, 국무를 장리하는 국장(칙임 또는 奏任)

그림 10-1 **조선총독부 직제**

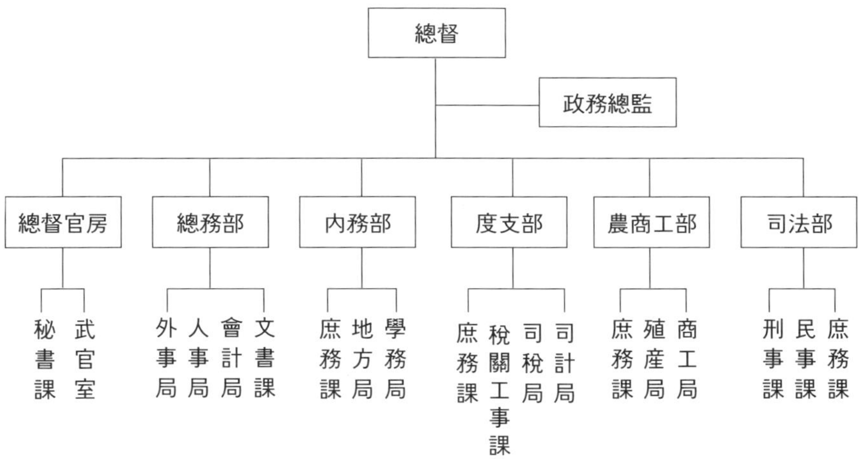

총독 관방	총무부	내무부	탁지부	농상공부	사법부
• 勅任 2 • 奏任 5 • 判任 3 • 직원 11 총 21명	• 칙임 2 • 주임 10 • 판임 108 • 직원 132 총 252명	• 칙임 3 • 주임 15 • 판임 115 • 직원 123 총 256명	• 칙임 2 • 주임 25 • 판임 138 • 직원 114 총 279명	• 칙임 4 • 주임 16 • 판임 58 • 직원 61 총 139명	• 칙임 1 • 주임 4 • 판임 16 • 직원 6 총 27명
총 974명(1911년 3월 현재)					

9인, 심의 · 입안을 맡은 참사관(參事官: 奏任) 2인, 비서관(秘書官: 奏任) 2인, 부무(府務)를 관장하는 서기관(書記官: 奏任) 19인, 부무를 보조하는 사무관(事務官: 奏任) 19인, 기술을 관장하는 기사(奏任) 30인, 통역관(奏任) 6인, 그리고 속 · 기수(屬 · 技手) 및 통역생 등 서무 · 기술 및 통역에 종사하는 판임관(判任官) 337인이 배치되었다. 이 밖에 총독부 무관 2인과 전속 부관 1인이 배치되었다.

1913년 5월에는 총독부 및 소속 관서 직원 임용제를 개정해 총독 통치 체제의 유지를 위한 정치적 포석을 강구했고, 1913년 4월에는 공문서 처리의 통일을 기기하기 위해 공문서 규정, 본부 처무 규정 및 위임 규정 등을 새로 제정해 문서의 양식 기재예(例) 등을 표준화하고 사무의 범위 계통을 재편성했다. 1915년에는 9국(局) 중 총무, 토목, 학무의 3국 이외의 국들을 폐지해 각부 장관이 직접 과의 사무를 지휘 · 감독하도록 했다.

총독부 직제는 조금씩 변화해 1943년에는 총독 관방(1실 2과), 총무국(1실 4과), 사정국(司政局: 5과 1양성소), 재무국(5과 1양성소), 식산국(8과 1관[館] 1조사소, 1연구소, 1양성소, 1도량형소), 농림국(8과 1양성소), 법무국(4과), 학무과(3과 2연수소), 경무국(6과 1양성소) 체제로 되었다.

총독부 직원의 일본인 대 한국인의 비율을 보면 <표 10-2>와 같이 상층부 실무정책 담당자들은 모두 일본인이다. 일제는 처음부터 일관된 인사 방침을 견지했는

표 10-2 총독부 직원 현황(1919, 20년) (단위: 명)

		1919	1920
칙임관	한국인	1	1
	일본인	9	14
주임관	한국인	2	2
	일본인	127	136
판임관	한국인	50	48
	일본인	697	744
촉탁, 고원	한국인	162	201
	일본인	751	870
계	한국인	215	252
	일본인	1,584	1,764

데, 다음과 같은 규칙이 적용되었다고 한다(박은식, 1946).

- 가능한 한 조선인을 관리에 임용하지 말 것
- 어쩔 수 없는 사정으로 조선인을 관리에 임용할 필요가 있을 때는 과학 기능을 소유한 자는 반드시 배제할 것
- 조선인 관리는 절대로 중요한 지위에 임용하지 말 것
- 조선인 고등관의 봉급은 100원에 그치고 판임관은 300원에 달하면 반드시 퇴직시킬 것
- 재판소의 검사에는 일체 조선인을 임용하지 말 것

이런 방침은 총독부 이외의 모든 관직 및 경제 관련 단체에도 적용되어 한국인의 이해와 관련되는 주요 핵심 직책에는 일본인들로 채워졌다.

3) 한국 통치를 위한 법령

일제의 식민지 통치는 헌법이나 법률보다도 천황(天皇)의 대권(大權)에 의해 통치되었으므로 대권에 의해 발동되는 칙령이 식민지 통치의 기본법이 되었다. 그러나 일제 헌법이나 법률·각령(閣令)·그리고 성령(省令)도 각 식민지 사정에 따라 각기 다른 형태로 적용 시행되었다(김항규, 1996: 71-102).

한일 병합 1 년 전인 1909년 7월 12일의 일본 각의(閣議)에서 정해졌던 병합 방법, 순서, 세목의 내용에는 (a) 조선에는 당분간 헌법을 시행하지 않고 대권에 의해 통치한다, (b) 총독은 천황에 직예(直隸)하여 조선에서 일체의 정무를 통할한다, (c) 총독에게는 대권의 위임에 의해 법률 사항에 관한 명령을 발하는 권한을 부여한다. 단, 본 명령은 별도로 법령 또는 율령 등 적당한 명칭을 부친다고 되어 있으며, 그리고 헌법의 해석에서는 "한국 병합 후에는 제국헌법은 이 신영토에 당연히 시행되는 것으로 해석되지만 사실상 신영토에 대해 제국 헌법의 각 조장(條章)을 시행치 않음이 적당하다고 인정함으로써 헌법의 범위에서 제외 법규(除外法規)를 제정해야 한다"고 되어 있다(山邊健太郎, 1969: 2-3).

일제의 법률은 원칙적으로 본국 내에서만 효력이 있었고 조선에서는 일제의 "법률의 전부 또는 일부를 조선에 시행함을 요하는 것은 칙령으로 정한다"고 되어 있었다. 따라서 일제의 식민 통치는 일제의 헌법과 법률에 의한 것이 아니고 천황의 자유로운 대권의 발동에 의한 것임을 알 수 있다.

조선에서 법률로 규정될 것이 요구되는 사항은 이를 조선 총독의 명령으로 규정할 수 있으며 이 명령을 제령(制令)이라 한다. 일본 칙령 324호(1910. 8. 29)의 '조선에 시행할 법령에 관한 건'에 의하면 제1조에 "조선에서 법률을 요하는 사항은 조선 총독의 명령으로 규정함을 득함"이라 규정되어 있고, 제2조에 이 명령(즉 制令)은 내각 총리대신을 거쳐 칙재(勅裁)를 얻도록 하고 있다.

조선총독부 건설 현장

식민지 행정 관청의 명령으로 조선총독부령(朝鮮總督府令)과 도령(道令) 및 도령(島令)이 있었다. 조선 총독은 그 직권 또는 특별 위임에 의해 조선총독부령을 발할 수 있었다. 도령(道令)은 관내의 행정 사무에 관해 직권 또는 위임의 범위 내에서 발하는 명령이며, 도령(島令)은 도사(島司)가 관내의 행정 사무에 관해 법령에 의해 또는 도지사로부터 위임받은 사항에 관해 발하는 명령이었다.

4) 자문 기관

중추원(中樞院)은 총독의 자문 기관으로 합병에 의해 폐관이 된 대신과 중요 관리를 우대하거나 구 한인 지배층을 회유하기 위해 만들어졌다. 후에 친일파 거물을 임명해 대우하고 한인 통치 참여를 합법화하는 기구로서 운영되었다. 그나마 중추원은 3·1 운동 때까지 10년간 한 번도 소집된 일이 없었다. 다만 1921년 4월의 관제 개혁으로 자문기관으로서의 형태를 보완하고 체의(替議)·부체의(副替議)를 참의로 개칭했으며, 참의 65명을 두고 그 중 24명은 도의원으로 임명했다. 그리고 임기 3년제에 의해 부의장·고문·참의를 갱신하게 했다.

중추원은 정책 사항의 자문보다도 친일 어용 기관으로서 조력했다. 1912년 3월 관제 개혁으로 총독부 취조국의 조사 업무가 중추원으로 이관되었다. 적임 조사원이 없어 조사의 실효를 거두지는 못했으나 일본에 거주하는 몇몇 저명한 연구자의 지도 아래 중추원의 실무진으로 하여금 『조선반도사』 편찬의 기초 작업에 착수케 하여 방대한 조선사의 관찬 사업을 장기 계획으로 추진해서 1930년대에 가서 결실을 보게 되었다. 한편 총독부는 박물관을 설치(1916)하는 한편 중추원에 조선 고적(古蹟) 조사위원회를 두어 조선 내 모든 고적 조사를 여기서 관장하도록 했다.

도 장관(道長官)의 자문기관으로 각 도에 한국인 참여관(參與官), 참사(參事)를 두었다. 참여관은 각 도 1인을 정원으로 하여 도 장관의 자문에 응하고 또 임시로 명을 받아 도청의 사무를 수행하기도 했다. 참사는 명예직으로 각도 3인을 정원으로 도내에 거주하는 한국인으로서 학식·명망 있는 자를 임명해 도 장관의 자문에 응하게 했다.

각 부·군(府·郡)에도 참사 2인을 두고 각 관내에 거주하는 학식·명망 있는 한국인을 충원해 일반 행정에는 관여시키지 않고, 특히 지방의 산업, 토목, 수리 등 그 지방에 직접 이해 관계를 가진 사항에 한해 부윤(府尹)·군수의 자문에 응하게 했다.

각 도에서는 매년 1회씩 도·부·군 참사를 소집해 행정 방침과 여러 자문 사항을 의결하도록 되어 있었으나 일종의 형식에 불과했다. 오히려 지방 세제를 독촉하고 총독의 불법 정치에 추종하는 데 그쳤다. 또 부에는 협의회가 있었으나 그 회원은 모두 일본인이 선임되었으며 혹 1, 2인의 한국인이 회원으로 되는 일이 있어도 그가 스스로 의견을 내세우는 것은 용납되지 않았다.

2. 지방 행정

1) 지방 행정 기구와 조직

한일 합방 당시의 지방 제도는 구한말 후대의 지방 관청을 조선총독부 지방 관청으로 간주해 이를 그대로 존속시켜 왔다. 따라서 당시의 지방 행정 구역 및 기관에는 130도(道), 11부(府), 317군(郡)과 외국 거류민들의 행정 사무를 관장하는 이사청(理事廳), 그리고 일반 지방행정기관과 분리·독립된 지방 재무기관으로서의 재무감독국(財務監督局)과 재무서가 있었다.

1910년 9월 30일, 조선총독부 관제의 공포와 동시에 '조선총독부 지방관 관제'가 공포됨으로써, 이들 기관은 지방 행정 관청에 통합되어 이사청의 사무는 도·부·군에 분장시키고 각 도에는 재무부를 설치해 재무감독국의 사무를, 부·군에는 재무서의 사무를 각각 인계했다. 그러나 지방 제도의 급격한 개편은 민심에 영향을 미치는 바가 크므로 종전의 제도를 그대로 답습해 오다가 1913년에야 비로소 지방 제도를 개편·정비하기에 이르렀다. 부제(府制) 실시(1913년), 부·군·면의 통·폐합(1914년), 제주도와 울릉도에 도사(島司)를 두었다(1915년). 도사는 경찰서장을 겸하며 법규인 도령(島令)을 발할 수 있는 점에서 군수보다 강력한 권한을 가졌다. 면제(面制) 및 시행 규칙이 공포(1917)되었다.

1919년의 관제 개편에 의해 지방 제도도 크게 바뀌게 된다. 그 내용은 첫째, 종래의 도 장관의 명칭을 도지사로 개칭하는 것이다. 둘째, 헌병 경찰 제도를 폐지하고 경무 총감부 및 각 도의 경무부는 폐지되어 각 도지사가 제3부를 두어 도사무관과 함께 경찰권을 행사하며 동시에 지방 경찰 위생 사무를 집행할 수 있게 했다. 셋째, 헌병 분대 또는 헌병 분치소 대신에 지방 경찰서를 만들고 새롭게 많은 인원의 경찰 병력을 충원했다.

특히 1919년의 관제 개편의 영향은 종래의 일본인 중심의 관리 제도에서 한국인을 많이 채용하는 계기가 되어 1921년 2월에 사이토 총독 제2차 관제 개편에 한국인들이 상당수 총독부 하급 관리가 된다. 조선총독부는 1921년의 제2차 개편 때는 감찰관 및 민정 시찰 사무관제를 도입해 독립 운동 이후 민중의 동태를 감시하기 위해 감찰 활동을 강화하기에 이른다.

일제 강점 초기의 지방 행정 조직은 13도, 12부, 317군, 4,338면으로 나뉘었고, 4,097명의 직원이 행정을 담당했다.

2) 지방관

지방관들은 최일선에서 정책을 담당하는 사람들이다. 직접 한국인들과 접촉해야 하는 만큼 한국말을 잘해야 하며 한국인들의 행태와 사고 방식을 잘 이해할 수 있는 사람들이어야 했다. 이런 한인들의 충원은 두 가지 방식으로 이루어졌다. 하나는 철저히 친일 정신이 투철한 사람들을 지방관으로 충원하는 것이고, 하나는 충추원이나 협의회 의원같이 필요에 따라 의견을 청취하는 자문관 형태로 충원하는 것이다.

합방 초기에 총독부 상부의 핵심 관료들, 일본인들이 새로 정착해 사는 것의 부윤(府尹), 도의 서기관(書記官) 등에는 철저히 일본인을 임명했고, 도 장관의 반수 정도와 대부분의 군수, 면장에는 한국인을 임명했다.

(1) 도지사

1910년 9월 조선총독부 지방관 관제에 의해 광역적인 지방 관청으로 도에 도 장관(道長官)을 두었다. 도 장관은 조선 총독에 소속해 법령을 집행하고 관내의 행정 사무를 정리하며 소속 직원을 지휘·감독했다. 또한 도 장관은 관내의 행정 사무에 관해 직권으로 또는 위임받은 범위 내에서 도령(道令)을 발할 수 있었고, 부윤·군수 또는 도사의 명령이나 처분이 규칙에 위반해 직권을 남용하거나 공익을 해한다고 인정될 때에는 그 명령 또는 처분을 취소·정지할 수 있었다. 당시의 도 기구를 보면 장관 관방과 내무부의 2부를 두었으며 사무관으로 부장(部長)을 보(補)했다.

사이토 총독 시기까지 도지사(또는 도장관) 수는 총 73명, 그중 한국인은 27명이었다. 도지사 임명에는 몇 가지 특성이 나타나는데, 첫째 전략적으로 중요한 경기도, 경상남도, 평안남북도에는 한국인을 한 번도 임명치 않았고, 경북과 함북의 경우는 합방 직후 한 차례씩만 한인이 임명되었을 뿐 모두 일인이었다. 둘째, 황해도는 모두 한인으로 임명했고, 그 밖의 충청남북도와 전라남북도는 반반의 비율을 보였다. 셋째, 이들 한국인 중에는 박중양, 이규완, 신응희, 이두황, 이진호 등 조선 말 관리나 귀족 출신이 대부분이었다.

1915년에 이르러 도 기구는 장관 관방과 제1부(종래의 내무부), 제2부(종래의 재무부)로 개칭되었고, 경찰부의 관장 사무였던 민적 사무를 이관받았으며 도 경무부장이 경무부령을 발할 때에는 도 장관의 승인을 받도록 함으로써 도 장관의 권한이 강화되었다.

1919년 8월 19일의 지방관 관제 개정으로 도 장관은 도지사로 개칭, 헌병 경찰 제도가 폐지됨에 따라 도의 경찰권을 지사가 행사하게 되었다. 이리하여 도에는 지방 경찰 위생 사무를 관장하는 제3부가 신설되었다.

1920년 10월부터 도 지방비령(地方費令)이 시행됨에 따라 참사 제도가 폐지, 심의기관인 평의회(評議會)가 발족, 1921년 2월의 지방관 관제 일부 개정으로 제1부를 내무부로, 제2부를 재무부로, 제3부를 경찰부로 개칭했다. 1920년도는 일제하의 지방행정 체제가 가장 많이 바뀐 해라고 볼 수 있다. 기존의 자문기구인 부(府)협의회 회원의 도지사 임명제(道知事任命制)를 폐지하고 민선제(民選制)로 바꾸었다. 그 후 1930년 4월의 지방관 관제 개정으로 경기도, 전라남도, 경상남도, 경상북도의 4도에 산업부가 신설되었다. 또 도 참여관(道 參與官)을 도 사무관이 겸하게 하여 산업부장에

그림 10-2 도의 행정 조직(1919년)

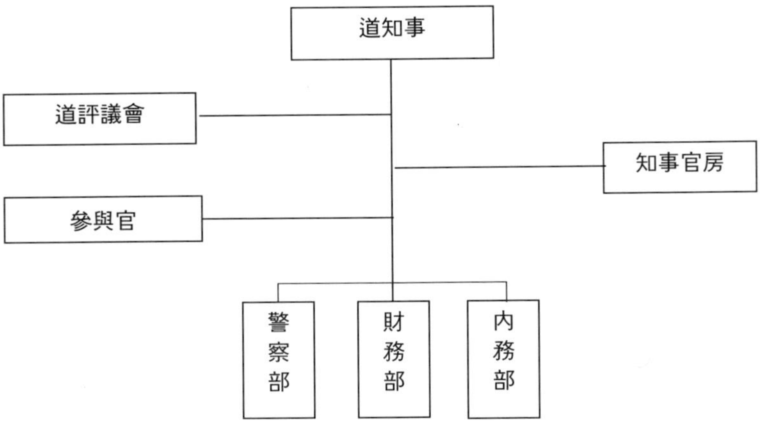

임명했다. 한편 1933년에는 도 평의회가 폐지되고 의결 기관인 도회(道會)가 신설되었다. 1938년에는 모든 도에 산업부를 두어 내무·재무·경찰·산업의 4부 체제를 굳혔고, 일제 말엽에 이르러 총독이 지정하는 도에는 광공부와 농상부를 둘 수 있도록 했다.

(2) 부윤·군수

일제 시대에는 부에 부윤(府尹), 군에 군수(郡守), 도(島)에 도사(島司)를 두었는데 부윤 중 경성 부윤은 칙임으로 보했고 기타의 부윤과 군수·도사는 주임관으로 보했다.

부에는 일본인들이 많았기 때문에 모두 일본인으로 부윤을 삼았다. 군수는 상당수가 한국인으로 충원되었다. 1926년의 경우 209명의 군수 중 178명이 한인이었다. 일본인들이 군수로 임명된 곳은 일본인들이 많이 몰려 있던 부(府)를 둘러싸고 있는 군에 한해서였다.

부윤·군수·도사는 도지사의 지휘·감독을 받아 법령을 집행하고 관내의 행정 사무를 장리하며 소속된 관리를 지휘·감독했다. 다만 도사는 경찰관을 겸해 도내의 경찰 행정을 관장했고, 관내 행정 사무에 관해 법령의 범위 내에서 또는 지사로부터 위임받은 사항에 대해 도령을 발할 권한이 부여되어 있었다.

(3) 읍 · 면장

읍 · 면장은 1910년에 제정된 조선총독부 지방관 관제(제25조 제2항)에 의해 읍 · 면 내의 행정 사무를 보조 · 집행케 하기 위해 설치된 대우 관리였다. 이들에 대해서는 1922년 이후 판임관 대우로 했고, 50명에 한해 주임관 대우로 했다(이후에 증원됨). 면장은 모두 한인으로 채워졌다. 이들은 지역 실정을 잘 아는 유지들로서 일제 통치의 최선봉에서 활약한 사람들이다. 무장 토지 조사단의 일원으로 활약하는 등 일제에 협력하면서 한편으로는 지역 내에서 자신들의 위치를 굳힐 수 있었던 사람들이다. 대부분이 지주로 행세했던 것 같다.

읍 · 면장은 국가의 행정 구역인 읍 · 면의 행정기관으로서 그 성질상 국가에 의해 임명되고 국가 사무를 처리해야 함을 특징으로 하는 대우 관리였으나 면제 실시(1917년) 이후부터는 면이라는 지방단체의 사무까지 처리하게 되었고, 특히 읍 · 면제 실시(1930년) 이후부터 면장은 의결기관인 읍회(邑會)에 대한 집행기관으로서의 역할을 담당하게 되었다. 지방단체인 읍 · 면의 집행기관으로서의 읍 · 면장은 읍 · 면을 대표하고 읍 · 면 사무를 관장해 사원을 지휘 · 감독하며 징계를 가했다.

그 밖에 읍 · 면장의 보조기관으로서 구장(區長)이 있었다(읍에는 군수 · 도사의 인가를 얻어 읍장이 임면하는 부읍장이 있었음). 구장은 읍 · 면의 사무에 대해 정(町) 동 · 리(洞 · 里)에 관한 것을 보조했다. 정 · 동 · 리에 구장 1명씩 두는 것이 원칙이었으나 2명 이상을 둔 경우도 있었다. 구장은 명예직이었으며 그 정 · 동 · 리에 주소를 둔 자 중에서 임명했다.

제 3 절 주요 정책

1. 사법 · 경찰 · 군사 정책

1) 사법

1909년 7월 한국의 사법 및 감옥 사무는 일본 정부에 위탁하는 형식으로 일제에 박탈됨으로써 통감부 사법청에서 관장한 바 있었다. 1910년 10월 1일 조선총독부 관제가 실시됨에 따라 그 칙령 제5호로써 통감부 재판소를 조선총독부 재판소로 개칭했다. 총독부 재판소는 3심 4급제의 구 통감부 시대의 체제와 기능을 그대로 답습했다.

이러한 재판소들은 민사 및 형사 재판 외의 비송(非訟) 사건을 장악했으며 동 재판소 내에 검사국을 부설함으로써 사법기관은 총독을 정점으로 하는 행정부의 일원적인 계선으로서 구성되고 행정 관서와 같은 위치에 있으며, 판사의 신분 보장이 없으므로 사실상 사법기관은 총독에 예속되어 있었다.[2)]

2) 경찰

조선 총독 통치의 핵심은 헌병 경찰 제도였는데, 이는 군사 조직인 헌병이 경찰권을 장악한 것이다. 헌병과 경찰의 두 조직 체계가 연립하고 헌병이 최고 치안 책임자로서 두 조직의 장을 겸해 일원적인 명령 계통을 이루고 있었다. 그 운영에는 양자의 특성을 살려 경찰은 개항지 및 철도 연선을 비롯해 주로 질서를 요하는 도시에 배치되어 행정 및 사법 경찰을 주관하고, 헌병은 군사 경찰상 필요한 지역, 국경 지방, 의병이 출몰하는 지방 등에 주로 배치되어 있었다. 그리고 지방 경찰권을 각 도 헌병대장이 장악하고 있었기 때문에 지방 장관인 도(道)장관이 실질적으로 관여할 수 없었다. 물론 규칙상으로는 각 도 헌병대장도 경무부장으로서 행정관이고 또 도장관은 관내의 안녕 질서 유지를 위해 경무 부장에게 필요한 명령을 발할 수 있게 되어 있었으나(지방관 관제 제5조), 명령 계통을 달리하는 현역 육군 좌관에게 명령하는 것은 사실상 매우 곤란했다.

헌병 경찰은 군사 경찰을 비롯해서 행정, 사법 기타 잡무에 이르기까지 간섭하지 않음이 없었다. 특히 민족 탄압의 주무과는 고등 경찰인데 국내의 사찰 · 정보 등 업무 외에 만주, 노령 중국, 미주 등 해외 각지에까지 망명 애국 인사를 미행, 잠복 추격해 감시 · 탄압하고, 심지어는 밀정을 시켜 암살까지 한 비밀 경찰이었다. 고등 경찰과의 기밀계는 사찰 외에 집회, 다수 운동, 결사, 외국인, 암호, 종교단체 등을 담당

2) 같은 법관이라도 민족 차별이 심해 한국인 판사는 일본인이 관련된 재판을 담당할 수 없었으며, 민족 차별 폐지를 선언한 1920년 이후에도 합의부 재판부 구성에서 한국인이 재판장이 된 일은 없으며, 일본인 재판장이 절대적인 권한을 갖고 있어 사실상 한국 판사의 재판권은 박탈되어 있었다. 그리고 한국에 적용한 형률은 강도 · 강간에 사형을 규정하는 등 하찮은 범죄에 중형을 규정했다.

했고, 도서계는 신문, 잡지, 출판물, 저작물에 관한 사항을 취급해 항일 운동과 사상을 탄압했다.[3)]

이와같이 만능적인 헌병 경찰에게는 즉결 심판권이 주어졌다. 경찰서장 또는 이와 동일한 직무를 수행하는 헌병 분대장에게 그 관할 구역 내에서 범죄를 즉결할 수 있는 범죄 즉결례를 제정했다. 이를 통해 많은 한국인에게 벌금·태형·구류 등의 처벌을 했다.

3·1 운동을 계기로 사이토 총독은 헌병 경찰의 한계를 극복하기 위해 전국적 조직의 경찰을 만들었다. 일제는 독립 만세 운동을 진압할 명목으로 6개 연대 병력과 헌병 약 400명을 증파한 뒤(매일신보, 1919. 4. 10), 순사 및 순사보의 숫자를 6,036명으로 증가시켜 각지에 배치했었다(조선총독부 관보, 1919. 5. 22). 이후 본격적으로 숫자를 늘리고 기관 배치를 하여 1 부·군(府·郡)에 1 경찰서, 1면(面) 1 주재소(駐在所) 주의(主義)에 따라 1920년엔 1만 8,376명으로 경찰력을 보강했다. 경찰력의 연도별 증가 상황은 <표 10-3>에 잘 나타나 있다.

경찰 기능을 활성화하기 위해 몇 가지 조치를 꾀했는데 우선 첫째로 들 수 있는 것이 총독과 도지사 밑에 그들을 배치함으로써 이들의 치안 유지 기능을 강화했다는 점이다. 형식적인 권한의 냄새가 짙은 "위임받은 범위 내에서 육해군을 통솔하고 조선 방비의 사(事)를 장(掌)한다"는 총독 권한 조항을 삭제하고, 실질적인 강제력을 경찰력으로 대치시켰다. 헌병은 새로 설치된 조선 헌병대 관구로 예속시켰다(조선총독부, 조선시정 30년사) 이는 이 때부터 두 갈래로 나뉘어 진행된 독립 운동의 양상에 대응키 위한 것이다. 즉, 국내의 산발적인 시위 진압은 경찰이 맡고 북쪽 산간 지방과 만주를 근거로 한 조직적 무력 투쟁에 대해서는 군대가 맡도록 한 것이다.

도지사(道知事)들에게는 지역 경찰 책임자를 도지사 직속의 사무관으로 봉해 그 관할로 하고, 이들에게는 3월 이하의 징역형도 내릴 수 있는 사법권까지도 부여했다(관보, 1919. 8.20). 이는 즉각적인 현장 대응력을 높이기 위한 것이다. 경찰들에게는 그 기능을 높이기 위해 한국어를 습득하도록 하고, 경찰력의 집단화, 경비 시설의 충실, 기동력 강화를 꾀했다(김운태, 1988: 287).

---

3) 경찰 총감부는 일제의 극악무도한 직접 식민지 통치 사업을 빈틈없이 관철할 목적에서 1914년 1월 22일 각 헌병대장과 경찰부장에게 경찰 사무에 관한 각종의 보고서(80여종)를 수시로 제출하게 했다. 이 경찰 보고서는 그 이후 약 30년간 한국 내에서 '비인(秘印)의 기밀 서류'로 취급되어 저들에게는 가장 신뢰할 만한 정보로서 인정을 받은 것으로 어느 곳 어느 때의 사소한 사건도 총독부 경무국에 알려졌다.

표 10-3 경찰 현황 (단위: 개, 명)

			1914	1918.10	1919	1920	1921	1925	1927
警察官署	警察部		경무부 13		제3부 13	13	13	13	13
	警察署		101(4)		251	251	251	250	250
	警察官駐在所		504		2,354	2,354	2,366	2,301	2,306
	警察官派出所		108		143	143	156	162	166(144)
	계		726(4)	751	2,761	2,761	2,786	2,726	2,879
警察官吏	警察部長	일본인	13		3부장13	13	13	13	13
	警視	한국인	1		10	12	14	11	11
		일본인	35		34	37	40	37	41
	警部	한국인	100		113	125	140	95	95
		일본인	169		304	360	369	333	333
	警部補	한국인			40	73	268	170	170
		일본인			556	653	718	611	611
	巡査	한국인	査補 3,067		6,935	7,651	8,160	7,057	7,057
		일본인	2,368		7,387	9,452	11,028	10,131	10,131
	계	한국인		3271	7,098	7,861	8,582	7,333	7,333
		일본인		2131	8,294	10,515	12,168	11,125	11,129
		계		5402	15,392	18,376	20,750	18,458	18,462

자료: 조선총독부 관보.

3) 군대

일제의 한국 식민화와 총독 통치에 중요한 역할을 한 것은 한국 주차 일본군이었다. 조선 주차군이 정식으로 편성된 것은 통감부 설치 후 1906년 8월 '한국 주차군 사령부 조례'에 의해 경성에 사령부를 설치하고 육군대장을 사령관에 임명해 한국에 있는 부대들을 통솔하게 한데서 연원한다. 병력은 처음 일본 내의 사단이 1개씩 2년 교대제로 한국에 주차했다. 합병 후 의병 토벌을 위해 산간 지방에 분산 배치했던 수비대를 집결시켜 재배치하는 한편 1915년 12월 24일 이래 조선 2개 사단 증설안이 확정됨에 따라 제19사단・제20사단이 상주군으로 1921년까지 편성되어 한국의 방위와 치안을 담당했다.

총독은 육군대장으로서 군사 통솔권을 갖고 있었으며, 각 도 장관은 비상 급변시에 당해 지방군 사령관에게 출병을 요구할 수 있는 권한을 가지고 있었다. 육군의 주력은 경성・용산・평양・나남에 두고, 지방 각지에는 군청 소재지나 각 정류장 등에 수비대를 분산 배치했다. 해군으로는 2개 분대 정도를 진해만과 수영만에 방비대로 두었다가 1916년 4월에는 진해에 군항부를 두고 이에 구축함을 부속시켰다.

2. 경제 정책

총독부 중앙행정기관 5부 중 탁지부, 농상공부의 2부는 수탈 정책 기관이었고 임시 토지조사국을 비롯해 철도국, 통신국, 세관, 전매국, 평양광업소, 권업 농장, 토목 회의, 공업전습소 등 총독부 직속 중앙 관서는 경제 약탈을 위한 조사, 시험, 계획, 훈련 및 현업 기관들이었다. 일제는 통감부 시절부터 황실, 궁, 관청 소유의 궁전, 역둔토들을 국유화해 토지를 약탈하기 시작한 뒤, 한일 합방 후 1918년에 완성한 토지 조사 사업을 통해 토지 침탈을 완료했다.

항구의 쌀(일제의 강출)

총독부는 1910년 3월에 토지조사국을 개설하고, 1912년 토지조사령 등을 발포한 뒤 전국적으로 토지 조사 사업을 실시했다. 토지조사령에 의한 토지 소유권 재정(裁定)은 신고주의와 증거주의를 택했다. 지주들이 신고를 하면, 토지 조사국에서 조사를 하고, 위원회에서 최종 소유권 판정을 했다.

토지 조사는 소유권, 가격, 지형・지모를 조사한 것이었는데, 이를 통해 종래의 많

일제의 토지 조사 사업

은 공공 토지를 국유로 했고, 토지의 소유권만을 인정하고, 나머지 다른 경작권, 도지권 등은 일절 인정하지 않는 조치를 취했다. 결과적으로 지세 수입을 늘렸고, 조선인 지주들의 입장만이 충실히 반영된 경제 구조를 만들었다. 대다수 농민은 소작 위치로 전락했다.

회사령(1910년)을 통해 허가권과 감독권을 장악한 일제는 <표 10-4>에서 보는 바와 같이 일본 자본의 한국 점령을 시도할 수 있게 했다.

표 10-4 1917년경 공장 수, 자본액, 생산액 규모

구분	공장 수	비율	자본액	비율	생산액	비율
한국인	605	44.5	188,2793	4.8	836,3753	8.4
일본인	736	54.2	3366,0358	86.2	8440,1585	85.3
한일 합판(合辦)	4	0.3	40,9733	1.1	15,6769	0.2
중국인	5	0.4	2,8500	0.1	6,0408	
기타 외국인	8	0.6	305,7582	7.8	598,9672	6.1
계	1,358개	100%	3903,8966圓	100%	9897,2187圓	100%

* 공장은 노동자 5인 이상, 생산액은 5,000圓 이상 규모임(만 단위에 쉼표).
자료: 김운태(1988: 253).

1920년대 당시, 일제는 해마다 늘어나는 인구와 흉작에 따른 쌀 공급 문제의 해결을 위해 한국을 적극 개발할 계획을 세웠다. 이 산미증식계획(産米增殖計劃)은 쌀 수입을 위해 외국으로 지출되는 정화(正貨)의 유출을 막고, 그 돈을 대신 자국(自國)의 일부라 생각하는 한국에 투자함으로써 일석이조의 효과를 노렸다. 또 돈이 한국에 풀림으로써 한국 내에 상품 시장을 구축할 수 있고, 한국 경제의 활성화를 통해 본국 과잉 인구를 이곳으로 빼돌리고자 하는 계획도 세웠다.

이 계획의 일환으로 수리조합(水利組合) 확충을 통한 농업 개혁을 꾀했는데 그 과정에서도 일제는 소수의 한인 및 일인 지주를 중심으로 정책을 추진했다. 이 작업은 군수와 면장의 지원을 업고 일반 중소 지주나 소작 농민들을 무시한 채 진행되었다. 이 과정에서 한인 소농민들은 많은 수세(水稅) 부담, 조합 측의 계획적 압력을 견디지 못해 땅을 염가(廉價)로 조합에 팔아버리는 사태가 속출했다(동아일보, 1923. 2.7).

일제는 90% 이상에 달하는 한국 농민을 지배하기 위해 한국인 군수·면장과 한국인 및 일본인 소수 지주들을 적극적으로 활용했다. 일본인 지주는 국가·반국가 지주 형태(예: 東拓)를 띠고 있었다. 그리하여 국가 권력과 국가 자본을 배경으로 군사적·폭력적인 토지 약탈을 자행했다(박경식, 1986: 253). 대토지를 소유하고 고율(高率)의 소작료를 수탈했으며 경제외적인 강제를 일삼았다. 총독부에 의해 옹호되는 일인 지주(日人地主)에 대한 반발도 적지 않았지만, 한국인 소수 지주와 소작인들 사이의 갈등은 한국민들의 결합을 해치는 것임에 틀림없었다. 곳곳에서 지주들의 모임이 나타났고 소작인들의 단결된 모습이 나타나기 시작한 것이 바로 이 때부터였다.[4] 도나 군청에서는 도지사나 군수가 직접 지주회의를 주재해 소작 관행에 대해 주의와 변화를 유도하기도 했지만 형식적인 수준일 수밖에 없었다.

일제의 경제 행정에서 빼놓을 수 없는 사항 가운데 중요한 것은 재정과 금융 기구를 지배하는 것이었다. 1911년 3월 '조선은행법(朝鮮銀行法)'을 제정함으로써 조선은행(朝鮮銀行)을 식민지 중앙은행으로 재편성했고, 1914년 5월에는 '농공은행령(農工銀行令)'을 제정해 농촌 지배를 위한 농업 금융 체제의 개편을 시도했다. 그리하여 식민지 수탈의 기반 조성 작업인 토지 조사 사업이 완료되는 시점인 1918년 6월에는 농공은행과 금융조합의 동시적 개편을 단행해 전자를 조선식산은행(朝鮮殖産銀行)으로 재편성하고 후자인 금융조합의 계통화를 강화해 식민지 금융 기구의 재편성을 일단락시킨다(김옥근, 1997: 16).

---

4) 1922년 소작인 문제의 폐해를 시정하기 위한 명목으로 설립된 경북 달성군 가창면 농업 협동회에서는 다음과 같은 결의를 했다. "소작료(小作料)는 반분(半分)하고 소작지에 대한 지세(地稅)는 지주가 전부 부담하며, 소작료 운반은 지주의 소정처(所定處)까지 운반하되 10리(里)까지로 한다."는 것이다. 이에 대해 지주들은 큰 불만을 품고 경찰력을 동원해 진압하고 있다(동아일보, 1922.5.29). 지주들은 불온한 결정을 했다는 명목으로 협동회에 가입한 소작인들의 소작권을 빼앗아 고분고분한 소작인들에게 붙여주었다. 그 결과 소작인들끼리 소작권을 놓고 대판 편싸움을 벌이기도 했다(동아일보, 1922.7.6).

표 10-5 1930년 영농 종별 농업 호수

道	지주 (2.6%)	자작 (12.9%)	자작 겸 소작 (31.6%)	소작 (52.7%)	화전 (0.2%)	계 (호) (100%)
경기	1,0928	1,8043	6,4373	14,5783	388	23,9515
충북	3691	1,5954	4,5416	7,4552	789	14,0402
충남	4963	1,5332	5,7154	10,7722	24	18,5195
전북	3102	1,0100	5,3101	16,1529	485	22,8317
전남	6170	6,5711	13,0061	16,0096	417	36,2455
경북	1,1841	6,7387	12,8862	14,5871	1212	35,5173
경남	5749	3,9809	9,1827	15,6006	26	29,3417
계	4,6444	23,2336	57,0794	95,1559	3341	180,4474

* 만 자리에 쉼표.
자료: 김운태(1988: 347).

항구의 쌀(일제의 강출)

3. 교육 정책

일제는 점령 초기 조선교육령(1911년)을 발해 한국인들을 식민 지배에 필요한 단기간의 실용주의 교육을, 필요한 정도만큼 시키고자 하는 입장을 세웠다. 그러나 새로 부임한 사이토 총독은 통치가 10년 이상 지속되어 식민 지배에 자신감을 갖게 된 상태에서, 3·1 운동 및 세계적인 민주화 분위기에 발맞추어 교육 개혁을 시도했다. 교육의 기본 목적이 단순한 산술(算術)이나 가르쳐 기계적 인간의 양성에 머물렀던 1910년대의 교육에서 벗어나 좀 더 적극적으로 일본 문화와 지리, 역사를 배우게 하여 근본적으로 일본인과 한국인이 동질감을 가질 수 있도록 하려고 했다.

몇 가지 교육 정책 내용을 보면 우선 학무 담당 부서를 부급으로 격상시키고 편수관(編修官), 시학(視學) 등을 강화시켰다. 학교 규칙을 개정하고 내선 공학(內鮮共學)의 방침을 추진했다. 내선 공학 방침에 따라 한국 내에서 일본인과 한국인의 구별을 철폐하고, 임시 교육조사위원회를 통해 3면(面) 1교제(校制)로 하여 전국의 보통학교 수를 870교로 하고 경성(京城)에 대학 설립을 허락하기로 했다. 또, 교과서 조사위원회를 두어 교육 제도를 근본적으로 혁신할 교과서 개편안을 심의했다.

이런 개혁의 와중에서도 한국인들에 대해 좀 더 적극적인 일본인화 교육을 꾀했는데, 다음과 같은 것이 주요 사항이다(박경식, 1986).

첫째, 일본어 시간을 늘리고 한국어 시간을 줄였다. 한국인들이 일본어를 자주 말하게 함으로써 상대적으로 일본 문화에 대한 거부감을 줄이고, 통치 방침에 잘 따를 수 있게 만들고자 함이다.

둘째, 일본의 역사와 한국 역사를 혼용해 그들의 역사가 우리 역사의 원조임을 강조함으로써 자신들이 우월한 존재임을 인정하게 만들었다.

셋째, 합방에 의해 전보다 더 살기 좋게 되었음을 누누이 강조해 합방에 대한 거부감을 없애고자 했다.[5]

1938년 제3차 교육령에서는 소학교, 중학교, 고등학교 체제를 만들고, 학생들을 단련시키고, 실기 교육을 강화했다. 이는 전쟁 동원을 위한 양병 교육 성격을 띠고 있었다.

---

5) 감수성이 예민한 국민학교의 국사 교과서에 이런 내용들이 많이 포함되어 있다. 『심상소학국사(尋常小學國史)』 교재 중 '총독 정치'의 교수 요지를 보면 "본 과에서는 명치 천황이 조선에 내린 은혜 및 명치 천황 및 금상(今上) 천황 폐하의 일시동인(一視同仁)의 성의(聖意)를 알리며, 또한 총독 정치의 방침 및 그 실적을 밝혀 구시대에 비해 조선 인민이 얼마나 행복한가를 설명한다."고 되어 있다(박경식, 1986: 214).

4. 전시의 정책

1937년 8월 중일 전쟁이 가속화되면서 조선총독부는 즉각 '정신총동원령(精神總動員令)'을 내리게 된다. 이는 황민화(皇民化) 정책의 일환으로서 동화 정책 가운데 실행되었다. 그 결과 한국인에 대한 '육군 특별지원병령(陸軍特別志願兵令)'(1939)이 시행되었다. 이것에 의해 1943년 징병제가 전면적으로 실시되기 이전에 이미 80만 2,004명이 반강제적으로 지원해 이 가운데 1만 7,664명이 일본 군대에 입대하게 된다.

신사 참배하는 학생들

또 조선교육령이 개정되어 한국어는 선택 과목이 되나 실제적으로는 일선 학교에서의 사용은 금지되며 일체의 민족 교육은 박탈된다. 그리고 종교적으로도 '개정 신사 규칙(改正神社規則)' (1936년 8월)에 의해 여타 종교는 말살되고 일본 천황을 국체로 삼는 한 개의 면에 하나의 신사를 건립하게 하여 신사 참배가 강요된다.

이 밖에 1939년 11월 '개정 조선민사령(改正 朝鮮民事令－制令 19호)'에 의해 1940년 2월부터 조선총독부는 '창씨 개명'을 추진해 한층 더 한국인 말살 정책을 펴게 된다. 강압적인 창씨 개명 정책은 신고하지 않은 자에게 자녀의 등교 저지, 취직의 불채용, 경찰력의 동원 등의 강경 정책을 적용했고, 이로 말미암아 한국인의 75%에 달하는 정도가 신고했다. 이러한 창씨 개명에 반대해 전라북도의 지주 설진영(薛鎭泳), 전라남도의 유건영(柳健永) 등은 자살한 경우도 있었다.

식민지 시대의 노동행정 역시 수탈 행정이었다. 중일전쟁 이후 한국을 병참 기지화하려는 움직임은 한국인의 노동 수요를 증가시키는 결과를 낳았다. 이에 따라 한국인 노동자에 대한 통제의 필요성이 대두되어 1938년 5월 '국가총동원법'에 따라 노동권 통제가 한층 더 강화되었다. 노동 행정에서 더욱더 주목할 사건은 1939년부터 일본 국내의 노동력 부족을 해소하기 위해 일본 기획원의 '노무 동원 계획'에 기초해 한국인 노동자 5만 3,000명이 강제 연행된 일이다.

이것은 종래의 회사별 한국인 모집 방식과는 달리 강제 연행이라는 방식을 취했으며, 자료에 의하면 72만 4,727명이 1945년까지 강제 연행되어 주로 광산, 건설 현장 등 위험한 작업장에 투입되었다. 물론 이들 강제 연행된 한국인 가운데는 '군속(軍屬)'이라는 이름으로 다수의 여성이 위안부로서 전장에 투입되었다. 1939년 11월 이래 군요원(軍要員)에게만 한정적으로 시행된 '국민징용령'이 전면전으로 확대되면서, 1942년 5월 8일 일본 정부는 각료 회의에서 1944년 9월부터 한국인에게 '징병제'를 실시하기로 결정했다. 이로 인해 한반도 전체가 전시 체제로 돌입해 일제의 식민지 행정 역시 전시(戰時) 행정으로 전환하기에 이른다.

제 4 절 활발한 독립 운동

일제의 침탈과 강제 병합에 대항해 한국 국민들은 조직적으로 또는 산발적으로, 국내에서 또는 해외에서 활발한 투쟁을 전개했다. 통치권의 무능과 군사력의 약화 때문에 비록 일제에 강점당하기는 했지만 한국민들은 기본적으로 일본보다 우월한 역사적·문화적 전통을 가지고 있었기 때문에 결코 호락호락한 모습만을 보이지는 않았다. 국내에서는 의병 투쟁과 요인 암살, 민중 운동, 3·1 운동과 같은 무저항 운동, 소작 쟁의, 공산당 운동, 청년 운동, 애국 계몽 운동이 활발히 전개되었다. 국외에서는 국내외의 독립 운동을 조직화하기 위해 임시정부를 수립하고 한국의 법통을 이어 나갔으며, 무장 독립군을 조직해 일제와 전쟁을 벌였고, 미국 등지에서는 활발한 외교 전략을 구사했다.

이런 총체적 노력이 한국 독립에 작용했고, 일제의 만용에 의한 제2차 세계대전의 발발과 일제의 전쟁 패망이 한국 독립을 가져왔다.

일제 강점기의 독립 운동은 먼저 한일 합방 전후의 1910년대 활동을 살펴보고, 다음에는 1920년대 이후의 독립 투쟁을 국내와 국외로 나누어 살펴보기로 한다.

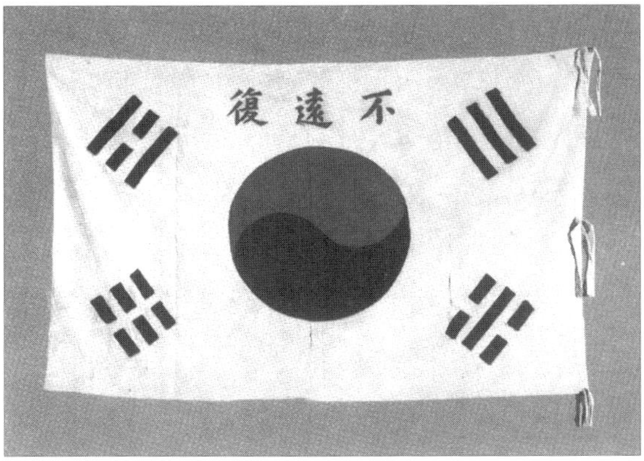

의병들의 불원복(不遠復) 의지가 담긴 태극기

1. 한일 합방 전후의 독립 운동

1907년 결성된 신민회(新民會)는 국민들에게 민족 사상과 독립 사상을 고취하고, 국민 운동을 전개했으며, 청소년 교육기관(평양 대성학교, 정주 오산학교 등)을 만들어 국력 신장에 나섰다.[6] 양식 있는 선각자들에 의한 국민 운동의 다른 한편으로 이토 히로부미가 안중근 의사에게 죽임을 당했고(1909), 이완용이 이재명에게 단도를 맞았으며, 안명근의 거사가 탄로난 것도 이 시기의 요인 암살 전략의 일환이었다. 이에 대해 일제는 의병 대토벌 작전을 전개해 한일 합방 직전부터 전개됐던 무장 투쟁의 씨를 말리는 작전을 구사했다. 그러나 합방을 계기로 많은 사람이 할복, 자살 등의 반발을 했으며, 식음 전폐의 저항을 하기도 했다. 안명근 거사를 계기로 조작된 신민회 105인 사건(1911~1913)은 일제의 독립 운동 탄압의 좋은 본보기가 되었다.

1914년 임병찬 등에 의해 조직되었던 독립의군부(獨立義軍府)는 도총장, 사무총장, 관찰사 등의 전국 조직을 완료하고 조선 총독과 일본 내각 총리대신에게 국권 반환 요구서를 제출하기도 했다. 또 1915년 대구 달성공원에서는 박상진·이석대·권영만 등이 광복회라는 비밀 결사 조직을 만들어 자금 마련과 이를 근거로 한 만주 군

6) 이 때 신민회에 참여한 인물로는 안창호를 중심으로 이동녕, 이회영, 전덕기, 이동휘, 최광옥, 이승훈, 안태국, 김동원, 이덕환, 김구, 이갑, 유동열, 유동조, 양기탁 등이었다(이선근, 1984: 161-162).

관 학교 설치 등을 합의했고, 이듬해에는 노백린·김좌진 등이 참여해 광복단으로 개명한 뒤 전국 조직으로 확대했다. 이들은 친일 부역자 처벌, 군자금 모금, 독립 투사 양성에 매진하다가 일제에 검거되거나 만주 지역으로 탈출했다.

김경희·황애덕·박현숙 등에 의해 만들어진 최초의 여성 비밀 결사대였던 송죽회(松竹會, 1913), 장일환·배민수 등에 의해 조직된 조선국민회(1917) 등도 전국 조직을 갖추고 항일 독립 투쟁을 전개했다.

2. 1920년대 이후 국내의 항일 투쟁

1919년 3·1 운동은 국제 사회와 일본 정부에 대해 한국민들의 총체적인 독립 선언을 선포한 사건이었다. 1년 전부터 종교계 인사들을 중심으로 민족 대표를 구성한 뒤, 제1차 세계대전 이후의 민족 자결주의 운동에 힘입어 국내와 상해, 동경, 미주가 모두 연결되어 독립 선언을 준비해 갔다. 여운형, 김규식 등의 신한 청년단 활동, 이승만 등의 미주 지역 대한국민회 활동, 최팔용 등 일본 유학생들의 2·8 독립 선언 등의 활동들이 국내에 전파되면서 3·1 운동의 싹이 성숙해 갔다. 국내의 손병희, 최린, 권동진, 오세창 등에 의해 독립 선언서 낭독이 있고 난 뒤에 독립 운동은 전국적으로 확산되었다. 그러나 일제의 무자비한 탄압으로 수많은 인명 피해를 낳은 채 독립 운동은 다시 물밑 아래로 잠수할 수밖에 없었다.

3·1 운동을 계기로 나타난 가장 큰 변화는 임시정부의 수립이다. 이는 한국 역사의 전통을 새로 수립하는 의미를 지니는 동시에 국내외로 분산되어 있던 독립 운동의 역량을 하나로 결집시키고자 하는 국민들의 열망을 반영하는 것이었다. 3·1 운동 직후 블라디보스톡의 대한 국민 의회, 상해(上海)의 대한민국 임시정부, 서울의 한성 임시정부가 동시에 발표되었다. 이 중 가장 여건이 좋았던 상해 임시정부는 1919년 4월 11일, 임시 의정원(의장 이동녕)을 구성한 뒤, 헌법인 임시 헌장 10조를 발표하고, 국호를 대한민국으로 했으며, 이승만을 국무총리로 하는 내각을 조직한 뒤 전 세계에 정부 수립을 선언했다. 그러나 한성 임시정부는 독립 선언에 참여한 33인 민족 대표를 계승한 형태로 만들어졌기 때문에 상해 임시정부로서도 결코 무

시할 수 없었다.

안창호의 적극적인 중재로 3개 임시정부 통합 작업이 완료되어 1919년 9월 신헌법을 공포하고 통합 단일 정부인 대한민국 임시정부를 결성했다. 대통령 이승만, 의정원 의장 손정도, 국무총리 이동휘였으며, 7부, 1국의 국가 체제를 수립했다. 대한민국 임시정부는 1925년 내각책임제인 국무령제(초대 국무령 이상룡)로 개정되었다가, 1927년 다시 집단 지도 체제인 국무위원제(주석 이동녕)로 변모했다. 국무위원 체제의 임시정부는 1940년까지 지속되는데 이동녕, 김구, 오영선, 김갑, 김철 등이 국무위원으로 활약했다. 중경으로 옮겨간 뒤 김구 주석 체제로 광복 운동을 전개했다.

국내의 독립 운동은 몇 개의 갈래로 나뉘어 추진되었다.

첫째, 문화 운동, 실력 양성론, 국민 개조론 등과 같이 국민들의 문화적 역량과 개명을 촉진해 민력(民力)을 쌓고 그를 토대로 독립을 추구해야 한다는 입장이었다. 선실력양성론(先實力養成論)은 국민 교육, 물산 장려 운동, 정신 계몽 운동, 민족 개조론 등을 펼쳐나갔다. 나중에는 일본 의회에의 참여와 자치 운동으로 발전해 나갔다.

둘째, 문화 운동류의 독립 노선에 반발을 하면서 적극적인 무장 투쟁을 전개하려 한 입장이다. 앞서 살펴본 독립 의군부, 조선국민회 등의 전통을 이어 민중에 바탕을 둔 정치 투쟁을 전개했다. 1927년, 사회주의자들과 연대해 결성한 신간회(新幹會)가 주축이 되었다. 이들은 민족개조론, 민족자치론에 대항해 민족 역량 총결집을 꾀했지만, 광주 학생운동을 계기로 개최키로 했던 민중 대회가 일제에 의해 방해를 받으면서 타격을 입었다.

셋째, 사회주의 및 조선 공산당의 항일 투쟁이다. 러시아 혁명(1917), 일본 공산당 결성(1921)에 힘입어 1925년 조선 공산당이 결성되면서 공산주의, 사회주의 운동이 급격히 확산되었다. 이들은 노동 투쟁, 소작 쟁의, 청년 운동 등을 적극적으로 전개했다.

3. 해외에서의 항일 투쟁

해외 독립 운동은 중국 관내, 만주 지역, 미주 지역 등으로 나뉘어 전개되었다. 첫째 중국 관내의 운동은 대한민국 임시정부를 주축으로 한 민족주의자 계열과 공산당 계열로 나누어 볼 수 있다. 전자는 신간회와 연통제(聯通制)를 중심으로 활약하면서 상해 지역의 선진국들을 대상으로 외교 활동을 펼쳤다. 이들은 공화주의(共和主義), 반일·반공주의(反日·反共主義)를 표방하면서 활동했고, 의열단과 조선 의용대 등을 만들었으며, 만주 지역의 군정서(軍政署)를 활용하려 하기도 했다. 나중에 중국 국민당 정부와 긴밀한 관계를 맺으며 독립 운동을 전개했다.

상해의 고려 공산당은 소련 정부의 지원을 받던 한인 사회당(1918년 결성)을 이끌던 이동휘 등에 의해 창설되었다. 소련 정부가 코민테른 대회를 통해 민족 해방 전선 지원 방침을 선언하자 더욱 힘을 얻어 국내와 연계된 독립 운동을 수행했다. 중국 공산당의 후원을 받기도 했다.

만주 지역에는 오래전부터 한인들이 많이 살고 있었다. 일제 통치 10여 년을 거치면서 이주해 온 항일 투사들이 새로운 세력으로 결집하면서 만주 지역은 항일 투쟁의 본거지로 발전했다. 서간도 지역에 임시정부 직속의 독립군 부대인 광복군 총영이 들어서(1920), 6개 군영에 3,800여 명의 군대 조직을 갖추었다.

북간도 지역에서는 기독교도들을 중심으로 대한 국민회가 조직되어(1919), 국민회군(대장 안무), 대한독립군(대장 홍범도) 등을 거느리고 독립 투쟁을 전개했다. 또 대종교(大倧敎) 세력을 중심으로 북로 군정서가 만들어져(1919) 대규모 항일 투쟁을 전개했다. 1920년의 봉오동 전투, 청산리 전투는 독립군대의 위용을 떨친 쾌거였다. 미주 지역에서는 이승만 등을 중심으로 미국 등 선진 제국들을 대상으로 활발한 외교 정책을 구사하면서 독립 운동을 전개했다.

제11장

미 군정기의 행정

해방 직후의 미 군정기(美軍政期)는 3년(1945~1948. 단기 4287~4281)이라는 짧은 기간이었음에도 불구하고 정부 수립 이후 진행된 우리나라의 정치와 행정에 지대한 영향을 미쳤다.

미군은 연합국의 일원인 소련과 이해 관계를 같이해 38선을 지정함으로써 지금까지도 한국을 세계 유일의 분단 국가로 남게 한 결과를 초래했는가 하면, 냉전 시대에 소련과의 경쟁에서 우위를 차지하기 위해 한국을 강대국의 위협으로부터 보호한다는 명목으로 한국에 대한 실질적인 통치권을 행사했다.

미국은 한국을 일본에 소속된 점령지의 일부로 보았기 때문에 한국에 대한 치밀한 준비나 사전 정보 없이 진입했다. 따라서 통치권 행사에 여러 가지 시행착오를 거듭할 수밖에 없었다. 미군은 자신들의 실질적인 목적 달성에 여념이 없었고, 책임자들의 행정적 경험과 능력 부족, 언어 소통의 장애 등으로 인해 적국(敵國)인 일본인의 도움과 미국에 호의적인 소수의 사람들만을 국정 운영에 참여시켰다.

제 1 절 행정 환경

1. 정치

미 군정 초기인 1945년 11월, 당시 남한에는 유명 인사와 소수의 추종자들로 구성된 205개의 정치 단체(1947년에는 354개로 증대)가 있었는데, 이들은 크게 몇 개의 특징 있는 집단으로 분류할 수 있다.

첫째, 한국민주당(=한민당), 기독교연합, 여성국민당, 한국애국여성연합 등의 민주 보수주의 집단이다. 기독교적 교육을 이수한 전문직 종사자나 해외 유학을 경험한 지식 계층, 자본가 계층의 인사들이 여기에 참여했다. 한민당은 민족 세력으로의 정통성 확보를 위해 이승만(李承晩)과 제휴했다. 이승만은 장기간 해외 망명 생활로 국내의 정치적 기반이 취약했고, 독립촉성중앙협의회를 구성해 독자적인 정치 기반을 구축하려고 시도했으나 지나치게 반공 노선을 강조함으로써 인한 좌파의 불참으로 실패했다. 이승만－한민당 세력은 강력한 반공 이데올로기를 옹호하는 입장이며, 경제 관계에서는 유상 몰수・유상 분배(有償沒收・有償分配) 원칙을 고수하고, 정부 수립을 위한 단독 선거・단독정부 수립을 주장했다.

둘째, 비교적 조직화되어 있던 당시 김구(金九)를 주축으로 하는 임시정부였는데, 한국 민족의 정통적 정치 체제로서의 가능성을 가지고 있었다. 그러나 미 군정 당국의 입장은 이들이 지나치게 민족주의적이라서 친미정권(親美政權)으로의 이용에 한계가 있을 것으로 판단해 긍정적인 고려 대상에서 제외시켰다. 임시정부는 과도 정부 수립의 무산과 반탁 운동으로 미군 당국과 심각한 갈등을 초래하기도 했다. 미국의 불신임은 임시정부와 우익 세력의 결집을 방해했고, 오히려 우익 정파 간에 미국의 신임을 위한 경쟁을 초래했다.

셋째, 중도 좌익에서 과격한 인사들에 이르기까지 다양한 사상으로 구성된 무리로 급진적인 공산주의 그룹이 있다. 여운형(呂運亨)은 좌우 연합체로 건국준비위원회를 전국적으로 조직화했다. 치안 유지와 식량 문제에 중점을 두었던 이들은 2차 조직 개편에서 중도우파 세력을 제외하고 조선인민공화국으로 국가 형태의 조직화를 추구했다. 이들은 정치적으로 임시정부와 마찬가지인 통일정부 수립을 주장했고, 경제적으로는 주요 산업 부문의 국유화를 주장했다.

넷째, 박헌영(朴憲永)을 주축으로 한 조선공산당이다. 이들은 친일 및 민족 반역자와 자본가 계급의 타도가 기본 노선이며, 토지 개혁에 무상 몰수 · 무상 분배의 원칙과 주요 생산 수단의 국유화를 고수하고, 찬탁 운동을 전개했다.

한편 미군정은 좌파의 활동을 억제하기 위해 정치적 통제를 구축하고 지방 수준에서부터 규제와 탄압을 했다. 이는 좌익 또는 공산주의 이념과 운동을 국가의 모든 영역에서 배제시키는 반공 체제 구축 형태로 진행되었다. 결국 미군정은 우익계 인사들을 중심으로 국민의 여론을 표명할 수 있는 조직체를 구성했으며, 정치 세력의 통합을 도모하려는 노력보다는 친일적 인사라도 미군정에 유리하게 이용할 수 있는 세력이면 옹호했다.

따라서 미 군정기에는 정치적 중심이 다분화됨으로써 미 군정이 국민의 총합된 정치적 역량을 발휘하지는 못했였지만, 반공 체제의 강화로 대소 반공 보루(對蘇反共堡壘) 건설이라는 미국의 궁극적인 목표는 달성한 셈이다.

2. 경제

해방 직후 남한의 경제 상태는 남북 분단과 일본 경제권으로부터의 급격한 분리로 매우 불안정한 상황에 직면했다. 당시의 경제 구조는 일제하에 식민지 지배의 편의를 위해 농업의 경우 미곡은 71%, 맥류는 85%로 대부분의 곡류는 남한에서 생산되고, 공업의 경우 화학 공업은 82%, 금속 공업은 90%가 북한에 편중되어 있었다. 특히 공업 생산의 자원인 탄광, 철광, 전력의 99.5%, 99.9%, 92%가 북한에서 생산되고 있었다. 자본의 경우는 자본금 총액 가운데 94%가량이 일본 자본이었고 고도의 기술을 요하는 분야에서의 기술자들도 거의 일본인이었다.

해방 직후 전 인구의 70% 이상이 농업에 종사했기 때문에 당시 경제 구조의 기초는 토지를 둘러싼 생산과 유통 과정에 있었다. 일제 말기는 약탈적인 식량 생산 증대 정책에 따라 생산량이 크게 증대되었으나 56%가량이 공출되었다. 그러나 해방이

해방(1945)

후 강제 공출이 중단되었음에도 불구하고 극심한 식량 부족 현상이 나타났다. 식량 부족의 요인은 그 동안 강제로 이주당했던 징병자와 노무자 및 해외로 이주한 동포들의 귀국과 월남민으로 인구가 급증했기 때문이며, 또한 화학 비료의 생산이 격감되면서 비료의 부족과 경작지 면적의 감소로 생산량이 감소해 식량과 물자의 부족을 가속화시켰다.

이외에 강제 공출로 먹을 양식마저 부족했던 농민들의 자가 소비량이 급격히 증가했고, 식량 부족과 물가 등귀를 예상한 미곡상들의 매점 매석으로 수급 불균형이 초래되어 더욱 악화되었다.

해방 이후 일본 자본과 기술자의 귀환으로 생활 필수품 부족 현상이 심각한 상태에 이르렀다. 사업장은 55% 이상이 감소했고, 노동자 수는 49%가 감소했다. 대부분의 화학 공업과 중화학 공업은 38선 이북에 위치했고, 이남에는 경공업 분야가 주를 이루었다. 그러나 이남은 경공업 위주인 제조업마저 전력 사정으로 제대로 가동될 수 없었다.[1] 공업 생산의 급격한 감소와 소비 증대, 즉 수급의 지나친 불균형으로 인한 인플레이션과 물가 폭등은 경제의 혼란을 가중시켰다. 게다가 수송 수단의 결핍은 도시의 식량난과 농촌의 생필품난을 더욱 부추겼다.

이에 미 군정은 자유 시장 정책으로 대처한 결과 가격 폭등과 통화의 팽창으로 인플레이션을 조장하게 되면서 경제 위기는 더욱 가속화되었다. 또 다른 정책으로는 일본의 국적을 가진 개인이나 단체 소유의 미곡은 조선 생필품 회사가 결정한 가격으로 정해진 기간 내에 매도하도록 하고, 한국인의 경우는 자유롭게 처분하도록 했다. 그러나 미 군정이 정조(定租: 풍년이나 흉년에 관계없이 일정한 금액으로 내는 소

1) 1945년 총전력 공급 규모는 124만 kW이며, 90%는 수력에 의존했고 북한 발전소는 지방에 위치하고 있었다. 이남의 경우 자체 능력은 6만kW에 불과하다. 지하 자원의 경우도 대부분 이북에서 생산되고 이남에서 생산되는 것은 그나마 양질이 아니어서 사회 전체적으로 심각한 문제를 안고 있었다.

작료) 1석(石: 섬)의 최저 가격을 32원으로 발표했음에도 불구하고 50일 후에는 910원으로 폭등했다. 1946년 3월에는 7개월 동안에 물가가 5배가량이 상승하는 등 극심한 인플레이션은 실질 수입을 하락시켜 생존권을 위협할 지경에 이르렀다.

결국 일제가 독점한 자본과 기술, 그리고 지역적 편재는 남북 분단에서 일본과 연계 없는 남한의 경제 자립을 대단히 어렵게 했다. 이에 미 군정은 초기의 자유 시장 경제를 생필품의 절대 부족과 물가의 폭등으로 인해 포기하고, '국가 비상 시기의 선언'을 통해 통제 경제로 전환했다. 미곡을 강제 수매했고, 부족분은 미국의 원조 자금으로 수입했다. 수입곡이 배급 총량의 44%에 이르고, 미국 원조 가운데 식료품이 39.2%에 달했다. 이러한 미곡과 생필품의 부족 및 상인의 매점 매석 행위로 인한 인플레이션 현상은 미 군정이 시장 원리로 자본주의 경제 체제를 구축하려 했던 본래의 의도와 달리 정부가 시장을 통제하는 규제 정책을 실시하지 않을 수 없게 했다.

3. 사회 · 문화

미 군정기에 나타난 대표적인 사회 현상은 자의적인 대량 실업, 식량의 부족, 도난 및 밀매, 인구 증가 등을 들 수 있다. 베닝호프(Merrell Benninghoff)에 의하면 한국인은 광복 이후 무기한의 축제 상태에 젖어 있었는데, 축제의 내용은 고생스러운 노동, 빈곤, 억압, 착취, 수탈로부터의 탈피를 마음껏 향유하는 것으로 나타났다. 이 당시를 묘사한 소설(최정희, 1947)에 의하면 떡집, 술집, 각종 고기 등이 지천이었고, 3백 호 정도의 촌락에 술집이 스물도 넘는 것으로 탐닉의 생활을 보여 주었다. 미 군정 관료들이 해방을 맞은 한국인들에게 직장에 복귀해 경제 건설에 매진해야 할 필요성을 강조함에도 불구하고, 대부분의 기업과 산업 시설을 일본인들이 소유하거나 관리하고 있다는 이유로 각자의 일터에 복귀하지 않았다. 이러한 생활의 무질서는 극심한 인플레이션으로 이어졌다.

식량의 부족 현상에 직면하면서 건국준비위원회가 미 군정에 식량 수급의 통제안을 제시했지만, 초기의 미 군정은 일본식의 통제 경제라는 이유 때문에 이를 거절하고 전매품을 제외한 모든 품목에 전면 자유 시장화를 발표했다. 예상과는 달리 농가의 보유미(保有米)나 은닉미(隱匿米)는 시장에 나오지도 않았고 오히려 시장의 미곡

(米穀)조차 모리배의 상인에게 매점되거나 이윤 높은 가공품으로 전환되었다.

이러한 사회의 총체적인 문제에 대한 원인을 살펴보면 우선 식량 부족의 경우는 경작지의 감소, 북한에서 비료 공급의 중단, 농우(農牛)의 감소 등으로 인한 곡물 생산량의 저조 현상과, 미곡이 술과 같은 이윤이 높은 상품으로 가공되어 판매되었다는 점에 있다. 『경제연감』에 의하면, 당시 1945년 주세 수입이 전체 세입의 12.2%에 달했고, 1947년에는 18.3%로 상승한 고로 상당한 양의 곡물이 주류 제품으로 전환되었음을 알 수 있다.

도난 및 밀매의 경우는 지주나 도시 상인들의 자본이 쌀에 집중되면서 미가(米價)의 폭등이 수반되었고, 해안 경비 시설의 부족으로 한·일 간에 밀무역이 성행되어 중간 상인들의 매점 매석 행위가 만연했다. 또한 수송 도중에 도난이 극심했다. 특히 도난의 경우 그 대담성은 가히 상상을 넘어 자행되었다. 기관사나 경비하는 미군 헌병 또는 철도 경찰의 간부들과 결탁해 열차를 천천히 달리게 한 뒤 물품을 빼돌리거나 화물차의 연결고리를 끊어 수량의 화물차를 통째로 빼돌리는 경우도 있었다. 1947년 12월 당시 범죄자의 절반 정도가 절도에 해당되고, 1946년 7월부터 1947년 3월까지의 9개월 동안에 폭리 사건 취재 건수가 3천여 건에 달하고 있음은 이 시기의 사회를 짐작하게 하고 있다.

이외에 인구의 증가는 식량 및 생필품 수요의 증가와 동시에 실업의 증가라는 결과를 초래했다. 인구의 증가는 해외로부터의 귀환 동포 152만 명과 북한으로부터 월남하는 86만 명으로 사회적 이동에 의한 것이었다. 1946년 전체 인구 중에서 유업자가(有業子) 38.4%인데 반해 실업자는 12.3%로 매우 높았다.

제 2 절 행정 조직과 관리

미 군정기의 행정 조직은 그 당시의 특수한 국가적 상황이나 군정이라는 특수성으로 인해 지방 분권보다는 중앙 집권이 강화되었다. 이는 행정의 능률화 내지는 효율화 측면에서 어느 정도 성과가 있었다.

1. 행정 조직

중앙 행정 조직은 3단계의 변화로 구분할 수 있다. 1단계에서는 총독부 조직을 바탕으로 부분적인 조직 개편이 이루어졌다. 중앙 조직의 수뇌부는 군정장관(軍政長官)－부군정장관(副軍政長官)－민정장관(民政長官)으로 구성되어 있었다. 1945년 10월 조선총독부의 조직과 달라진 것은 경찰 계통에서 치안의 일부로 경무국 위생과에서 다루었던 것을 위생국으로 독립시킨 것과 관방의 지방과를 폐지하고 외사과, 재산관리과, 군행정과를 창설한 것 이외에 변동이 없었다.

2단계에서는 미 군정의 의도로 조직을 개편했다. 우선 1946년 3월 각 부처의 명칭을 개칭했다. 국(局)을 부(部)로, 관방(官房)의 과(課)를 처(處)로, 부(部)는 다시 국(局) → 과(課) → 계(係) → 반(班)으로 재분(再分)되고, 처(處)는 서(署) → 과(課) → 계(係) → 반(班)으로 재분되었다. 내부 조직의 변화 상황으로는 상무부(商務部) 토목과(土木局)에 중앙소방위원회(中央消防委員會)를 설치하고, 지방행정처를 폐지했으며, 세관 업무를 교통부에서 재무부로 이관했다. 5월 말 민정 장관 하에 4처 11부로 중앙 조직이 일단 완성되었으나, 국방부와 상무부의 개편, 노동부・토목부의 설치, 부녀국의 설치, 중앙 주택관리처 등 주요 조직 개편이 계속되었다.

3단계에서는 2단계 조직 구조를 유지하면서 대한민국 정부로의 통치권 이양을 위한 부분적인 조직 개편이 있었다. 각종 위원회(농업통계 보고위원회, 법전 기초위원회, 중앙경찰위원회, 농사개량원, 비상시 전력위원회)와 중앙토지행정처의 설치, 조선물자 회사의 해산 정도이다.

중앙 행정 조직의 특징을 살펴보면 다음과 같다.

첫째, 일제기의 지방정부 수반격(首班格)인 조선 총독과는 달리 군정 장관이 국가의 정부 수반 성격을 지녔기 때문에 각 국장은 행정 명령의 범위 안에서 국령(局令)을 발하고 군정 장관의 의사에 반하지 않는 한 자기 소관 업무에 관한 의사를 결정하고 집행할 수 있었다.

둘째, 미 군정청의 횡적 분업 구조가 크게 팽창되었다. 출범 시 1관방(官房), 6내국(內局), 2외국(外局)이었으나, 1947년 7월에는 7처, 13부 이외에 다수의 소속 기관이 약 10배 이상으로 급팽창했다.

셋째, 횡적 분업 구조의 확대 결과로 계층 구조가 초기에는 7단계의 결재 단계를 거치도록 되어 있었으나, 9단계로 다단계화되었다.

넷째, 일반적인 기능 이외에 특히 질서 기능(외무처, 국방부)과 어려운 경제 상황을 극복하기 위한 경제 기능(중앙 물가행정처, 중앙식량행정처 등) 및 보건 사회 기능과 공보 기능, 및 귀속 재산 관리 기능에 비중을 두어 행정이 수행되었다.

1945년 9월 남한의 군정 업무를 수행하기 위해 중앙에 주한 미군 군정청이 만들어졌으며, 군정 장관으로는 미 제7사단장인 아놀드(A. V. Arnold)가 임명되었다. 미 군정청(Military Government, United State Army Forces in Korea)은 행정권, 입법권, 사법권을 장악하고 있었다. 입법 과정에서 실제적으로는 군정 장관의 재량에 의해 입법이 이루어졌으나, 공식적으로는(주한 미군 사령관 → 태평양 미 육군 총사령관 → 미국 국무성 · 육군성 · 해군성 조정위원회 → 미 국무성 장관 → 미국 대통령의 정책 노선)에 영향을 받게 되는 반면 국내적으로는 한국인 고문 등으로부터 자문을 받았다. 일제 시 조선총독부의 정무 자문기관처럼 중추원의 기능을 했다.

일본의 항복으로 일본 관리 및 일본인이 정부 공금을 은닉 횡령하고 정부 재산을 불법 양도한 것을 조사하기 위해 법무부 직속으로 특별 범죄 조사위원회를 설치했다. 동 위원회는 사건의 조사와 사실 인정만을 하고 이에 대한 재판은 지방 법원에서 담당했다. 이는 한시적인 기구로서 1946년 2월 폐지했다.

1946년 2월에 창설된 신한공사(新韓公司, the New Korea Company Ltd.)는 정부 조직과 독립적인 위치에 있었다. 기능으로는 동양척식회사가 소유한 전 재산 및 일본인의 개인과 법인 소유의 재산을 관리하는 것이었다. 1948년 3월 그 업무를 관제처로 이관하고 해산했다.

초기의 지방 행정 단위는 3단계로 도(道) → 부, 군, 도(府, 郡, 島) → 읍, 면(邑, 面)으로 구성되어 있으며, 순수한 지방 자치는 아니지만, 일부의 장(長)을 주민에 의해 선출하고 면협의회(面協議會)를 제외한 지방회에 제한적으로 의결권을 부여하는 준지방자치를 실시했다. 그러나 1946년 3월 지방회의 공식적인 해산을 통해 주민이 지방 행정에 참여할 수 있는 통로가 봉쇄되었다. 도지사는 군정 장관의 강력한 지휘 감독 하에 도정(道政)을 수행하도록 했다.

동년 11월 중앙에서 남조선 과도 입법 의원을 창설해 제한적이나마 입법권을 부여하고, 지방에서도 지방회를 설치해 미 군정의 주도권 하에 자치권을 제한적으로 행사하도록 했다. 1947년 2월 지방 군정관에 한국인이 임명되자 집행 업무에 대한 부결권을 통해 간접적으로 군정에 관여할 수 있었다.

미 군정기의 지방 행정은 지방자치(self-government)가 아닌 지방 행정(local-administration)의 성격이 강하다.

지방 행정 구역은 초기에 경기도, 충청남북도, 전라남북도, 경상남북도 및 강원도의 8도(道)로 분할 통치되었다. 38선 이남의 황해도 일부는 경기도 관할로 포함시켰다. 그 후 1946년 제주도가 전라남도에서 분리되었고, 서울특별시가 경기도에서 분리되었다. 청주읍과 춘천읍 및 이리읍이 '부(府)'로 승격했고, 청주군은 '청원군'으로, 춘천군은 '춘성군'으로, 제주도는 북제주군과 남제주군으로 나누었다. 서울시는 8개 구(區)로 구획되었다. 1948년 8월 행정 구역은 1특별시 9도, 14부, 8구, 133군, 1도, 65읍, 1,456면으로 분할되었다.

지방 행정 구조는 초기에는 일제기의 지방 행정 구조가 그대로 존속되다가 1946년 10월 도 기구의 개혁을 계기로 도의 내부 조직 구조에 변혁이 있었다. 도(道)에는 도지사(道知事)가, 부・군・도에는 부윤(府尹), 군수(郡守), 도사(島司)가, 읍・면에는 읍장(邑長)과 면장(面長)이 기관장이다. 도의 내부 조직으로는 기존의 조직에서 보건위생부, 공보과, 재산관리소, 소방부, 인사처 등이 설치되었다. 1946년 10월 이후에는 부(部)를 국(局)으로 개칭하고 지사 관방(知事官房)과 도 경찰부를 폐지해 도에는 내무국, 농무국, 재정국, 상공국, 문교국, 노동국, 보건위생국, 토목국과 각 법령이 정한 위원회로 구성되었다.

2. 행정 관리

공직의 분류에 의하면, 미 군정이 실시되면서 초기에는 기존의 계급제(rank system)를 답습하다가 1946년 5월부터 직위분류제를 실시했다. 직무는 서기・행정 또는 재무 부문에 관한 직무(CAF), 전문 또는 기술 부문에 관한 직무(P&T), 수련・방위 또는 보관 부문에 관한 직무(CPC), 별정 직무(ES)로 분류했다. 별정 직무에 해당하는 직원 임용은 경쟁 시험에 의하지 않도록 했으나, 그 밖의 직원 임용은 경쟁 시험에 의하도록 했다. 직위분류제는 미국 제도를 그대로 도입한 것으로 기존의 행정 체계와는 생소한 것이었고, 운영상의 문제가 드러나 제대로 시행되지 못한 채 정부 수립 이후 다시 계급제로 환원되었다.

미 군정기에는 신규 채용 인원이 많았고, 이질적 미국 문화에 기초한 행정 제도가 채택되었기 때문에 관료 훈련의 필요성이 매우 높았다. 훈련 내용은 막연한 이론이나 학습보다는 현장에서 요구되는 행정 기술을 습득하는 데 주력했다. 종류로는 예비 훈련 · 현장 훈련 · 승진 훈련이 있었고, 훈련에 관한 행정 업무는 인사행정처 훈련서에서 맡고 실제 훈련은 행정원 훈련소에서 담당했다.

미 군정기의 복무 규정은 비교적 합리적이며 분석적이긴 했으나 당시의 상황에 적용하기는 어려웠다. 정상 근무는 주당 44시간이며 최고의 특근 시간은 52시간이었다. 유급 휴가는 1개월에 1일로 연 36일까지 누적할 수 있었으며, 무급 휴가는 1 회에 6개월 또는 전 기간이 12개월을 초과할 수 없었다. 병가는 월 2일로 총 60일까지 누적할 수 있다. 특별한 이유가 없는 지각은 해임의 이유가 되며, 무허가 결근은 파면의 사유가 된다.

근무 성적 평정은 미 군정기의 말인 1947년 2월에 실시했다. 종류로는 6개월 이상 근무한 모든 정규 공무원을 대상으로 매년 2회 실시하는 정규 사정 이외에 추가로 필요할 때 실시되는 특별 사정이 있었다. 절차로는 우선 피조사자의 직접 상급 감독관인 사정관의 사정이 있은 후, 사정관의 상위에 있는 최고 감독관인 검열관이 사정관의 사정 내용을 검열하고 수정한다. 근무성적 사정위원회는 사정관 및 검열관의 사정 결과를 재심한 다음 피사정자에게 통지한다. 이 때 이의 있는 피사정자는 30일 이내에 이의 신청이라는 절차를 밟도록 했다. 그러나 평가 결과의 활용에 대해서는 제도적 미비로 인해 실행되지 못했다.

보수는 오늘날과 같은 수당, 상여금, 퇴직금 등에 대한 규정은 없고, 기본 봉급액을 정하는 정도였다. 1946년 9월 이후에는 공직이 직위분류제로 분류되면서 봉급이 직위의 숙련도와 책임도에 의거해서 결정되도록 했다. 일급제(日給制) 직원의 급료는 정규 직원의 매월 1/26의 비율을 초과하지 못하고 실제 근무 일수와 시간별로 계산했다. 승진은 일반 행정직의 경우 15등급으로 1~4급은 2년 이상, 5~9급은 1년 6개월 이상, 10~15급은 1년 이상의 기간을 성실히 근무하는 자는 승진할 수 있었다. 봉급 이외에 현물 배급이 있는데, 이는 후생행정처에서 관공서 및 소속 산업체의 종업원에게 소비물자를 비정기적으로 할당 배급했다.

직위분류제 실시 이전의 관료들은 관방 인사과의 문관 회장(文官回章)에 의해 공휴일과 유허가 결근일에도 불구하고 매월 26일에 월급을 받을 수 있었고, 전달부 및 급사는 월급으로 지급하되 180원(圓)을 초과할 수 없었으며, 생활비 수당은 월급의 20/100을 초과할 수 없었다. 일급 노동자(日給勞動者)는 군정청 이외의 미 주둔군 사용 인부의 임금과 동일하게 받도록 규정했다.

미국은 일본의 갑작스러운 항복으로 한국에 대한 구체적인 준비가 거의 없었다. 당시 미국에는 한국의 행정을 당당할 만한 경험이나 지식을 가진 사람이 거의 없었으며, 게다가 한국을 잘 알고 있었던 스틸웰(Joseph W. Stilwell) 중장이 지목되었으나, 장개석(蔣介石) 총통의 반대로 하지 중장이 임명되었다. 결국 제24군단과 훈련소에서 교육받은 군정 관리와 민간인들이 한국에 파견되었다. 이들은 모두 한국어는 물론 한국에 대해 아는 바가 거의 없고, 다만 일본 점령에 대비해 최소한 1년 동안 일본에 대한 훈련을 받았기 때문에 일본어를 유창하게 구사할 뿐이었다.

이러한 실제적 상황이었음에도 불구하고 하지(John R. Hodge: 주한 미군 사령관) 중장의 정무 수석 고문관인 베닝호프(Merrell Benninghoff)는 미 군정 초기 일본인 관료의 유임에 대해 "하급 직위 이외에는 유능한 한국인이 없기 때문에 명목상으로만 일본인을 추방했을 뿐이며 실제적으로는 계속 업무를 수행할 수밖에 없다"는 변명을 함으로써 일본인의 도움을 받는 것을 미국의 탓이 아니라 한국의 탓으로 궁색하게 돌리고 있다. 결국 미 군정은 해방 후 상당 기간을 조선총독부 시대의 정부 조직과 일본 관료에 의해 행정을 수행했다. 초기에는 각 부처(部處)의 장(長)에 미군인과 한국인을 동시에 임용해 한국인 부처장들이 미국인 부처장의 자문 기능을 수행하도록 했으나, 1947년 2월 이후에는 역으로 미국인이 고문 역할을 했다.

미 군정기 임용의 특징을 살펴보면 다음과 같다.

첫째, 예외로 명시된 직위를 제외하고는 직위에 요구되는 성적과 적성을 문관 시험을 통해 선별하는 것을 원칙으로 하고 있었다. 그러나 군정기에 공채 시험이 실시된 적이 없어 대부분 추천으로 이루어졌다.

둘째, 미 군정기에 임용된 관료들은 신분 보장이 되지 않는 임시직으로 충원되었다. "군정 장관이나 또는 그 지령에 의한 조선 정부 그 대행 기관 기타 하급 관청의 직원 임명은 임시 임명이며 언제든지 군정 장관이나 그 지령에 의해 해제함을 명함"이라고 규정했다. 이는 성적주의가 형식적으로만 제시되었을 뿐 현실화되지 못한 것에 원인이 있기도 하다.

셋째, 관료의 임용에서 직급에 따라 절차와 임명권자로는 다음과 같다. 장관급 이상의 행정관은 입법 의원이 인준할 것을 전제로 군정 장관이 임명하며, 각 부처장, 도지사 및 서울 특별시장은 민정 장관의 추천에 의해 군정 장관이 임명하며, 각 도내의 경우와 각 부처 내의 임명은 인사 행정처의 승인을 조건으로 한다. "각 관직의 해임에서도 동일한 권위와 수단에 의해 이를 행함"이라고 규정함으로써 군정 장관에게 관료의 임용에 대한 권한을 부여하고 있다.

넷째, 미 군정의 특수한 상황으로 인해 관직에 친일 혹은 이적 행위자를 배제하기 위한 목적으로 조선 직원 검사위원회를 창설했다. 그러나 본래 기구의 창설 목적은 관료에서 친일 세력의 배제였으나, 제대로 이루어지지 않은 반면에 미 군정의 입장에서 이적 행위인 좌익 세력에 대한 배제는 거의 이루어졌다. 미 군정기 인사 충원에서의 문제점은 짧은 기간 내에 당시의 재정으로 봉급을 지급할 수 없을 정도로 너무 많은 사람을 임용한 것과, 직원의 채용에 정확한 기준도 없이 추천되는 인물들을 마구 채용했기 때문에 유능한 인재를 선발하고 무능한 사람을 배제하는 선별 기능을 못했다는 점이다.

하지 중장은 한국의 실태를 파악하기 위해 국내 정당단체 대표와의 정기적 면담을 통해 미 군정관과 함께 요직을 맡을 수 있는 적임자의 명단 제출을 요청했다. 따라서 미 군정은 11명의 군정 장관 고문[2]을 위촉해 고문 통치(顧問統治)의 독특한 형식으로 출발했다. 군정 장관의 고문으로는 한국 사정을 잘 알고 있는 미국인이면서 한국인의 존경을 받고 있는 언더우드(전 연희전문학교 교장)를 한국으로 초빙해 국정에 깊이 관여하게 했다. 미군인 국장급의 고문 내지 파트너로는 한국인 중에서 미국의 일류 대학 출신으로 미국의 박사학위를 가진 인물들이 대거 임용되었다. 이들의 공통점은 모두 영어에 능통했다는 점과 독실한 기독교 신자였다는 점과 행정관으로서 경험이 전혀 없다는 점이다. 이러한 행태는 초기의 인사행정기관인 관방 인사과 과장으로 임명되어 차후 인사 분야의 전권자로서 권한이 막강한 정일형(鄭一亨) 인사행정처장 시기에 더욱 심화되었다. 정일형은 평안도 출신, 기독교인, 유학 경험자로 영어에 능통한 자를 중심으로 등용했다.

2) 김성수(교육가), 김용순(실업가), 김동원(실업가), 이용설(의사), 오영수(금융가), 송진우(정치가), 김용무(변호사). 강병순(변호사), 윤기익(광업가), 여운형(정치가), 조만식(정치가).

1947년 2월 민정 장관이 된 안재홍(安在鴻)은 정권과 관료직 획득에 목적을 둔 것이 아니라 민족적 정치 훈련에 목적을 두고 설립한 국민당의 당수였다. 그는 한인의 최고 직접 통치자로 취임했지만, 당시 군정청의 실권은 정일형을 중심으로 유학 경험자와 기독교 신자들이 장악했으며, 지방의 경우에도 사정은 마찬가지였다. 안 장관은 인사에 전권을 행사하는 정일형을 거세하려 시도했지만, 민정 장관의 힘으로도 어찌할 수 없을 정도로 정일형의 실권이 막강해 실패하고 말았다. 안 장관이 재임 1년 5개월 동안 유해진(柳海辰)을 제주도 지사로 임명한 정도에서 그쳤음은 민정 장관인 안재홍이 실권 없는 껍데기에 불과했다는 것을 알 수 있다. 안 민정 장관과 정 인사행정처장 간의 인사 주도권 싸움의 후유증이 컸던 고로, 군정청 본부의 부처장급, 각 도지사, 주요 부윤급에 이렇다 할 인사 이동이 없었다.

미 군정기 전체 기간 동안 고위급 관료에게는 해외 유학자로 영어에 능통한 자와 기독교 신자, 그리고 친보수 정당(한민당계) 등의 원칙이 고수되었는데, 이는 미국인 군정 장관의 취향과 임용된 관료들의 요건들이 실권 장악에 부합되었기 때문이다. 심지어 전남의 경우 한민당이 아니면 좌경파로 몰아붙이고 언론을 통제 및 폐쇄시키기도 하여 지사교체위원회(知事交替委員會)가 구성되기도 했으나, 이를 눈치챈 지사가 깡패를 동원해 백주에 테러를 감행하기도 했다. 이와 같은 지사 교체 운동은 다른 지방에서도 있었으며, 특히 충남의 경우는 비기독교인들에게 염증을 느끼게 할 정도였다.

당시 신문의 사설에서 지적하고 있는 비판 내용은 첫째, 친일 성향을 갖고 있는 고위 관료들, 예컨대 신사 참배 운동 등에 앞장섰던 사람들이 사상의 검증 없이 대거 재임용되었다. 둘째, 어느 일부의 당파에 편중된 인사가 많다. 즉, 미 군정은 미 군정에 호의적인 한국인을 물색하므로 한민당 출신 및 그들과 관계되는 인물을 대거 임용했다. 이외에 지적된 것은 어학에만 능통하면 정치적 수완이나 행정적 능력의 여하에 관계없이 임용되었다는 점이다. 이러한 비판에도 불구하고 확고한 기준 없이 추천제를 통한 마구잡이식 관료의 채용은 결국 허위로 이력서를 작성해 채용되는 경우까지 발생되었다. 당시 신원 조사를 통해 허위로 고등 문관 시험에 합격했음이 발각되어 현직 검사시보가 면직되기도 하고, 고위급 관료들이 이력서의 허위가 발각되어 해직되는 경우가 빈번했다.

제 3 절 주요 정책

1. 경제 정책

미 군정기에 취해진 경제 정책은 정치가 우선 상황에 쫓겨 정책의 일관성 부재로 시장 원칙과 정부 개입 원칙을 혼용했다. 다만 남한에 자본주의 질서를 재정비하고 한국에 대한 미국의 지배력을 확보하는 데 기초를 두었다. 주요 경제 정책으로는 귀속 재산 처리 정책과 토지 개혁 정책이 있다.

귀속 재산 처리 정책은 그 동안 일제하에서 일본인이나 일본인 회사 또는 총독부가 소유하고 있었던 한국 재산의 대부분에 대한 처리이다. 미 군정 초기에는 일본인의 사유 재산을 인정하는 등 한국인의 요구를 무시하다가 1945년 12월 모든 종류의 일본인 재산을 미 군정이 관리했다. 귀속 농지의 규모는 전체 경지의 28%에 달했고 이를 신한공사에서 관리했다. 귀속 기업체의 규모는 약 2,500개 정도였으며, 80% 이상이 공업 분야였고, 공장의 절반 이상이 서울과 경남에 분포되어 있는 반면에 상업 분야는 10% 미만이었다.

귀속 재산의 관리는 재산관리처가 직접하지 않고 동산은 물자 통제 회사가, 농지는 신한공사가, 임야는 농무부 임업국에서, 이외 산업 재산은 미 군정의 관련 부서에서 관할하고 최종적인 결정권은 재산관리관이 가지고 있었다. 귀속 재산 관리인의 임명 시에 1945년 10월 이전에는 보증금을 받지 않고 관리인을 임명했지만, 이후에는 임명 전에 보증금을 납부하거나 재정 보증 및 신원 보증서를 요구했기 때문에 임명된 관리인들은 기업 관리 능력이 있는 사람이기보다는 자금력이 있고 미 군정과 연계가 있는 사람들이었다.

귀속 재산의 불하는 1947년 7월이 되어서야 추진되기 시작했다. 귀속 재산의 총액이 약 98억 원이었으나 불하가 완료된 것은 26억 원 정도였다. 기업체의 경우는 11억 원 정도로 1948년 7월 이후에 76%가 집중된 것을 보면 미 군정이 귀속 기업체를 통해 한국 경제에 대한 지배력을 계속 행사하려는 의도였음을 알 수 있다.

불하 과정은 상무부장이나 도 상공국장의 추천이 요구되었다. 불하 대상자 선정은 우선 관리인이나 임차인에게 매입 우선권이 주어졌고, 그렇지 않을 경우는 최고 입찰자에게 불하했다. 귀속 재산의 불하 과정에서 지배 세력인 한민당과 그에 관련된 인사들에게 물적 기반을 제공하는 결과를 가져왔고, 국가 권력과 밀착한 관료 자본이 형성되어 정경 유착의 계기가 되었다. 불하 조건은 계약 시에 최소 20%를 납부하고 잔액은 연 7푼의 이자로 분할 상환해야 한다. 당시 인플레이션이 심했기 때문에 10년 분할 상환 조건은 무상이나 다름없었다.

농민 관련 정책에서 미 군정은 식량의 부족 현상에 대한 원인을 정확히 판단하지 못한 고로 건국준비위원회가 제안한 식량 수급의 통제안을 거절하고 경제 전면의 자유화 방침을 고수했다. 이는 지방의 인민위원회가 식량의 통제권을 비롯해 치안과 행정권을 확보한 상황이므로 좌익 세력을 견제하는 동시에 자본주의의 시장 경제 체제를 정착시키기 위함이었다. 그러나 미 군정의 예상과는 달리 농가의 보유미나 은닉미는 나오지 않아 오히려 곡가(穀價)의 폭등이 계속되었다. 당시 수송의 어려움으로 인해 도시의 식량난과 지방의 생필품난은 더욱 심각했다. 결국 미곡의 자유 시장 정책은 한 달 만에 미곡 통제령과 곡물 수집령으로 전환되었으므로 미 군정에 대한 농민들의 불만 요인으로만 작용했다.

또한 농민의 불만이 더욱 고조된 것은 토지와 관련된 정책이다. 당시 전 국민의 77%가 농민이었기 때문에 토지 개혁은 사회적 · 정치적 · 경제적으로 중요한 의미를 지니고 있었다. 미국은 당시 반공 정책을 실질적으로 수행해 나가는 과정에서 좌익 세력들의 민중 동원 능력을 억제하고 농민을 보수화시키기 위한 것과, 정부의 정통성을 보장하는 데 목적이 있었으므로 초기부터 개혁을 원했다. 남한의 모든 정치단체들도 정도의 차이만 있을 뿐 모두 급진적인 개혁을 주장했음에도 불구하고 이들의 세력 간 특성 때문에 개혁 법안이 통과되지 못했다.

미 군정 초기의 조치는 '최고 소작료 결정의 건'이다. 이에 따르면, 소작료는 생산물 총액의 3분의 1을 초과하지 못하도록 했다. 지주는 일방적으로 소작권을 해체할 수 없고 이를 위반하는 자는 군율 재판소에서 형벌에 처한다고 규정했다. 그러나 지주 측의 반발과 시행세칙의 부재로 실효성이 제한되어 일부 지역에서만 실시했다. 이는 소작 조건을 완화시키는 역할을 했으나, 미 군정이 지주와 지배 연합을 구성했기 때문에 지주층의 지배를 기본적으로 유지시켜 주었을 뿐이었다.

당시의 농업 상황은 토지 소유가 대지주 중심으로 집중되어 있고 자작농은 13.8%에 불과했다. 소작인들은 수확물의 70% 정도의 소작료를 지불하고 이외 각종 이유로 수탈을 당하고 있어 토지 개혁제가 절실히 요구되던 시기였다. 당시 마련되었던 개혁 법안의 내용은 다음과 같다. 몰수 대상 토지의 경우 일본인 소유 토지, 즉 신한공사가 관리하는 토지 중에서 전답만을 분배 대상으로 무상 몰수하고 이외의 토지는 유상 몰수[3]한다. 몰수된 농지의 분배는 농가의 등급[4]에 따라 분배했다. 매수당한 농지의 가격은 당해 농지의 연평균 생산고의 3배의 현물로 하고 토지 분배 가격은 토지 소유자가 배상받은 가격과 동일하며 지불 방법은 매년 생산량의 20%씩을 15년간 현물로 농지 금고에 납입하도록 한다고 되어 있다.

이러한 미 군정의 개혁안이 통과되지 않은 주된 이유는 과도 입법의원의 반대 때문이다. 의원은 지주 또는 그 대표자를 중심으로 한 보수 정당 및 단체 출신 의원 위주로 구성되어 있어 개혁안이 통과되기 어려웠다. 또한 미 군정이 농지 개혁에 대한 적극적 의지가 없었던 것이 더 큰 이유였다. 따라서 미 군정기의 일본인 소유의 토지를 관리하는 신한공사는 과거 일본 지주들의 관리 방식을 거의 그대로 답습했으므로, 남한의 최대 지주로 가장 우수한 미작 지대를 지배했고, 일제기와 같이 영세 농민을 착취했던 것이다.

2. 교육 정책

미 군정기에 가장 성공적인 정책 분야는 교육이라고 할 수 있다. 이는 한국의 현대 교육이 개시된 시점으로 한국 교육의 기본 틀을 형성하도록 했다. 그러나 교육 정책의 전개에서도 미 군정은 군정기의 제반 정책과 마찬가지로 자국의 이익을 위한 정책 논지의 일관성을 지켜왔다. 예컨대, 한국의 교육은 소련의 공산주의 팽창 정책을 저지하고, 친미적인 민주 국가를 수립하려는 기본적 사명을 띠고 있으며, 미국

3) 유상 몰수의 대상은 농가가 아닌 지주의 토지, 5 정보 이상의 토지 소유 농가로서 그 초과 부분의 토지 및 학교, 병원, 교회, 기타 공공단체의 소유로서 그 경작 능력에 적당한 면적을 초과한 토지 등으로 규정했다.

4) 농가의 등급은 가족 수와 노동력, 농가의 경영 상태, 영농 시설, 과거 영농의 주·종업 관계 등을 기준으로 결정했다.

이 구상한 민주주의를 지향하는 것이었다. 이에 교육법은 자아 실현과 인간의 권위를 존중하는 홍익인간(弘益人間)을 민주주의 원칙과 동일한 것으로 파악해 민주 교육 이념으로 정했다.

정책 관련 기관 및 주도 세력은 조선교육위원회, 조선교육심의회, 조선교육연구회의 회원들이다. 이들은 유학의 경험이 있고, 기독교인이면서 한민당 출신의 인사로 우리의 교육 제도를 재구성하는 데 준비되지 않은 미 군정을 도와 주었다. 특히 교육 정책에 참여한 대부분의 한국인이 미국에서 공부했기 때문에 미국의 교육 이념과 한국의 교육 상황을 모두 이해할 수 있었으며, 미국의 교육 제도를 우리의 상황에 적절하고 합당하게 수용하도록 했다.

조선교육위원회는 주로 학무국장(교육부 장관)의 자문 역할을 했으나 친일적인 보수주의자들이 다수 포함되어 있는 고로 현상 유지적 교육 정책을 고수해 근본적이고 적극적인 교육 문제를 해결하기에는 한계가 있었다. 조선교육심의회는 교육 이념과 제도의 골격에 관한 다양한 교육안을 제시했다. 예컨대 학제의 기본틀인 6-3-3-4제, 의무 교육 실시, 교육 기구 개편, 학교 설립 기준 문제, 초등 교과 과정에서의 한자 폐지, 미국식 대학 제도 등이다.

교육 방법에서 기존의 주입식, 기계적 암기식 또는 교사 중심주의, 훈육주의 등 비민주주의적인 요소와 실제 생활 경험과 문제 해결을 중요시하는 학생 중심, 자유주의, 활동 중심인 진보주의적인 새로운 요소들이 소개되면서 이들 간의 심각한 갈등이 생겨났다.

미 군정의 교육 정책 결과는 첫째, 교육 정책을 실시하는 데 정치적 목적인 공산화의 방지를 위해 이해 관계를 같이하는 보수 우익의 한민당을 주도 세력으로 선택해 교육의 정치적 사회화 도구로 사용했다는 점이다. 특히 반공 사상, 즉 이념 교육의 확산은 사상 논쟁을 불가능하게 만들었다. 둘째, 초등 교육의 의무화는 질적 향상과 동시에 고등 교육의 양적 팽창으로 학력 인플레이션 현상을 초래하는 계기가 되었다. 셋째, 미국식 개방주의적 교육 정책의 모방으로 사학 설립을 비롯해 단기간에 양적으로 확대된 교육기관의 시설, 교재, 교수의 미비와 사학의 기업화 등으로 질적인 후진성을 초래했다. 넷째, 합리성이 강조되는 미국식 교육의 수용으로 기능 위주와 경쟁 중심 교육의 심화를 초래했다.

3. 경찰 정책

해방 직후 통치 공백의 상태는 경찰의 치안 업무 비중을 높였다. 특히 남조선노동당을 중심으로 한 공산 세력은 대한민국 정부 수립이 되기까지 계속해서 정부 전복을 위해 무력을 동원하면서 사회 질서를 교란시켜 왔다. 따라서 미 군정은 경찰권을 장악한 후에도 치안이 매우 불안했고, 군정 당국은 물론 일반 주민의 생활도 침해받을 정도였다. 미 군정기의 경찰은 일제기에 해 왔던 본래의 경찰 기능 이외의 정치·경제·출판·보건 위생·소방·사법 등 광범위한 경찰 기능을 다른 기관에 이관시키고, 치안의 확보와 경찰 행정의 능률을 제고하는 데 총력을 기울여 왔다. 당시의 경찰은 사회 치안 유지 이외에 좌익 세력의 반미·반체제(反美·反體制)의 억제에 정책의 기조를 두었다. 이를 위해 고도의 중앙 집권화를 강화했다. 종래 도지사의 권한에 속했던 경찰 행정권을 경무국장의 직접적인 관할 하에 두었고, 각 도의 경찰부 명칭을 관구 번호를 갖는 관구 경찰청으로 개편해 지방 경찰을 도지사의 영향권에서 완전히 벗어나게 했다.

미 군정 경찰은 규모 면에서도 당시의 어느 사회집단보다 방대한 조직화에 이르렀다. 초기의 경찰관이 1만 5,000명이었으나 불과 3년도 지나지 않아 4만 5,000명에 달했다. 중앙 집권적이며 방대한 조직적 특징을 지닌 군정 경찰은 치안 확보를 위한 기술직으로 인식한 탓에 1946년 11월 간부직에 일제 경찰 출신자가 82%에 달했다. 군정청 경찰 고문관은 일본을 위해 훌륭한 업무를 수행한 사람이라면 미 군정을 위해서도 그렇게 할 수 있다고 생각하고 식민지로부터 독립기의 정치적 의미를 간과한 채 경찰 역할의 가치 중립성과 자질만을 강조했다.

미 군정 경찰은 상당 수준의 물리적 강제력을 행사했던 치안대를 경찰에 흡수하거나 해체시키는 정책을 실시했다. 치안대가 우익에 장악되어 있는 경우는 경찰 조직에 흡수시켰고, 좌익에 장악되어 있는 경우에는 해체한 것이다. 특히 현재의 경찰력으로는 치안 확보가 어렵다고 생각한 군정청은 우익 치안대의 경우 군정 경찰관으로 정식 임용하거나 군정 경찰 산하의 치안 확보를 위한 보조 부대인 국방 경비대원으로 흡수했다. 미 군정 경찰의 고위직은 군정청의 입장과 성향이 비슷한 한민당 출신들로 이루어지고 이들이 경찰의 충원을 주도했기 때문에 친한민당 인사들이 고위직 경찰에 대거 진출했다. 경찰은 한민당의 정치 노선을 지지했으며, 정당성의 근거를 좌파에 의한 혁명적 상황을 막는 것에 두었다. 그러나 당시 한민당을 제외한 모든 정치 세력은 친일 경찰 척결을 주요 정치 노선으로 채택했기 때문에 경찰 간부들은 이를 위협적으로 받아들였고, 이에 당시 경찰의 정당성을 더욱 좌파 세력의 제거에 두게 된 것이다.

또한 군정 경찰은 좌파 세력의 제거 정책 이외에 5·10 총선거에 깊숙이 개입했다. 군정 경찰은 단독 선거 반대 투쟁을 진압했을 뿐만 아니라 선거 관리와 선거를 위해 한국인을 협박, 구타, 검거 등을 통해 강제 동원했고, 강제 투표, 대리 투표, 무더기 투표 등 선거 조작에 앞장섰다. 결국 한민당 세력이 국가 권력을 장악하는 데 결정적인 역할을 했던 군정 경찰은 미국에 우호적인 정권의 수립을 희망하던 미국의 정치적인 구조적 틀 안에서 작동되어 왔음을 알 수 있다.

제12장

국가 건설기의 행정

제 1 절 이승만 행정부

1. 행정 환경

1) 정치

이승만 대통령(1948-1960)
(자료: 국가기록원)

미국은 소련의 제국주의적 진출을 억제하고 한반도에 자유민주적 독립국가를 수립하기 위해 진주했다. 그러나 차차 미국 내의 비판이 거세어지자 미군 철수 문제를 유엔으로 이관했고, 1948년 5월 10일 유엔한국임시위원단의[1] 감시 하에 남한만의 총선거를 통해 이승만 정권이 출범했다.

그러나 건국 과정에서는 친일적이라고 비판받던 한민당과 이승만이 결탁해 주도했고, 오히려 사실상 망명정부의 역할

1) 유엔한국임시위원단은 오스트레일리아, 캐나다, 중국(국민당정부), 엘살바도르, 프랑스, 필리핀, 인도, 시리아 및 우크라이나공화국 등 9개국 대표로 구성되었으나 우크라이나공화국 대표는 끝내 한국에 입국하지 않았다.

을 수행해 온 대한민국임시정부나 국내 좌익 세력을 대표하는 건국준비위원회가 수립한 조선인민공화국은 대부분 배제되었다. 즉, 5·10선거에서 좌익 세력은 이념의 차이로 선거를 방해했고, 임시정부 계열인 김구와 김규식을 중심으로한 남북협상파(한독당과 민련계)는 남한만의 단독정부 수립은 남북 분열을 영구화한다는 견지에서 선거에 불참했다.

그 결과 제헌국회의 주된 정치 세력은 일부 해외 망명 인사와 지방 유지들로 구성된 이승만이 주도하는 대한독립촉성국민회의파와 미 군정에 협력해 온 지주 출신이 많은 한민당계 및 학력·재력·가문·항일 반공 경력을 내세운 무소속 인사들이었다(윤천주, 1979: 115).

5·10선거에서 선출된 198명의 제헌의원들로 구성된 제헌국회에서 헌법과 정부조직법을 제정했고, 국회에서의 간접 선거를 통해 초대 대통령에 이승만, 부통령에 이시영을 선출했다. 그리고 8월 15일 대한민국 정부가 수립되었으며, 9월 13일에 비로소 미군정청(U.S. Army Military Government in Korea: USAMGIK)[2)]으로부터 행정권을 완전히 이양받았다.

1948년 7월 12일 제헌국회에서 통과된 대한민국 헌법의 전문(前文)에 나타난 건국정신과 건국 이념은 다음과 같다(대한민국건국십년지간행회, 1956: 238). 첫째, 우리 민족은 유구한 역사와 전통에 빛나는 민족이다. 둘째, 대한민국은 3·1정신을 계승하여 재건된 우리들의 조국이다. 셋째, 정의 인도(正義人道)와 동포애로써 민족의 단결을 확고히 하여야 된다. 넷째, 정치적 민주주의를 확립한다. 다섯째, 사회적·문화적·경제적 민주주의를 실현하여야 된다. 여섯째, 이러한 조국의 이념은 국민 생활의 균등한 향상을 기하고 국제 평화의 유지에 노력해 자손 만대의 안전과 자유와 행복을 기함에 있다.

그리고 1948년 8월 15일 서울의 중앙청 광장에서 많은 국민이 모인 가운데 역사적인 대한민국 정부 수립 선포식을 거행했다. 이 자리에서 이승만은 건국의 정신으로 민주주의의 신봉, 인권과 개인의 자유 보호, 언론의 자유, 상호 이해와 협조, 노동자·농민들의 생활 향상, 경제 발전과 노사 협조, 국제 친선과 경제 협력, 국민된 충

---

2) USAMGIK이라는 명칭은 미군태평양사령부의 선발대가 USAMGOK(U.S. Army Military Government of Korea)이라는 애초의 명칭이 'gook'처럼 들리는 세 단어로 끝난다는 지적을 한 후에 결정된 것이다. 주한 미군사령관 하지의 고문인 베닝호프는 '주한연합국정부(Allied Military Government of Korea)'라는 명칭을 제안했지만 워싱턴에서 받아들이지 않았다.

성심과 책임 등을 특별히 강조했다(서울신문, 1948년 8월 16, 18일자).

2) 경제

1948년 대한민국 정부가 수립되었으나, 공업 지대인 북한과 농업 지대인 남한이 분리됨으로써 한국 경제는 구조적 불균형과 근본적 취약성을 내포하고 있었다.

1949년의 GNP는 93억 환이었고, 1인당 GNP는 80달러도 안 되었다. 산업별 생산 비율을 보면 <표 12-1>과 같이 2차 산업이 극히 부진했다. 또한 산업별 취업 인구를 보면 <표 12-2>와 같이 전 취업 인구의 약 80%가 1차 산업에 종사하고 있다(안해균, 1986: 49).

표 12-1 산업별 생산 비율 (단위: %)

산업 \ 연도	1948	1949	1950	1960
1차 산업	46.3	44.2	46.6	38.0
2차 산업	8.6	10.2	7.9	20.5
3차 산업	45.1	45.6	45.5	41.5

표 12-2 산업별 취업자 비율(1960년 현재) (단위: %)

산업별	비율
1차 산업	79.9
2차 산업	5.4
3차 산업	14.7

또한 당시 남한의 실업자 수는 전체 인구의 20~30%인 110만 명에 달했고(성창환, 1956: 96), 1945년 10월부터 1949년 말까지 서울의 도매물가지수가 3,425%나 상승함으로써(박문옥, 1969: 44), 전반적인 경제 상황은 극도로 피폐해진 상태였다.

이러한 낙후된 경제를 회복하고 생활 수준을 향상시키기 위해 대한민국 정부는 외국의 원조에 의존할 수밖에 없었다. <표 12-3>에서 보는 바와 같이 1948년의 외국 원조는 1억 8천만 달러 수준이었으나 1950년에 5천 8백만 달러로 감소했다가 전후 복구를 위해 1951년부터 다시 증가해 1957년의 3억 8천 3백만 달러를 분기점으로 다

표 12-3 원조 수입 총괄표 (단위: 1,000달러)

연도	합계	GARIOA	ECA & SEC	P.L.480	FOA & ICA	CRIK	UNKRA
1945	4,934	4,934	−	−	−	−	−
1946	49,496	49,496	−	−	−	−	−
1947	175,371	175,371	−	−	−	−	−
1948	179,593	179,593	−	−	−	−	−
1949	116,509	−	116,509	−	−	−	−
1950	58,706	−	49,330	−	−	9,376	−
1951	106,542	−	31,972	−	−	74,448	122
1952	161,327	−	3,824	−	−	155,534	1,969
1953	194,170	−	232	−	5,571	158,787	29,580
1954	153,925	−	−	−	82,437	50,191	21,297
1955	236,687	−	−	−	205,815	8,711	22,161
1956	326,705	−	−	32,955	271,049	331	22,370
1957	377,893	−	−	40,522	323,268	−	14,103
1958	321,272	−	−	47,896	265,629	−	7,747
1959	222,204	−	−	11,436	208,297	−	2,471
1960	245,393	−	−	19,913	225,236	−	244
1961	201,554	−	−	44,926	156,628	−	−
총계	3,132,281	409,394	201,867	197,648	1,743,930	457,378	122,064

자료: 한국은행(1968: 360).

시 감소했다.

이승만 행정부는 일제에 의해 왜곡되어 있던 토지 제도를 개혁했다. 북한이 일찌감치 토지 개혁을 완료했던 것에 비하면(1946.3.5~3.30), 이승만 행정부는 1949년 6월 농지개혁법을 만들었으나 1950년 4월에 가서야 농지 개혁에 착수할 수 있었다. 농지 개혁은 자유민주주의적 헌법 규정과 민중들의 절실한 욕망에도 불구하고 국회 다수를 차지하고 있던 민주국민당(한국민주당이 1949년 2월 명칭 변경) 등의 지주 계층에 의해 변질되고 거부되었다. 이승만 대통령은 강력한 의지로 토지 개혁을 추진했는데, 개혁의 완수는 한국전쟁의 발발로 1950년대 중반까지 미룰 수밖에 없었다.

취약한 경제구조 속에서 한국전쟁으로 인해 또다시 붕괴된 상황 하에서 이승만 행정부는 원조 자금을 바탕으로 소비재 산업 육성을 꾀했고, 적극적인 쌀 증산 정책을 시도했다. 그리하여 서서히 기근을 면하기 시작했고, 연평균 5~8%의 경제 성장률을 보였다. 원을 환으로 전환하면서 100대 1의 화폐 평가 절하를 통해 인플레이션을 잡고자 했고(1953. 2.15), 전쟁 직후 1958년에는 부흥부 안에 산업개발위원회를 설치한 뒤, 1959년 5월에는 연평균 성장률을 5% 정도로 하는 경제개발 5개년계획을 발표했다.

3) 사회

1945년 광복과 더불어 중국과 일본을 비롯한 해외로부터 많은 인구가 귀국했고, 북한으로부터도 많은 인구가 월남했다. 이들은 대부분 도시에 집중했다. 또한 정부 수립 후 교육의 보급으로 인해 많은 젊은이가 농촌을 떠나게 되었으며, 농지 개혁은 농토의 세분화로 농촌의 상대적 빈곤을 초래해 상당수의 이농민(離農民)을 낳게 되었다(안해균, 1986: 44). 서구의 도시화는 자본주의의 발달에 따른 상공업의 발달로 인해 형성되었기 때문에 공업도시, 생산도시, 경제도시 등이 도시의 전형적인 형태이다. 그러나 우리나라의 도시화는 광복, 토지 개혁, 한국전쟁 및 농촌의 과다한 노동인구로 인한 이농(離農) 등이 원인이었다. 따라서 중소도시의 경우 2차 산업 인구가 7.7%, 1차 산업 인구가 32.7%, 3차 산업 인구가 59.6%에 달함으로써 성격상 도시라기보다는 농촌에 가까웠고 대부분이 소비성이 강한 상업도시였다(윤재풍, 1966: 196).

대도시 지역은 그런대로 사회 기능의 분화 정도가 비교적 높았지만 대부분의 도시에서는 전통 사회와 과도 사회의 이중 구조가 미분화된 상태였다. 특히 광복 당시 인구의 2/3 이상이 문맹자라는 점, 그리고 유교 문화와 토착 문화가 혼합된 상태에서 미국의 문화가 들어옴으로써 도시와 농촌 간에는 문화적 이중성도 심화되어 있었다(안해균, 1986: 45-46).

<표 12-4>와 <표 12-5>에서 보듯이 광복 당시의 문맹률은 인구의 77.8%였으나, 1954년에 와서는 25.6%로 급감했고, 취학 아동 수도 1945년에 1,366,024명이었지만, 1952년에는 2,399,776명으로 무려 1.76배가 증가했으며, 1955년에는 2배 이상으로 증가했다.

표 12-4 연도별 문맹자 현황

연도	인구 수	문맹자 수	문맹률
1945. 8.	10,253,238명	7,980,902명	77.8%
1948. 8.	13,687,405명	5,411,980명	41.3%
1954. 3.	13,269,739명	3,145,259명	25.6%

자료: 한국은행조사부(1962: 9).

표 12-5 연도별 초등교육 현황

연도	취학 아동 수	초등학교 수
1945	1,366,024명	2,834개
1952	2,399,776명	3,983개
1955	2,930,327명	4,220개

자료: 경제기획원(1968: 336-337).

<표 12-6>과 <표 12-7>에서 보는 바와 같이 중고등학교와 대학교도 급격히 증가했다. 특히 대학교는 1945년에서 1952년 사이에 약 2.6배, 대학생 수는 약 4.2배가 증가했다.

표 12-6 연도별 중고등학교 현황

연도	중학교		고등학교	
	학생 수	학교 수	학생 수	학교 수
1945	80,818명	166개	-	-개
1952	312,071명	607개	123,041명	100개
1955	475,342명	949개	260,613명	211개

자료: 경제기획원(1968: 338-341).

표 12-7 연도별 대학 현황

연도	학생 수	학교 수
1945	7,819명	19명
1952	32,524명	49명
1955	78,649명	53명

자료: 경제기획원(1968: 333-335).

2. 행정 조직과 관리

1) 행정 조직

1948년 7월 대한민국 헌법과 정부조직법이 제정되고, 8월 15일 드디어 정부가 수립되었다. 그러나 이승만 행정부의 성격은 국민의, 국민에 의한, 국민을 위한 민주정

그림 12-1 이승만 행정부의 정부 조직

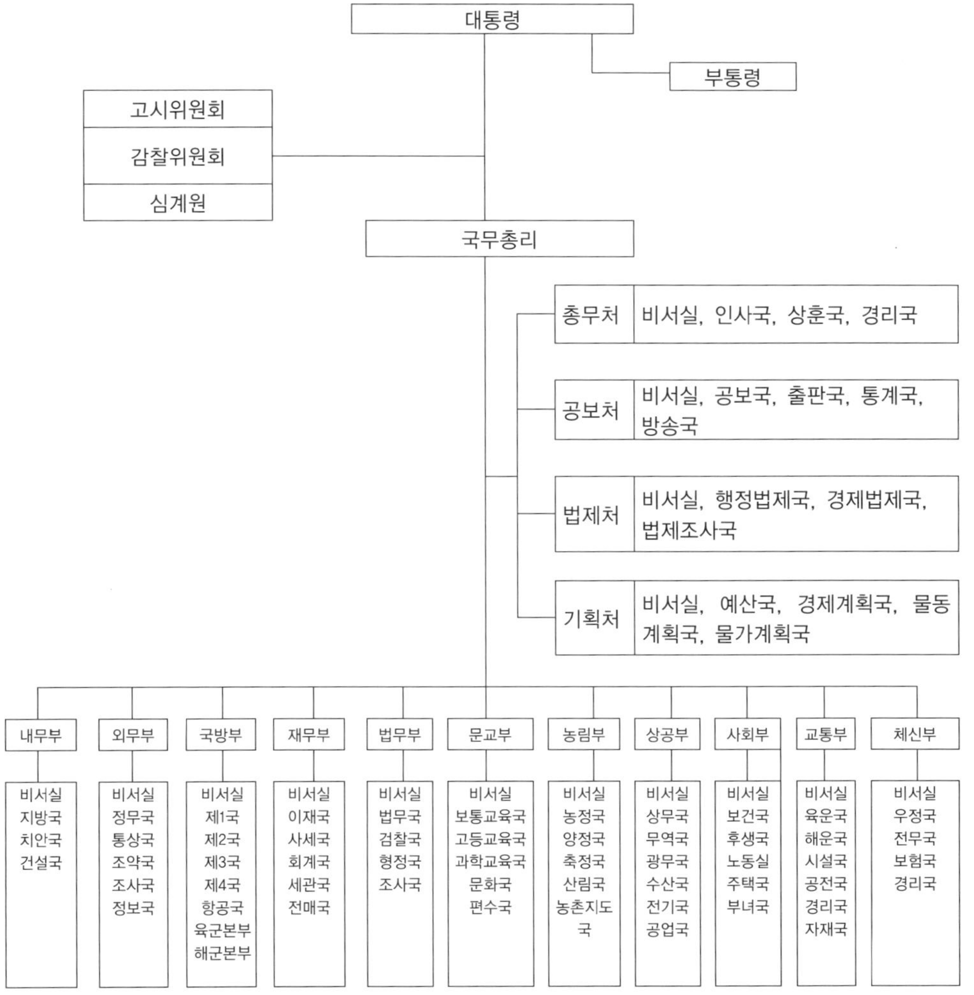

부라고 하기에는 너무도 미흡한 점이 많았다. 종전과 함께 준비 없이 진주한 미 군정은 새로이 수립될 대한민국 정부에 대해서도 무책임할 따름이었다. 또한 준비 없이 정권을 인수한 한국인들도 급조한 헌법과 정부조직법을 놓고 자리다툼에 급급했다. 이리하여 정부 조직 과정에서도 별다른 논의 없이 조선총독부의 조직을 승계한 미 군정과 남조선과도정부의 조직을 거의 그대로 답습했다.

7월 17일에 공포된 정부조직법에 따라 설치된 중앙 행정 기구는 [그림 12-1]과 같이 11부 4처 3위원회로 구성되었다. 즉 내무, 외무, 국방, 재무, 법무, 문교, 농림, 상공, 사회, 교통, 체신부의 11개부를 설치했다. 또한 국무원의 사무 및 영예 수여에 관한 사무를 담당하는 총무처, 법령의 공포・정보・선전・통계・출판・저작권에 관한 사무를 담당하는 공보처, 국무회의에 제출하는 법령・명령에 관한 사무를 담당하는 법제처, 국무회의에 제출하는 경제・재정 등에 관한 종합적 계획과 예산 편성에 관한 업무를 담당하는 기획처 등 4개 처가 있었다. 그리고 고시위원회, 감찰위원회 및 경제위원회의 3개 위원회를 설치했다.

그 후 일본인의 재산 관리, 해외 원조자금의 처리, 국군 제도의 정비 등을 중심으로 기구 개혁이 이루어졌다. 보건부를 증설하고 귀속 재산을 처리하기 위한 관재청을 신설했고, 원조자금을 처리하기 위해 대통령 직속의 외자구매처와 국무총리 소속의 임시외자관리청을 신설했다. 그리고 한국전쟁을 계기로 국방수 산하에 육군국, 해군국 및 공군국을 두고, 3군참모총장으로 구성되는 합동참모본부를 설치했다.

1954년에는 제2차 개헌으로 의원내각제적 요소가 제거되었다. 국무총리제가 폐지됨에 따라 외무부 장관이 수석 국무위원으로 되었고, 기획처와 기획위원회를 폐지하는 대신 전후 복구를 위한 부흥부와 부흥위원회를 설치했고, 외자구매처와 임시외자총국을 부흥부 외국으로서의 외자청으로 통합했다. 보건부와 사회부를 보건사회부로 통합했고, 공보처를 대통령 직속의 공보실로 격하시켰고, 법제처도 법무부 법제실로 격하시켰다. 그리고 총무처를 국무원사무국으로 통합해 수석 국무위원의 지휘감독 하에 두고, 고시위원회와 감찰위원회를 폐지해 행정의 중립성과 공정성을 확보하지 못했다. 또한 해사위원회를 상공부외국인 해무청으로 개편했다. 그 후 1958년에 원자력원을 설치했다.

이승만 행정부의 중앙 행정 조직의 특징은 다음과 같다(김종성, 1999: 206; 안해균, 1986: 58-59; 정용덕, 2004: 139-140; 조석준, 1967: 422-423).

첫째, 전반적으로 행정의 간소화라는 원칙이 크게 작용했다. 즉, 정부 수립과 동시에 외무부와 국방부의 설치 이외에는 행정 수요에 대한 명확한 예측이 없었기 때문에 제2차적 목표이어야 할 행정간소화라는 명제가 크게 작용했다.[3)]

둘째, 행정간소화 논리에 의해 국가 기능을 수행하기 위한 적절한 행정 조직의 분화가 미진했다. 심지어 국력을 총동원해야만 하는 한국전쟁 기간조차도 부처급 이상의 행정 조직의 개편 없이 단지 소수 위원회조직의 신설을 통해 대응했다.

셋째, 독립 국가에 필요한 기본적인 행정 기구들을 조직화한 것 외에는 대부분 조선총독부의 조직이 부활했다. 미 군정 시기에 개인 참모와 일반 참모를 구분했던 제도를 없애고, 대신 차관 직속 비서실에 총무 · 경리 · 감사 · 인사 · 후생 등을 담당하는 과(課)를 두어 사실상 일제 시대의 관방(官房)을 부활시켰다. 또한 미 군정이 도입한 위원회 제도 · 참모 제도 · 기획 제도 등은 모두 구 일본식의 주무부서제 · 품의제 등으로 복원되었다. 이처럼 일본식 조직으로의 복귀가 이루어진 이유는 정부조직법안 작성에 참여한 사람들 대부분이 일본 법률에 익숙한 학자나 실무자들로 구성되었고, 이들이 작성한 안이 거의 그대로 입법화되었기 때문이었다.

2) 행정 관리

(1) 인사행정

미 군정기의 인사행정 제도도 일제총독부의 그것을 약간 수정한 정도였지만, 이승만 행정부는 그나마 미 군정기에 도입된 일부 제도마저도 폐지해 일제 시대의 제도로 거의 회귀했다.

중앙인사기구는 1948년에 고시위원회와 총무처 인사국을 두었으나, 1954년의 헌법 개정에 따라 국무총리제가 폐지되면서 국무원 사무국의 고시과로 축소되었다. 이는 일제 시대의 관방과 유사한 형태로 환원된 것을 의미한다(박동서, 1969: 43-68). 당시 국회에서 야당은 좀 더 독립적이고 격상된 중앙 인사행정 기구로서 '인사원'의 신설을 주장했으나 채택되지 않았다.

1948년 11월 17일에 대통령령 제30호로 「인사사무처리규정」이 제정되었다. 이 규

---

3) 그러나 실제로는 11부 4처 1원 3위원회 6국에서 12부 2원 3청 2실 2특별국(국무원 사무국 포함) 6국으로 성장했다. 또한 공무원 수에서도 수차례의 감원 시도가 있었음에도 불구하고 1947년에 비해 1959년에는 세 배로 증가했다(정용덕, 2004: 139).

정 제6조에서는 "고시위원회에서 시행하는 국가시험 또는 보통시험에 합격한 자 혹은 고시위원회에서 시행하는 전형 또는 임명권자가 설치한 전형위원회의 전형에 합격한 자를 공무원에 임명할 때에는 그 시험 성적 또는 전형 결과를 조사하여야 한다"고 규정했다. 그러나 대부분 공개 모집 없이 각 부처의 장관이 제청해 대통령이 임명했다.

1949년 8월 12일에는 법률 제44호로 「국가공무원법」이 제정·공포되었다. 당시의 인사 관계자는 다음과 같은 근거에서 이 법률이 실적주의에 입각한 것이라고 말하고 있다(정운갑, 1950: 10; 박동서, 1990: 63). 첫째, 고시에 관한 중앙인사기관인 고시위원회가 독립성을 가지고 있으며, 둘째, 공무원의 전체 국민에 대한 봉사자로서의 성격을 강조하고 정치적 중립성을 규정하고 있었고, 셋째, 기회 균등 원칙에 입각한 채용 방법으로 고시와 전형이 있었다는 것이다.

이 법 제5조에서는 "공무원의 임명은 고시 성적 또는 전형 성적에 의하여 이를 행한다"고 규정했다. 고시는 직무 수행에 필요한 능력을 검정하는 것이며(제18조), 전형은 고시에 의하지 않고 그 직무에 필요한 학식·기술·경험이 있느냐를 인정하는 것으로, 공무원의 임용에서는 고시 합격자 우선 임용 원칙에 의해, 기술계 공무원을 제외하고는 고시 합격자가 있을 때에는 전형 임용을 행할 수 없다고 규정해(제7조) 고시를 전형에 우선했다.[4]

그리고 이 법 시행 당시에 재직하는 공무원은 그의 시행일(1949.8.12)부터 1년 이내에 고시 또는 전형을 받아야 하고, 그에 불합격한 때에는 당연히 퇴직되며, 동법에 규정한 신분 보장에 관한 규정은 고시 또는 전형을 거친 후에 비로소 적용되는 것이었다(동법 부칙 제55조, 제56조).

그러나 이러한 고시 제도에도 불구하고 신규 채용된 공무원의 대부분은 비공개 경쟁시험이었던 전형에 의해 임용되었다. <표 12-8>에서 보듯이 1949년에서 1960년 사이에 고등 전형 합격률은 96.4%였는데, 동기간에 고등고시 합격률은 3.6%에 불과했다. 그리고 4급 공무원의 연간 결원 수는 1,800명이었는데 보통고시 합격자 수는 겨우 40명에 불과했다(장지호, 1965: 199).

이러한 전형도 1952년 7월 31일 이전에 임명된 공무원의 경우는 논문고사와 구술

---

4) 다만 예외적으로 기술계 공무원과 독립운동자로서 특별전형에 합격한 자에 대하여는 고시 합격자의 유무에 관계없이 임명할 수 있었다(동법 제5조, 공무원임용령 제5조).

표 12-8 고등고시 및 고등 전형 합격자 수 (단위 : 명, %)

연도	고등고시	고등 전형	합계
1949	5(100)	–	5
1950	–	–	–
1951	38(28.1)	97(71.9)	135
1952	40(14.0)	245(86.0)	285
1953	9(2.1)	427(97.9)	436
1954	13(0.7)	1,978(99.3)	1,991
1955	58(3.7)	1,523(96.3)	1,581
1956	11(3.2)	335(96.8)	346
1957	7(1.7)	408(98.3)	415
1958	27(5.4)	475(94.6)	502
1959	36(0.6)	473(99.4)	509
1960	21(1.7)	1,214(98.3)	1,235
합계	265(3.6)	7,175(96.4)	7,440

자료: 송혜경(1998: 31).

고사를 생략하고 학력과 경력 외에 근무 실적을 참작해 전형을 행하도록 되어 있었으며, 그나마 전형도 제대로 시행되지 못하다가 1953년 2월에 와서야 시행되었다(송혜경, 1998: 30). 따라서 그 이전에는 실적에 관한 고려가 전혀 없이 정실에 입각해 공무원이 임용되었음을 알 수 있다.

장차관들은 주로 지주의 후손, 일제총독부의 관리, 전문직·대사업가 등 한국 사회 계층의 상위를 대표하는 자들로 구성되었으며, 직업은 교육가, 직업정치인, 공무원, 법률가 등이었다. 이들은 대부분 자유당 정부의 명성을 위해 개인적 기반에서 충원되었으며(김규택, 1973: 190), 대통령에 대한 개인적 충성에 의존했기 때문에 정책결정권은 크게 제약을 받았다.[5] 또한 이승만 대통령은 정치 세력 간의 균형을 유지하기 위해 이들을 빈번하게 교체했다.

또한 행정간소화라는 명목 아래 정무관으로서 이들을 보좌할 참모조직이 없었으며, 계선에 의존할 수밖에 없었는데, 이들도 전문적 지식과 경험이 매우 부족했다.

제1공화국 전 기간에 걸쳐서 장·차관 및 서울·부산시장, 도지사에 임용되었던

5) 이승만 대통령의 권위 앞에, 지당장관(至當長官), 낙루장관(落淚長官)이란 말까지 나올 정도였다.

표 12-9 제1공화국 고위관료의 경력 비율 (단위 : 명, %)

경력	인원
독립운동	11(7)
학자	28(18)
관료	69(43)
정치인	3(2)
군인	8(5)
언론인	3(2)
법조인	24(15)
경제인	8(5)
기타	6(4)
합계	160(100)

자료: 안병만(1993: 244).

160명의 경력을 보더라도 <표 12-9>와 같이 일제 총독부나 미 군정 시에 관료를 경험했던 인물이 69명(43%)으로서 다른 부문에 비해 압도적으로 많이 등용되었다. 군인과 법조인까지 포함하면 101명(63%)으로 대부분의 고위관료가 총독부와 미 군정을 거쳐 이승만 행정부까지도 자리를 유지한 것으로 나타난다.

국장급 이하의 관직은 광복 이후에 새로이 관직에 들어간 행정 경험이 전무한 관료 계급과 일제하에서 하위관리직 및 상위 서기직에 있던 자들이 차지했다. 이승만 행정부 후반에 들어 이들이 상위직으로 대거 이동함으로써 이승만 관료제의 중추를 형성하게 되었다.

충원 이후 공무원을 적재적소에 배치하고 필요한 전문 지식을 교육·훈련시키는 노력도 취약하게 이루어졌다(박동서, 1969: 43-68). 실적주의와 직위분류제 등에 바탕을 둔 미국식 인사행정 방식은 계급제 사고방식에 익숙한 일제 시대 관료 출신들의 저항에 의해 무산되었고 대개 '고참순'으로 이동이 이루어졌다. 게다가 공무원들의 이동에 정치적 요인이 작용해 정실주의가 만연했다(김종성, 1999). 공무원의 이동은 주로 정치적 통제의 수단으로 이용되었고 공무원들의 능력 발전을 위한 수단이나 전문성에 따른 적재적소 배치의 기회로 이용되지 않았다.

(2) 재무행정

이승만 행정부 동안 공공재정을 합리적으로 운영하기 위해 필요한 제도적 장치들이 구비되지 않았다(유훈, 1969). 따라서 재정을 절약하는 일뿐 아니라 복잡한 행정 기구들을 지원하기 위한 충분한 공공자금의 동원과 배분이 이루어지기 어려웠다. 합리적 의사 결정을 뒷받침하기 위한 계량적 정보와 기술에 대한 기반도 매우 취약했다.

중앙예산기구로는 1948년에 국무총리 직속 하의 기획처 소속으로 예산국(1948년~1955년)이 설치되었으며, 1954년 11월 제2차 개헌으로 국무총리제가 폐지되어 재무부 예산국(1955년~1961년)으로 이관되었다.

예산 및 재정 관리 방식은 일제의 재정법과 회계법에 의해 그대로 운영되었으며, 회계검사는 자유당 창당 이후 일본의 회계검사법을 그대로 모방해 사용했다. 예산 집행의 신축성의 결여, 형식적인 회계 총칙, 예산 집행 성과의 평가 곤란 등의 문제점을 극복하기 위한 개정 작업이 1961년까지 거의 없었다.

또한 재원의 대부분을 미국의 원조에 의존했기 때문에 미국의 회계연도에 맞추어 예산을 운영했으며, 이 때문에 회계연도를 자주 바꾸는 혼란이 야기되기도 했다. 사회적 혼란과 빈약한 경제 예측력으로 인해 빈번하게 가예산(假豫算)을 편성하는 등 전형적인 '후진국형 예산 운영'을 면하지 못했다(정용덕, 2001).

또한 재정적으로 취약했기 때문에 공무원의 정기적 보수의 지급이 어려웠다. 거의 모든 공무원의 보수는 생활비를 충족시키기 어려운 수준이었다. 게다가 주사급 이상 전체 공무원 수에 해당하는 많은 수의 임시직원을 '촉탁(囑託)'이라는 이름으로 활용했다. 기관에 따라서는 촉탁이 정식 공무원의 5배가 넘는 경우도 있었다(정승건, 1999: 147). 이는 공무원 처우 개선이라는 명분 하에 감원을 하고 상당수의 주사급 이하 공무원을 촉탁으로 바꾸어 놓았기 때문이다. 이 가운데 극히 일부만 정부 예산으로 보수를 지급하고, 나머지 대부분은 '회사 티오(T/O)'라는 명칭으로 사기업체에서 급료를 지불하도록 했다. 당연히 그에 대한 반대 급부가 공공연히 따를 수밖에 없었고, 이는 곧 부패의 중요한 원천이 되었다(정용덕, 2004: 136-137).

3. 주요 정책

(1) 농업 정책

이승만 행정부는 경자유전(耕者有田)의 원칙에 따라 소작 제도를 원칙적으로 금지하고, 농가 소유가 아닌 농지, 자경하지 않는 농지, 3정보의 소유 상한을 초과하는 농지에 대해 유상으로 매수해 경작자인 농민에게 유상으로 분배했다.

이러한 농지 개혁 정책에 따라 많은 자작농이 창출되었다. 농지 개혁이 이루어지기 이전인 1949년에는 자작농이 전체 농업 인구의 37%를 차지하고, 순소작농이 21%, 자소작 겸농이 42%를 차지했던 것에 반해, 농지 개혁이 단행된 이후인 1951년에는 자작농이 81%, 순소작농이 4%, 그리고 자소작 겸농이 15% 정도를 차지하고 있다(김성호, 1989: 1033-1034; 김동노, 2004: 428).

농지 개혁이 자작농 창출에 성공적이었음에도 불구하고 농민 경제를 개선시키기에는 근본적인 한계를 지니고 있었다. 자작농이 상당수 늘어났지만 실질적으로는 대부분 아주 작은 토지만을 경작하는 빈농이었다. 1951년의 경지 규모별 농민 인구의 비율을 보면, 1정보 이하를 경작하고 있는 농민이 전체의 77%에 이르러 대다수의 농민이 빈농 상태에 있었다(김동노, 2004: 428).

(2) 교육 정책

이승만 행정부의 교육 정책 중 대표적인 것은 문맹퇴치 사업이었다. 1954년 민의원선거를 앞두고 교육부는 '작대기식 투표 일소'라는 구호를 앞세워 문맹퇴치 사업을 시행했다. 미 군정기의 국문강습소를 국문보급반으로 개편해, 매년 농한기를 이용해 대체로 70~90일간 한글 교육을 시행했고, 국어교육 외에 일상 생활에 필요한 계산 능력과 초보 수준의 과학을 포함해 민주 시민으로서의 자질을 함양하기 위한 공민과 교육을 추가했다(김기석 · 강일국, 2004: 537). 그 결과 1945년에 77.8%, 1948년에 41.3%였던 문맹률은 1959년에는 10.3%로 줄어들었다.

1949년 교육법의 제정을 통해 1950년부터 의무교육 6개년계획을 세워 의무교육을 시행하고자 했으나 한국전쟁의 발발로 1950년대 후반에 가서야 시행되었다. 1950년대에 지출된 교육 재정을 보면 의무교육비에 지출된 예산이 문교 예산의 60~80%를 차지하고 있었다(김기석 · 강일국, 2004: 543).

또한 각급 학교도 대폭 증가했다. 특히 대학교는 1945년에서 1952년 사이에 약 2.6배, 대학생 수는 약 4.2배가 증가했다. 1950년대 대학의 팽창은 전통적인 교육열 덕분이기도 하지만, 한국전쟁 직후의 징집령과 관련된다. 한국전쟁 중임에도 불구하고 1951년 2월에 대학생 징집 연기 조치를 통해 대학생들은 입대가 유보되었고, 대학에서 군사 훈련을 받는 것으로 대신하게 되었다. 이에 따라 대학 진학생이 폭증하게 되었다. 또한 농지 개혁을 앞두고 경제적 대응의 일환으로 소유 재산의 명목을 전환시키기 위해 교육재단에 토지를 기부한 당시 지주들의 후원 하에 기성회의 발족이 급증함으로써 사립대학이 급팽창하게 되었다.

대학 교육의 급격한 팽창은 대학 교육의 부실화를 초래하기도 했지만, 국민들의 의식 수준을 크게 제고했고, 근대화의 역군이 되었던 전문적 행정관료를 양성·배출했다.

(3) 산업 정책

일제가 패망함에 따라 한국에 남게 된 일본인 소유의 재산, 즉 귀속재산은 당시 남한 총재산의 80%에 이르렀을 것으로 추정된다(김윤수, 1988: 1). 정부 수립 이후 제정된 '재정 및 재산에 관한 협정'에 의해 귀속재산은 한국 정부에 귀속되었고, 1949년 「귀속재산처리법」의 제정을 통해 민간 기업으로의 불하가 이루어졌다. 한국전쟁 기간 동안에 가장 많은 귀속기업체가 불하되었던 반면에, 휴전 이후에는 비교적 큰 규모의 귀속 기업체 불하가 이루어졌다. 그 결과 당시 지배적인 대기업가의 대다수가 귀속 기업체의 불하 및 인수를 계기로 급성장하게 되었다(이상철, 2004: 173-174).

이승만 행정부의 주된 산업 정책 중 하나는 수입대체 공업화정책이었다. 수입대체 공업화의 진전에 따라 산업 구성에서 제조업이 차지하는 비중이 지속적으로 증가했다. 특히 소비재 부문의 급팽창은 생산재 및 자본재 부문의 상대적 비중 하락을 수반했다. 이는 소비재 부문의 성장에 필요한 생산재 및 자본재의 대부분을 해외에 의존하면서 이 시기 공업화가 이루어졌다는 사실과 관련이 있다. 원조로 확보된 재정 자금을 산업은행을 통해 상대적으로 낮은 이자율로 대출하고 도입된 원조 물자 및 자금 배분을 통해 소요 원자재 및 외산 설비를 확충하게 함으로써 수입 대체산업을 육성하려는 정책은 1950년대 말 원조의 삭감에 따라 위기에 봉착하게 되었다(이상철, 2004: 199-200).

제 2 절 윤보선(장면) 행정부

1. 행정 환경

1) 정치

윤보선 대통령(1960–1962)
(자료: 국가기록원)

1960년 3·15선거의 불법·무효를 주장하는 대대적인 시위가 발발했으나, 국회는 의장 직권으로 소집되어 자유당의 이승만·이기붕 후보를 제5대 대통령과 제4대 부통령으로 선출했다. 이에 분노한 학생, 지식인, 시민들이 무차별 발포와 계엄령 하에서도 이승만 정권의 퇴진을 요구했고, 마침내 4월 26일 이승만 대통령은 "국민이 원한다면 대통령직을 사임하겠다"고 선언했다.

이승만 대통령의 사임으로 국회는 허정 외무 장관을 대통령 권한대행으로 위촉해 과도정부가 수립되었다. 1960년 6월 15일 제35회 임시국회는 압도적 다수로 내각책임제로의 개헌을 의결했고, 개정된 헌법에 따라 1960년 7월 29일의 총선거에서 민주당이 민의원 총의석 수 233석 가운데 175석(75.1%), 참의원 총의석 수 58석 가운데 30석(51.7%)을 차지했다. 뒤이어 양원 합동회의가 소집되어 재석 259인 중 208표의 압도적 다수로 민주당 구파의 윤보선 의원이 대통령으로 당선되었으며, 신파의 장면 의원이 민의원의 인준을 받아 국무총리로 임명되었다. 대통령은 윤보선이었지만, 내각책임제 하에서 실질적인 행정 권한은 장면 국무총리에게 주어져 있었다.

윤보선(장면) 행정부는 서구 민주주의식의 의원내각제 채택, 국민의 기본권 보장, 정치적 활동의 자유를 보장한 정당 조항 신설, 사법권의 독립과 공정한 재판을 위한 법관 선출제, 중앙선거관리위원회의 헌법기관화 등을 기본 정책으로 내세웠다.

민주당이 정권을 장악했으나, 민주당 내의 구파가 신민당으로 분당했고, 신파 소장 의원들이 신파 중진으로 구성된 장면 내각에 대한 공세가 지속되었다. 정권 핵심

부의 분열 이외에 각종 사회 세력도 민주당 정권에 대해 비판적이었다. 4·19 혁명 세력들은 발포를 명령한 책임자들에 대한 장면 정부의 처벌이 미미하자 장면 정부에 대한 지지를 철회했다. 또한 헌법상 금지된 소급입법으로 처벌을 받은 친(親)이승만 세력들도 장면 정부를 절대시했다. 게다가 군 조직 내 상층부의 정화를 요구했던 소장파 장교들도 장면 정부의 우유부단함을 공개적으로 비난하고 나섰다(김태룡 외, 2006: 99).

이러한 상황 속에서 일부 학생들과 개혁 세력들이 남북교류론과 중립화통일론을 주장하기에 이르렀다. 이념적으로 반공산주의적인 냉전 체제에 익숙한 소장파 군장교들은 이러한 이념 조류의 대두를 장면 정부의 통치 능력 결핍으로 간주하고, 1961년 5월 16일 군사 쿠데타를 통해 정권을 장악하고 급진적 개혁을 추구했다.

2) 경제

3·15 부정선거와 4·19 혁명 이후 국내의 정치·사회적 불안이 가중되어 경제부문에서의 투자 의욕은 감퇴되었다. 국민들이 부정축재한 대기업의 불법 선거자금 제공에 대한 처벌 등을 요구하자, 대기업의 생산 활동이 침체 상태에 빠지게 됨과 동시에 농업 생산마저 저조한 현상을 보이기 시작했다. 산업별 구조에서도 1차 산업 인구가 80%를 점하고 있음에도 불구하고 총생산에서는 불과 32.9%에 머무르는 낙후된 경제 체제였다.

1960년대의 1인당 국민소득은 80달러 내외였으며, 경제성장률은 1.9%(실질성장률 -1.0%)로서 인구증가율 2.9%를 하회하는 상태였다. 재정면에서도 1960년도 일반 예산의 약 30%가 해외 원조에 의존하는 상태였다. 또한 국제 수지면에서도 수입(3억 7,780만 달러)이 수출(1억 1,610만 달러)을 3배 이상 초과하는 극심한 무역적자 현상을 보이고 있었다(안해균, 1986: 93).

3) 사회

국민들의 자유와 통일에 대한 염원은 다방면에서 폭발적으로 분출되었다. 이승만 정권을 무너뜨린 학생들의 목소리가 커지면서 통일 논의로 불이 붙었고, 각종 사회주의 혁신 정당과 교원 노조가 전국적으로 확산되었다. 북한은 물론 국내외적으로 여러 인사가 한국의 민주화와 통일 논의를 지지 또는 간섭하는 태도를 보였다.

다른 한편으로는 부정 축재자와 부정 선거 당사자들에 대한 처벌 요구가 빗발쳤고, 최고의 경기 침체와 노조의 강성화 등에 힘입어 경인 지역 공장의 80% 정도가 조업 중단에 들어갔고, 국민들은 식량난에 허덕였다. 또한 각종 범죄가 급증했고, 뇌염이 전국적으로 창궐했으며, 사라호와 칼멘호와 같은 대규모 태풍이 몰려왔고, 노동 쟁의가 빈번했으며, 재단의 부정을 규탄하는 학원 분규가 발생했다(안해균, 1986: 92). 그러나 민주당 정권은 신·구파로 분열되어 세력 다툼에 급급한 나머지 이러한 사회 문제를 해결할 수가 없었다.

2. 행정 조직과 관리

1) 행정 조직

1960년 6월 15일 헌법 개정으로 정부 형태는 내각책임제로 전환되었다. 이에 따라 7월 1일 정부조직법을 전면 개정해 국무총리제와 국무원제를 신설하고 1원 12부 1처 3청 3위원회를 두었다. 1원은 원자력원이고, 12부는 외무, 재무, 법무, 국방, 문교, 부흥, 농림, 보건사회, 교통, 체신부이며, 1처는 국무원사무처이고, 3청은 전매청, 외자청, 해무청이며, 3위원회는 감찰위원회, 공안위원회, 부흥위원회로서 감찰위원회와 공안위원회는 국무총리 직속기관이지만, 부흥위원회는 부흥부 소속기관으로 했다.

1960년 개정된 정부조직법상의 특징은 다음과 같다(김운태, 1984: 270; 안해균, 1986: 96-97).

첫째, 국무회의에 상정될 의안을 정리하고 국무원의 공보·법제·인사 등의 관리와 기타 사무를 처리하기 위해 국무위원을 장으로 하는 국무원 사무처를 두고, 사무처장 1인과 차장 2인을 두었다.

둘째, 내각책임제의 효율적 실현을 위해 행정 각부에 정무차관 1인과 사무차관 1인을 두어, 정무차관은 장관을 보좌해 정책과 기획의 수립에 참여하고 정무를 처리하는 데 국회의원을 겸할 수 있고, 국무위원이 총사직할 때에는 동시에 사직하며, 사무차관은 장관을 보좌해 소관 사무를 처리하며 소속 공무원을 지휘·감독케 했다.

셋째, 공정한 선거에 대한 경찰의 중립성을 보장하기 위해 공안위원회를 신설했으나 실효를 보지 못했다. 과거 경찰공무원들이 정치 도구화되어 각종 선거에 개입하고 야당을 탄압했던 폐단을 시정하고자 공안위원회를 신설하려고 했으나, 위원회의 설치에 관한 법률의 규정이 끝내 시행되지 않았기 때문에 위원회가 실제로 구성되지는 못했다.

넷째, 공무원의 직무상 비리를 감찰하기 위해 국무총리 직속 하에 감찰위원회를 신설했다. 감찰위원회의 조직은 위원장 1인을 포함한 감찰위원 7인과 그 외에 비서관 1인 등 총 55인으로 구성되었다. 위원장은 국무총리가 임명하고 민의원의 동의를 필요로 하며 국회의원은 위원장을 겸할 수 있고 감찰위원은 위원장의 제청에 의해 국무총리가 임명했다. 감찰 대상은 국가 또는 지방자치단체의 공무원 및 행정기관의 직무상 비리, 국영기업체 또는 주식의 과반수가 국가에 속하는 법인의 직무상 비리, 그리고 국회의 민의원과 참의원 및 위원회 또는 국정감사반에 의해 조사가 요구된 행정기관 또는 공무원의 비리 등이다.

다섯째, 내무부·농림부·상공부·보건사회부·해무청 등 각 부처에 분산되어 있던 건설행정 기능을 통합해 건설부를 신설했다.

2) 행정 관리

(1) 인사행정

제2공화국의 중앙 인사 행정기관은 국무원 사무처였다. 내각책임제 정부 형태에서 행정수반인 국무총리의 참모기관을 확충할 필요가 있었기 때문에, 종전의 국무원 사무국에다 대통령 소속의 공보실과 법무부 소속의 법제실을 흡수·통합해 국무원 사무처로 승격시켰다. 국무원 사무처장은 국무위원으로, 차장은 1급 공무원으로 2인을 두었다.

국무원 사무처의 조직은 인사국(기획, 인사, 고시, 연금급여, 연금기금), 총무국(총무, 의사, 상훈, 영선, 관리), 법제국, 공보국(보도, 출판, 선전, 조사, 영화), 방송관리국(방송관리, 시설)의 5개 국으로 구성되었다.

국무원 사무국에서 국무원 사무처로 기구가 확대되면서, 5개 과로 구성된 인사국이 부활되어 인사행정이 독립된 영역으로 전문화될 수 있는 가능성을 보였다는 점과 정부 수립 이후 유보되었던 공무원 연금 제도의 본격적 실시을 위한 기관적 기초가 마련되었다는 점에서 의미있는 조직 개편이었다(강인재·이달곤 외, 1998: 225).

(2) 재무행정

제2공화국의 예산 제도에서 특징적인 것은 예산 심의 제도의 변화이다(강신택, 1993: 253-254). 제2공화국은 양원제를 채택했고, 정부의 예산안은 민의원에 먼저 제출하기로 되어 있는데 민의원은 다음 회계연도가 개시되기 1개월 전까지 예산안을 심의·의결해 이를 참의원에 회부하기로 되어 있다. 만일에 참의원이 민의원과 다른 의결을 하거나, 참의원에서 예산안을 접수한 날로부터 20일 이내에 예산안에 대해 의결하지 아니한 때에는 민의원의 재의에 부치도록 했다.

예산 심의 절차에서는 그 동안 관례상 활용하지 않았던 전원위원회를 폐지하고, 예산결산위원회는 각 상임위원회에서 의결한 예산안을 증액할 수 없도록 했다. 한편 종전의 가예산 제도를 준예산 제도로 바꾸었다. 가예산 제도는 예산이 다음 회계연도 개시일까지 의결되지 아니한 경우에 국회는 1개월 이내의 가예산을 의결하고 그 기간 내에 본예산을 의결하도록 하는 것이며, 준예산 제도는 국회에서 예산안이 의결될 때까지 전년도 예산에 준해 집행할 권한을 행정부에 부여하는 제도이다.

3. 주요 정책

장면 정부는 9개월에 불과한 단명 정권이었기 때문에 대부분의 정책이 실질적으로 시행되기보다는 연구 수준에서 이루어졌으나, 박정희 정부의 경제개발 계획의 근간이 되었던 국토건설사업계획이나 경제개발 5개년계획 등의 초안이 이 시기에 수립되었다는 점에서 의미를 찾을 수 있다. 다만 국토건설사업계획에 따라 광범위한 국토건설사업이 착수되었는데, 이 사업을 주관하도록 하기 위해 국무총리 직속의 국토건설본부가 설치되었다(김태룡 외, 2006: 399).

제2공화국의 경제 정책은 합리적인 정책의 수립이나 집행보다는, 독재 정권 하의 비민주적이고 타율적인 경제 제도를 자율화시키는 데에 주력했다. 예컨대 부정축재환수금을 산업자본 형성에 충당하기 위해 특별기금조로 받아들일 것을 묵인하는 입법을 추진한 것도 그 예이다. 이 밖에도 조세사범 처리 방안의 설정, 중소기업 육성을 위한 중소기업협동조합법과 중소기업금고법안, 외환관리법 개정, 공무원재산등록법안 등을 들 수 있다.

4 · 19 혁명 이후 만성적 인플레이션의 누적, 생산 의욕의 감퇴, 물가 상승, 민간 예금의 저조, 시중 자금 압박 등으로 경제 정책은 효과를 나타낼 수 없었다. 그 결과 1960년의 경제성장률은 2.3%로서 인구증가율 2.7%에 미치지 못했고, 산업 구조 역시 1차 산업(38.2%)과 3차 산업(41.3%)에 편중한 후진성을 나타내고 있었다. 국제 수지면에서도 수입이 3억 4,300만 달러, 수출이 3,280만 달러로서 엄청난 무역 적자에 시달렸다. 또한 1인당 국민소득은 83달러에 머물렀지만, 조세부담률은 10.3%에 이르렀다(안해균, 1986: 109).

사회적 측면에서도 브라질 이민계획이나 문화센터 건립 계획 등과 같이 실현되지 못하고 계획에 그친 정책이 많았다.

제13장

경제 발전기의 행정

제 1 절 박정희 행정부

1. 행정 환경

1) 정치

5·16 군사 쿠데타로 성립한 박정희 행정부(1961.5.16~1979.10.26. 단기 4294~4312)는 크게 세 시기로 나눌 수 있다. 곧 쿠데타 직후부터 민정 이양 전까지의 군정기(1961.5.16~1963.12.16), 민정 이양 이후부터 유신 전까지의 제3공화국(1963.12.17~1972.12.16), 유신헌법에 의한 제4공화국(1972.12.17~1979.10.26)으로 세분할 수 있다(손호철, 2006: 139-140).[1] 군정기는 윤보선 대통령을 형식상 최고통치자로 두고, 국가재

박정희 대통령(1963-1979)
(자료: 국가기록원)

1) 헌법상 국가 형태로서 공화국의 의미는 그 출발에서 군주제를 배척하는 것을 의미한다. 한국 헌법사에서 공화국의 순차 매김은 대체로 다수 학자에 의해 전면 개정된 기점에 새로운 공화국의 숫자를 부여해 현재의 6공화국에 이르고 있다. 곧 헌법 제정은 1948년의 한 번뿐이고, 그 뒤 헌법이 형식적으로는

건최고회의를 통해 국정을 장악한 시기로, 사실상 헌법이 정지되고 국민의 기본권도 크게 제한을 받았던 때이다. 제3공화국은 국민 투표로 대통령에 선출되고, 형식적으로나마 민주주의가 이루어진 시기로서 경제 건설에 적극 나서고, 3선 개헌의 무리를 감행했던 때이다. 제4공화국은 유신헌법의 제정으로 삼권분립에 근거한 민주정부의 기본 원칙을 무시한 채, 거의 종신 대통령이 되어 정권을 사유화하고 '영도적 대통령'으로 군림하던 때이다.[2)]

(1) 군정 시절

한국전쟁 이후 급격히 성장한 군부 세력을 등에 업고, 박정희 소장은 뜻을 같이하는 젊은 장교들과 함께, 1961년 5월 16일 군사쿠데타를 감행해 4·19혁명에 힘입어 민주주의를 꽃 피우려던 제2공화국 정부를 전복했다.

이들은 거사 당일을 기해 군사혁명위원회(의장 장도영, 부의장 박정희)를 구성하고, 소위 '혁명공약' 6장을 발표해 경제 건설과 반공 국시(國是)를 표방하면서, 남북교류 주창자 등 3천여 명의 혁신 세력을 검거하고 정권 인수 작업에 착수했다. 전국에 비상계엄을 선포하고 집회와 보도 금지, 금융과 물가 동결, 공항과 항만 폐쇄, 국회 해산과 정치 활동 중지 등의 포고령을 발해 헌정을 중단시켰다. 5월 18일 장면 내각이 비상계엄령을 추인한 후 사퇴하자, 19일에는 혁명위원회를 국가재건최고회의로 개칭하고, 소위 '혁명내각'을 구성하고, 6월 6일에는 「국가재건비상조치법」을 공포했다. 이 법에 따라 최고 권력기관으로 국가재건최고회의를 두어 현역 군인 20~32명으로 구성하고, 그 밑에 내각을 두었다.

박정희는 윤보선 대통령과 미국의 지원을 받아 내기 위해 민정 이양 약속을 하고, 7월 초에는 일시적 우두머리였던 장도영을 비롯한 44명의 군 동료들을 반혁명 사건으로 체포했으며, 정군(整軍) 운동이라는 명목을 달아 40여 명의 장군과 수천 명의 장교들을 예편시켰다. 마침내 7월 3일 박정희를 최고회의 의장으로 추대하고, 김종필 등 쿠데타 주체 세력들이 정권을 장악했다(한국군사혁명사편찬위원회, 1963).

군사정부는 중앙정보부 창설, 반공법 제정, 정치 활동 규제, 부정축재자 처벌, 농어촌 고리채 정리, 깡패 소탕, 화폐 개혁 등을 시도한다. 쿠데타 이후의 합법적인 정

(전면) 개정의 형식을 취하고 있지만, 실질적으로는 헌법의 제정에 해당한다고 판단해 공화국의 숫자 매김을 하고 있다(성낙인, 1998: 61-62, 66).

5 · 16 군사쿠데타

권 창출을 위해 민주공화당 창당 작업을 추진하면서 이에 필요한 정치자금을 모집하기 위해 4대 의혹사건(새나라자동차 수입 판매 사건, 빠찡코 사건, 증권 파동, 워커힐 사건)을 만들어낸다.

박정희 등 군사정부 책임자들은 체제 정비가 점차 완료되면서 정치 활동 규제를 서서히 풀었고, 이어서 헌법 전면 개정 작업에 착수했다. 1962년 12월 26일 공포된 개정 헌법은 강력한 대통령제와 단원제 국회를 기본 골격으로 하고 있었다. 박정희는 민정 참여 의사 표명과 번복, 군정 연장 의사 표명과 번복을 거듭하면서 시간을 끌다가 국민의 요구와 미국의 간접적인 관여, 자신의 권력욕 등을 배경으로 마침내 민주공화당 대통령 후보로서 입후보했고, 3공화국 대통령에 당선되었다(1963.10.16). 이어서 국회의원 선거가 실시되어(11.26) 공화당이 116석(민정당 41석, 민주당 13석, 자민당 9석, 국민당 2석)을 차지하는 국회가 만들어졌다.

(2) 제3공화국 시절

제3공화국은 대통령에게 행정권과 함께 국가긴급권(긴급조치권, 계엄선포권), 입법거부권 등을 부여하는 강력한 대통령제를 채택했다. 박정희는 대통령 취임 전날인 12월 16일에 국가재건최고회의를 해체했다. 12월에는 여당인 공화당 총재를 겸직하면서 공화당 의장에 김종필, 국무총리에 최두선, 부총리겸 경제기획원 장관에 김유택 등을 임명했다. 국회의장에는 이효상을, 대법원장에는 조진만을 선출 또는 임명했다. 지난 시절과는 달리 이 때부터 국무총리는 국회의 간섭 없이 대통령이 직접 임명하는 자리로서 대통령을 보좌하는 위치에 있었고, 국무회의는 의결기관이 아닌 심의기관으로 격하되었다.

그러나 불과 15만 표 차이로 윤보선 후보를 이겼을 정도로 국민들의 반(反)박정희 분위기도 만만치 않아 정권 출발 초기부터 정치적 시련을 겪어야 했다. 즉, 민주당

박정희 대통령 취임식

의원들에 의한 3 분(粉: 밀가루, 설탕, 시멘트) 관련 사건 폭로(1964.2.1), 국회의 4대 의혹사건의 진상 규명 요구(2. 5), 야당과 재야 반대 세력들에 의한 굴욕적 한일회담 반대(3.12), 김종필-오히라 메모 공개(4.1) 등으로 초기 최두선 내각의 총사직, 비상계엄 선포, 각급 대학 휴교령, 김종필 공화당 의장 사퇴 등으로 이어졌다.[2] 이 과정에서 국회는 점차 목소리를 높여 계엄 해제 요구안을 통과시켰고(7.28), 4대 의혹사건을 비롯한 국정감사에 착수했다(9.11).

1965년에는 경제 발전에 필요한 자금을 조달하기 위해 국민의 격렬한 반대에도 불구하고 굴욕적인 한일국교 정상화와 국군의 베트남 파병이 이루어졌다. 한일협정의 결과 청구권 자금으로 무상 3억 달러, 공공차관 2억 달러를 지급받기로 하고, 민간 상업차관 3억 달러를 제공받기로 했다. 베트남 파병은 1965년 2월 주월 한국 군사원조단인 비둘기부대의 파견에 이어, 전투사단인 청룡부대(10.3.)와 맹호부대(10.13)를 추가적으로 파견함으로써, 본격적인 월남전 참전이 이루어졌다. 미국은 월남전 참전의 대가로 미군에 의한 한국군 현대화 지원, 차관 1억 5천만 달러 지원 등을 약속했다. 이런 와중에 재야와 학생들은 격렬한 반대 데모를 벌였고, 8월에는 위수령이 발동되어 군대를 투입해 진압할 정도였다.

박정희 대통령은 반공(反共)을 국시로 하여 미국의 지원을 유도해 내고, 군대와 강력한 관료 행정 체제, 거대 여당을 토대로 급격한 국력 성장을 추구했다. 1967년 5월에는 6대 대통령 선거에서 승리해 정권 연장을 이루어냈고, 이어 6월에 치러진 국회의원 선거에서 비록 부정선거 의혹 등이 제기되었지만 공화당이 130석(신민당

2) 1964년에는 봄부터 대일 굴욕 외교 반대 데모가 격렬하게 진행되어 대학생 5,000여 명 이상이 서울에서 시위를 벌였고(1964. 3~7), 이런 시위가 일년 내내 지속되어 군대 · 경찰과 충돌을 빚었다. '평화선을 사수하라', '제2의 을사보호조약, 즉시 철회하라', '데모가 불법이냐, 폭정이 불법이냐?' 등의 구호가 등장한 시위는 1965년 봄에도 이어졌다.

44석)을 차지하는 압도적 승리를 거두었다.

1968년 1월 21일에는 김신조 등 무장공비 31명이 청와대 가까이 침입하는 사건이 있었고, 23일에는 동해에서 미 해군 정보수집함 푸에블로호가 북한에 납치되는 일이 생겼다. 이를 계기로 더욱 강력한 반공 태세 구축에 들어갔고, 예비군이 설치되었으며, 통혁당 사건 등으로 많은 사람이 체포되었다. 또 울진・삼척지구에 무장 공비 60여 명이 침투했다(1968.11.3). 이런 가운데 박정희의 장기 집권을 위해 3선 개헌이 변칙적으로 이루어졌고(1969.9.14 국회 통과, 10.17 국민투표), 40대의 김대중 신민당 후보와의 7대 대통령 선거(1971.4.27)에서 불법선거 의혹 속에 다시 대통령이 되었다.

야당과 재야 정치 세력, 많은 학생의 정치적 반발은 위수령, 휴교령 등을 거쳐 마침내 국가 비상사태를 선포하기에 이르렀고(1971.12.6), 대통령에게 비상대권을 부여하는 「국가 보위에 관한 특별조치법」을 제정했다(12.27). 1972년에는 남북 적십자회담이 열려 남북 화해 분위기가 조성되어 이후락 중앙정보부장이 대통령 밀사 자격으로 북한을 방문했고(5.2), 답방 형식으로 박성철 북한 부수상이 서울을 방문했다(5.29). 그 해 7월 4일에는 이후락 정보부장과 북한의 김영주 조선노동당 조직지도부장이 서울과 평양에서 동시에 자주적인 평화 통일을 주요 내용으로 하는 남북 공동성명을 발표했다. 이 때부터 남북한은 상호 비방을 자제하기로 했으며, 남북 적십자 본회담을 서울과 평양에서 개최했고, 남북 스포츠 교류를 추진했다. 그러나 이런 와중에 박정희는 '10・17 대통령 특별선언'을 통해 전국에 비상계엄을 선포하고, 시대적 상황에 맞는 새로운 체제로 이행하기 위해 일대 유신적 개혁을 단행하고, 우리 실정에 알맞은 한국적 민주주의의 필요성을 강조했다(「서울신문」, 1972: 2). 이를 위해 비상국무회의를 통해 유신헌법을 개정하고(10.27) 국민 투표에 부쳐 가결시켰다. 비상계엄 해제 후 바로 구성된 통일주체국민회의 대의원에서 박정희는 8대 대통령으로 당선되어 종신토록 권좌에 머물 수 있는 길로 들어섰다.

(3) 유신정부 시절

유신헌법을 배경으로 박정희 대통령은 행정・입법・사법 권한을 총괄하는 영도적 위치에서 강력한 행정을 펼쳐나갔다. 특히 그는 민주주의 못지않게 국력 배양의 중요성을 강조하고, 1970년대를 '사명의 시대', '사명의 70년대'라고 하여 지도자로서 자신의 역할이 아직 끝나지 않았음을 역설하곤 했다(전인권, 2001: 236). 1973년에는 월남전 휴전에 즈음해 파월 국군의 즉각 철수를 결정하고(1.24) 국군을 귀국시켰고, 대통령이 추천한 73명의 국회의원으로 유신정우회를 만들어 국회를 장악했으며, 평화통일 외교 정책 7개 항을 발표했다(1973.6.23).

집권 10년이 넘어가면서 원숙한 대외 외교 정책을 펼쳐 나갔고, 경제개발 5개년계획의 성공으로 국민이 어느 정도는 고무적이고 대통령에게 호의적이었지만, 학생과 재야, 야당의 유신 반대, 유신헌법 철폐 투쟁은 더욱 활발히 전개되었다. 김대중 납치사건(1973.8.8), 대통령 저격 사건과 육영수 여사 사망(1974.8.15), 신민당 소속 국회의원들의 무기한 농성, 김영삼 총재 기소, 김 총재 사퇴 선언, 유신헌법에 대한 찬반 국민투표 실시(1975.2.12), 민청학련과 인혁당 사건(1974), 한국의 유엔 가입 부결(1975.8.6), 3・1 민주구국선언(1976), 카터 대통령의 등장과 미군 철수 논의(1977), 9대 대통령에 재선출(1978.7.6), YH 여성노동자 농성(1979.8.9), 서울지법의 신민당 총재단 직무정지 가처분 결정과 김영삼 신민당 총재의 박정희 정권 타도 선언(1979.9.10), 국회의 김영삼 총재 제명(10.5)과 미국의 글라이스틴 대사 소환(10.5), 신민당 의원 66명 전원과 통일당 의원들의 국회의원 사퇴(10.13), 부산에 비상계엄령 선포(10.18), 마산・창원에 위수령 발표(10.20) 등으로 긴박하게 돌아가던 정국은 중앙정보부장 김재규에 의한 박정희 대통령 저격(10.26)으로 막을 내렸다. 종신 대통령이 되려 했던 박정희는 국민의 반발로 인해 정권을 마감하고 불명예스럽게 권좌에서 물러났다.

유신헌법 기간은 제왕적 대통령 하에서 강압적 통치와 민주화 역행의 정치는 수많은 반발과 범법자를 만들어 냈고, 경제 성장에 따른 생활 수준 향상과 그에 걸맞은 정치 민주화를 요구하는 국민의 요구는 한층 더 고조되고 있었다.

2) 경제

박정희 대통령은 취임 초부터 '경제제일주의'를 내세우고 강력한 경제 성장 정책을 추진해 정치의 독재화, 관료적 권위주의화의 병폐에도 불구하고 높은 경제성장률을 기록했다. 이승만 정부 말기부터 논의되어 온 계획경제 정책을 현실화하고,[3)]

---

3) 광복 직후에는 좌우익에 상관 없이 중요산업의 국유화와 계획경제 제도의 도입을 주장했으나 실현을 보지 못했다. 한국인의 자력으로 수립된 최초의 장기계획은 1958년 4월에 발족한 부흥부 산하 산업개발위원회(EDC)에서 작성한 3개년계획이었으나, 4・19혁명의 발발로 실현을 보지 못했다. 그 뒤 민주당 정부에서도 1962~1966년을 계획 기간으로 하는 5개년계획을 작성했으나 5・16쿠데타로 이마저 휴지

1962년부터 4차에 걸쳐 경제개발 5개년계획을 추진해 좋은 성과를 거두었다. 쿠데타 직후부터 박정희와 주변 세력들은 정부 재정의 빈약함을 극복하고 발전 재원을 마련하기 위해 여러 가지 방안을 강구했다. 국민들의 강한 반발을 감수하면서 단행된 한일회담과 차관 도입, 독일로의 광부와 간호원 파견, 베트남전쟁 참전과 반대급부 등을 통해 경제 발전에 필요한 재원을 마련했다. 첫 노동 수출로 광부 1진 123명이 독일로 파견되고(1963.12.21), 이어서 간호사도 파견되어 외화벌이에 나섰다(1966.10.2). 베트남 참전 군인들에 의한 국내 송금액이 1967년에는 1억 3,475만 달러나 되었다.

장기적인 발전을 위해 필요한 기반시설, 기간산업의 육성에도 많은 노력을 기울였다. 국가 기반시설의 마련은 국토종합개발계획 10개년계획(1970.10.31 확정)에 의해 체계화되었지만, 경인선 철도 복선 개통(1965), 경인 고속도로 개통(1969), 경부 고속도로 개통(1970), 호남 고속도로 개통(1970)은 훨씬 이전부터 역점 사업으로 추진되어 완성을 보았다. 영동 고속도로 준공(1971), 호남-남해 고속도로 준공(1973), 서울 지하철 개통(1975) 등이 지속적으로 이루어졌다. 울산정유공장 완공(1964), 호남정유공장 준공(1969), 포항제철 준공(1973), 동양 최대 규모(연간 170만 톤 생산)의 쌍용시멘트 동해공장 준공(1968), 창원・울산・구미・구로(1967) 등의 수출공업단지 조성 등의 큰 업적을 이루어냈다.

이 시기에는 국민의 절약을 강조해 10~20% 안팎의 높은 저축률을 기록했고, 국민의 노동 의욕을 고취시켜 낮은 임금, 열악한 근로 여건 속에서도 열심히 일하도록 만들었다. 국민으로서는 새로운 일자리가 창출되면서 점차 생활 여건이 좋아지고, 농촌의 잠재 노동력이 도시로 이동해 취업함에 따라, 실업과 경제 성장 문제를 동시에 해결할 수 있었다.

공업화, 과학화, 산업화의 강조는 각종 실업계 고등학교의 중시, 대학의 과학기술 전문교육의 융성을 가져왔고, 제17회 국제기능올림픽(스위스 베른)에서 한국은 금 4, 은 4, 특상 3으로 2위를 차지하는 쾌거를 이루기도 했다(1968.7.15). 제1회 무역박람회를 서울에서 개최했으며(1968.9.9), 정부 은행 금리를 예금 22.8%, 대출 24%로 인하했고(1969.6.2), 농림부에서 농촌근대화 10개년계획을 발표했다(1970.1.30).

가 될 뻔했으나, 군사정부가 이 계획안을 환골탈태해 제1차 5개년계획으로 채택함에 따라 그 모태가 되었다(한승연, 2007a: 8-9).

식량 부족 현상을 극복하기 위해 필리핀 기술과 합작해 대량 생산이 가능한 '통일벼'를 개발해 이후 쌀 대량 생산의 길을 열었다. 이 과정에서 부족한 쌀을 일본(쌀 30만 톤 현물 도입. 1970.2.5), 미국 등지로부터 도입해 보충했고, 밀주(密酒) 단속 등을 엄격히 했다.

부족한 역량을 최대한 집약시켜 경제 발전을 꾀하기 위해 몇몇 재벌을 적극적으로 육성시켰는데, 이는 이웃 일본의 예를 본받은 것으로 볼 수 있다. 이들에게는 정책 금융, 세제 혜택, 수출 지향의 각종 편의 제공 등의 방법을 사용해 경제 성장의 전도사 역할을 시켰다. 1972년에는 기업들의 부채 탕감을 위해 소위 8·3조치로 불리는 '경제 안정과 성장에 관한 긴급명령'을 발해 모든 기업의 사채(私債) 동결 조치를 취하기도 했다.

3) 사회 · 문화

박 대통령 집권 초기 한국 사회는 생활 수준이 별로 좋지 않았다. 전 인구의 50% 이상이 아직 농촌에 살고 있었고, 대가족 제도의 모습 속에 아직 춘궁기를 겪고 있었다. 도시 빈민들의 생활 여건은 더 말할 것이 없었다. 수많은 국민이 굶주리면서도 일할 곳을 찾지 못하고, 노름과 화투판을 펼치고 소일을 했다. 농촌에는 잠재실업자가 태반이었다. 일본과 미국으로부터 수시로 주식인 쌀을 수입해야 했다. 전국에 결핵 환자가 급증해 1964년에는 약 100만 명이 고통을 겪었으며, 매년 12만 명씩 불어났고, 4만 명이 사망했다. 보건사회부 발표에 의하면 1970년도 말경, 전 국민의 80% 이상이 11종류의 기생충에 감염되어 있는 실정이었다.

이런 국민의 삶을 획기적으로 바꾸어 놓은 것은 박 대통령의 선도적 표어와 적극적인 추진력이었다. 쿠데타 직후부터 '반공·방첩'을 내세워 정치인들의 숨을 죽이게 하면서 일반 국민에게는 '재건, 단합', '농공 병진', '수출입국', '잘살아 보세', '근면, 자조, 협동' 등을 신명나게 부르게 만들었다. 1971년부터 공업화에 밀려 파탄난 농가 경제를 살리기 위해 새마을운동을 시작했다. 정부의 적극적인 지원과 '잘살아 보겠다'는 마을 주민들의 노력, 거기에 새마을 지도자의 지도 등 3자의 노력이 어우러져 농촌의 발전을 가져왔다. 지붕 개량, 마을 안길 개량, 소득 증대사업을 시행해, 농가 소득이 증대되고 생활 환경이 개선됨에 따라, 이제까지 침체되어 있던 농촌에 '우리도 하면 된다'는 자신감을 심어 주었다.

새마을운동

그러나 군사 쿠데타로 집권한 박 대통령이었기 때문에 민주화를 원하는 정치 세력과 학생들로부터 끊임없는 도전을 받아야 했다. 한일회담, 월남 파병, 3선 개헌, 유신헌법 개정, 대학 교련 수업, 근로 조건 개선 등이 핵심 의제로서 신문 지상에는 항상 시위대의 모습이 실렸다. 박 대통령은 계엄령, 위수령, 휴교령을 내리고 경찰과 군대를 사용해 강제 진압, 처벌을 시도하면서 강하게 밀고 나갔다.

대(對)북한 자주 국방을 위해 ROTC(학군단)가 만들어져 1963년 2월 1기생 1,768명이 임명되었고, 전역한 군인들을 다시 250만 향토예비군으로 창설해 북한의 군사 위협에 대비했으며(1968.4.1), 전국 대학에서 교련을 필수 과목으로 지정하고 시행했다(1971.2). 일제 시대 이후 사라졌던 민방위 훈련을 1971년부터 다시 시작했고(12.10), 1975년에는 민방위대 발대식이 전국적으로 이루어져 현역 군인과 예비군이 아닌 남자들을 대부분 편입시켰다. 1968년 김신조 일당의 침입과 울진·삼척지구의 공비 침입 등을 계기로 국민의 대북한 경계심은 더욱 증폭되었다.

교육 정책에서는 국민교육헌장 발표(1968.12.5), 중학교 무시험 추첨 실시(1969.2.5), 대입 예비고사 실시(1969.11.18), 한글 전용 주장 등 큰 변화를 가져왔다.

1969년 1월에는 한글 전용론자들과 한문 교육 강화론자들의 의견 대립이 심각해지자 문교부에서 한글 전용 계획을 완화하고 인문계 고교에서 한자를 교육하기로 결정했으며, 1972년에는 중학교 교육용 기초 한자 1,800자를 확정 발표했다.

경제 성장 과정에서 무엇보다도 심각하게 대두된 것은 노동 현장에서 발생한 근로 조건과 처우 개선을 요구하는 노동자들의 노동 투쟁이었다. 생산 현장의 노동자들은 1960년대 말까지는 어느 정도 인내력을 발휘하며 오로지 생산 증대, 수출 총력에 매진했지만, 열악한 여건 속에서의 장기적 작업과 과로가 산업재해를 가져오기 시작하면서 서서히 정당한 요구에 눈을 뜨기 시작했다. 서울 청계천 평화시장 재단사 전태일 씨 분신자살 사건을 계기로 근로 조건 개선 요구(1970.11.13)가 시작된 후

극렬한 노동 투쟁이 전개되었다. 의식 있는 대학생들의 동조와 재야 정치 세력, 인권단체, 국제 노동·인권단체들이 노동자를 지원하면서 권위주의적인 유신정부도 수많은 도전과 갈등을 겪었다. YH 노동자들의 신민당사 농성 등을 겪는 과정에서 박정권 타도를 주장한 김영삼 야당 총재에 대한 핍박, 노동자와 시위대에 대한 탄압이 국민을 더 이상 참을 수 없게 만든 상황에서, 박 대통령은 권력 내부의 반발자에 의해 시해되어 정권을 마감했다.

그 밖에도 가족계획운동 실시(1961), 우편번호제 실시(1970.7.1), 장발족 단속(1971.10.1), 방위세 신설(1975.7.16), 부가가치세 징수, 직장 의료보험 실시(1977.7.1), 고리원자력발전소 송전 시작(8.20) 등의 업적이 있다.

2. 행정 조직과 관리

1) 행정 조직

박정희 행정부 18년 동안에는 모두 28회에 걸쳐 크고 작은 정부 조직 개편이 있었고(「정부조직법」), 그 가운데 2년 반에 걸친 군사정부 기간에 거의 절반에 해당하는 12회의 개편이 있었다. 정부 수립 당시 「정부조직법」을 제정한 이래 민주당 정부까지 13년 동안 4회의 개편이 있었던 것과 비교하면, 그 빈도나 규모가 매우 방대함을 알 수 있다. 그 가운데 종합적인 대개편은 1961년 10월 2일, 1963년 12월 14일, 1973년 1월 15일 3차에 걸쳐 이루어졌다.

쿠데타 직후에는 최고회의 소속 기획위원회에서 정부 조직 개편을 주도했다. 먼저 1961년 5월 26일에는 부흥부를 폐지하고 건설부를 신설했으며, 6월 22일에는 공보부가 신설되었고, 7월 12일에는 군사원호청을 신설했으며, 행정 능률을 제고하기 위해 행정 각부의 모든 행정관리를 종합적으로 조정·개선할 수 있도록 내각사무처에 행정관리국을 신설했다. 7월 22일에는 다시 건설부를 폐지하고 경제기획원을 신설했으며, 국토건설청과 중앙경제위원회도 설치했다. 8월 25일에는 정무차관제를 폐지하고 행정 각부에 기획조정관을 두어 정책·기획의 수립과 조정 감독을 맡게 하고, 내각수반 밑에 기획통제관을 두어 각부의 기획을 조정·통제하게 함으로써, 정부 정책과 기획의 일관성을 유지하고자 했다. 이 밖에도 6월 10일에는 최고회의 직속으로 중앙정보부를 신설했고(「중앙정보부법」), 6월 12일에는 국가 재건을 위한 범국민운동을 촉진하기 위해 재건국민운동본부를 설치했다(「재건국민운동에 관한 법률」).

한편 군사정부의 종합적인 개편은 10월 2일의 대개편에 의해 이루어졌다. 우선 조달청을 신설해 국토건설청과 함께 경제기획원 산하에 두었다. 내각수반 소속의 구황실재산관리총국은 문교부 소속의 문화재관리국으로 개편되고, 해무청은 폐지되었다. 이에 따라 중앙행정기관은 3원, 12부, 2처, 4청, 2외국, 1위원회로 확대 개편되었다. 1962년 3월 21일에는 농사원을 폐지하고 농촌진흥청을 신설했으며, 5월 10일에는 군사원호청을 원호처로 개편하고, 울산개발계획본부를 설치했다. 6월 18일에는 국토건설청을 폐지하고 건설부로 승격했다. 1963년 8월 26일에는 노동청과 철도청을 신설했다. 이 밖에도 3월 5일에는 심계원과 감찰위원회를 통합해 감사원을 발족했다(「감사원법」).

이와같이 군사정부 기간에는 12회에 걸쳐 정부 조직의 개편을 단행했다. 행정 기구 개편의 원칙은 행정간소화보다는 소위 '혁명공약'에서 제시한 주요 목표를 달성하기 위해 합목적성을 강조하는 방향에서 이루어졌다. 특히 군사정부가 가장 중시했던 경제 개발(경제기획원, 국토건설청, 건설부, 농촌진흥청, 철도청, 노동청, 울산개발계획본부)과 반공(중앙정보부)에 조직 개편의 중점을 두었다(조석준, 1969: 427-428).

다음으로 두 번째 전면 개편은 제3공화국 발족 직전인 1963년 12월 14일에 있었다. 먼저 헌법 개정으로 정부 형태가 내각책임제에서 대통령 중심제로 변경되었다. 대통령 비서실과 국무회의를 설치하고, 최고회의가 폐지됨에 따라 그 소속이던 중앙정보부와 감사원을 대통령 직속으로 바꾸고, 부총리 1명을 두어 경제기획원 장관이 겸임하게 했다. 경제기획원을 개편해 종합기획국과 1차 산업국, 2차 산업국, 3차 산업국을 통합해 기획국으로 하고, 내국인 조사통계국을 외국으로 독립시켰다. 조달청을 재무부 소속으로 바꾸고, 내각사무처를 총무처로 개칭하고 법제처, 원호처와 함께 국무총리 소속으로 바꾸었다. 기획통제관을 기획조정실로 개칭해 국무총리 소속으로 두고, 각부의 기획조정관실을 기획관리실로 개편했다. 이에 따라 중앙행정기관은 2원, 13부, 3처, 6청, 7외국으로 확대 개편되었고, 특히 외청과 외국이 크게 늘어났다. 1964년 4월 24일에는 각 행정기관의 조직관리와 운영의 개선을 도모하기 위해 대통령 소속으로 행정개혁조사위원회를 설치했다. 1966년 2월 28일에는 국세청과 수산청을, 8월 3일에는 산림청을 신설했다. 1967년 3월 30일에는 과학 기술의 진흥을 위해 과학기술처를 신설하고, 원자력원을 원자력청으로 개편해 그 밑에 두었다. 1968년 7월 24일에는 국토 통일에 관한 사무를 종합적으로 관장하기 위해 국토통일원을 신설했다. 공보부는 문화공보부로 개편하고, 문교부 소속 문화재관리국을 문화공보부로 이관했다. 1970년 8월 3일에는 관세청과 병무청을 신설했다.

마지막으로 세 번째 전면 개편은 유신 직후인 1973년 1월 15일에 있었다. 행정 수요에 알맞게 정부 기구를 자율적으로 조정할 수 있도록, 국회의 입법 사항이던 실·국의 설치를 대통령령에 위임함에 따라, 정부 보직에 대한 국회의 통제권이 그만큼 약화되었다. 국무총리 밑에 행정조정실을 신설해 국무총리가 정부 감독권을 효율적으로 수행할 수 있게 했다. 또 수출 신장과 공업 기술 정책을 강력히 추진하기 위해 상공부 기구를 강화하는 동시에, 그 밑에 공업진흥청과 공업단지관리청을 신설했다. 새마을사업과 농어촌 소득 증대, 식량 행정을 원활히 추진하기 위해 농림부 기구를 보강했다. 원자력의 개발과 이용을 효율화하기 위해 원자력청을 폐지해 민간 연구소로 전환했다. 이에 따라 중앙행정기관은 2원, 13부, 4처, 13청, 5외국으로 개편되었고, 1963년의 대개편에 비해 역시 외청이 크게 증가했다. 특히 정부 조직 개편에 대한 국회의 견제가 약화됨에 따라 외청과 국(局)이 대폭 증가한 것이 특징이다. 이는 정부 조직의 구조를 근본적으로 바꾸기보다는 새로운 행정 수요를 담당하기 위해 외청이나 외국을 신설 또는 승격시킨 데 따른 것이다. 그 밖에도 1973년 3월에는 농림부를 농수산부로 개편하고, 농림부 소속 산림청으로 내무부로 이관했다. 또한 1974년 12월에는 내무부 치안국을 치안본부로 승격시키고(「내무부직제」), 1975년 8월에 민방위본부를 신설하는 등 내무부의 기구가 크게 강화되었다.

1975년 12월에는 항만청을 신설하고, 1976년 12월에는 특허국을 특허청으로 승격했다. 1977년 12월에는 종합적으로 에너지를 관리하기 위해 동력자원부를 신설하고, 항만청을 해운항만청으로 개칭했다.

2) 행정 관리

행정 관리 면에서 가장 큰 특징은 제도와 인력, 정책의 혁신과 함께 기획 관리 기술이 도입되었다는 점이다. 우선 정책면에서는 '조국 근대화'를 위해 급속하게 경제개발을 추진했고, 제도면에서는 「구법령 정리에 관한 특별조치법」(1961.7.15)을 제정해 614건의 각종 구법령을 정리하고, 372건의 구법령을 새 법령으로 대체했으며, 또

2,890여 건의 법령을 정리하고, 한말 이래 전래되어 온 각종 공문서와 2,927종에 달하는 민원 서류를 감소함에 따라 법률 면에서 과거와의 단절이 이루어졌다(박정희, 1963: 87). 또한 인력 면에서는 쿠데타 직후의 정치적인 숙청과 소위 혁명재판을 통해 3,000여 명에 달하는 정치인과 교수, 학생, 언론인이 축출됨으로써 리더십의 교체가 일어났다(Cole & Lyman, 1971: 38).

다음으로 군부 엘리트가 행정 조직에 대거 유입되면서, 군대의 기획과 관리 기술이 함께 도입되었다.[4] 박정희의 정치적 기반이었던 군부는 당시 한국에서 '가장 현대화된' 기구였고, 대체로 미국식 모델을 근거로 서구의 표준에 따라 조직, 훈련되고 있었다.[5] 이를 계기로 장차관과 도지사 등을 포함한 고위 관료 가운데 군인 출신을 보면, 제3공화국에서는 33%로 관료 출신(36%)과 비슷했고, 제4공화국에서는 크게 감소해 16%였으나, 제1공화국 5%, 제2공화국 3%와 비교하면 크게 증가했음을 알 수 있다(안병만, 1985: 172-185).

이에 따라 법규 만능적이고 관례 묵수적인 관료 행태가 크게 도전을 받고 기술관료적(technocratic)인 요소들이 중요시되었다(이한빈, 1969: 34). 국가 차원의 기획 기능을 강화해 장기 경제개발계획을 수립하고 집행하기 위해 경제기획원을 창설했으며, 또 종합 기획을 수립하고 조정하기 위해 국무총리 직속의 기획조정실과 각부에 기획관리실을 두었다. 특히 군부 엘리트들은 정치적 정당성을 확보하기 위해 '경제제일주의'를 전면에 내세우고, 이를 위해 전문 관료와 민간인 엘리트와 제휴해 행정의 모든 역량을 이에 쏟아부었다.

기획 기능과 더불어 행정의 전문성을 제고하기 위해 참모기관도 강화되었다. 먼저 행정수반의 참모기관으로 중앙경제위원회(1961.7.22), 대통령 비서실과 국가안전보장회의, 경제과학심의회의(1963.12.17) 등을 신설했다. 이와 함께 각부에는 담당관(1970.1.1) 제도를 두어, 정책의 기획이나 계획의 입안, 연구조사를 통해 장·차관이나 차장, 실·국장 등을 직접 보좌하게 했다. 이 제도는 원래 취지대로 운용되는 곳

---

4) 정부 수립 이후 군대의 관리 기술을 처음으로 행정에 도입한 예는 자유당 정부 시절의 대한석탄공사였다. 곧 1954년 12월 당시 생산 부진에 허덕이던 석공은 이승만 대통령의 지시로 군대의 관리 기술을 협조받기로 하고, 민간인 전문가와 군장교로 구성된 정예특별반을 파견해 석공 본사와 현장에 주재하면서 도왔다. 이 관리 실험을 통해 석공은 1955년 이후 전년 대비 20%가 넘는 생산 증가를 달성했다(이한빈, 1968: 129-130).

5) 일본 육사 장교 출신인 박정희는 1954년 1월부터 6월까지 미육군 포병학교(오클라호마 주)에 유학한 적이 있었다. 이와같이 1961년까지 박정희를 포함해 약 6,000명의 장교들이 미국의 군사학교에서 훈련을 받았다.

도 많으나, 담당관의 한직화, 담당관 스스로 업무 수행에 대한 적극성 결여, 관계관들의 비협조 때문에 제대로 기능을 발휘하지 못한 경우도 많았다(조석준, 1987: 550).

한편 쿠데타 주체들이 통일적이고 명확한 경제 정책을 갖고 있지는 않았지만, 시장경제 원리보다는 경제 계획을 선호했다. 이는 제1차 경제개발 5개년계획에서 '지도받는 자본주의(guided capitalism)'로 구체화되었다. 그 내용은 "계획 기간 중 경제의 체제는 되도록 민간인의 자유와 창의를 존중하는 자유 기업의 원칙을 토대로 하되 기간 부문과 그 밖의 중요 부문에 대해서는 정부가 직접적으로 관여하거나 또는 간접적으로 유도 정책을 쓰는" 방식을 말한다(경제기획원, 1961: 16). 제1차부터 제3차 계획까지는 경제개발계획의 작성에 외국인 전문가가 참여했으나, 대체로 한국인 전문가에 의해 작성되었으며, 1차에서 4차로 갈수록 계획 작성 기법은 한층 더 정교해졌다. 4차에 걸친 경제개발계획은 정부의 확고한 추진 의지와 민족주의를 내세워 국민의 협력을 얻는 데 성공함으로써 경제적인 측면에서는 괄목할 만한 성과를 거두었다. 곧 고도 경제 성장과 산업 구조의 고도화, 사회간접자본의 확충, 도시화 등 국가의 면모를 일신시켰다. 그러나 박정희 대통령은 18년 내내 '군사작전식'으로 국정을 운영함으로써 행정의 민주화에는 실패했다.

업무 처리와 관련해서는 1961년 9월에 「정부공문서규정」을 제정해, 정부 공문서의 작성 요령과 절차를 규정했다. 곧 공문서의 한글 가로쓰기, 용어는 상급기관에는 보통 경어, 하급기관에는 경어 생략, 용지 규격은 16절지(세로), 문서 송달 원칙, 결재 요령, 본문 작성 요령 등을 구체적으로 제시하고 있다. 1962년에는 정부 공문서 7,038건 중 45.5%에 해당하는 3,834건을 간소화하고, 2차의 보고서식 간소화 작업을 통해 모두 2,923건의 보고 서식을 간소화했다. 또한 사무 이양 사업을 통해 중앙기관에서 도에 52건, 도에서 시·군으로 226건, 시군에서 읍·면으로 16건을 이양했다(조석준, 1969: 432). 행정 능률을 향상하기 위해 한글 타자기가 도입되고, 계산 사무도 주판에서 수동 계산기로 점차 대치되었으며, 브리핑 제도가 광범하게 사용되었다. 1975년부터는 행정전산화 계획에 착수했다.

공무원 임용과 관련해서는 1963년 4월 17일 「국가공무원법」을 폐지 제정해, 공무원 시험을 종전의 자격 시험에서 채용시험으로 전환했다. 이와 함께 직위분류제를 도입해 모든 직위를 직무의 종류와 곤란성, 책임도에 따라 계급과 직급별로 분류하고, 종래의 계급제를 직위분류제로 바꾸려고 했다. 그러나 직위 분류에 필요한 과학적인 직무조사 분석과 평가도 없이 갑자기 적용 범위를 확대함에 따라, 혼란과 문제점만 야기하자 직위분류제의 실시는 중단되고, 1973년에는 이를 폐지했다. 직위분류제를 폐지했다고 해서 완전히 없어진 것은 아니고, 계급제를 중심으로 하면서도 직위분류제의 요소도 상당히 남아 있는 실정이다.

지금까지 살펴보았듯이 박정희 행정부의 정부 조직 개편은 대통령의 강력한 권한을 바탕으로, 경제 성장과 반공 국시(反共國是)를 구현하기 위해 행정 수요에 맞추어 자율적으로 행정기관을 신·증설하는 방향에서 이루어졌다. 유신 이후는 행정 조직에 대한 대통령의 통제권이 강화되면서 관료 조직도 한층 더 권위주의적으로 바뀐다. 행정관리 면에서는 행정 능률을 제고하기 위해 군대의 기획과 관리 기술을 도입하고, 제도와 인력, 정책을 일신해 고도 경제 성장을 실현하는 데 중점을 두었다.

3. 주요 정책

군사정부 초기의 주요 정책은 소위 '혁명공약'에서 명시한 목표, 곧 반공 국시, 자유 우방과 유대 강화, 구악 일소, 국가자주경제 재건, 실력 배양, 민정 이양 등을 실현하기 위해 합목적성에 맞게 결정되었다. 더욱이 유신 이후는 성장주의와 반공주의가 결합하면서 성장주의가 한층 더 강화되었다.

이들 공약 가운데 국내적인 목표를 보면, 첫째 반공 국시와 관련해서는 적색분자를 색출하기 위해 소위 '혁명재판'을 통해 진보적인 지식인들을 축출했다. 둘째, 구악 일소를 위해 부정축재 처리를 통해 부정축재 기업과 공무원을 처벌하고, 부정부패한 정치인을 축출하기 위해 「정치정화법」을 제정해 이들의 정치 활동을 금지했다. 또한 문맹 퇴치를 비롯해 국민 정신의 함양과 반공방첩 운동을 위해 재건국민운동을 펼쳤다. 셋째, 국가 자주경제 재건과 실력 배양을 위해 경제개발 5개년계획을 실시했으며, 농어촌 고리 부채를 탕감하고, 화폐 개혁을 단행했다. 1970년대 들어서는 농가 경제를 재건하기 위해 새마을운동을 시행했다. 따라서 군사정부의 주요 정책은 경제 성장과 반공 국시로 압축할 수 있다. 특히 북한과의 체제 경쟁을 의식해 경제력을 강화해 공산주의를 극복할 수 있다고 보았기 때문에, 군사정부의 모든 정책은 결국 경제 성장 하나로 모아졌다.

그러면 박정희 행정부의 주요 경제 성장 정책으로서 경제개발 5개년계획과 금융통제 정책, 새마을운동에 대해 살펴보기로 하자.

1) 경제개발 5개년계획

이승만 대통령은 경제보다 정치에 더 관심을 집중한 반면, 1960년대 초 박정희 대통령은 경제를 정권의 가치 체계의 상위에 두었다(사공일 · 존스, 1986: 68). 이는 대통령의 예산교서에서 주제별로 동원된 내용 분석을 통해 확인할 수 있다.[6] 그리고 박정희 행정부가 부국강병을 통해 한국적 민족주의를 구현하기 위해 시행한 대표적인 정책은 경제개발 5개년계획이다. 이 계획은 경제 성장을 목표로 대통령의 확고한 지원을 바탕으로 소수의 경제 관료가 주도했다. 특히 경제기획원의 출범은 정부가 시장 기능보다는 시장 통제에 의해 경제 개발을 주도한다는 '국가 주도형 경제 운영'의 시발점이 되었다. 이처럼 경제기획원이 경제 개발 전략의 수행 과정에서 주도적인 역할을 할 수 있었던 이유는 국회의 입법 기능이 상대적으로 미약했고, 의미 있는 정책 조정이 대부분 행정부 내부에서 이루어졌다는 사실에도 있다(김흥기, 1999: 130-132). 이에 따라 경제개발계획은 자원을 효율적으로 배분한다는 명목으로 '지도받는 자본주의', 곧 국가 주도의 경제 성장 방식을 채택하게 된다.

경제 정책 결정 과정에서 박정희 대통령은 1960년대는 전문 지식에 자신이 없었기 때문에 주로 장기영과 김학렬 경제부총리에게 의존했고, 자신은 지엽적이고 기술적인 정책 집행 과정에 관심을 쏟았다(정정길, 1992: 152). 이처럼 주요한 경제 정책은 소수의 경제관료가 중심이 되어 결정하고, 집행은 대통령을 정점으로 행정 지도를 근간으로 하는 관 주도와 관의 적극적인 지원 방식으로 수행되었다(김정렴, 1991: 436).

그런데 1970년대가 되면 박 대통령의 정책 결정 방식도 크게 변화된다. 집권 초기 월례 경제동향 보고를 통해 몇 년간 경제 공부를 하고 나서, 1970년대가 되면 박 대통령은 중요한 경제 정책을 거의 혼자 결정했다. 또 경제 정책에 대한 조정 · 통제 기능도 1960년대는 경제부총리에게 맡겼으나, 1970년대에는 경제수석 비서관을 통해 직접 감독하고 통제했다(정정길, 1992: 152-153). 1973년에 발표한 '중화학 공업화

6) 이승만(1955~1959)과 박정희(1964~1967) 대통령의 예산교서를 주제별로 내용 분석한 결과를 보면, 전자는 경제 안정과 발전이 38%, 국방과 외교가 32%로 나타난 반면, 후자는 경제 안정과 발전이 50%, 국방과 외교가 15%로 후자가 전자보다 경제 안정과 발전을 강조하고 있음을 알 수 있다. 또 '경제 발전'이나 '산업화'라는 용어는 1960년 이전의 연설에서는 거의 쓰이지 않았다(황인정, 1985: 28-30).

정책'은 그 대표적인 예이다. 박 대통령은 방위 산업 육성은 물론이고 중화학공업 건설도 직접 챙겼기 때문에, 경제 정책의 운용도 한층 더 통제적인 방향으로 흘렀다.

한편 경제개발 5개년계획의 기본적인 전략은 공업화와 수출 증대가 핵심이었다. 당초 제1차 경제개발계획은 '내포적 공업화'를 통한 자립 경제의 추구를 기본 노선으로 선택했으나, 민족주의 성향이 강한 이 계획에 대해 미국은 처음부터 못마땅하게

표 13-1 각 경제개발 5개년계획의 주요 내용

	계획 기조와 기본 목표	계획의 중점 목표
1차 계획 (1962~66)	기본 목표 • 사회경제적 악순환의 시정 • 자립 경제 달성의 기반 구축	1. 전력, 석탄 등 에너지 공급원의 확보 2. 농업 소득의 상승과 국민 경제의 구조적 불균형의 시정 3. 기간산업과 사회간접자본의 확충 4. 유휴자원의 활용, 특히 고용증대와 국토의 보존, 개발 5. 수출 증대를 주축으로 하는 국제수지의 개선 6. 기술의 진흥
2차 계획 (1967~71)	기본 목표 • 산업구조의 근대화 • 자립 경제의 확립 촉진	1. 식량 자급, 산림녹화와 수산 개발 2. 화학, 철강 및 기계공업 건설 3. 7억 불 수출 달성 및 수입대체 촉진 4. 고용 증대 및 인구 팽창 억제 5. 영농의 다각화와 농가 소득의 향상 6. 과학 및 경영 기술의 진흥과 인적 자원의 배양
3차 계획 (1972~76)	계획 기조 • 성장 · 안정 · 균형의 조화 • 자립적 경제 구조 • 지역 개발의 균형 기본 목표 • 농어촌 경제의 혁신적 개발 • 수출의 획기적 증대 • 중화학공업의 건설	1. 주곡의 자급, 농어민 소득 증대, 경지 정리 및 기계화 촉진 2. 농어촌의 환경 개선, 전기 및 도로망 확충 3. 35억 달러 수출 달성 4. 중화학 공업을 건설하여 공업의 고도화 5. 과학기술의 향상과 교육시설의 확충 6. 전력, 교통, 통신 등 사회기초시설의 균형된 발전 7. 국토자원의 효율적인 개발과 공업 및 인구의 적정 분산 8. 주택 및 위생시설의 확충, 국민 복지 향상
4차 계획 (1977~81)	이념 • 성장 · 형평 · 능률 기본 목표 • 자력 성장 구조의 실현 • 사회 개발의 촉진 • 기술의 혁신과 능률의 향상	1. 투자재원의 자력 조달 2. 국제수지의 균형 3. 산업구조의 고도화 4. 소득 분배의 개선 5. 생활 환경의 개선 6. 신기술의 도입과 토착화, 기술 개발 능력 확대 7. 경제 운용 체제의 간소화와 합리화

자료: 경제기획원(1982a: 358-367); 경제기획원의 각 경제개발 5개년계획.

여기고 원조를 무기로 압력을 가함에 따라, 1964년부터 시행한 수정 계획에서는 수출 지향형 공업화 정책을 채택하게 된다.

각 5개년 계획의 주요 내용을 살펴보면 <표 13-1>과 같다. 먼저 제1차 계획은 사회경제적 악순환의 시정과 자립 경제 달성을 기본 목표로 삼았다. 이는 곧 빈곤의 악순환을 벗어나고, 에너지원이나 기간산업 등을 확충해 자립 경제의 기반을 구축하자는 것이다. 제2차 계획은 산업 구조의 근대화와 함께 제1차에 이어 자립 경제의 확립을 기본 목표로 설정했다. 화학과 철강, 기계공업을 건설해 수출을 촉진하고 수입대체를 달성하자는 것이다. 제3차 계획부터는 기본 목표 외에 새로 계획 기조 또는 이념을 수립했는데, 여전히 자립적 경제 구조의 달성을 내세우고 있다. 이 때부터 도시와 농촌 간의 소득 격차를 해소하기 위해 새마을운동을 전개하고, 산업 구조를 고도화하기 위해 중화화공업의 건설을 전면에 내걸었다. 마지막 제4차 계획에서도 자력 성장 구조의 실현과 사회 개발의 촉진, 기술 혁신과 능률 향상을 기본 목표로 설정하고 있다. 이처럼 제1차부터 제4차 계획까지 가장 중요한 목표는 자립 경제의 확립이었다.

각 계획별 성과는 다음과 같다. 먼저 경제성장률을 보면, 휴전 이후 연평균 경제성장률이 약 4.7%였던데 비해, 실적치 기준으로 제1차 계획은 8.5%, 제2차 계획은 9.7%, 제3차 계획은 10.1%로 고도 성장을 이룩했다. 그러나 제4차 계획은 5.5%로 계획치인 9.2%에 크게 못 미쳤는데, 그 이유는 제2차 석유파동에 따른 국제적 경제 불황의 여파와 10·26사태 직후의 정치사회적 불안정, 1980년의 흉작 때문이다. 한편 1인당 국민총생산(GNP)도 제1차 계획을 시작하던 1962년도에는 87달러이던 것이 각 계획이 끝나는 1966년에는 125달러, 1971년에는 278달러, 1976년에는 765달러, 1981년에는 1,607달러로 비약적인 성장을 이루었다. 그 동안 극도로 취약했던 국민저축률도 각 계획 기간별 연평균 6.1%, 13.1%, 18.2%, 23.9%로 크게 증가해 경제 발전에 상당한 도움을 주었다. 또한 비약적인 경제 발전은 산업 구조를 고도화시켰다. 곧 경제개발계획을 시작한 1962년에는 전체 산업 가운데 제1차 산업의 비중이 36.3%, 제2차 산업이 20.3%, 제3차 산업(사회간접자본 및 기타)이 43.4%로 공업이 매우 취약했다. 그러나 고도 성장의 결과 제4차 계획이 끝난 1981년에는 각각 19.6%, 31.3%, 49.1%로 나타나, 공업의 비중이 크게 늘고 그 반면 농업의 비중은 크게 줄어들었음을 알 수 있다(경제기획원, 1982a: 358-365; 경제기획원, 1982b: 3; 경제기획원,

1983: 3).

수출 지향 공업화정책의 성공으로 수출은 1960년 3천 280만 달러에서 1차 계획이 끝난 1966년에는 2.5억 달러로 7.6배, 2차 계획이 끝난 1971년에는 10.7억 달러로 1차에 비해 4.3배나 급성장을 이룩했고, 1977년에는 100억 달러를 달성했다. 물론 이에 따라 원자재의 수입도 급증함에 따라 무역적자 규모도 1966년 4.7억 달러에서 1971년에는 13.3억 달러로 크게 상승해, 무역적자액이 수출액을 능가했다. 게다가 1974년에는 석유 위기의 영향으로 무역적자가 23.9억 달러까지 증가했으나, 1972년부터는 수출액이 무역적자액을 능가해 무역 구조가 다소 개선되었다(통계청, 2000: 379).

산업화에 따른 도시화의 진전으로 전체 인구에서 도시 인구가 차지하는 비율이 1960년에는 28.0%에 불과했으나 1966년 36.6%, 1975년 48.4%, 1985년 65.4%로 1970년 중반 이후는 전체 인구의 절반 이상이 도시에 거주하고 있다. 전체 취업자 가운데 비농업 취업자의 비중이 1960년에는 34.1%였으나 1966년 42.2%, 1975년 54.3%, 1985년 75.1%로 도시화율 이상으로 농업 부문의 인구 해체와 농민층 분해 과정이 급속히 전개되었다(통계청 센서스 자료에서 계산). 사회기반시설에서도 각종 고속도로와 댐, 항만 등을 건설해 괄목할 만한 성과를 이루었다.

그러나 수출 지향 공업화는 이와 같은 외형적인 경제 성장에도 불구하고 무역적자의 확대, 미국과 일본 편향적인 무역 구조, 대기업의 비정상적인 성장과 정부에 대한 기업의 의존성 증가, 사회계층 간의 격차와 갈등 격화 등으로 말미암아 자립 경제의 달성과는 상당한 거리가 있었다.

2) 금융 통제 정책

박정희 행정부는 국가 주도 경제 성장 체계를 국내적으로 부정축재 처리와 경제개발계획, 국가의 금융권 장악과 재정권의 강화 등을 통해 형성한다(박동철, 1993: 80). 곧 금융통제 정책은 은행의 국유화라는 권위주의적 사고를 매개로 경제개발계획을 자원 면에서 지원하는 '지도 금융' 체제였다.

박정희는 5·16 직후부터 은행 국유화와 은행 관련 법규의 개정, 국가은행의 개편·설립 등 일련의 조치를 통해 금융권을 장악하고 국가 주도적 금융 체계를 형성했다(박동철, 1993: 122). 먼저 「부정축재처리법」을 통해 부정축재자가 소유한 은행 주식은 국가가 환수했다. 또 1961년 6월 20일 제정한 「금융기관에 대한 임시조치법」

(법률 제626호)을 통해 대주주의 의결권을 제한하고(제2조), 임원의 임면에 대한 승인권을 한국은행에 부여했다(제3조). 이로써 군사정부는 1950년대 후반 사적 대자본이 소유·지배하던 은행을 국유화했다(박동철, 1993: 123). 다음해 5월 24일에는「한국은행법」(법률 제1074호)을 개정해 한국은행의 정관과 연도별 예결산은 각의의 승인을, 정관의 변경은 정부의 승인을 받도록 하고(제7조), 금융통화운영위원은 정부가 선출하게 함으로써(제8조), 금융통화운영위원회의 권한을 대폭 축소하고 금융 정책에 대한 최종적인 결정권을 정부가 장악했다. 같은 날 개정된「은행법」(법률 제1075호)에 따라 금융기관에 대한 정부의 감독 기능이 강화되었고,[7] 사실상 모든 상업은행은 국유화되고, 금융 업무에 대한 조정은 재무부 장관의 지시를 받게 되었다. 일제시대에 확립된 '지도 금융'의 관행을 십분 활용해,[8] 정부가 금융기관을 장악해 민간자본에 대한 자금 조달을 지원하는 동시에 규제함으로써 민간기업에 대한 영향력을 증대시키고 전체 산업화의 방향을 조절한 것이다(김호기, 1985: 207). 물론 은행의 국유화 내지 국가의 금융 지배는 당시 제3세계의 군사정부에서 보편적으로 나타났던 현상이기도 하다.[9]

특히 정부는 금융에 대한 재량적 배분 기능을 활용해 자금 배분에 우선순위를 정하고, 그에 따라 적격 수요자에게 자금이 돌아가게 했다(사공일·존스, 1986: 140-142). 또한 특정 산업·경제 부문·기업에 자금이 유리하게 공급되도록 하는 정책 금융은 여신 규제와 함께 정부가 사용한 대표적인 재량적 금융 정책이다(김호기, 1985: 209). 예를 들어 제조업 부문에 대한 예금은행의 정책 금융 대출 구성비를 보면, 수출 지원금융의 비율이 제1차 계획 기간에는 전체의 54.7%, 제2차 계획 기간에는 65.9%, 제3차 계획 기간에는 63.9%로 대부분의 자금을 수출산업에 지원하고 있음을 볼 수 있다(사공일, 1981: 69).

7) 주요 내용은 기존의 금융기관 신·증설과 이자·대출한도의 제한 등에다 금융기관 자본금의 최저한도 인상, 순이익의 10% 적립 의무, 외환 매매의 인가권자가 금융통화운영위원회에서 재무부 장관으로 변경, 신용대출의 제한 강화, 임원에 대한 벌칙 조항 신설 등이다.

8) 일제는 농촌의 파탄을 막기 위해 금융조합을 앞세워, 각 마을의 중견 인물을 금융조합의 조합원으로 가입시키고, 이들에게 금융 지원을 하고, 그들의 신상을 구체적으로 파악하면서 생활과 생산 부문까지 모든 것을 관할하는 이른바 '지도 금융'을 지향했다(이경란, 2002: 198).

9) 예를 들어 낫세르 정권 하의 이집트 정부는 1957년부터 1960년 사이에 금융기관의 국유화를 통해 공공부문을 확대했고, 브라질에서도 1960~70년대 사이에 국유은행들이 산업투자와 대부를 주도했다(김영명, 1990: 103-104, 128-129).

게다가 경제개발계획 시행 과정에서 재무부는 관계 부처로부터 내자 지원 요청을 받으면 관치금융, 특혜금융의 시비를 무릅쓰고 금융기관에 융자를 종용했고, 상공부는 철근과 시멘트, 목재, 벽돌 등 건축자재를 개발계획사업에 우선적으로 공급했다(김정렴, 1997: 435). 경제 개발에 필요한 외자를 원활히 도입하기 위해 1966년에 「외자도입법」(법률 제1802호)을 제정하고, 기업이 차관을 도입할 때는 사전에 경제기획원 장관의 인가 또는 승인을 받게 하고(제4조), 기간산업과 농수산업, 국민생활에 필수적인 물품 또는 용역을 생산하는 사업에 대해서는 차관 도입시 정부가 지불보증을 함으로써(제22조), 정부가 선호하는 사업에 우선적으로 외자를 배분할 수 있었다.

한편 1960년대 말부터 외자 의존형 경제 성장의 부작용이 심각해지자, 정부는 경제기획원에서 부실기업을 정리함과 함께, 1972년에는 전경련의 건의를 받아들여 청와대 비서실장을 비롯한 소수의 경제관료가 극비리에 정책 심의를 거쳐 사채 동결 조치를 취하게 된다. 통상 8·3조치로 불리는 「경제의 안정과 성장에 관한 긴급명령」(대통령 긴급명령 제15호)은 자유기업 경제 체제에서는 상상하기도 어렵고 국내외를 통해 전무후무한 조치였다(김정렴, 1991: 269).

이와같이 박정희 행정부의 금융 정책은 경제 성장을 효율적으로 달성하기 위해 자본의 확보와 분배를 정부가 직접 담당하고 통제했으며, 수출기업과 기간산업 부문에 자본을 집중적으로 배분했다. 거기에 '지도 금융' 체제를 활용함으로써 공식적·비공식적으로 정부가 금융을 장악할 수 있었다. 따라서 박정희 행정부의 금융 정책은 일반적인 자본주의 체제의 금융 정책이 아니라, 일제의 식민지 통제 금융 체제보다 그 통제의 강도가 한층 더 강화된 것이었고, 8·3조치는 금융 통제의 정점을 이루었다.

3) 새마을운동

박정희 행정부는 성장 지향적인 경제 발전을 추진하는 과정에서 각종 운동에 광범하게 국민을 동원했다. 그 가운데 농촌 경제의 부흥을 목표로 정부의 철저한 사전계획과 지도 아래 국민을 조직적으로 동원한 것은 새마을운동이었다. 권위주의적인 행정문화와 엘리트의 교도주의가 지배하는 상황에서, 행정은 국민에 비해 우월한 위치에 있었기 때문에, 이 운동은 정부가 국민과 협의해서 시행할 가능성은 처음부터 없었다.

한국의 근현대사에서 국민운동의 역사는 매우 깊어서, 이미 구한말에 신지식인들이 문명 개화를 위해 민중계몽운동을 활발히 펼쳤고, 공직자들도 유지나 학식자를 찾아다니며 신교육의 필요성을 역설하며 학교 건설과 운영 운동을 벌였다(한승연, 2006: 104). 대체로 이 때의 국민운동은 공직자 개인의 신념이나 재량으로 국민 각자의 노력에 호소하는 운동이었고, 국가가 각종 국민운동을 조직적으로 계획하고 강압적으로 시행한 것은 일제 시대 이후의 일이다(한승연, 2006: 120-121). 대표적인 예가 1930년대에 전국에 걸쳐 대대적으로 시행한 농촌진흥운동이다. 이러한 운동은 광복 후에도 이어져 국민저축운동(1952년)과 지역사회개발사업(1958년)을 비롯해, 5·16 직후의 재건국민운동, 1970년대의 새마을운동, 1980년대의 사회정화운동, 김대중 행정부의 제2건국 국민운동 등으로 끊임없이 이어지고 있다.

그런데 여러 운동 가운데 일제 시대의 농촌진흥운동과 박정희 행정부의 새마을운동은 운동의 목적이나 추진 방식이 매우 유사하다. 먼저 농촌진흥운동은 소위 '식민지 산업화' 과정에서 지주의 소작인에 대한 수탈이 극한에 달해 전체 농가의 약 48%가 매년 식량 부족과 고리 부채 증가로 초근목피하고, 소작 쟁의가 격화되자 농가 경제를 재건시키기 위해(宮田節子, 1973: 66-67) 조선 총독 우가키 가즈시게(宇垣一成) 개인의 취지와 방침에 따라 시작한다. 그 추진 방식을 보면 조선총독부 농촌진흥위원회가 계획의 목표와 통제, 연락을 담당하고, 그 아래 도·군·읍면 등 각 행정 단위별로 농촌진흥위원회를 계통적으로 설치하고, 개별 농가 단위로 갱생계획을 수립하고 지도했다(한승연, 2006: 350).

다음으로 새마을운동도 두 차례의 경제개발계획을 실시하는 과정에서 농업은 공업화에 밀려 뒷전으로 밀려나 농가 경제가 파탄나고, 도농 간의 소득 격차가 심화되는 상황에서 농가 경제를 살리기 위해 1971년부터 시작되었다. 이 운동은 박정희 개인의 신념과 지시로 시작했으며(내무부, 1975: 42-43; 김정렴, 1991: 202), 중앙에 새마을운동중앙협의회를 설치하고 각 지방에는 단위협의체를 구성하고, 각 마을에는 리동개발위원회를 두어 마을의 협동으로 운동을 실천하게 했다(내무부, 1975: 46-47). 이처럼 이들 운동은 둘 다 위로부터의 하향식 운동이었고, 계획의 수립과 지도 과정이 매우 유사하다. 특히 중견 인물 또는 새마을 지도자를 매개로 한 간접 지도 방식을 널리 활용했다는 점도 같다(한승연, 2006: 140-141, 351).

정부의 적극적인 후원과 잘살아보겠다는 마을 주민들의 노력, 거기에 마을 지도자의 지도 등 3자의 결실이 마을의 발전을 가져왔다. 예를 들어 1975년의 경우 정부에서 1,653억 원을 지원하고 전국의 모든 마을 34,665곳과 직장 5,402곳, 학교 2,234곳이 새마을운동에 참여해 2,959억 원의 성과를 이루었다(내무부, 1975: 새마을운동연표). 그 결과 1960년대의 실질 농가 소득은 거의 정체되어 있었던 반면, 1971년부터 농민의 소득 증대와 기술 혁신, 생활환경 개선 등을 위한 투융자 지원과 수매 지원을 통해 농가 소득이 크게 향상되었다.[10] 이에 따라 1965년 이후 도농 간의 소득 격차가 계속해서 증가해 왔으나, 1971년부터 격차가 조금 줄어들기 시작해서 1974년에는 도시근로자 평균 소득이 644,500원인데 비해 호당 평균 농가 소득이 674,500원으로 처음으로 역전 현상이 나타나기도 했다(주종환, 1975: 681-682). 무엇보다 중요한 것은 침체되어 있던 농촌 사회에 '우리도 하면 된다', '우리도 잘살 수 있다'는 자신감을 불어넣은 것이었다.

그러나 새마을운동은 정부 주도의 관제운동이었고, "새마을운동을 저해하고 방해하는 사람은 지위 고하를 막론하고 엄하게 다스린다"는 박 대통령의 지침에 따라 읍면사무소 관계자들의 성화와 엄포, 경찰력의 개입, 유신 체제라는 억압적 동원 체제의 작용 등(한도현, 1990: 134-136)으로, 상당한 성과를 거둔 마을도 있지만 그렇지 못한 경우도 있었다. 게다가 새마을운동은 주민이 자발적으로 시작한 것이 아니라 정부의 지시로 시작했기 때문에, 경제적인 성과와 상관없이 마을 주민이 스스로 해결하고 감당할 수 있는 일도 행정기관에 의지하려는 의타심을 낳기도 했다(이광규, 1972: 31). 타이완도 일제의 식민지 지배를 받았으나 일제로부터 물려받은 관제 농회(우리나라의 농협) 조직을 공동체의 중추 조직으로 재편해 자율적이고 민주적인 조직으로 발전시켰으며, 농촌진흥사업도 관료적으로 시행한 것이 아니라 농회 구성원이 훈련을 받고 직접 농촌 개발에 앞섰다는 점에서 한국과 큰 차이가 있었다(박희범, 1968: 345). 이처럼 일제 시대 이후 시행된 정부의 계획형 지도를 통해 국민은 '지도받는 체질'이 형성됨에 따라(한승연, 2006: 372), 경제 발전 단계에 걸맞은 자율적인 시민 사회의 형성이 지체되었다.

---

10) 1970년을 100으로 한 호당 평균 농가 실질소득 지수를 보면 1961년 99.9, 1964년 109.7을 정점으로 그 뒤 계속 떨어져서 1968년은 88.8까지 떨어졌으나, 1971년 121.8, 1972년 128.6, 1973년 131.3, 1974년 136.9로 크게 증가하고 있다(주종환, 1975: 679-681).

제 2 절 전두환 행정부

1. 행정 환경

1) 정치

(1) 정치 이념

전두환 대통령
(1980~1988)
(자료: 국가기록원)

1979년 10·26 박정희 대통령 시해 사건으로 유신 체제는 막을 내렸다. 그리고 동년 12월 6일 최규하 행정부(1979.12.6-1980.8.16)가 출범했으나 신군부의 압력으로 1980년 8월 16일 최 대통령은 사임했다. 12·12 사건과 5·18을 통해 권력을 장악한 신군부 세력은 1980년 5월 31일 '국가보위비상대책위원회'(대통령 자문기관. 위원장 전두환)를 설치했고, 동년 8월 27일 통일 주체 국민회의는 전두환 위원장을 제11대 대통령으로 선출했다. 동년 10월 27일 국민 투표를 거쳐 제5공화국 헌법을 공포, 국회 및 정당을 해산하고 통일 주체 국민회의를 폐지했다. '국가보위입법회의'가 국회의 권한을 대신하는 가운데, 1981년 2월 대통령 선거인단의 선거를 통해 제12대 대통령이 선출되고, 뒤이어 제11대 국회가 구성됨으로써 제5공화국의 전두환 행정부가 정식 발족하게 되었다.[11)]

제5공화국의 정부 형태는 대통령에게 비상 조치권·국회 해산권·주요 정책의 국민 투표 부의권 등을 부여함으로써 대통령 일인에게 국가 권력이 집중된 권위주의 체제였다. 그러나 정치 활동 규제가 풀리자 이민우, 김영삼, 김대중 등은 신민당을 만들어 본격적인 정권 도전에 나섰다. 그리하여 1987년 6월 10일 대통령 직선제 개

11) 제5 공화국은, 엄밀하게 구분한다면, 1980년 10월 공포된 제5 공화국 헌법에 의해 구성된 정부를 지칭하는 것으로 이해해야 할 것이나, 10·26 이후의 위기 관리 정부로서의 최규하 행정부와 유신헌법의 통일주체국민회의에 의해 선출된 전두환(11대 대통령) 행정부, 그리고 1981년부터 1988년 2월까지 지속된 전두환(12대 대통령) 행정부를 포함하는 것으로 규정되기도 한다(안병만, 1993: 167).

헌을 요구하는 대규모 민주 항쟁이 촉발되었고, 결국 대통령 선거는 간선제에서 직선제로 바뀌게 되었다.

국회에 의한 행정부 통제는 폐지되었던 국정감사 및 조사권 가운데 국정조사권이 부활되었다. 그러나 제5공화국 기간 동안 단 한 차례도 국정조사권은 발동되지 못했다. 이는 총재인 대통령의 조정을 받는 여당이 다수결의 횡포를 이용해 의회의 행정부 통제 기능을 무력화시켜 왔기 때문이다. 3~4공화국의 의회 모습을 전혀 탈피하지 못한 상황에서 국회의 행정부 비판・견제・감시 기능은 애당초 기대할 수 없었다.

요약하면, 신군부의 권력 장악으로부터 출발한 제5공화국의 정치 체제는 그 성립 과정의 정통성 결여와 비민주적 국정 운영이라는 특성을 지녔으며, 행정 체제는 군부 엘리트와 민간 엘리트가 결합한 전문 직업 관료들이 지배하는 관료 엘리트 체제(bureaucratic elite system)였다고 할 수 있다. 즉, 의회・정당・시민단체들이 발달하지 못한 정치 체제에서의 정책 결정권은 상대적으로 조직적 영속성을 갖춘 행정 관료들에 의해 장악되었다고 볼 수 있다.

(2) 통치 스타일

전두환은 자아 이미지(self-image)가 매우 긍정적이었고 자부심 강한 사람이었다.[12] 그러나 이러한 자기 긍정 이미지가 너무 강한 나머지 대통령이 되어서도 적절한 수준에서 자기 통제를 못하고 오히려 비민주적인 독선과 완고한 자기 변명의 정치 행태를 보이게 된다.[13] 그리고 전두환 대통령은 강한 승부 근성의 저돌적이고 단

---

12) 전두환은 1931년, 경남 합천 출생으로 대구 공업 고등학교를 졸업하고(1951), 육군사관학교 11기로 소위에 임관되었다(1955). 그 후 군내 주요 보직을 두루 거치며 승승장구하는 그는 박정희 대통령 시해 당시 국군 보안사령관으로 재직하면서 정권 장악을 시도했다. 12・12 사건을 계기로 정승화 계엄사령관을 체포한 뒤 실권을 장악하고 계엄을 선포한 뒤 정권을 확실히 잡았다. 전국으로 확대된 비상계엄 속에서 광주 민주화 항쟁이 발발하자 국가보위 비상대책위원회를 만들어 중앙정보부장 신분으로 상임위원장에 취임했다(5.31). 그리고 최규하 대통령의 하야(8.16) 후 대통령 선거인단을 만들어 간선으로 12대 대통령에 취임해 7년의 임기를 채우고 퇴임한 뒤, 광주 만행에 대한 사과문을 발표하고 부부가 설악산 백담사로 유배 길에 올랐다.

13) 자만과 독단의 '자아 이미지'는 성장 과정에서 형성된다. 전두환은 가난한 어린 시절을 보냈으나 정규 육사 1기생으로 졸업한 뒤 5・16 이후에는 일부 육사 출신 장교들의 군내 사조직인 하나회의 리더로서 활동했다(노재현, 1993: 300). 그리고 그는 특전대 교육장교 시절 장군(이규동)의 딸 이순자와 결혼함으로써 '신분 상승'을 경험하는 등 일련의 과정에서 자신에 대해 긍정적 이미지를 갖게 된 것으로 보인다(김성익, 1993: 146-147).

순한 가치관(view)의 소유자였다. 이 가치관은 권력 획득 후에는 권위주의적 정책 집행에 기여했고, 패권적인 태도를 보이게 된다.[14] 또한 그는 강한 보스 기질의 전투 지휘관 리더십 스타일(style)의 소유자였다. 보스로서 잘 다져놓은 그의 선후배 인간 관계는 12 · 12나 5 · 17과 같은 중대 사건을 계획하고 실천하는 데 주요한 힘의 원천이 되었다(이상우, 1989: 329).

(3) 정치 체제: 제5공화국 헌법 제정(1980.10.27)

최규하 대통령의 하야 後, 통일주체국민회의에서 대통령으로 당선된 전두환은 헌법심의위원회가 만든 헌법안을 국민투표에 부쳐 확정했다(1980.10.27).[15]

제5공화국 헌법에 의해 당선된 전두환 대통령은 삼권 위에 군림했다. 통치권을 사유화해 입법부와 사법부를 종속적 지위에 귀속시킨 1인 중심 체제였다(김호진, 1990: 228). 정당 체제는 여당에게 압도적으로 유리하게 만들어졌고,[16] 비례대표제의 의석 배분 방식은 매우 특이했다. 즉, 지역선거구 92명의 전국구 의원 중 제1당에게 무조건 3분의 2인 61석을 배분하고 나머지 31석은 득표 비율에 따라 제2 정당에게 비례로 배분되도록 했다. 이러한 선거 제도는 집권당이 지역구 의석에서 원내 제1당이 될 것임을 전제하고 있었다.

2) 경제

1980년을 전후한 경제 여건의 변화는 새로운 정책 기조와 패러다임을 요구하게 되었다. 1980년대 전반기 한국 사회가 당면한 경제적 과제는 20여 년간의 고도 성장

---

14) 그의 승부욕과 정치 권력에 대한 패권주의적 태도는 개헌 문제와 관련한 거센 민주화 운동에도 4 · 13 호헌과 같은 강경 조치를 취하게 했던 것이다. 겸손과 도덕성을 충분히 갖추지 못함으로써 사회적 부조리와 부정부패의 예방에는 실패했다(정윤재, 2000: 145-147).

15) 제5공화국 헌법은 전문(前文), 본문(本文) 10장 131조, 부칙(附則) 10조로 구성되어 있다. 이 제5공화국 헌법의 중요 내용을 보면, 첫째, 대통령은 선거인단에 의해 간선되며, 임기는 7년 단임으로 못 박았다. 둘째, 행복 추구권, 연좌제 폐지, 환경권, 구속 적부 심사권 등의 기본권 조항을 신설했다. 셋째, 대통령의 비상조치권, 국회 해산권의 요건을 강화했다. 넷째, 헌법 개정안은 국회에서 의결한 뒤 국민투표에 부치도록 했다. 다섯째, 국회의 국정 조사권 신설, 대법원장의 일반 법관 임명, 그리고 위헌 법률에 대한 1차 심사권을 법원에 주었다. 여섯째, 독과점 규제에 관한 규정, 소비자 보호에 대한 규정을 신설했다.

16) 1985년 5월 구성된 12대 국회는 민주정의당 148석, 신한민주당 67석, 민주한국당 35석, 한국국민당 20석으로 여당이 과반수를 넘었다. 선거 결과 국회의원의 연령은 젊어졌고, 경제인 출신이 많아지는 등의 변화는 있었지만, 영남세의 압도 현상, 서울대 출신의 대거 등용 경향, 군 출신의 다수 충원 현상 등은 여전히 변화되지 않는 요소로 남아 있었다(안병만, 1989: 414).

기간 동안 누적되어 온 경제적 모순을 해소·조정하는 것이었다. 즉, 고도 성장 정책의 부작용을 제거하기 위한 경제 안정화, 정부 주도 성장 정책의 한계에 따른 경제 자율화, 1970년대 후반부터 심각한 사회 문제로 대두된 노사 분규, 불균형 성장 전략으로 인한 산업 부문 간 불균형 등의 문제를 해소하는 것이 당면 과제였다.

(1) 경제 안정화 정책

전두환 대통령은 집권 기간 동안 정부 재정의 편성·집행을 축소[17]하는 등 경제 안정화 정책을 일관성 있게 추진함으로써 초과 수요를 해소하고 물가 안정과[18] 국제 수지를 개선하는 성과를 거두었다. 경제 안정화 노력으로 경제 정책의 최우선 순위를 물가 안정에 두고 경상 경비 지출과 공공 투자를 축소 또는 연기했으며, 수출 지원 축소 및 중화학 투자 조정 등 재정·금융 면에서 강력한 긴축 기조를 유지했다.[19]

이러한 경제 안정화 노력의 결과로 세계 경제 여건이 악화된 1981년~1986년 간에도 연평균 8.3%의 성장을 이룩했다.[20] 1인당 GNP는 1979년의 1,644 달러에서 1987년에는 3,110달러로 증가했고, 수출입액은 1979년의 348억 달러에서 1987년에는 848억 달러로 증가했다. 특히 집권 말기에는 저유가·저금리·저달러 등 소위 3저(低) 현상에 힘입어 1987년에는 98억 달러에 달하는 국제 수지 흑자를 달성하는 등 물가·성장·국제 수지 개선의 세 목표를 함께 달성할 수 있었다.

(2) 경제 제도 개혁

제도 개혁에서는 「독점(獨占) 금지 및 공정 거래(公正去來)에 관한 법률」[21]이 1981년

---

17) 중앙정부 일반회계의 대 GNP 비율은 1982년의 17.6%에서 계속 하락해 1988년에는 14.6% 수준으로 떨어졌다(재정경제원. 1995. 『예산개요 참고자료』).

18) 1980~81년 중 연평균 25% 이상에 달했던 소비자 물가 상승률이 1982년에는 7.0%, 1983~87년에는 연 2.8%로 안정되었다.

19) 1976~78년간 연평균 36%에 달했던 M2의 증가율이 1983~85년간에는 14% 수준으로 억제되었다. 이러한 긴축적인 재정 운용의 결과 GNP 대비 통합 재정 적자 규모는 1976~82년간의 연평균 3.1% 수준에서 1983~86년에는 1%로 축소되었으며, 1987~88년에는 0.8%의 흑자로 전환되었다(차동세·김광석, 1995: 67).

20) 1980년대의 경제성장률을 보면 다음과 같다.

연도	1980	1981	1982	1983	1984	1985	1986	1987
경제성장률	-3.9%	5.5%	7.5%	12.2%	8.5%	6.6%	11.9%	12.3%

자료: 한국개발연구원(1995). 「한국경제 반세기 정책자료집」.

제정되었다. 선진국에서조차 공정 거래 관련 제도를 채택하지 못하고 있던 당시에 우리나라에서 독과점적 시장 구조와 불공정 거래 행위를 규제하기 위한 제도적 장치를 마련했다는 점은 높이 평가되어야 할 것이다. 그러나 이른바 이철희 · 장영자 사건으로 불리는 대형 금융 사고의 여파로 제정된 「금융 실명(實名) 거래에 관한 법률」(1982년 12월 31일)은 기득권의 저항 등 정치 · 경제적 사정에 따라 그 실행이 연기되었다.

재정 제도로는 1979년부터 특별회계 · 기금 등 재정에 포괄되는 모든 예산을 하나로 묶는 통합 예산 제도(unified budget)가 도입되었고, 1982년에는 중기 재정 계획이 도입되었다. 중기 재정 계획은 통제를 위주의 단년도 예산 제도의 단점을 보완하려는 제도로, 3~5년간에 걸쳐 거시적인 관점에서 재원 동원 및 배분 방향을 설정함으로써 예산 편성의 합리성을 제고하는 데 주된 목적이 있었다. 또한 1982년에는 영기준 예산 제도(zero-based budgeting system: ZBB)를 도입해 이미 확정된 세출 예산을 추가적으로 삭감하고 집행 관리를 대폭 강화하는 조치를 취했다.

세제 개혁으로는 1982년 교육 기반 확충을 위한 교육세가 신설되고, 1985년에는 지방 자주 재정의 확립을 위해 지방세인 담배세를 신설했다. 지방 자치 행정의 세원 확충을 위해 1982년 지방교부세법을 개정, 1972년의 8 · 3 조치에 의해 폐지되었던 법정 교부율을 내국세 총액의 13.27%로 부활했다.

(3) 경제 자율화 정책

경제 자율화 정책에서는 일부 은행의 민영화와 정책 금융 대출 금리의 특혜 철폐 등의 조치가 취해졌다.[22] 그러나 정책 금융 및 금리 규제 등 정부 간섭의 제도적 관행과 타성은 실질적으로 크게 개선되지 않았다. 결과적으로 경제 자율화 정책은 선언적 · 수사적 효과밖에 거두지 못한 것으로 평가할 수 있을 것이다. 즉, 경제 자율화라는 정책 목표의 공식적 표방에도 불구하고 자원 배분 등 제반 경제 문제에 대한

---

21) 전두환 행정부는 지속적인 경제 성장을 위해서는 독과점적 시장 구조의 해소를 통한 경쟁적인 산업 환경의 조성이 필요하다고 판단해 이 법을 제정했다. 당시 공정거래법은 시장 지배적 지위의 남용 금지, 경쟁 제한적 기업 결합의 제한, 부당한 공동 경쟁 제한적 국제 계약의 체결 제한 등을 주요 내용으로 담고 있었으나, 그 후 여러 차례의 개정을 거쳐 새로운 규제 조항이 도입되고 기존의 규제 조항이 변경되는 등의 변화를 겪었다.

22) 전두환 행정부는 1981~83년에 걸쳐 시중은행의 민영화를 추진하고, 은행의 내부 경영에 대한 감독 당국의 각종 규정 및 통첩을 축소했다. 1982년에는 또한 일부 정책자금을 일반금융으로 통합하고 대부분의 정책금융 금리를 일반대출 금리와 같은 수준으로 조정했으며, 또한 금융 산업에 대한 신규 진입과 금융기관의 업무다양화를 추진하기도 했다(차동세 · 김광석, 1995: 68-69).

정부의 권위주의적 개입 행태는 전혀 바뀌지 않았다.[23] 그리고 노사 문제에 대해 탄압 일변도의 강압적 통제 정책을 계속 추구함으로써, 1980년대 후반 민주화 과정에서 폭발적으로 분출된 노사 분규의 기반을 제공한 셈이다.

산업 구조면에서는 제5 공화국 기간 동안 노동 집약적 산업이 기술 집약적 산업으로의 사업 전환이 활발히 진행되었다. 1980년 30.9%에 달하던 섬유·의복 산업의 비중은 1980년 28.1%, 1990년 22.1%로 낮아진 반면, 조립 금속·기계 장비 산업의 비중은 1980년의 26.6%에서 1985년 31.0%, 1990년 37.7%로 늘어났다(통계청. 『광공업 통계 조사보고서』. 각 연도).

결론적으로 말해 이 시기의 경제 안정화 정책은 상당한 성과를 거둔 것으로 평가할 수 있다.[24] 그러나 그 권위주의적 성격이 경제 정책에도 그대로 반영됨으로써 표면적인 경제 자율화 정책의 표방에도 불구하고 정부 규제와 간섭의 관행은 여전히 지속되었다. 이러한 정부 주도적·경직적 경제 운용으로 경제 환경의 변화에 적극 대처하지 못했을 뿐만 아니라, 엄청난 정경 유착 비리를 초래하는 토양을 마련한 것으로 평가할 수 있다.

3) 사회

(1) 사회정화운동

제5공화국 정부는 공무원의 행동강령인 공무원 윤리헌장을 대통령령으로 제정해 선포하고(1980.12.29), 비위와 관련된 공직 부적격자에 대한 정화 작업을 대대적으로 단행했다. 1981년 9월 정립한 "사회정화 기본정책 방향"에는 다섯 가지 부문별 목표를 설정하고 비리 척결과 국민운동의 지원이라는 두 가지 기본 추진 방향을 설정해 추진했다.[25]

---

23) 정부 주도 방식에 의한 경제 운영의 주요 사례로는 ① 정부 주도의 산업화 전략, ② 경제계획 제도, ③ 시장가격 구조에 대한 정부 개입, ④ 정부-기업 간의 관계 등을 들 수 있다(차동세·김광석, 1995: 88). 정부는 물가 안정·부동산 투기 억제·투자 조정 등의 정책을 대부분 시장기구를 통하지 않고 정부의 직접적 규제를 통해 수행했으며, 이러한 정부 규제는 민간의 시장 기능을 억압하는 효과를 가져왔다.

24) 그러나 전두환 행정부의 지나친 긴축정책은 사회간접자본의 투자를 상대적으로 위축시킴으로써 1990년을 전후해 도로·항만 등 여러 부문의 병목 현상으로 인한 엄청난 물류비용의 상승을 초래, 국제경쟁력 약화의 원인을 제공하게 되었다. 1990년대 초반 노태우 행정부에서는 이러한 SOC 투자 부족에 따른 애로를 해소하기 위해 청와대에 사회간접자본기획단을 설치하고 SOC 투자를 획기적으로 확대하려고 노력했다. 이에 따라 1991~1994년 중 SOC 부문에 대한 재정 지출은 연평균 25%씩 증가함으로써 일반예산 규모의 연평균 증가율 12%를 크게 상회했다(홍성웅·김재형, 1995: 667-668).

정부는 1981년 각급 사정기관으로 하여금 건축, 위생, 교통 등 취약 분야에 대한 집중 척결 활동을 실시했으며, 동년 8월부터는 공직 풍토 쇄신을 위한 자체 특별감사를 실시하는 등 자체 정화노력을 지속했다. 특히 청탁 배격운동은 이권 개입, 인사청탁, 사건 개입 등을 금기시하는 사회분위기 조성에 상당한 성과가 있었다. 특히 공직 윤리의 확립 및 기강 쇄신을 위해 공무원의 정신교육과 이념 교육을 강화하고 공직자의 의식 개혁을 지속적으로 추진해 부조리 발생 소지를 제거하는 데 역점을 두었다.

(2) 민주화 세력의 등장

1980년 초는 최규하 정권의 민주화 일정에 매달려 신군부의 정권 장악 음모를 저지하지 못하고 있던 상황이었다. 학생운동은 3월 말부터 '계엄령 해제, 유신 잔당 퇴진, 이원집정부제와 정부 주도 개헌 반대, 노동 3권 보장' 등의 구호를 내걸고 본격적으로 시작되었다. 이에 신군부는 5·17 비상계엄 전국 확대, 정치인 연행, 정치 활동 금지, 대학 휴교령, 광주민주화운동 유혈 진압, 재야 정치인 투옥 등을 통해 민주화운동을 억압했다.

그러나 이러한 억압에도 불구하고 민주화운동은 종교계를 시작으로 각 대학의 전정권 퇴진 및 광주민주화운동 진상 규명 시위 등으로 이어졌다. 정권의 강압적 대응이 강해질수록 대학생들의 시위는 점점 더 격화되었고, 결국은 1983년 12월 '학원 자율화 조치'라는 유화 정책으로 선회하게 되었다. 학원 자율화 조치로 학생운동은 더욱 확장되었고, 학생 운동가들이 노동운동 등 다른 부문 운동으로 진출하면서 다른 부문에도 영향을 미쳤다. 1984년에는 학원자율화추진위원회가 구성되어 기존의 학도호국단을 폐지시키고 학생들의 직접선거로 선출되는 총학생회를 구성했다. 이러한 상황에서 치러진 1985년 2·12 총선에서 신민당이 승리함으로써 이후의 민주화운동에 많은 국민이 참여하는 계기를 만들었다.

2·12 총선 이후 민주화운동은 학생운동을 필두로 여러 부문에서 동시 다발적으

25) 1980년대 사회정화 기본 정책 방향에는 ① 신뢰받는 공직 풍토의 조성, ② 공정한 보상 체계의 확립, ③ 합리적 사회 제도의 건설, ④ 명랑한 생활 환경의 보장, ⑤ 국민의 바람직한 가치관 함양 등 다섯 가지 기본 추진 목표를 설정했다. 추진 방침으로는 도시부터 시작해 농촌으로, 공직자 및 사회지도층으로부터 일반 시민으로 확산, 부정적 요소의 제거와 긍정적 요소의 장려, 발전의 병행 추진, 예방 활동의 강화 등으로 비리와 폐습의 근원적 해결책이 모색될 수 있도록 다각도로 추진하고자 했다.

로 진행되었다.[26] 개별적으로 진행되던 부분 운동들은 1987년 박종철 군 고문치사사건 및 4·13 호헌 조치를 계기로 건국 이래 최대의 민주화운동이 출현하게 되었다. 다양한 운동 세력들은 '호헌반대 민주헌법쟁취 국민운동본부'를 결성해 호헌 철폐와 직선제 쟁취라는 목표로 결집되었다. 결국 전두환 정권의 비도덕성과 개헌의 당위성에 국민들이 공감하며 참여함으로써 6월 민주화 대투쟁은 6월 29일 대통령 직선제 개헌안을 쟁취했다.

1980년대 민주화운동이 성취해 낸 것이 비록 형식적 민주주의의 제도화였지만, 자유민주주의에 대한 인식이 실질적 수준으로 확대되는 계기가 되었고, 민주주의의 제도화가 민주화운동의 투쟁에 의해 성취되었다는 사실은 민주주의를 지탱할 사회세력의 등장과 성장을 말해준다는 점에서 의미가 크다(김동춘, 1997).

(3) 반미주의의 대두

한국에서 반미 감정을 포함한 반미주의는 1980년 5월 광주민주화 운동을 무자비하게 진압한 전두환 정부에 대한 미국 지원의 책임성, 한국에서 민족 의식의 대두, 한미 간의 무역 마찰 등으로 본격 대두되었다(김진웅, 1992). 이 중에서도 광주민주화운동 진압과 집권에 대한 미국의 책임론이 가장 분명한 반미 감정의 발생 원인이 되었다(문창극, 1994: 131-134). 반미 의식은 점차 이론적으로 체계화되었고, 학생운동은 1984년 민족민주혁명, 1985년 민주, 민중, 민족의 '삼민주의'로 발전하게 된다. 1986년에 이르러 미국의 전두환 정권에 대한 계속 지지, 시장 개방 압력, 한국 민족주의의 각성 등은 공공연한 반미주의로 귀결되었다.[27] 학생들은 전두환 정권을 배후지지하는 미국 세력의 제거 없이는 한국의 민주화가 불가능한 것으로 여겼으며,

---

26) 학생운동은 1985년 '광주항쟁 진상규명 및 책임자 처단' 집회, 미문화원 점거 농성, IMF·IBRD 서울총회 반대 시위, 민정당 중앙정치연수원 점거 농성, 1986년 전방 입소 거부운동, 5. 3 인천 시위, 1987년 민주화대투쟁 등을 주도했다. 또한 학생운동은 정치 투쟁뿐 아니라 노동자·농민 등 민중의 의식을 고양시키기 위한 지원 투쟁을 병행했다(전재호, 2000: 161). 종교인, 지식인 등을 주축으로 한 재야는 1985년 민주통일민중운동연합(민통련) 결성, 1986년 직선제 개헌운동을 거쳐 결국 1987년 6월 민주화 대투쟁 전개의 이념적 구심점이 되었다. 교육계의 민주화운동은 1985년 '민중교육지' 사건으로 출발해 1986년 YMCA 중등교육자협의회 '교육민주화선언'과 민주교육실천협의회의 조직 등으로 발전했다.

27) 이강로(2004)는 한국 내 반미주의의 성장 과정을 분석한 글에서 1980년대 반미운동은 학생운동에서 출발하여 점차 지식인, 종교계로 확산되었다가 미국의 국내시장 개방 압력을 계기로 일반 국민들에게로 확산되었다고 본다. 1980년 5월 광주 유혈 진압에 대한 미국의 묵인 내지 부추김이 있었다고 보고 한국에서의 미국 역할에 대한 재평가를 초래했고, 진보적 기독교 내부에서도 불평등한 한미 관계, 독재정권에 대한 미국의 지지를 각성하라며 반미 감정을 노골화했다는 것이다.

1985년을 고비로 재야단체들과 반정부 인사들이 학생운동권의 주장에 합류함으로써 힘을 얻은 학생들은 반미 감정을 직접적인 행동으로 표출하기에 이른다.[28]

이러한 학생들의 이념적 반미주의와 달리 일반 국민들 사이에 반미 감정의 확산된 원인은 1980년대 초부터 본격 시작된 미국의 한국 상품 수입 규제와 한국 시장 개방 압력 때문이었다(문창극, 1994). 미국의 한국에 대한 수입 자유화 압력은 외세의 경제적 민족주의 감정을 크게 자극해 반미 감정을 악화시키는 요인으로 작용했다(김진웅, 1992: 189). 이러한 80년대 한국에서의 반미 감정 대두는 한국인들의 자신감 증대 및 자주 의식의 성장을 의미한다. 그러나 반미 감정은 일부 사람들의 의식이었고, 대다수의 한국인은 미국과 미국인들에게 여전히 전통적인 선린 우호 의식을 지니고 있었다(임희섭, 1994: 258-259).

4) 문화

(1) 공직사회 행동규범

공직윤리는 행정의 책임성을 확보하고 나아가 부정부패를 사전에 예방하는 데 핵심적인 역할을 한다.[29] 특히 정부기관은 공공성을 그 본질로 하기 때문에 공무원에게 요구되는 행동규범은 민간기업 종사자의 행동규범보다 훨씬 높을 것이 기대된다(전수일, 2001: 231).

제5공화국 들어서 선포(1980. 12. 29)된 '공무원윤리헌장'은 전문에서 공무원에게 부여된 사명과 갖추어야 할 기본적 덕목을 밝히고, 본문에서는 다섯 가지 공무원의 신조를 규정하고 있다.[30] 그리고 공무원이 구체적으로 실천할 개별적 사항을 정해서 이를 기준으로 행동할 것을 마련해 국무총리훈령으로 시달(1982. 9. 20) 했는데 이것이 '공무원윤리헌장 실천 강령'이다.

---

28) 1982년부터는 반미 행동이 본격화되어 '양키 고 홈'을 외치면 미 국기를 불태우고, 서울 미문화원 점거, 미 대사관 사제 폭탄 투척, 한미은행 화염병 투척 등 일련의 격렬한 학생운동이 전개되었다. 이러한 학생들의 행동이 언론에 크게 보도되면서, 일반 국민들의 기존 대미 인식에도 큰 충격과 변화를 겪게 되었다.

29) 현대 민주국가에서 공무원은 국민 전체의 봉사자로서 공익을 추구해야 할 입장에 있고 또 국민 생활에 큰 영향을 미치는 지위에 있기 때문에 국민은 공무원들의 높은 직업윤리를 기대해 정부는 공무원들의 행동규범을 엄격히 규정하는 경향이 있다(오석홍, 1997: 649-652).

30) 공무원을 '역사의 주체', '민족의 선봉', '국가의 역군', '겨레의 기수'라면서, 이어 '국가에 대한 헌신과 충성', '국민에 대한 정직과 봉사', '직장에서의 경애와 신의', '청렴과 질서를 지키는 생활' 등을 규정했다.

1981년 11월에는 전체 공무원을 대상으로 '복무선서'를 실시했고, 동년 12월에는 「공직자윤리법」이 제정되었다. 복무선서에는 법령과 명령의 준수, 정직 성실한 직무 수행, 창의적 능동적인 임무 수행, 직무상의 비밀 엄수, 정의의 실천과 부정의 발본 등을 내용에 담고 있다. 1983년 1월부터 시행한 「공직자윤리법」은 실효성을 제고하기 위한 법적 뒷받침이었으며(전수일, 2001: 235), 「공직자윤리법」에는 공직자의 재산 등록 및 공개, 선물 신고 제도, 퇴직 공직자의 취업 제한 제도를 주요 내용으로 담고 있다.

(2) 시민 참여 문화의 확산

한국의 1980년대는 급속한 산업화 과정을 거치면서 누적된 구조적 모순이 체제 정통성의 위기로 표출된 시기라고 할 수 있다. 1980년 4월의 사북탄광 파업, 군부 독재 타도를 외치는 5월의 전국적 학생 시위, 그리고 5·18 광주 민주항쟁 등 그 동안 억제되었던 정치·사회적 민주화 욕구와 경제적 민주화 욕구가 동시에 분출된 시기였다.

또한 분배 구조가 고도 성장 과정을 거치면서 악화되어 1970년대 후반부터 노사 분규가 심화되는 등 계층 간의 갈등 양상이 표출되고 있었다.[31] 급속한 산업화는 사회 구조의 분화를 촉진시키고 중산층 및 산업 근로자 계급을 성장시킴으로써 시민 사회 형성의 바탕을 마련했다고 볼 수 있다. 즉, 20여 년 간 지속된 산업화를 통해 한국 사회의 직업 구조와 계층 구조는 1차 산업 종사자의 비중이 현저하게 줄어들고, 제조업 종사자 및 전문직 등 화이트칼라 계층이 크게 늘어났다.[32] 산업화의 결과로 형성된 중산층 및 산업 근로자 계급이 시민 참여의 정치적 중요성을 인식하게 됨으로써 민주 시민 의식이 확산되었다. 이러한 시민 의식의 확산은 1980년대 후반의 격렬한 민주화 운동으로 표출되었다.

---

31) 산업화 초기 단계였던 1965~70년간 지니계수는 0.3439에서 0.3322로 소득 분배가 다소 개선되는 기미를 보였으나, 1970~76년간에는 0.3322에서 0.3908로 크게 악화되었다. 그 뒤 1982년에는 0.357로 분배 구조가 다시 개선되는 양상을 보였으나, 이는 제2차 석유 파동과 농사의 흉작, 그리고 정치·사회적 혼란 등으로 인한 1980년 전후의 경제 상황 악화에 기인된 것으로 알려지고 있다. 1970년대 후반의 분배 악화는 1979년 8월의 YH무역 여공 농성사건 등 격렬한 노사 분규를 야기한 원인이 되었다.

32) 농업 등 1차 산업 종사자는 1960년의 65%에서 1983년 30% 이하로 크게 줄어들었으며, 제조업 종사자는 1965년 9.4%에서 1983년 22.6%로 늘어나고, 전문직·사무직·관리직 등 화이트칼라 계층은 1960년의 15%에서 1980년 27%로 확대되었다(홍두승, 1983 참조).

그리고 1960~90년에는 산업화에 따른 인구 이동으로 급속한 도시화가 이루어졌다.[33] 이와 같은 급격한 인구 이동은 도시에서 주택 부족, 교통 혼잡, 보건 문제, 환경 오염, 교육 문제, 상하수도 문제, 전기 부족, 도시 빈민 증가, 실업률 증가 등 엄청난 도시 행정 수요를 유발했다. 이러한 계층 구조의 변화와 급격한 도시화는 중산층 및 도시 빈민의 정치 참여를 촉진, 1980년대 민주화 운동을 추진할 수 있는 역량을 축적하는 기반이 되었다.

2. 행정 조직과 관리

1) 행정 체제 개편

행정 체제는 환경과 상호작용 속에서 끊임없이 변화한다. 그렇다면 제5공화국의 행정 체제는 여타 하위 체제와 어떻게 상호작용하면서 변화했는지를 살펴보자. 우선 제5공화국이 성립되는 과정은 매우 역동적이었다. 제5공화국은 과거 경제 성장을 촉구하는 과정에서 확대된 행정 구조를 대폭 개편하고 인력의 감축을 단행했다. 이러한 행정 체제의 개혁은 긍정적 측면에서 본다면 종래의 통치 이념을 민주・복지・정의・교육 혁신으로 전환하는 데 따른 것이었다(안해균, 1982: 58). 제5공화국의 행정 체제 개혁은 국정 목표의 변화와 인력 교체를 통해 어느 정도 시정되었으나, 정책 결정 및 행정 집행 과정에서의 민주성과 합리성에는 상당한 문제점이 내포되어 있었고, 강력한 중앙집권의 통제 체제를 벗어나지는 못하고 있었다.

제5공화국 행정부의 출범을 전후해 중앙 행정 기구는 많은 변화를 겪었다. 1980년 10월 공직 사회의 정화(淨化)와 사회 기강 확립을 위해 사회정화위원회를 신설했으며, 1981년 4월에는 노동행정을 강화하기 위해 노동청을 노동부로 승격했다. 1981년 10월에는 소위 10・15 행정 개혁을 통해 국무총리 소속의 기획조정실과 행정개혁위원회 등 여러 기구를 폐지하는 등 대대적인 기구 감축 작업을 추진했다.

이러한 정부 기구 개혁에 의해 이상 비대화된 상위직이 많이 정비되고, 행정개혁위원회・국가안전보장회의의 사무국・경제과학심의회의 사무국, 그리고 국무총리 기

---

33) 인구 5만 이상의 시・읍 거주 인구 비율은 1949년의 17.5%에서 1960년 28.3%로 늘어났으며, 1970년에는 43.1%, 1980년 57.3%, 그리고 1990년에는 74.4%로 급격히 늘어나고 있다(송병락, 1992: 500).

획조정실 등이 폐지되었다. 이에 따라 정무관급 12개 직위(장관급 7개 직위, 차관급 5개 직위)가 축소되고, 1~4급 600개 직위가 감축되었다.[34] 1982년 3월에는 1986년 아시안 게임과 1988년의 올림픽 개최에 대비하기 위해 체육부를 신설했다. 1984년에는 보훈처를 국가보훈처로 명칭을 변경하고, 1986년에는 산림청을 농림수산부 소속으로 이관하고 농수산부를 농림수산부로 명칭을 변경했으며, 1987년에는 전매청을 폐지하고 공사화(公社化)했다.

제5공화국의 대통령 직속 기구로는 평화통일정책자문회의와 국정자문위원회가 신설되었다. 그리고 국가안전기획부로 개칭된 중앙정보부는 권한이 약화되었다. 또한 국무총리 직속 기구인 행정개혁위원회가 폐지되고 그 기능은 총무처로 흡수되었으며, 경제과학심의회의가 폐지되었다. 이러한 변천 과정을 거쳐 중앙 부처 조직은 1987년 2월 16부 4처 13청 3외국 1위원회 체제로 바뀌었다.

2) 행정 구역 개편

5·16 군사 정부 이래 중단되어 온 한국의 지방자치 제도는 제5공화국의 출범을 계기로 새로운 전기를 맞게 되었다. 1980년 10월 27일 발효된 제5공화국 헌법은 부칙 제10조에 "이 헌법에 의한 지방의회는 지방자치단체의 재정 자립도를 감안하여 순차적으로 구성하되 그 구성 시기는 법률로 정한다"고 규정함으로써 지방자치제 실시에 관한 법적 근거를 마련했다. 즉, 1961년 5·16 군사쿠데타 이후 「지방자치에 관한 임시조치법」에 의해 지방 자치제가 전면 중지되고, 제4 공화국 헌법 부칙 10조의 "…… 지방의회는 조국 통일이 이루어질 때까지 구성하지 아니한다"는 규정에 의해 휴직 상태에 놓여 있던 지방자치제가 제5 공화국 헌법에 의해 논의의 전기를 마련한 셈이다.[35]

행정의 지방 분권화와 관련해서는 1982년 「행정 권한의 위임 및 위탁에 관한 규정」

34) 그 밖에도 24개의 부기관장 직위가 폐지되고, 지방 원호청·지방 체신청·지방 병무청·지방 국토관리청·전매 지청 등의 중간 감독기관들이 대폭 감축되었다. 정부조직법의 개정으로 중앙정부의 기구는 2원 15부 4처 4청 4외국 2위원회 체제로 축소되었다.

35) 증대되는 국민의 민주화 요구를 수용하는 형태로 지방자치에 관한 규정이 일부 전향적으로 개정되고, 1984년 정기 국회에서는 1987년 상반기부터 일부 지역에서 지방자치를 실시하기로 여·야간에 합의되었으나, 기본적으로 지방자치제를 실시할 의지가 없었던 제5 공화국 정부는 약속을 지키지 않았다. 따라서 지방의회의 권한은 이전과 같이 국무총리(서울시), 내무부 장관(직할시·도) 및 도지사(시·군)에 의해 대행되었다.

의 전면 개정에 의해 행정사무의 위임 및 위탁을 좀 더 체계적으로 실행할 수 있는 제도적인 기반이 마련되었다. 이러한 규정에 기반해 제5공화국 기간 동안 행정 사무의 지방 이양이 매년 200건 내외로 꾸준히 추진되었으며, 아울러 행정사무의 민간 위탁도 점진적으로 추진되었다.

1980년 이래 단행된 일련의 행정 구역 개편 조치는 국토의 균형 발전을 도모하고 대도시로의 인구 집중을 억제하기 위해 지방 도시를 육성하는 데 초점을 두고 추진되었다. 도・농 분리주의적 관점에서 1980년에는 동해・창원・제천・영주 등 4개 지역이 시로 승격되고 인구 2만 이상의 35개 면이 읍으로 승격되었다. 이어 1981년에는 대구시와 인천시가 직할시로 승격되었으며, 광명・동두천・김해・남원 등 10개 시가 신설되었다.

3) 반부패 정책: 사회정화운동

5공화국은 정당성을 결여한 정권만큼이나 행정부패도 다양하게 발생했다. 정당성을 결여한 정부에서 부패가 만연하는 것은 필연적인 것이라고 할 수 있다. 특히 정치자금의 수수를 둘러싼 대규모의 각종 정치 부패가 발생해, 규모로는 역대 어느 정권과 비교가 안 될 정도로 심각했다고 할 수 있다. 특히 과거의 정권과 비교되는 것은 대통령의 친인척과 관련된 비리가 많이 발생했으며, 그 영향으로 행정 부문까지 대형 부패에 연루되는 사례가 많았다.

이렇게 제5공화국은 본래적으로 결여된 정권의 정통성이나 정당성을 사후적으로 확보하기 위한 방안으로서 과감한 개혁, 경제의 안정과 성장이라는 전략을 세워 구정치의 청산, 부정부패의 일소라는 국정 목표를 추진했다.[36] 이러한 정의 사회 구현이라는 국정 목표의 달성 노력은 사회개혁운동이라고 할 수 있는 '사회정화운동'의 틀 속에서 진행되었다. 이 운동은 사회 각 분야에 만연되어 있는 불의, 부정, 부패, 불신, 무질서 등 각종 비리와 폐습을 제거하기 위한 목적으로 추진되었으며, 공직 사회를 대상으로 한 반부패 정책도 이러한 사회정화운동의 일환으로서 추진되었다.[37]

---

36) 제5공화국은 사후적으로라도 정당성을 획득하기 위한 노력으로서 많은 반부패를 포함한 많은 개혁 작업을 추진했다. 예를 들어 소위 10・15 행정개혁이라 불리는 대대적인 행정개혁을 추진해(1981. 10. 15) 전반적인 조직 및 인사개혁을 단행했다. 이러한 과정에서 공직자의 복무와 관련해 공직자윤리법을 제정하고 공무원재산등록제를 채택했다(총무처, 1982: 37-45).

사회정화위원회는 1980년 11월 1일 정부조직법 제2조 7항에 의거해 국무총리 직속기구로 설치된 이래, 제5공화국 출범 이후에도 행정 부조리와 부패 등을 시정하기 위한 통제 장치로서 매우 폭넓게 이용되었다. 사회정화위원회는 여타의 통제기관과 달리 일반적인 국민의식 개혁 운동의 지속적 추진의 연장선상에서 공직 사회의 건전한 윤리관 확립 및 각종 제도의 개선을 통한 예방 감사 활동에 주력했다는 긍정적인 측면도 지니고 있었다. 그렇지만 행정기관이나 공무원의 업무 수행에 대한 통제 차원을 넘어서 전 공직자 사회의 전반적인 개혁을 무리하게 유도한 나머지 오히려 공직 사회의 침체와 무사안일을 가져왔다. 더욱이 사회정화운동은 자율적인 민간 주도가 아닌 행정부의 사정(査定) 기관에 의해 수행되어 행정 체제에 대한 사회의 통제가 아니라 사회에 대한 행정 체제의 통제로 흘렀다는 문제점도 나타났다.

정권의 출범과 더불어 전개된 '사회정화운동'은 부패하고 비윤리적이라고 평가된 공직자들을 숙정하고 부정 축재에 대한 국가 환원 조치를 취했다. 그러나 이 정책은 그렇게 큰 호응을 얻지는 못했으며 많은 부작용 속에 추진되었기 때문에 정권 후반기에는 부정적인 정책으로서 평가되었다. 이러한 사회정화운동을 통해 공직 사회를 대상으로 '청탁배격운동', 행정개혁, 공무원윤리헌장의 제정(1980. 12), 공직자윤리법 제정(1981. 12) 등을 추진했다. 그리고 독특하게 청렴도(정화도)라는 것을 측정해 공직 사회를 통제하기도 했다.

여기서 특히 중요한 의미를 지니고 있는 것이 바로 「공직자윤리법」의 제정이다. 이 법은 해당 공직자의 재산 등록 의무화, 등록 재산에 대한 심사, 조사 등을 주요 골자로 하는 것이었다. 당시로서는 상당히 획기적인 제도였으나 등록 재산에 대한 비공개를 원칙으로 하는 등 법규상의 미비로 그렇게 실효성 있게 활용되지는 못했다. 단순히 제도상으로만 존치했을 뿐이고 부패 통제를 위한 제도화는 상당히 미비했다.

---

37) 제4공화국의 서정 쇄신이 주로 공직 사회를 대상으로 한 운동이었다면, 제5공화국의 사회정화운동은 처음부터 공직 사회를 포함한 전 사회의 모든 영역을 대상으로 한 운동이었다고 할 수 있다. 그리고 서정 쇄신이 정권이 어느 정도 지나면서 정권의 유지를 위한 방안의 하나로서 운영되었다면, 사회정화운동은 정권의 출범과 동시에 시작되어 처음부터 부당한 정권의 정당성을 획득하기 위한 방안으로서 출발했다고 할 수 있다. 그래서 5공화국 정부는 사회정화운동을 "조국 근대화를 위한 범국민적 정신혁명운동 혹은 사회개혁운동"이라고 스스로 자찬했다(현대사회연구소, 1981).

제5공화국은 표면적으로 부패 척결과 정의로운 정부를 표방했으나, 오히려 집권 세력들 자신이 부패에 깊숙이 관련되어 있었기 때문에 대부분 실패로 끝나고 말았다. 결국 이러한 체계적이지 못한 반부패 정책의 실패는 사회 전반에 걸쳐 오히려 부패에 무감각하도록 만들었으며, 부패를 더욱더 제도화·체제화시키는 부정적 결과를 초래했다고 할 수 있다.

3. 주요 정책

제5공화국이 내세운 '정의로운 민주복지국가의 건설'이라는 집권 목표는 과거 제3공화국이나 제4공화국이 내세웠던 것과 별로 차이가 없는 매우 진부한 것이었다(한배호, 1994: 416-418). 제5공화국에서 추진했던 영역별 주요 정책들을 구체적으로 살펴보자.

1) 정책 자율성

박정호(1995: 72-74)는 정책 자율성을 "정부가 국가 정책 과정에서 사회집단으로부터 지니는 자율성"으로 정의한다. 즉, 국가정책에 대한 사회집단의 요구가 없거나 혹은 사회집단의 요구가 있어도 이에 반해 정부가 자유롭게 국가 정책을 형성, 실시하는 정도가 클 경우 정책 자율성은 강하다고 말할 수 있고, 그 반대의 경우에 정책 자율성은 약하다고 말할 수 있다. 1980년대 노동운동이 활성화될수록 국가의 노동탄압 정책은 강화되었고 노동계는 정치 투쟁을 더욱 강화시켜 나갔다. 1987년 헌법 개정이 이루어지면서 노동 3권의 행사가 보장되는 방향으로 노동관계법의 개정이 이루어졌다.

한편 1980년대에 들어 자본의 세력은 정체되었으나, 상대적으로 대기업의 재벌 점유율은 크게 증가해 자본의 집중이 더욱 강화되었다. 전경련은 80년대에 들어서 정부와의 빈번한 접촉으로 밀접한 관계를 형성했고 이는 활발한 이익 표출로 전개되었다. 제5공화국은 고도 성장 전략에서 물가 안정에 기반을 둔 지속적이고 안정적인 성장 전략으로 전환했다. 따라서 정부는 국가 주도의 중화학공업화 대신에 경제 개방과 경제 자율화 정책을 추진했으나 재벌기업의 이윤을 보장했으므로 국가와 자본의 관계가 냉각되지는 않았다.

1980년대에 들어 노동자와 노조 가입자의 수가 계속 증대되었고, 노동운동이 폭발적으로 확산되는 등 노동의 세력은 더욱 강화되었다. 그럼에도 불구하고 노동이 사회의 지배 세력으로 부상했다고 볼 수는 없다. 낮은 노동조합 조직률, 느슨한 조직 구조, 정치 참여의 제한 등으로 지배적인 사회 세력이 되기에는 부족한 점이 많았다. 비록 국가의 노동에 대한 통제력은 현저히 줄었지만 자본은 사회의 지배 세력이 되었다. 국가는 노동보다는 자본과 강한 융합적 관계를 유지함으로써 사회에 대한 국가의 자율성은 현저히 감소했다.

2) 경제 안정화 정책

경제 부문의 개혁은 기존의 긴축 정책을 기반으로 경제 안정화 정책을 강력하게 추진하면서 동시에 정부 주도로 중화학공업 구조 조정을 강제적으로 시행했다. 1980년은 제2차 석유 파동의 영향에다가 농작물의 흉작까지 겹쳐서 큰 폭의 물가상승과 경상수지 적자를 기록했다. 이에 따라 국가 경제는 마이너스 성장을 보였으며 외채 가중의 문제가 대두되었다.[38] 이 문제를 해결하기 위해 정부는 막대한 양의 외국 자본이나 투자를 필요로 하게 되었고, 곧 IMF와 IBRD의 자금을 쓰게 됨에 따라 이들로부터 여러 가지 강한 요구를 받게 되었다. 이러한 상황에서 국제수지와 인플레이션을 지속적 성장의 수준에 알맞게 관리하는 경제 안정화 정책의 추진이 필요하게 되었다.[39] 이처럼 경제 안정화 정책은 국제 수지와 인플레이션을 기본 내용으로 하며 경제 정책의 기본 노선 결정과 정책 결정 과정에 큰 영향을 미쳤다.

한국 경제는 1962년 제1차 경제개발 5개년계획을 시작한 이래 수입 대체산업 육

38) 이러한 국내외 경제 여건과 정권의 정통성 부재가 맞물리면서 제5공화국은 경제 정책의 운영 기조를 결정하는 데 큰 부담으로 작용했다. 이러한 상황에서 전두환 정권은 경제 운영의 기본 노선을 성장 우선에서 안정 우선으로, 불균형 성장 전략에서 균형 성장 전략으로, 정부 주도 계획에서 민간 주도 자율 경쟁으로, 양적 팽창에서 질적 고도화를 위한 국제수지 및 인플레이션 관리에 중점을 두었다.

39) 제5공화국은 한국 경제의 대외의존도가 심화된 상태에서 대외적 조건 변화에 따른 개방의 압력을 강화하는 해외 자본과 이에 따른 경제자유화의 필요성이 맞물려 민간 주도 경제 체제를 주장하는 국내 자본의 강한 영향력을 수용하지 않을 수 없는 입장에 있으면서도 기본적으로 정통성의 부재 때문에 지배 연합의 필요성을 강하게 노출했다. 그리고 정책 전략의 결정에 조직적 대응을 할 수 없는 노동자 계급을 경제안정화 정책에서 배제시키고자 했던 것으로 볼 수 있다. 이로 인해 정책 전략 차원에서 국가자율성은 노동자 계급을 배제시키면서도 기본적인 정통성의 부재와 대외의존적인 경제 구조 때문에 약하게 작용될 수밖에 없었다(김정선, 1992).

성과 사회간접자본 형성기를 거쳐 수출 촉진과 외자 도입을 활용한 대외 지향적 발전 정책을 통해 성장해 왔다. 하지만 정부 주도의 급속한 공업화 과정에서 과잉 설비, 공급 과잉 현상이 나타났고 거액의 부채 때문에 구조적 경영난에 빠진 부실기업들이 속출하는 부작용도 초래되었다. 따라서 기업의 외자 도입 허가와 국내 금융을 완전 장악하고 있던 정부로서는 기업의 도산이 금융권의 부실화를 초래하고 결국 국민경제 전체의 부실로 이어질 것을 우려한 나머지 부실기업 정리에 주도적으로 나설 수밖에 없었다.[40]

제5공화국 정부는 1984년부터 본격적으로 산업합리화를 통한 부실기업 정리에 착수했다. 기업을 부도 처리로 도산시키는 시장주의적 방법은 대량 실업, 하청업체의 연쇄 부도, 은행의 거액 결손 및 대외 공신력의 실추 등 국민경제에 미치는 충격이 너무 클 것으로 판단해 정부는 제3자 인수 방식 중심으로 부실기업 정리를 추진했다(권순직, 1988: 465).

1980년대 경제 운용의 기본 방향을 정부 주도에서 민간 자율로 전환한 정부는 금융자율화를 추진하고 개별 육성법을 폐지함으로써 산업합리화 조치의 제도적 발판을 마련했다. 정부는 산업합리화 조치를 뒷받침하기 위해 「조세감면규제법」을 개정하고(1985. 12. 23), 「공업발전법」을 제정했다(1986. 1. 8 공포, 7, 1 발효). 그리고 한국은행 저리융자 제도의 신설(1985. 6. 30), 산업합리화 지원 기준 설정(1986, 2, 24) 등 법적·제도적 장치를 정비했다.[41]

3) 스포츠 정책

제5공화국은 스포츠공화국으로 불릴 만큼 스포츠 발전에 정부의 역할이 최고조에 이르렀던 시기였다. 제5공화국은 스포츠 정책을 통해 국가 체제의 획기적인 변화를

---

40) 1969~71년의 기업합리화 조치, 1972년 8·3조치에 의한 사채 동결, 1979~80년의 중화학 투자 조정, 1984~85년의 불황산업의 합리화 조치, 1986년 이후의 부실기업 정리 등 정부 주도의 산업합리화 조치가 있어 왔다(어윤대 외, 1995: 197-201).

41) 조세감면규제법은 기업 간의 인수·합병을 촉진시키기 위해 법인세, 양도세, 취득세, 등록세 등을 면제하는 것을 주요 내용으로 했다(한국조세연구원, 1985). 한국은행 저리융자 제도(한은특융)는 대출금 상환유예, 시드머니(종자돈) 지원, 원금 탕감 등으로 늘어난 은행의 부실채권과 대손 처리를 한국은행이 메워주고, 연리 3%의 저리로 시중은행의 자금 부담을 덜어주기 위한 것이었다. 산업합리화 지원기준 설정은 「공업발전법」의 제정으로 산업합리화를 위한 법적 지원 제도가 마련되자, 정부는 산업 구조 조정 및 부실기업 정리의 대상과 범위를 선정하기 위해 산업정책심의회에서 그 기준을 만든 것이었다(이연호 외, 2003: 30-31).

의도하고 있었다. 스포츠 정책을 통해 정권이 달성하려고 했던 궁극적 목적은 무엇인가를 살펴보고, 스포츠 정책의 가치 형성에 영향을 미친 내용 및 스포츠 정책의 가치가 구현된 중요 사실들은 무엇인지를 살펴본다.

이종원(2006)은 제5공화국의 스포츠 정책을 체제론과 제도론적 관점에서 분석하고 있다. 우선 체제론의 관점에 제5공화국은 집권 과정에서부터 정권의 정당성 약화라는 태생적 한계와 집권 유지 강화 및 국민의 체제로의 순응이라는 정치적 목표를 달성하기 위한 수단으로 스포츠 정책을 국가의 중요한 정책 대상으로 삼았다. 그러나 스포츠 정책의 위상 강화가 국민 다수의 행복과 복지의 실현을 위한 것이라기보다는 정권의 정치적 과제 해결을 위한 것이었다. 그리하여 단기간에 세계인의 이목과 국민적 관심을 끌어모을 수 있는 국제적인 스포츠 행사로 86아시안 게임과 88서울올림픽을 유치하고 성공적 개최에 국가의 총력적인 지원 체제를 갖추었다.

제5공화국의 스포츠에 대한 정책적 고려는 단순히 스포츠 자체의 진흥과 발전에 국한되지 않고 중요한 정치적 목표의 수단으로 자리매김되면서 그 위상이 높아졌다. 취약한 정권의 정당성과 체제 유지의 허약함을 보완하고 국민들을 체제에 순응시키기 위해 스포츠를 범국가적인 차원에서 정책적으로 지원했다. 그뿐만 아니라, 체제 유지 및 정당성 확보의 정치적 과제 해결과 가장 밀접한 스포츠 분야는 세계인의 관심과 이목을 집중시킴과 동시에 국민적 관심을 지속적으로 끌어모을 수 있는 올림픽의 성공적 개최로 귀결되었다.42)

또한 제5공화국에서는 국민 체육의 진흥과 국제 스포츠 행사의 개최 준비 등을 위해 체육부를 신설했다. 그리고 서울아시아경기대회·서울올림픽대회지원위원회 조직은 범국가적 차원의 지원 체계로서 정권의 정치적 과제를 해결하는 수단으로 활용되었다. 결국 제5공화국의 스포츠 정책은 국민 다수의 행복한 삶의 실현이나 복지의 증진에 우선적 가치를 두고 추진되었다기보다는 제5공화국의 허약한 정권의 정당성 강화와 국민의 체제로의 순응이라고 하는 정치적 과제를 해결하기 위한 것에 그 궁극적 가치를 두었다고 볼 수 있다. 나아가 이러한 목적을 달성하기 위한 구체

42) 제5공화국의 스포츠 정책에 대한 제도적 분석을 통해 스포츠 정책의 실제 구현이 어떠한 제도적 과정을 거쳐 전개되었는지를 사실적으로 확인할 수 있다. 제5공화국 스포츠 정책의 대표적 입법 사례인 서울올림픽대회조직위원회 지원법과 국민체육진흥법 개정 법률 등은 모두 86·88 양 대회의 성공적 개최 준비를 위한 국가 총력이 지원 체제를 갖추기 위한 것이었으며, 개최국으로서의 위상에 걸맞은 국내 엘리트 스포츠 수준의 급속한 향상을 도모하기 위한 것이었다(이종원, 2002: 132-133).

적 수단으로 86 · 88 양 대회의 성공적 개최 준비를 위한 총력 체계를 달성하고 이에 걸맞은 엘리트 스포츠의 수준을 향상시키기 위해 스포츠 정책 관련 입법과 조직 개편을 이끌어 냈던 것이다.

4) 대외 정책

(1) 안보 정책

남북한의 지속적인 적대적 관계는 매 정권으로 하여금 안보 문제를 외교 시책 중 가장 중요한 위치에 두게 했다. 12 · 12 쿠데타로 등장한 세력들은 외부적 환경이 주는 안보에 대한 위협과 민주화를 요구하는 국내 정치적 갈등을 생존과 안보라는 가치의 선택으로 이끌어 갔다. 일반적으로 권위주의적 군사정권들이 그러하듯이 이들도 국제 정세의 악화와 북한의 침략 등의 위협에 대항할 준비를 강조해 왔다.

전두환 정권은 1981년 신년사에서 안보외교 정책을 독자적 외교와 자체 방위 능력에 대한 필요에서 그 중요성을 강조하고 있었다. 그러나 다른 한편으로는 효과적인 정책을 추진하기 위한 동맹국과의 관계, 특히 미국과의 전통적인 협력 관계에 초점을 두었다. 1981년 이후의 한 · 미 양국 간 안보 협력 관계는 계속 발전해 안보 동반자 관계로 표현되었고, 결국 안보 협력 관계는 한국의 방위 분담과 더불어 경제에까지 영향을 주었다.[43] 1986년에 한국의 총 대외 수출액 중 미국이 차지하는 비율이 40%에 이르는 의존도를 보였다.

(2) 통일 · 북방 정책

전두환 정권은 1981년 대통령 신년사를 통해 남북 간의 신뢰를 회복할 결정적이고 획기적인 계기를 마련하기 위해 조건 없이 남북한 최고위 당국자 간의 교환 방문을 제의했다. 1982년 신년사에서는 정상회담에서 논의하기 위한 새로운 평화통일 방안으로 민족화합 민주통일 방안을 밝혔다. 이 방안에서 진정한 평화 통일에 이르는 가장 합리적인 방법으로 통일헌법 채택을 제의하면서 민족주의, 민주주의, 자유, 개

43) 결과적으로 제5공화국의 대외적 안보 정책은 미국에의 의존도를 심화시켰고, 군사장비 현대화를 통한 군비 강화로 남북한 간의 군비 경쟁을 초래했으며, 미 · 중, 미 · 일 · 한의 안보동맹 강화로 소외된 소련 · 북한에게 이 지역에서의 안정을 깨뜨리려는 동기를 제공하고 말았다. 이처럼 국제적 환경을 고려하지 못하고 국내의 정치적 지지기반도 취약한 상태에서의 무리한 대외 정책은 많은 내생적 한계를 갖고 있었다.

인, 복지를 그 기본 조건으로 제시했다.

제5공화국 정권은 1981년 6월 평화통일정책자문회의를 발족시켜 통일 방법의 결정, 통일 체제의 결정에 관한 의무를 부여했다. 그러나 그것은 정책 형성을 위한 제도적 장치였다기보다는 정부 정책의 홍보 내지지지 동원을 위한 역할에 중점을 둔 것이었다(김영식, 1991: 435-436). 북한은 이러한 통일 방안에 대해 매우 부정적 입장이었음은 1983년 버마에서 있었던 국가사절단에 대한 북한의 폭탄 테러 사건에서도 알 수 있다.[44]

제5공화국 정권은 86·88 올림픽 개최 결정을 계기로 사회주의 국가들과의 관계 개선 필요성이 대두되었고, 한반도의 긴장 완화를 위해 중국과 소련을 통해 북한에 영향력을 행사하려는 북방 정책이 수립되었다. 그러나 사회주의 국가와의 접촉은 청와대와 안기부가 독점하고 언론과 여론은 정책 결정에 전혀 영향을 미치지 못했다(이정진, 2003: 259). 제5공화국 정권은 미국과의 협의를 중시해 소련과의 관계를 개선하지 못했고, 1983년 KAL기 격추 사건 이후 양국 관계는 더욱 경직되었다. 그러나 미국과 관계가 좋았던 중국과는 상대적으로 관계가 개선되었다.

제5공화국에서는 청와대와 안기부 외에는 정부 내에서 실질적으로 북한과 교류하는 부서는 없었다. 통일원이나 외무부는 대북 또는 북방 정책을 주도하지 못했고 비정치적인 공식적 교류를 뒷받침했을 뿐이었다. 이 시기 대북정책은 국가의 고유 업무 영역으로 언론의 참여는 철저히 배제되었고 정부 발표를 보도하는 역할만 담당했다. 언론의 보도 내용도 사전 검열에서 자유롭지 못해 정부 정책에 반대하는 목소리는 낼 수가 없었다. 결국 제5공화국 정권에서는 냉전적 사고가 지배하는 가운데 대통령이 여론과 상관없이 대북 정책에 결정적 영향력을 행사했고, 결정 과정에 청와대와 정보기관 이외에 다른 행위자들은 거의 영향을 미치지 못했다.

5) 언론 홍보 정책

1980년대 초 민주화의 바람으로 유신 치하의 금기로부터 자유로운 언론이 열리는

---

44) 제5공화국의 집권 기간 동안 북한은 두 번에 걸친 폭탄 테러를 재행했고, 서울에서 개최된 두 번의 국제적 체육행사에도 불참했다. 이처럼 제5공화국의 통일 정책은 결국 냉전 상태 하에서 보였던 적대적 관계에 아무런 변화도 가져오지 못했다. 그럼에도 불구하고 1984년 남한의 수재(水災)에 대한 북한 적십자의 수해물자 제공을 수락함으로써 새로운 계기가 마련되었고, 1985년 적십자회담이 열리고 이산가족 고향 방문 및 예술 공연단 방문이 성사되었다.

듯했으나, 언론 통폐합과 언론기본법 제정 등으로 언론에 대한 통제는 다시 강화되었다(정진석, 1990: 59-60). 제5공화국 세력들은 언론사와 언론인들에게 강압적인 자세로서 언론을 조정·통제할 새로운 제도와 법을 마련해 나갔다(이행원, 1989: 309). 언론 정책은 신문, 방송, 통신 등 모든 언론사의 통폐합을 시작으로 언론에 대한 대개혁이 진행되었다.

첫째, 언론 통폐합이다. 문공부는 1980년 7월 31일 '정기간행물 등록취소 기준'을 만들어 등록을 무더기로 취소했고, 이어서 신문협회와 방송협회는 1980년 11월 4일 '건전 언론 육성과 창달을 위한 결의문'을 통해 언론 통폐합을 결의했다. 이 언론 통폐합은 신문, 통신, 방송이 하나의 틀에서 기능하도록 만듦으로써 정부의 통제를 쉽게 하여 언론 자유를 위축시키고 편집에 획일화를 가져왔다. 언론사의 통폐합과 함께 1980년 8월 2일부터 전국 모든 언론에서 언론인의 해직 조치가 단행되었다(조경진, 1992: 47). 언론인의 강제 해직은 언론 통폐합과 맥을 같이하는 것으로 5공화국 세력의 언론 장악 정책의 구현이라 할 수 있다(안종묵, 2002: 88).

둘째, 「언론기본법」의 제정이다. 이 법은 1980년 12월 26일 제정되어 이듬해 1월부터 시행되었다. 이전의 「신문 통신 등록에 관한 법률」과 「방송법」을 통합한 것이 「언론기본법」이다. 「언론기본법」에는 정보청구권, 취재보호권 등 새로운 제도가 도입되었고, 정기 간행물의 실시 기준과 기록 및 등록 취소 유형 등을 두어 언론 규제를 위한 법적 장치를 마련했다.[45]

셋째, 보도지침이다. 언론계 출신의 홍보조정실의 조정관들은 '보도지침'을 각 언론사에 배포하고 언론을 강압적으로 통제했다. 홍보조정실은 전화를 통해 기사의 내용, 크기, 제목, 사진 사용 여부까지 언론사에 협조 형식으로 전달해 통제했다(임채정, 1985: 218). 결국 통제에 의한 언론 보도의 획일화는 국민의 정치 의식을 마비시켜 체제 유지의 홍보, 선전의 도구로 전락한 언론을 실상을 보여 주는 사례라 하겠다(김춘식, 1999: 34-35).

넷째, 법정 언론기관이다. 제5공화국은 법정 언론기관으로 '방송위원회', '한국언론연구원', '언론중재위원회', '방송심의위원회' 등을 출범시켰고, 언론기본법과 별도로

45) 언론의 주의·의무(제9조), 편집 책임제(제22조)는 언론활동을 제약할 가능성이 있었고, 등록 취소 요건(제24조 1항)에는 "언론은 폭력행위 등 공공질서를 문란케 하는 위법행위를 고무 찬양하여서는 아니된다"라는 규정을 두어 문공부 장관의 자의적 판단에 따라 언제든지 언론사를 문 닫게 할 수 있을 정도의 강압적인 언론 통제 수단을 두었다(조경진, 1992: 52).

한국방송광고공사법에 따라 '방송광고공사'가 설립되었다. 그러나 언론중재위원회는 언론의 반론권 행사를, 그리고 방송심의 위원회와 방송위원회는 방송 내용의 감독과 심사 기능을 통해 방송을 타율 규제로 만들어 버렸다. 그리고 한국방송광고공사 설립을 통한 언론인 지원사업, 언론인들에게 정부의 이데올로기를 주입시키려는 목적의 한국언론연구원 등 언론 정책의 구현을 목적으로 설립했다던 법정 언론기관들은 정부 및 집권당과 밀착되어 체제 유지의 기능을 충실히 수행하는 역할을 했던 것이다.

한편 언론사의 통폐합 조치와 신규 등록이 억제된 상황에서 언론기업들은 수지가 호전되어 크게 성장했다. 특히 신문 경영인들은 정부의 언론 정책 순응 대가로 급속히 자본의 축적을 가져왔다(조선구, 1989: 74-86). 이런 현상은 방송사에서 오히려 더 크게 나타났다. 결국 제5공화국의 언론 정책은 언론 자유의 신장이나 국민의 알 권리 확보를 위해 노력하기보다는 언론을 마음대로 조작하기 위한 강압과 회유의 이중적 정책이었다고 할 수 있다(안종묵, 2002: 94). 언론 경영인들은 정부의 협조와 지원 아래 언론매체를 언론 산업으로 성장시켜 나갔으며, 기자들도 투쟁도 있었지만 대부분 기자들은 정부의 지원 아래 특권층화되어 갔다. 따라서 언론 보도는 정부와 집권층에 대한 비판 기능보다는 현 체제의 유지를 위한 동반자적 역할을 충실히 해 나가고 있었다.

제14장

정치 민주기의 행정

제 1 절 노태우 행정부

1. 행정 환경

1) 정치

1987년 6월 항쟁 이후 사회 전반의 민주화 과정에서 탄생한 노태우 행정부가 추구한 정치 이념은 '민주화'로 규정할 수 있다. 1987년 들어 더욱 격렬해진 국민들의 민주화 및 대통령 직선제(直選制) 개헌 요구에 대해 전두환 대통령은 4·13 호헌 선언(護憲宣言)으로 대응,[1] 이른바 6월 민주항쟁을 불러일으켰다. 이러한 국민적 저항에 직면한 집권 세력은 급기야 대통

노태우 대통령(1988-1993)
(자료: 국가기록원)

1) 1987년 4월 13일 전두환 당시 대통령은 "평화적인 정부 이양과 서울올림픽이라는 국가 대사를 성공적으로 치르기 위해 국력을 낭비하는 소모적인 개헌 논의를 지양한다"는 호헌 선언을 통해, 선거인단 선거를 통해 대통령을 선출하도록 규정한 제5공화국 헌법을 고수할 뜻을 밝혔다. 4·3호헌 선언이 장기 집권 의도를 드러낸 것으로 판단한 재야·학원·종교·언론 등 야권 세력은 이에 강력히 반발했으며,

령 직선제 개헌과 민주화 조치 시행을 국민들에게 약속한 6·29 선언을 발표,[2] 동년 10월 12일 국회에서 대통령 직선제를 규정한 제6 공화국 헌법이 의결되고 연이은 국민 투표에서 93.1%의 찬성으로 확정되었다.

이러한 민주화 열기 속에서 출범한 노태우 대통령(1988.2.25~1993.2.24)의 제6공화국의 정치 질서는 광범한 민주화를 지향했다. 제6공화국의 헌법 체제에서 입법부의 국정감사권이 16년 만에 부활되고, 국회청문회 제도가 도입되었으며, 대통령의 국회 해산권과 비상 조치권이 삭제되었다. 그리고 국회가 내각불신임권(內閣不信任權)과 탄핵소추권(彈劾訴追權)을 행사하게 된 반면 행정부는 의회를 해산할 수 없게 되는 등 제6공화국 체제에서 입법부의 권능과 자율성이 상대적으로 강화됨으로써 권력 균형이 어느 정도 회복되었다. 또한 직선제 대통령 선출을 통해 정치 권력이 정통성과 동의(同意)의 기반을 갖추게 되었으며, 서독식의 헌법재판소 제도를 도입해 권력 간의 견제와 균형을 도모하고, 언론기본법의 폐지를 통해 언론의 자율성을 신장한 점 등을 특징으로 들 수 있다. 그리고 1991년에는 지방의회 의원선거를 통해 5·16 이후 중단되었던 지방자치제가 부활됨으로써 민주주의의 뿌리를 다지기 위한 제도적 발전이 이루어졌다.

제6공화국 헌법은 또한 국민의 기본권을 강화하기 위해 구속 적부 심사 청구권을 보장하도록 하는 적법 절차 규정을 마련했으며, 표현의 권리 신장을 위해 언론·출판·집회 및 결사에 대한 허가제와 검열제를 금지하고 있다. 이 헌법은 또한 노동자의 근무 조건을 향상시키기 위해 노동 3권을 실질적으로 보장하고 최저 임금제를 실시하는 등 복지 정책을 추구했다. 이와같이 노 대통령은 전반적으로 사회 민주화를 지향했다.

그러나 이러한 일련의 민주화 조치를 통해 권위주의 체제가 부분적으로 해체되면서 표출된 계층 간·집단 간 갈등과 국민들의 욕구 분출을 효과적으로 관리하지 못함으로써 노태우 정부는 무능한 정권으로서의 한계를 드러냈다. 그러나 권위주의적 체제로부터 민주주의 체제로 이행하는 과도기라는 역사적 관점에서 그 의미를 찾아

재야 세력이 규합된 국민운동본부를 중심으로 한 민주화운동이 결국 6·10민주항쟁으로 이어졌다.

2) 당시 노태우 민정당 대표위원에 의해 이루어진 '6·29선언'에는 대통령 직선제의 수용, 정치 활동이 금지된 자들의 해금, 공정 경쟁이 보장되는 대통령선거법의 개정, 국민기본권의 신장, 언론 자유의 창달, 사회 각 부문의 자치와 자율의 확대, 정당의 건전한 활동 보장, 과감한 사회정화 조치 강구 등 8개 항이 담겨 있다.

야 할 것이다.

관료제의 특성에 초점을 둘 경우, 전반적인 사회 민주화 과정에서 정치 체제가 부분적으로 민주화되면서 정치 권력과 관료 사이에는 커다란 변화가 생기게 되었다. 즉, 3~5공화국을 거치면서 행정적 자율성을 신장, 제도적 관료제로 성장한 관료 집단은 상대적으로 민주화된 정치 권력의 통제에 대해 현재적 저항을 시도하는 양상을 보이기 시작했다. 대선 당시 36.6%의 낮은 지지율은 집권 기간 내내 노태우 정권의 부담으로 작용했으며, 1988년 4월 26일 13대 총선에서 여당이 패배, 헌정 사상 처음으로 여소야대(與少野大) 국회[3]가 탄생함으로써, 집권 여당의 통제력은 더욱 약화되었다. 특히 여소야대 국회에서 추진된 광주 청문회, 5공비리 청문회는 군부 세력이라는 같은 뿌리에 권력적 기반을 둔 전두환 대통령의 5공화국 세력과 6공화국 세력 간의 불화와 반목을 초래함으로써 집권 여당의 통제력을 더욱 약화시키는 계기가 되었다.

2) 경제

노태우 행정부 출범 시 한국의 경제 사정은 물가 안정, 고도 성장 지속, 무역 흑자 등"단군 이래 최대의 호황기"에 놓여 있었다. 1986년부터 3년 동안 저달러·저금리·저유가의 이른바 3저 호황기를 맞아 3년간 286억 달러의 경상수지 흑자를 달성하고, 집권 5년간 연평균 8.5%의 실질 성장률을 기록했으며, 국민총생산을 2.3배 증가시켰다.

이러한 호황기의 상황에서 노태우 대통령은 경제 정책 기조로 경제 민주화와 자율화를 표방했다. 경제 민주화의 내용은 ① 경제력 집중의 완화, ② 불로 소득 환수와 지하 경제 해소를 통한 경제 정의 실현, ③ 산업 민주주의의 실현, ④ 노동자·농민·도시 빈민·중소 기업 등 소외 계층의 경제적 이익 보상, ⑤ 경제 정책 결정의 민주화로 정리해 볼 수 있다(윤영진 1998b: 92). 경제 민주화를 위한 정책으로는 토지공개념(土地公概念)의 도입과 금융 실명제 도입 시도를 들 수 있다.

노 대통령은 1989년 12월 경제 민주화 조치의 일환으로 택지소유상한법·개발이익환수법·토지초과이득세법 등 혁신적인 토지 공개념 관련 법을 제정했다.[4] 이러

---

3) 전체 의석 299석 가운데 여당인 민정당은 125석, 3야당은 166석을 차지함으로써 야권이 국회 운영의 주도권을 잡게 되었다.

한 토지 공개념 관련법은 토지 가격의 급등으로 인한 생산 원가 상승 등 경제적 부작용을 방지하고, 만연하는 부동산 투기와 일부 계층의 토지 편중 소유[5]로 인한 소득 불평등[6] 등을 방지하기 위해 제정되었다. 그러나 당초의 법안 내용은 재벌 등 기득권 세력의 반발로 국회 통과 과정에서 상당히 변질되었으며,[7] 집행 과정에서도 저항에 부닥치는 우여곡절을 겪었다.

경제 민주화를 위한 개혁 조치의 하나로 도입이 추진된 금융 실명제는, 보수 기득권 세력의 연합으로 특징지을 수 있는 1990년 2월의 3당 합당[8]으로 결국 무산되고 말았다. 노 대통령 정부 출범 후 '금융 실명 거래 준비단'이 발족되어 1991년 실명제 실시를 위한 준비 작업을 추진해 왔으나, 3당 합당 후 준비단이 해체되고 그 실시가 무기한 유보됨으로써 사실상 폐기되었다.

노 대통령은 또한 경제적 측면에서 정부 통제를 줄이고 민간 부문의 자율성을 신장한다는 경제 자율화의 정책 방향을 설정했으며, 1990년 2월에는 공공 부문의 민영화·민간화를 촉진하기 위해 한국전력·한국통신공사·외환은행·국민은행·기업은행·국정교과서·한국기술개발·한국감정원 등 8개 공기업을 민영화한다고 발표했다. 제6공화국 정부는 또한 1988년 12월 경제 자율화 조치의 일환으로 금리 자율화라는 혁신적 조치를 취했으나, 오랫동안 지속된 관치 금융의 행태는 크게 개선되지 않았다.

---

4) 택지소유상한법은 택지 소유의 상한을 규정하고 이를 초과하는 택지 소유에 대해서는 초과 소유 부담금을 부과하는 내용을 담고 있으며, 개발이익환수법은 토지 개발로 인한 지가 상승으로 발생한 개발이익의 일부를 환수하는 내용을 규정하고 있고, 토지초과이득세법은 개인의 유휴 토지나 법인의 비업무용 토지의 지가 상승으로 인한 미실현 자본이득의 일부를 조세로 환수하기 위한 것이다.

5) 토지공개념연구위원회의 보고서에 따르면, 상위 5%의 토지 소유자가 전국 사유지의 65.2%를 소유하고 있고, 상위 10%가 76.9%를 소유하고 있는 것으로 나타났다(경제기획원, 1990: 22).

6) 토지가격의 상승으로 말미암아 토지로부터 발생하는 자본이득이 1985년 GNP의 14%, 피용자 보수의 34.2%, 제조업 국내총생산의 44.5%였으나, 1989년에는 GNP의 60.3%, 피용자 보수의 136.5%, 제조업 국내총생산의 171.2%로 급증했다(이성욱, 1991: 32). 이와같이 지가 상승으로 인한 자본소득이 토지 과다 보유자에 집중됨으로써 부와 소득의 분배 구조를 악화시켰다(임혁백, 1994: 338).

7) 택지소유상한제의 경우 200평을 초과하는 택지에 대한 2년 이내 매각 의무화 규정이 당정 협의 과정에서 삭제되고 초과 택지 소유가 인정되었으며 시행 시기도 연기되었다. 또한 개발부담금의 비율은 당초 정부안의 70%에서 50%로 낮추어졌으며, 토지초과이득세의 부과 대상 지역도 정부가 투기지역으로 고시한 지역으로 축소되었다(백욱인, 1989: 191-195).

8) 1988년 13대 총선을 통해 형성된 여소야대 상황을 탈피하기 위해, 당시의 집권 민정당은 1990년 2월 민주당·공화당과의 합당을 통해 원내 의석의 2/3가 넘는 민주자유당을 출범시켰다. 이러한 3당 합당은 3년여에 걸친 사회민주화 운동에 불안을 느낀 보수기득권 세력의 연합으로 특징지을 수 있을 것이다.

노태우 행정부의 경제 자율화 및 규제 완화 정책은 산업 정책이 광범위하게 경쟁을 제한했던 우리의 경제 상황에 비추어볼 때, 시장 경제 체제를 발전시키고 정부-기업 관계를 재편하려는 최초의 실질적 시도로 중요한 의미를 지닌 정책 변화라고 할 수 있다. 이러한 변화는 정치적 민주화가 진전됨으로써 경제 민주화 요구가 강했던 당시의 여건 변화, 국제화·개방화의 필연적 심화 추세, 정부 주도형 경제 운용의 한계에 대한 공감대 확산 등과 무관하지 않은 것이다(차동세·김광석, 1995: 410).

노 대통령 시대의 재정 운용의 특징을 보면, 재정 규모가 1989년~1991년간 연평균 20% 이상의 증가율을 나타낸 바, 이는 전 대통령 시기의 경제 안정화를 위한 긴축 재정에 대한 반작용으로 볼 수 있다. 즉, 이러한 재정 확충은 1980년대 초반의 긴축 재정 운용으로 초래된 사회 간접 자본의 부족 현상을 타개하고 급격히 증가하기 시작한 복지 재정에 대한 수요를 충족시키기 위한 것이었다. 노 대통령은 지방자치제도의 시행에 따른 지방 재정 확충을 위해, 1991년 지방양여금 특별회계와 지방 교육 양여금 특별회계를 신설했다.

전반적으로 볼 때, 제6공화국의 경제 상황은 노사 분규의 확산,[9] 임금 상승,[10] 부동산 투기 과열, 사치성 소비의 증대, 환율 상승, 소비자 물가 상승[11] 등 경제 환경의 악화로 전반적으로 경제의 체질이 약화되는 양상을 나타냈다. 그러나 경제 지표상으로는 1991년의 1인당 GNP가 6,500달러, 무역 총액은 1,500억 달러에 달하는 등 여전히 경제 성장이 지속되는 것으로 나타났다. 그러나 이 기간의 경제 성장은 민간 소비, 건설 투자 등 주로 내수(內需)에 의존한 것으로 국제 경쟁력은 크게 떨어져 무역 수지는 1990 년부터 적자를 계속 기록했다.[12] 그 동안 한국 경제의 성장을 주도해 온 수출이 3저라는 외부적 호조건(好條件)을 맞아 1988년 142억 달러의 흑자를 기록

9) 6·29선언 이후 노사 관계에 대한 정부의 방임 정책으로 1987년 한 해에만 3,749건의 노사 분규가 발생했으며, 노사 분규 양태도 과격화하고, 전체의 94%가 선파업-후협상의 불법적 양상을 띠었다. 그러나 1990년 이후 노사 분규는 진정되어 1994년에는 121건으로 감소했다.

10) 1978년 200달러에 불과했던 제조업 월평균 임금은 1986년까지 330달러 수준으로 안정적으로 상승했으나, 1987년 6·29선언 이후의 노조 활성화, 원화의 절상 등으로 인해 1994년에는 1,270달러까지 급격하게 상승했다.

11) 1983~1987년간 2.8%에 머물렀던 소비자 물가 상승률은 1988~1991년에는 7.1%에 이르렀다.

12) 노태우 행정부의 경제 치적에 대해 당시 집권자 측에서는 집권 5년간 연평균 8.5%의 실질 성장으로 국민총생산이 2.3배 늘어났으며, 경제 선진화를 위한 구조 조정도 꾸준히 추진해 왔다는 등의 긍정적 평가를 하기도 한다(김학준, 1993). 그러나 이러한 성장률은 주택 200만 호 건설과 레저산업의 수요 증대에 따른 서비스 산업의 급성장 등 주로 서비스업 중심의 내수산업의 확대에 의한 것이다.

했던 경상 수지는 1991년에는 87억 달러의 적자로 반전되었다.

이와 같은 수출 부진의 원인은 노사 분규에 따른 임금의 급격한 상승과 물가·환율 등 경제 환경의 변화에서 찾을 수 있다. 무엇보다도 근본 원인은 국제 분업 구조에 대응하는 산업의 구조 조정 및 기술 개발 투자가 제대로 이루어지지 않은 데서 찾을 수 있다. 기업들은 임금·환율 등의 수출 가격 상승 요인을 기술 개발과 제품의 고부가 가치화 등을 통해 자체 내로 흡수하려고 노력하기보다는, 안이하게 주식 투자와 부동산 투기 등의 재테크를 통한 재산 증식에 골몰했던 것이다. 이러한 경제적 상황들이 결국 1990년대 후반의 IMF 지원 금융 사태를 몰고오는 원인으로 작용했다.

3) 사회·문화

사회적 측면에서 제6공화국은 권위주의 체제 해체 과정의 큰 진통을 겪었다. 제6공화국의 출범과 때를 같이해 한국 사회는 그간의 권위주의 체제가 부분적으로 해체되는 민주화 과정을 거치면서 사회경제적 갈등이 표출됨으로써 총체적 위기의 난국을 맞이하게 되었다. 즉, 정치적 민주화의 요구와 분배 정의를 요구하는 경제적 민주화의 욕구가 융합됨으로써 엄청난 사회적 불안정을 가져오게 되었다.

1987년의 6·29 선언은 당초 정치적 민주화를 목표로 한 것이었으나, 노조 활성화의 촉발제 역할을 함으로써 노사 관계를 근본적으로 변화시키는 큰 계기가 되었다. 1987년 이전까지 약 100만 명 수준을 유지하던 노동조합원 수는 1989년에는 193만 명까지 증가했고, 노사 분규 건수도 폭발적으로 증가했다.[13] 고도 경제 성장 기간 동안 분배가 왜곡되어 심한 소득 분배의 불균형을 초래한 바, 분배에 대한 불만을 여과시킬 통로가 없어 그 동안 쌓여 왔던 불만이 일시에 분출하게 된 것이다. 6·29 선언 후 약 2개월 간 무려 3,500여 건의 노동 쟁의가 발생했으며, 이 때의 노사 분규는 대부분 합법적 쟁의가 아니라 선파업-후협상(先罷業-後協商)의 불법 쟁의였다는 특징을 지니고 있다. 임금 인상과 처우 개선은 물론 기본적 인권의 보장을 요구하는 이러한 노사 분규 과정에서 일부 폭력·파괴 행위가 잇달았으나, 전체적으로는 새로

---

13) 1987년의 3,749건에 달했던 노사 분규 건수는 1988년 1,878건, 1989년 1,616건으로 감소하다가 1990년에는 322건, 1991년에는 평년 수준인 234건으로 줄어들었다. 이와같이 1990년 이후 노사 분규 건수가 급격하게 줄어든 간접적인 원인 가운데 하나는 3당 합당을 통해 정치권이 안정된 데서 찾아볼 수 있을 것이다.

운 노사 관계가 재정립되는 계기가 마련되었다.

1989년 2월에는 전국 농민 1만 여 명이 여의도에 모여 고추 전량 수매・수세(水稅) 폐지・농축산물 수입 금지 등을 요구하며 격렬한 시위를 벌였는가 하면, 동년 5월에는 전국 교직원 노조 결성 움직임이 표면화되는 등 집단적 사회 갈등이 표출되기도 했다. 1990년 5월 정부는 격화되는 노사 분규와 부동산 투기 과열, 그리고 증시 폭락 상황을 '총체적 난국'으로 규정하고, 노사 분규 및 시위에 강력 대응하고 부동산 투기를 억제하기 위한 '5・7 시국(時局) 담화문'을 발표하기에 이르렀다.

사회 정책과 관련한 노 대통령 정부의 특성 가운데 하나는 사회 보장 체제의 구축과 사회적 형평성을 제고하기 위한 정책의 추구라고 할 수 있다. 과거 우리나라의 국가 경제 정책은 사회적 형평보다는 경제적 효율을 중시했고 사회 개발 전략도 단순한 소득 이전적인 복지 투자에 초점을 두었었다. 즉, 과거 고도 경제 성장기의 우리나라의 사회 정책은 기본적으로 선성장 후분배 정책을 추구해 왔다. 1980년대 후반 들어 그 동안 선성장 후분배의 성장 전략에 따른 부(富)의 편중(偏重)으로 상대적 박탈감을 심하게 느껴온 노동자 집단이 근로 조건의 개선과 형평 분배에 대한 욕구를 표출하면서 복지 정책은 일대 전환기를 맞게 되었다. 이에 따라 그 동안 정치적 수사로만 활용되어 왔던 복지 정책이 전국민 의료보험 실시, 국민연금 시행, 최저 임금제 도입이라는 실제적 제도의 변화로 나타나게 된 것이다.

이 때의 복지 부문 예산 증가율은 종전의 2배 수준인 연평균 30%를 상회하게 되었다(문형표, 1993). 1987년에는 저임금 근로자를 보호하기 위해 10인 이상을 고용하는 제조업 사업장에 대해 최저 임금제가 실시되고, 1988년에는 일반 국민을 대상으로 하는 국민연금 제도가 도입되었으며, 또한 의료보험이 농촌 지역에까지 확대・실시되었다. 1989년에는 의료보험이 도시 자영업자에게까지 확대・적용되었으며, 도시 및 농어촌 지역의 의료보험 조합에 대해서는 정부가 소요 재원의 50%를 부담했다. 그러나 이러한 사회복지 제도의 확충에도 불구하고 불우 계층에 대한 공적 부조 및 사회복지 서비스 수준은 크게 미흡했던 것으로 평가받고 있다.

사회 구조적인 측면에서 볼 때, 산업화의 영향으로 층이 두터워진 중산층의 정치적 영향력이 증대되고 아울러 그 동안 사회운동가들에 의해 꾸준히 조직화되어 온 도시 빈민과 농민들의 사회 활동이 활발해졌다. 특히 개발 연대 동안 친자본가적인 보수(保守) 성향을 보여왔던 중산층은 민주화 과정에서 진보적인 노동자 계층과 연대함으로써 1980년대 후반의 한국 사회 변혁 운동에 앞장서게 되었다. 그러나 1980년대 후반의 격렬한 노사 분규 회오리를 겪은 한국의 중산층은 1990년대 들어 경제 민주화를 요구하는 노동자 계층과 일정한 거리를 두는 보수 회귀 움직임을 나타내기 시작했다. 1990년 2월의 3당 합당은 이러한 보수 회귀의 정치적 상징으로 해석될 수 있을 것이며, 이후 한국 사회는 특히 경제 민주화라는 관점에서 볼 때, 보수화의 방향으로 흐름이 바뀌게 되었다.

2. 행정 조직과 관리

노 대통령은 급변하는 행정 환경 변화에 능동적으로 대처할 수 있는 정부 조직 개편안과 이와 관련된 행정 제도 개선안을 마련하기 위해 행정개혁위원회를 설치했다. 1989년 7월까지 한시적으로 설치된 이 위원회는 행정 개혁의 기본 방향으로 민주화 추진과 인권 보장, 민간의 자율성과 창의성 신장, 통일 염원의 실현, 국제화 시대에 대응, 지방화 시대에 대비, 지속적인 경제 성장, 복지 형평의 구현, 행정 체제의 효율성 증진을 설정하고, 정부와 민간의 역할 재정립, 중앙과 지방의 관계 재정립, 부처 조직의 개편, 행정 제도 및 행정 행태의 개선과 관련된 47개의 개혁 과제를 확정해 건의했다(행정개혁위원회, 1989). 그러나 이러한 보고서의 건의 가운데 극히 일부분만 수용되었다.

노 대통령은 사회정화위원회와 국가원로 자문회의 등을 폐지한 것을 제외하고는 기존의 부처 조직을 오히려 확대하는 조직 개편을 추구했다. 1989년 문화공보부를 문화부와 공보처로 분리하고, 환경청을 환경처로 승격했다. 그리고 국제화·산업화·도시화에 대응해 외무부, 보사부, 노동부, 교통부의 일부 기능을 강화하고 체육부와 문교부의 일부 기능을 이관·조정하는 조치를 취했다. 1990년에는 국토통일원의 명칭을 통일원으로 개칭하고, 문교부를 교육부로, 체육부를 체육청소년부로 명칭을 변경했다. 또한 경제기획원 조사통계국이 통계청으로 개편되고, 중앙기상대가 기상청으로 승격되었다. 1991년에는 내무부 치안본부를 경찰청으로 개편하고 경찰위원회를 설치했다. 당초 이 같은 경찰 조직의 기구 개편은 경찰의 정치적 중립을 강화하기 위해 추진되었으나, 경찰위원회가 자율성이 보장된 의결 기구로서의 역할을 수행하지 못하는 등 개편의 실질적 성과는 본래의 취지를 살리지 못했다.

결론적으로 말해 노태우 행정부는 행정개혁위원회 등을 통해 정부 조직 개편 작업을 추진하면서 '작은 정부'의 구축을 표방했으나, 정치적 리더십의 부족으로 말미암아 겉으로 내세운 정책 목표와는 달리 집권 기간 동안 오히려 기구와 인력이 팽창되는 결과를 초래했다. 집권 5년간 공무원은 16만 여 명이 증원되었으며, 1급 직위는 60여 개가 증설되었다. 중앙정부 조직은 제5공화국 말에 비해 2처 3청이 증가한 2원 16부 6처 15청 2외국 체제가 되었다.

그러나 다른 한편 권위주의 체제 해체 과정의 과도정부 성격을 지닌 노태우 행정부는 국가 권력 기반으로서의 국가안전기획부, 군정보기관, 검찰, 경찰, 국세청 등의 권한을 축소·약화시키는 조치를 취하지 않을 수 없었다. 먼저 청와대의 기능과 조직을 축소했으며, 군정보기관의 민간 부문에 대한 사찰 기능을 중단하고, 국가보안법 개정을 통해 인권 침해, 권한 남용을 억제하고자 했다. 또한 검찰총장직의 임기제를 도입하고 경찰청을 중앙행정부서로부터 독립시킴으로써 검찰권과 경찰권 행사의 중립성을 제고하려고 노력했다(정승건, 1999: 352).

3. 주요 정책

노태우 행정부는 정치적 측면에서 1988년의 5공특위와 광주특위, 그리고 국가 권력 기구의 중립화 등을 통해 인권과 민주화를 중시하는 사회적 가치의 확산에 기여했다. 외교정책으로는 1988년 북방 정책 선언을 통해 남북한 간의 물자 교역을 국내거래로 간주해 관세 등을 감면하는 조치를 발표했으며, 1990년에는 남북한 동시 유엔 가입을 성사시키고, 1992년에는 남북 간의 화해와 불가침 및 교류·협력에 관한 합의서를 발효시킴으로써 남북 간의 공존 영역을 확대시켰다(김태룡 외, 2006: 414).

행정적 측면에서 노태우 행정부는 행정 개혁과 정부 규제 완화를 추진하기 위한 노력을 기울였으며, 1991년에는 지방의회의 구성을 통해 지방자치제를 부활시켰다. 노태우 행정부는 1988년 5월 행정개혁위원회를 구성, 행정의 비민주적 관행들을 청산하고 작은 정부를 구현하기 위한 행정 개혁 작업을 추진했다. 그러나 허약한 노태우 행정부의 행정개혁안은 건설부 관료들의 항명 사건 등 공무원집단의 다양한 저항에 직면해 대부분 무위로 돌아갔으며, 행정기관 축소 작업은 오히려 확대 개편되는 결과를 초래하기도 했다(박동서, 1990: 80-88). 노태우 행정부는 또한 1991년 9월 '행정규제 완화 민간자문위원회'를 구성, 행정 규제 완화 작업을 추진했다. 국무총리 소속 하에 설치된 이 위원회는 649건의 개선 사항을 제시했으며, 이에 따라 164건의 행정 업무가 민간에 위탁되고 연평균 34건의 규제 완화가 이루어지게 되었다(대통령비서실, 1993; 정승건, 1999: 366). 그러나 이러한 규제 완화 작업도, 이권(利權)과 무관한 행정 기능을 개혁 대상 업무로 제출하는 등, 관료집단의 반발에 직면해 큰 성과를 거두지 못했다.

1987년 6·29선언을 통해 지방자치의 실시를 천명한 노태우 대통령은 1988년 3월 제7차 지방자치법 개정안을 국회에서 여당 단독으로 통과시키게 되었다. 그러나 시·군·구의회를 89년 4월 30일 이내에 구성하고 그 후 2년 이내에 시·도의회를 구성하기로 규정되어 있는 법정 기일을 정부 여당이 지키지 않을 조짐을 보이자, 여소야대 상황에서 야 3당은 1989년 3월 지방자치법 개정법률안을 국회에서 통과시켰다. 그러나 이 개정안은 대통령의 거부권 행사로 무산되었다.

야 3당(野三黨)이 국회를 통과시킨 법률안에 대해 거부권을 행사하고, 기초의회 구성의 법정 기일을 위반, 여론의 비판에 직면한 정부 여당은 1989년 12월 결국 지방의회 의원선거를 1990년 6월 30일 이내에 실시하고 단체장선거를 1991년 6월 30일 이내에 실시하기로 하는 제8차 개정법률안에 합의하지 않을 수 없었다. 그러나 이러한 여야 합의는 1990년 2월 3당 합당으로 연기되고 말았다. 그 뒤 지자체 합의사항 파기에 맞서 야당이 원외 투쟁을 벌이는 등 여야의 극한 대립을 겪은 끝에 1990년 12월 31일 지방자치법 개정 법률이 공포됨으로써 1991년 봄 30년 만에 지방의회 의원선거가 실시되기에 이르렀다.

노사 분규의 확산, 생산성 하락, 부(富)의 불균형과 부동산 투기 열풍 등 경제·사회적 문제에 직면한 노태우 행정부는 경제 정책 측면에서 민간 부문의 자율성 확대 등 경제 민주화 정책을 정책 기조로 내세웠다. 경제 민주화 정책은 ① 경제력 집중의 완화, ② 불로소득 환수와 지하경제 해소를 통한 경제 정의 실현, ③ 산업 민주주의의 실현, ④ 노동자, 농민, 도시 빈민, 중소기업 등 소외계층의 경제적 이익의 보장, ⑤ 경제 정책 결정의 민주화 등을 내용으로 담고 있다(강인재·이달곤 외, 1998: 92).

노태우 행정부는 1989년 12월 경제 민주화 조치의 일환으로 택지소유상한법·개발이익환수법·토지초과이득세법 등 혁신적인 토지 공개념 관련 법을 제정했다. 그 밖에도 노태우 행정부는 공정거래법상의 계열 회사 출자에 대한 규제 강화, 대기업 집단의 업종 전문화를 유도하기 위한 여신관리 제도의 개편 등을 추진했다(강인재·이달곤 외, 1998: 93). 노태우 행정부는 또한 공기업을 특정인의 지배를 받지 않는 국민적 기업으로 육성하기 위해 1988년 10월 포항제철의 정부 보유 주식 중 34.1%를 국민주로 매각하고, 1989년 한전 주식 중 정부 보유 지분 21%를 국민주로 매각하는 등 공기업 민영화 작업을 부분적으로 추진했다.

제 2 절 김영삼 행정부

1. 행정 환경

1) 정치

김영삼 대통령(1993~1998)
(자료: 국가기록원)

1990년의 3당 합당을 통해 오랜 야당 생활을 해온 김영삼 씨가 여당인 민자당에 합류한 뒤 1992년 12월의 대통령 선거에서 당선, 이승만 대통령 이후 30여년 만에 처음으로 문민정부(文民政府)가 들어섬으로써 정치적 민주화에 큰 진전을 이루게 되었다. 김영삼 대통령(1993. 2. 25~1998. 2. 24)은 1995년의 4대 지방 선거를 통해 지방자치 제도를 본격적으로 실시함으로써 명실상부한 민주화를 추구하고, 과거 군부 권위주의 지배의 잔재를 청산하기 위한 정치적·사회적 개혁을 광범하게 추진했다.

김영삼 대통령은 '문민정부'를 표방하면서 정통성을 대한민국 임시정부로 격상시켰다. 이는 기존의 이승만, 박정희, 전두환, 노태우 시대를 건너뛰는 파격적인 선언이었다.

김 대통령은 군부 지배의 잔재를 청산하고 권위주의 체제를 해체해 민주주의를 제도화하고, 시민 사회의 새로운 질서를 형성하는 데 정책의 역점을 두었다. 김 대통령은 취임 직후 자신의 재산 공개를 출발점으로 하여 대대적인 공직자 숙정(肅正) 작업을 추진하고 뒤이어 군부 숙정 작업과 금융 실명제 도입 등의 조치를 통해 기존 엘리트 집단의 기반을 허물어뜨리는 개혁 작업을 추진했다. 12·12 및 5·18 사태 관련자들에 대한 인사 조치와 아울러 군부 내의 사조직 해체 및 율곡 사업에 대한 감사 등의 숙군 작업을 통해 김 대통령은 군부의 영향력을 거세하고 문민 통제의 원칙을 확립하는 일련의 조치를 취했다. 김 대통령은 또한 국가안전기획부법의 개정(1993. 12) 등을 통해 정치 공작(工作)과 인권 탄압의 대명사로 알려져 왔던 국가안전기획부와 국군기무사 등 억압 기구의 권한 축소와 탈정치화를 도모했다.

김 대통령은 개발 연대에 정부 주도 개발 정책 추진을 위해 구축되어 온 정부조직을 민주화·개방화·지방화 시대에 적합한 구조로 개편하기 위한 대대적인 정부 조직 개편 작업을 추진하고, 지방자치의 전면 실시를 통해 풀뿌리 민주주의의 실현을 추구했다. 아울러 불합리한 행정 제도와 관행을 개선하기 위한 행정 쇄신 작업과 기업의 경제 활동을 억제하는 각종 규제를 철폐하기 위한 경제 행정 규제 완화 작업을 추진했다.

정치적 리더십과 행정 관료의 관계라는 관점에서 볼 때, 노 대통령 정부 후반부터 드러나기 시작한 제도적 관료제 현상은 김 대통령의 개혁 정책이 복지부동(伏地不動)이라는 관료집단(bureaucrats as a class)의 집단적 태업(怠業)에 의해 좌초되면서 본격적 모습을 나타내게 되었다.

행정부 내에서의 정무관과 직업 관료와의 관계를 살펴볼 때, 제5공화국까지의 권위주의 체제 속에서는 관료에 대한 정무관의 통제가 효과적이었으나, 1980년대 후반 들어 민주화가 추진되면서 그 동안 집단 이익을 가진 하나의 계급으로 성장해 온 관료집단의 행정적 자율성이 급격하게 신장됨으로써 정치 권력의 관료제에 대한 통제의 효과성이 현저하게 저하되었다. 즉, 관존 민비의 전통적 사회 풍토, 정부 주도 발전 경험, 행정 우위 체제의 관성, 그리고 미시적으로는 잦은 정무관의 교체, 자질 부족 등의 요인이 복합적으로 작용해 관료제의 자율성이 급격하게 신장함으로써 직업 관료집단은 이제 정치 권력의 통제에 효과적으로 대응할 수 있는 스스로의 저항력을 갖추게 되었다(이종수, 1998: 41). 또한 정치 체제가 민주화되면서 한국의 관료제는 정치 권력의 도구로서의 역할을 벗어나 더욱 자율성을 확보하게 되었다.

특히 1995년 6월의 4대 지방 선거를 계기로 지방자치제가 본격 도입, 일부 야당 소속의 자치단체장이 탄생하면서 한국의 관료제는 권력의 사병(私兵)·권력의 시녀로서의 성격을 어느 정도 탈피하게 되었다.

2) 경제

김 대통령은 국내적으로 산업 구조 조정, 사회간접자본 확충,[14] 국제 수지 개선, 국제 경쟁력 제고와 같은 어려운 경제적 과제와 아울러, 금융 실명제 실시와 같은 개혁 과제를 유산으로 물려받았다. 대외적으로는 우루과이 라운드(UR) 협상의 타결로 1995년 GATT 체제를 대체하는 강력한 다자간(多者間) 무역 기구인 세계무역기구(World Trade Organization: WTO) 체제가 등장하고 경제협력개발기구(OECD)에 가입함으로써, 개방 경제 시대의 무한 경쟁 상황에 놓이게 되었다. 새로운 다자간 무역 질서로 직접적인 수출 지원과 같은 기존의 산업 정책이 무력화되고, 각국의 경제 체제는 좀 더 개방적이고 공정하며 투명하게 운영할 것을 요구받게 되었다.

김 대통령은 출범과 함께 신경제 100일 계획을 수립, 우선 서비스 산업의 과대 성장과 국제 수지 적자 확대 등 경제의 대내외적인 불균형을 시정하고 성장 기반을 다지기 위해 과열 상태를 나타내는 내수를 진정시키는 경제 안정화 정책을 추구했다. 이러한 경제 안정화 정책으로 1994년에는 중화학 공업 중심의 설비 투자가 되살아나고, 수출이 증가됨으로써 8.4%에 달하는 높은 경제 성장률을 달성했다. 그러나 김 대통령 정부 출범 초기의 이러한 높은 성장률과 수출의 호조에도 불구하고 특히 소비재 수입의 급증 등으로 인해 경상 수지 적자 폭은 급격하게 증대하기 시작했다.

경제 개혁 정책과 관련해 가장 두드러진 특징은 금융 실명제의 도입이다. 김 대통령은 1993년 8월 12일 '금융 실명 거래 및 비밀 보장에 관한 긴급 재정 경제 명령'을 발표, 1982년 제정되어 그 동안 시행이 유보되어 온 「금융 실명 거래에 관한 법률」을 폐지했다. 이에 따라 비실명 금융 자산의 실명화를 강제하기 위해 금융 거래에서 실명 사용이 의무화되고, 금융 소득의 종합 과세가 예고되었다. 이러한 금융 실명제는 경제 정의 실현을 위한 개혁의 상징으로 왜곡된 금융 질서를 바로잡고 부패

---

14) 전두환 행정부의 강력한 재정 긴축 정책은 물가 안정을 이룩했으나, 다른 한편으로는 도로·항만 등 사회간접자본의 투자를 크게 위축시킴으로써 1990년을 전후해 물류 비용의 급격한 상승을 초래, 국내 산업의 국제 경쟁력을 크게 약화시켰다.

고리를 차단하는 효과와 함께 종합 과세를 통한 과세 형평 확보에 근본 취지가 있었다.[15)]

김 대통령은 경제 부문에 대한 정부의 간섭을 축소, 경제 자율화의 폭을 넓히기 위해 정책 금융을 축소·정비하고 금융기관에 대한 규제를 완화하는 한편 외환 및 자본 거래 자유화도 적극 추진했다. 1994년 3월 정부는 한국은행의 한시적인 정책 금융을 시한 만료 후 폐지하도록 하고, 제조업 지원 지도 비율을 인하하는 등 선별 금융 제도도 단계적으로 축소·정비함으로써 금융기관의 자금 운용 자율성을 신장하고자 했다. 그리고 '은행장 추천위원회'를 설치하도록 하는 등 인사, 조직, 자금 운용 면에서 금융 기관 내부 경영에 대한 정부의 간섭을 방지하기 위한 규제 완화 정책도 동시에 추구했다.

김 대통령은 또한 1995년 7월에는 부동산 실명제를 도입함으로써 부동산 투기와 불로 소득의 폐해를 근절하고자 노력했다.

재정상의 특성을 살펴보면, 조세 부담률이 1992년의 19.4%에서 1995년 20.6% 수준으로 늘어나는 등 김 대통령 시기 동안 조세 부담률이 제고된 것을 들 수 있다. 또한 집권 초기인 1993년에는 상당수의 기금 및 특별회계를 정비하는 재정 개혁 조치를 취했다. 교통 시설의 확충을 위해 도로 특별회계, 도시철도 사업 특별회계 등을 흡수해 도로 등 교통시설 특별회계를 신설하고, 환경 개선을 위해 폐기물 관리기금, 환경오염 방지기금 등을 환경 개선 특별회계로 통합하는 등의 조치를 취했다.

전체적으로 보아 김 대통령 시절의 경제 상황은 1995년 1인당 국민 소득이 1만 달러를 넘어서고 수출 규모가 1,000억 달러를 상회했으며, OECD에 가입하는 등 준(準) 선진 공업국(semi-advanced industrial country)으로 발전했으나, WTO 체제를 맞아 특히 금융 개방화를 추진하면서 정부의 사전 대응 미비로 말미암아 정권 말기에 IMF 구제 금융이라는 미증유의 환란(患亂)을 초래함으로써 한국 경제를 10년 전으로 되돌리고 엄청난 실업자군(群)을 양산하는 실책을 범하게 되었다.

---

15) 금융 거래에 가명(假名)의 사용을 허용하는 금융 가명 제도는 1961년 경제 개발에 필요한 내자(內資) 동원 목적으로 도입되었으나, 그 간 금융 자산의 위장 분산·부동산 투기·불법적 정치 자금의 거래·조세 부담의 비형평성·경제력 집중 심화 등의 많은 문제를 낳았다(임혁백, 1994: 340).

표 14-1 김영삼 행정부 당시의 한국 현황

항목		1993	1994	1995	1996	1997
인구	총인구(만 명)	4419.5	4464.2	4509.3	4552.5	4595.4
	인구성장률(%)	1.02	1.01	1.01	0.96	0.94
인구 구성비	0~14세(만 명,%)	1073.5(24.3)	1065.3(23.9)	1053.7(23.4)	1040.3(22.9)	1023.3(22.3)
	15~64세(만 명,%)	3102.3(70.2)	3144.6(70.4)	3190.0(70.7)	3232.7(71.0)	3279.1(71.4)
	65세 이상(만 명,%)	243.7(5.5)	254.2(5.7)	265.7(5.9)	279.5(6.1)	292.9(6.4)
무역 수지(백만 달러)		−1,564	−6,335	−10,061	−20,624	−8,452
실업	실업자(만 명,%)	57.1(2.9)	50.4(2.5)	43(2.1)	43.5(2.0)	56.8(2.6)
	청년(15−29세) 실업자(만 명,%)	38.3(6.8)	32.4(5.7)	26.3(4.6)	26.4(4.6)	32.2(5.7)
국내 총생산 (명목 GDP,십억 원)		298,762	349,973	409,654	460,953	506,314
경제성장률 (실질 GDP 성장률,%)		6.3	8.8	8.9	7.2	5.8

3) 사회 · 문화

김 대통령의 등장은 노 대통령 시절부터 시작된 사회 민주화를 더욱 심화시키는 계기가 되었다.

1993년 5월 신경제 5개년계획을 통해 복지 정책의 변혁을 꾀하게 되었다. 문민정부가 추진한 대표적인 복지 정책은 1995년부터 실시된 고용보험 제도의 도입이다. 고용보험은 노동자에 대해 실업 시 일정 기간 동안 소득을 제공하는 사회보험의 하나로, 실업 중의 소득 보장뿐만 아니라 실업 예방, 취업 촉진, 고용 구조 개선, 근로자의 능력 개발 등 근로자의 좀 더 바람직한 고용 상태 유지를 목적으로 도입된 것이다. 고용보험 제도의 도입으로 우리나라는 아동 수당을 제외하고 사회 보장과 관련된 핵심 제도를 모두 갖추게 되었다. 이러한 고용보험 제도는 김 대통령 집권 말기에 맞은 IMF 구제 금융 시대에 구조 조정을 통해 급격히 늘어난 실업자들의 소득을 보장하는 데 큰 기여를 하게 되었다. 또한 1995년 국민연금 제도를 농어촌 지역으로까지 확대 · 적용했다. 1988년 시작된 국민연금 제도는 1994년 말 현재 약 13조 원에 육박하고 있어 국내 자본 시장은 물론 한국 경제 전반에 걸쳐 큰 파급 효과를 미칠 것으로 예상되었다.

노사 관계에 초점을 둘 경우, 한국의 경영자총연합회와 노총은 1993년 처음으로 노사 간에 전국 차원에서의 임금 인상률에 관한 사회적 합의를 도출하는 성과를 거두게 되었으며, 1994년에 다시 사회적 합의를 이끌어 냄으로써 한국의 노사 관계는 대립과 투쟁에서 협조와 타협의 새로운 시대를 맞게 되었다. 우리나라와 같은 다원적·경쟁적 기업 풍토 속에서 사회적 합의가 실효성을 거둘 수 있을지에 관해서는 상이한 견해들이 표명되고 있으나, 1980년대의 과격한 노사 분규로부터 노사 합의의 새로운 장을 열게 된 것은 노사 관계의 새로운 발전이라 하지 않을 수 없다. 1995년에는 제2의 노동조합연합회 건설을 지향하는 전노대(全勞代) 측의 비판으로 노총이 사회적 합의의 불가를 선언했다. 이러한 사회적 합의의 전통은 김대중 대통령 정부와 때를 같이해 출범한 노사정위원회(勞·使·政委員會)를 통해 이어졌다.

2. 행정 조직과 관리

1) 중앙 행정

2원 7처 14부 12청 2외국, 37개 기구 조직으로 출발했다. 이전 노태우 행정부 말기에 추진된 정부 조직 개편이 취임 직전에 국회 통과로 완료됨에 따른 것이다. 내용을 보면 문화체육부(기존의 문화부 + 체육청소년부), 상공자원부((기존의 상공부 +동력자원부) 신설이 핵심 내용이었다. 김영삼 대통령은 취임 후부터 자신이 구상하는 방향으로 정부 조직을 개편하고자 시도했다. 행정쇄신위원회를 중심으로 1993년 6월부터 개편 작업을 시도해 장관 수 축소, 권력기관 약화 등을 골자로 하는 개편안을 만들었다. 하지만 관료들의 복지부동과 강력한 반발에 부딪쳐 잠시 보류하는 듯싶더니 1994년 11월 '세계화 선언'과 동시에 다시 본격적으로 재추진했다. 주요 개편 내용을 보면 재정경제원(경제기획원 + 재무부), 통상산업부(상공자원부 명칭 변경), 정보통신부(체신부 명칭 변경), 건설교통부(건설부 + 교통부), 환경부(환경처 격상), 보건복지부(보건사회부 명칭 변경), 국무총리 행정조정실장 신설이었다. 공정거래위원회를 국무총리 소속으로 독립시키고, 중앙행정기관화했다. 1994년 말에 6처 13부, 10청으로 되었다가, 1996년에는 다시 15부 8청이 되었다.

행정 관계 법들에 대해서도 일부 개정을 시도했는데, 행정절차법 제정(1996), 공공기관의 정보 공개에 관한 법률(=정보공개법) 제정(1996), 민원 사무 처리에 관한 법률(=민원사무법) 제정(1997), 행정 규제 기본법 제정(1997)이 이루어졌다.

2) 지방 행정

김영삼 행정부는 지방의회 의원만을 주민 직선으로 하던 반쪽짜리 지방자치 제도를 실질적으로 구현하기 위해 자치단체장 직선제를 채택해 시행했다. 1994년 말에 법규를 개정한 뒤, 1995년초부터 내무부에 자치단체장 직선을 위한 제도 개선이 이루어졌고, 6월 27일에 선거가 치러졌다. 자치 단체장 직선은 그 동안 일방적으로 중앙 내무부의 임명과 지시를 받던 자치단체가 주민들이 직접 참여하는 형태로 개선된 것이다. 지방자치단체의 시장, 도지사, 군수를 직접 선출하고, 이를 견제할 수 있는 의회 의원도 직선으로 뽑게 된 것이다. 주민 직선으로 선출되는 특별시장, 직할시장, 도지사, 시장, 군수, 특별시와 직할시의 구청장을 정무직으로 변경했다.

3. 주요 정책

1) 행정 쇄신

김영삼 행정부는 1993년 4월, 행정쇄신위원회를 발족시켜 새롭게 출범한 문민정부, 민주정부로의 쇄신을 추진하기 시작했다. 정부의 궁극적인 목표로서 깨끗한 정부, 튼튼한 경제, 건강한 사회를 내세웠다. 그 하위 목표로서 작지만 강한 정부, 봉사하는 정부, 효율적인 정부를 수립하고, 민영화, 조직 개편, 민원 행정 쇄신, 부정부패 개혁, 행정 생산성 향상을 꾀했다.

2) 금융 실명제와 부동산 실명제

김 대통령의 가장 큰 업적을 꼽으라면 단연코 금융 실명제(金融實名制)와 부동산 실명제(不動産實名制)이다. 이는 과거 국가 건설과 경제 발전 과정에서 간과되었던 경제 정의를 실현하는 시발점이 되었기 때문이다. 당시 차명(借名)과 가명(假名) 은행계좌와 거래가 만연되어 있었다. 그 규모는 1993년 8월 현재 가명-차명 계좌의 자금은 약 33조 원으로 추산되었는데, 이는 당시 금융자산 330조 원의 10%, 총통화

그림 14-1 문민정부 행정쇄신 추진 방향

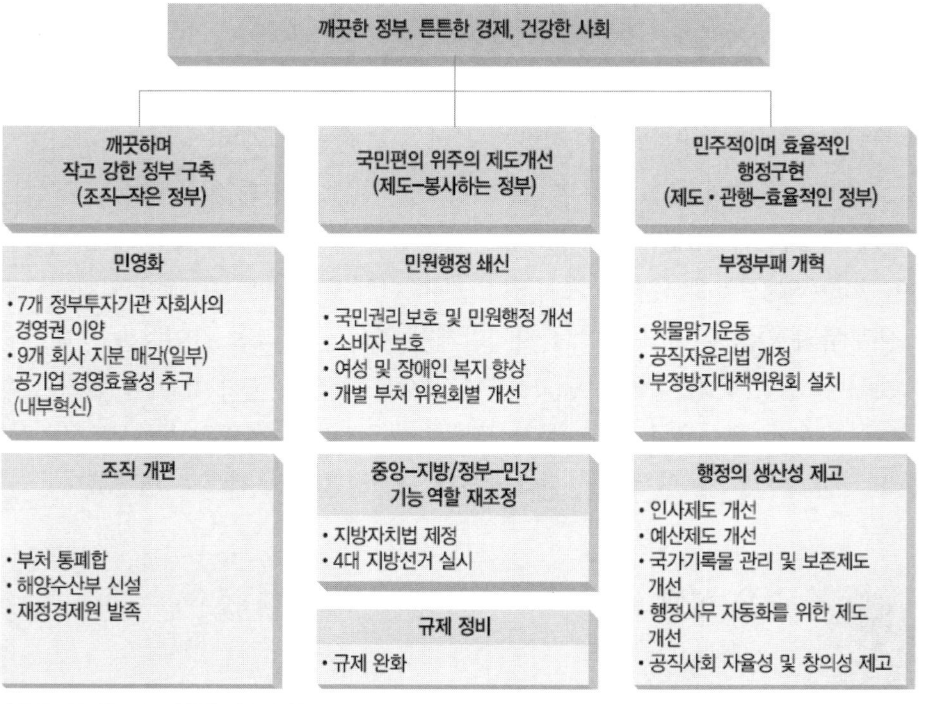

자료: 행정쇄신위원회(1997: 11–31) 재구성.

100조 원의 33%에 이르는 규모였다(정영헌 · 노영훈, 1996: 12).

금융 실명제는 1993년 8월 12일 20시, 김영삼 대통령의 '깜짝' 긴급 명령에 의해 시행되었다. 발표 순간 이후부터 모든 금융기관을 통한 거래는 실명 인증(본인 확인)을 거쳐야만 가능하도록 했다. 실명 확인을 하지 않고 불법으로 거래를 한 경우에는 당사자들을 모두 사법 처리하도록 했다. 실명 전환을 위해 2개월간 경과 기간을 두었고, 이 기간 동안 실명 전환을 하는 사람들에 대해서는 자금 출처나 세무 조사를 하지 않기로 했다. 이 기간을 초과해 실명으로 전환할 경우에는 매년 10%씩 추징금을 물리기로 했다. 정부의 강력한 추진에 따라 경과 기간이 끝난 1993년 10월 12일까지 81.3%(전체 계좌의 59.7%)가 실명화되었고, 1996년 6월 말까지 전체 96.9%(계좌 83.1%)가 실명화되었다(정영헌 · 노영훈, 1996: 12). 정부는 실명 전환과 병행해서 국민들의 경제 생활을 안정화하기 위한 대책을 추진했다. 부동산 시장 안정화, 금융

시장 안정, 자금 해외 유출 방지, 중소기업 지원 대책, 세제 개편 등을 추가적으로 시행했다.

부동산 실명제는 1996년 초 대통령 연두 기자 회견을 시작으로 신속히 추진해 3월 30일 법률안 공포, 7월 1일 시행되었다. 이를 통해 부동산 거래에서 명의 신탁(名義信託)을 금지하고, 1년 기간을 두어 기존의 명의 신탁자들의 부동산을 모두 실명화하도록 했다. 실명 전환에 따른 각종 세금 대책을 마련했고, 금융 전산망 가동, 부동산 경기 안정화 대책 등을 추가적으로 시행했다. 부동산 실명제는 금융 실명제와 함께 한국 경제를 한 차원 높은 위치로 격상시키는 일이었다. 경제 활동을 투명화함으로써 불법, 탈세의 경제 행위가 줄어들었고, 외국인들의 투자 환경을 맑게 만들었다. 이듬해인 1997년 김영삼 대통령은 OECD 가입을 관철시켰다.

3) 통일, 국방, 외교 정책

김영삼 행정부의 통일 정책은 이전 정부로부터 진행되어 온 남북 기본 합의서(1992.3)와 한반도 비핵화 공동 선언을 토대로 한 '3단계 3기조 통일 방안'이었다(이희선, 1999: 27-45). 그러나 북한은 1993년 3월, 핵 확산 금지조약(NPT)을 탈퇴하고, 영변 핵실험 시설 사찰 거부, '서울 불바다 발언'(1994.3), 국제원자력 기구(IAEA) 탈퇴 선언(1994. 7), 김일성 사망(1994.7)으로 급격히 냉각되었다. 김 대통령은 8·15 광복절 경축사를 통해 '민족 공동체 통일 방안'을 새로 발표했다.

그 해 10월에 제네바 '북미 기본 합의'가 채택되고, 후속 조처로서 '한반도 에너지 개발기구(KEDO)'가 설립되었다(조경근, 2012: 151-188). 이를 토대로 북한 경수로 사업이 추진되었고, '한반도 평화 체제의 구축 및 긴장 완화에 관련한 쟁점들'을 다루기 위한 4자 회담이 논의되었다. 김 대통령은 남북한 화해 협력을 모색하려는 정책 기조를 집권 5년 동안 지속했다.

미국과의 관계는 클린턴 대통령과 비교적 우호적인 사이로 출발했지만 제네바 협상이나 북학 핵 위협에 대한 대처 등에서 신경전을 펴기도 했다. 일본 관계에서는 일본 관료들의 독도와 식민 지배 관련 망언 등으로 불편한 생각을 하게 되었고, 일제 식민 잔재인 조선총독부 건물을 해체했다. 조선총독부 건물 해체 작업은 취임 초인 1993년 8월 경복궁 복원 작업의 일환으로 시작되었다. 철거와 보존 논란으로 뜨거웠으나 김영삼 대통령은 강한 논조로 정책을 추진해 갔고, 마침내 1995년 8월 15

일 광복 50주년 경축식에서 총독부 청사 중앙돔 랜턴의 해체를 시작으로 철거에 들어갔다. 서울시 의회와 보수단체 등에서 강하게 반발했지만, 1996년 12월까지 완전히 철거했다.

김영삼 대통령은 군부 내에 존재했던 특수 집단인 '하나회'를 없애고 군에 대한 문민 통제 정책을 추진했다. 이는 노태우 행정부까지 지속되었던 군사 정권의 잔재를 없애는 동시에 군 인사권을 실질적으로 대통령이 행사하는 계기를 마련한 것이었다. 또 군 진급, 보직 인선과 관련된 각종 비리를 근본적으로 척결하는 계기로 삼았다. '5·16 군사 정변은 쿠데타'라는 발언을 하여 기존 군부 보수 세력들과 결별하게 되고, 김종필 등 민정당 계열의 정치인들이 모여 자민련을 창당하게 된다.

김영삼 행정부는 전직 전두환, 노태우 대통령을 비자금 수사와 함께 12·12 군사 반란, 5·17 비상계엄 확대 조치, 광주 민주화 운동에 대한 수사를 검찰에 지시했다(1994). 두 전직 대통령과 함께 관련자들 다수가 재판을 받고 처벌되었다(1996). 전두환과 노태우는 1996년 8월, 각각 사형과 징역 22년형을 각각 선고받았으나 6년 12월의 항소심에서 무기징역과 징역 17년형으로 감형됐다가 1997년 12월 20일 사면 복권되었다(위키백과, 김영삼 편). 김영삼은 노태우와의 관계를 끊고자 1995년 12월 5일에 민주자유당을 해산하고 신한국당을 창당했다.

4) 민영화

전 세계적으로 광범위하게 민영화가 추진되고 있다. 이는 일반적인 경제 논리가 "경쟁이 가능한 모든 재화와 서비스는 공공 부문보다 민간 부문이 더욱 효율적으로

표 14-2 과거 민영화 추진 내용

- 제1차 민영화(1960~1970년대): 조선공사, 해운공사, 대한항공, 한국기계 등 항공, 제조, 운수 분야의 11개 사 추진
- 제2차 민영화(1980년대 초반): 일반 공개경쟁 입찰 방식에 따른 주식 매각으로 추진
- 제3차 민영화(1987년): 한국전력, 포항제철, 국민은행 등 우량 공기업을 대상으로 국민주 방식으로 대규모 주식 매각을 추진했으나, 증시 침체 등으로 실적 미흡
- 제4차 민영화(1993년): 주인 있는 경영으로서의 전환에 중점을 두어 58개 공기업 민영화를 추진했으나 이해 당사자의 반발과 경제력 집중 문제 등으로 실패

자료: 기획예산처(1999). 『정부개혁 백서』.

공급할 수 있다"는 명제에 근거하고 있다.

1987년 한국통신 등의 민영화 방침이 결정된 이후 공기업 민영화 정책은 한동안 잠잠했다. 그 이후 정권이 김영삼 행정부로 바뀌면서, 1993년 12월 24일 제4차 공기업 민영화 계획이 발표되었다. 1993년 민영화 계획의 추진 경위와 일정은 <표 14-3>과 같았다.

표 14-3 1993년 민영화 계획의 추진 경위와 일정

1993. 10. 5.	대통령 지시: 공기업 경영쇄신 방안 준비
1993. 10. 21.	정부투자기관 경영평가위원회: 민영화 대상 기관 선정 기준 확정
1993. 12. 29.	정부투자기관 경영평가위원회: 민영화 방안 의결
1994. 1.	주무 부처별 민영화 계획 수립
1994. 2. 18.	민영화추진대책위원회: 민영화 세부 추진 계획 확정

1993년 민영화 계획은 경영권을 실질적으로 민간에 이양하는 공기업의 실질적인 민영화 방식을 취하고 있으며, 국민주 사용 방식을 지양하고 있다. 김영삼 행정부 출범 이후 시작된 제4차 민영화는 작은 정부의 실현과 경제의 효율성 제고라는 뚜렷한 목표를 가지고 주인 있는 민영화를 추진한다는 목표를 가지고 시작했다. 또한 민영화 때마다 제기되는 통상적인 공기업 민영화의 장애 요인인 종업원의 고용 안정 문제, 재벌에의 경제력 집중화 문제, 증시 상황의 불안 문제를 해결하려고 했다. 이 계획의 기본 추진 방향은 <표 14-4>와 같다.

표 14-4 1993년 민영화 계획의 기본 추진 방향

목표	경영권을 실질적으로 민간에 이양해 경영 효율을 제고시킴.
시기	민영화 시기는 증시 상황을 고려해 정하되, 증시 불안을 이유로 민영화가 지연되지 않도록 함.
방식	경쟁 원리에 입각해 증시 매각, 장외 매각, 일반 경쟁입찰 등 다양한 매각 방식 사용
참여 범위	대기업의 참여는 여신 및 출자관리 제도를 준수하는 범위 내에서 원칙으로 허용하되, 개별 산업 및 기관별 특성을 고려해 결정
고려 사항	공기업 종업원에 대한 고용 안정 대책 강구

자료: 김재홍(1994).

표 14-5 제4차 공기업 민영화 계획과 추진 실적 (단위: 개)

구분			1994	1995	1996~97	1998
경영권 이양 대상	정부투자기관	계획	4	1	2	1
		실적	–	–	–	–
	정부출자기관	계획	1			
		실적	–			
	정부투자기관 자회사	계획	25	4		2
		실적	5	2	2	–
	소계	계획	30	5	–	3
		실적	5	2		–
지분 매각 대상	정부투자기관 자회사	계획	19	1		1
		실적	8	1		–
총계		계획	49	6	2	4
		실적	13	3	–	–

참고: 이외에 이동통신, 외환은행, 국정교과서, 남해화학, 국민은행, 주택은행의 일부 주식에 대한 매각을 1994년 6월부터 1996년까지 단행했음.
자료: 한국경제연구원(1997: 104).

<표 14-5>에서와 같이 국민은행, 국정교과서를 비롯한 8개 정부투자기관, 1개 정부출자기관, 그리고 52개의 정부투자기관 자회사를 합한 총 61개의 공기업을 1998년까지 민영화한다는 계획이었다. 이는 전체 공기업 133개 가운데 약 45%를 민간에 매각하려는 계획이었다. 민영화의 추진 방법은 8개 정부투자기관과 1개 정부 출자기관 및 31개 정부투자기관 자회사는 50% 이상의 정부 보유 주식을 매각해 경영권을 완전히 이양하고 나머지 21개 자회사에 대해서는 정부 보유 지분을 매각하는 계획으로 되어 있었지만 부진한 성과를 나타냈다.

5) 사회복지 정책

김 대통령이 재직하던 당시 한국의 무역 규모는 세계 10위권 가까이에 머무르는 정도로 경제가 발전해 있었다. 이런 자신감을 토대로 세계화를 추진하고, 투명한 경제 체제 구축에 힘을 쏟을 수 있었다. OECD 가입이 이루어진 것도 이런 자신감에서 비롯되었다. 하지만 국민 복지 수준은 여전히 선진국과 크게 차이가 났다.

당시 정부 재정 중 사회 지출 비용의 비율을 보면 <표 14-6>과 같다. 교육비 비중이 가장 크고, 보건, 복지 비율을 교육비의 절반 정도에 불과했다. 1995년 기준으로 정부 지출 대비 사회보장비 지출 비율을 볼 때, 선진국이 31.1%(GDP 대비 22.84%, 영국), 49.5%(GDP 대비 37.07%, 스웨덴) 수준임에 비해 한국은 9.8%(GDP 대비 5.18%) 수준에 불과했다(신동면, 2001: 89-90). 정부는 사회보험 체계의 내실화를 위해 1995년 7월 고용보험 제도와 농어민 연금 제도를 도입했다.

표 14-6 김영삼 행정부의 사회 지출 추이 (단위: %)

연도	정부 지출 대비 비율	사회 지출					
		합계(10억) =100%	교육	보건	사회보장과 서비스	주택, 지역사회 시설	기타
1993	34.2	15,414	62.6	2.8	29.2	3.6	1.5
1994	34.2	18,421	59.6	2.0	31.2	5.5	1.6
1995	34.3	21,351	59.7	1.9	28.9	7.4	1.9
1996	34.8	25,261	57.0	2.0	30.5	8.2	2.1
1997	35.8	30,829	54.6	1.9	34.0	7.1	2.4

자료: IMF, Government Finance Statistic Yearbook, 1998.

조선총독부 건물 철거
(출처: 1995, 국가기록원)

제 3 절 김대중 행정부

1. 행정 환경

1) 정치

김대중 대통령
(1998-2003)
(출처: 국가기록원)

김대중 행정부는 헌정 최초로 평화로운 정권 교체를 통해 출범했다. 정권 인수 당시 군사권위주의 정부의 종지부를 찍은 '문민정부'의 경제정책 실패로 IMF 관리 체제를 맞이하고, 때를 같이해 20세기 말에 불어닥친 신자유주의는 막 탄생한 김대중 행정부 국정 운영에 큰 짐으로 작용했다. 김대중 행정부는 이전 정부에서 물려받은 경제 위기를 극복해야 할 막중한 과제를 떠안게 되었고, 신자유주의적 국제 질서에 편입을 요구하는 국제적 외압을 강하게 제약받게 되었다. 집권 초반 경제위기 극복을 위한 준비된 대통령이라는 이미지 등이 IMF가 준합법적으로 부여한 개혁의 채찍과 복합적으로 연계되면서 정권의 정당성과 대내적 자율성이 강하게 부각되었다. 비록 대외적 자율성 측면에서는 국제자본의 요구에 의한 제약으로 극히 약화된 상태였으나 국내 시민사회로부터의 위기 불안 심리에 따른 반사적 지지가 개혁을 추진할 구조적 자율성의 근거가 되었다. 이로 인해 집권 초반기에 노·사·정의 사회협약을 기반으로 국정 위기를 사회적 합의에 의해 심도 있는 신자유주의적 개혁을 추진해 갔으나, 집권 중반기 이후에는 개혁에 대한 저항을 가져오고 개혁의 자율성과 능력이 약화되자 이를 만회하기 위한 일시적인 권력 강화 정책(역사 바로세우기, 남북정상회담)에도 불구하고 발전주의의 병폐인 권력 측근의 정경 유착과 부정 비리에 연루되면서 국가의 자율성과 능력을 소진시켜 갔다(이명수, 2007: 225-226).

김대중 행정부는 '민주주의와 시장경제' 그리고 '생산적 복지'라는 국정 운영 철학과 자유, 정의, 효율이라는 3대 실천 원리와 함께 권위주의에서 참여민주주의로의 대전환, 관치 경제에서 시장 경제로의 전환, 독선적 민족주의에서 보편적 세계주의로의 전환, 물질 위주의 공업 국가에서 지식기반 국가로의 전환, 신노사문화 창출, 남북간 교류 협력 시대 개막 등 6개의 국정 과제를 제시했다. 김대중 행정부 5년을 돌이켜보면 초기의 강한 대내적 자율성과 추진력으로 인해 국정 운영이 성공하는 듯했으나 집권 후반으로 가면서 일련의 비리와 각종 '게이트 사건'으로 기대와 달리 성공적으로 국정을 마감하지 못했다(이왕재, 2004: 3-4).

정치 제도적으로 살펴볼 때 김대중 행정부는 집권 기간 동안 단점정부[16]와 분점정부[17]가 교차로 나타남으로써 의회의 기반이 상당히 불안정했다. 단점정부를 형성한 경우도 자민련, 민국당 등과 연립으로 단점정부를 구성했기 때문에 대통령의 국정 운영과 행정 개혁에 관한 의지를 관철하는 데 제약을 받을 수밖에 없었다. 정당체계적인 측면에서는 집권당의 총재인 김대중 대통령이 국회의원 후보를 선출할 때 지배적인 권한을 행사했으며, 김대중 대통령의 의사가 공천을 결정하는 중요한 요인으로 작용했다. 이런 조건 하에서 집권당의 구성원들은 당 총재의 의사를 수용할 수밖에 없었으며 호남의 지역적 기반을 바탕으로 한 집권당의 상황은 김대중 대통령의 정당 권력을 한층 강화시키는 역할을 했다. 이와같이 대통령이 강력한 정당 권력을 소유했지만 분점정부와 공동정부, 반대당의 강한 응집성으로 대통령도 이를 극복하고 자신의 뜻을 관철시키는 것에 많은 제약이 따랐다. 또한 집권 이후 정치는 극한 대치의 연속이었고, 정치 개혁도 기대했던 바와 달리 별다른 성과를 거두지 못했다(정의창, 2006: 18-20).

2) 경제

1997년 1월 한보그룹의 부도로 시작된 한국 경제의 위기는 재벌 순위 8위인 기아가 부도 위기에 몰리게 되어 '부도유예협약'[18]에 적용됨으로써 현실로 나타나기 시

16) 단점정부란 대통령 소속당이 의회 의석의 과반수를 차지하는 경우를 말한다.

17) 분점정부는 대통령제에서만 나타나는 고유한 현상으로, 서로 다른 정당이 대통령과 의회를 각각 통제함으로써 '이원적 민주 정통성(dual democratic legitimacy)'이 양립하는 상황을 지칭한다(Linz, 1994: 6-8). 분점정부는 정치적 불안정, 정책적 책임성과 효율성의 약화 등을 초래할 뿐만 아니라(양동훈, 1999: 100), 정부의 정책 산출 능력 저하와 기능마비, 국정의 교착 상태, 대통령의 권위와 권력에 대한 심각한 도전, 정당정치의 안정성을 저해하고(장훈, 2001: 10-11), 정부의 통치의 질을 근본적으로 저하시키며(장훈, 2001: 108), 체제 위기의 증폭 혹은 체제 붕괴의 가능성이 있는 것으로까지 묘사된다(양동훈 1999, 100; 강원택, 2001: 29-30).

작한다. 이로 인해 국제 금융기관들의 한국 경제 위기에 대한 의심이 증폭되고, 외국 은행들은 한국을 투자 위험국으로 지목하기 시작한다. 이 때부터 외환위기설에 대한 소문이 나돌면서 위기감이 커져만 갔다. 정부는 경제위기설에 대해 전면적으로 부인했지만, 이를 잠재우지 못했다. 1997년 10월 중순부터 외국계 신용은행들은 한국의 신용 등급을 하향 조정했고, 외국의 금융기관들은 우리나라 금융기관에 대한 자금 공급을 완전히 중단했다. 이로 인해 주가가 400선으로 추락하고 단기 외채 상환 압력이 심하게 밀려들어 정부는 외화를 대량 반출했지만 금융 위기를 막기에 역부족이었다. 결국 11월 말 가용 외환 보유고는 72억 6천만 달러로 감소했다. 결국 정부는 11월 6일 IMF 구제금융 신청을 논의하기 시작했고, 21일 IMF 구제금융 지원 요청을 발표했다(이성복, 2004: 446-447).

한국의 경제 위기 원인은 정부 정책의 실패, 정부 · 기업 · 금융기관의 부실한 정책과 경영 실패, 그리고 경제 위기에 관한 국민 의식 결여에서 비롯되었다. 정부는 수출 부진과 수입 급증에 대한 적절한 정책을 수행하지 못해 외화(外貨) 부족 상태에 빠지게 되었다. 정부뿐만 아니라 기업 · 금융기관들의 부실한 정책과 경영의 실패로 말미암아 외환 위기는 피할 길이 없었다. 특히 정부의 경우는 부실한 기업과 금융기관을 통제하지 못했고, 한보와 기아 사태를 조속히 해결하지 못했으며, 외환 보유고의 고갈을 방치하고 있었다. 또한, 정부와 한국은행은 금융기관과 민간기업의 외채 관리, 특히 민간기업의 현지 금융 액수도 파악하지 못하는 등 현지 금융 관리에 실패했다. 게다가 해외여행 자유화 정신이 아직 정착되지 않은 상태에서 자본 및 외환 자유화를 실시해 해외여행이 만연했으며, 대학생들의 어학 연수와 유학 풍조가 만연한 도피성 유학이 붐을 이룬 결과 당시 경상수지 적자가 지속되고 있었기 때문이다(윤기관, 2000: 372-382).

김대중 행정부는 집권 후 다른 영역보다 경제 살리기에 총력을 다한 결과, IMF로부터 구제금융을 받기 시작한 지 2년 8개월 만에 IMF 관리경제 체제에서 '사실상'

---

18) 부도유예협약이란 대기업의 연쇄부도 사태를 막기 위해 1997년 4월 말 은행 주도로 도입된 협약을 말한다. 일시적인 자금난을 겪는 기업이 금융기관들의 자금 회수 공세로 도산하는 사태를 막기 위해 도입된 제도로서, 퇴출 제도의 경직성을 보완하고 대출기관들과의 전략적 행동에 의해 촉발될 수 있는 경쟁적 대출 회수(repayment RUN)가 기업의 연쇄 도산으로 연결되는 것을 막기 위해 도입한 채권자와 채무자 간의 자율규제 형태를 띠었다. 당초에는 "부실 징후 기업의 정상화 촉진과 부실 채권의 효율적 정리를 위한 금융기관 협약"의 '부도방지협약'으로 줄여 불렀으나 취지와 기능을 감안해 '부도유예협약'으로 바꿔 부르고 있다.

벗어나게 되었다. 경제 위기를 극복하는 과정에서 1인당 국민소득 감소에서 점차 증가, 고물가 · 고실업 · 고금리에서 점차 개선, 환율 급등 후 안정화, 상품(무역)수지 적자에서 다시 흑자 지속, 가용 외환 보유고 점차 증가, 달러 확보를 위한 외국환평형기금채권 발행, 거주자 외화예금의 증가 추세, 국가 신용 등급 상향 조정, BIS 비율 8% 미만 은행 퇴출 등의 성과를 나타냈다.

김대중 행정부는 문민정부 말기에 제정된 「행정규제기본법」이라는 제도적 뒷받침에 힘입어 역대 정부 중에서 가장 강력하게 규제 개혁에 힘썼다. 규제개혁위원회를 중심으로 '기업하기 좋은 나라, 생활하기 편한 나라'를 목표로 각종 정부 규제와 경제 규제의 전면적인 정비에 착수했다. 정부의 출범 초기는 우리 경제가 IMF 위기 상황에서 벗어나기 위해 정부가 가능한 모든 정책 수단을 총동원하던 시기였고, 특정 집단의 이익보다는 국가적 차원의 생존이 우선하던 시기였으므로, 각종 집단의 이해 관계가 엇갈리는 규제 개혁을 위해서는 좋은 조건이었다. 초반에는 양적인 규제 개혁을 실시했지만, 집권 중반 이후 질적인 규제 개혁으로 전환하기 위해 규제의 품질 제고에 노력했다. 규제 개혁 추진 결과 그 동안 성역시되어 오던 정책적 규제와 경제적 규제를 포함한 과반수 이상의 규제가 철폐되었지만 아직도 많이 남아 있으며, 규제 개혁의 체감 효과가 그다지 크지 않다는 비판도 있다(이윤호, 2002: 34-38).

표 14-7 김대중 행정부의 정부 규제개혁 추진 실적 (단위: 건수)

구분	규제 수 변경 내역					증감 소계	총 규제 수
	증가			감소			
	신설	누락 등록	기타	폐지	기타		
1998. 12.*	28	73	6	167	12	-72	10,645
1999. 12.	408	230	69	3,761	151	-3,205	7,512
2000. 12.	656	481	126	4,453	484	-3,674	7,043
2001. 12.	1,102	541	283	4,701	760	-3,535	7,182
2002. 12.	1,303	587	329	4,722	836	-3,329	7,388

*: 집계가 이루어지기 시작한 1998년 8월부터 12월 사이의 실적임

자료: 규제개혁위원회 홈페이지(http://www.rrc.go.kr)

3) 사회

김대중 행정부는 외환위기 직후 IMF의 구제금융을 지원받으면서 그 반대급부로 신자유주의적인 내용의 거시경제 정책과 구조조정 정책을 전폭적으로 수용했지만, 다른 한편에서는 전통적 신자유주의로부터의 일탈이라고 보여질 수 있는 강력한 국가 개입의 복원 현상과 생산적 복지의 확대, 노사정위원회와 같은 집단적 시장 개입 기구를 등장시켰다. 그러나 종합적으로 볼 때, 개혁 이념은 IMF 협약의 요구에 따라 국제적 요구가 많이 반영되었고, 외환 위기라는 초기의 위기 구조가 그의 정치적 기반으로 작용했으며, 그의 집권 기간을 통해 지속적으로 구조조정을 강행해야 했다. 외환 위기가 근본적으로 과거 한국형 발전 모델의 구조적 한계에서 비롯되었다고 보았으며 구체적으로는 정경 유착, 관치금융, 연고주의와 같은 불공정한 시장 질서를 위기의 원인으로 파악했다. 불공정성이 구조화되어 있는 한 시장행위자들이 심각한 도덕적 해이에 빠지고, 경제 전체의 비효율성이 증대된다는 것이다. 이에 따라 정부는 비민주적이고 비시장경제적인 요소를 시장에서 신속히 제거해 나가 진정한 민주적 시장 경제를 정착시킬 것을 경제 정책의 기본 목표로 제시했다. 김대중 행정부가 지향하는 국가는 적어도 표면적으로는 시장 질서를 창출하고 감독하는 관리자로서의 역할을 하는 한편, 사회 정책을 통해 신자유주의에 의한 비대칭적 비용 부담을 완화하는 중재자의 역할을 수행하는 것이었다. 그런데 사회 정책의 성격은 시장적 신자유주의의 효과를 상쇄하는 단순한 재분배가 아니라, 신자유주의 '생산성의 정치'를 촉진시키는 목표 아래, 최저 소득층의 생계보조 외에는 노동의 질과 노동 유인을 제고하는 '생산적 복지'를 지향하는 것이었다(이명수, 2007: 239).

국제적 자본의 신자유주의 경제개혁 수용이라는 큰 틀 속에서 제한적이나마 재계와 노동 세력, 보수 세력과 진보 세력을 아우르는 사회적 합의를 이끌어내고, 이에 입각해 경제 개혁을 추진해 나갔다. '노사정위원회'는 그 같은 사회협약 정치의 대표적인 사례이다. 하지만 노사정위원회는 실제적인 협약의 내용을 담아내기보다는 노동자의 불만을 관리하기 위한 도구에 불과한 듯 보였다. 1999년 초 민주노총의 탈퇴를 계기로 노사정위원회의 기능이 축소됨으로써 자연히 김대중 행정부는 사회적 합의를 통해 자본 세력을 통제할 수 있는 유효한 수단을 상실하게 되었다. 또한 김대중 행정부는 시민운동을 동원하는 데에도 실패했다. 민간단체들의 참여들이 형식적으로 운영되고, 초기와 달리 시간이 갈수록 비판적 단체들이 늘어났다. '옷로비 사건'의 사례에서 보이듯이 일부 사안들이 정치적 판단으로 결정되고 시민단체들의 의견은 실질적인 의사 결정 과정에서 배제되기도 했다.

김대중 행정부 시절의 신자유주의적 개혁을 통해 사회 양극화의 심화 문제가 두드러졌다. 지니계수[19]는 1997년 0.268에서 2002년 0.298로 높아졌다. 고용 불안정 등으로 빈곤층이 크게 증가해 5분위배율[20]은 1997년 4.09%에서 1998년 4.94%로 증가했고, 1999년 5.13%를 정점으로 2002년 4.92%로 낮아졌지만 1997년보다는 여전히 높은 수준이었다. 또 전체 가구 평균 소득의 40% 이하 빈곤층 비율을 계산한 상대적 개념의 빈곤율도 1997년 9.3%에서 1998년 12.2%, 1999년 13.1%로 높아진 뒤 2002년 11.4%로 점차 낮아졌지만 1997년 수준은 회복하지 못했다. 또한 정리해고제와 연봉제 도입을 포함한 노동의 유연화가 추진되었다. 외환 관리에서 자유변동환율제로 이행했고, 무역 분야에서는 수입선 다변화 제도와 수입 승인제를 폐지하고 각종 무역 관련 보조금도 폐지했다.

표 14-8 김대중 행정부 시절의 사회적 지표(1인 및 도시가구, 시장소득 기준)

	1997년	1998년	1999년	2000년	2001년	2002년
지니계수	0.268	0.295	0.303	0.286	0.299	0.298
5분위 배율(%)	4.09	4.94	5.13	4.58	4.92	4.92
상대적 개념의 빈곤율(%)	9.3	12.2	13.1	10.8	11.8	11.4

자료: 통계청 홈페이지(http://www.nso.go.kr)

4) 문화

문화는 행위의 뿌리 역할을 한다고 할 수 있다. 따라서 행정문화는 행정행위의 근원적 역할을 하기 때문에 행정문화는 행정을 운영하는 데 긍정적 역할도 하고 부정

19) 지니계수: 로렌츠(Lorenz) 곡선과 완전균등선(대각선)과 이루는 면적을 불평등 면적이라 하고 이 불평등 면적을 완전균등선 이하의 면적(0.5)과 대비시킨 비율로서 지니계수는 0에서부터 1까지의 수치로 0인 경우는 완전 균등 분배이고 1인 경우는 완전 불균등 분배임(한국의 사회지표 2007년).

20) 5분위배율: 소득수준 상위 20%의 소득을 하위 20%의 소득으로 나눈 배율이다. 5분위 배율은 고소득자와 저소득자 간 소득 격차를 나타내는 것으로 배율이 높을수록 소득 불평등이 심하다는 것을 알 수 있다.

적 역할도 한다. 한국의 행정문화도 예외는 아니다. 여기서 이야기하는 한국의 행정문화는 주로 전통적 행정문화를 말하는데 권위주의, 가족주의, 연고주의, 온정주의, 형식주의, 관직이권주의, 일반주의 등의 특성을 갖고 있다. 이러한 요소들이 한국 행정 운영에 합리성과 객관성의 격감, 수직적이고 일방적인 정책 결정, 인간 지배 현상, 행정편의주의, 부정부패의 만연 등의 부정적인 영향과 신속한 힘의 원동력, 심리적 유대감과 안전감의 확보, 예기치 않은 문제 발생 시 신속한 대처 능력 등의 긍정적인 영향을 미쳤다고 볼 수 있다(백완기, 2008: 11-17).

위에서 언급한 행정 문화적 환경은 여러 가지 요인에 의해 급속히 변화고 있다. 첫째 정보통신기술(ICT)의 영향을 들 수 있다. 정보통신기술은 지리적 경계를 무너뜨리고, 인종 간, 지역 간, 국가 간 상호의존성을 높이고, 시공을 초월한 실시간 접속으로 사회적 역동성을 배가시킴으로써 인간 생활의 전면성을 혁명적으로 변화시키고 있다. 둘째, 민주주의 문화의 전면적 확산을 들 수 있다. 여기서 이야기하는 민주주의 문화라는 것은 생활 양식으로서의 민주주의를 말한다. 즉, 생활 속에서 민주주의를 익히고 학습하고 내면화시키는 것을 말한다. 셋째, 시민단체의 활성화를 들 수 있다. 시민단체의 기본 특성은 공정성, 민주성, 형평성의 입장에서 정부의 잘못을 비판하고 시정하도록 건의하는 것이다. 시민단체들은 권력의 집권성, 무소불위성, 인치주의(人治主義), 과시성, 편파성 등을 순화시켰다. 시민단체들의 정부에 대한 감시활동을 통해 행정의 지배적이고 위압적인 자세, 행정편의주의, 불친절과 무책임한 행동 등이 현저히 줄어들고 있는 것 또한 부정할 수 없는 사실이다. 넷째, 세계화의 물결을 들 수 있다. 세계화의 배경에는 과학기술과 정보통신기술의 발달, 냉전 체제의 종식, IMF나 WTO 같은 국제 기구의 출범과 압력, 환경, 인권, 여성, 노동, 복지 등 여러 나라들이 공동으로 풀어야 할 과제들의 등장이 자리하고 있다. 다섯째, 신자유주의와 거버넌스 이론의 확산을 볼 수 있다. 신자유주의는 정부나 행정의 역할 축소를 주장함으로써 정부 주도의 사상이나 관행을 퇴조시키는 데 큰 역할을 한 것이 사실이다. 신자유주의와 맥을 같이하는 거버넌스는 공통의 문제를 푸는 데 관계되는 여러 집단이 자율성을 지니면서 서로 유기적 상호작용을 통해 협상과 타협으로 문제를 해결하자는 것이다. 이러한 거버넌스 이론은 신자유주의와 마찬가지로 정부 주도의 관행과 사상을 감소시키는 데 적지 않는 역할을 하게 되었다.

김대중 행정부에서는 행정 부문에서 새로운 제도를 도입하는 개혁을 실시했는데,

이러한 개혁들이 과연 우리 행정문화와 상호 적합성을 가지고 있는가에 대한 상충되는 이견이 존재한다.[21] 아래에서는 세 가지 대표적인 사례에 대해 언급하고자 한다. 첫째, 김대중 행정부에서 실시했던 작은 정부 지향은 한국의 행정문화와 차이가 있다. 작은 정부의 발상지인 영·미 사회는 한국 사회와는 근원적으로 다르다. 영·미 사회에서는 발전의 시발이 주로 사적 영역에서 이루어졌다. 반면 같은 서구 사회이지만 프랑스와 독일은 공공 영역을 중심으로 발전의 기틀을 마련했다. 한국의 경우도 국가나 공공 영역이 발전의 주체요 근원이요 원동력이었다. 영·미 사회 특히, 미국은 국가나 정부 이전에 주민들이 민회(民會)라는 것을 만들어 이것을 중심으로 자치의 힘을 키워 나갔다. 따라서 작은 정부라는 말은 체질적으로 이들에게 어울린 말이다. 또한 증가하는 행정 수요와 작은 정부 구현은 아이러니한 문제라고 볼 수 있다. 둘째, 성과관리 제도를 실시하며 성과급을 도입했는데, 객관적으로 성과를 평가할 수 있는 여건이나 관행이 마련되어 있지 않았다. 공직의 경우 대개 업무가 일상화되어 실적의 우열을 가리기가 대단히 어렵다. 특히 하위직인 경우에는 더욱 그러하다. 보통 나이나 임직의 순서에 따라 차등 배분되는 경우가 많았다. 셋째, 김대중 행정부에서 도입된 책임운영기관을 보면, 기관장에게 자율을 주고 성과 향상을 꾀하려 했다. 하지만 기관책임자의 운영상의 자율권이 많이 제약되어 있었다. 설치부터 주무부처와 책임운영기관에 의한 자발적이고 분권적인 출발이 아니라 행정자치부 및 기획예산처 등의 중앙행정기관에 의한 집권적인 방법으로 추진되어 왔다. 가뜩이나 집권적이고 수직적 문화에서 이러한 하향적 설치 방법은 처음부터 책임행정기관 제도의 취지를 살리기 어려운 방향으로 유도하게 되어 내재적 한계를 지니게 되었다(백완기, 2008: 22-30).

2. 행정 조직과 관리

1) 행정 조직

김대중 행정부는 작지만 효율적으로 봉사하는 정부를 구현하기 위해 3차에 걸쳐 정부

21) 긍정적인 연구로는 배용수, 2000; 박천오·남궁근 외, 2002. 부정적인 연구로는 조성한, 2005; 진종순·문신용, 2007 등이 있다.

조직의 규모를 감축하고 구조를 개혁하는 조직 개편을 단행했다(정의창, 2006: 1-25).

1998년 2월의 제1차 정부조직법 개정을 통해 문민정부 후반의 '2부총리(경제 및 통일) 2원 14부 5처 14청'은 '17부 2처 4위원회 16청'으로 축소되었다(「경향신문」, 1998.2.17). 부총리급의 재정경제원과 통일원이 장관급의 부로 격하되었고 공보처와 정무1, 2장관실이 폐지되었다. 경제 정책을 총괄 조정하는 경제부총리제 폐지는 운용 과정에서 문제가 더 많은 것으로 드러났지만 어쨌든 전반적으로 야심찬 출발이었다. 그러나 이는 일반적인 신공공관리론의 개혁 전략과는 달리 전통적인 구조 재조정 접근에 근거한 개혁이라 할 수 있다. 전통적인 구조 재조정 접근이 '조직 구조'에 관심을 두는 반면, 신공공관리론은 '유인 구조'에 관심을 둔다고 볼 수 있다.

2차 개혁은 1999년 3월 신공공관리론적 개혁을 지도 이념으로 하여 조직 개편, 인원 감축, 인사 및 재무 관리 방식 개편 등 광범위한 조직 및 관리 방식을 개혁 대상으로 했다. 조직 개편은 기획과 예산을 다시 연계시키는 등 1년 전에 시급하게 처리해 잘못된 판단을 했던 것을 바로잡아 '17부 4처 4위원회 15청'으로 개편되었다(「문화일보」, 1999. 3. 24; 「동아일보」, 1999. 3. 24). 이러한 감축과 기구 축소는 원칙적으로 직무분석을 하고 기능을 재조정한 후에 추진했는데 2차 개혁에서는 감축 개혁만이 아니라, 신공공관리적 개혁을 대거 도입하려는 시도를 했다. 지방정부의 쓰레기 수거 민간 입찰과 같은 시장주의적 원리를 도입했고, 민영화, 고객헌장 제도를 추진했다. 특히 내부 통제를 대폭 완화해 인사·예산 등에서 재량권을 지니고 기업가적 행정 운영을 시도하는 책임운영기관의 도입을 추진했는데, 이는 성과에 의한 책임 확보를 전제로 하므로 성과 지향적 관리를 위한 제도적 장치와 병행되었다(정정길, 2003: 400-401). 하지만 이러한 시장주의적 신공공관리를 개혁 이념으로 추구하는 2차 개혁은 공익성과 충돌될 가능성뿐만 아니라 내부 통제의 완화로 행정 부조리와 부패를 만연시킬 가능성이 크고, 정권에 대한 민주적 통제가 확립되지 못한 상태에서 정치 세력의 개입을 쉽게 허용할 수 있는 인사 제도(개방형 임용제도나 인사권의 대폭적인 위임)는 실적주의의 붕괴를 초래할 가능성도 크다.

2001년 1월 정부조직법 개정을 통한 제3차 조직 개편으로 중앙행정기관은 '2부총리 18부 16청'으로 다시 커지게 되었다. 경제부총리제의 부활은 물론 교육부총리제가 신설되었고 선진국에서도 보기 드문 여성부가 만들어졌다. 대통령 공약이라고는 하지만 교육부총리제와 여성부의 필요성에는 여전히 논란이 따르고 있었다. '정권의 언론 공작기구'라는 인식 때문에 없어졌던 공보처도 국정홍보처로 되살아났으며 공정거래위원회, 금융감독위원회, 중앙인사위원회, 중소기업특별위원회 등 장관급위원회도 많이 늘어났다(김병록, 2001: 199-218).

김대중 행정부 초기에는 전반적인 수준에서 정부 규모의 감축 효과와 증가 억제가 이루어졌지만, 중반 이후에는 증가해 초기 수준으로 회귀하는 '요요 현상'이 나타났다(김근세, 2005: 33-62). 작은 정부론에서 중요한 것은 총량적 수준의 감축보다는 국가 기능과 기관 수준에서의 차별성 있는 전략적인 정부 규모의 감축일 것이다. 이러한 기준에서 보면 김대중 행정부의 작은 정부를 위한 노력은 전략적이지 못했다. 김대중 행정부의 작은 정부를 위한 행정 개혁은 정부조직의 통폐합과 부처간 기능 조정 과정에서 행정 수단의 적정 수준과 정부 기능의 구조적 정합성이 충분히 고려되지 않은 채, 단기적이고 표면적인 총량적 수준에서의 감축에 치중했다고 할 수 있다.

2) 행정 관리

김대중 행정부는 기획예산처와 중앙인사위원회를 중심으로 관리주의에 입각한 행정개혁을 강도 높게 추진했다. 그 성과와 개혁 방법에 대해서는 논란이 많으나, 조직개편 등 '하드웨어'뿐만 아니라 대대적인 '소프트웨어'적 개혁을 가한 것은 관료제의 정치적 통제 면에서 볼 때 주목할 만하다(양재진, 2003: 279). 성과주의를 앞세워 도입된 각종 개혁 조치들(개방형 직위, 성과급제, 책임운영기관화, 행정서비스헌장제 등)은 과거 직업공무원제의 안정적인 고용 관계와 권위를 훼손하면서라도 정치적 통제의 궁극적 목적인 일하는 관료제를 만들기 위한 시도이기 때문이다. 김대중 행정부는 '작지만 봉사하는 효율적인 정부'를 비전으로 제시하면서 관리주의 행정 개혁을 그 어느 정권보다 강하게 추진했다. '효율적인 정부' 구현을 위해 경쟁 원리를 도입하고 성과를 중시하는 인사 · 재정 · 관리 제도 등 운영 시스템의 개혁(개방형 직위 제도, 연봉제 및 성과상여금, 목표관리제, 책임운영기관 제도)을 시도했다. '봉사하는 정부'를 구현하기 위해서는 국민을 고객으로 인식하는 행정 서비스 개혁을 추진했다.

아래에서는 김대중 행정부에서 실시되었던 대표적인 관리 방식(성과급제, 목표관리제, 개방형 직위제)에 대해 살펴보고자 한다(김경한, 2005: 10-17).

성과급제는 경쟁을 통해 성과를 향상시키고자 1999년 도입되었다. 행정문화가 개인주의적 · 민주주의적일수록 개인 단위 성과급 지급, 성과 기준에 의한 승진, 공개적 성과평가를 선호하는데, 우리나라의 조직문화는 집단주의적 · 권위주의적 속성이 강하므로 성과 평가의 공정성, 성과 기준에 따른 성과급이나 승진을 선호하지 않는다고 한다(황창연, 2003: 50-55). 개인 단위 성과급 지급, 성과 기준에 의한 승진, 공개적 성과평가 등은 성과급의 도입 목적을 달성하는 데 필수적인 요소이므로, 이러한 결과는 우리나라의 행정문화가 성과급제의 효과성에 한계로 작용하고 있음을 보여 주고 있다. 또한 성과급제의 효과성에 대한 부정적인 의견이 많이 존재하는데 그 이유 중 가장 큰 원인은 평가의 객관성에 문제가 있다는 점이 지적된다. 앞으로 성과급제의 합리적 운영을 위해 가장 시급한 일은 실적 평가의 타당한 기준 및 지표의 개발이 되어야 한다.

목표관리제는 성과평가 결과를 보상과 연계시킴으로써 조직 내 경쟁적 분위기를 조성하고 궁극적으로 조직생산성을 향상시키고자 1999년 도입되었다. 운영 실태에서 목표 설정 등은 상당한 어려움이 있음에도 비교적 적절하게 이루어지고 있는 것으로 나타났으나, 성과평가의 공정성이나 평가 결과의 보상과의 연계는 적절치 못하게 운영되는 것으로 나타났다(김경한, 2004: 109-110). 좀 더 근본적으로는 우리나라 행정문화에 적합하지 않은 제도를 제도 정착의 전제 조건도 충족하지 않은 채 전국적으로 일괄 시행한 것을 그 원인으로 볼 수 있다. 향후 개선 방안으로 단기적으로는 현행 목표관리제의 효과성을 높이기 위한 제도적 개선안을 마련하고, 장기적으로는 목표관리제가 성공하기 위한 전제 조건을 충족하기 위해 철저한 준비를 해야 하고, 궁극적으로 문화적 적합성의 문제를 해결해야 할 것이다.

개방형 직위 제도는 공직 사회의 경쟁력을 제고하기 위해 전문성이 특히 요구되거나 효율적인 정책 수립을 위해 필요하다고 판단되는 직위에 공개 경쟁을 거쳐 직무 수행 요건을 갖춘 자 중 최적격자를 임용하는 제도이다. 이는 폐쇄형 체제 하의 연공서열식의 인사와 공무원의 신분 저하를 경쟁력의 저하 원인으로 파악하고 이를 시정하기 위해 도입되었다. 개방형 직위제 임직자들은 비계약직 공무원들에 비해 직무만족도, 조직의 지원에 대한 인식, 조직몰입도, 조직 시민행동 등의 직무 태도에서 좀 더 긍정적인 인식을 가지고 있다는 것으로 나타났다(김상묵, 2003: 242-251). 개방형 직위제의 운영 과정에서 모집 · 선발 · 임용 및 인사관리 등이 관련 법규에 비교적 충실하게 운영되고 있는 등 운영 실태 면에서는 긍정적으로 평가되고 있음에도 불구하고, 민간 우수 인력의 채용 및 부처 간 인사 교류 활성화라는 목표 달성에 성공하지 못하고 있는 것은 궁극적으로 생산성 향상 효과 및 조직문화의 변화라는 개방형 직위 제도의 도입목적 달성과 관련해서도 아직까지 가시적 결과가 나타나지 않고 있다는 것을 의미한다.

작지만 효율적인 정부를 실현하고자 김대중 정부에서 실시했던 신공공관리에 기반한 관리 방식을 종합해 평가해 보면 다음과 같다.

첫째, 공직 사회에 경쟁 체제 도입을 통한 실적과 행정 조직의 생산성 향상을 보상과 연계하려고 했으며 능력에 따른 보수차 별화를 시도해 보수적인 공직 사회에 역동성을 일으켰다. 지방자치단체의 목표관리제도는 성과평가 결과를 보상과 연계시킴으로써 조직 내 경쟁적 분위기를 조성하고 궁극적으로 조직생산성을 향상시키고자 했으며, 개방형 직위 제도도 민간 우수 인력 채용과, 부처 간 인사 교류 활성화라는 목표를 설정했다.

둘째, 김대중 행정부에서 실시되었던 관리 기법들은 신관리주의를 기반으로 했는데, 이는 정부 부문의 성과·실적을 중시하고 관리자의 개인적 책임을 강조하는 사고 방식인 관리주의와 공공선택론 등이 결합해서 나타난 것이다. 기존에 행정 전반에 깔린 책임 회피 문화를 제거함으로써 공정하고 효율적인 행정 환경을 유도하는 데 의의가 있었다.

셋째, 운영 실태 면에서 성과급제는 성과급 지급액이 적고, 성과평가 기준의 객관성, 타당성이 결여되어 있다는 프로그램 자체의 결함과 운영 과정에서의 연공서열위주의 또는 나눠먹기식 성과급 배분 등의 부정적인 행태가 나타나고, 목표관리제 또한 성과평가의 공정성과 평가 결과와 보상과의 연계가 약하며, 개방형 직위제는 짧은 계약 기간으로 신분이 불안하고, 업무 수행의 독립성과 자율성이 부족하며 민간의 보수 수준에 비해 연봉이 낮다는 점 등이 문제점으로 지적된다.

넷째, 각 성과관리 기법의 효과성을 저해하는 요인으로는 객관적인 평가 체계의 미흡, 평가의 불공정성 및 평가 결과와 보상의 연계 미흡 등 프로그램 자체의 불안정성에도 원인이 있으나, 근본적인 원인은 우리나라의 집단주의적이고 연공서열적인 행정 문화나 행정 환경과 성과급제 등 성과관리 프로그램이 서로 부합하지 않는다는 점에 있다. 또한, 이처럼 우리나라의 행정 문화에 적합하지 않은 외래 제도를 성급하게 전국적으로 이식하려 한 데에도 원인이 있다(김경한, 2005: 17-18).

3. 주요 정책

1) 정책 환경과 체제

우리나라 최초로 여야 간의 정권 교체로 등장한 정부라는 특성과 함께 경제적으로 IMF 관리 체제의 극복이라는 절대 절명의 상황에서 김대중 행정부는 출범했다. 따라서 기존의 성장과 수출 지향적인 정책 환경에 익숙해 있던 정책 이데올로기가 IMF 관리 체제라는 전대미문의 상황에 직면하면서, 집권 초기에는 모든 정책 과정이 IMF 관리 체제의 극복에 맞추어졌다. 또한 DJP 연대를 통해 등장한 연립정부라는 측면에서 이원적 지배 체제를 통해 국회를 통제하려고 했다. 여야 간의 정권 교체가 이루어졌지만, 야당이 다수당을 차지하고 있어 국회 내의 주도권 다툼이 매우 치열했는데 그 결과 과거 정부에 비해 상당히 많은 의원 제출 법률안이 있었고, 실제 가결 건수도 정부 제출 법률안에 비해 그 비율이 높아지는 양상을 보이기도 했다. 김대중 행정부의 정책 관리 양식은 작은 정부와 민간화, 행정 서비스의 고객 지향성 등을 강조하는 정책 지향성을 추구했는데, 이는 신공공관리와 정부 재창조와 같은 신자유주의적인 개혁 원리들을 대체로 수용한 것이었다(김태룡 외, 2006: 384-385).

김대중 행정부 정책 체제의 통치 엘리트 지배 이념 및 주요 정책 기조의 두드러진 특징은 대외적인 대북 포용 정책과 대내적인 복지 정책과 IMF 경제위기 극복을 위한 경제 정책으로 규정할 수 있을 것이다. 김대중 행정부의 대외 정책은 '대북 포용 정책'과, 미국 중심의 단·다극(單·多極) 질서에 일정 정도의 거리를 유지하려는 '균세 정책'으로 요약될 수 있다(이종수, 2008: 93). 불신과 대결을 넘어 상호 신뢰와 화해 협력을 위해 북을 포용해 나가자는 대북 포용 정책은 미국 질서로의 편승을 근간으로 하던 기존 외교 정책과 충돌할 수밖에 없었다. 김대중 행정부는 또한 주요 국정 지표 가운데 하나로 '생산적 복지'를 선택했다. 외환 위기를 맞이해 사회안전망의 취약성이 드러나자 사회적 취약계층을 구제하기 위한 공공복지 확대의 필요성이 증대된 것이다. 김대중 행정부의 정책 결정 구조도 김영삼 행정부에서와 마찬가지로 기본적으로는 제왕적 대통령 중심의 권위주의적 정책 결정 체제라고 할 수 있다. 그러나 김대중 행정부 정책 결정 구조의 가장 큰 특징은 1998년 1월 구성된 '노사정위원회'라고 할 수 있다. 김대중 행정부는 과거 성장제일주의 원칙에 의해 배제되었던 노동의 영역을 국정 파트너로 인정해 노사정협의회를 구성하게 된 것이다. 과거의 전통적 · 권위주의 행정에서 벗어나 노사정위원회라는 새로운 정책 체제를 구성한 것을 근거로 하여 김대중 행정부를 뉴거버넌스 체제로의 전환이 모색된 시기로 규정할 수 있다. 김대중 행정부의 정책 환경적 특성으로는 진보 진영의 정치적 기반이 확대되었다는 점과 민주화가 성숙됨에 따라 시민 사회 영역이 크게 활성화된 점을 지적할 수 있을 것이다. 1999년의 교원노조의 합법화 및 공무원 직장협의회의 합법화는 일반사회의 노동조합 등 시민사회 영역 활성화의 결정적 계기를 마련하게 되었다. 또한 비정부조직(NGO)의 활성화를 위해 1999년 행정자치부 내에 민간협력과를 신설하고 「비영리민간단체지원법」을 제정해 정부가 비정부조직의 활동을 인정하고 이를 공식적으로 지원하는 체제를 갖추었다. 이러한 정부 지원은 특히 영세 시민단체의 활성화에 크게 기여했다.

2) 대북 정책

김대중 행정부가 산출한 정책 가운데 많은 부분을 차지하는 것은 대북 정책에 관한 내용이라 할 수 있다. 1998년에는 햇볕 정책으로 불리는 대북 포용 정책으로 역사적인 금강산 관광이 성사되었으며, 2000년 6월에는 김대중 대통령의 평양 방문이 이루어졌다. 이처럼 김대중 행정부의 대북 정책은 국내 정치와는 달리 순항했고, 2002년에는 경의선과 동해선의 연결과 남북 경제 협력의 제도화 등이 이루어졌다.

김대중 행정부가 실시했던 대북 포용 정책은 다음과 같은 특징을 지니고 있다.

첫째, 기본적 목표와 비전에서 대북 포용 정책은 "선(先)남북 관계 개선-후(後)통일 실현"이라는 기본적 인식 하에 대북 정책의 목표와 비전을 제시하고 있다. 이는 통일 달성을 장기적 목표로 설정하고 중 · 단기적 관점에서 남북 관계의 개선에 주력하겠다는 것이다.

둘째, '안보 확보 · 북핵 해결-남북 교류 협력 관계의 동시 진전'이라는 양자 병행 접근의 추진 전략을 갖고 있다.

셋째, 북한의 변화 문제(대남 적화 전략 문제, 개혁 · 개방 문제)에서 대북 포용 정책은 북한이 자발적으로 대남 적화 정책을 포기하고 개혁 · 개방으로 나설 수 있도록 우호적 여건을 만들어 주어 북한의 변화를 유인하자는 전략을 내포하고 있다.

넷째, 안보 문제와 남북 관계 개선 문제에서 기본적으로 '정경 분리 원칙'에 입각한 신축적인 '비연계적 상호주의'를 통해 남북 관계의 개선을 모색하는 추진 전략을 가지고 있다.

다섯째, 역대 정부에서 남북 간에 체결된 기존의 합의서를 존중하고 그 합의서들을 바탕으로 화해·협력·평화 기조의 안보 정책과 공동 번영 정책을 집대성한 전략적 구상을 담고 있다. 이전 정부들의 대북 정책을 전면적으로 부정하는 것이 아니라 남북 관계를 경제적·군사적 차원에서 실질적으로 개선해 평화와 공동 번영의 기초를 닦고자 과거 정책들을 비판적으로 계승함과 동시에 대북 포용 정책을 과감하게 적극적으로 추진했다(성경륭, 2008: 291-293).

김대중 행정부의 대북 포용 정책은 많은 가시적인 성과를 이룩했다.

첫째, 분단 이후 최초로 2000년 남북정상회담을 가능하게 함으로써 대립적 남북 관계를 '평화·화해·교류·협력·번영'의 관계로 전환시키는 토대와 기틀을 실질적으로 마련했다.

둘째, 대북 포용 정책은 이전 시대에 이루지 못한 남북 대화의 지속적·정례적인 제도화를 이룸으로써 한반도에 위기 상황이 닥치더라도 남북 관계 발전의 동력을 계속 이어갈 수 있게 만들었다.

셋째, 남북 교역과 인적·물적 교류의 차원에서 대북 포용 정책은 과거 정부들과 비교할 수 없을 정도로 큰 성과를 이루었다.

넷째, 대북 포용 정책은 남북 이산가족 문제 등 인도적 분야에서도 괄목할 성과를 보였다.

다섯째, 대북 포용 정책은 2002년 10월 북핵 문제가 재발되어 한반도와 국제 사회의 긴장이 조성되었지만 남북 관계의 정상화 구도 하에서 국제 사회와 함께 북핵 문제를 평화적으로 해결한다는 원칙에 따라 남북장관급회담과 대통령특사 파견 등 남북대화 채널, 6자회담, 6자회담 참가국들과의 교차외교 채널, 각종 국제회의와 같은 국제대화 채널 등을 통해 지속적으로 북한에게 한반도 비핵화 약속 이행을 설득·촉구했다.

하지만 대북 포용 정책은 상대인 북한을 우리의 전략대로 유도하여 남북 관계의 정상화를 이루지 못했기 때문에 모두 적대적·대결적 비포용 정책에 머물고 말았다고 비판을 받기도 한다.

3) 경제 정책

IMF 관리 체제 하에서 정권을 인수한 김대중 행정부가 가장 심혈을 기울인 부분

표 14-9 김대중 행정부의 대북 포용 정책의 성과

	이 전	1998년	1999년	2000년	2001년	2002년
남북 인적 왕래 현황 (단위: 명)	(1989~1997) 총 2,980명	3,317	5,661	7,896	8,742	13,877
남북 교역 규모 (단위: 백만 달러)	(1989~1997) 총 1,546백만 달러	222	334	425	403	642
당국 주도 이산가족 상봉 (단위: 명)	-	-	-	2,394	1,242	1,724
남북회담 (단위: 회)	(1971~1997) 총 336회 연평균 12.4회	5	8	27	8	32
남북합의서 채택건 수 (단위: 건)	(1993~1997) 총 6건	3	1	18	4	23

자료: 통일부(2008: 311-321).

은 경제 정책이다. 김대중 행정부는 출범 이후 외환·금융 위기 극복을 위해 방대한 공적 자금을 투입해 과거의 부실을 정리하고 금융 체제의 안정을 도모하는 동시에 경기 회복과 실업 구제를 위한 확장적 재정 정책을 추구했다. 그러면서 동시에 '민주주의와 시장 경제의 병행 발전'을 국정 운영 철학으로 내걸고 고도 성장기에 형성된 정부 주도형, 재벌 중심의 경제 발전 모형을 투명성, 경쟁 그리고 책임성을 바탕으로 한 시장 경제 체제로 전환시킨다는 목표 아래 금융·기업·노동·공공 등 4개 부문의 구조 개혁을 추진해 왔다(이재은, 2001: 62-67).

우선 금융 부문에서는 회생이 불가능한 부실 금융기관을 퇴출시키고, 대규모의 공적 자금을 투입해 금융기관의 부실을 털어내고 건전성을 제고하는 동시에 금융감독기구를 개편해 금융 건전성 감독을 강화하고, 금융 구조조정과 담보·외형 중심의 금융 대출 관행을 신용·수익성을 중시하는 쪽으로 전환하는 등 금융 구조 개혁을 추진했다. 기업 부문의 개혁에서는 재계와 합의한 '5+3원칙'[22]을 바탕으로 기업의 재

22) 기업구조 개혁 5원칙은 ① 기업 경영의 투명성 제고, ② 상호 채무보증 해소, ③ 재무 구조의 개선, ④ 핵심 역량으로의 집중, ⑤ 지배 주주 및 경영진의 책임성 확대, 3대 보완 원칙은 ① 제2금융권의 경영

무구조 건실화를 위해 부채 비율을 200% 이내로 억제하고, 핵심 부문으로의 집중을 위해 과감한 구조 개혁을 추진하는 동시에 투명하고 책임성 있는 경영 기반을 구축하기 위해 사외이사제, 감사인 선임위원회 제도의 도입, 결합 재무제표 도입, 회계공시의 강화 등 법과 제도를 개편했다(장지호, 2003: 89-93). 기업구조 개혁을 지원하기 위해 재정 면에서도 과다 차입금 이자에 대한 손비 부인, 구조조정 지원을 위한 조세 감면, 변칙 상속·증여 방지를 위한 상속·증여세 과세 대상 확대 및 세율 인상, 변칙 금융 기법을 통한 상속 방지 등의 조치가 실시되었다. 노동 부문에서는 노동시장의 유연성 제고를 위해 정리해고제와 근로자 파견 제도를 도입했고, 금융·기업 부문의 구조조정으로 발생하는 대량 실업에 대처하기 위해 근로자의 권익을 강화하고 고용·실업보험 제도의 정비를 포함한 사회안전망을 대폭 확충했으며, 사회적 합의 기구인 노사정위원회를 법제화함으로써 참여와 협력의 신노사문화를 조성하려는 노력을 기울였다(김종진, 2003: 91-99). 공공 부문에서는 정부 조직을 개편하고, 행정규제를 대폭 축소하고 개방형 직위 제도의 도입 등 공직 사회에 경쟁의 원칙을 도입하기 시작했으며, 공기업 민영화가 전면적으로 추진되었다. 또한 김대중 행정부는 경제를 활성화시키고자 신용카드 정책과 벤처기업 정책을 실시했는데 이는 단기적인 경기 부양 효과를 나타냈지만 부작용에 대한 비판을 받고 있다.

김대중 행정부가 추구한 경제 정책의 핵심은 강력한 구조 조정을 통해 외환 위기의 원인을 해소하는 데 있었지만, 급격한 구조 조정으로 인해 임기 초의 경제 상황은 더욱 악화되었다. 1998년 12월 현재 실업률은 7.1%, 실업자는 불완전 고용자를 포함해 거의 200만 명에 달하는 등 경제 연건은 대단히 악화되었다. 특히 금융 구조조정은 2000년도에 이르러서도 강력하게 추진되었는데, 이 결과 금고 등 소형 금융기관 156개 사가 소멸했다. 2001년도에는 2단계에 걸친 기업 구조조정이 이루어졌는데, 이 과정에서는 52개의 부실기업이 폐쇄되었다. 이와 함께 특별소비세법과 법인세법의 개정이 있었으며, 과감한 구조 조정과 경제개혁으로 인해 임기 말에 와서는 IMF 관리 체제를 벗어날 수 있게 되었다.

4) 복지 정책

김대중 행정부는 IMF 체제를 극복하는 과정에서 발생하는 많은 문제를 해결하기

지배 구조 개선, ② 순환출자 억제 및 부당 내부거래 차단, ③ 변칙상속·증여의 방지 등이다.

위해 생산적 복지[23] 제도를 도입하고, 사회복지 관련 예산을 2배로 증가시키는 등 복지 정책을 획기적으로 바꾸었다. 그러나 김대중 정부의 복지 정책에 대한 비판도 만만치 않다.[24] 생산적 복지 정책은 IMF 경제 위기 이후 전개된 신자유주의적 구조 개혁의 사회적 결과로서 나타난 대규모 실업자에 대한 1·2차 사회안전망 확충, 일자리 창출과 교육 훈련을 통해 이들을 다시 일터로 복귀시키기 위한 적극적 노동시장 정책이다. 신자유주의적 경제 개혁의 추진으로 인해 장기 실업과 비정규직의 증가 및 고용 불안정의 증대에 따른 노숙자의 양산, 이혼율의 증가와 가정 해체 등 사회적 불안은 더 이상 방치할 수 없는 지경에까지 이르렀다. 즉, 경제 위기를 극복하는 과정에서 나타난 중산층의 약화와 서민 생활의 불안정을 개선하기 위해 적극적인 사회 정책인 생산적 복지 제도를 도입하게 되었다.

생산적 복지는 크게 4개의 정책 영역으로 구성되어 있다. 첫째는 국민 기본생활을 보장하는 복지 제도 장치 마련으로서 국민기초생활의 보장을 위한 국민기초생활보장법의 시행(2000. 10), 국민연금 확대(1999. 4), 의료보험 통합(1999.1), 고용보험 대상 확대(1998. 10), 산재보험 적용 확대(2000. 7) 등 사회보험 제도의 내실화 및 사회복지 서비스의 확대 정책을 들 수 있다. 둘째, 생산 과정에서의 참여를 통한 복지 방안으로서 일자리 창출과 인력자원 개발을 통한 고용 안정, 근로복지 기반 확충을 통한 근로 생활의 질 향상, 노동 참여복지 증진과 산업민주주의의 실현 등이 제시되고 있다. 셋째, 취약계층의 자활을 지원하는 복지 방안으로서 국민기초생활보장법에 의한 자활 지원과 제3섹터형 자활사업의 확산 등이 제시되고 있다. 넷째, 삶의 질 향상을 위한 기반 조성 방안으로서 기회 균등과 평생교육을 지향하는 열린 교육, 평생건강관리 체계의 기반 구축 등이 제시되고 있다(새천년을 향한 생산적 복지의 길, 1999)(박종관, 2005: 481).

이러한 생산적 복지 정책은 크게 다음의 세 가지 핵심적 내용으로 요약해 볼 수

---

23) 생산적 복지는 이데올로기적 측면에서 사회민주주의의 핵심적 가치가 되는 사회적 형평과 신자유주의가 표방하는 경제적 효율을 변증법적 논쟁을 통해 창출된 자본주의 체제에서 자생 가능한 노동 지향적인 공동체적 복지로 이해되고 있다(Giddens, 1999; 이인희, 2000: 54-55).

24) 한국 사회는 노동자에 대한 대대적인 감원을 추진하는 동시에, 다른 한편에서는 이 과정에서 급격히 늘어난 실업, 빈곤 등에 대한 기본적인 사회안전망(social safety net)을 확충하지 않을 수 없는 역설적인 상황에 놓이게 되었다. 이로 인해 정부는 '민주주의와 시장 경제의 병행 발전'과 함께 '생산적 복지'라는 새로운 국정 목표를 제시하기에 이르렀다(박시종, 2001: 129). 이는 신자유주의적 정책 기조에 따른 노동 배제적 성격과 자본에서 주장하는 친노동적 정부의 양면성을 나타낸다고 할 수 있다.

있다. 첫째, 일을 통해 시장 경제에 참여하는 계층에 대한 일차적인 분배 체계 확립, 둘째, 국가를 통한 재분배로서 국민에 대한 기초생활 보장, 셋째, 국가와 시장의 상호 중첩 영역에서 이루어지는 자활을 위한 사회적 투자와 취약계층에 대한 자활 지원 정책이 그것이다(박종관, 2005: 481-482).

김대중 행정부의 복지 정책은 실업과 빈곤으로부터 근로자를 보호하기 위한 국민기초생활보장법[25]과 2000년 10월 1일 전 사업장으로 그 적용 범위가 확대된 고용보험은 IMF 경제위기 이후 고용 안정사업 및 직업 능력 개발사업 등 적극적 노동시장 정책의 역할 증대라는 긍정적으로 평가할 수 있는 면들도 많으나 결국 이루어지지 못한 정치적 수사로 그치게 되었다는 평가를 받고 있다는 문제점도 많이 지적되고 있다. 특히, 생산적 복지가 무엇인지에 대해 개념 정의 등 확실한 준비 없이 무리하게 복지 개혁을 추진했고, 신자유주의자들이 제시하는 노동과 연계된 복지 시스템으로서 IMF 환란 극복 과정에서 정부의 경제 정책으로 강요된 구조 조정의 결과 많은 실업자를 양산하는 한국적 상황에 적합하지 않다는 비판이 있다(박종관, 2005: 494-495).

제 4 절 노무현 행정부

1. 행정 환경

1) 정치

노무현 행정부는 민주당 정권의 연장선상에서 출범했다. 민주당의 핵심 지지 기반이 호남이었던 상황에서 부산 출신의 후보로 무난히 대통령에 당선되었다. 1987년 민주화 이후 젊은 민주 투사였던 노무현은 수없이 많은 정치적 굴곡을 겪다가 극적

25) 생활보호 제도를 대체하는 새로운 공적 부조 제도인 국민기초생활보장 제도가 2000년 10월 1일부터 시행되고 있다. 기초생활보장 제도는 빈곤 계층에게 의식주 및 의료와 교육 등 기본적인 수준의 생활을 보장해 주는 제도이다.

으로 대통령이 되었다. 노무현 대통령은 젊고, 상대적인 약자, 빈곤층의 큰 지지를 얻으면서 등장했다. 그는 사명감처럼 권위주의 타파, 빈부 격차 해소, 권력의 균분(均分), 분권화와 지방화를 추구하고자 애를 썼다.

노무현 대통령
(2003-2008)
(자료: 국가기록원)

노무현 행정부는 '참여 정부'를 표방하면서 출범했다(2003. 2. 25.). 혁신을 표방하는 젊은 지지자들을 청와대 비서실과 정부 각료로 대거 발탁했다. 자신만만한 혁신 개혁의 출발은 종전의 권력 기구 개편서부터 시작되었다. 그 첫 작업이 검찰 개혁과 인사였는데, 일선 검사들의 반발에 부닥쳤다. 이를 직접 해결하기 위해 '대통령과 전국 검사와의 대화' 자리를 마련하고, 국회 청문회 스타로서의 경력을 발휘하고자 했다. 노 대통령은 젊은 검사들과의 논쟁에서 답답함을 느낄 정도로 한계를 느꼈지만 국민들로서는 대통령의 솔직한 모습을 볼 수 있었다. 집권 초기의 의욕적인 생각과는 달리 혁신은 쉽게 진행되지 못했고, 한나라당은 물론 자신의 지지 기반이었던 측근 세력과 민주당 쪽에서도 적지 않은 선거 비리, 불법 자금 문제가 불거져 나왔다. '대통령, 못해먹겠다!'로 상징되는 답답함이 집권 초기 정국을 뒤덮고 있었다.

노무현 대통령은 대통령 권한의 지나친 집중을 완화하겠다는 생각과 함께 고건 총리를 활용하려고 노력했다. 또, 국정의 중립성 확보와 여당 프리미엄을 없앤다는 명분과 함께 새청년민주당을 탈당했다(2003.9).이 과정에서 김대중 행정부 시절의 대북 송금에 대한 특검, 정몽헌 현대아산 회장의 자살, 김두관 행안부 장관 해임안 가결, 윤성식 감사원장 임명 동의안 부결 등이 지속적으로 노무현 행정부를 괴롭혔다. 급기야 '정권 재신임을 받겠다'는 기자 회견을 하게 되었다.

수도 이전을 위한 신행정수도법이 여당과 야당의 합의로 국회를 통과하고(2003. 12. 29), 법이 공표되었다(2014.1). 이는 수도권은 물론 전 국민의 지대한 관심 속에 큰 반발을 가져왔다. 이에 이석연 변호사를 중심으로 헌법 소원이 제기되었고, 마침내 헌법재판소는 "신행정수도특별법은 서울을 수도로 보아온 관습 헌법에 위배"된다고 하면서 수도 이전은 위헌이라는 판결을 내렸다(2004.10.21). 그러나 정부는 다시 법을 고쳐 행정도시 특별법을 만들었고(2005.3.2), 빠른 속도로 행정수도 건설에 박차를 가했다. 신행정 수도를 충남 공주, 조치원 지역으로 이전하기 위해 본격적인 계획과 공사에 착수했다. 이는 수도권 과밀 해소와 국가 균형 발전이라는 명분 외에 충청 지역의 표심 관리 차원임을 알 수 있었다.

이 와중에 노사모 중심으로 열린우리당이 창설되고 4월 15일 17대 국회의원 총선 준비 작업이 착수되었다. 노무현 대통령은 열린우리당을 지지하는 발언을 했고, 이것이 선거법 위반이라는 선관위 경고, 야당의 사과 요구와 대통령의 반발 등이 지속되었다. 이런저런 면에서 반감이 심했던 한나라당과 새천년민주당이 똘똘 뭉쳐 노무현 대통령 탄핵 소추안을 찬성 193표, 반대 2표로 통과시켰다(2004. 3.12). 노무현 대통령의 권한이 정지되고, 고건 총리가 직무 권한 대행을 맡았다.

노무현 대통령의 탄핵 소추는 노무현 지지 세력을 중심으로 큰 반발을 가져왔다. 국민들의 동정심도 살아나 17대 총선에서는 열린우리당이 압도적으로 승리해 152석의 제1당이 되었다. 이런 분위기 속에서 헌법재판소는 노무현 대통령 탄핵 심판 사건을 기각했다(2004.5.14).

정권에 복귀한 노무현 대통령은 정부 혁신・지방 분권 정책 추진, 한미 FTA 추진, 북한 김정일 방문, 제주 혁신도시 출범, 과거사 진상 규명 활동 등을 의욕적으로 해나갔다. 김정일 방문 시 평양에서 공동 선언(2004.10.4)을 하는 등 남북 관계 개선에 많은 노력을 기울였는데, 퇴임 후에는 방문 당시에 '서해안 NLL 포기 발언'을 했다는 파문에 휩싸였다.

노무현 행정부는 대통령 1인에게 집중된 권한을 완화하기 위해 노력했고, 당정 분리 작업을 추진했으며, 선거자금 공개를 시도했다. 투명한 선거 문화 확보를 위해 노력했고, 권력층 부패를 막기 위해 애를 썼다. 국가정보원, 검찰, 경찰, 국세청 등 권력기관을 국민 편에 설 수 있도록 전환시키는 일을 시도했다. 국무회의에서 노트북을 사용했고, 인터넷을 통한 의사 소통에 적극적이었다.

2) 경제

노무현 행정부의 통계적 경제 지표는 비교적 나쁘지 않다. 5년 동안의 국민총생산 증가도 연평균 4.7% 정도에 달했고, 1인당 GNP 2만 달러 돌파(2007), 수출 3,000억 달성(2006), 외환 보유액 2600억 달러 달성(2007), KOSPI 2000 돌파(2007), 설비 투자 8.0% 수준(2007)에 달하는 성과를 보였다.

이전 정부 시기에 경제 활성화를 위해 시도되었던 가계 대출 증가, 카드 발급 증가 등의 부작용을 막기 위해 많은 노력을 경주했다. 1998년 63.6조 원에 불과하던 신용카드 이용 실적은 2002년 680.8조 원으로, 현금 대출은 32.7조 원에서 412.8조 원으로 10배 이상 늘었다(국정홍보처, 2008: 68). 2002년 당시 신용카드 총 발급 수는 1억 480만 장으로 경제인구 1인당 4.6매에 달했다. 이런 부실 상황이 노무현 행정부 출범 초기부터 큰 문제로 등장하고 있었다. 2003년 봄, SK 글로벌 분식회계 사건, LG 카드 등 카드 3사 업무 정지 조치 등이 출발점이었다.

부동산 시장 안정화를 위해 종합부동산세 도입과 같은 강력한 세제를 도입했고, 가계 대출 비율 상한선을 정했다. 부동산 종합과세는 이중 과세 논란을 불러왔다.

노무현 행정부의 경제 활동 중 가장 괄목할 만한 노력은 주요 무역 대상국과 자유무역협정(FTA)을 적극적으로 추진했다는 점이다. 한국이 수출 지향적 경제 구조를 가지고 있었고, 한국 기업의 경쟁력과 한국 경제가 충분히 자신감을 가지고 있다고 확신했기 때문에 능동적 개방화 정책을 추진하게 되었다. 칠레와 싱가포르를 중심으로 EU와 협상을 시작해 관철시켰다. 미국과의 자유무역협정을 시도해 뚜렷한 진전을 보였다. 주목을 끄는 미국과의 협상은 2006년 2월 3일, 공식화하기 시작해 김현종 외교통상부 통상교섭본부장과 포트만(Robert Portman) 미국 무역대표부(USTR) 대표를 협상 대표로 선임했다. 실무자 수석대표로 김종훈 대사와 커틀러(Wendy Cutler) 미 무역대표부 한국 일본 APEC 대표보가 선임되었다. 미국과의 협상은 4대 선결 조건, 즉 미국산 쇠고기 수입 재개, 배출가스 강화 기준 2009년까지 철폐, 스크린 쿼터 축소, 약값 재평가 제도 철폐를 수용하면서 가능해진 것이었다. 하지만 이 네 가지 요건은 국내의 많은 반대를 받아야만 했다. 많은 우여곡절이 있었지만 한미 무역 협정을 무난히 완료할 수 있었다.

3) 사회 · 문화

참여정부에서는 대통령이 스스로 권력기관을 사유화하던 관행의 고리를 끊고 과감하게 특권을 포기하면서 권력기관을 중립화하자, 권력기관은 스스로 자율적인 개혁을 시작했다. 그 결과 국정원은 국내 정보 분야를 대폭 축소하고 해외정보, 산업보안, 사이버 안전, 대테러 활동 등 국가 안보와 국익을 위한 순수 정보기관으로 재탄생했다. 검찰은 정치적 중립성과 독립성을 확보하고, 국민을 위한 인권의 수호기관으로 재탄생하기 위해 노력했다. 경찰도 스스로의 오류를 조사하고 공개함으로써 국민들의 신뢰를 얻고, 인권의 보루로 거듭났다. 국세청은 과거 징세기관의 부정적 이미지를 씻고 대국민 서비스 기관으로 거듭나고, 납세자의 권익 보호와 과세의 투명성과 객관성을 높이기 위해 노력했다.

한편 과거 권력의 시녀로 국민 위에 군림한다고 비판받던 사법 제도는 로스쿨, 배심 제도, 공판중심주의, 형사 사법 절차 개혁, 사법 서비스 개선 등 사법 개혁을 통해 그 근간이 바뀌었다. 사법 개혁은 문민정부부터 추진되어 오다가 이해관계자들의 반발로 거듭 무산되어 왔다. 참여정부는 정부, 이해당사자, 학계와 시민단체 등 범국가적인 참여를 통해 사법개혁안을 마련하고 실행했다.

2. 행정 조직과 관리

노무현 행정부는 국가 운영의 기본 방침이자 추구해야 할 가치로 '원칙과 신뢰', '공정과 투명', '대화와 타협', ' 분권과 자율'을 4대 국정 원리로 선정했다. 부처 조직 개편을 하지 않고 소방방재청(2004.6)과 방위사업청을 신설하고(2006.1), 철도청을 공사화(2005.1)하는 정도로 행정 조직을 구축했다. 철도청은 폐지되고 철도 영업은 한국철도공사로, 철도시설 건설·관리·연구개발은 한국철도시설공단으로 이관되었다. 2005년 6월에는 여성부가 가족 및 영유아 보육 업무를 복지부로부터 이관받아 여성가족부로 개편되었고, 과학기술부 장관을 부총리급으로, 법제처와 국가보훈처의 장을 장관급으로, 문화재청의 장을 차관급으로 격상시켰다.

노무현 행정부는 기존 부처 조직을 뛰어넘는 장관급의 특별 위원회를 많이 만들어 정책을 추진해 갔다. 2003년 4월 1일 국무회의를 열어 동북아경제중심국가 건설추진위원회 규정, 정부혁신·지방분권위원회 규정, 국가균형발전위원회 규정 등의 3개 위원회 규정을 통과시켰다. 이에 따라 정부혁신·지방분권위원회(4.7), 국가균형발전위원회(4.9), 동북아경제중심추진위원회(4.16)가 각각 설치되었다. 동북아경제중심추진위원회는 2004년 6월에 이르러 동북아시대위원회로 변경되었다(황혜신, 2013). 또한 최대 공약 사항 중 하나인 신행정수도 건설을 위해 4월 14일 신행정수도건설추진기획단이 발족했다. 이후 신행정수도건설추진기획단은 행정중심복합도시건설추진위원회로 개편(2005.4.7)되었고, 위원회 사무 처리 및 집행 업무를 위해 행정중심복합도시건설청이 개청(2006.1.1)되었다. 사회양극화 문제, 고령화 문제 등에 대한 장기적 대책 마련을 위해 2003년 9월 19일 고령화사회 대책 및 사회통합기획단을 청와대 정책실에 설치했다.

3. 주요 정책

1) 정부 혁신과 지방 분권

노무현 행정부의 정부 혁신 지방분권은 정부혁신지방분권위원회, 청와대 혁신관리수석실, 행정자치부의 정부혁신본부가 중심이 되어 강력하게 추진되었다.[26] 이 위원회는 정부 출범과 동시에 대통령과 집권 세력의 강력한 의지와 함께 2003년 4월 7일 발족했다. 위원회에서는 5개 영역(행정 개혁, 인사 개혁, 지방 분권, 재정 세제, 전자 정부)을 선정하고, 분야별로 전문 위원을 두었다. 대통령이 주재하는 '정부혁신추진회의'와 '혁신장관협의회'를 운영했다. 이어서 각 부처마다 혁신담당관 또는 혁신기획관을 설치했다.

위원회는 행정 개혁 비전으로 '국민과 함께 하는 일 잘하는 정부'를 선정하고, 이를 달성하기 위한 5대 목표로 '효율적인 행정', '봉사하는 행정', '투명한 행정', '함께 하는 행정', '깨끗한 행정'을 정했다(정부혁신지방분권위원회, 2008: 70).

표 14-10 행정개혁 5대 목표와 10개 어젠다

5대 목표	10개 어젠다	
효율적인 행정	• 성과 중심의 행정 시스템 구축	• 정부 기능과 조직의 재설계
봉사하는 행정	• 행정 서비스 전달체계 개선	• 고객 지향적 민원 제도 개선
투명한 행정	• 행정의 개방성 강화	• 행정행위의 투명성 제고
함께하는 행정	• 시민 사회와 협치 강화	• 공익활동 적극 지원
깨끗한 행정	• 공직 부패에 대한 체계적 대응	• 공직 윤리 의식 함양

자료: 국정홍보처(2008).

26) 이 부분은 정부혁신지방분권위원회(2008). 「정부혁신지방분권 종합 백서」를 참조했음.

정부 효율성 제고를 위한 첫 번째 사업은 국가 평가 인프라 구축이었다. 참여 정부는 '평가 정부'라고 할 만큼 체계적이고 엄밀한 평가 시스템을 구축하고 실현했다. 2004년 11월 국가평가인프라구축단을 설치하고, 정부업무평가기본법을 제정해 통합 국정 평가 제도를 구축했다. '정부업무평가위원회'는 국무총리와 민간위원장을 공동 위원장으로 하는 15인 위원회로 구성했다. 위원회에서는 중앙행정기관의 자체 평가 결과 확인, 관리 대상 업무(혁신 관리, 규제 개혁, 고객만족도, 특정 시책)에 대한 평가 작업을 담당했다. 각 중앙행정기관은 자체 평가위원회를 구성해 자체적으로 평가를 하게 했다.

둘째는 분권 분산형 조직 설계를 시도해 조직 인사 권한을 각 부처의 실국장에게 위임하고, 총액인건비제를 활용하도록 했다. 관료 조직의 유연성을 도모하기 위해 개방형 인사제도를 적극적으로 도입했다. 또 기존의 과(課)-계(係) 체제를 탈피해 업무 중심의 팀제(task force team)를 도입했다. 셋째, 재정 성과 관리 시스템 구축을 통해 재정 사업에 대한 자율 평가를 통해 성과에 따른 재원 배분을 시도했다.

표 14-11 지방분권 7대 목표와 20개 어젠다

7대 목표	20개 어젠다
중앙-지방정부 간 권한 재배분	• 지방분권 추진 기반 강화 • 지방교육자치 제도 개선 • 특별지방행정기관 정비 • 중앙 권한의 획기적 지방 이양 • 지방자치경찰 제도 도입
획기적 재정분권의 추진	• 지방재정력 확충 및 불균형 완화 • 지방재정의 자율성 강화 • 지방세정 제도 개선 • 지방재정의 투명성, 건전성 확보
지방정부의 자치행정 역량 강화	• 지방자치권 강화 • 지방정부 내부혁신 및 공무원 역량 강화
지방의정 활성화 및 선거 제도 개선	• 지방의정 활성화 • 지방선거 제도 개선
지방정부의 책임성 강화	• 지방정부에 대한 민주적 통제 체계 확립 • 지방정부에 대한 평가 제도 개선
시민 사회 활성화	• 다양한 주민참정 제도 도입 • 시민사회 활성화 기반 강화
협력적 정부 간 관계 정립	• 중앙-지방정부 간 협력 체계 강화 • 정부 간 분쟁 조정 기능 강화 • 지방정부 간 협력 체계 강화

자료: 국정홍보처(2008).

표 14-12 재정세제 5대 목표와 15개 어젠다

5大 목표	15개 어젠다	
재정분권 추진	• 중앙과 지방의 기능 조정과 재원 이양 • 국고보조금 정비 • 지방교부세	• 국가균형발전특별회계 신설 • 지방양여금 제도 개선
세제·세정 합리화	• 조세 체계의 합리적 개편 • 편안하고 부드러운 납세 환경 조성	• 조세의 형평성 제고
지출 효율성 제고	• 특별 체계·기금 정비 • 성과 중심의 재정 시스템 구축	• 총액배분자율편성 제도 도입 • 공기업 등의 경영혁신
재정 투명성 제고	• 복식주의 발생주의 회계 도입	• 재정분석 시스템 구축
재정 건정성 견지	• 국가재정운용계획 수립 • 중장기 재정 위험 요인 관리 강화	• 지방재정공시 제도 도입

자료: 국정홍보처(2008).

노무현 행정부는 지방 분권에 매우 적극적이었다. 지방분권특별법을 제정하고(2004.1), 많은 업무를 지방으로 이양했다. 무엇보다도 지방 재정 확충에 노력했는데 자주재원이 될 수 있는 지방교부세율을 인상하고(2000년 15%, 2005년 18.13%, 2006년 19.24%), 지방양여금을 폐지했으며, 국고보조금을 정비해 지방으로 이전해 국가균형발전특별회계를 신설했다(2005년 5.5조 원, 2007년 6.8조 원)(정부혁신지방분권위원회, 2008: 187).

2) 통일·외교 정책

노무현 행정부는 김대중 행정부의 햇볕 정책을 이어받아 더욱 진전된 대북 관계를 구축하고자 노력했다. 하지만 정부 출범 초기에는 북한의 핵개발 계획 발표와 IAEA 핵사찰단 추방, NPT 탈퇴, 원자로 재가동 등으로 어려운 상황이었다. 노무현 행정부는 북핵 불용, 대화를 통한 평화적 해결, 한국 정부의 적극적 역할이라는 북핵 해결 3원칙을 견지하면서 6자 회담을 중심으로 꾸준히 대북 정책을 추진했다. 회담이 교착 상태에 빠진 시점에서는 '남북 차관급회담'(2005년 5월 16~19일)에서 설명하고, 정동영 특사(통일부 장관)가 방북해 김정일 국방위원장을 면담(2005년 6월 17일)하면서 중대 제안을 했다. 중대 제안(2005.7.12)이란 대북 직접 송전계획인데, 6자 회담에서 북한이 핵 폐기에 합의하면, 신포 금호지구 경수로 건설 공사를 종료하는 대신, 우리가 200만 kW의 전력을 북한에 직접 송전 방식으로 제공한다는 것이었다. 북측의 입장에는 변화가 없었지만 정부의 노력 결과 '9 · 19 공동성명'(2005)을 도출하는 데 주도적인 역할을 했다. 꾸준히 노력해 2007년에는 '2 · 13 이행 조치 합의'와 '10 · 3 합의'를 이끌어 냈다.

참여정부는 신뢰와 포용에 바탕을 두고 남북 간 화해 · 협력을 위해 노력했다(국정홍보처, 2008). 참여정부가 추진한 신뢰와 포용의 대북 정책의 성과는, ① 남북정상회담, ② 남북 화해 협력의 제도화, ③ 남북 교류 협력의 확대 · 심화 분야에서 두드러졌다. 2007 남북정상회담에서 양 정상은 두 차례의 단독회담을 통해 평화 정착, 공동번영, 화해 · 통일에 관한 제반 현안에 대해 협의하고 10월 4일 10개 항으로 된 '남북관계 발전과 평화 번영을 위한 선언'(2007 남북정상선언)을 발표했다. 후속 조치로 2007년 11월과 12월에 걸쳐 연이어 열린 제1차 남북총리회담, 제2차 남북국방장관회담, 제1차 경제협력공동위원회의, 그리고 제1차 서해 평화협력 특별지대 추진위원회 회의가 개최되었다.

노무현 행정부는 남북 화해 협력의 제도화를 추진하는 과정에서 법 · 제도적 기반을조성했다. 참여정부는 2006년 6월 「남북관계 발전법」의 제정 취지에 맞게 동법 시

그림 14-2 **개성공단 생산액 및 북한 근로자 현황** (단위: 만 달러, (명)

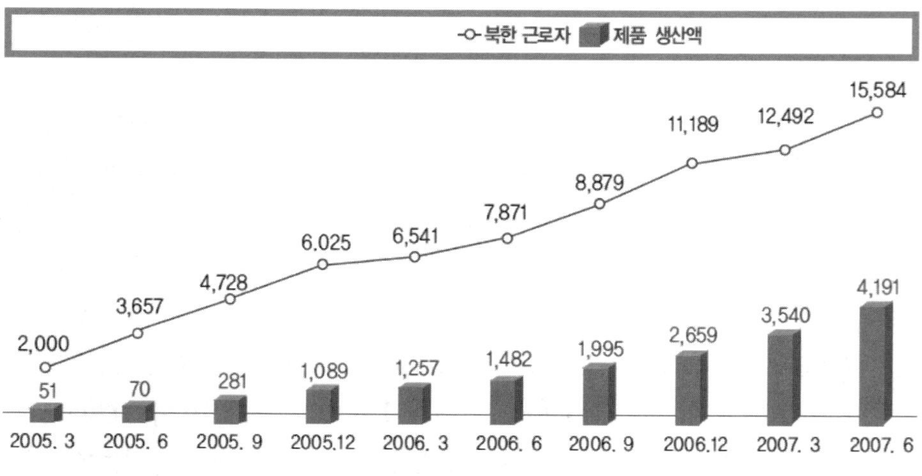

자료: 국정홍보처(2008: 112).

행령(2006. 6. 30)과 시행규칙(2006. 11. 17)을 제정해 헌법의 평화 통일 조항(제4조)과 남북 평화 공존을 현실화할 수 있는 법 체계를 완비했다. 인적 교류도 증가해 2006년에는 남한 주민의 북한 방문이 100,838명에 달했다. 개성공단사업을 안정적으로 추진해 2007년 9월 현재 가동 기업 수 26개에 이르렀고, 2007년 9월 현재 입주기업들의 누적 생산액은 2억 달러를 넘어섰으며 그중 4천 8백만 달러가 수출액이다. 2007년 9월 기준으로 한해 생산액은 1,710만 달러로 이 중 섬유 생산액이 45%를 차지했다. 또한 개성공단에서 땀흘려 일하는 북측 근로자 숫자가 2006년 11월 1만 명을 넘어섰고, 2007년 9월 현재 1만 9,500명을 넘어섰다(국정홍보처, 2008: 111-113).

참여정부는 능동적 세계화 전략하에 세계적으로 급속히 확산되고 있던 FTA를 적극 활용해 동시 다발적이고 수준 높은 FTA를 추진했다. 이를 통해 선진 통상국가를 지향하는 한편, 평화 번영을 위한 동북아 경제공동체를 구축하기 위해 노력했다.

2003년 7월 23일 대통령이 주재하는 국민경제자문회의에서 우리나라의 중장기 FTA 추진전략이 논의된 후 2003년 9월 2일 국무회의에서 공식적으로 확정했다. 이후한·칠레 FTA 체결 등 여건 변화를 감안해 2004년 5월 대외경제장관회의 심의·의결을 거쳐 수정·보완했다. 또한 「FTA 이행지원특별법」, 「제조업 등의 무역조정 지원에 관한 법률」 제정 등을 제정해 FTA 추진의 법적 기반을 마련했다.

참여정부는 칠레와의 자유무역협정 비준 동의를 관철한 후 로드맵에 따라 싱가포르, EFTA, ASEAN과 자유무역협정을 체결했고 일본, 캐나다, 멕시코, 인도 등과도 협상을 개시했다. 또한 2006년 7월부터 미국과의 FTA 협상을 시작해 2007년 4월 협상을 타결했다.

3) 경제 정책

참여정부는 출범 초기인 2003년 5월 주택가격 안정 대책과 더불어 주거복지 로드맵을 통해 계층별 서민 주거 안정 방안을 구체화했다. 이후 2003년 10·29대책, 2005년 8.31대책, 2006년 3·30대책 및 11·15대책, 2007년 1·11대책 및 1·31대책 등을 통해 ① 투기 수요 억제, ② 시장 투명성 제고, ③ 주택공급 확충, ④ 서민주거 안정정책이라는 4대 정책 기조를 수립하고 일관되게 추진해 왔다(국정홍보처, 2008: 93-94).

노무현 행정부는 주택 부동산과 관련해 매우 강도 높은 정책을 구사했다. 금융, 세제를 강력한 무기로 다주택 소유자, 강남 거주자, 고소득층을 겨냥한 정책을 펼쳤다.

부동산 정책의 시작은 2003. 10. 29일 대책으로 출발했다. 이 대책 속에는 세제 측면에서 투기지역 아파트 주택담보 인정 비율 하향 조정(50% → 40%), 투기지역 및 과열지구 주택담보 대출 실태 점검, 주식연계 증권(ELS) 개발 및 판매 활성화, 주택담보 대출 총량제 실시 검토 방침을 발표했다. 또, 종합부동산세 시행 시기 단축(2006 → 2005), 투기지역 2주택 이상 양도세 탄력세율 적용, 1세대 3주택 이상 양도세 60% 인상, 투기지역 6억 원 이상 주택 취득 시 실취득가액으로 거래세 과세, 6대 광역시 및 도청 소재지 전역조사 투기 과열지구 확대 지정, 개발부담금 제도 연장 및 비수

그림 14-3 참여정부의 부동산정책 비전 및 목표

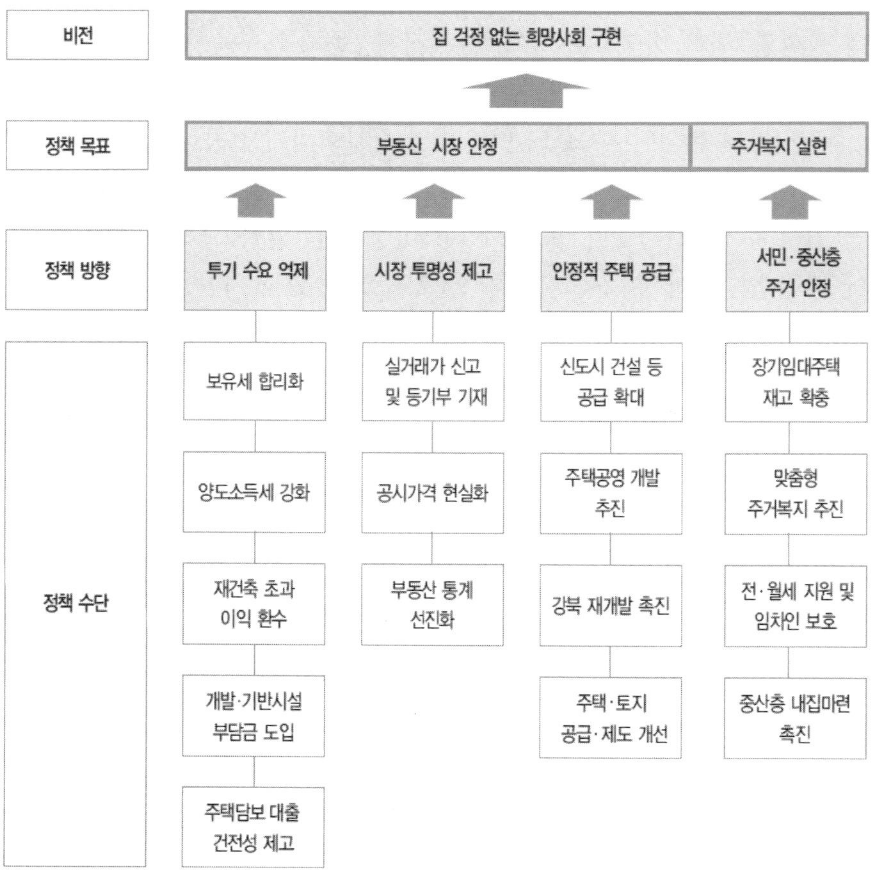

자료: 국정홍보처(2008: 92).

도권으로 확대, 20세대 이상 주상복합 아파트 분양권 전매 금지, 분양권 전매 금지 전국 실시, 재건축 아파트 개발이익 환수 방안 검토, 투기지역 주택거래허가제 도입 검토 방침을 발표했다.

그렇지만, 이런 정부의 의지와는 상관없이 노무현 행정부는 주택과 토지 투기 과열 조짐을 보이고 있었다. 정권 초기부터 시작한 수도 이전, 행정중심복합도시 건설, 전국 모든 권역에서의 지방 혁신도시 건설 정책, 지방 분권 정책의 일환으로 추진되는 수도권 소재 정부기관들의 지방 이전 정책들이 그것이다. 또 서울 강북 뉴타운 개발계획, 광명과 아산 등 역세권 개발 정책이 지속적으로 추진되고 있었다. 전국을 무대로 투자 열풍을 일게 하면서 다른 한편으로 투기 열풍을 잠재우겠다는 이율배반적인 정책을 구사하게 된 것이다.

정부는 지속적으로 강도 높은 대책을 내놨지만 국민들의 냉소적 태도는 증가하기만 했다. 종합 부동산세의 이중 과세 논란과 세대별 합산 과세의 위헌성 문제가 불거졌고, 거래가 아닌 단순 보유자에 대한 세금 징수 문제 발생, 재건축 단지에 대한 임대주택 의무화 논란, 초과 이익 환수에 대한 반발, 분양 원가 공개에 대한 반발, 분양가 상한제로 인한 주택 공급 축소 의혹, 부동산 시장에 대한 관치 금융 논란이 지속적으로 일어났다.

정부의 부동산 정책은 정책 목표와는 전혀 다른 방향으로 전이되어 부동산 가격 급등, 국민들의 정부 정책에 대한 반발을 가져왔다. 노무현 행정부는 전 국민의 삶과 관련 있는 부동산 정책의 실패로 인해 급격히 인기가 떨어졌다.

4) 과거사 정리

참여정부의 남다른 정책 중 하나가 과거사 정리 정책이었다. 이는 국가 건설과 경제 발전, 정치 민주화 과정에 정부 권력기관에 의해 자행되었던 각종 불법, 강압 행위를 바로잡는 것이었다. 불행한 역사를 바로잡고 화합과 상생의 새 세상을 열어가기 위한 정책이었다. 국가의 신뢰를 회복하고, 국민 사이에는 용서와 상처 치유를 위한 일이었다.

과거사 정리 작업은 군부 통치를 종식하고 등장한 김영삼 정부로부터 시작되었다. 먼저 광주 민주화 운동과 관련해 전두환·노태우 등 전직 대통령과 관련 인사를 처벌한 뒤, 이와 병행해 당시 피해자들에 대한 보상 작업을 시행했다. 1995년 11월 30

표 14-13 진실 규명 처리 결과 (단위 : 건, %)

진실 규명 범위	계	처리 건수					
		진실 규명	진실 규명 불능	각하	취하	이송	중지
총계 (%)	11,175 (100.0)	8,450 (75.6)	528 (4.7)	1,729 (15.5)	351 (3.1)	97 (0.9)	20 (0.2)
항일 독립운동	274	20	23	221	10		
해외 동포사	16	5		8	1		2
적대 세력 관련	1,774	1,445	10	292	22	1	4
민간인 집단 희생	8,206	6,742	454	764	242	4	
인권 침해	768	238	41	373	73	29	14
기타	137			71	3	63	

자료: 진실 · 화해를 위한 과거사 정리위원회. 홈페이지. 2010.12.31. 기준.

일 '12 · 12 및 5 · 18사건 특별수사본부'가 발족하고, 12월 21일에는 국회에서 「5 · 18 민주화운동 등에 관한 특별법」이 통과되었다. 이 법에 의해 2007년 9월까지 573명이 2,307억 원의 보상을 받았다.

노무현 행정부의 과거사 정리는 민주정부는 '진실 · 화해를 위한 과거사 정리위원회(Truth and Reconciliation Commission, Republic of Korea)'를 2005년 12월 1일 발족시켜(2010년 12월 31일 임기를 마감) 정책을 추진했다. 하였다. 위원회는 독립위원회로 존재하면서, 항일 독립운동, 일제 강점기의 해외 동포사, 광복 이후 반민주적 또는 반인권적 인권 유린과 폭력 학살 의문사 사건 등을 조사해, 억울함을 해소하고, 국민 통합을 위해 노력했다. 거창 사건 등 관련자 명예 회복(1998), 제주 4 · 3사건 진상 규명 및 희생자 명예 회복(2000), 민주화 운동 관련자 명예 회복 및 보상(2000), 친일 반민족 진상 규명(2004), 삼청교육 피해자 명예 회복 및 보상(2004), 노근리 사건 희생자 심사 및 명예 회복(2004), 일제 강점 하 강제 동원 피해 진상 규명(2004), 동학 농민혁명 참여자 명예 회복(2004), 특수 임무 수행자 보상(2004), 진실 화해를 위한 과거사 정리(2005), 친일 반민족 행위자 재산 조사(2006), 군 의문사 진상 규명(2006) 등이 지속적으로 추진되었다.

과거사 정리는 당시의 정책 목표와 환경 여건을 고려해서 이루어져야만 하는데, 자칫 편향된 시각에서 새로운 갈등을 유발할 소지가 적지 않았다.

제15장

문화 복지기의 행정

제 1 절 이명박 행정부

1. 행정 환경

1) 정치

이명박 대통령(2008-2013)
(자료: 국가기록원)

이명박 대통령은 1980년대 말부터 시작된 정치 민주기가 거의 끝나가던 2008년에 취임했다. 참여정부를 거치면서, 전 세계적으로 가장 짧은 기간 동안에 한국의 민주주의가 완성되어 있었다. 자유롭고 평등한 국민, 활발한 참여와 적극적인 자기 주장, 잘 발전된 지방 자치가 자리 잡고 있었다. 선거를 통한 정권 교체가 이루어지고, 대통령을 비롯한 국회의원, 자치단체장들이 모두 국민들에게 고개를 숙이며 한 표를 부탁하고 있었다.

발달한 정치 민주(政治民主)는 다른 한편으로 지나친 참여와 무분별한 자기 주장,

다수결 만능주의와 소수자의 불복(不服) 현상을 통해 '불편함'을 드러내고 있었다. 적지 않은 국민들이 지나친 자유를 못마땅해 하고, 다수당의 횡포에 염증을 내기 시작했다. '혁신'이라는 이름 속에 추진되는 국가와 사회, 조직 불안정을 감내하기 어려워했다. 안정을 추구하는 국민들은 더 이상의 '정치 민주'에 불안해하며, 끝내는 기존 노무현 행정부와 여당에 등을 돌렸다.

이명박 대통령이 취임하던 당시(2008.2.25)의 국회는 노무현 대통령 탄핵 직후에 실시된 선거(2004.4)에서 대승을 거두었던 열린우리당이 152석(총 299석 중)으로 과반수 의석을 차지하고 있었다. 그러나 이명박 대통령이 500만 표 이상으로 야당 후보를 누르고 당선된 이후 정국은 급변해 18대 국회(2008.5.30~2012.5.29)에서는 한나라당이 153석을 차지해, 자유선진당(18), 친박연대(13)와 일부 무소속 의원까지 합하면 친여 성향의 의원이 거의 2/3에 달했다. 매우 안정적인 국회가 구성된 것이다.

취임 초기는 1987년 이후 20여 년간 진행된 정치 민주화의 영향이 짙게 남아 있던 시기로서 이명박 대통령이 표방한 '녹색 성장'과 4대강 개발, 정국 운영 방안에 대해 큰 반발이 있었다. 대운하 논쟁, 한미 FTA 반대, 미국산 쇠고기 수입 반대 시위를 시작으로 용산역 개발 반대와 시위 진압 참사 등 취임 초기 내내 시위에 시달렸다. 야당과 민주화 세력들은 대통령과 국회를 잃은 상황에서 극단적인 반발을 일삼았고, 이명박 행정부는 국민 화합을 통한 새 정부 출범에 애를 먹었다.

이명박 대통령은 재임 기간 동안 세 차례의 선거를 치러야 했다. 즉, 국회의원 선거(2008.4), 지방자치 선거(2010.6), 대통령 선거(2012.12)이다. 또 그 사이사이에 있었던 보궐 선거까지 합치면 재임 기간 내내 선거를 치러야 했다. 이것은 대통령으로서 자신을 지지하고 있는 여당의 승리를 도와야 함을 뜻한다. 선거에 영향을 미칠 수 있는 정책들을 추진하기가 매우 어려웠다. 야당은 선거 전략의 일환으로 모든 정책의 약점을 붙들고 늘어졌고, 어느 하나도 쉽게 찬성하지를 않았다. 가장 중점을 두었던 4대강 사업은 처음부터 '대운하 논쟁'을 겪으며 순조롭지 못했고, 이전 정부에서 추진되었던 한미 FTA 협상은 미국산 쇠고기 파동과 함께 세월을 보내야 했다.

국민들은 보수와 진보, 한나라당(후에 새누리당)과 '범민주당' 사이에서 균형 있는 선택을 했다. 즉, 큰 표 차로 이명박 대통령을 당선시킨 후에, 기존 다수당이었던 열린우리당 대신에 한나라당을 절대 다수당으로 만들어 주었다. 그러나 다시 지방선거에서 압도적으로 야당인 민주당을 지지해 정국 판도를 뒤집었다. 2010년 6월 2일 치러진 지방선거에서 여당인 한나라당은 서울과 경기에서 간발의 차로 승리하긴 했지만, 강원 · 충남북 · 경남 · 호남 등 거의 모든 광역단체장을 민주당에게 내줘야 했다. 서울, 경기에서는 기초단체장도 대부분 민주당에게 내줬다. 서울시와 경기도 의회도 야당이 다수를 차지하게 되면서 이명박 대통령과의 공조 행정의 틀이 근본적으로 위협을 받게 되었다. 오세훈 시장은 '무상급식'에 관한 시민 투표 결과가 기본 정족수에도 미달하자 사표를 제출했고, 보궐선거에서 야권의 박원순이 시장으로 당선되었다. 이명박 대통령으로서는 정치적으로 어려운 환경에 직면해야 했다.

대한민국 건국 60주년 경축 행사(2008.8.15)
(자료: 대한민국 정부(2013). 이명박 정부 국정백서)

북한은 이명박 행정부에 적지 않은 긴장감을 유발했다. 김대중, 노무현 행정부 시절의 우호적인 분위기와는 달리 이명박 행정부에서는 '무분별한 햇볕 정책', '퍼주기식 북한 지원'을 하고자 하지 않았다. 북한은 핵개발을 지속했고, 대통령이 시정연설을 통해 북한과 전면적인 대화를 추진하기로 발표한 바로 그날 북한군은 금강산 관광객을 의도적으로 살해했다(2008.7.11). 북한은 천안함을 격침시켰고(2010.3.26), 연평도를 직접 겨냥하고 포격을 감행해 많은 피해를 주었다(2010.11.13). 북한에 대한 국민감정이 극도로 나빠졌다. 북한의 김정일이 죽고 그의 아들 김정은이 정권을 승계한 이후로는 핵 개발과 미사일 발사 등으로 한층 긴장감을 불러일으키고 있는 북한이다. 어린 김정은이 이끄는 북한은 장성택 공개 처형 등 공포 정치로 일관하고 있어 언제라도 내부 분열과 붕괴 사태를 맞을 우려를 노출하고 있었다.

이명박 행정부는 여당인 새누리당의 박근혜를 최초의 여성 대통령으로 당선시키는 것으로 마무리되었다. 2012년 12월 19일, 제18대 대통령 선거에서 새누리당의 박근혜 후보는 민주당 중심의 범야권 후보인 문재인을 108만 표차로 누르고 당선되었다.

2) 경제

이명박 행정부 당시의 경제는 세계 경제 침체와 연계되어 매우 어려운 상황 속에 있었다.[1)] 꽁꽁 얼어붙은 부동산 경기는 임기 내내 깨어날 줄을 몰랐다. 아파트와 땅으로 대표되는 부동산은 대다수 국민의 '재산 그 자체'였고 삶의 목표이기도 했다. 부동산 가격이 지속적으로 하락하면서 전 국민의 자산이 속절없이 줄어들고 있었다. 아파트 부동산은 건축, 토목, 인테리어, 가구, 중개업, 이삿짐센터 등 거의 모든 국민의 경제 활동, 삶과 연계되어 있었다. 더 나아가서 주택 대출, 건설 금융, 정부 세금 등에도 연계되어 있었다. 국민들이 종사할 직업이 줄어들었고, 건설회사를 중심으로 많은 기업, 상점, 개인 사업체들이 사라졌다. 중앙정부는 물론 지방자치단체들은 세금이 걷히지 않아 제대로 정책을 수행할 수 없었다.

이명박 대통령은 현대건설 사장 출신이었고, 서울 시장 당시에 청계천 사업을 확실하게 성공시킨 기업가 정신을 가진 사람이었다. 취임 초부터 하락하는 경제를 되살리기 위해 총력을 기울였다. 4대강 사업, 세계 각국과의 FTA 체결, 보금자리 주택 사업 등을 적극적으로 추진했다.

그림 15-1 **무역 1조 달러 시대 개막**

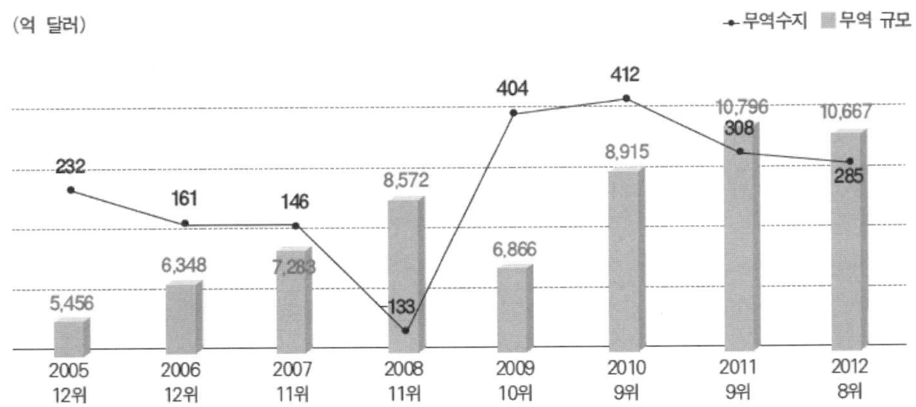

자료: 관세청, 무역협회

거시 지표로 본 한국 경제는 비록 성장률이 둔화되긴 했지만 꾸준히 발전해 갔다. 2011년 중 국내총생산(GDP)은 1,237조 1천억 원으로 전년보다 5.4% 증가했으며, 달

1) 미국의 최대 투자은행인 리먼 브라더스의 파산 신청(2008.9.15), 미국 대형 증권사인 메릴린치의 뱅크 오브 아메리카 매각, AIG 보험사의 유동성 위기로 인한 연방준비제도이사회(FRB)에 400억 달러 지원 요청 등으로부터 시작된 미국 금융계의 충격이 전 세계 금융시장과 실물 경제에 엄청난 악영향을 끼쳤다.

러 기준으로는 환율 하락(연평균 4.2% 감소)에 따라 전년 대비 10.0% 증가한 1조 1,164억 달러를 기록했다(기획재정부, 2012). 1인당 국민총소득(GNI)은 2,492만 원으로 전년 대비 4.8% 증가했으며, 달러 기준으로는 전년 대비 9.4% 증가한 2만 2489 달러를 기록해 3년 만에 2만 달러를 회복한 데 이어 2년 연속 2만 달러대를 유지했다. 2011년 수출(통관 기준)은 전년 대비 19.0% 증가한 5,552억 달러를 기록했다. 2011년 수출은 유럽 재정 위기 등 대외 위험 요인이 부각된 4/4분기 이후 증가세가 둔화되었으나, 사상 최초로 연간 수출 5,000억 달러와 무역 1조 달러를 초과 달성했다. 이에 따라 2011년 우리나라의 수출과 무역 규모는 세계에서 각각 7위와 9위를 기록했다. 품목별로는 자동차(28.8%), 석유제품(63.2%), 선박(15.7%), 철강(30.7%)등 주요 품목 수출이 큰 폭으로 증가했고, 지역별로는 중국(14.9%), 미국(12.8%) 등 주요 교역국에 대한 수출이 대부분 두 자릿수 증가율을 기록한 가운데, 특히 일본에 대한 수출이 3월 대지진 이후 크게 증가해 전년 대비 40.8%의 높은 증가율을 나타냈

표 15-1 이명박 행정부 당시의 한국 상황

항목		2008	2009	2010	2011	2012
인구	총 인구(만 명)	4894.9	4918.2	4941.0	4977.9	5000.4
	인구성장률(%)	0.72	0.48	0.46	0.75	0.45
	0~14세(만 명, %)	848.9 (17.3)	823.2 (16.7)	797.5 (16.1)	777.1 (15.6)	755.9 (15.1)
	15~64세(만 명, %)	3540.8 (72.3)	3569.4 (72.6)	3598.3 (72.8)	3635.3 (73.0)	3655.6 (73.1)
	65세 이상(만 명, %)	505.2 (10.3)	525.6 (10.7)	545.2 (11.0)	565.6 (11.4)	589.0 (11.8)
실업	실업자(만 명, %)	76.9(3.2)	88.9(3.6)	92(3.7)	85.5(3.4)	82(3.2)
	청년(15~29세) 실업자(만 명,%)	31.5(7.2)	34.7(8.1)	34(8.0)	32(7.6)	31.3(7.5)
무역 수지(백만 달러)		-13,267	40,449	41,172	30,801	28,285
국내총생산 (명목 GDP,십억 원)		1,026,452	1,065,037	1,173,275	1,237,128	
경제성장률 (실질 GDP 성장률,%)		2.3	0.3	6.3	3.6	

다. 다만, 재정 위기 등으로 경기가 둔화된 EU 지역에 대한 수출은 4.2% 증가에 그쳤다(기획재정부, 2012).

경제 전체는 비록 세계적인 금융 위기와 부동산 침체로 인해 어려움을 겪고 있었지만, 외형적인 국가 경제는 꾸준히 좋아지고 있었다. 다른 어느 나라보다도 높은 성장률을 보였고, 총무역액 및 수출액, 무역 흑자는 꾸준히 늘고 있었다. 삼성전자의 모바일폰(mobile phone), 현대 자동차, LG와 SK의 전자와 화학, POSCO의 제철 등은 무서운 속도로 발전해 가고 있었다.

3) 사회 · 문화

이명박 행정부는 정치 민주화 시기 이후에 국민들의 진정한 행복 추구와 관련 있는 문화 복지에 대한 사명감을 가지고 출발했다. 진정한 문화 복지의 추구는 물론 경제가 꾸준히 발전해 가는 것을 전제로 가능한 일이었지만. 이전의 대통령, 정부들이 나름대로 국가 건설, 경제 발전, 정치 민주의 사명을 잘 성취해 왔음을 고려할 때 이명박 대통령의 정책 방향은 분명했다. 다소 정체 상태를 보이는 경제를 다시 한 번 더 활력 있게 만드는 일과 함께 수준 높은 문화, 진정한 국민 복지 국가를 만드는 일이 중요했다.

이명박 행정부 시기 한국은 전쟁 직후에 시작된 베이비 붐 세대의 은퇴와 함께 노인층 인구가 매우 빠른 속도로 증가하고 있었다. 2010년에 545만 명이었던 65세 이상 노인층 인구는 2020년에는 800만 명을 넘을 것으로 추산되고 있었다. 상대적 저출산으로 감소된 유아, 청소년층 인구와 대비해 볼 때 노인 비율이 급격히 높아지고 있었다. 노인 인구의 증대는 여러 면에서 한국 사회를 변모시켰다. 정치면에서는 보수 성향이 증대하고, 경제면에서는 노동력 감소, 경제 활력 약화가 나타났으며, 사회면에서는 노인 건강과 연금, 보험, 요양 문제가 심각하게 대두되었다. 경제 침체는 곳곳에서 국민과 정부를 침울하게 만들었다. 부동산 경기 침체는 국민들의 자산 가치 하락을 초래해 소비 축소로 이어지고, 가계 부채의 부담을 가중시켰으며, 많은 파산자를 만들어냈다. 부동산 거래 축소로 인해 연관 산업이 모두 침체로 이어졌고, 건설 경기도 불황의 늪을 헤어나지 못했다. 이에 수반되어 정부의 세수 부족이 심각하게 부족해졌고, 문화 복지와 경제 활성화를 목표로 추진하려고 했던 정부의 많은 사업이 축소되어야만 했다.

표 15-2 2008~2012년 기능별 세출예산 비율(%)

구분	2008년	2009년	2010년	2011년	2012년
일반 공공행정	21.5	21.1	22.0	22.2	22.8
공공 질서 및 안전	6.2	5.8	6.0	6.1	6.0
통일·외교·국방	16.1	15.5	15.8	16.1	15.9
교육·문화·관광	20.8	20.1	19.6	20.4	21.1
환경	1.1	1.2	1.3	1.4	1.3
사회복지·보건	12.6	13.0	13.9	14.0	13.6
산업과 경제	20.4	21.3	20.2	18.6	18.2
예비비	1.3	2.0	1.0	1.1	1.1

자료: 각 연도 기획재정부 나라살림(예산개요) 세출예산 자료로 작성.

이명박 행정부 시기의 정부 세출 내용을 보면 <표 15-2>와 같다. 교육·문화·관광 예산의 비중이 높고, 사회·복지·보건 예산은 아직 충분치 않았지만 꾸준히 증가하고 있었다.

2. 행정 조직과 관리

1) 중앙 행정

이명박 행정부는 선진 일류 국가(잘사는 국민, 따뜻한 사회, 강한 나라) 건설을 목표로 삼고 이를 달성하기 위한 하위 지표로서 섬기는 정부, 활기찬 시장 경제, 능동적 복지, 인재 대국, 성숙한 세계국가를 설정했다. 이는 창조적 실용주의를 전제로 가능하다고 보았다. 선거 공약으로 제시되었던 100대 과제를 충실히 이행하고자 노력했다.

문화 면에서 당시 한국은 한류(韓流)로 상징되는 문화 발전의 시기에 해당된다. 2000년대 들어서 방송 드라마를 시작으로 꾸준히 발전해 온 한국의 문화 예술은 영화, 게임, K-Pop과 함께 세계화하고 있었다. 이와 병행해 경제 발전의 효과에 힘입은 한국의 생활 문화도 빠르게 세계화하고 있었다. 한국의 음식, 복식, 교육, 인터넷 문화, 생활 방식들이 빠르게 수출되고 있었다. 하물며 한국의 국가 발전 경험, 행정이나 정책 내용까지도 수출 대상이 되었다.

정부는 대부처주의(大部處主義)를 표방하며, 유사하거나 중복된 기능을 통합하고 광역화해 2원 15부 2처 18청 3실 5위원회(총 45개 기관)에 총정원 60만 4,290명으로 출범했다(행정안전부, 2008 백서). 기존 조직에서 3부 2처 1실 5위원회가 감축되었고, 부처별 하부조직도 실국은 55개, 과는 93개가 감축되었으며, 인력도 장관급 10명, 차관급 6명, 고위공무원 62명, 3·4급 이하 3,349명 등 총 3,427명이 감축되었다.

조직 개편 내용을 보면, 참여정부 때의 과학기술부 부총리제를 폐지했고 교육부와 과학기술부를 통합해 교육과학기술부를 신설했다. 또 문화관광부와 국정홍보처 및 정보통신부의 일부 기능을 합쳐 문화체육관광부를 신설했고, 재정경제부와 기획예산처를 통합해 기획재정부를 신설했다. 출범 당시에는 가족 기능을 여성부에서 복지부로 이관해 보건복지가족부를 신설했다. 또 건설교통부와 해양수산부를 통합해 국토해양부를, 농림부와 해양수산부 일부 기능을 통합해 농림수산식품부를 신설했다. 또 정보통신부를 폐지해 그 기능과 산업자원부의 기능을 통합해 지식경제부를 신설했다(황혜신, 2013). 원래 의도와는 달리 정부 조직 개편 과정에서 여성부와 통일부는 살아남았다.

정부는 또 특별위원회에 대한 정비 작업도 적극적으로 추진했다(행정안전부, 2008 행정안전백서). 주요 정비 내역을 살펴보면, 운영 실적이 저조하거나 장기간 구성되지 않은 63개 위원회, 설치 목적을 이미 달성했거나 행정 여건 변화로 필요성이 감소된 49개 위원회, 부처 간 협의로 대체 가능한 12개 위원회를 폐지하고, 기능과 성격이 유사·중복되는 58개 위원회 및 단순 자문위원회 91개는 통폐합했다. 아울러 존치되는 경우에도 운영의 내실화를 위해 32개 위원회의 소속과 위원 직급을 합리적으로 조정했다. 2010년까지 총 305개 정비 대상 위원회 중 255개를 정비했다. 이런 위원회 정비는 노무현 행정부가 정부 기구나 이외에 수없이 많이 만들어 운영했던 특별 행정기관들을 없앤 것이다.

구체적인 개편 내용을 보면 다음과 같다(황혜신, 2013).

- 대통령 비서실이 대통령실로, 대통령 경호실이 대통령실 소속의 경호처로 개편
- 행정자치부, 중앙인사위원회, 비상기획위원회의 기능과 정보통신부의 일부 기능이 행정안전부로 통합

- 국민고충처리위원회・국가청렴위원회 및 국무총리 행정심판위원회를 통합해 국민권익위원회 설치
- 국가안전보장회의 운영 지원 기능을 대통령실로 이관, 사무처 폐지
- 국무조정실과 국무총리비서실이 국무총리실로 통합
- 특임장관 신설
- 국정홍보처 폐지, 국정 홍보 및 정부 발표에 관한 사항 문화체육관광부 이관
- 기획예산처와 재정경제부를 통합해 기획재정부 신설
- 교육인적자원부와 과학기술부를 통합해 교육과학기술부 신설
- 농림부와 해양수산부의 어업수산정책, 보건복지부의 식품산업진흥정책을 통합해 농림수산식품부 신설
- 산업자원부와 정보통신부의 정보기술(IT)산업정책과 과학기술부의 산업기술연구개발정책(R&D)을 통합해 지식경제부 신설
- 건설교통부와 해양수산부의 해양개발, 항만건설, 해운물류 기능을 통합해 국토해양부 신설
- 정보통신부를 폐지하고 우정 업무를 지식경제부로 이관
- 정보통신부 통신서비스 정책 규제 기능과 방송위원회 방송정책 규제 기능을 통합해 방송통신위원회 신설
- 중소기업 특별위원회를 폐지하고 중소기업의 정책평가 및 조정 업무는 중소기업청으로 이관
- 재정경제부의 금융정책 및 외국환거래 건전성 감독, 금융정보 분석기능 등은 금융감독위원회와 통합해 금융위원회로 개편
- 3위원회: 방송위, 공정위, 금융위(설치 근거 법률에 정부조직법 제2조상의 중앙행정기관임을 명시함)
- 보건복지가족부의 청소년 가족 기능을 여성부로 이관. 보건복지가족부는 보건복지부로, 여성부는 여성가족부로 개편(2010.3.19)
- 노동부를 고용노동부로 개편(2010.7.5)
- 원자력안전위원회 신설(2011.10.26)
- 4위원회: 방통위, 공정위, 금융위, 원자력안전위(설치 근거 법률에 정부조직법 제2조상의 중앙행정기관임을 명시함)

2) 지방 행정

행정안전부는 2009년 중반부터, 지방 행정 구역 통폐합 정책을 적극적으로 추진했다. 이유는 농촌 지역의 공동화 현상 극복, 자치단체 간 경계를 넘는 광역적 지역 사

업 추진의 어려움, 청사나 문화체육 시설의 방만한 신축과 운영, 자치단체 간 소모적 경쟁으로 예산 낭비, 비선호 시설에 대한 기피 현상 심화 등을 극복하기 위한 것이었다. 그러나 지역 주민들의 반발, 지역 정치인들의 이해 관계가 얽혀서, 1년 여간 통합을 추진했으나 이달곤 장관의 고향 지역인 마산-창원-진해 세 도시가 하나로 통합된 것 이외에는 성공하지 못했다.

정부는 지방에 설치한 특별 지방행정기관 정비에도 나섰다. 수행하는 업무가 해당 지방자치단체 기능과 비슷하거나 중복되는 경우 업무를 지방에 이관하는 조치를 취했다. 2008년 출범과 동시에 추진해 국도와 하천, 해양과 항만, 식의약품 등 3대 분야를 지방으로 이전하고, 노동, 보훈, 산림, 환경, 중소기업 등 업무도 지방으로 이전했다. 그 결과 2011년 말 기준으로 특별지방행정기관 현황은 <표 15-3>과 같다.

표 15-3 특별지방행정기관 현황(2011년 12월 말 기준)

구분	총계(개)	1차 기관	2·3차 기관	정원(명)
총계	5,145	262	4,883	208,883
노동행정기관	47	6	41	4,745
세무행정기관	183	53	130	23,059
공안행정기관	2,572	78	2,494	138,946
현업행정기관	1,995	9	1,986	30,404
기타 행정기관	348	116	232	11,729

자료: 행정안전부(2012).

3) 책임운영기관 자율화, 공공기관 법인화

2002년부터 진행된 책임운영기관 제도를 더욱 정비해 각 기관들의 조직 및 인사 자율성을 증대시키고, 재정 지원 촉진 및 자율성과 탄력성 증대에 노력했다. 2010년 6월 국군의 인쇄, 보급 등 비전투 분야 5개 기관을 책임운영기관으로 전환했고, 서울시에서도 2010년 4월부터 서울교통방송, 서울시립미술관, 서울역사박물관을 책임운영기관화했다(행정안전부, 2011).

정부는 작은 정부를 지향해 정부가 수행하던 업무 중에서 민간이 담당해도 좋겠다는 업무를 담당하는 기관들의 법인화에 주력했다. 공공성 훼손을 우려해 민영화보다는 개별법을 제정해 법인화를 시도했다. 그 결과 농촌진흥청에서 담당하던 연구

개발과 기술 실용화를 담당하는 법인으로 농업기술실용화재단(2009.9)을 만들었고, 국립중앙의료원(2010.4), 수산자원지원단(2010.11), 서울대학교(2011.11), 임업진흥원(2011) 등을 발족시켰다.

3. 주요 정책

1) G20 정상회의 개최, OECD개발원조위원회 가입

2009년 9월 미국 피츠버그에서 우리나라가 2010년 G20 정상회의 의장국으로 결정됨에 따라, 같은 해 11월 범부처 차원의 대응 체제로서 대통령 직속 G20 정상회의 준비위원회가 발족했다(기획재정부, 2011). 2010년은 우리나라가 G20 정상회의 의장국일 뿐 아니라 G20 재무장관·중앙은행총재회의 의장국이기도 했다. 10월 22일 재무장관·중앙은행 총재회의가 경주에서 열렸고, 뒤이어 11월 10일 경제인회의(Business Summit), 11일에 G20 정상회의가 서울에서 열렸다. 주요 의제는 세계경제와 거시정책 공조(framework), 금융 규제 개혁, 국제 금융 기구 개혁, 글로벌 금융안전망, 개발, 금융 소외 계층 포용 등이었다.

준비 과정에서 기획재정부 장관은 주요국 순방 외교를 통해 신흥국과 선진국 간 견해 차이가 컸던 IMF 쿼터 및 지배구조 개혁, 글로벌 금융안전망(FSN) 등 쟁점 사항에 대한 이견 조율을 이루어냈다(기획재정부, 2011). 또 서울 정상 회의를 통해 거시정책 공조(Framework)에서 G20 국가별 정책 약속들을 종합한 서울 액션 플랜(Seoul Action Plan)을 마련하고, 세계경제의 최대 현안으로 부각된 환율정책에 대한 정책 공조 방향에 합의했다. 금융 규제 개혁은 은행 자본·유동성 규제(Basel III) 및 체제적으로 중요한 금융기관(SIFI) 규제의 채택 등 위기 재발 방지를 위한 '새로운 금융 규제 체계'의 핵심을 마무리했다. 국제금융기구 개혁에서는 IMF 역사상 가장 획기적인 쿼터 및 지배 구조 개혁을 달성했다. 한편, 우리나라가 제안한 글로벌 금융안전망에서는 IMF 대출제도 개선 등 유동성 위기 방지를 위한 의미 있는 합의를 도출했다. 개발에서는 단순 원조를 넘어 개도국 성장에 초점을 맞춘 새로운 개발의 방향과 원칙을 제시하고 개도국 역량 강화를 위한 구체적 행동계획인 '다년간 개발행동계획(Multi-Year Action Plan)'을 채택했다.

서울 G20 정상회의 기념 사진(2010.11.12)
(자료: 대한민국 정부(2013). 이명박 정부 국정 백서)

이명박 행정부는 국제 원조를 대폭 증가시키기 위한 노력의 일환으로 선진 공여국들의 모임인 OECD 개발원조위원회(DAC)에 가입하고 총회를 부산에서 개최했다(2010.11). 한국은 선진국 지원을 받던 가장 가난했던 나라에서 이제는 다른 나라를 원조하는 성공 국가로 우뚝 올라섰다. 산발적으로 이루어졌던 대외 원조를 체계적이고 계획적으로 추진하는 계기가 되었다.

표 15-4 이명박 행정부의 녹색 성장 정책 목표

① 견실한 성장을 하되, 에너지, 자원 사용량은 최소화	- 에너지 저소비형 산업구조 개편 (제조업 중심→지식서비스업 중심) - 에너지 소비 절약/사용 효율화 - 생태효율성 제고 정책
② 동일한 에너지, 자원을 사용하되, CO_2 배출 등 환경 부하를 최소화	- 신재생 에너지 보급 확대 - 원자력 등 청정 에너지 개발 - CO_2 배출 규제 - 저탄소, 친환경 인프라 구축 - 소비자 녹색 제품 구매 활성화 - 생태효율성 제고 정책
③ 신성장 동력으로 개발	- 녹색 기술에 대한 R&D 투자 - 신재생 에너지 등 녹색산업 육성 및 수출 산업화 - 세계 시장 선점 지원

자료: 국토해양부 홈페이지. 정책 마당(2013.3.16).

2) 녹색 성장과 4대강 살리기

이명박 행정부는 '녹색 성장'을 국가 목표로 설정하고 임기 내내 총력을 기울였다. 녹색 성장이란 환경(Green)과 경제(Growth)를 동시에 발전시켜 양자의 시너지 효과를 극대화하는 것으로, 환경을 훼손하지 않고 경제 성장을 지속하며 동시에 환경을 새로운 성장 동력으로 삼기 위한 것이다. <표 15-4>에서 보는 바와 같이 정책 목표를 설정했다.

녹색기술 개발 및 녹색산업 육성을 통해 국민소득 증대 및 일자리 창출을 꾀하고, 산업 구조를 녹색화하며 청정 에너지 확대를 통해 기후 변화 대응 및 온실 가스 감축을 꾀했다. 종국적으로는 삶의 질 개선 및 생활의 녹색 혁명화를 시도했다.

이명박 행정부는 청와대 내에 녹색성장기획관실, 대통령 직속 녹색성장위원회와 그 산하의 녹색 성장 기획단을 총괄 기구로 설치했다(대한민국 정부, 2013). 여기서 '녹색성장 국가 전략과 5개년 계획을 수립했다. 이어서 「저탄소 녹색성장기본법」을 제정하고, '온실가스 에너지 목표관리제'를 시행했다. 온실가스 배출권의 할당 및 거래에 관한 법률(2012.5), 녹색 건축물 조성 지원법(2012.2)을 만들었다. 기업의 녹색 투자도 증대해 2008~2010년간 30대 그룹의 투자 총액이 15조 원 규모에 달했다.

4대강 살리기 사업은 이명박 행정부 최대의 사업이었는데, 4대강을 준설하고, 보를 설치했으며, 하천변을 정비해 문화 공간으로 만들었다. 16개 보를 설치해 수자원 총 11억 7,000만m²를 확보해 물 부족과 가뭄에 대비할 수 있게 했고, 준설과 제방 설치를 통해 엄청난 홍수에도 피해가 없도록 했다. 하수처리 시설과 녹조 저감 시설을 확충하고, 농경지 정리와 생태 하천을 조성했다. 또 복합 문화 공간을 조성해 지역 주민들이 활용하도록 했으며, 4대강 사업을 태국 등 해외로 수출하기에도 이르렀다.

3) 복지 정책

이명박 행정부의 복지 예산 추이를 보면 <표 15-5>와 같다. 정부 총지출에서 차지하는 비중이 연평균 8.6%의 증가율을 보여 2012년에는 복지 분야 비중이 28.5%로 꾸준히 높아졌다.

이명박 행정부는 국민 복지 향상을 위해 많은 노력을 기울였다. 임산부, 장애인, 노인, 한 부모 자녀, 탈북자, 다문화 가정 등 복지 사각지대를 해소하기 위해 노력했다.

표 15-4 이명박 행정부 복지 분야 예산 추이 (단위: 조 원)

구분	2007	2008	2009	2010	2011	2012	2007~2012 연평균 증가율(%)
정부 총지출	237.1	257.2	284.5	292.8	309.1	325.4	6.5
복지 분야 총지출 (증가율. %)	61.4	67.7	74.6	81.2	86.4	92.6	8.6
	9.6	10.2	10.3	8.9	6.3	7.2	
※복지 분야 비중(%)	25.9	26.3	26.2	27.7	28	28.5	

*자료: 대한민국 정부(2013).

결혼과 출산 지원을 위해 주택 자금 대출, 육아 휴직 제도의 강화를 기했고, 보육과 양육 부담을 덜어주기 위해 보육료 지원, 보육시설 평가 인증제를 실시했다. 다자녀 가정을 위해 수업료 지원, 각종 공제 제도 시행, 주택 분양 특혜 지원 정책을 펼쳤다. 아동복지법의 개정해 요보호 아동의 자립 지원, 방과 후 돌봄 서비스, 자산 형성 및 드림 스타트 사업 등의 법적 근거를 마련하고 실질적인 정책을 추진해 나갔다.

비록 경제 상황 악화로 학생들에 대한 학교 무상 급식을 전면적으로 시행하지는 못했지만, 여건이 허락하는 한 지자체와 공동으로 꾸준히 증대해 나갔다. 이와 병행해서 5세 미만 영유아를 위한 어린이집 보육료 지원을 전 계층으로 확대 실시했다. 2011년 3월부터는 소득 하위 70% 가정에 대해 보육료 전액을 지원했고, 2012년 3월부터는 2세 이하 어린이와 만 5세(누리 과정) 어린이에 대해 소득 수준에 관계없이 전계층에 대해 보육료를 지원했다(보건복지부. 2012). 또 가정에서 돌보는 2세 이하 어린이들의 양육비도 지원하게 되었다. 5세 누리 과정은 만 5세 아동에 대한 공통 교육 과정을 말하는데, 이들의 학비와 보육료를 보호자의 소득 수준에 관계 없이 월 20만 원씩 지원(2012)하는 것이다.

2008년 7월부터 시작된 노인 장기 요양 보호 사업은 지속적으로 확대되고 제도 보완이 이루어져 실질적으로 가족 복지에 기여하게 되었다. 2011년 12월 말 기준으로 28.7만 명의 노인(전체 노인 인구의 5.5%)이 혜택을 받고 있다(보건복지부, 2012). 이들은 비수급자에 비해 1인당 최대 418만 원까지 적게 내게 되었다. 2011년 12월 말 현재 요양보호사 17만 명, 복지 용구 산업이나 관련 사회복지사 등 21만 명 이상의 일자리 창출에 기여하게 되었다. 정부는 지속적으로 노인 일자리 창출에 나섰고, 2007년부터 시작된 독거노인 돌봄 서비스도 더욱 확대해 나갔다. 2011년 65세 이상 인구는 565만 6천 명이었는데 그중 112만 4천 명(19.9%)이 노인 1인 가구였고, 이들 중 약 15만 명 정도의 노인들을 대상으로 서비스를 시행했다.

학교 폭력과 성폭력 방지를 위해 학교 폭력 근절 대책을 마련해 시행했으며, 아동 청소년을 대상으로 한 성폭력 방지를 위해 많은 노력을 기울였다. 아동, 청소년들의 학교 폭력 방지를 위해 신고 전화를 경찰청이 운영하는 '117 전화'로 통합했고, 각급 학교에 상담 교수를 배치했으며, 가해 학생과 피해 학생들을 대상으로 상담과 지원을 하는 Wee Class(학교), Wee Center(교육지원청), We School(시도교육청)을 지속적으로 확대해 나갔다.

2000년 전체 결혼의 3.5%를 차지했던 국제 결혼이 꾸준히 증가해 2004년 이후부터는 10% 수준까지 이르렀다. 2012년 현재 국내 거주 결혼 이민자는 국적 미취득자와 혼인 귀화자를 합쳐 22만 687명에 이르렀다(대한민국 정부, 2013). 이들에 의해 태어난 다문화 가정 어린이들이 빠른 속도로 증가하고 있다. 결혼 귀화자와 다문화 가정 어린이들을 위한 다양한 법제와 지원 방안을 강구했다. 다문화가족지원법 제정이 이루어졌고, 다문화가족지원센터를 200개소로 확대(2012)했다.

약사법 개정(2012.5)을 통해 20개 이내의 가정 상비약 편의점 판매를 시행했고, 의료분쟁 조정제도를 도입(2012.4)한 것도 중요한 진전이었다.

2012년 3월부터 거의 모든 학교의 주 5일제 수업을 시행했고, 2011년 7월부터 시행된 5인 이상 사업장 주 40시간 근무제와 함께 실질적인 가족 복지 향상에 노력했다.

이명박 행정부는 출산율 저하와 그에 따른 학령 인구 감소를 고려해 대학 구조 조정에도 적극적으로 나섰다. 엄격한 평가를 통해 대정 지원 제한 대학, 대출 제한 대학, 부실 대학 등 구조 조정 작업에 박차를 가했다.

4) 문화 정책

이명박 행정부는 문화 비전을 '품격 있는 문화 국가, 대한민국'으로 정했다. 이전의 정부가 정부 문화 재정 비율 GNP 1% 목표 달성, 문화 콘텐츠 육성, 한류 수출

그림 15-2 대학 구조개혁의 개념도

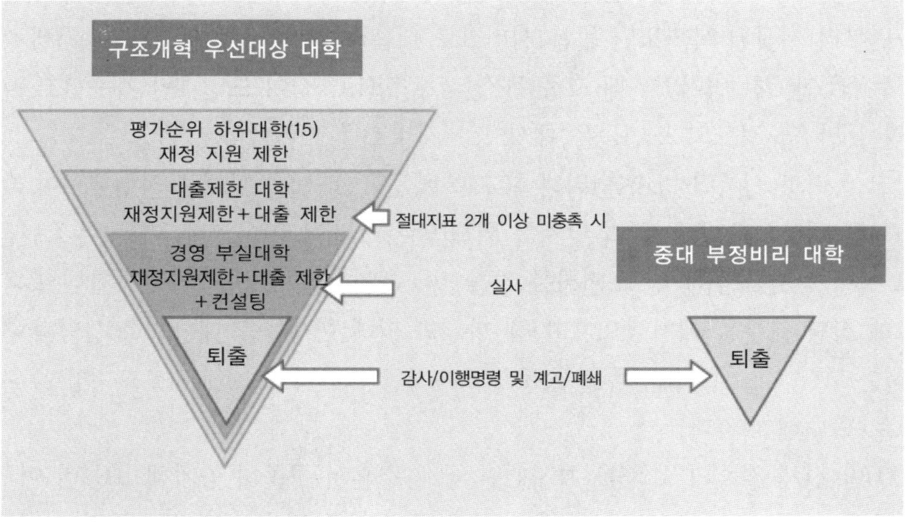

촉진 등에 머물렀던데 비해 이명박 행정부는 진정한 문화 국가 한국을 지향했다. 경제 발전에 힘입어 먹고, 입고, 돈 쓰는 데는 역량이 증대했지만 국민들의 문화 수준은 여전히 낮은 수준에 머물러 있었기 때문이었다. 국민소득 2만 달러, 저출산 고령

표 15-6 이명박 행정부의 문화 비전과 목표, 추진 전략

문화 비전	품격 있는 문화국가 대한민국	
	▲	▲
4대 목표	멋있는 한국인 창조적 문화 예술의 나라	잘사는 한국인 콘텐츠 산업으로 부유한 나라
	정겨운 한국인 세계인이 다시 찾는 관광의 나라	신나는 한국인 어디서나 스포츠를 즐기는 나라
추진전략	• 수요자 중심의 정책 추진 • 선택과 집중의 지원 체계 • 실용과 효율의 문화 행정	• 상생하는 문화와 산업 • 소통과 개방의 전략 • 문화를 통한 녹색 성장

자료: 문화체육관광부(2013: 18).

화, 주5일제 수업과 근무제 시행, 국민 문화 욕구 증대, ICT 기반 시설 증대 등에 걸맞은 문화 정책이 요구되었다.

비전을 달성하기 위해 하위 목표로 '멋있는 한국인', '정겨운 한국인', '잘사는 한국인', '신나는 한국인'으로 정하고 세부 추진 전략을 정해 실천해 나갔다.

문화체육관광부 재정 점유율은 이명박 행정부 출범 당시 1%를 넘어선 이후 2012년 1.14%에 달해 3조 700억 원을 넘어서게 되었다(문체부, 2013: 26).

표 15-7 문화체육관광부 최근 6년간 부문별 재정 추이 (단위: 억 원, %)

구분	2007	2008	2009	2010	2011	2012	연평균 증가율(%)
합계(지출 규모)	22,660	26,354	28,746	31,747	34,557	37,194	10.4
• 예산	12,681	15,136	16,665	18,167	19,603	20,933	10.5
• 기금	9,979	11,218	12,081	13,580	14,954	16,261	10.3
문화체육관광부 소관	22,660	26,354	28,746	31,747	34,557	37,194	10.4
문화예술 부문	9,440	10,709	11,275	13,266	14,551	16,225	11.4
관광	6,649	7,766	8,944	8,901	9,257	9,829	8.1
체육	4,419	5,304	6,431	7,303	8,403	8,634	14.3
문화 및 관광 일반 부문	2,152	2,575	2,096	2,277	2,346	2,506	3.1

자료: 문화체육관광부(2013: 27).

정부는 확립된 예산과 기금을 근거로 기반 시설 구축, 문화 예술 콘텐츠 산업 육성, 법률 정비, 관광 인프라 구축, 저작권 보호 등 전방위적으로 문화 정책을 펼쳤다. 소외 계층의 문화 향수 증대, 고급 문화 예술 상품 개발, 문화 예술인 안전망 구축 등을 위해 노력했다.

2012년 말 기준 문화 기반 시설 현황을 보면 <표 15-8>과 같다.

정부는 대한민국 역사박물관을 건립(2012.12)하고, 예술인들의 복지 향상을 위해 예술인복지법을 제정(2011.11.17)했다.

정부의 문화 콘텐츠 산업 육성을 위한 노력도 지속적으로 이루어졌다. [그림 15-3]

표 15-7 문화 예술 기반 시설 현황

시·도	합계	공공도서관				등록 박물관				등록 미술관				문예 회관	지방 문화원
		계	지자체	교육청	사립	계	국공립	사립	대학	계	국공립	사립	대학		
계	2,182	828	576	232	20	740	358	287	95	171	40	124	7	214	229
서울	299	116	90	22	4	110	22	64	24	32	2	28	2	16	25
부산	76	31	15	14	2	16	6	4	6	5	1	3	1	10	14
대구	61	27	10	12	5	14	6	5	3	3	1	–	2	9	8
인천	78	36	28	8	–	22	10	11	1	4	2	2	–	8	8
광주	46	17	12	5	–	10	5	2	3	7	1	5	1	7	5
대전	51	22	20	2	–	16	4	6	6	5	2	3	–	3	5
울산	29	12	8	4	–	8	6	1	1	–	–	–	–	4	5
세종	6	1	–	1	–	3	1	2	–	–	–	–	–	1	1
경기	406	184	167	11	6	127	58	59	10	36	11	24	1	28	31
강원	167	47	24	22	1	74	43	26	5	10	1	9	–	18	18
충북	111	36	21	15	–	43	26	9	8	7	2	5	–	13	12
충남	132	50	31	19	–	43	27	13	3	8	–	8	–	15	16
전북	117	49	30	18	1	34	24	6	4	3	1	2	–	17	14
전남	162	59	38	21	–	44	29	12	3	18	4	14	–	19	22
경북	180	62	33	28	1	63	38	13	12	7	2	5	–	25	23
경남	160	58	34	24	–	55	37	13	5	8	4	4	–	19	20
제주	101	21	15	6	–	58	16	41	1	18	6	12	–	2	2

자료: 문화체육관광부(2013).

그림 15-3 국내 콘텐츠산업 매출액 및 수출액 (단위: 백만 달러)

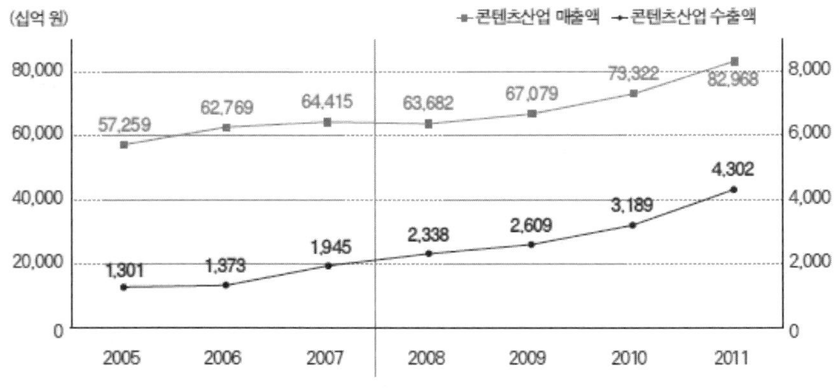

자료: 대한민국 정부(2013).

에서 보는 바와 같이 2011년 말에는 총매출액 기준 829억 6,800만 달러 중 43억 달러를 수출했다.

글로벌 한류 경향을 더욱 촉진하기 위해 정부는 재외문화원을 2008년 12개에서 2011년 23개로 증설했고, 세종학당을 43개국 90개소로 증설해 운영했다.

제 2 절 박근혜 행정부

1. 행정 환경

1) 정치

박근혜 대통령(2013~)
(자료: 청와대 홈페이지)

박근혜 행정부(2013.2.25~)는 이명박 행정부 시기의 여당이었던 새누리당을 근거로 출범했다. 정부 초기부터 기존 정부와는 사뭇 다름을 주장하고 있었지만 근본적으로 보수적이고, 국가 건설과 경제 발전기의 박정희 향수를 지니고 있었다. 새누리당은 국회 다수당으로 정국 운영의 주도권을 쥐고 있었지만, 대통령 선거 당시에 한편이 되었던 범야권의 극단적인 반발과 함께하고 있었다. 민주당을 중심으로 한 야당과 많은 부분에서 대립각을 세웠던 새누리당은 좀체로 국정 운영의 돌파구를 찾지 못한 채 박근혜 행정부를 지원하지 못하고 있었다. 야당은 대선 불복 상태를 지속하면서, 국가정보원의 대선 개입 여부, NLL과 관련된 노무현 대통령의 발언과 정보 공개의 부당성 등을 지속적으로 제기하면서 여당과 정부를 압박했다. 민주당은 시청앞 광장에 진을 치고 국민들을 향해 장외 투쟁을 벌였다. 여당과 정부는 진보당의 종북(從北) 여부와 일부 국회의원의 내란 음모에 대해 강력하게 대응하고 있었다.

정치가 극단적인 대립을 지속하는 속에서 국민들은 투쟁 일변도의 야당을 외면했다. 제2당인 민주당의 지지율이 10% 미만을 보이는 상황 속에 새롭게 등장할 예정인 '안철수 신당'의 지지율이 20%대까지 치솟기도 했다. 노인 인구가 지속적으로 늘어가는 시점에서 국민들의 보수화 경향은 지속되었고, 전반적인 정치 혐오감도 늘어만 갔다.

북한은 김정일 사후에 아들인 김정은이 3대 세습 권력자로 등장해 취임 초기의 독재 체제를 구축하기 시작했다. 군부 장악을 시도하고 장성택 등 권력자들을 잔인하게 축출하면서 지구상에서 가장 무도한 독재 정부를 구축하고자 애를 썼다. 핵무기 개발을 공공연하게 시도하고, 한국을 향해 독설을 '불바다' 발언을 퍼부으며 위협을 해댔다. 내부 무마용일 것이라고 예측하면서도 한국 국민들을 불안에 떨게 만들었다. 이런 북한에 대해 박근혜 정부는 냉정하게 원칙을 지켰다. 핵 개발을 포기하지 않는 한 일방적인 지원은 없고, 직접 대화든 아니면 미국이나 중국이 낀 형태의 대화 협력이든 우리 정부의 주도로만 가능하다는 입장을 견지했다.

일본은 침략과 식민지 지배에 대한 반성이 없이 무모하게 독도 문제를 제기하고, 전 세계가 비난하는 것도 아랑곳없이 전쟁 범죄자들을 향한 신사 참배에 나섰다. 정부는 일본에 대해서도 원칙론적 대응을 했고, '반성 없는 한일 협력'에 연연하지 않겠다는 태도를 취했다. 중국은 새롭게 등장한 시진핑(習近平)의 주도 속에 경제 성장과 그 이후의 정치 민주화 개혁을 착실히 추진하기 시작했다. 아울러 주변국들을 향해 강력한 영토 확장, 국방의 의지를 드러냈다.

정부는 미국과 군사적 · 정치적 · 경제적 유대 관계를 더욱 긴밀하게 유지하면서 동시에 중국과의 관계 개선, 인도 · 베트남 · 태국 등 아시아 각국과의 관계 확대에 노력했다. 러시아와 유럽, 아프리카 국가들과의 협력 증대에도 더욱 노력했다.

2) 경제

침체된 경제는 쉽사리 깨어나지 못하고 허덕였다. 선거 과정에서 '경제 민주화'를 외쳤던 박근혜 대통령도 공약을 수정해 '경제 활성화'를 외칠 수밖에 없었다. 국민의 기초 생활과 관련 있는 부동산 경기 활성화, 청년 취업, 외국인 투자 확대, 기업 투자 활성화, 수출의 지속적 확대를 위해 정부는 모든 수단을 강구해야만 했다.

경제 활성화에 관련된 많은 법이 국회에서 고전을 면치 못했다. 2013년 말에 일부 부동산 관련법들이 국회를 통과하면서 2014년부터는 서서히 부동산 경기가 활성화될 조짐을 보이기도 했다.

정부는 공기업의 방만한 운영과 적자 재정 해소에 총력을 기울였다. 철도 민영화 논란과 함께 시작됐던 2014년 벽두의 철도 노조의 불법적 분쟁은 엄정한 원칙론적 대응 속에 해결되었고 향후 정부의 대응 수준을 가늠케 했다.

삼성전자와 현대자동차, 포항제철 등 일부 산업에 경도된 한국 경제에 대한 불안감이 나타났고, 미래 한국 경제 발전에 대한 진지한 고민이 시작되었다. 수출입 무역이나 국가 전체의 경제 역량 지표들은 그런대로 괜찮았지만 일반 국민들이 느끼는 삶의 질은 좀체로 향상되지 못하고 있었다. 1인당 국민소득은 2만 달러 시대에 도달한 이후 좀체로 3만 달러 시대로 발전해 가지 못하고 있었다. 국민들의 가처분 소득이 점차 줄어들고 있고, 생명 연장에 따른 미래의 삶에 대한 경제적 위기감이 증대해 가고 있다. 부동산 경기 침체에 따른 자산 가치 하락, 청년 실업, 노동 시장의 불안, 세수 부족에 따른 정부의 증세 정책, 공공 요금의 지속적 인상 등 복합적 요인이 국민들을 압박하고 있다.

3) 사회 · 문화

인구의 고령화가 빠른 속도로 진행되고 있다. 의술 발전에 따라 생명 연장이 이루어지고, 식품 영양이 지속적으로 발전하면서 건강한 노년 인구가 늘어만 갔다. 그에 비해 결혼 연령의 증대, 출산율 저하로 유아 청소년층은 비율이 감소해 갔다. 인구학적 측면에서 국민들의 탄력성이 현저하게 약화되어 갔다. 북한 이탈 주민의 유입, 중국 교포들의 이주, 외국 노동자의 유입과 외국인 신부의 증대로 다문화 가정이 빠른 속도로 증대해 갔다. 다문화 가정의 증대는 한국 사회를 점차 '끓는 주전자(melting pot)' 사회로 진입시키고 있었다.

국가의 복지 행정 영역과 재정 지출은 꾸준히 늘어갔다. 영유아 교육 지원, 장애자 지원, 1인 가정 지원, 청소년 무상 급식 지원이 빠른 속도로 추진되었다. 노령자들을 위한 공적 연금 지원, 건강 지원, 요양 보호 지원이 증대되었다. 특히 고령자 요양 보호 지원은 큰 사회 문제로 대두되어 있었다.

문화적으로 콘텐츠 개발, 상품 개발이 꾸준히 진행되어 문화산업이 중요 산업이 되었다. 한류 열풍을 몰고온 한국적 문화 콘텐츠는 전 세계로 확산되어 갔다. 고급 수준의 생활 문화가 빠른 속도로 한국 사회에 자리 잡기 시작했다.

2. 행정 조직과 관리

박근혜 행정부는 이전의 정부 부처 형태를 많은 부분 그대로 존속시키면서 꼭 필요한 일부분만 조정을 했다. 가장 큰 변화는 '과학 기술' 관련 부서를 새로 만들면서 권한 강화를 한 것이고, 미래 창조를 목표로 제시한 부분이다. '큰 정부-작은 청와대'를 구조의 큰 틀로 두고, 17부 3처 17청으로 확대되었다. 한편 청와대 조직은 3실 9수석 34 비서관 체제로 축소되었다. 경호실장, 국가안보실장, 비서실장이 장관급으로 격상되었다. '책임 총리제 · 책임 장관제'를 추진했다. 정부 개편 내용은 <표 15-9>와 같다.

표 15-9 박근혜 행정부 중앙행정기관 개편 내용(2013.3.23)

구분	기관	조직 개편 내용
신설	미래창조과학부	- 교육과학기술부 과학기술 분야 · 방송통신위원회 정보통신기술 분야 · 국가과학기술위원회 흡수 통합 - 산하 공공기관 39개 흡수 - 정보화 업무 일부 흡수
	해양수산부	- 부활 - 해양레포츠 기능 신설
	경제부총리제	- 기획재정부 장관이 경제부총리 겸함
개편	산업통상자원부	- 지식경제부에서 산업통상자원부로 변경 - 외교통상부에서 통상 분야 흡수 - 통상정책국, 통상협력국, 통상교섭실 신설 - 산하공공기관 59개에서 41개로 감축
	안전행정부	- 명칭 변경 - 정보화 업무 일부(국가정보화 · 정보문화) 미래창조과학부로 이관
	식품의약품안전처	- 총리실 소속으로 위상 격상 - 농수축산물 안전 업무 일부 흡수
	교육부	- 미래창조과학부에 과학기술 분야 이관
	국토교통부	-해양 기능 이관
	농림축산식품부	- 수산 분야 이관 - 농수축산물 안전 업무 일부 이관 -식품 진흥 기능 잔류

	중소기업청	-지식경제부의 중견기업정책과 지역특화발전특구기획단 흡수 - 청장이 국무회의에 배석토록 함
	청와대	- 2실9수석에서 3실9수석 체제로 개편 - 대통령실을 비서실(장관급 실장)로 변경 - 경호처를 경호실(장관급 실장)로 승격 - 국가안보실(장관급 실장) 신설 - 6개 기획관 폐지 - 정책실(장관급)* · 국가위기관리실(수석급) · 사회통합수석실 폐지 - 국정기획** · 미래전략수석 신설 - 비서실장을 위원장으로 하는 인사위원회 신설 - 대통령 소속 자문기구 18개 위원회 폐지
폐지	특임장관실	
	국가과학기술위원회	

* 정책실은 노무현 정부 당시 신설, 2008년 2월 이명박 정부 출범 당시 폐지, 2009년 8월 부활.
** 국정기획수석은 2010년 7월 폐지 이후 새로 신설.
자료: 박수경(2013).

박근혜 행정부 조직도와 대통령 비서실 직제는 [그림 15-4]와 같다.

그림 15-4 대통령 비서실 체계

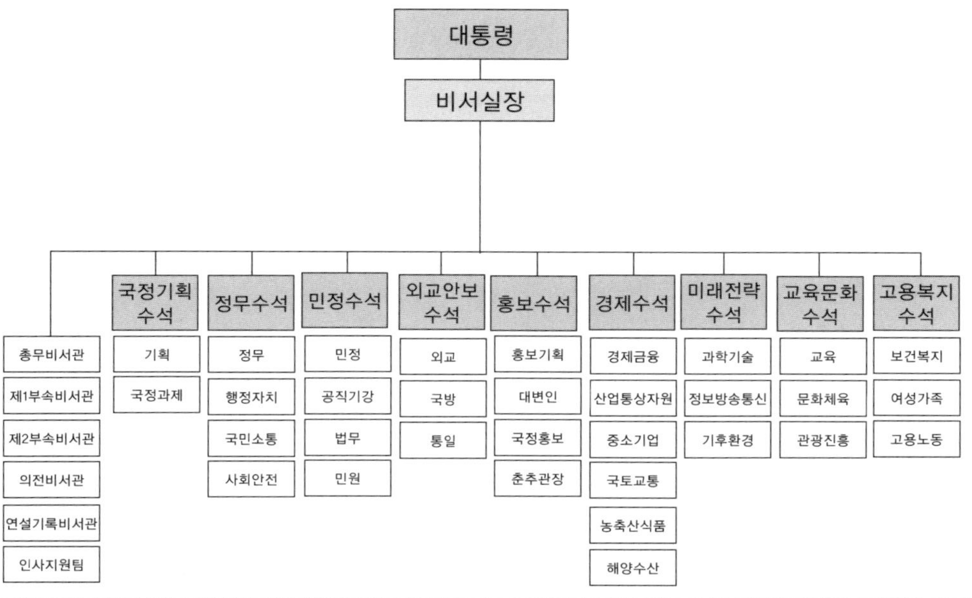

자료: 청와대 홈페이지. 2014.1.1.

그림 15-5 정부 조직도

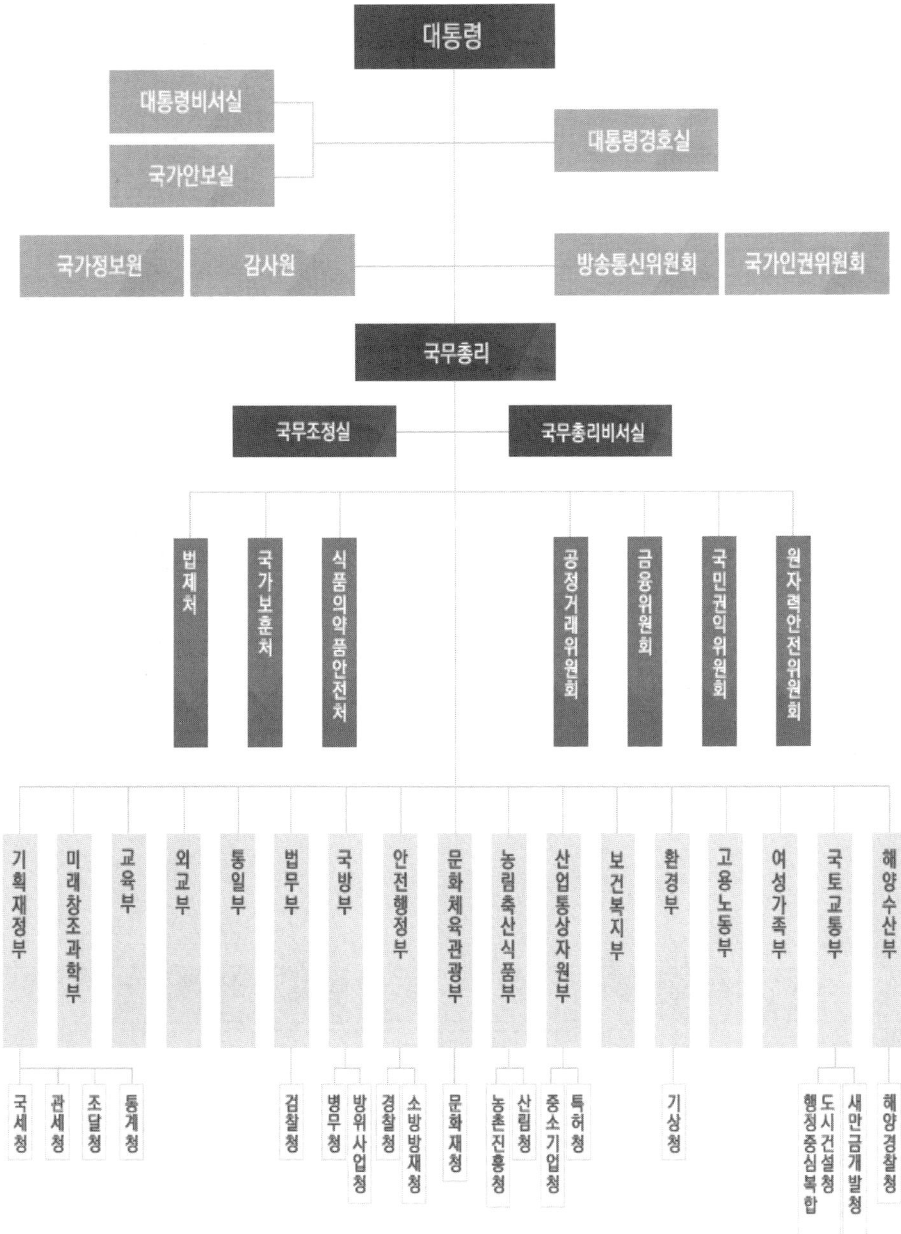

자료: 청와대 홈페이지. 2014.1.1.

3. 주요 정책

박근혜 행정부의 비전과 전략, 과제를 보면 [그림 15-6]과 같다.

그림 15-6 박근혜 행정부의 비전, 전략과 과제

자료: 청와대 홈페이지. 2014.1.1.

박근혜 행정부는 현재 진행 중이다. 대통령은 여성스러우면서도, 뚝심 있게 연도별 정책과 장기 미래 정책을 충실히 시행하고 있다. 한국인들의 문화 복지 향상에 최선을 다하고자 노력하고 있다.

제16장

북한의 행정

제 1 절 행정 환경

1. 정치

1945년 대학민국은 일본의 식민지로부터 해방이 됐지만 남한에는 미국이, 북한에는 소련군이 진주해 군정을 실시함으로써 남북한은 분단의 길로 들어섰다.

북한은 소련 군정에 이어서 1948년 '조선민주주의 인민공화국'이라는 국호를 내걸고 새로운 국가를 건설해 지금까지 사회주의 국가의 길을 걸으면서 자유 민주주의 국가인 남한과 서로 대치하고 있다.

북한 행정에 영향을 미치는 요소들로는 여러 가지를 들 수 있으나 가장 기본적인 것으로 북한의 헌법(憲法)이다. 북한의 헌법은 1948년에 제정되어 폐지되었으며, 1972년에 새 헌법이 제정되었고, 1992년에 개정되었으며, 1998년에 다시 개정되었다.

1998년에 개정된 북한의 「조선민주주의인민공화국 헌법」(이하 '북한 헌법'이라 함)에서 나타난 것을 살펴보면 정치적인 면에서 노동당의 독재와 수령의 영도 체제, 경제적인 면에서 사회주의 경제 체제, 사상적인 면에서 주체 사상을 들 수 있다. 또한

표 16-1 북한 헌법의 변천: 제정과 개정

헌법 제정 · 개정	연 월 일	최고인민회의
헌법 제정	1948년 9월 8일	제1기 제1차 회의
헌법 제정	1972년 12월 27일	제5기 제1차 회의
헌법 개정	1992년 4월 9일	제9기 제3차 회의
헌법 개정	1998년 9월 5일	제10기 제1차 회의

북한 행정에 영향을 미치는 환경적 요소로는 사회적인 면에서 개발도상국, 남 · 북한 간의 경쟁 체제 등을 들 수 있다.

그리고 현재의 북한 행정을 이해하기 위해서는 북한 행정의 변천 과정에 대한 개괄적인 소개가 필요할 것이다.

북한의 권력 구조는 정점에 모든 권력의 원천이며 중핵인 조선노동당이 있고, 노동당의 노선과 정책을 집행하기 위해 그로부터 위임받은 권력을 행사하는 국가기관과 외곽단체[1]들이 있다. 공산당을 정점으로 한 이러한 권력 구조는 이론적으로 프롤레타리아 독재론에서 출발하는데, 이것이 레닌에 이르러서는 당의 독재 이론으로 변한다. 북한에서 조선노동당을 정점으로 국가기관 및 각 사회단체가 조직되어 있는 것은 바로 이러한 당 우위 원칙에 입각했기 때문이다.

그런데 북한에서는 조선노동당에 의한 독재에서 한 걸음 더 나아가 김일성과 김정일 부자에 의한 독재가 제도화되고 있다. 즉, 북한의 헌법은 다른 사회주의 국가와는 달리 국가 통치 구조에 '수령의 유일적 영도제'를 채택하고 있다. 이렇듯 북한의 정치 체제는 프롤레타리아의 독재 → 노동당의 독재 → 수령의 독재로 이어지고 있는 1인 독재 체제의 전형이라 할 수 있으며, 김일성에 이어 김정일에게까지 독재자의 영도 체제가 계속되고 있다.

19세기 초에 자본주의는 여러 가지 문제점이 표면에 나타나기 시작했다. 즉, 독점, 경제적 낭비, 소득과 부의 불평등 그리고 고용주들에 의한 노동자들의 착취가 그것이다. 사회주의[2]는 자본주의의 이러한 폐해와 결점을 시정하기 위해 대두되었다.

1) 예컨대 사회주의 노동청년동맹, 조선직업총동맹, 조선민주여성동맹, 농업근로자동맹 등을 들 수 있다.
2) 사회주의(socialism)와 공산주의(communism)를 엄격하게 구분해서 사용하기도 한다. 공산주의는 특히 폭력 혁명을 통해 부르주아 계급을 완전 타파함으로써 자본주의를 붕괴시키려 하며, 국가의 중요 정책과 계획은 공산당에 의해 추진되는 것이 특징이다(박춘삼, 1991: 57-58).

사회주의 경제 체제의 특징은 생산 수단은 사회가 소유하며, 생산은 개인의 이익보다는 사회적 후생에 의해 결정되고, 국가에 의한 계획이 불가피하고, 경제적 평등을 추구하고자 하는 것 등이다(박춘삼, 1991: 54-55). 요컨대 사회주의 경제 체제는 자본주의 경제 체제에 비해 소비보다는 생산과 분배에 더 많은 관심을 갖고 있다는 점이다.

북한에서 정부 활동의 사상적 원천은 주체 사상이다. 북한의 헌법(1998년) 제3조에는 "조선민주주의 인민공화국은 사람 중심의 세계관이며 인민 대중의 자주성을 실현하기 위한 혁명 사상인 주체 사상을 자기 활동의 지도적 지침으로 삼는다"고 규정하고 있으며, 1980년에 개정된 노동당 규약에는 "조선노동당은 오직 위대한 김일성동지의 주체 사상, 혁명 사상에 의하여 지도된다"고 규정하고 있다.

김일성은 그의 주체 사상을 어느 사회주의 국가이건 사회주의 혁명과 사회주의 건설을 해나가는 과정에서 당면하는 제반 문제를 자국의 실제적인 조건에 맞추어 자국의 독자적인 노력으로 해결하는 원칙이라고 했다. 또한 그는 '사상에서의 주체', '정치에서의 자주', '경제에서 자립', 그리고 '국방에서 자위'로 표현하면서 이를 주체 사상의 지도 원칙으로 제시하고 있다.

1945년 대한민국은 일본의 식민지로부터 해방이 됐지만 남한에는 미군이, 북한에는 소련군이 진주해 군정을 실시함으로써 남북한은 분단의 길로 들어섰다.

북한은 소련 군정에 이어서 1948년 '조선민주주의 인민공화국'이라는 국호를 내걸고 새로운 국가를 건설해 지금까지 사회주의 국가의 길을 걸으면서 자유 민주주의 국가인 남한과 서로 대치하고 있다.

2. 경제 · 사회

북한은 사회주의 체제를 띠는 국가로서 자본주의 체제와는 많은 차이를 보이고 있다. 따라서 자본주의 체제의 관점에서 북한의 행정을 분석하는 것은 많은 주의를 필요로 한다. 행정이란 "행정부가 공공 문제의 해결을 위해 행하는 활동이나 내부적 관리"라고 정의한다(민진, 1997: 22; Caiden, 1982). 따라서 북한의 행정이란 "북한의 행정부가 공공 문제의 해결을 위해 행하는 활동이나 내부적 관리"라고 정의할 수 있다. 북한의 행정부는 과거의 정무원이나 현재의 내각을 의미한다. 그런데 북한은 사회주의 국가이기 때문에 공공 문제의 범위가 자본주의 국가들보다는 매우 넓고 깊다. 그만큼 행정의 수비 범위가 넓고 깊다는 것이다. 어느 나라나 국가를 운영하기 위한 최소한의 역할과 기능이 필요하다. 이를 국가의 기본적 기능이라 한다. 국방, 외교, 징세, 법의 집행과 국내 치안 질서 유지 등이 그것이다.

나라의 정치 체제나 경제 체제의 차이는 정부가 경제나 사회에 개입하는 범위에 영향을 준다. 이를 정부의 추가적 기능이라 한다.

경제면에서 볼 때 정부의 개입 정도에 따라 순수 자본주의와 공산주의로 구분할 수 있으며, 이들 사이에 수정 자본주의(혹은 혼합 경제 체제)를 상정할 수 있다. 순수 자본주의는 기업 등 경제 주체의 활동의 자유를 최대한 보장하는 경제 체제이며, 정부는 최소한의 개입에 그친다. 공산주의 체제에서는 생산 수단의 국유화를 통해 정부는 계획 경제 체제를 운영한다. 소비는 배급 체제에 의해 제한된다. 수정 자본주의는 정부가 상당한 범위 안에서 경제에 개입한다. 복지 국가는 수정 자본주의 형태를 띠는 국가들이 분배 즉 국민의 삶에 매우 광범위하게 개입하는 체제이다.

사회면에서 볼 때, 정부의 개입 정도에 따라 자유 민주주의 사회와 전체주의 사회로 구분할 수 있다. 자유 민주주의 사회는 개인의 창의와 사회집단들의 자발성과 자율성을 존중하는 체제이며, 다원 사회를 전제로 한다. 전체주의 사회는 개인보다는 전체, 자유보다는 평등을 강조하는 사회로서 정부가 사회의 집단화와 조직화를 강요하고 활용하는 체제이다. 국가(정부)가 시민 사회보다 강한 권력을 갖고 있는 과대 성장 국가들이 여기에 해당한다. 이 두 체제의 사이에는 여러 가지 형태가 있겠으나 국가와 시민이 적절하게 협력하고 경쟁하는 사회이다. 이들을 <표 16-2>와 같이 나타낼 수 있다.

<표 16-2>에서 보면 북한은 경제면에서 계획 경제, 사회면에서 전체주의 체제를 띠고 있으므로 정부의 개입 범위가 매우 넓다. 따라서 정부 활동, 즉 행정의 수비 범위는 ①부터 ⑥까지이다. 한편 남한(대한민국)은 경제면에서 혼합 경제, 사회면에서 자유 민주주의에 가까운 권위주의 체제를 띠고 있어 정부 활동, 즉 행정의 수비 범위는 ①부터 ④까지이다. 그리고 미국은 경제면에서 자유 경제, 사회면에서 자유 민주주의 체제를 띠고 있어 정부활동, 즉 행정의 수비 범위는 ①과 ②이다.

요컨대 북한 사회에서는 정부 영역(행정)과 경제 영역(경영)의 구분이 어렵고, 정

표 16-2 북한의 행정과 정부의 개입

분류		경제면	사회면
정부 개입 정도	소	① 자유경제(자본주의)	② 자유 민주주의(다원사회, 자율)
	중	③ 혼합경제 (수정자본주의, 복지국가)	④ 권위주의(제한적 자율)
	대	⑤ 계획경제(공산주의)	⑥ 전체주의(일원사회, 동원)

부 영역(행정)과 사회 영역(시민단체 등)의 역할 구분 역시 어렵다. 그렇지만 이 장에서는 북한의 행정의 내용을 경제 행위나 사회 행위까지 포함하지는 않고 경제 행정, 그리고 사회 행정의 영역 등 행정부의 활동을 중심으로 논의하려 한다.

북한은 개발도상국이라 볼 수 있다. '개발도상국(developing countries)'에 국가 활동의 목표는 국가 발전에 있다. 대체로 국가 발전은 초기 단계에서는 국가 형성에 초점을 맞추나 일단 국가 형성이 마무리 되면 사회경제적 진보에 초점을 맞추게 된다.

북한은 남한과 더불어 일본의 식민지에서 해방된 후 소련의 군정을 거쳤고, 1948년에 공산주의 국가를 건설했으며, 1972년부터는 헌법을 제정해 사회주의 국가의 본연의 임무를 달성하기 위한 노력을 기울이고 있다.

북한의 산업 구조는 1956년 농림수산업이 26.1%, 광공업이 40%, 기타 33.8%였는데 1990년 현재 각각 26.8%, 56.0%, 17.2%로 광공업의 비중이 증가하고 기타의 비중이 줄어들었다(남궁영, 1997: 271). 2004년 현재 북한의 1인당 GNI는 914달러이며 제조업 등 공업 분야의 성장을 위해 국가적 노력을 경주하고 있다. 그러나 대외 경제 교류가 매우 낮고 국제간 사회적 이동의 양이나 정도도 썩 활발하지 못한 편이다. 다시 말해 국제적 고립도가 다른 개발도상국들에 비해 상대적으로 높다고 볼 수 있다.

북한은 남한과 경쟁적 관계에 있는 분열된 민족 국가이다. 정치·경제 체제가 다르나 역사적 전통과 민족성은 일체이다. 그런데 1945년 일제 식민지에서 해방 이후 남·북한에는 미국과 소련의 군정이 시작되었고, 1948년부터 체제가 서로 다른 남·북한으로 분리되었다. 1950년의 북한의 남침은 양국 간의 갈등을 심화시켰고 체제 경쟁은 끊이지 않고 있다. 북한은 남한과 더불어 2014년 현재 유일하게 분단된 민족 국가인 것이다.

북한의 지정학적 특징을 살펴보면 다음과 같다. 북한은 동북 아시아에 위치한 중급 국가에 해당한다. 초강대국인 중국과 러시아(구소련)를 국경으로 하고 있으며, 남쪽에는 남한이, 동해 건너에는 경제 대국인 일본, 태평양 건너에는 초강대국 미국이 버티고 있다. 인구는 유엔인구기금(UNFPA)에 의하면 2013년 현재 약 2,490만 명, 국토 면적은 12만 ㎢이고, 동서가 바다로 둘러싸여 있으며, 농토는 좁으나 광물 자원은 다소 풍부한 편이다.

한편 문화적으로는 권위주의적 가부장제 문화가 뿌리박혀 있다. 이러한 가부장제 문화는 어버이 수령과 인민 간의 관계를 군신(君臣)의 관계로, 모든 인민을 혁명적 혈연 관계로 보는 대가족 국가로 형성케 한다(김영수, 1992: 153).

제 2 절 행정 조직과 관리

1. 행정 조직

1) 체제 특성

북한의 국가기관은 형식적으로 삼권 분립이 되어 있어 평시에는 ① 국가 주권기관, ② 국가 관리기관, ③ 국가 사법기관으로 구분할 수 있다. 다만 1950년 남북전쟁 이후 일정 기간 동안(1950. 6.26~1954. 12.11)에는 '군사위원회'를 설치해 전시 행정 체제를 유지했다.

평시의 경우에도 위의 세 기관 간의 관계는 시대별로 약간의 차이를 보여 왔다. 즉 1948년부터 1972년까지는 세 기관이 균형을 이루는 체계로 구성되고 있었다. 그런데 1972년 헌법 개정 이후에 국가 주석제를 채택하고 주권의 최고 지도기관으로 중앙인민위원회를 설치했으며,[3] 후일 중앙인민위원회에서 국방위원회가 따로 떨어

3) 중앙인민위원회의 수위(우두머리)는 주석이 차지하며 부주석단과 지방의 노동당 책임 비서들이 위원으로 임명되었다. 주석은 김일성이었으므로 김일성은 당 총비서와 국가 주석, 중앙인민위원회 수위를 차

져 나와 군사와 국방에 관한 사업 지도를 함으로써 3권 위에 주석과 중앙인민위원회가 존재하며, 국방 지도기관으로서 국방위원회가 존재하는 형태로 운영해 왔다. 그러나 1998년 헌법 개정 이후부터는 국가 주석제와 중앙인민위원회제가 폐지되어 3권은 균형을 이루고 있으나 국방위원회는 여전히 존재해 준전시 체제의 행정 체제를 유지하고 있다.

북한의 주요 국가기관을 현행 북한 헌법에 따라 국가 주권기관, 국가 관리기관, 그리고 국가사법 기관으로 구분해 간단하게 살펴보기로 한다.

첫째, 국가 주권기관은 인민의 대표체로서 노동당의 정책과 인민의 의사를 직접 실현하며 입법권을 갖고 있다. 최고 주권기관에는 최고인민회의와 최고인민회의 상임위원회[4]가 있어 주권의 직접적인 실현자로서 최고의 권한을 행사하며, 지방 주권기관으로서는 지방 인민회의를 들 수 있다. 최고인민회의는 조선민주주의 인민공화국의 최고 주권기관이며(북한 헌법, 제87조), 최고인민회의가 휴회 중일 때는 최고인민회의 상임위원회가 최고 주권기관이다(북한 헌법, 제106조). 다만 헌법에서는 국방에 관련된 지도·임명·선포권 등의 권한이 신설된 조선민주주의 인민공화국 국방위원회로 이관되었다(북한 헌법, 제111~116조).

둘째, 국가 관리기관은 국가의 의사와 정책을 집행하는 행정적 관리 기구로서 집행권을 갖고 있다. 관리기관은 중앙 관리기관과 지방 관리기관으로 나눌 수 있는데, 중앙 관리기관에는 중앙의 전반적 관리기관인 내각(종전의 정무원)과 부문별 관리기관인 성·위원회 및 직속기관이 있으며, 지방 관리기관으로는 지방인민위원회, 지방 공업 관리기관 및 지방 농업 관리기관 등이 있다.

셋째, 국가 사법 기관으로는 검찰소와 재판소를 두고 있다(북한 헌법, 제6장 제7절). 재판은 중앙재판소, 도·시·군 재판소 및 특별재판소에서 수행한다. 검사는 법령의 준수 및 집행 사항을 감시하며 각급 검찰소는 재판소에 대응해 설치된다. 많은 민주주의 국가들이 사법부 특히 재판소·법원만을 헌법 기관으로 하고 검찰을 행정기관으로 하는데 반해 북한에서는 재판소와 검찰소를 헌법에 함께 규정하고 있다.

북한은 헌법(1998) 제5조에서 "조선민주주의 인민공화국에서 모든 국가 기관들은 민주주의 중앙집권제 원칙에 의하여 조직되고 운영된다"고 함으로써 민주주의 중앙

지함으로써 북한 정치 체계에서 공식적으로나 실질적으로 최고의 자리에 올랐다.

4) 이는 구헌법상의 '최고인민회의 상설회의'이다.

집권제 또는 민주적 집권제를 국가 기관의 조직과 활동에서 지도적 원칙으로 하고 있다.

민주주의 중앙집권제란 민주주의와 중앙집권제가 단순히 합쳐진 용어로서 민주주의는 최고 국가 권력 및 지방 국가기관이 인민의 선거에 의해 구성된 것을 나타낸 것이고, 중앙집권제는 국가 권력기관을 구속하며 소수는 다수에 복종하고 지방은 중앙에 복종한다는 것을 의미한다.

그런데 공산주의 체제에서는 민주주의 체제에서보다 중앙집권제를 강조하고 있는데 당과 국가의 중앙집권적 지도는 광범위한 대중의 의사에 기초하고 있으며, 인민대중의 지혜와 지방의 창발성은 중앙의 통일적이며 계획적인 지도에 의해서만 원만히 발양될 수 있다는 것이다(김공렬, 1989: 35-36).

공산 체제 행정의 특수성은 '당의 지도 역할'이라 할 수 있다. 북한 역시 통치 권력이 원천적으로 당에 집중되어 있으며 정권기관(내각)은 수령의 혁명 사상을 실현하는 기구로서 당의 정책과 결정을 집행하는 기관이다.

행정에서 노동당의 계층제와 행정 기구의 계층제는 종적으로 횡적으로 긴밀히 상호 연결되어 있으며, 인적 구성면에서도 '이중적 겸직 장치'[5]에 의해 당으로부터 정치적 통제를 받고 있다. 다만 1998년 북한 헌법에서는 국방위원장인 김정일이 실질적으로 북한을 움직이고 있다.

또한 당 중앙위원회 밑에 행정 부서에 해당하는 분야별 중앙당부를 두고 이들로 하여금 각기 행정 부서의 사업 집행을 통제 감시하도록 하고 있다. 예를 들면 당의 군수공업부는 내각의 금속공업성, 기계공업성, 채취공업성을 감독한다. 중앙당부뿐만 아니라 지방의 각급 당위원회도 필요한 기관을 설치할 수 있다. 당은 사업 현장에도 당 간부들을 파견해 지도하고 있다.

북한의 노동당은 모든 국가 권력에 대해 사상적 지도자로서, 정책의 입안 및 결정자로서, 대중적 선동자 및 조직자로서 다양한 기능과 역할, 그리고 권한을 행사하고 있다(김환석, 1993: 182).

2) 중앙 행정

북한의 헌법사를 보면, 중앙행정기관은 1948년 헌법에서는 내각이었다. 1972년 헌

5) 예를 들면 거의 모든 정무원 관리는 당원으로 충원되어 있다.

법을 제정하면서 정무원이 내각을 대신하게 된다. 정무원 위에는 중앙인민위원회가 있어 종전의 내각 기능 중 중요한 정책 결정권과 사업의 지도권을 갖는다. 1998년 헌법을 개정하면서 중앙인민위원회와 정무원이 폐지되었고, 정무원은 다시 권한이 강화되면서 내각으로 개칭된다.

1972년 북한 헌법에서는 정무원은 그 이전에 내각이 지녔던 정책 결정권을 신설된 중앙인민위원회에 넘기고 행정 집행권만 가지고 있었다. 즉, 정무원은 행정적 집행기관으로서 행정 집행과 행정 지도를 담당하고 있다. 김일성이 주석이 되기 전에는 내각수상직을 김일성이 겸직 담당함으로써 정책 수립, 결정 및 집행까지 담당했지만 내각의 후신인 정무원은 주석과 중앙인민위원회의 지도를 받는 하위의 중앙행정기관이 되었다(김운태, 1977: 30-31). 정무원은 1998년 헌법이 개정되면서 1972년 이전의 내각으로 환원되었다.

북한 헌법에서 중앙행정기관으로서 현재 내각은 최고 주권의 행정적 집행기관이며 전반적 국가 관리기관이다. 총리, 부총리, 위원장, 상(종전의 부장)들과 그 밖의 필요한 성원들로 구성된다(북한 헌법 제117-118조). 내각은 자기 사업에 대해 최고인민회의와 그 휴회 중에 최고인민회의 상임위원회 앞에 책임을 진다.

신헌법에서 내각은 전원 회의와 상무 회의를 두는데 전원 회의는 내각의 성원 전원으로 구성되며 국가 관리 사업에서 새롭고 중요한 문제를 토의 결정한다. 이 전원 회의는 일종의 각료 회의로서의 성격을 지니고 있다. 상무 회의는 총리, 부총리 및 총리가 임명하는 성원들로 구성되며 전원 회의에서 위임한 문제들을 토의, 결정한다.

북한 헌법에서는 행정의 부문 집행기관으로 1948년부터 성(省)을 두었으나 1972년부터 위원회와 부를 두었다. 1998년부터는 위원회와 성을 두고 있다.

위원회와 성은 내각의 부문별 집행기관으로서 지시를 발할 수 있는 권한을 가지고 있다(북한 헌법, 제127-130조). 성은 자기 소관 사업에 대해 직접적인 행정 작용을 하는 집권적인 기구이며, 위원회는 일반적인 조정과 정책의 방향을 제시하는 분권적인 행정 기구라고 할 수 있으나 위원회 산하 기구는 한정된 범위 내에서 상당한 재량권을 갖고 있다.

내각에서 수상의 명칭은 1972년 헌법 개정을 하면서 정무원 총리로 바뀌어 오늘에 이르고 있다. 부총리(부수상)의 수는 2인에서 12인까지로 1980년대에 대개 10인

표 16-3 북한의 내각(정무원) 변천 개요

연대	총리(수상)	부총리(부수상)	부(성)	위원회	기타 기관
1948. 9	1	3	17	1	
1962. 10	1	8	22	5	
1972. 12	1	6	15	7	
1982. 4	1	13	17	14	
1992. 4	1	11	28	14	
1996. 6	1	9	22	12	5
1989. 9	1	2	26	1	4
2006. 6	1	3	29	3	4

자료: 통일원, 『북한개요』; 연합뉴스, 『북한연감(2006)』 등에서 발췌 정리.

이상으로 증가했다. 부총리는 1개 분야 이상의 업무를 관할하며 때로는 수개의 부서를 통합하고 조정하는 역할을 한다. 부처의 수는 1948년 18개에서 1998년에는 31개로 대폭 감소했다. 이 중 위원회 수는 1948년 1개에서 1980년대에는 14개로 증가했다가 1998년 후반부터 다시 1개만 남겨 두었다. 이것은 구소련이나 동유럽, 중국의 경우와 대체로 유사하다. 성이나 위원회 수가 많은 것은 주로 경제 활동 분야에 정부가 깊게 관여하고 있음을 나타내는 것이며, 위원회가 많다는 것은 조정과 통제 업무의 필요성이 반영된 것이다. 북한의 내각(정무원)의 조직 기구의 변천 과정을 개관하면 <표 16-3>과 같다.

정무원의 조직은 2006년 6월 현재 총리(1), 부총리(3), 36개 부처인데 성(29), 위원회(3), 기타 기관(4)으로 되어 있으며, 세부적 내용은 다음과 같다(연합뉴스, 2006).

- 부(29): 외무성, 인민보안성, 화학공업성, 경공업성, 금속공업성, 기계공업성, 채취공업성, 전기석탄공업성, 국가건설감독성, 건설건재공업성, 전자공업성, 농업성, 임업성, 수산성, 도시경영성, 국토환경보호성, 체신성, 노동성, 재정성, 교육성, 문화성, 보건성, 국가검열성, 철도성, 육해운성, 수매양정성, 상업성, 무역성, 원유공업성
- 위원회(3): 국가계획위원회, 체육지도위원회, 민족경제협력위원회
- 기타 기관(4): 국가과학원, 중앙은행, 중앙통계국, 사무국

3) 지방 행정

북한 지방 행정 체계의 주요 특징을 보면 중앙집권제와 당적 지도의 원칙, 통제의 중첩성, 지방의 자립 체제를 들 수 있다(최진욱, 2002: 159).

북한은 엄격한 중앙집권제를 보인다. 북한에서의 중앙집권제는 지방 행정 관료의 창의성과 주도력이 상실되며, 지방의 특수성이 반영되지 않는 등 문제점을 갖고 있다(박완신, 1988: 195-196). 북한의 지방 행정기관은 권력의 원천인 공산당, 즉 조선노동당의 정책 노선을 집행하는 것에 불과하다(김운태, 1977: 201). 따라서 지방 행정 조직은 존재해도 자율적인 지방자치 행정은 존재한다고 볼 수 없다. 북한은 1990년대에 들어와 지방 차원의 경제적 자력 갱생을 도모하기 위해 제한적으로 분권적 조치를 취하고 있음에도 불구하고 여전히 중앙집권적이다.

(1) 변천 과정

북한 지방 행정기관의 모체는 1945년 8월부터 11월 사이에 조직된 '도 인민위원회'이다. 이 때 도 인민위원회는 지방 주권기관으로서의 성격을 지니면서 동시에 행정 업무도 관장했다.

1945년 11월에는 '5도 행정국'이 설치되어 인민위원회의 행정 업무를 통일적으로 수행했다. 그 후 도 인민위원회가 1946년 2월 '북조선 임시인민위원회'로 , 그리고 1947년 2월에는 '북조선 인민위원회'로 변천됨에 따라 지방 행정 업무는 도・시・군・면・리(동) 인민위원회가 관장했다. 그러나 이 때 인민위원회도 그 성격이 주권기관이었다. 따라서 북한에는 이 때까지도 독자적인 지방행정기관이 없었다.

북한 행정기관 체제에서 독자적인 지방 행정 기관은 1954년 10월 지방주권기관 구성법이 채택됨에 따라 기존의 '지방인민위원회'가 '지방인민회의'와 '지방인민위원회'로 분리되어, 전자는 지방 주권기관으로, 후자는 지방행정기관으로 그 지위가 분리・규정됨으로써 존재하게 되었다.

그런데 1972년 헌법 개정 이후부터 1998년 헌법 개정 시까지는 지방인민회의, 지방인민위원회, 그리고 지방행정경제위원회가 분리되어 운영되면서 지방인민회의는 선거 및 예산 심의기관으로, 지방인민위원회는 지방 사업의 지도 감독기관으로, 지방행정경제위원회가 지방 행정의 집행기관으로서 기능해 왔다. 1998년 9월부터는 지방행정경제위원회 기능이 지방인민위원회의 기능으로 흡수되었다(김공열, 1988).

지방행정기관의 변천 과정을 보면 지방행정위원회는 1981년 9·9절 개편 시 지방경제지도위원회의 설치와 더불어 폐지되었고, 또 지방경제지도위원회는 1985년 5월 이후에는 지방행정·경제지도위원회로 개편되었다(통일원, 1990: 69). 1992년 헌법 개정에 따라 지방행정·경제지도위원회는 지방행정경제위원회로 개칭되었다. 1998년 헌법 개정에서는 지방행정·경제위원회는 지방인민위원회로 흡수되었다.

(2) 지방 행정 체계

북한에서는 1972년, 1992년 그리고 1998년에 있었던 세 번의 헌법 개정을 통해 지방 행정 조직을 중앙의 행정 조직과 대비시켜 가면서 역할의 배분을 위한 제도적 장치를 마련했는데 현실적으로 제도의 운영은 제대로 이루어지고 있지 않다. 북한의 지방 행정 체계는 노동당, 지방인민회의, 그리고 지방인민위원회가 유기적 관계를 맺도록 되어 있다. 이들은 각 도(직할시) 및 시(구역)·군에 설치되어 있다.

첫째, 지방인민회의는 지방 주권기관으로 중앙의 최고인민회의와 대비된다. 지방인민회의는 인구 비율에 의해 선출된 대의원들로 구성되며, 헌법상 임무와 권한은 계획 및 주요 사업의 승인과 선거가 주를 이룬다.

둘째, 지방인민위원회는 핵심 행정기관이다. 1992년 개정 북한 헌법에서는 지방인민위원회가 선거, 사업 지도 등의 권한에 종전의 지방행정경제위원회의 집행 기능을 흡수해 기능이 확대되었다. 종전의 지방인민위원회는 지방 당간부, 지방인민회의 의장 및 지방 재판소나 검찰소 소장, 지방사회 안전국장, 공장, 기업소의 책임자 등 지방의 핵심 인사로 구성되어 그 지방의 전반적 사업을 지도하는 기능을 담당하는 당·정 합의기관이었으나 도당 책임 비서와 지방인민위원회 위원장을 구분함으로써 당과 지방 행정이 구분되었다.

셋째, 지방당 위원회는 중앙당의 통제를 받아 해당 지방행정기관과 각종 단체의 정치·행정·경제 등 전반적인 사업을 지도·감독한다(조선노동당 규약, 제31조, 제36조, 제41조 참조).

(3) 지방 행정 구역

북한의 지방행정기관은 행정 구역에 따라 조직되어 있다. 북한의 행정 구역은 1945년 해방 당시는 6도, 9시, 86군이었다. 그 후 1952년 12월 도(특별시), 군(시, 구역), 면(읍), 리(동)의 4단계 행정 구역 체계가 도(특별시, 직할시), 군(시, 구역), 리(읍,

동, 노동자구)의 3단계 행정 구역 체계로 개편됨으로써 면이 폐지되었고, 또 군 지역을 재분할해서 그 수를 늘렸으며 군의 중심 지역에는 읍을 설치했다.

북한에는 새로운 사회주의적 행정 단위로 지칭되는 노동자구가 있는데, 이는 광산, 공장, 기업소, 임산사업소 등에 400명 이상의 임금 노동자가 거주하면서 일종의 취락 형태를 갖춘 곳에 설치한다.

북한의 행정 구역은 1949년에 평양시를 특별시로 승격시킨 이래 35 차례에 걸친 행정 구역 개편을 거쳐 1995년 10월 현재 1 특별시, 2 직할시, 9도, 25시, 36구역, 148군, 148읍, 4,214리·동, 256노동자구로 되어 있다. 1954년에 양강도를 신설했고, 황해도를 황해남도와 황해북도로 분할했으며, 개성시를 직할시로 승격했다. 1978년에 청진직할시가, 1986년에 남포직할시가 승격했으며, 1985년에 청진직할시는 청진시로 격하했다. 1993년에는 나진-선봉직할시가 신설되었고, 2003년 라선시로 격하되었다. 2003년에는 개성직할시가 일반시로, 2004년에는 남포직할시가 특급시로 각각 격하되었다. 현재 특별시, 직할시 및 도는 다음과 같다.

<북한의 특별시, 직할시와 도>

• 특별시(1): 평양

표 16-4 북한의 지방 행정 구역 개편 내용

연월일	특별시	도	직할시	시(구역)	군	읍	리·동	노동자구	비고
1945. 8.15		6	–	9	86	–	–	–	
1949. 1. 3	1	7	–	8(5)	94	–	–	–	
1952.12.22	1	7	–	8(5)	168	168	3,658	4	구역 개편
1954.10.30	1	9	–	10(5)	173	173	3,658	33	도 승격
1961. 3.31	1	9	3	11(33)	162	162	3,971	112	
1972.11.18	1	9	1	18(34)	162	162	4,142	201	
1980. 3. 1	1	9	3	19(33)	152	152	4,190	232	
1990.10	1	9	2	21(37)	150	150	4,242	223	
1995.10	1	9	2	25(36)	148	148	4,214	256	
2005	1	9	(2)	24(31)	148	148	4,398	274	

자료: 평화통일연구소 편, 『북한개요』(1986); 통일원, 『1991북한개요』부터 『1996북한개요』.
직할시의 경우 2005년에는 특급시 등으로 격하됨.

- 직할시 또는 특급시(2): 개성, 남포
- 도(9): 평안남도, 평안북도, 자강도, 양강도, 황해남도, 황해북도, 함경남도, 함경북도, 강원도

북한의 지방 행정 구역의 변천사를 정리하면 <표 16-4>와 같다.

2. 행정 관리

1) 행정의 기능

북한의 행정 체계의 기능 중 대(對)국민적 기능은 기업적 기능, 교육 문화 기능, 복지 서비스 기능, 그리고 통제 및 억제 기능 등으로 구분한다.

(1) 기업적 기능

북한의 공기업은 사회주의 국가의 경제 관리 원칙을 따르고 있다. 사회주의 국가의 경제 관리는 첫째, 정치적 성격의 활동, 즉 관리 기구의 조직, 기업소에 대한 국가적 과제 제시, 법 질서와 규율의 확립 등의 국가적 행정 사업들의 활동과 둘째, 계획의 작성, 생산 과정의 합리적 조직과 개선, 재정 관리 등 다양한 경제 조직 활동이라는 두 가지 측면이 항상 존재한다.

해방 이후 북한은 소련식 경제 모델을 도입하면서 생산 수단을 전면적으로 국·공유하고, 모든 산업을 국유 국영(國有國營)의 형태를 취하며, 농업은 국영 또는 협동 농장화하여 운영했다. 자원 배분의 기본 계획은 당의 정치국에서 결정하나 경제 계획은 국가 계획위원회에서 작성한다.

북한의 경제 관리 체계는 노동당의 전반적인 지도와 통제 속에 이루어진다. 행정 관리 기구로서 내각의 경제 관계 부서는 관리 체계의 변화와 함께 증설과 통폐합을 수차례 거듭하면서 변해 왔다. 2006년 6월 현재 경제 부서는 내각 내의 36개 총부서 중 25개로 구성되어 있다.

북한에서 공기업 관리는 지배인 단독책임제, 집단관리제, 연합기업소제로 변천해 왔다(이태욱, 1992: 34-52). 첫째, 지배인 단독책임제는 지배인이 단독으로 책임을 지는 제도이다. 둘째, 집단관리제는 국영 기업의 관리 책임을 분산시키는 제도로서

1960년대에 들어서면서부터 북한은 지배인 단독책임제를 집단관리제로 바꾸었다. 이를 청산리 방법, 대안의 사업 체계라 부른다. 셋째, 연합기업소제는 1985년부터 도입하기 시작했는데, 이것은 기업소들 간의 분업과 협업의 체계를 정연하게 하는 것으로 모기업과 생산 기술면에서 밀접하게 관련이 있는 기업들을 유기적으로 연결시킴으로써 부분적인 효율화를 도모하는 것이다(예: 제철소와 철광업소).

(2) 복지 서비스 기능

북한은 정권 수립 직후부터 사회 복지 관련법을 정비하면서 인민 다수에 대한 복지 정책을 펴왔다. 그러나 1972년부터는 사회 복지의 질이 점점 낮아지고 있다(민족통일연구원, 1994: 18).

북한의 생산 수단은 국가와 사회 협동 단체가 소유한다. 북한에는 세금이 없으며, 불어나는 모든 물질적 부(富)는 전적으로 근로자들의 복리 증진에 돌려진다(북한 헌법, 제24조).

북한 행정기관은 다른 공산권 국가들과 마찬가지로 국민의 삶을 직접적으로 책임지고 있다. 북한은 배급에 의해 국민들의 식의주(食・衣・住)를 제공한다. 일터를 제공하면서 동시에 먹고, 입고, 살 곳을 제공해 준다.

(3) 교육 문화 기능

북한은 모든 국민을 공산주의적 인간으로 키우기 위해(헌법, 제43조), 국가가 인민교육 사업과 민족 간부 양성 사업을 하도록 강요하고 있다(헌법, 제44조). 국가는 모든 학생을 무료로 교육시키며, 사회 교육을 강화하고 온 사회를 인텔리화한다(헌법, 제40조).

북한에서 모든 행정기관은 사회주의에 대한 재학습의 장소이며, 모든 기관은 학습을 통해 철저한 공산주의인으로 태어나도록 강요받고 있다. 북한에서 개최되는 회의들은 '신문 독보회', '위대한 수령님과 친애하는 지도자 동지 연구 모임', '사상 투쟁회의' 등이 있다(안드레이 란코프, 1995: 274).

(4) 통제 및 억제 기능

북한은 공산주의 국가로서 전체주의 국가이다. 북한은 헌법(제10조)에서 프롤레타리아 독재를 선언하고 있다. 독재 국가는 개인의 자유와 권리를 국가적 이익과 계급적 이익을 위해 철저하게 통제하고 억제할 수 있다. 집단주의 원칙은 개인주의와는 대립적이다. 헌법상으로는 여러 가지 기본권을 보장하고 있으나 실제적으로는 억압된 생활을 하고 있다. 예컨대 거주 이전의 자유가 극도로 제한되어 있다거나, 직업 선택의 자유가 제한되어 있다. 국민(인민)은 북한 당국이 허가하지 않은 모든 일을 할 수 없다. 따라서 북한은 국가 억압기관이 발달되어 있다. 사회안전부, 국가보위부 등이 그것이다.

북한의 정치적 통제상의 특징은 동양적 전통에 깊이 뿌리박고 있는 연대 책임 제도이다. 북한의 모든 주민은 거주지별로 보통 40가구씩 반(班)을 이룬다. 이를 인민반이라고 하며, 이 조직의 인민 반장을 통해 주민을 통제한다(안드레이 란코프, 1995: 303-304).

(5) 국가 동원 기능

북한 행정기관은 다른 공산국의 정권에서처럼 정치적 지배권을 확립하고 경제·사회적인 발전을 도모하기 위하여 동원 체제를 갖추고 있다.[6] '천리마 운동' '군중노선' '새벽 별보기 운동' 등은 주민의 노동력을 끊임없이 착취하고 있는 동원 체제의 좋은 실례라고 할 수 있다(박용하, 1988: 65).

최근 천리마 운동은 김정일이 주창한 3대 혁명(사상·기술·문화) 붉은 기 쟁취 운동으로 바뀌었다. 북한에서의 이러한 동원은 조직적인 강제 행위로 보여진다.

(6) 국가 발전 전략적 기능

후발 공업화 국가들이 뒤늦은 산업화를 앞당기기 위해 예외 없이 사용하는 수단은 계획 합리성을 추구하는 발전 전략이다. 여기서 '발전 전략'이란 사회·경제에 대한 전략적이고 목표 지향적인 계획을 의미한다. 사회주의 국가에서의 발전 전략은 국가가 직접 생산이나 분배 등의 경제 활동을 수행한다.

북한은 그 동안 중공업 우선 발전 전략, 국방·경제 병진 전략, 그리고 경제 합리화 발전 전략을 추구해 왔다(이항동, 1991: 331). 북한의 1950년대 중공업 우선 전략은 소련의 영향 속에서 전후 복구와 공산주의 체제 형성을 위해 실시되었으며 비교적 성공적이었다. 1960년대 국방·경제 병진 발전 전략은 남·북한 간의 대립 속에

6) 여기서 동원이란 국가 권력에 의한 끊임없는 국민 통합의 과정으로서 통제적 입장에 있는 엘리트가 기구 외적 존재인 국민을 기구 내부로 편입하려고 할 때 일어난다. 『정치학대사전』(서울: 박영사, 1975: 469).

표 16-5 남북한의 1인당 GNP(GNI) 추이 비교 (단위: 1인당 GNP, 달러)

연도	1953	1960	1964	1968	1972	1976	1980	1984	1988	1992	1996	2000	2004
남한 (A)	76	94	107	169	316	800	1,589	2,044	4,040	7,527	12,197	10,481	14,162
북한 (B)	58	137	194	225	316	585	758	762	980	1,013	989	757	914
A/B	1.31	0.69	0.55	0.75	1.00	1.37	2.09	2.68	4.12	7.4	12.3	14.3	15.5

자료: 1988년까지는 통일원(1990: 21); 1989년은 통일원(1991: 38); 1990년 이후는 북한연감(2006).

서 전문 경제 관료가 배제된 채 전문성보다 당성(黨性)을 강조하는 국가 기구에 의해 수행되었으나 집행이 수월하지는 못했다. 1970년대 이후의 경제 합리화 발전 전략은 생활 수준의 향상을 국가 이념으로 하여 전문 관료를 등용하면서 수행해 나가고 있다.

1980년대에는 경제 자립·개방의 병존 발전 전략을 채택한 듯 싶다. 그 동안 합영법이 제정되었으며, 각국과의 경제 협력도 강조되고 있고 두만강 특구의 개발 계획도 시도되고 있다.

1990년대에 들어 대외 차관을 증가하고 대외 협력을 하는 등 개방과 개혁을 서두르고 있으며, 남한과도 경제 협력을 확대하고 있으나 자본주의적 시각에서 보면 아직도 거의 폐쇄적이며, 정치적으로는 그들의 어버이 수령인 김일성 주석의 사망, 경제적으로는 경제 부진, 식량난, 외채난, 에너지난 등의 누적으로 매우 큰 어려움을 겪었다.

2000년대에는 김정일이 북한 내에서 지위가 견고해짐에 따라 남·북한 협력과 부분적인 대외 개방 정책을 통한 국가 발전 전략을 구사하고 있다.

한편 북한과 남한을 비교해 볼 때, <표 16-5>에서와 같이 1960년대에는 북한이 초기 중공업 정책의 성공에 힘입어 남한보다 경제적으로 앞서 있었으나 1972년부터 서서히 남한보다 뒤처지고 있으며, 2004년도에 가면 1인당 국민 소득의 측면에서 남한이 북한의 15배 정도 앞섬으로써, 북한의 국가 개발 전략은 일단 실패한 것으로 판단된다.

2000년대의 북한 경제 정책의 기본 노선은 개방형 자립적 민족 경제의 건설, 군사와 경제의 병행 발전, 선군 정책에 부합한 경제 건설, 실리적 사회주의 노선을 추진하고 있지만(통일부 통일교육원, 2007: 137-142), 최근 들어 북한 경제는 거의 회복 불능의 상태에 놓여 있다고 분석되고 있다.

2) 정책 관리

북한 행정기관들은 정책을 집행하고 하부 기관을 지도 감독한다. 민주주의 사회에서와는 달리 조선노동당이 행정기관을 지시・통제하며, 그 범위 안에서 업무를 계통적으로 수행할 뿐이다. 주요 행정기관의 행정 활동 형식은 결정, 지시, 명령의 형태로 이루어진다.[7)]

이를 정책 결정과 집행의 과정 체계로 살펴보면, 조선노동당 전당 대회는 정책의 기본 방향을 설정하고, 당 정치국 특히 상무위원회는 정책을 결정하며, 당 비서국은 정책을 집행하며, 내각과 지방인민위원회들은 집행의 기능을 전담하는 것으로 볼 수 있다.

정책의 결정 단계에서는 소수집단만이 정책 결정에 참여하며, 다원적 이익 투입이 있을 수 없다. 최고 정책결정권자인 김정은과 당의 독재가 주를 이룬다.

정책의 집행 단계에서는 행정 일꾼들의 지도 업무가 이루어지고 있다. 당은 행정부보다, 행정부는 국민들보다 우월하다는 의식은 행정 집행의 영역에서도 그대로 나타난다. 하위직 공무원들의 공식 명칭은 '책임 지도원'과 '지도원'이라는 점에서 이런 점을 추론할 수 있다.

사회주의 국가는 계획 경제에 의해 국가를 관리한다. 북한은 생산 수단을 국유화하면서 계획 경제를 실시할 준비를 해왔다. 북한에서는 사회주의 경제 체제의 기틀을 마련한 후 경제 규모가 확대되고 각 산업 부문 간의 연관 관계가 복잡해짐에 따라 고도의 계획성과 균형성을 가진 새로운 계획 체계가 요구되었다. 그 결과 1965년 9월 국가계획위원회 당 총회에서 '계획의 일원화와 세부화 원칙'이 마련되었다. '계획의 일원화'는 북한 전역에 있는 모든 계획 기관과 계획 부서가 '국가계획위원회'와 같은 하나의 계획화 체계를 구성해 계획의 단일성을 보장하는 것이며 '계획의 세부

7) 예를 들면 최고인민회의는 법령과 결정, 국방위원회는 결정과 명령, 최고인민회의 상임위원회는 정령과 결정・지시, 내각은 결정・지시, 내각위원회와 성은 지시, 지방인민회의는 결정, 지방인민위원회는 결정・지시의 형태로 행정을 해나간다.

화'란 경제 활동에 대한 세밀하고 계획적인 지도를 통해서 말단에 이르기까지 상호 통합하도록 조직하는 방법이다.

1947년에는 제1차 1개년 계획, 1948년에는 제2차 1개년 계획, 1949~50년에는 2개년 국민계획 기간인데 남북전쟁으로 중단되었다. 이 기간은 사회주의 경제 체제를 확립하기 위한 기간이라 볼 수 있다. 1954~56년에는 인민 경제 복구 발전 3개년 계획이 실시되었고, 1957년부터 61년까지는 제1차 5개년 인민 경제 계획 기간이었으나 조기 단축을 발표했고 완충기를 설정했다. 이 기간은 사회주의 경제의 기초를 다지는 시기였다(김길한, 1983: 22-25).

1961년부터 1967년까지 제1차 7개년 계획 기간을 설정하고 추진했으나 중소 전쟁으로 인해 소련의 지원이 중단되자 7개년 계획을 3년 연장해 1970년에 종결했다. 1971년부터 1976년까지 인민 경제 6개년 계획은 1975년 9월에 중단하고 완충기를 가졌으며, 1978년부터 1984년까지 제2차 7개년 계획이 시행되었고, 1987년부터 1993년까지 제3차 7개년 계획이 시행되었다. 그러나 계획의 실패로 인해 1996년까지 계획 기간을 연장했다. 1997년 이후 지금까지 북한 당국은 공식적으로 경제 개발 계획을 발표하지 않고 있다.

전체적으로 보면 북한의 국가 계획 관리는 1980년대까지는 성공적이라고 볼 수 있으나 1990년대에는 실패한 것으로 보인다. 즉, 1991년부터 부(負: 마이너스)의 성장을 기록하는 등 갈수록 경제적 효율이 떨어지고 있고, 여기에 식량난마저 겹쳐 북한 경제는 파국 직전에 있다.

사회주의 국가에서는 자본주의 국가에서보다 각 부문의 통계의 확보는 물론 통계의 정확도가 요청된다. 북한에서는 1952년에 통계 행정을 집권화시켰다. 종전의 국가계획위원회 통계국을 자주적 기관으로서 중앙통계국으로 개편하고 도・시・군 구역에도 자주적인 통계기관을 조직해 국가계획위원회 중앙통계국에 직접 종속시키고 있다. 중앙통계국은 인민 경제 계산-통계의 유일한 체계를 조직하며 북한의 계산・통계 사업을 지도・검열한다. 중앙통계국장은 국가계획위원회 부위원장을 겸하도록 함으로써 중앙통계국의 위상을 높이고 있다.

제 3 절 주요 정책

1. 인사 정책

북한의 인사 행정에 대해서는 북한의 인사 행정 제도와 정책, 관리 임용, 능력 향상, 사기 등으로 구분해 살펴보기로 한다(김경우, 1990; 최진욱, 2002).

1) 인사행정 제도와 정책

북한에서는 행정 관료를 '행정 일꾼'이라 부르는데, 우리나라의 직업 공무원에 해당하는 용어는 사무원이다. 북한 관료는 약 139만 명으로 추산된다. 북한에서는 관료라는 말 대신 '간부'라는 말을 사용하며, 인사 행정을 '간부사업'이라 부른다.

북한에서의 공무원 인사권은 당이 장악하고 있다. 당 중앙위원회 비서국이 최고의 인사기관이나, 실질적으로는 노동당의 중앙당 조직 지도부와 간부부이며, 내각의 인사 행정기관으로 노동행정부가 있고, 각 성·위원회 내에는 간부국, 간부처, 간부과 등이 있다.

북한의 인사행정의 원칙은 파벌 배격, 노장청 배합, 남녀 평등, 노동 계급 우대라는 나름으로의 원칙을 갖고 있다. 또한 인사행정의 기준은 수령에 대한 충성, 계급적 토대, 본인 위주이다(최진욱, 2002: 174-194).

북한에서의 공직은 성분 분류에 따라 계층을 구분하고 있다. 즉 핵심 계층, 기본 계층, 그리고 복잡 계층으로 구분해 대우를 달리하고 있는데, 간단히 요약하면 <표 16-6>과 같다.

북한의 공직은 크게 노동자, 농민(농업 협동원), 사무원, 군인 등 네 계층인데 사무원에 속하는 주요 직위로는 당 일꾼, 권력기관 일꾼, 교육기관 일꾼, 기타 일꾼(예: 과학원 등)을 든다.

북한에서의 공직은 일종의 직위분류제에 의해 분류되고 있다. 성과위원회에는 상(위원장), 부상(부위원장), 국장, 부국장, 처장, 부처장, 책임 지도원, 지도원으로 구분

표 16-6 성분 분류 및 대우

구분	대상	비중	대우
핵심 계층	혁명전사 유가족, 당 · 행정 · 군간부 가족	28%	국가기관 간부 등용
기본 계층	일반노동자 · 농민 · 사무원 가족	45%	각종 하급 간부, 기술자
복잡 계층	지주 · 월남 · 숙청 · 범죄자	27%	감시 대상

되며, 부처에 따라 부처장과 책임 지도원 사이에 과장과 부과장을 둔다(김공열, 1993: 109).

북한에서 관료들은 그가 차지하는 직책에 따라서 보수 및 물품 공급이 달라지는데 특히 고위 간부들은 중앙 공급 대상에 의해 분류되고 있다. 예컨대 1호(특급)에는 내각의 위원장과 상급 이상, 최고인민회의 부의장 이상, 시도 인민위원회 위원장 이상, 특급 기업소 지배인이 속한다. 2호(1급)에는 내각의 부위원장급, 최고인민회의 대의원, 도당 부위원장, 1급 기업소 지배인 등이 속한다.

2) 공무원 임용

북한에는 공무원 채용 시험 제도는 없으며, 노동당의 간부 사업이라고 불리는 인력 배치 계획에 의해 인력이 배분된다.

북한 관료의 충원은 당성 · 계급성 · 전문성 등의 기준에 따라 행해지고 있다. 관료 충원의 제1 기준인 당성(黨性)은 노동당과 김일성 · 김정일에 대한 충성심과, 마르크스-레닌주의 세계관을 포함한다. 계급성이란 출신 성분으로서 노동 계급성을 뜻하며 대상자의 학력 · 경력 · 사회 생활도 따진다. 전문성은 전문적 능력과 기술의 보유 여부와 관련된 품성이다.

북한은 체제 형성기에는 당성 · 계급성이 우세했으나 체제 관리기에 들어오면서 기술 관료들의 비중이 커짐으로써 전문성에 대한 비중이 점증하고 있다. 그러나 당과 정부기관에의 겸직 등으로 인해 당성과 전문성을 함께 갖춘 '당료성 기술 관료'가 전형으로 되어 있다(박완신, 1988: 213). 이것은 북한의 주요 간부 500여 명을 대상으로 한 분석에서 간부의 약 80% 이상이 대학 · 대학원 졸업자라는 것에서도 나타났다. 한편 북한의 간부들은 주로 함경남북도와 평안남북도 출신이 다수를 차지하고 있다. 그리고 김정일의 등장 이후 기술 관료들의 충원이 증가되었다(김경우, 1990: 73-73, 82).

학교 출신자 중 고등학교 출신자는 시·군·구역 인민 위원회의 노동부에서, 대졸자는 교육성 간부처에서 직장을 배치하는 주동적 역할을 한다. 고등학교 출신자는 주로 지방 관서, 대학 졸업자는 주로 중앙에 배치된다.

3) 공무원의 능력 향상

(1) 공무원 교육 훈련

공산주의 체제인 북한에서 중요시하는 교육 훈련은 사상 교육과 산업 기술 교육 훈련이다. 당·정의 간부 연수 교육은 단기 보수 교육과 장기 연수 계획으로 나뉘며, 전자는 전체 간부들이 1년에 1개월씩 의무적으로 교육을 받도록 한 것이다. 정권 기관 일꾼들이 입교하는 교육기관으로는 김일성 고급 당학교, 공산대학, 인민경제대학이 있다. 김일성 고등 당학교는 정권기관 고급 당원의 재교육, 재양성의 최고 교육기관이다.[8] 공산대학은 정권기관의 하급 당원과 정무원의 양성을 위한 초급간부 교육기관이다. 인민경제대학은 정권기관의 간부 중 경제 부문 일꾼과 공장·기업소 관리 일꾼들의 교육 훈련을 담당한다(김동규, 1989: 32). 기타 특수 분야로서 송도정치대학, 법률대학, 국제관계대학, 중앙교육간부학교, 중앙보건학교 등이 있다.

재직자들을 위한 교육 훈련은 대체로 직장 내 교육을 활용하고 있으며, 공장 학교를 설치하고 야간 교육을 시키고 있다.

(2) 근무 성적 평정

북한에서는 이력서 또는 본인의 자서전 같은 것을 타인에 의해 확인을 거쳐 평정하고 있으며, 이의 주요 용도는 각자의 정확한 경력을 파악하고 그들의 사업 능력 및 당성 등 성분을 알아보고 처벌하려는 데 목적이 있다(북한연구소, 1977: 427). 근무 성적 평정은 대체로 2년에 1회씩 실시되고 있다.

북한의 포상 제도는 비교적 조직적이며 널리 활용되고 있다고 하나 정권기관 일꾼들에게 그 기회는 많지 않다. 포상의 종류로는 국가 표창(영웅 호칭 포함), 행정 표창, 수령 표창 등이 있다.

---

8) 입교 자격은 도·군당 부위원장 이상, 성·위원회의 국장 이상이다.

(3) 승진과 전보

북한에서의 승진은 채용 때와 마찬가지로 승진을 위한 시험 제도는 없다. 또한 각 직위별 승진을 위한 최저 복무 연한제도 없다. 승진의 기준은 채용의 기준과 거의 같다. 계급 체계는 없으며 직위만 있다. 북한에서는 우리의 전직이나 전보를 '조동'이라 부른다. 북한에서는 직장을 옮기는 것은 매우 어려우며, 한 곳에서 근무하는 것이 관행처럼 되어 있다. 중앙당이나 지방당의 계획에 의해 하고 있다(최진욱, 2002: 216-223).

4) 공무원의 사기와 행태

북한에서의 정권 일꾼들이 받는 보수로써는 기본적인 생활이 가능하다. 능력과 계층에 따른 차등적 보수 체계를 활용하고 있다.[9] 그러나 보수는 상하 간에 차이가 크지 않다. 기업소에서는 부분적으로 생산성에 의해서 근무 의욕을 높이려 하고 있다. 도급임금제, 독립채산제 등이 그것이다.

북한에서도 연금 제도가 있는데 사무원들을 자기 책임의 1~3%를 매월 사회보험료로 납부해 사회보장 운영비에 충당하고 있다.

북한 관료들의 행태에 대해서는 여러 각도에서 논의할 수 있으나 권위주의적 행태, 동조 과잉적 행태, 형식주의적 행태, 그리고 무사 안일적 행태를 들 수 있다(박완신, 1988: 247-275).[10]

권위주의적 행태란 지배와 복종의 관계에 기초를 두고 약자에 대해서는 권력적 지배의 성향을, 강자에 대해서는 무비판적으로 복종하는 성향을 갖는 행태이다. 『김일성저작집』(1985: 161)에서 지적되고 있는 권위주의적 행태는 "당과 행정 일꾼들이 상부에는 아첨하고 하부에는 억압하는 자세로 세도를 부린다.", "인민 정권기관 일꾼들이 경찰식 방식으로 인민을 호령하고 있다"는 것 등이다.

북한의 관료 체제 내에서는 당 방침이나 김일성 교시, 김정일 지시를 신봉하게 함으로써 동조 과잉 현상을 낳게 되고, 관료들은 이를 준수하는 것만이 충성을 다하는 것이라는 심리가 작용해 규범 속에서 자기를 방위하려는 방어 기제가 발생하게

9) 북한의 계층별 임금 실태는 다음과 같다. 부장급 300~350원, 일반 사무원 70원, 중노동자 130원, 대학 200~250원, 일반 80원, 장성급 250~490원, 영관급 120~215원, 의사 120~250원.

10) 박완신 박사는 위에서 제시된 것 이외에도 분파성 행태, 목표 지향성, 성과 지향성을 들고 있다.

된다.

북한의『정치사전』에는 형식주의란 모든 사업을 집행할 때에 진리를 탐구하지 아니하고, 문제를 신중히 분석해 보지 않으며, 사업을 치밀하게 조직하지 않고, 기계적으로 조잡하게 처리하는 내용이 없고, 겉치레만 하는 사업적 풍을 가리킨다. 북한의『노동신문』 등에는 '문서놀음' '회의와 문서 줄이기' 등이 많이 얘기되고 있다.

북한 관료들은 카리스마적 존재로 부각된 김일성, 김정일, 김정은 등 지도자에게 전적으로 위탁함으로써 안일을 누리고자 한다.『노동신문』 등에는 '소극성', '보신주의적 요령', '안일과 해이' 등 관료들의 무사 안일적 행태를 지적하고 있다.

2. 재정 정책

1) 예산의 성격 및 예산 담당 기관

(1) 북한 예산의 성격

북한은 사회주의 체제를 띠고 있기 때문에 자본주의 국가의 예산과는 여러 가지 점에서 차이가 있다. 즉, 북한에서는 "예산은 정부의 수중에 장악된 사회 건설의 강력한 무기이며 국민 소득의 재분배를 실시하기 위한 도구"로 인식되고 있다(유완식, 1973: 33). 자본주의 국가에서 정부 예산은 국가기관의 예산을 뜻하나 북한에서는 그 범위가 훨씬 넓다. 즉, 북한에서의 재정은 국가 재정뿐만 아니라 지방 재정, 그리고 국가 등이 소유·운영하는 기업소의 재정까지를 포함하는 국가 종합 예산의 개념이다(박영희, 1997). 국가 예산과 국영 기업소 간의 관계는 수지의 균형에 의해 계상되어야 한다.

(2) 북한의 예산 기구

북한에서 예산을 전담하는 기구는 재정성이다. 재정성(구 재정부)은 1948년 정부 수립과 동시에 설치된 이래 한 번도 대규모의 기구 변동을 겪지 않았다.

재정성에는 재정처, 재정감독검열처, 재정계획처, 예산집행처, 중공업재정처, 부기지도처, 경리처 등 15개 처와 3개 은행이 소속되어 있다. 이 중 재정계획처와 예산집행처가 예산에 관한 총괄적인 편성, 하달, 집행 감독 및 지도 업무를 맡고 있다.

2) 재무 행정 체계와 예산 절차

북한에서 재무 행정의 수행 체계는 인민 경제 계획을 정점으로 하여 정부 계층 구조별로 기본 재정 계획, 인민 경제 부문 재정 계획 및 기관과 사업소 재정 계획으로 3대별되는 수직적 연계를 맺고 있다. 인민 경제 계획은 노동당 차원에서, 기본 재정 계획과 인민 경제 부문 계획은 내각 차원에서, 그리고 기관 및 사업소 재정 계획은 해당 기관 차원에서 작성한다(김용우, 1992: 291).

북한에서 예산 절차는 예산 편성, 예산 심의, 예산 집행, 그리고 결산과 회계 검사의 4단계로 구분할 수 있는데 이 중 예산 편성은 재정 계획과 밀접하게 연결되어 있다. 인민 경제 부문 계획은 국가계획위원회가, 기본 재정 계획은 재정성이 담당한다.

행정기관에 대한 회계검사는 재정성 및 각 도·시·군 인민위원회에서 관장하도록 하고 있다. 우리나라의 감사원 같은 별도의 회계검사 기구는 없다.

표 16-7 1970~1994 북한의 세출 항목별 구성비 (단위: %)

연도	세출 총액	인민 경제비	사회·문화비	국방비	관리비
1970	100	47.0	19.9	31.3	1.8
1972	100	55.5	25.4	17.0	2.1
1975	100	57.2	24.3	16.4	2.1
1980	100	60.5	22.2	14.6	2.7
1985	100	62.5	20.7	14.4	2.4
1990	100	67.6	18.8	12.0	1.6
1991	100	67.9	18.8	12.1	1.2
1994	100	67.8	19.0	11.6	1.6
1999	100			14.5	
2004	100	41.3	40.0	15.6	3.1

자료: 김용우(1992: 304-307); 연합뉴스, 북한연감(2006); 통일부 제공 자료를 재정리.

3) 세입 세출 구조

(1) 세입 구조

북한에서의 정부 수입은 초기에는 사회주의 경리 수입, 주민의 세금, 다른 사회주의 국가들로부터의 원조 및 기타의 수입으로 이루어졌으나 1974년부터 주민의 세금이 없어짐에 따라 모든 정부 수입은 사회주의 생산 활동으로부터 발생하게 되어 있으며, 사회주의 경리 수입이라는 항목이 모든 수입을 망라한다(오승렬, 1992: 49). 재정 부담률은 1988년부터 1995년 사이에 70%를 웃돌고 있어 국민 생산의 대부분이 정부 수입으로 전환되고 있음을 알 수 있다.

(2) 세출 구조

북한에서의 정부 지출은 인민경제비, 사회문화비, 국방비와 관리비로 구성되어 있다. 1990년 전반 5년간의 경우를 살펴보면 <표 16-7>에서와 같이 인민경제비가 약 68%, 사회문화비가 약 20%, 군사비가 약 12%, 관리비가 2% 정도이다(김용우, 1992: 304-307). 그런데 2004년의 경우 인민경제비가 41.3%, 사회문화비가 40.8%, 국방비가 15.6%, 관리비가 3.1%이다. 인민경제비가 줄고 사회경제비가 대폭 증가한 것으로 보인다(연합뉴스, 2006: 202). 한편 국가 예산에서 지방 예산이 차지하는 비율은 약 15% 내외이다.

새 천년을 맞이하면서 남북한 간에는 처음으로 역사적인 정상회담이 열렸다. 즉, 남한의 김대중 대통령과 북한의 김정일 국방위원장 간에 정상회담이 2000년 6월 15일 평양에서 개최되었고, 2007년 10월 2일에는 노무현 대통령과 김정일 국방위원장 간에 남북한 정상회담이 개최되었다. 그러나, 김정일의 죽음과 그 아들 김정은 체제 등장 이후 다시 긴장이 고조되고 있다.

그 동안 한반도는 자본주의와 사회주의의 실험실이었다고 할 수 있다. 남·북 분단 50여 년은 사회 체제뿐만 아니라 행정 체계와 행정 관리 방법의 이질성을 심화시켜 왔다. 그 동안 북한 행정이나 통일 행정은 행정학자들의 연구 관심에서 상당히 벗어나 있었다. 이제 한국의 통일을 기대하는 길목에서 북한 행정에 대한 좀 더 정확하고 폭넓은 이해가 필요하다. 이를 위해 많은 연구와 교육이 뒤따라야 할 것이다.

참고 문헌

국내 문헌

『經國大典』.
『經濟文鑑』.
『大典通編』.
『大典會通』.
『渤海國志』.
『碑孤雲先生文集 2』.
『三國史記』.
『三國遺事』.
『續大典』.
「儒胥必知」.
『丁茶山全書』.
『帝王韻紀』.
『朝鮮經國典』.
『朝鮮王朝實錄』.
『太祖實錄』.
『韓非子』.
영상자료: 북한지도(행정구역 포함).
『김일성저작집』(1995). 제3집. 평양: 노동당출판사.
북한 헌법:

<조선민주주의 인민공화국 사회주의헌법> (1972.12.18 제정)
<조선민주주의 인민공화국 사회주의헌법> (1992.9.5 개정)
<조선민주주의 인민공화국 헌법>(1948.9.5 제정)
<조선민주주의 인민공화국 헌법>(1998.9.5 개정)

강관식(2001). 『조선 후기 궁중 화원 연구』(상). 서울: 돌베개.
강대덕(1997). 華西 李恒老의 민족주의사상 연구: 개항 전후 華西學派의 현실 대응론과 실천 운동 분석. 강원대 대학원 박사학위 논문.
강만길(1994). 『고쳐 쓴 한국근대사』. 서울: 창작과 비평사.
——— 외(1995). 『한국사』. 서울: 한길사.
강신택(1993). 『재무행정』. 서울: 박영사.
———(1995). 『사회과학 연구의 논리』. 서울: 박영사.
———(2000). 『재무행정론』. 서울: 박영사.
강인재・권해수 외(1998). 『행정사례연구』. 서울: 대영문화사.
강인재・이달곤 외(1998). 『한국행정론』. 서울: 대영문화사.
강창성(1991). 『일본/한국 군벌정치』. 서울: 해동문화사.
경기도 (1989). 『지방자치와 법무행정』. 경기도.
경제기획원(1968). 『한국통계연감』. 제15호. 경계기획원 조사통계국.
———(1982a). 「개발연대의 경제정책: 경제기획원 20년사」. 과천: 경제기획원.
———(1982b). 『주요 경제지표(1982)」. 과천: 경제기획원 조사통계국.
———(1983). 『주요 경제지표(1983)」. 과천: 경제기획원. 조사통계국
———(1994). 『경제백서』. 경제기획원.
경제정의실천시민연합(1996). 『경실련 출범 5-6주년 기념자료집』.
고구려연구재단(2004). 『고조선, 단군, 부여』. 고구려연구재단.
고석규 외(1999). 『암행어사란 무엇인가?』. 서울: 도서출판 박이정.
공기두(1991). 북한의 정책결정 과정과 관료. 『북한연구』, 2(4).
곽동찬(1975). 고종조 토호의 성분과 무단 양태: 1867년 암행어사 토호 별단의 분석. 『한국사론』, 281-311.
교육도서(1988). 『국사대사전』.
『국민일보』. 1992년 3월 3일자.
국사편찬위원회(1997). 초기국가-고조선, 부여, 삼한. 『한국사 총서』(제4권).
———(2006). 『고등학교 국사』. 교육인적자원부.
국정홍보처 (2008). 『참여정부 국정운영 백서』.
국회사무처(1971, 1976, 1981). 『국회사』.
국회 지역감정 특위 제출 자료(1988).
권기성・민진 외(1999). 『정부조직 구조 연구』. 서울: 대영문화사.

권석천(1997). 열린 대통령이 미래를 연다. 『경향신문』, 10.6: 3.
권순원 · 고일동 · 김관영 · 김선웅(1992). 『분배불균등의 실태와 주요 정책과제』. 한국개발연구원.
권순직(1988). 80년대 부실기업 정리의 부실 내막. 『신동아』, 458-467.
권영성(1999). 『헌법학원론』. 서울: 법문사.
권태욱(1995). 조선 후기 음악 양식의 변천사 연구: 정읍과 영산회상을 중심으로. 『음악과 민족』, 10: 219-246.
기획예산처(1999). 『정부개혁백서』.
———(2000). 『세출예산집행지침』.
기획재정부(2012). 『2011 경제백서』.
김경래(2004). 인조대 조보와 공론정치. 서울대 대학원 석사학위 논문.
김경우(1990). 북한 인사행정제도에 관한 연구. 국민대학교 박사학위 논문.
김경한(2004). 목표관리제의 효과성에 대한 영향요인 연구. 한국행정학회. 『한국행정학보』, 38(1): 93-115.
———(2005). 한국 행정개혁의 성과평가 연구: 김대중 정부의 신관리기법 도입을 중심으로. 서울행정학회. 『한국사회와 행정연구』, 15(4): 1-22.
김계환(1998). 『헌법학 정해』. 서울: 박영사.
김공열(1993). 『북한관료제론』. 서울: 대영문화사.
김광웅(1997a). 대통령부에 대한 새로운 인식. 한국의회발전연구회 세미나.
김규정(1971). 『행정학원론』. 서울: 법문사.
김규택(1973). 『한국정치동태론』. 서울: 일조각.
김근세(2005). 김대중 행정부의 정부 규모에 관한 실증 분석. 서울대학교 한국행정연구소. 『행정논총』, 43(2): 33-62.
김기석 · 강일국(2004). 1950년대 한국 교육. 문정인 · 김세중 편. 『1950년대 한국사의 재조명』. 서울: 도서출판 선인.
김기옥(2000). 『지방자치행정론』. 서울: 법영사.
김기원(1990). 『미군정기의 경제구조』. 서울: 푸른산.
김낙중(1982). 『한국 노동운동사(해방 후 편)』. 서울: 청사.
김대용(1992). 정도전의 정치 이념과 배불론: 조선 왕조 창건의 이데올로기적 정당화를 중심으로. 충북대 『호서문화연구』, 10: 99-122.
김덕진(2002) 『조선 후기 경제사 연구』. 서울: 도서출판 선인.
김동구(1995). 『미군정기의 교육』. 서울: 문음사.
김동노(2004). 1950년대 국가의 농업정책과 농촌 계급구조의 재구성, 문정인 · 김세중 편. 『1950년대 한국사의 재조명』. 서울: 도서출판 선인.
김동춘(1997). 『분단과 한국사회』. 서울: 역사비평사.
김동희(1999). 『행정법 I』(제5판). 서울: 박영사.

김만기(1982). 중국, 일본과 비교해 본 한국의 행정문화. 『한국 정치행정의 체계』. 서울: 박영사.
———(1993). 한국 역대 정부의 행정 이념의 변천. 『한국 외대 공공정책 연구』, 11-1: 1-21.
김만흠(1987). 『한국사회 지역갈등 연구』. 현대사회연구소.
김명숙(1987). 조선 후기 암행어사 제도의 일 연구: 고종 5년(1968)의 서계, 별단을 중심으로. 『역사학보』, 115: 73-127.
김명호(1997). 권력 중심부터 거품 빼기 솔선. 『국민일보』, 12.26: 2.
김번웅·김만기·김동현(1991). 『현대한국행정론』. 서울: 박영사.
김병록(2001). 한국의 정부조직과 법적 문제: 국민정부의 법 개정을 중심으로. 한국동북아학회. 『한국동북아논총』, 9(0): 199-218.
김상묵(2003). 계약직 공무원제도의 운영 실태에 대한 분석. 한국정책학회. 『한국정책학회보』, 12(2): 233-260.
김석준(1996). 『미군정 시대의 국가와 행정』. 서울: 이화여자대학교출판부.
김성익(1993). 『전두환 육성 증언』. 서울: 조선일보사.
김성호(1989). 농지개혁의 제 성과. 김성호 외. 『농지개혁사연구』. 한국농촌경제연구원.
김세철(2004). 면암 최익현의 위정 척사 사상과 공론 활동에 관한 연구. 계명대학교, 『사회과학 연구』.
김송희(1998). 『조선 초기 당상관 겸직제 연구』. 서울: 한양대학교출판부.
김신복(1982). 우리나라 경제개발계획의 비교 고찰: 수립 과정과 주체, 목표와 수단 등을 중심으로. 『행정논총』, 20(2): 1-20.
김연석·구형건(1996). 『21세기 한국경제 비전』. 서울: 매일경제신문사.
김영래(1987). 『한국의 이익집단』. 서울: 대왕사.
——— 엮음(1997). 『이익집단 정치와 이익 갈등』. 서울: 한울아카데미.
김영명(1990). 『제3세계의 군부통치와 정치경제: 브라질·한국·페루·이집트의 비교연구』. 서울: 한울.
김영봉(1992). 朝鮮朝 儀軌에 나타난 宴禮樂의 變遷: 進宴,進饌,進爵儀軌를 중심으로. 서울대, 『民族音樂學』, 14: 56-88.
김영수(1992). 북한의 정치문화. 『한국정치학회보』, 26(2).
———(2006). 『건국의 정치: 여말선초 혁명과 문명 전환』. 서울: 이학사.
김영원(1990). 암행어사 제도의 소고. 『안학논총』, 144-157.
김영철(1988). 조선조 행정 이념에 관한 연구. 단국대학교 대학원 박사학위 논문.
김영희(2002). 조선음악무용연구회의 활동에 대한 연구. 『대한무용학회논문집』, 32: 5-24.
김옥근(1997). 『日帝下朝鮮財政史論攷』. 서울: 일조각.
김용우(1992). 북한 재정정책의 변천 과정과 특성에 관한 연구. 통일원, 『통일문제연구』, 4(2).
김우태·윤순갑(1995). 위정척사론의 정치 이념적 성격. 경북대 평화문제연구소, 『평화연구』, 20: 215-242.
김운태(1970). 『조선왕조 행정사』(근세편). 서울: 박영사.

———(1977). 북한 정권기관의 조직 변천에 관한 연구. 평화통일연구소, 『통일정책』, 3(1).
———(1984). 『정치학원론』. 서울: 박영사.
———(1986). 『일본 제국주의의 한국 통치』. 서울: 박영사.
———(1987). 『한국근대사회사상사연구』. 서울: 일지사.
———(1995). 『조선왕조 정치·행정사』. 서울: 박영사.
———(2001). 『조선왕조 정치·행정사(근대편)』. 서울: 박영사.
——— 외(1983, 1994, 2002). 『한국정치론』. 서울: 박영사.
———(1999). 『한국정치론』. 서울: 박영사.
김윤수(1988). 8·15 이후 귀속기업체 불하에 관한 일연구. 서울대 경제학 석사학위 논문.
김익식(1998). 『한국정부론: 지방정부』. 서울: 법문사.
김재홍(1994). 『한국의 민영화 정책』. 한국경제연구원.
김정기(1999). 조선조 지방행정 통제와 암행어사제의 역할 및 한계. 「한국행정사학지」, 7.
김정길(1998). 『정부조직 변천사(상)』. 서울: 총무처.
김정렴(1991). 『한국경제정책30년사: 김정렴회고록』. 서울: 중앙일보사.
———(1997). 『아, 박정희』. 서울: 중앙M&B.
김정수(2002). 단원 김홍도 畵集에 나타난 국악기. 용인대, 『조형논총』, 5: 38-55.
김정찬(2003). 중종 초기의 토론 문화: 폐비 신씨 복위 상소에 대한 논의 과정을 중심으로. 한국교원대학교, 『사회과학연구』, 4: 21-47.
김종성(1999). 한국행정제도의 지속성에 관한 연구. 서울대 행정학 박사학위 논문.
김종수(1990). 災變과 國婚에서의 用樂: 朝鮮 肅宗朝를 중심으로. 『韓國學報』, 59: 85-117.
———(2000). 조선시대 궁중 연향의 변천. 韓瑞大, 『東方學』, 6: 51-93.
김종진(2003). 김대중 정부의 노사정위원회가 남긴 유산: 비판과 순응 그리고 저항 사이에서. 한국노동사회연구소, 『노동사회』, 79(0): 91-99.
김중권(1995). 『헌법과 정당』. 서울: 법문사.
김진웅(1992). 『한국인의 반미감정』. 서울: 일조각.
김철준(1978). 고구려, 신라의 관계조직의 성립 과정. 역사학회, 『한국사논문선집 고대편-Ⅱ』.
김춘식(1999). 조선 시대 품계제와 현대 한국의 공무원 계급제 비교 연구. 한국행정학회 동계학술 발표 논문.
김태룡 외(2006). 『새한국정부론』. 서울: 대영문화사.
김태은(2000). 조선 전기 미술 교육의 구조에 관한 연구. 서울대 대학원 석사학위 논문.
김학준(1993). 노 정부는 '물 정부'일 수밖에 없었다. 『신동아』(1993.2).
———(1998). 청와대 축소 개편. 『경향신문』, 1.7: 12.
김항규(1996). 초기 총독부의 정책결정체제 연구. 『행정사연구』, 3: 71-102.
김현일(1993). 청와대 비서실장. 『중앙일보』, 5.3.
김현준(2003). 조선시대의 가뭄 재해: 정조대왕의 권농 윤음에 대한 신재형과 정도성의 상소. 『방재정보』, 5-2(14): 11-16.

김현철(1999). 朴泳孝의 '1888년 상소문'에 나타난 민권론의 연구. 『한국정치학회보』, 33-4: 9-24.
김혜정(2000). 『여지도서』의 음악 관련 기사와 조선 후기 지방 관아의 음악 활용. 목포대, 『목포어문학』, 2: 37-65.
김호기(1985). 경제 개발과 국가의 역할에 관한 연구: 1960~70년대를 중심으로. 최장집(편). 『역사와 사회 3: 한국자본주의와 국가』. 서울: 한울.
김호진(1990). 『한국정치체제론』. 서울: 박영사.
———(1995). 『한국정치제제론』(전정5판). 서울: 박영사.
김흥기(편)(1999). 『秘史 경제기획원 33년: 영욕의 한국경제』. 서울: 매일경제신문사.
김희선 · 박경원(1998). 『조직이론 강의』. 서울: 대영문화사.
김희숙(1994). 조선 전기 정재의 역사적 연구. 『무용 한국』, 48: 60-70.
나중식(1992). 『재무행정론』. 서울: 형설출판사.
남궁영(1997). 북한경제의 특성 및 추세. 윤정석 편. 『통일환경론』. 서울: 오름.
내무부(편)(1975). 『새마을운동: 시작에서 오늘까지』. 서울: 대한지방행정공제회.
내무부 한국지방행정연구원(1987). 『한국지방행정사』. 서울: 내무부.
노동일 · 박창진(1995). 조선왕조의 정책 결정 모형 분석: 경국대전을 중심으로. 경북대 평화문제연구소, 『평화 연구』, 20: 173-214.
노재현(1993). 『청와대비서실: 육성으로 들어본 3공에서 5공으로 이어지는 정치 권력비사』, 서울: 중앙일보사.
대륙연구소(1990). 『북한법령집』, 제1권-제5권. 서울: 대륙연구소.
대통령비서실(1993). 『21세기의 한국』. 서울: 동화출판사.
대통령 신년사(1981~1986)
대통령 취임사(11대, 12대)
대한민국건국십년지간행회(1956), 『대한민국건국십년지』. 서울: 경향신문사.
대한민국 예술원(1984). 한국 연극, 무용, 영화사. 『한국예술사 총서』 Ⅱ.
———(1985). 한국 음악사. 『한국 예술사 총서』 Ⅲ.
대한민국 정부(1961). 『제1차 경제개발5개년계획, 1962~1966』. 서울: 대한민국정부.
———(1966). 『제2차 경제개발5개년계획, 1967~1971』. 서울: 대한민국정부.
———(1971). 『제3차 경제개발5개년계획, 1972~1976』. 서울: 대한민국정부.
———(1976). 『제4차 경제개발5개년계획, 1977~1981』. 서울: 대한민국정부.
———(2013). 『이명박 정부 국정백서』.
대한통계협회(1992). 『한국통계연감』.
동북아역사재단(2007). 『고조선, 단군 부여』.
동아일보사(1998). 『동아연감』. 서울: 동아일보사.
『매일경제신문』. 1997년 5월 7일자.
문재숙(1994). 경국대전 예전 취재조에 나타난 음악 용어 주해. 『한국 음악 연구』, 13-14.

문창극(1994). 『한미 갈등의 해부』. 서울: 나남.
문형표(1993). 복지정책의 효율적 추진을 위한 재원 확충과 개선 과제. 『한국행정연구』, 2(3).
문화체육관광부(2013). 『품격있는 문화국가 대한민국』. 정책 자료집. 총괄.
민족문화추진회(1986). 『고려사절요 I』.
민족통일연구원(1994). 『통일한국의 사회복지정책』.
민진(1988). 한국의 행정 이념에 관한 연구. 『행정과 가치』. 서울: 법문사.
———(1996). 북한의 행정체계에 관한 연구. 『행정과 정책 논총』. 서울: 서울대학교 행정대학원 동창회.
———(1997). 『행정학개설』. 서울: 고시연구사.
박경식(1986). 『일본제국주의의 조선 지배』. 서울: 청아출판사.
박경효(1998). 『한국정부론: 정부관료제(II)』. 서울: 법문사.
박동서(1967). 한국 행정의 사적 변천 모형. 『행정논총』, 5(2).
———(1969). '인사행정'. 이한빈 외. 『한국행정의 역사적 분석』. 한국행정문제연구소.
———(1972, 1975). 『한국행정론』. 서울: 법문사.
———(1990a). 6공하의 행정개혁. 서울대학교 행정대학원, 『행정논총』, 28(1).
———(1990b). 『인사행정론』. 서울: 법문사.
———(1998). 한국행정의 연구와 개혁: 궤도 수정. 『행정학보』, 32(1): 1-10.
———(1999). 『한국행정의 쇄신사례』. 서울: 법문사.
박동철(1993). 한국에서 '국가 주도적' 자본주의 발전 방식의 형성 과정. 서울대 대학원 박사학위 논문.
박문옥(1966, 1976). 『행정학 강의』. 서울: 박영사.
———(1969). '행정과 경제'. 이한빈 외. 『한국행정의 역사적 분석』. 한국행정문제연구소.
박문용(2002). 조선 후기 탈춤의 생성 배경과 예능적 특성 연구. 『敎育論叢』, 19.
박병련(1988). 조선조 민본주의 행정관에 관한 연구. 『행정과 가치』. 서울: 법문사.
박상훈(1991). 근로계약의 합의해약: 사직서 제출과 관련하여. 『사법논집』, 22: 599-636.
박성순(2002). 丙寅洋擾와 이항로의 斥邪上疏. 『한국 독립운동사연구』, 19: 1-34.
박수경(2013). 박근혜 정부 조직개편의 시론적 논의. 『한국공공관리학보』, 27(2): 129-152.
박승두(1996). 『노동조합의 정치활동』. 서울: 중앙경제사.
박시형(1995). 『발해사』. 송기호 해제. 서울: 도서출판 이론과 실천.
박영규(1996). 『고려 왕조실록』. 서울: 들녘.
———(2000). 『고구려본기』. 서울: 웅진출판.
박영학(1988) 東學運動의 公示 구조 연구. 成均館大 대학원 박사학위 논문.
박영희(1997). 『재무행정론』. 서울: 다산출판사.
박완신(1988). 『북한행정론』. 서울: 희성출판사.
박은식(1946). 『韓國獨立運動之血史』. 上海: 維新社.
박응격(1995). 『통일 이후를 대비하는 정부 인력관리의 과제와 대책』. 서울: 한국행정연구원.

박재우(2005)『고려 국정운영의 체계와 왕권』, 서울: 신구문화사.

박정혜(2000).『조선 시대 궁중 기록화 연구』. 서울: 일지사.

박정호(1995). 의료보험법의 개정(1987년)과 제5공화국의 정책자율성.『사회보험연구』, 12(1): 39-96.

박정희(1963).『국가와 혁명과 나』. 서울: 향문사.

박종관(2001). 구조조정제도의 운영실태 분석과 개선 방안. 한국행정학회,『2001년도 춘계학술대회 발표논문집』: 25-44.

박종기(2000).『5백년 고려사』. 서울: 푸른역사.

———(2005). 생산적 복지정책의 효과 분석. 서울행정학회.『한국사회와 행정연구』, 16(1): 475-502.

박중훈(1996).『대통령 비서실의 조직과 기능』. 한국행정연구원 보고서.

박찬표(1997).『한국의 국가형성과 민주주의』. 서울: 고려대학교출판부.

박천오(1998).『한국정부론: 정부관료제(I)』. 서울: 법문사.

박천오 · 남궁근 외(2002). 개방형 직위제도의 운영 실태에 관한 실증적 조사, 평가. 한국행정학회,『한국행정학보』, 36(3): 99-129.

박천오 · 박경효(1996).『한국 관료제의 이해: 현상과 변화』. 서울: 법문사.

박춘삼(1991).『경제체제론』. 서울: 국방대학원.

박충석(1982).『한국 정치 사상사』. 서울: 삼영사.

박현모(2002). 정조시대의 公論 연구: 臺諫의 활동과 유생들의 집단 상소를 중심으로.『한국정치 연구』, 11-2: 93-117.

박황(1976).『창극사 연구』. 서울: 백록출판사.

박효종(1991). 정치경제학에 있어서 국가의 위상에 대한 비판적 고찰.『정치경제학회 발표 논문』, 6-7.

박희범(1968).『한국경제성장론』. 서울: 고려대 아세아문제연구소.

반윤홍(2003).『조선시대 비변사 연구』. 서울: 경인문화사.

배무기(1996).『한국 노사관계의 개혁』. 서울: 경문사.

배성동(1996). 정당 정치의 역사적 배경. 윤정석 외.『한국정당정치론』. 서울: 법문사.

배용수(2000). 신관리주의의 한국적 적실성. 한국행정학회,『한국행정학보』, 34(2): 23-38.

배정훈(1997). 국민의 정부 청와대 비서실 운영 원칙과 비서실장의 역할 및 발탁 사항에 관한 연구.『한국행정학보』.

배종호(1990).『한국유학사』. 서울: 연세대학교출판부.

백남혁(2002). 고려 초기 정치의 개혁과 사상 연구. 상명대 대학원 박사학위 논문.

백상건(1960).『행정학 강의』. 서울: 문운당.

백상기(1990).『조선조 감사제도 연구』. 경산: 영남대학교출판부.

백상기 · 김세일(1991). 조선조 암행어사 제도 연구 Ⅱ.『영남대 사회과학 연구』, 11-1.

백완기(1994).『행정학』. 서울: 박영사.

———(2008). 한국의 행정문화와 외래 이론에 의존한 정부혁신의 정합성. 고려대학교 정부학 연구소, 『정부학연구』, 14(1): 5-35.
백욱인(1989). 토지공개념에 대하여. 『동향과 전망』(겨울호).
백철현(2000). 조선 관료제 하의 행정 통제에 관한 연구. 『한국행정사학지』, 8: 157-176.
법제처 종합 법률 정보 http://www.moleg.go.kr/doce/newlawdoc/new_a.html.
보건복지부(2012). 『2011 보건복지 백서』.
북한연구소(1983). 『북한총람』.
사공일(1981). 경제개발전략과 금융. 한국투자금융주식회사(편). 『경제발전과 금융산업』, 63-86. 서울: 한국투자금융주식회사.
사공일 · 존스(1986). 경제개발과 정부 및 기업가의 역할. 서울: 한국개발연구원.
사회과학원 연사연구소(1988). 『조선역사』.
사회정화운동시도대회 대통령 치사(1984~1986)
서영대(1994). 고대 사회의 종교와 습속. 『한국사 2』. 서울: 한길사.
서울대학교 한국정치연구소(1993). 『한국의 현대정치: 1945~1948』. 서울: 서울대학교출판부.
서울시사편찬위원회(1997). 『서울행정사』.
『서울신문』. 1948년 8월 16, 18일자.
———(1972). 朴대통령 10 · 17 특별 선언 전문. 10. 18: 2.
서원석 편(1996). 『한국행정사료집: 제2편 조직 및 행정관리』. 한국행정연구원 KIPA 연구보고 95-11-2.
서진영(1989). 『현대 중국과 북한 40년』. 서울: 고려대학교출판부.
서태윤(1960). 『한국정부조직론』. 서울: 박영사.
설석규(1995). 16~18세기의 儒疎와 公論政治. 경북대 대학원 박사학위 논문.
———(2001). 양반 정치와 공론. 『한국사 시민 강좌』, 29: 23-45. 서울: 일조각.
성경륭(2008). 김대중-노무현 정부와 이명박 정부의 대북정책 추진전략 비교: 한반도 평화와 공동번영 정책의 전략, 성과, 미래과제. 한국동북아학회, 『한국동북아논총』, 48(0): 285-311.
성균관대 사회과학연구소(편)(1990). 『행정학개론』. 서울: 대영문화사.
성낙인(1998). 한국 헌법사에 있어서 공화국의 순차(서수). 『고시연구』, 296: 61-73.
성창환(1956). 『한국경제론』. 서울: 장왕사.
성한용(1997). 김당선자 청와대 등 축소 개편의 의미. 『한겨레』, 12.26: 2.
『세계일보』, 1997년 9월 24일자.
손정목(1992). 『한국지방제도 · 자치사연구』, 서울: 일지사.
손학규(1993). 청와대 비서실. 『중앙일보』, 2.9: 5.
손호철(1991). 토지공개념 정책과 자본주의 국가의 국가자율성: 제6공화국의 토지공개념 관련 법안 입법을 중심으로. 강민 · 김석준 외 공저. 『국가와 공공정책』. 서울: 법문사.
———(2006). 「해방 60년의 한국정치, 1945~2005」. 서울: 이매진.

송기호(2005). 부여사 연구의 쟁점과 자료 해석. 『한국 고대사 연구』, 37.

송방송(1980). 『樂掌謄錄 연구』. 경산: 영남대 민족문화연구소.

———(1982). 樂學軌範의 문헌적 연구. 『한국음악사 연구』. 경산: 영남대학교출판부.

———(1993). 掌樂院 所屬 樂工樂生의 奉足制度 「樂掌謄錄」을 中心으로. 서울대, 『韓國文化』, 14: 493-520.

———(1994). 「仁政殿 樂器造成廳 儀軌」의 文獻的 檢討. 서울대, 『韓國文化』, 15: 345-382.

———(1996). 英祖朝 進宴 및 純祖朝 進饌의呈才 女伶攷. 서울대, 『韓國文化』, 17: 185-225.

———(2000). 朝鮮後期 公演藝術에 나타난 審美的 새 樣相: 음악과 궁중무용을 중심으로. 『한국 문학 연구』, 1: 41-78.

송병락(1992). 『한국경제론』. 서울: 박영사.

송수남(1993). 朝鮮 後期 創作된 呈才舞에 관한 연구. 『檀國大論文集』, 27: 893-906.

송지원(2000). 正祖의 音樂政策. 『민족문화』, 23.

송창한(1999). 趙仁沃의 斥佛論에 대하여: 昌王 즉위년 십이월의 上疏文을 중심으로. 『大邱史學』, 58: 67-90.

송혜경(1998). 제1공화국 인사행정에 관한 연구. 연세대 행정학 박사학위 논문.

신동면(2001). 김영삼 정부의 사회복지정책: 세계화와 사회복지. 『연세 사회복지연구』, 6(7): 79-103.

신두환(2000). 訥齋 梁誠之의 상소문에 나타난 현실 대응 논리. 『한문학보』, 3: 87-128.

신상준(1997). 『미군정기의 남한행정 체제』. 제주: 한국복지행정연구소.

신채호(1986). 『신채호의 사상과 민족독립운동』. 단재신채호선생기념사업회.

신형식(2004). 『신라 통사』. 서울: 도서출판 주류성.

심두환(2004). '상소문'의 문예 미학 탐색. 『한국 漢文學 연구』, 33; 235-263.

심익섭 · 신현기 외(2002). 『북한정부론』. 서울: 백산자료원.

안드레이 란코프 저, 김광린 역(1995). 『소련의 자료로 본 북한 현대정치사』, 서울: 오름.

안병만(1985, 1989, 1993, 2000). 『한국정부론』. 서울: 다산출판사.

안병준 외(1995). 『국가, 시민사회, 정치민주화』. 서울: 한울아카데미.

안용식(2001). 『한국관료연구』. 서울: 대영문화사.

안종묵(2002). 제5공화국의 대언론 홍보정책에 관한 연구. 『언론과학연구』, 2(2): 79-114.

안해균(1982). 『현대행정학: 행정의 기본 개념과 원리』. 서울: 다산출판사.

———(1986). 『한국행정체계론』. 서울: 서울대출판부.

———(1987). 『현대 행정학』. 서울: 다산출판사.

안휘준(1988). 조선왕조 시대의 화원. 『한국문화』, 9.

———(1996). 『한국회화사』. 서울: 일지사.

양만우(1981). 조선조 어사 소고. 『전주교육대학 논문집』, 17.

양성철(1994). 『한국정부론』. 서울: 박영사.

양재진(2003). 정권 교체와 관료제의 정치적 통제에 관한 연구: 국민의 정부를 중심으로. 한국

행정학회,『한국행정학회보』, 37(2): 263-288.
양태진(2003). 허미수의 弊政 論考: 특히 미수집에 나타난 上疏文과 箚子를 중심으로. 미수연구회,『미수연구논집』, 2: 59-100.
어윤대 외(1995).『국제경영』. 서울: 학현사.
엄훈(2002). 조선 전기 공론 논변의 국어 교육적 연구. 서울대 대학원 박사학위 논문.
연합뉴스(2006).『북한연감』.
오석홍(1997).『행정개혁론』, 서울: 박영사.
오영섭(1998). 갑오경장～독립협회기 勉菴 崔益鉉의 上疏 운동.『한국민족운동사연구』, 18: 41-99.
오인환・이규완(2003). 상소의 설득 구조에 관한 연구: 시무 상소문을 중심으로.『韓國言論學報』, 47-3: 5-37.
유광호(1995).『관료제도론: 이론・역사・실제』. 서울: 대영문화사.
―――(1998). 행정학에서의 행위패러다임.『상지대학교 논문집』, 제19집.
유상근(1968). 한국 관료제도의 사적 고찰(1).『명대논문집』, 제2집.
유영옥(1996).『행정학신론』. 서울: 학문사.
―――(1997).『행정조직론』. 서울: 학문사.
유자후(1971). 암행어사고(상, 하).『한국학 연구 총서』. 1.
유종해(1982).『현대 행정학』. 서울: 박영사.
유홍준・안영길(1992). 한 사대부 화가의 진보적 회화관.『가나 아트』, 23호(183-185), 24호 159-161.
유훈(1969). 행정 역할의 시대적 변천. 이한빈 외.『한국행정의 역사적 분석』. 한국행정문제연구소.
윤광봉(1981). 신위의 觀劇 絶句 十二首攷.『동악어문론집』, 15.
윤기관(2000). 한국 경제위기 3: IMF 관리경제체제 기간의 한국경제: 성적표분석과 과제. 한국국제경제학회,『2000년도 동계학술발표대회 논문집』, (2): 369-405.
윤영진(1998).『새 재무행정론』. 서울: 대영문화사.
윤용출(1998).『조선 후기의 요역제와 고용 노동』. 서울: 서울대학교출판부.
윤일균(1977). 북한행정체계에 관한 연구. 서울: 동국대학교 박사학위 논문.
윤재풍(1966). 한국 도시행정의 방향.『행정연구』, 제3집. 청구대학 행정연구소.
윤정석 외(1996).『한국 정당정치론』, 서울: 법문사.
윤천주(1979).『한국정치체계』. 서울: 서울대학교출판부.
윤형섭(1988).『한국정치론』. 서울: 박영사.
이강로(2004). 한국 내 반미주의(反美主義)의 성장 과정.『한국정치논총』, 44(4): 239-260.
이강석(1986). 북한의 주체사상 비판,『좌경사상에 대한 현대적 조명』. 서울: 국방대학원.
이경란(2002).『일제하 금융조합연구』. 서울: 혜안.
이계만(1992).『북한국가기관론』. 서울: 대영문화사.

이광규(1972). 농촌 발전과 지도자의 역할.『문화인류학』, 5: 151-194.
이구의(2000). 蓮潭 李世仁의 문학에 나타난 사회의식: 그의 詩와 上疏文을 중심으로.『한국사상과 문화』, 9: 7-32.
이규완(2004). 상소에 인용된 고사의 설득 용도에 관한 연구: 태조, 명종실록의 상소 기사를 중심으로.『한국언론학보』, 48(4): 299-322.
이규환(1999).『한국지방행정론』. 서울: 법문사.
이극찬(1986).『정치학』. 서울: 법문사.
이기동(2005).『한국 민족사에서 본 부여』.
이기백(1974). 집권적 귀족 정치의 이념. 국사편찬위원회,『한국사 4』: 201-209.
———(1990).『韓國史新論』(新修版). 서울: 일조각.
이남영 외(1993).『한국의 선거 I』. 서울: 나남.
이능화(1977). 척사위정론의 비판적 검토.『한국사 연구』, 18: 112-116.
이대희(1988a). 갑오경장 이후의 휘몰이 정책 결정.『한국행정학보』, 22(2): 533-555.
———(1988b). 행정 가치의 시대적 변천.『행정과 가치』. 서울: 법문사.
———(1989). 정책 의지 표현으로서 행정 가치어의 쓰임새.『광운대 논문집』, 18: 331-349.
———(1991).『정책가치론』. 서울: 대영문화사.
———(1994a). 이익집단과 정부의 역할: 경제정의 실천 시민연합을 중심으로.『한국사회와 행정연구』, 6.
———(1994b).『한국 행정의 연구』. 서울: 법문사.
———(1998). 아시아 각국의 발전 논리 비교: 儒·法 ·道 사상을 중심으로.『한국사회와 행정연구』, 9-1
———(2001).『문화산업론』. 서울: 대영문화사.
———(2006). 역대 정부 행정의 사상적 기반에 관한 연구. 한국행정사학회,『한국행정사학지』, 18(0): 153-180.
——— 외 (1998).『한국행정론』. 서울: 대영문화사.
———(2001).『한국의 행정사』. 서울: 대영문화사.
이동주(1998).『한국회화사론』. 서울: 열화당.
이두현(1987).『한국 연극사』. 서울: 학연사.
이명수(2007). IMF외환위기 전후의 국가 역할 변화에 관한 연구: 문민정부와 국민의 정부 시기를 중심으로. 한국동북아학회,『한국동북아논총』, 44(0): 225-250.
이미숙(1999). 1880년대 초 위정척사운동에 대한 고찰: <朝鮮策略> 배척운동을 중심으로.『육사 논문집』, 55(1): 55-82.
이민홍(2000). 朝鮮朝 初期의 樂舞政策과 蕃部樂.『韓國詩歌硏究』, 7: 61-98.
이범직(1993). 朝鮮初期 禮樂論.『汕耘史學』, 7: 41-77.
이보형(1996). 朝鮮後期의 公演集團과 音樂文化.『檀國大 東洋學』, 26: 361-365.
이상국(1960).『한국문화사 개관』. 서울: 현대사.

이상백(1962, 1965).『한국사』(근세전기 편, 근세후기 편). 서울: 을유문화사.
이상우(1989).『군부와 광주의 반미: 이상우 정치비평집』. 서울: 청사.
이상철(2004). 1950년대의 산업정책과 경제 발전. 문정인 · 김세중 편.『1950년대 한국사의 재조명』. 서울: 도서출판 선인.
이석규(1995). 조선 초기 민본 사상 연구. 한양대 대학원 박사학위 논문.
이석종(2005). 화서학파의 위정척사론에 관한 연구. 강원대 대학원 박사학위 논문.
이선근(1984).『대한국사』. 서울: 한국출판공사.
이성미 외(1997).『조선 시대 어진 관계 도감의궤 연구』. 성남: 한국정신문화연구원.
이성복(2004).『한국행정사』. 서울: (주)아세람.
이성욱(1991).『토지문제와 토지공개념』. 서울: 국민경제제도연구원.
이수건(1989).『조선시대 지방행정사』. 서울: 민음사.
이수만(1997). 지방자치단체의 세계화 추진 실패 및 개선 방안.『한국지방행정연구』, 8.
21세기위원회(1992).『2020년의 한국과 세계』. 서울: 동아일보사.
이연호 외(2003). 원/달러 환율의 엔/달러 환율에 대한 동조화.『한국경제의 분석』, 9(2): 1-48.
이왕재(2004).「국민의 정부」와「참여정부」의 국정운영 지향성과 과제 비교. 상명대학교 사회과학연구소.『사회과학연구』, 18(0): 1-23.
이우성(1963). 18세기 서울의 도시적 양상.『향토 서울』, 17.
이원영(1994). 개화사상의 구조적 분석. 이화여대 대학원 박사학위 논문.
———(1998). 김영삼 정부의 과학 기술 정책: 전개 과정과 평가. 기술 경영경제학회,『기술혁신연구』, 6(1). 51-70.
이윤호(2002). 행정규제 개혁. 경제규제 개혁의 평가와 과제: 국민의 정부를 중심으로. 고려대학교 정부학연구소,『정부학연구』, 8(2): 31-56.
이재은(2001). '국민의 정부' 조세, 재정정책의 특징: 평가와 과제. 한국재정학회,『재정논집』, 15(2): 53-96.
이정진(2003). 대북정책 결정 과정에 나타난 대통령과 여론의 영향력 변화.『국제정치논총』, 43(1): 253-272.
이정희(1990). 한국 공익단체의 이익 표출 구조와 로비 활동.『한국정치학회보』, 24(1).
이종수(1988). 행정 가치 개념의 분석.『행정과 가치』. 서울: 법문사.
———(1997).『새행정학』. 서울: 대영문화사.
———(1998). 행정과 정치. 강인재 외.『한국행정론』. 서울: 대영문화사.
———(2000).『행정학사전』. 서울: 대영문화사.
———(2008). 우리나라 역대 행정부의 정책 체제의 특징에 관한 고찰. 한국행정사학회,『한국행정사학지』, 23(0): 77-103.
이종수 · 윤영진(1993).『새행정학』. 서울: 대영문화사.
이종욱(2005).『고구려의 역사』. 서울: 김영사.
이종원(2002). 한국 체육의 사회사적 인식 가능성에 관한 연구.『체육사학회지』, 제10호.

______(2006). 제5공화국의 스포츠정책의 가치 지향에 관한 역사적 고찰. 『한국체육학회지 인문사회과학 편』, 45(2): 1-11.

이중효(2004). 고려 인종조 國學生들의 정치적 활동: 국학생들이 올린 上疏 및 上書에 대한 검토. 『역사학보』, 182: 33-62.

이진규・신창근(1996). 『새로운 노사관계 방향』. 서울: 집문당.

이태욱(1992). 북한의 공업관리 체계. 『북한연구』, 3(1).

이한빈(1968). 『사회변동과 행정』. 서울: 박영사.

———(1969). 행정과 사회. 이한빈 외. 『한국행정의 역사적 분석: 1948-1967』. 서울: (사)한국행정문제연구소.

이항동(1991). 남북한 국가발전전략에 관한 비교론적 연구. 건국대학교 박사학위 논문.

이행원(1989). 『취재보도의 실제』. 서울: 나남.

이현출(1997). 『정당과 민주주의』. 서울: 오름 시스템.

이혜구(1958). 李氏朝鮮 서울의 音樂文化. 『鄕土 서울』, 2: 13-51.

———(1976). 박연의 율관 제작의 연대. 『한국 음악 논총』. 서울: 수문당.

———(1978). 한국의 음악. 『한국사』, 23.

이화수(1994). 세계화의 도전과 한국의 대응 전략. 제4회 한국 정치 세계학술대회 발표 논문. 3.

이희권(1999). 『조선 후기 지방 통치 행정 연구』. 서울: 집문당.

이희선(1999). 대북정책의 일관성에 대한 평가분석: 김영삼 정부를 중심으로. 『한국정책학회보』, 8(2): 27-45.

임미선(1995). 조선시대 殿庭 軒架와 登歌. 서울대 『民族音樂學』, 17: 145-174.

임노직(2004). 척암 김도화의 현실 인식: 그의 疏・詞를 중심으로. 『국학연구』, 4: 145-170.

임병주(2000). 『한 권으로 읽는 삼국왕조실록』. 서울: 들녘.

임상선(1999). 『발해의 지배 세력 연구』. 서울: 신서원.

임선빈(1998). 조선 초기 외관 제도 연구. 한국학대학원 박사학위 논문.

———(1998). 『이토 히로부미 평전』. 서울: 나무와 숲.

임혁백(1994). 전환기의 국가-자본 관계의 변화. 안청시 외. 『전환기의 한국민주주의: 1987-1992』. 서울: 법문사.

임희섭(1994). 『한국의 사회변동과 가치관』. 서울: 나남.

장동희(1988). 『한국행정사』. 서울: 법문사.

장사훈(1969). 『한국 악기 대관』. 한국국악학회.

———(1976). 『국악총론』. 서울: 정음사.

———(1977). 『한국 전통 무용 연구』. 서울: 일지사.

장연선(1990). 고려의 정치 이념 연구. 『숭실대 사회과학 연구』, 8: 51-70.

장지호(1965). 『인사행정론』. 서울: 진명문화사.

———(2003). 김대중 정부의 대기업 구조조정정책 연구. 한국정책학회, 『한국정책학회보』, 12(2): 89-111.

재정경제원(1995). 『예산개요』.

전국경제인연합회(1995, 1996). 『전경련 사업 총람 1994-1995』. 인터넷 홈페이지.

전국새마을지도자대회 대통령 치사(1984~1987).

전봉덕(1968). 暗行御史 제도 연구. 서울대 대학원 박사학위 논문.

전수일(2001). 공직윤리에 대한 역대정권별 조명, 『한국행정사학지』, 10: 231-250.

전인권(2001). 박정희의 정치 사상과 행동에 관한 전기적 연구. 서울대 대학원 박사학위 논문.

전재호(2000). 『반동적 근대주의자 박정희』. 서울: 책세상.

정갑영(1996). 『민영화와 기업구조』. 서울: 나남출판.

정명봉(1993). 북한헌법 개정과 남북관계의 전망. 『통일문제연구』, 5(1).

정병식(1997). 유가의 성왕 이념에 대한 비판적 검토. 『철학연구』, 61: 189-208.

정병호(1996). 朝鮮後期 民間 舞踊의 様相. 『檀國大 東洋學』, 26: 375-382.

정부혁신지방분권위원회(2008). 『참여정부의 지방분권: 2003-2008』.

정세욱(1997). 『지방행정학』. 서울: 법문사.

정승건(1999). 『한국의 행정개혁: 정치권력과 관료제의 관계』. 부산: 부산대학교출판부.

정시채(1986). 『한국행정제도사』. 서울: 법문사.

정영헌 · 노영훈(1996). 『경제 정의의 첫걸음: 금융실명제와 부동산실명제』. 서울: 미래 미디어.

정요섭(1995). 국민 정당으로의 비전은 없는가. 『자유공론』(1995.10).

정용덕(2001). 『현대국가의 행정학』. 서울: 법문사.

———(2004). 이승만 정부의 관료제. 문정인 · 김세중 편. 『1950년대 한국사의 재조명』. 서울: 도서출판 선인.

정운갑(1950). 국가공무원법 해설, 『법정』, 5(1).

정운태(1999). 『한국정치론』. 서울: 박영사.

정윤재(2000). 전두환 대통령의 정치 리더십 분석. 『정치·정보 연구』, 3(1): 135-165.

정은규(2000). 조선 후기 회화식 지도 연구. 전남대 석사학위 논문.

정의창(2006). 정부조직 개편의 역사제도주의적 분석: 김대중 정부의 사례. 한국정책과학협회, 『한국정책과학회보』, 10(3): 1-25.

정재경(1994). 「박정희 실기: 행적 초록」. 서울: 집문당.

정정길(1992). 대통령의 정책관리 스타일: 경제정책을 중심으로. 『계간 사상』, 4(3): 147-170.

———(2003). 『행정학의 새로운 이해』. 서울: 대명출판사.

정출헌(1998). 판소리 담당층의 변화에 따른 19세기 판소리사와 중고제의 소멸. 고려대학교, 『민족문화연구』: 255-313.

정화자(1994). 朝鮮時代 樂人의 社會的 地位: 宮中 樂人을 中心으로. 清州大, 『清藝論叢』, 8: 1-43.

조경근(2012). 김영삼 정부의 대북 정책: 내용과 평가. 『통일전략』, 12(3): 151-188.

조경진(1992). 정부가 언론에 미치는 영향에 관한 연구: 언론통제의 요인을 중심으로, 중앙대학교 신문방송대학원 석사학위 논문.

조석준(1967). 미군정 및 제1공화국의 중앙부처기구의 변천에 관한 연구. 『행정논총』, 5(1). 서울대 행정대학원.
———(1992). 청와대 비서실의 조직에 관한 연구. 『행정총론』, 29(2).
조석준 · 박동서 · 유훈 · 김운태 공편(1987). 『한국행정의 역사적 분석: 1968-1984』. 서울: 서울대학교출판부.
조성한(2005). 수사적 행정개혁과 문화적 갈등. 서울행정학회, 『한국사회와 행정연구』, 15(4): 23-47.
조순경(1996). 『1996 한국의 정당 활동 개황』.
——— 외(1995). 『냉전체제와 생산의 정치』. 서울: 이화여자대학교출판부.
조우현(2001). 생산적 복지정책의 평가와 향후 정책과제. 한국노동경제학회, 『노동경제논집』, 24(2): 163-196.
조휘각(1985). 韓末 개화세력의 정치운동의 민중화 과정에 관한 연구. 건국대 대학원 박사학위 논문.
주종환(1975). 식량 자급률의 저하와 농정의 방향 전환(1970년~74년). 전국경제인연합회(편), 『한국경제정책30년사』. 서울: 사회사상사.
중앙선거관리위원회(1981, 1992). 『대한민국 선거사』, 1-3집.
지방자치실무연구소(1995). 『 한국의 지방자치: 이론과 실제』. 서울: 의암출판.
진준현(1998). 단원 김홍도 연구. 서울대 대학원 고고미술사학과 박사학위 논문.
차남희(1997). 『저항과 순응의 역사 정치학』. 서울: 이화여자대학교출판부.
차동세 · 김광석 편(1995). 『한국경제 반세기: 역사적 평가와 21세기 비전』. 서울: 한국개발연구원.
천관우(1965). 유형원: 새 학풍의 선구자. 『한국인의 인간상 4』. 서울: 신구문화사.
총무처(1982, 1997). 『총무처연보』.
——— (편)(1987). 『대한민국 정부조직변천사』. 서울: 총무처.
최달곤 · 신영호(1998). 『북한법입문』. 서울: 세창출판사.
최정희(1947). 『풍류잽히는 마을』. 白民, 1947.9.
최진욱(2002). 『현대북한행정론』. 서울: 인간사랑.
최평길(1975). 북괴의 정치 발전과 행정 발전(상). 『북한』, 48호, 서울: 북한연구소.
———(1998). 『대통령학』. 서울: 박영사.
최평길 · 박석희(1994). 대통령과 비서실의 조직, 정책, 관리기능 비교 연구. 『한국행정학보』.
최한수(1993). 『현대정당론』. 서울: 을유문화사.
『컴퓨터 월드』. 1997년 11월호.
통계청(1993). 『도시가계조사 30년』.
———(1995). 『통계로 본 한국의 발자취』. 서울: 통계청.
———(2000). 『한국통계연감, 2000』. 대전: 통계청.
통계청. 「광공업 통계 조사보고서」, 1980년~1990년 각 연도별.

통계청 KOSIS 국가통계포털(www.kosis.kr) > 인구총조사.
통일부(2001). 『북한개요(2000)』.
———(2008). 『통일백서』.
통일부 통일교육원(2007). 『북한의 이해』.
통일원(1991-1996). 『'91북한개요』-『'96북한개요』. 서울: 통일원.
평화통일연구소(1986). 『북한개요』.
하태권·이대희(1998). 『현대 한국정부론』. 서울: 법문사.
하태수(2011). 김영삼 정권 전반기의 중앙정부조직 개편 분석. 『한국정책연구』, 11(2): 367-402.
학원출판공사(1994). 『학원세계대백과사전』.
한국개발연구원(1998). 『KDI 경제전망』, 15(4). 서울: 한국개발연구원.
한국경제연구원(1997). 『새 정부의 정책과제』.
한국군사혁명사편찬위원회(1963). 『한국군사혁명사: 제1집(상)』. 서울: 국가재건최고회의 한국군사혁명사편찬위원회.
한국사회사학회(1995). 『해방 후 정치세력과 지배구조』. 서울: 문학과지성사.
한국사회학회 편(1984). 『한국 사회 어디로 가고 있나』. 서울: 현대사회연구소.
한국사회학회(1994). 『국제화 시대의 한국사회와 지방화』.
한국영화진흥공사(1985). 『한국영화 연감』.
한국은행(1968). 『경제통계연보』.
한국은행 조사부(1962). 『경제통계연감』.
한국전산원(1997). 『1997년도 국가정보화백서』.
한국정신문화연구원(1991). 한국 행정문화의 형성과 성격. 한국정신문화연구원, 『연구논총』: 91-12.
———(1992). 『미군정시대의 경제정책』. 성남: 한국정신문화연구원.
한국정치학회(1995). 『한국현대정치사』. 서울: 법문사.
한국철학회(1992). 『한국철학사』. 서울: 동명사.
한국행정학회(1996). 『통일 이후의 한국의 행정조직 및 지방행정체제의 설계』. 서울: 한국행정연구원.
한규철(1994, 2005). 『발해의 대외관계사: 남북국의 형성과 전개』. 서울: 신서원.
한도현(1990). 국가권력의 농민통제와 동원정책: 새마을 운동을 중심으로. 한국농어촌사회연구소(편). 『한국농업·농민문제연구Ⅱ』. 서울: 연구사.
한배호(1994). 『한국정치변동론』. 서울: 법문사.
한상권(1978). 서울 시민의 삶과 사회 문제: 18세기 후반 京居人이 올린 상언, 격쟁을 중심으로. 『서울학연구』, 창간호: 78-101.
———(1993). 朝鮮後期 社會問題와 訴寃制度의 發達: 正祖代 上言·擊錚의 分析을 중심으로. 서울대 대학원 박사학위 논문.
한승연(2006). 『한국 행정지도 연구』. 경기 파주: 한국학술정보(주).

———(2007a). 국가 주도 경제개발정책의 연속과 단절: 경제 엘리트의 경험을 중심으로. 『행정논총』, 45(1): 1-32.
———(2007b). 정부혁신의 이념과 정책간의 연계: 박정희정부를 중심으로. 『정부학연구』, 13(1): 77-115.
한영우(1991). 『조선 전기 사회경제연구』. 서울: 을유문화사.
———(1997). 『정도전 사상의 연구』. 서울: 서울대학교출판부.
———(1999). 『杏村 이암과 檀君世紀』. 서울: 일지사.
———(2004). 『다시 찾는 우리 역사』 (제1권). 서울: 경세원.
한영춘・권기성・백철현(1992). 『행정학원론』. 서울: 진성사.
한우근(1956). 신문고의 설치와 그 실제적 효능에 대하여: 태종조 청원, 상소 제도의 성립과 그 실효. 『이병도 박사 화갑기념논문집』.
——— 외(1990). 『역주 경국대전 주석편』. 한국정신문화연구원.
한원택(2000). 『지방행정론』. 서울: 법문사.
함성득(1997a). 대통령학의 이론적 고찰과 우리의 연구과제. 『한국행정학보』.
———(1997b). 선거운동 과정에서 국정운영 과정으로서의 전환. 『행정과 정책』.
———(1998a). 새 대통령 당선자가 할 일: 국정 성공, 취임 전 68일에 달렸다. 『월간조선』 1월호.
———(1998b). 청와대 축소 개편. 『경향신문』. 1. 7: 12.
———(1999a). 『청와대 비서실의 조직 변화』. 서울: 고려대학교 정부학연구소.
———(1999b). 『대통령학』. 서울: 나남출판.
현대사회연구소(1981). 『사회정화운동의 이념과 방향』. 서울: 현실사.
행정개혁위원회(1989). 『행정개혁에 관한 건의』.
행정쇄신위원회(1996). 『행정쇄신백서』.
———(1997). 『문민정부의 행정쇄신 5년』.
행정안전부(2011). 『2010 행정안전 백서』.
———(2012). 『2011 행정안전 백서』.
행정자치부(1998). 『정부조직변천사(上)(下)』.
———(1999a). 『통계연보』.
———(1999b). 『행정자치부 편람』.
호광석(1996). 『한국 정당 체계 분석』. 서울: 들녘.
홍두승(1983). 직업 및 계층구조의 변화와 전망. 현대사회연구소, 『한국사회 어디로 가고 있나』.
홍성욱・김재형(1995). 국토개발 및 사회간접자본 건설. 차동세・김광석 편. 『한국경제 반세기: 역사적 평가와 21세기 비전』: 632-689.
홍준형(1997). 『행정법 총론』. 서울: 한솔.
환경부(1995). 『지역통계연보』.
환경운동연합. 인터넷 홈페이지.
황선영(2002). 『나말 여초 정치제도사 연구』. 국학자료원.

황인정(1985). 『행정과 경제개발: 한국발전정부론』. 서울: 서울대학교출판부.
황준연(1998). 조선 후기의 선비 음악. 『韓國音樂硏究』, 26: 99-113.
황창연(2003). 행정조직에서 조직문화 및 하위문화의 비교. 한국행정학회, 『한국행정학보』, 37(1): 37-59.
황태연(1996). 『지역패권의 나라』. 서울: 무당미디어.
황혜신(2013). 노무현 정부와 이명박 정부의 정부조직 개혁 비교분석. 『사회과학연구』, 24(3): 333-360.

국외 문헌

宮田節子(1973・2). 朝鮮における「農村振興運動」: 1930年代日本ファシズムの朝鮮における展開. 『季刊 現代史』, 2: 52-90.
今井情一 外(1977). 『日本歷史 21』. 岩波書店.
吉富重夫(1967). 『現代行政學』. 東京: 勁草書房.
大江志乃夫(1992). 『植民地戰争と總督府の成立』. 岩波書店.
山邊建太郎(1969). 『日韓併合小史』. 岩波書店.
槽谷憲一(1992). 朝鮮總督府の文化政治. 『近代日本と植民地』. 岩波書店.
Adams, J. S. (1963). Toward an Understanding of Inequality. *Journal of Abnormal and Psychology*, 67: 422-436.
Almond, G. A. & Powell, Jr., B. G. (1966). *Comparative Politics: A Developmental Approach.* Boston: Little, Brown and Co.
Almond, G. A. & Verba, S. (1965). *The Civic Culture*. Boston: Little, Brown.
Appleton, A. (1994). The Formal Versus Informal Rules of French Political Parties. Kay Lawson, *How Political Parties Work?: Perspectives from Within.* Westport, Connecticut: Praeger Publishers.
Bachrach, P. & Baratz, M. S. (1970). *Power and Poverty: Theory and Practice.* New York: Oxford Univ. Press.
Banfield, E. & Meyerson, M. (1955). *Politics, Planning and the Public Interest*. Glencoe: Free Press.
Barton, Rayburn, & Chappell, Jr. (1985). *Public Administration: The Work of Government*. Glenview, Ill.: Scott, Foresman & Co.
Bell, D. (1973). *The Coming of Post-Industrial Society: A Venture in Social Forecasting.* New York: Basic Books, Inc. Publishers.
———(1976). [1990]. *The Cultural Contradictions of Capitalism*. 김진욱(역). 『자본주의의 문화적 모순』. 서울: 문학세계사.

Berger, S. (ed.) (1981). *Organizing Interests in Western Europe*, Cambridge: Cambridge Univ. Press.

Best, S. & Kellner, D. (1991). *Postmodern Theory: Critical Interrogations*. New York: The Guilford Press.

Blau, P. M. (1964). *Exchange and Power in Social Life*. New York: Wiley.

Blondel, J. (1969). *An Introduction to Comparative Government*. New York: Praeger Publishers.

Braam, V. A. & Bemelmana-Videc, M. L. (1986). *Leerboek Bestuurskunde*. Muiderberg: Couténho.

Caiden, G. (1982). *Public Administration* (2nd ed.). Pacific Palisades, Calif.: Palisades Publishers.

Caldwell, L. K. (1955). The Relevance of Administrative History. *Revue Internationale der Sciences Administratives*, 21(3).

Campbell, C. (1986). *Managing the Presidency: Carter, Reagan, and the Search for Executive Harmony*. Pittsburgh: Univ. of Pittsburgh Press.

Carr, E. H. (1961). *What is History?* Harmondsworth, Middlesex: Penguin Books.

Cawson, A. & Saunders, P. (1983). Corporatism, Competitive Politics and Class Struggle. R. King (ed.). *Capital and Politics*, London: Routledge & Kegan Paul.

Chambers, W. N. (1963). *Political Parties in a New Nation: The American Experience. 1776-1809.* New York: Oxford Univ. Press.

Christensen, A. (1915). *Politics and Crowd-morality*. trans by A. C. Curtis, London.

Cole, D. C. & Lyman, P. N. (1971). *Korean development: the interplay of politics and economics*. Cambridge, Mass.: Harvard Univ. Press.

Collingwood, R. G. (1946)[1988]). *Essays in the Philosophy of History*. 문학과 사회연구소 (역). 『역사철학론』. 서울: 청하.

———(1946). *The Idea of History*. London: Oxford Univ. Press.

Dahl, R. A. (1961). *Who Governs?* New Haven: Yale Univ. Press.

Dahrendorf, R. (1979)[1986]. *Life Chance*. 김병서(역). 『삶의 기회』. 서울: 이대출판부.

Denhardt, R. (1989). Five Great Issues Organization Theory. Jack Rabin et als. (eds.). *Handbook of Public Administration*. New York: Marcel Dekker, Inc.

Dowse, R. E. & Hughes, J. A. (1986). *Political Sociology*. Chichester: John Wiley & Sons.

Drucker, P. F. (1989). *The New Realities*. 김용국(역). 『새로운 현실』. 서울: 시사영어사.

Duverger, M. (1954). *Political Parties: Their Organization and Activity in the Modern State*. New York: John Wiley Sons, Inc.

Easton, D. (1953). *The Political System*. New York: Alfred A. Knopf.

Eckstein, H. (1960). *Pressure Group Politics*. London: George Allen and Unwin.

Elton, G. R. (1994). *Political History: Principles and Practice*. 민병학(역). 『정치사의 이해』.

충북: 충북대학교출판부.

Frantich, S. E. & Percy, S. L. (1994). *American Government: the Political Game*. Madison, Wisconsin: Brown & Benchmark.

Frederickson, H. G. (1980). *New Public Administration*. Alabama: Univ. of Alabama Press.

Galbraith, J. K. (1953). *American Capitalism*. Harmondsworth: Penguin Books.

Giddens, A. (1993) [1996]. *Sociology*. 김미숙 외(역). 『현대사』. 서울: 을유문화사.

———(1991). *Modernity and Self-Identity*. Stanford: Stanford Univ. Press.

Gladden, E. N. (1972). *A History of Public Administration*. London: Frank Cass.

Graham, B. D. (1993). *Representation and Party Politics: a Comparative Perspective*, Oxford: Blackwell.

Hagopian, M. N. (1984). *Regimes, Movements, and Ideologies*. New York: Longman.

Harmon, M. M. (1981). *Action Theory for Public Administration*. New York: Longman.

Hart, D. K. (1974). Social equity, Justice, and the Equitable Administrator. *PAR*, 34-1.

Hart, J. (1995). *The Presidential Branch: From Washington to Clinton*. Chatham: Chatham House.

Hayes, M. T. (1981). *Lobbyists and Legislators*. New Brunswick: Rutgers Univ. Press.

Heady, F. (1991). *Public Administration: A Comparative Perspective*. New York: Marcel Dekker, Inc.

Huntington, S. P. (1968). *Political Order in Changing Societies*. New Haven: Yale Univ. Press.

———(1996) [1997]. *The Clash Civilizations and the Remaking of World Order*. 이희재(역). 『문명의 충돌』. 서울: 김영사.

Jessop, B. (1990). *State Theory: Putting Capitalist States in Their Places*. Cambridge: Polity Press.

Jong, S. Jun (1994). *Philosophy of Administration*. Seoul: Daeyoung Moonhwasa.

Kerlinger, F. N. (1973). *Foundations of Behavioral Research* (2nd ed.). New York: Holt, Reinhart and Winston.

Key, Jr., V. O. (1964). *Politics, Parties & Pressure Groups* (5th ed.). New York: Thomas Y. Crowell Co..

Kimber, R. & Richardson, J. J. (eds.) (1974). *Pressure Groups in Britain*, London: J. M. Dent.

Lapalombara, J. & Weiner, M. (eds.) (1972). *Political Parties and Political Development*. Princeton, New Jersey: Princeton Univ. Press.

Lawson, K. (1994). *How Political Parties Work?: Perspectives from Within*. Westport. Connecticut: Praeger Publishers.

Lepawsky, A (1960). *Administration*. New York: Alfred A. Knopf.

Lowell, A. L. (1923). *Public Opinion in War and Peace*. Cambridge: Harvard Univ. Press.

Lowi, T. J. (1964). American Business, Public Policy, Case Studies, and Political Theory. *World Politics*, 16: 677-715.

Madaria, J. M. G. (1980). Metodologia del estudio de Historia de la Administración Pública espanola y aproximación a sus feuntes. *Revue Internationale des Sciences Administratives*, 46-1.

Michels, M. (1962). *Political Parties: A Sociological Study of the Oligarchical Tendencies of Modern Democracy*. New York: Collier-Macmillan Books.

Miliband, R. (1969). *The State in Capitalist Society*. London: Quarter Books.

Moe, T. M. (1980). *The Organization of Interests*. Chicago: The Univ. of Chicago Press.

Molitor, A. (1983). The History of Administration. *International Review of Administrative Sciences*, 49-1.

Mosher, F. C. (1968). *Democracy and the Public Service*. New York: Oxford Univ. Press.

Neustadt, R. (1991). Does the White House Need a Strong Chief of Staff? James Pfiffner(ed.). *The Managerial Presidency*. Pacific Grove: Brooks/Cole.

Olson, M. (1968). *The Logic of Collective Action: Public Goods and the Theory of Groups*. New York: Schocken Books.

Panebianco, A. (1988). *Political Parties: Organization and Power*. Cambridge: Cambridge Univ. Press.

Pfiffner, J. (1994). *The Modern Presidency*. New York: St. Martin's Press.

———(1991). *The Managerial Presidency*. Pacific Grove: Brooks/Cole.

Plano, J. C. & Greengerg, M. (1997). *The American Political Dictionary*. Fort Worth: Harcourt Brace College Publishers.

Poguntke, T. (1994). Basisdemokratie and Political Realities: The German Green Party. Kay Lawson. *How Political Parties Work?: Perspectives from Within*. Westport, Connecticut, Praeger Publisgers.

Raadschelders, J. C. N. (1998). *Handbook of Administative History*. New Brunswick, New Jersey: Transaction Publishers.

Ranney, A. (1987). *Governing: an Introduction to Political Science* (4th ed.). Englewood Cliffs, New Jersey: Prentice-Hall, Inc.

Rawls, J. (1971). *A Theory of Justice*. Cambridge: Harvard Univ. Press.

Salisbury, R. H. (1974). Interest Group. Fred I. Greenstein & Nelson W. Polsby. *Handbook of Political Science*. Vol. 4, Reading, Mass: Addison-Wesley.

Salisbury, R. H. & Heinz, J. P. (1970). A Theory of Policy Analysis and Some Preliminary Applications. I. Sharkansky. *Policy Analysis in Political Science*. Chicago: Markham, 39-60.

Sapiro, V. (1981). When are interests interesting?, *APSR*, 75(3). 701-716.

Sargent, L. T. (2006). *Contemporary Political Ideologies*. 부남철(역). 『현대사회와 정치사상』. 서울: 한울아카데미.

Sartori, G. (1976). *Parties and Party Systems: A Framework for Analysis*, Vol.1, Cambridge: Cambridge Univ. Press.

Schmitter, P. C. (1974). Still the Century of Corporatism?, *Review of Politics*, 36: 85-131.

Smith, M. J. (1993). *Pressure, Power and Policy*, Pittsburgh: Univ. of Pittsburgh Press.

Song, Byung-Nak (1994). *The Rise of the Korean Economy*. updated(ed.). New York: Oxford Univ. Press.

Strom, K. (1994). Party Leadership in Theory and in Norway: An Entrepreneurial Perspective. Kay Lawson. *How Political Parties Work?: Perspectives from Within*. Westport, Connecticut, Praeger Publishers.

Thompson, V. A. (1961). *Modern Organization*. New York: Alfred A Knopf.

Time(1999). 8 February.

Touraine, A. (1984)[1994]. *Le Retoure de L' acteur: Essai de Sociologie*. 조형(역). 『탈산업사회의 사회이론: 행위자의 복귀』. 서울: 이화여자대학교출판부.

Truman, D. (1951). *The Governmental Process*. New York: Alfred A. Knopf.

Wallerstein, I. (1984). *Pattern and Prospectives of Capitalism: The Politics of the World Economic*. Cambridge: Cambridge Univ. Press.

Ware, A. (1988). *Citizens, Parties and the State: A Reappraisal*. Princeton, New Jersey: Princeton Univ. Press.

Willetts, P. (1982). *Pressure Groups in the Global System*. New York: St. Martin's Press.

Wilson, G. K. (1990). *Interest Groups*. Cambridge, Mass: Basil Blackwell.

Wilson, J. Q. (1992). On Predicting the Bureaucratization of American Government. Larry B. Hill (ed.). *The State of Public Bureaucracy*. New York: M. E. Sharpe Inc.

Winkler, J. (1976). Corporatism. *Archives Europeennes de Sociologie*, 17: 100-136.

Winter, G. (1966). *Elements for A Social Ethic*. New York: The Macmillan Co.

Yishai, Y. (1994). Interest Parties. Kay Lawson. *How Political Parties Work?: Perspectives from Within*. Westport, Connecticut, Praeger Publishers.

http://www.bai.go.kr/nindex1.html

http://www.bluehouse.go.kr/korean/data/expresident/pre_cdh/index.php

http://www.bluehouse.go.kr/korean/data/expresident/pre_ckh/index.php

http://www.bluehouse.go.kr/korean/data/expresident/pre_kys/index.php

http://www.bluehouse.go.kr/korean/data/expresident/pre_lsm/index.php

http://www.bluehouse.go.kr/korean/data/expresident/pre_ntw/index.php

http://www.bluehouse.go.kr/korean/data/expresident/pre_pjh/index.php
http://www.bluehouse.go.kr/korean/data/expresident/pre_ybs/index.php
http://www.chiwoo.net/king12.html
http://www.csc.go.kr/
http://www.korea.go.kr/html/02/01.html
http://www.kyujanggak.snu.ac.kr/1_2.htm
http://www.metro.seoul.kr/kor2000/main/index.html
http://www.mogaha.go.kr
http://www.mogaha.go.kr/
http://www.mpb.go.kr/HP10000HT/HP10000HT03.html
http://www.nis.go.kr/w0/libTemplate.sp_ExeTemplate1?vc_menu_id=M01000000
http://www.pcsmb.go.kr/fra1_intro.html
http://www.pcwa.go.kr/
http://www.reko.go.kr/main.html

찾아보기

ㄱ

ㄴ

ㅇ

ㅊ

ㅋ

ㅌ

ㅍ

ㅎ

저자 소개

◇ 대표 집필 · 편집

이대희(李大熙, Lee, Daehee)

- 서울대학교 행정학박사
- 광운대학교 행정학과 교수
- (전)한국행정학회 회장, (전)서울행정학회 회장, (전)행정사연구회 회장
- (전)한국산림복지문화재단 이사장
- [저서] 『한국정부론』(2014), 『한국발전모형』(2013), 『감성정부』(2007), 『감성 혁명과 정부 재창조』(근간)

  (e-mail: nulbo@hanafos.com)

윤재풍(尹在豊, Yoon, Jay Poong)

- 동국대학교 행정학박사
- 서울시립대 도시행정학과 명예교수
- (전)한국행정학회 회장, (전)행정사연구회 회장
- [저서] 『조직론』(2014), 『행정학개론』(공저, 1988), 『조직학원론』(1985), 『조직관리론』(공저, 1978), 『행정학』(공저, 1973)

  (e-mail): jaipng@hanmail.net

이종수(李鍾受, Lee, Jongsoo)

- 서울대학교 행정학박사
- 한성대학교 행정학과 명예교수
- (전)한국행정학회 회장, (전)서울행정학회 회장, (전)행정사연구회 회장
- [저서] 『행정학입문』(2014), 『대한민국은 공정한가』(2013), 『한국행정의 이해』(2013), 『새행정개혁론』(2013), 『새행정윤리』(2012) 외

  (e-mail: jlee@hansung.ac.kr

김종미(金鍾美, Kim, Jong Mi)

- 중앙대학교 행정학박사

• KSDC 부소장, 상명대, 세종대 겸임교수
• [저서] 『한국행정 60년』(공저, 2008), 『행정학 입문』(공저, 2006), 『한국의 행정사』(공저, 2001)
(e-mail: bellkim@ksdc.re.kr)

김인호(金仁昊, Kim, Inho)

• 연세대학교 문학박사
• 히로시마대학교 객원교수, 연세대 국학연구원 연구교수, 광운대 교양학부 교수
• [저서] 『조선의 9급 관원들』(2011), 『고려 후기 사대부의 경세론 연구』(1999)
(e-mail: in1621@hanmail.net)

김종성(金鍾晟, Kim Jongseong)

• 서울대학교 행정학박사
• 충남대학교 자치행정학과 교수
• [저서] 『새한국정부론(공저, 2009), 『거버넌스제도의 합리적 선택』(공저, 2002)
(e-mail: rambokjs@cnu.ac.kr)

김춘식(金春植, Kim, Choon Shik)

• 단국대학교 행정학박사
• 백석대학교 행정학과 교수
• [저서] 『행정학개론』(공저, 2002), 『세계축제경영』(공저, 2002), 『안동시사』(공저, 1999)
(e-mail: cskim@bu.ac.kr)

민 진(閔振, Min, Jin)

• 서울대학교 행정학박사
• 국방대학교 관리대학원 교수
• [저서] 『새행정학』(공저, 2014), 『조직관리론』(2014), 『조직의 건강과 질병』(2011)
• (e-mail: minjin@kndu.ac.kr)

부남철(夫南哲, Bu, Nam Chul)

• 한국외국어대학교 정치학박사
• 영산대학교 자유전공학부 교수. 교무처장과 동양문화연구원장 역임
• 한국정치학회 이사, 한국행정학회 윤리위원, 한국정치사상학회 편집위원장 역임
• [저서] 『논어정독』(2010), 『조선시대 7인의 정치사상』(1996)

(e-mail: namchul@ysu.ac.kr)

이광모(李光模, Lee, Kwang Mo)

- 상지대학교 행정학박사/서울시립대학교 사회복지학박사
- 송호대학교 행정학과 교수

(e-mail: lkm@songho.ac.kr)

임승빈(林承彬, Lim, Suhng-bin)

- 동경대학교 행정학박사
- 명지대학교 행정학과 교수
- 한국행정학회 연구이사
- 대통령소속 지방자치발전위원회 자문위원(2013-), 중국 黑龍江大學校 객원교수(2014)
- [저서] 『지방자치론』(2014), 「정부와 NGO」(2009), 「한국의 권력구조 논쟁」(2005), 『분권과 개혁』(2005)

(e-mail: lim0816@mju.ac.kr)

홍재환(洪在煥, Hong, Jhea-Whan)

- 한국행정연구원 연구위원
- 미국 오리건 주립대학교 정치학 박사
- 해양수산부 자체평가위원, 국립종자원 자체평가위원
  중소기업청 민원제도개선협의회 의원
- [저서] 『ODA정책사업의 평가체계 연구』(2012), 『ODA에서의 시민사회단체 협력 개선방안 연구』(2011), 『국가 경쟁력과 리더십』(2009), 『행정정보 공동이용의 평가와 개선 방안 연구』(2009)

(e-mail: jwhjwh@kipa.re.kr)

개정판

행정사 行政史

펴낸날 / 제1판 제1쇄 2001년 2월 28일

제2판 제1쇄 2014년 8월 30일

지은이 / 이대희 외

펴낸이 / 임춘환

펴낸곳 / 도서출판 대영문화사

주소 / 서울특별시 용산구 청파로 61길 5(청파동 1가) 제일빌딩 2층

등록 / 1975년 12월 26일 제3-16호

전화 / (02)716-3883, (02)714-3062

FAX / (02)703-3839

홈페이지 / http://www.dymbook.co.kr

ISBN 978-89-7644-491-2

[값 25,000원]